深圳市规划国土发展研究中心
“政府规划师研究基金”资助

轨道上的世界

——东京都市圈城市和交通研究

刘龙胜　杜建华　张道海　著

人民交通出版社
China Communications Press

图书在版编目（CIP）数据

轨道上的世界：东京都市圈城市和交通研究 / 刘龙胜，杜建华，张道海著．
——北京：人民交通出版社，2013.8
ISBN 978-7-114-10653-8

Ⅰ．①轨… Ⅱ．①刘…②杜…③张… Ⅲ．①城市建设—研究—东京②城市铁路—轨道交通—交通运输建设—研究—东京 Ⅳ．① F299.313.1 ② F573.13

中国版本图书馆 CIP 数据核字（2013）第 112473 号

书　　名：轨道上的世界——东京都市圈城市和交通研究
著 作 者：刘龙胜　杜建华　张道海
责任编辑：郭红蕊　崔　建
出版发行：人民交通出版社
地　　址：（100011）北京市朝阳区安定门外外馆斜街 3 号
网　　址：http://www.ccpress.com.cn
销售电话：（010）59757973
总 经 销：人民交通出版社发行部
经　　销：各地新华书店
印　　刷：中国电影出版社印刷厂
开　　本：787 × 1092　1/16
印　　张：22.25
字　　数：488 千
版　　次：2013 年 8 月　第 1 版
印　　次：2019 年 3 月　第 3 次印刷
书　　号：ISBN 978-7-114-10653-8
定　　价：68.00 元

东京都市圈地貌缩略图

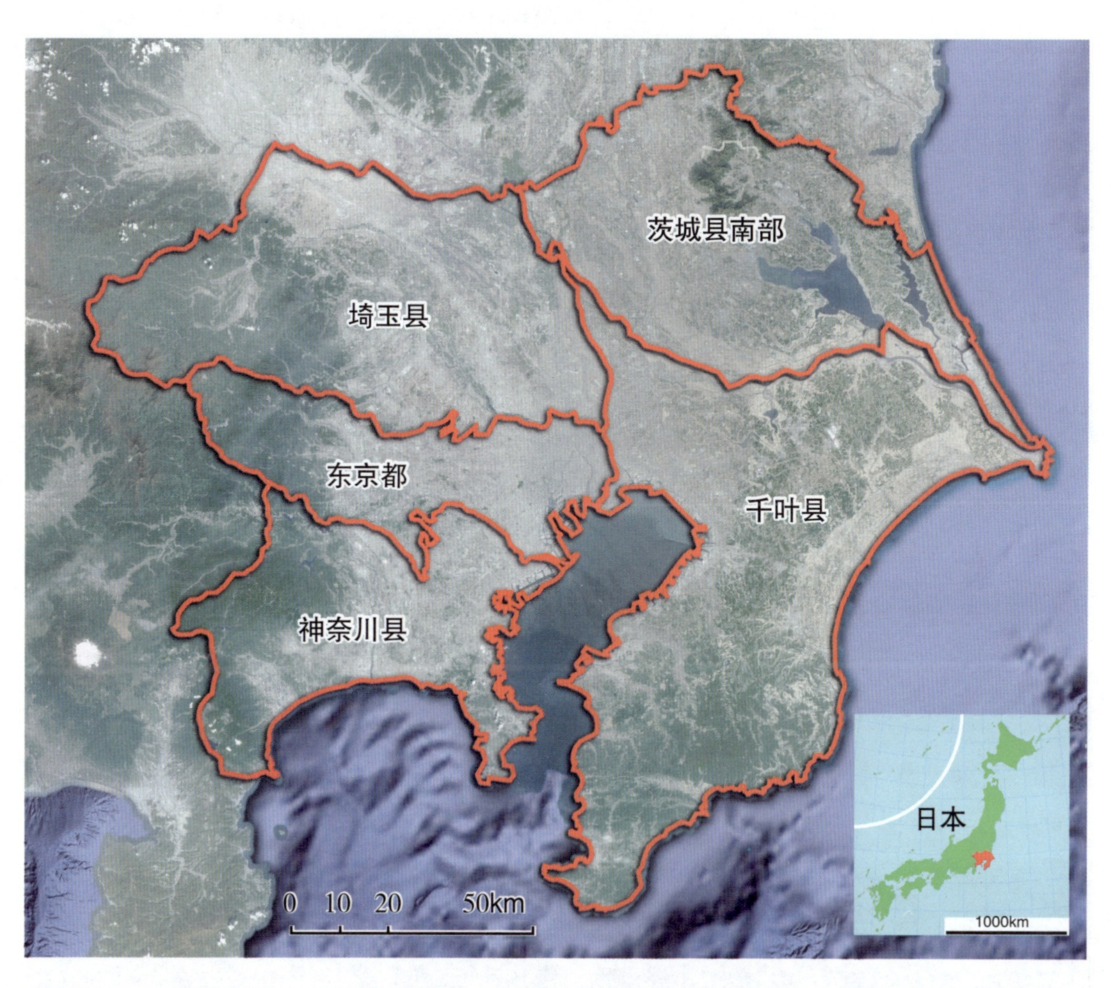

区　　域	面积（km^2）	人口（万人）
东京都	2188	1313.4
千叶县	5228	622.5
神奈川县	2417	903.6
埼玉县	3921.5	735.2
茨城县南部	3038.5	185.5
都市圈总计	16793	3760.2

东京都市圈轨道交通网络全图（缩略图）

注：高清全图（图幅6.8m×6.8m）详见深圳市规划国土发展研究中心官方网站

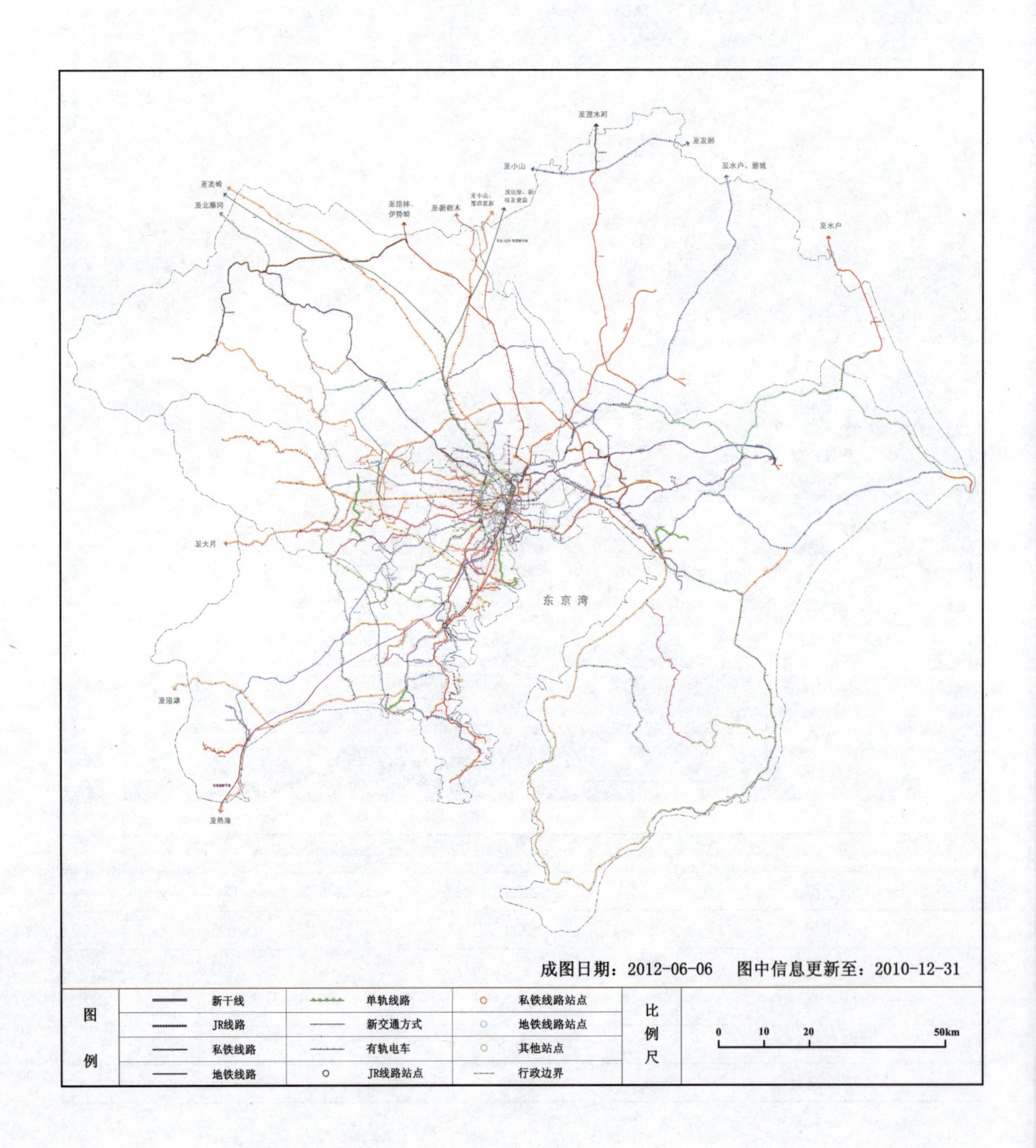

成图日期：2012-06-06　图中信息更新至：2010-12-31

图例				比例尺
新干线	单轨线路	私铁线路站点		0　10　20　50km
JR线路	新交通方式	地铁线路站点		
私铁线路	有轨电车	其他站点		
地铁线路	JR线路站点	行政边界		

东京都市圈轨道线路股道数量图（缩略图）

注：高清全图（图幅 6.8m × 6.8m），详见深圳市规划国土发展研究中心官方网站

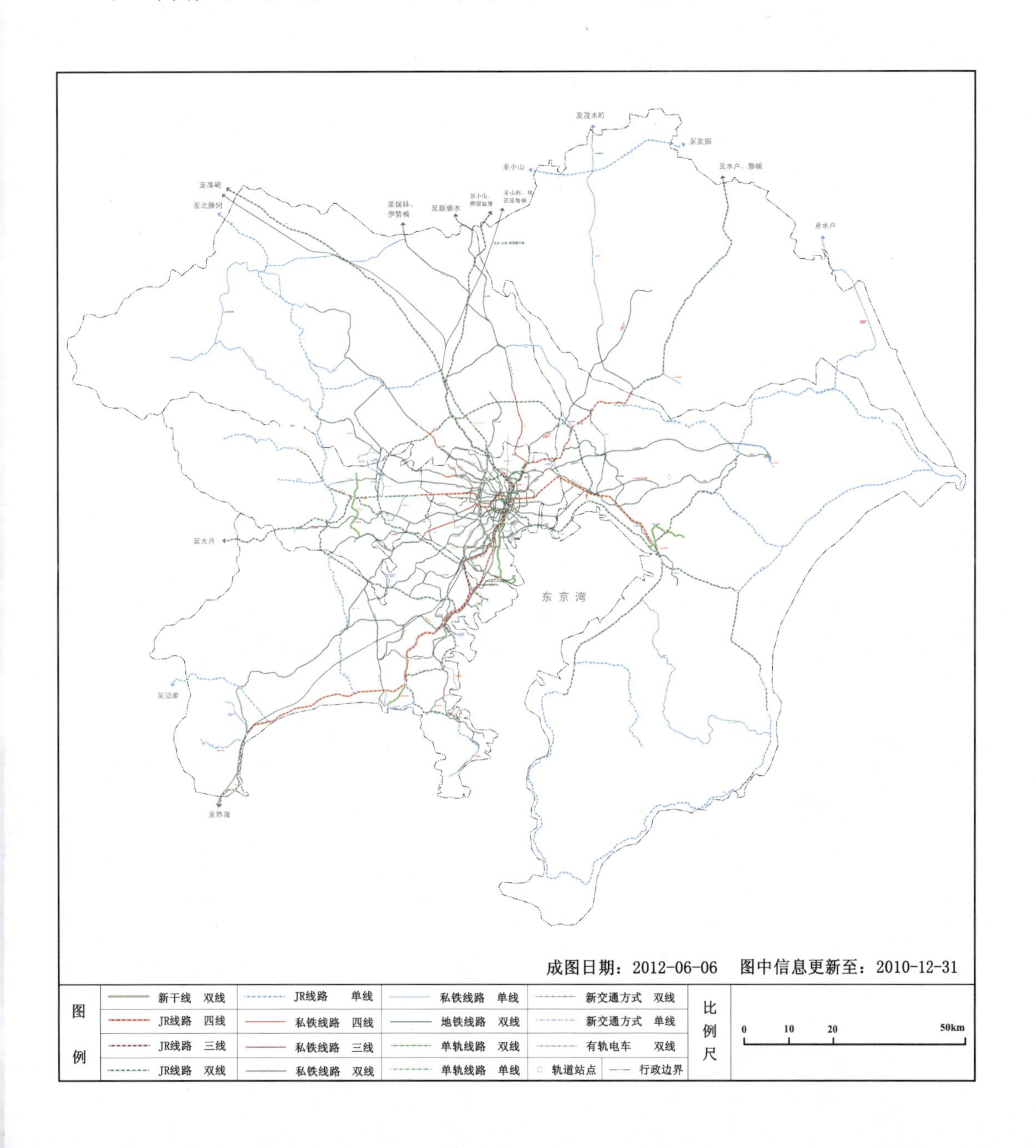

东京都市圈区部地铁直通运营图（缩略图）

注：高清全图（图幅6.8m×6.8m），详见深圳市规划国土发展研究中心官方网站

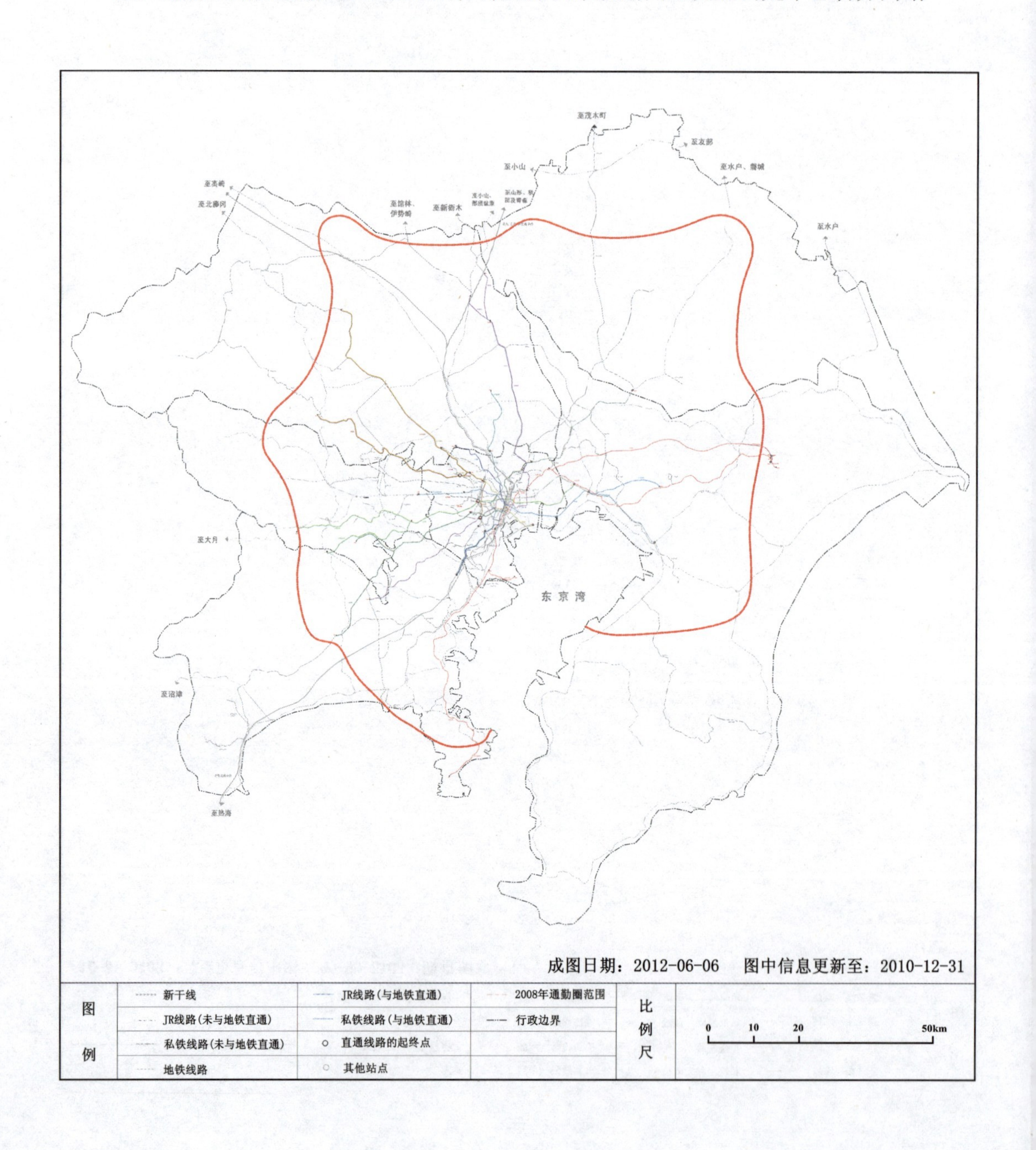

前言
PREFACE

当前我国东中部地区的城市正迈进以都市圈为核心的城市群发展时期，交通设施尤其是轨道交通设施的规划建设在都市圈发展中正发挥着重要作用。如何把握城市和交通形态，引导形成合理的城市功能结构，并构筑宜人、可持续的交通系统，是一个值得深入研究的课题。日本东京都市圈规模巨大且轨道交通发达，其城市及交通（尤其是轨道交通）的规划建设和运营经验教训非常值得我们借鉴。

笔者多年在一线从事城市和交通规划编制及轨道交通建设项目行政服务工作，深知系统而深入研究东京的重要意义，愿为此贡献绵薄之力，因此广为涉猎，谨慎阅研，历时三载始成此书。

本书以东京都市圈轨道交通为主线，紧扣都市圈城市与交通互动发展这一主题，详细解读和研究东京为何称为“轨道上的世界”、如何发展成为“轨道上的世界”以及未来走向何方等问题。具体而言，主要介绍了东京都市圈空间结构、人口与就业分布、土地利用、客运交通需求及轨道交通系统等；分析了城市发展和规划历程、通勤交通演变过程、轨道交通发展和规划历程；解读了轨道管理体制演变与投融资体制机制、轨道发展和城市发展之间的互动关系。同时，基于列车时刻表分析轨道列车运营模式和具体组织方式，总结了各功能层次布局形态。

受篇幅所限，另有40余万字基础资料及成果未能收录，主要包括两个方面：一是东京都市圈人口、岗位、产业、土地利用、交通设施等细分的基础数据；二是东京都市圈各类轨道交通线路概况、制式与编组、列车运营组织、客流、企业与线路发展历程等。读者可在深圳市规划国土发展研究中心官网（http://www.suprc.org）下载上述资料和本书高清附图，笔者希望借此促进对东京都市圈的共同研究。

深圳市规划国土发展研究中心江捷、向劲松、庞乃敬、侯体健、马亮、康雷，实习生王珣、张诚、凌美宁、孙红霞、陈景滢、邓佑凤、周薇、陆再珍、王贶煜、邹芳等为本书资料收集付出了辛勤劳动，尤其是江捷为资料的进一步整理等工作做出了巨大努力。日本学者森地茂博士通过电子邮件的方式对笔者关于东京轨道交通功能层次划分方面的疑惑进行了解答，在此一并表示感谢。

由于作者学识水平有限，书中难免存在不足之处，殷切希望广大读者批评指正，不胜感激。

作　者

2013年3月于深圳

目录
CONTENTS

第一章　都市圈基本情况

第一节　圈层区划

东京旧名江户，始建于1457年，19世纪后半叶明治维新时期成为日本新首都，改名东京。此后经过140多年的发展，东京成为人口3700多万、占地1.6万km^2的国际性大都市圈。东京是日本的政治、经济和文化中心，也是世界三大金融中心之一。按照传统观点，东京可划分为东京首都圈、东京都市圈、东京都、东京区部和东京都心三区5个圈层，见表1–1。

东京都市圈各区域基本情况　　表1–1

区　域	范　　围	面积（km^2）	人口（万人）
东京都心三区	中央、千代田、港区	42	37.5
东京区部	23区	622	894.5
东京都	23区、多摩地区及岛部	2188	1313.4
东京都市圈	东京都、神奈川县、埼玉县、千叶县和茨城县南部	16382	3760.2
东京首都圈	东京都、神奈川县、埼玉县、千叶县、茨城县南部、山梨县、枥木县和群马县	36888	4292.0

注：除东京首都圈为2009年数据外，其余区域均为2010年数据。
资料来源：patmap都市情報｜日本トップページ（根据市町村级数据整理）。

一、东京首都圈

根据1956年日本《首都圈整备法》，东京首都圈包括东京都、神奈川县、埼玉县、千叶县、茨城县、山梨县、枥木县和群马县“一都七县”，面积3.6888万km^2，人口4292万（2009年），如图1–1所示。东京首都圈是日本国家整备政策实施和日本首都圈总体规划的研究对象。

二、东京都市圈

20世纪60年代总务省曾提出“大都市圈”的概念。大都市圈应包括中心城市和周边市町村，其中：中心城市为东京都的特别行政区（东京区部）或中央政令指定市，一般人口规模超过100万；周边市町村要求到中心城市的通勤通学人口不低于其常住人口的1.5%。与城市群相比，都市圈暗含“首位城市”的概念，首位城市集中了中枢功能，其他城市一定程度上依附于首位城市发展。

东京都市圈是以特别行政区东京区部为中心的大都市圈，由东京都及神奈川县、埼玉县、千叶县和茨城南部地区组成，面积 1.6382 万 km^2，人口 3760.2 万（2010 年），如图 1–2 所示。都市圈中心位置的东京火车站与边界之间直线距离 50~100km。东京都市圈内业务和交通联系紧密，相关交通规划和交通调查均以其为研究对象。

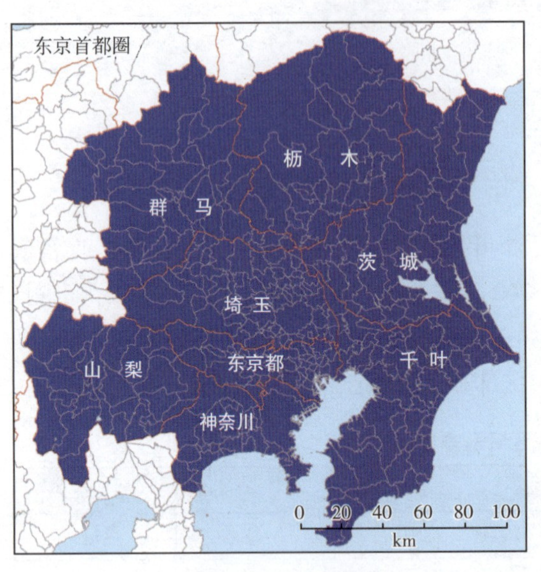

图 1–1 东京首都圈

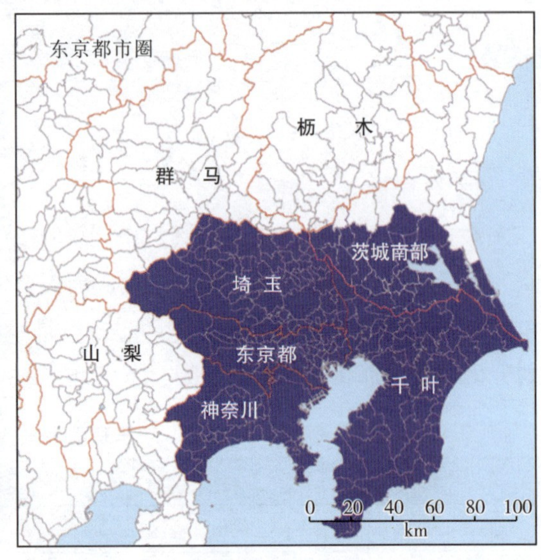

图 1–2 东京都市圈

资料来源：维基百科，东京首都圈和东京都市圈（Wikipedia）。

三、东京都

在正式的行政区划上，东京是指东京都，由东京区部（特别行政区）、西部的多摩地区以及分布在南部海域的伊豆群岛和小笠原群岛等岛部地区组成，面积 2188km^2，人口 1313.4 万（2010 年），约占日本总人口的 10%，如图 1–3 所示。由于东京岛部地区城市化率较低，本著后续内容对东京都市圈及东京都进行分析时，若无特殊说明即不包含岛部地区。

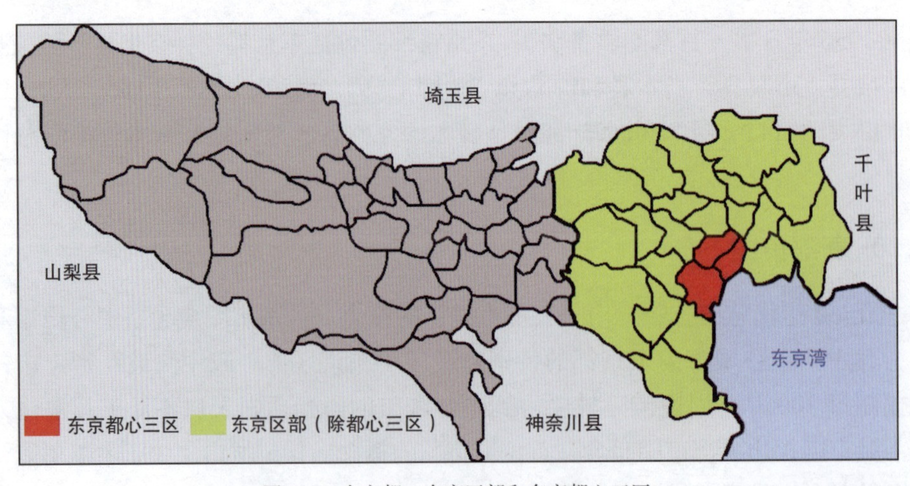

图 1–3 东京都、东京区部和东京都心三区

四、东京区部

东京区部是东京都市圈的中心城区，面积622km^2，人口894.5万（2010年），其范围如图1–3所示。东京区部长宽均约25km，由23个行政区组成。其中：区部千代田区、中央区和港区合称为都心三区；新宿区、文京区、台东区、涩谷区、江东区、目黑区、品川区、墨田区、丰岛区、中野区和荒川区合称为中环11区；江户川区、葛饰区、足立区、北区、板桥区、练马区、杉并区、世田谷区、大田区合称为外围9区。

五、东京都心三区

都心三区是东京区部乃至整个东京都市圈的核心区域，面积约42km^2，人口37.5万（2010年），如图1–3中红色区域所示。在东京都土地利用调查中，将都心三区交界处最核心的商务办公区域称为都心。不同场合下，都心的范围可能发生一定的变化，但基本公认都心是东京都的城市中心，即东京火车站周边的商务、办公和商业聚集地。

在学界，还存在“东京交通圈”的概念，其定义与上述区域有一定区别，主要以通勤交通为考虑因素，因此交通圈也称为通勤圈。东京通勤圈是都市圈内某一区域至区部的通勤量与该区域通勤总量的比例不低于5%的地区总和，其范围大致是以东京站为圆心、半径50km的区域。与东京都市圈相比，不包括埼玉西北部、神奈川西南部和千叶南部等人口密度较低区域，总面积6450km^2，人口约3016万（2002年）。东京都市圈和东京交通圈重点区域基本相同，鉴于东京交通圈范围的模糊性，本书主要以东京都市圈为研究对象。

第二节　在日本的中心地位

长期以来，东京都市圈人口增长率一直位居全日本之首，政治、经济和交通中心地位不断强化，其发展过程显示出强大的聚集趋势。

一、人口增长单极化

1950年后日本经济高速增长，人口由农村和小城市向主要城市迁移，三大都市圈人口均有明显增长。1980年后，日本人口结构发生变化，人口老龄化和少子化问题开始凸显，自然人口增速减缓，劳动力总人口不再增长；三大都市圈中，名古屋和大阪都市圈人口都基本稳定，而东京都市圈人口继续增长，全国人口呈现向东京都市圈一极集中的现象，如图1–4所示。

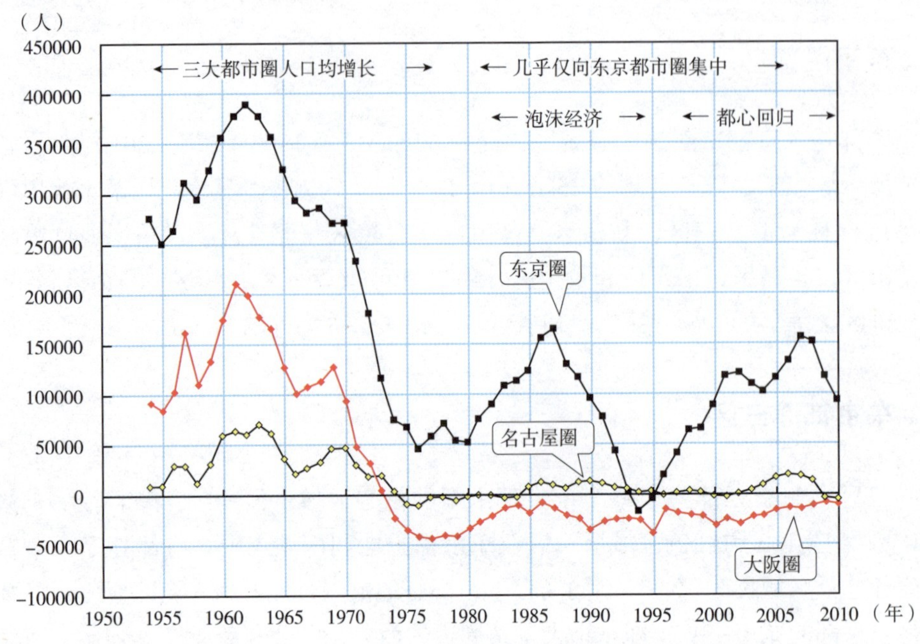

图 1-4　日本三大都市圈人口增量变化统计图（1950~2010 年）

注：此处东京圈不包括茨城南部；名古屋圈包括岐阜县、爱知县和三重县；大阪圈包括京都府、大阪府、兵库县、奈良县及和歌山县共二府四县。

资料来源：总务省统计局，住民基本台账人口移动报告年报。

二、政治机构分布单极化

明治维新时日本将首都迁至东京，日本国会、最高法院、首相官邸以及中央机关等代表国家权力的重要机构聚集于千代田区，而港区则聚集了外国驻日大使馆。随着东京都政府机构和中央安全厅等行政机关的迁入，新宿区也成了东京的重要政治中心之一。虽然东京首都圈多次规划均提出了“分散政治功能，迁移行政机关”的策略，但截止到目前，行政机关的转移工作并未改变东京的政治中心地位，转移机关中部分迁移到区部其他区域，另一部分功能即使迁离区部仍位于都市圈范围内；都心依然保留了大部分政治功能，在都市圈范围内乃至全国仍是政治中心。

三、经济单极化[1]

1996~2006 年，首都圈企业数量占全国的比例始终保持在 30% 左右，而大阪圈和名古屋圈仅为 19% 和 18%。日本的 IT 业和金融业等高附加值的行业表现出更加明显的单极化，如首都圈电子产品制造企业数量是名古屋圈的 2 倍多、大阪圈的 3 倍多；首都圈信息服务类企业数量是名古屋圈的 4 倍、大阪圈的 3 倍；首都圈金融和保险类企业数量占全国的 23%，而大阪圈和中部圈分别占 16% 和 17%，2003 年东京证券交易所的交易量占日本全国总交易量的 95% 以上。

[1] 冯建超，日本首都圈城市功能分类研究，2009。

四、交通单极化

东京都市圈在交通方面的单极化主要体现在两个方面：第一，大规模人口和资本的集聚引发了大量的交通需求，促使城市交通基础设施迅猛发展。随着以东京为中心的通勤圈的扩大，东京近郊地区的铁路网相继与东京区部相连，构成了庞大而复杂的轨道交通体系；东京都市圈道路网密度是名古屋圈和大阪圈总和的2倍。第二，得益于东京的国际枢纽地位，其国际旅客和货物运输量远高于其他两大都市圈。

第三节　职能分工与中心体系

一、职能分工

1985年日本推行“展都型首都机能再配置”政策，先后将22个城市设定为业务核都市，希望培育业务核都市行政、业务、金融、信息服务及会议培训等中枢职能，在外围打造多个功能复合型城市，带动外围发展形成相对独立的小型都市圈（表1–2及图1–5）。通过该计划的实施，各业务核都市根据自身基础和特色逐渐承担不同的职能，东京都市圈在一定程度上形成了区域职能分工体系。

东京都市圈各区域职能分工　　表1–2

区　域	业务核城市	职 能 分 工
东京区部	23区	政治、经济、金融、商业、商务、服务、国际贸易、信息、科技、交通、文化、教育、居住、旅游
东京多摩部	八王子、立川、青梅、町田、多摩	商业、科技、教育、研发、居住
神奈川县	横滨、川崎、厚木、相模原	渔业、工业、商业、商务、服务、国际贸易、科技、教育、研发、居住、旅游、军事
埼玉县	大宫、浦和、川越、熊谷、春日部、越谷	行政、农业、工业、商业、商务、服务、居住、旅游
千叶县	千叶、成田、柏、木更津	农业、渔业、工业、商务、国际贸易、国际交流、居住、国际空港、旅游
茨城县南部	土浦、牛久、筑波	教育、研发、旅游、会展

资料来源：国土交通省，業務核都市。

1. 东京区部

目前，东京区部仍然集中了绝大部分的政治、行政、文化、管理机构以及服务业、批发业、金融业、印刷业部门，发挥着政治和行政、经济、金融、信息、科教文化等中枢职能。东京区部是全国的交通枢纽，拥有强大的对外交通枢纽——东京火车站和羽田国际空港。

2. 东京多摩部

东京多摩地区接受东京区部转移的部分功能，已发展成为都市圈商业、高科技产业、

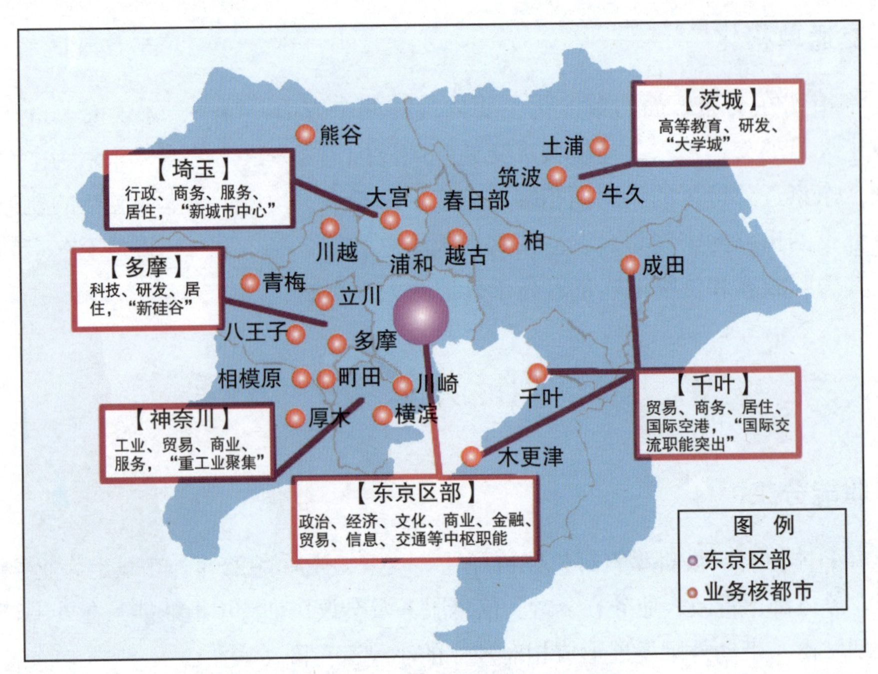

图 1-5　东京都市圈职能分工示意图

研究开发机构、大学的集聚之地。20 世纪后半期，随着东京区部居住功能的减退，东京多摩部一些地区发展成为东京区部的"卧城"，承担了部分居住功能。

3. 神奈川县

神奈川县临近东京区部，是东京都市圈重要的工业集聚地（尤其是重工业）和国际港湾，同时承担了部分研发、商业、国际贸易、居住等职能。其中，横滨市作为都市圈第二大城市，企业总部聚集、国际化程度较高，以商业、商务、服务、国际贸易、教育居住等多项职能为主，拥有国内最重要的对外贸易港——横滨港。川崎市主要承担生产制造和研发职能，其市内的川崎港主要以大企业原料和成品运输服务为主；厚木市的高新技术研发和教育等方面职能比较突出；相模原市工业较发达，同时承担都市圈部分居住功能。另外，横须贺市的横须贺港是日本最大的军事港口。

4. 埼玉县

埼玉县主要接受了东京区部转移的部分国家行政和居住职能，在一定意义上成为日本的副都。其中，原浦和市（现并入埼玉市）是埼玉县的行政中心，接受东京区部广域行政职能的转移后成为日本第二个行政中心；原大宫市（现并入埼玉市）是埼玉县的经济中心，商业、商务等服务业较发达；川越市工业发达，旅游业全日本闻名；春日部农业发达，是东京的蔬菜供应基地。上述城市均是东京都市圈重要的卧城，承担部分居住功能。

5. 千叶县

千叶县以国际空港、工业、居住等职能为主，同时加强了商业、国际贸易、国际交流等职能。其中，千叶市是千叶县的行政中心，拥有日本最大的原料输入港，已经形成以商务和国际贸易为主的业务功能；木更津市拥有具备旅游和贸易双重特性的海港，也是著名的会议中心之一；成田市的成田国际空港是日本主要的国际交通枢纽。

6. 茨城县南部

茨城县南部目前已形成以筑波科学城为主体的大学和研究机构集聚之地。筑波科学城拥有 60 多个科研、教育、企业机构（政府科研机构 46 个），共有科研人员 1 万名，占日本国立科研机构人数的 1/2。近年茨城南部逐步加强会展等国际交流功能。

二、中心体系

目前，东京都市圈呈现“单中心 + 环”的中心体系，“单中心”东京区部集中大部分中枢功能，外围城市接受区部转移的部分功能后成为具有一定特色的业务核都市，外围业务核都市群在空间上构成了围绕区部的“环状”城市体系，如图 1–6 所示。

早在 20 世纪 60 年代，东京都政府提出了建设副都心引导区部由东京都心的高度聚集结构向区部多中心结构转移。经过多年的发展，目前东京区部依托 JR 山手线沿线综合交通枢纽打造了“一核七心”的城市结构，其中“一核”是指东京都心，“七心”是指七个副都心，即池袋、新宿、涩谷、大崎、上野—浅草、锦系町—龟户、临海。副都心基本上位于 JR 山手线与放射轨道线路的交汇处，充分利用了交通枢纽对商务及人流的聚集效应，如图 1–7 所示。

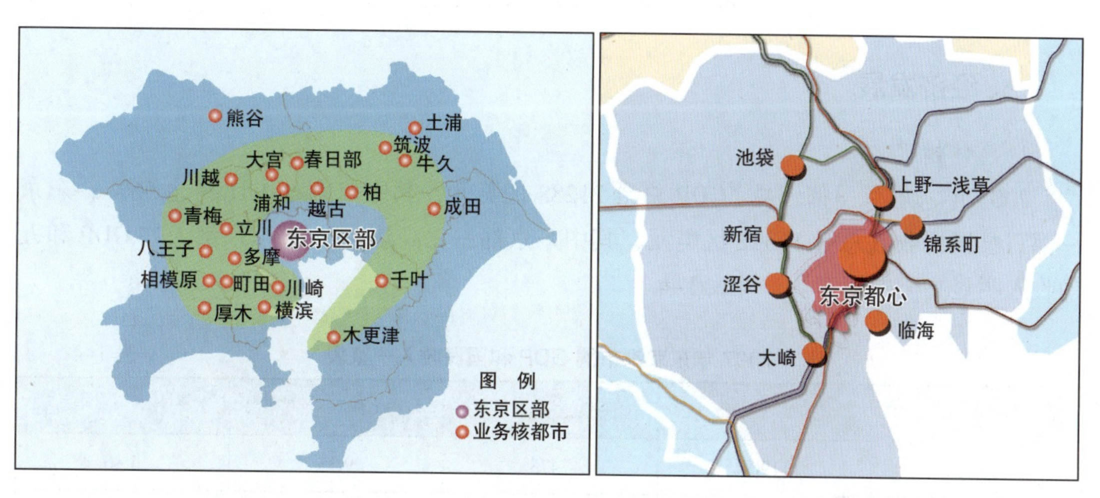

图 1–6　东京都市圈“单中心 + 环”结构示意图　　图 1–7　东京区部“一核七心”的城市结构

东京区部副都心是多功能高度复合的商务区域，在满足商务活动的同时还具有商业、文化、娱乐、居住等其他功能。其中，最先发展的新宿副都心，因东京都政府的迁入成为最大的副都心，目前新宿综合交通枢纽以东为商业娱乐中心，以西为行政办公及商务办公中心。最晚发展的临海副都心吸取了以丹下健三为代表所提出的东京湾未来发展规划设想，一方面扩展商务办公空间满足国际商务活动需求，增加居住及配套设施缓解东京中心地区用地功能的不平衡；另一方面强调新都心的信息化和智能化，把建设东京通讯港作为发展的重要目标。东京“一核七心”主要功能定位见表 1–3。

东京区部“一核七心”主要功能定位 表1-3

名 称	主 要 功 能 定 位
都心	政治中心，经济中心，国际金融中心
新宿	第一大副中心，带动东京发展的商务办公、娱乐中心
池袋	第二大副中心，商业购物、娱乐中心
涩谷	信息中心，商务办公、文化娱乐中心
上野—浅草	传统文化旅游中心
大崎	高新技术研发中心
锦系町—亀户	商务、文化娱乐中心
临海	面向未来的国际文化、技术、信息交流中心

资料来源：东京都，The Tokyo Plan 2000。

第四节 社会经济

一、经济发展

1. 总体情况

2007年，东京一都三县[1]GDP总量21288亿美元，其中东京都占比高达56%；东京一都三县国民收入总量16322亿美元，其中东京都占比高达46%；东京都人均GDP和人均收入明显高于外围三县，见表1-4。

2007年东京都市圈GDP和国民收入一览表 表1-4

区 域	GDP（亿美元）	国民收入（亿美元）	人均GDP（万美元）	人均收入（万美元）
东京都	11907	7473	9.33	5.86
神奈川县	4123	3762	4.64	4.24
埼玉县	2723	2719	3.84	3.84
千叶县	2535	2368	4.16	3.88
东京一都三县	21288	16322	6.11	4.69

注：国民收入包括雇佣者报酬、财产所得（非企业部门）及企业所得等部分。
资料来源：内阁府，国民经济計算，2008。

---

[1] 由于缺少县级以下行政区域的经济统计数据，无法提取茨城南部相关数据，故以一都三县（东京都、神奈川县、埼玉县和千叶县）经济数据统计分析。

2. 三次产业

东京一都三县第三产业 GDP 比重达 81.48%，其中东京都高达 87.13%；一都三县第二产业 GDP 比重 18.25%，第一产业的 GDP 比重不到 0.3%。总体上，东京都市圈产业结构以第三产业为主，仍然具有一定比例的第二产业，但主要分布在外围三县，见表 1–5。

2007 年东京都市圈三大产业 GDP 及比重

表 1–5

区　域	GDP（亿美元）			GDP 比重（%）		
	一产	二产	三产	一产	二产	三产
东京都	5	1624	11034	0.04	12.82	87.13
神奈川县	7	1046	3187	0.17	24.68	75.15
埼玉县	15	744	2039	0.55	26.59	72.86
千叶县	32	657	1918	1.23	25.21	73.57
一都三县总计	59	4071	18178	0.27	18.25	81.48

资料来源：内阁府，国民経済計算，2008。

3. 主要行业

2008 年东京都占 GDP 比重前四位的行业依次为服务业 26.4%、批发零售业 18.6%、不动产业 11.9%、金融保险业 11.6%。东京都各行业中金融保险业、批发零售业、服务业的比重明显高于日本平均值。2006 年东京都各行业单位数、就业人员、单位平均产值和人均产值见表 1–6，其中服务业就业人员达 345 万，占总就业人员的 40%，如图 1–8 所示。

在人均产值方面，排名前三位的行业依次是水电煤气供应业、不动产业、金融保险业，见表 1–6。水电煤气供应业属于公共事业，存在垄断性质并且器械化程度很高，其人均产值高，具有行业特殊性；不动产业及金融保险业属于市场化程度高的对客型行业，其人均产值反映出上述行业属于东京都的高端行业。

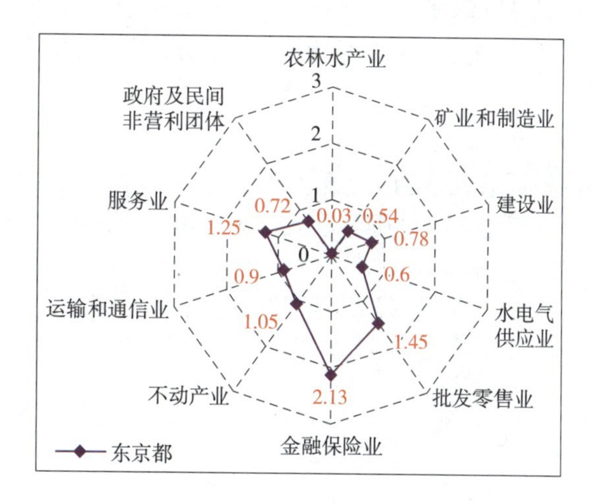

图 1–8　东京都各行业 GDP 比例与全国平均水准的当量[1]

资料来源：东京都，平成 20 年都民経済計算年報。

[1] 东京都某行业 GDP 比例与全国平均水平的当量等于该行业东京都 GDP 占比除以其全国 GDP 占比。

2006 年东京都各行业平均产值

表 1-6

行　业	矿业	建筑业	制造业	供应业	通信运输业
GDP（亿美元）	3.60	590.92	1223.09	221.31	749.86
单位数	78	42905	62996	429	41665
就业人员（人）	2638	445770	896860	30861	1166044
单位平均产值（万美元）	461.42	137.73	194.15	5158.80	179.97
人均产值（万美元）	13.64	13.26	13.64	71.71	6.43
行　业	批发零售业	金融保险业	不动产业	服务业	政府公务
GDP（亿美元）	2410.31	1824.40	1477.55	3622.91	499.72
单位数	175715	9813	51634	300353	2016
就业人员（人）	1850150	357640	248678	3453064	235470
单位平均产值（亿美元）	137.17	1859.16	286.16	120.62	2478.77
人均产值（万美元）	13.03	51.01	59.42	10.49	21.22

资料来源：东京都，平成 20 年都民経済計算年報。

二、人口

1. 总体情况

2010 年东京都市圈总人口约 3760.2 万，其中东京都 1313.4 万，神奈川县 903.6 万，埼玉县 735.2 万，千叶县 622.5 万，茨城南部 185.5 万。1920~2009 年，东京都市圈人口总体呈增长趋势，主要是由于东京都市圈在日本全国呈单极化发展态势，社会经济资源集中，全国人口向本都市圈范围内聚集。近 20 年东京都市圈人口增长放缓，年增长率基本维持在 0.5% 左右，略高于东京首都圈，且依旧高于全国平均水平。1965 年前，东京都市圈内各都县人口均呈上升趋势，东京都范围内人口增长快于外围各县；1965 年后，东京都人口趋于稳定，外围各县人口增长虽有所缓和，但仍保持增长态势，如图 1-9 所示。

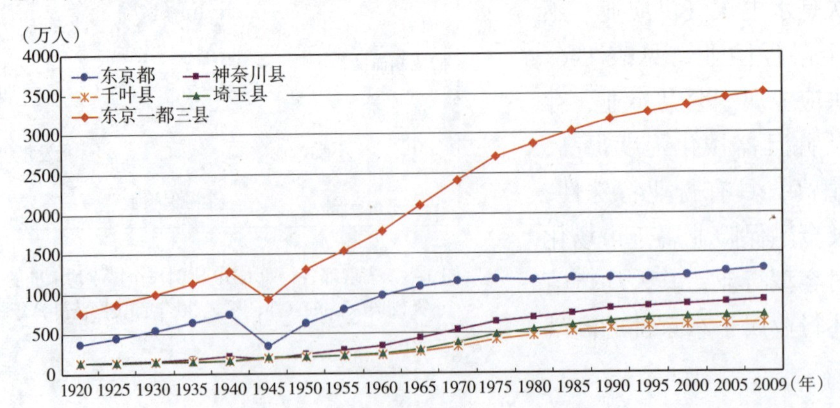

图 1-9　东京一都三县人口历年统计数据（1920~2009 年）

资料来源：总务省统计研修所，第五十八回日本统计年鉴，2009。

2. 人口分布

2010 年东京都市圈人口密度为 2295 人 /km²，其中东京都人口密度达到 7391 人 /km²，远高于外围的神奈川县、埼玉县、千叶县及茨城南部地区。东京都范围内，东京区部（除都心三区）的人口密度 14915 人 /km²；都心三区居住人口反而相对较少，人口密度 8902 人 /km²；东京多摩部人口密度最低，仅为 3608 人 /km²。神奈川县范围内，川崎市和横滨市的人口密度分别达到了 9846 人 /km² 和 8424 人 /km²，远高于县平均人口密度 3738 人 /km²。埼玉市和千叶市人口密度虽然都高于所在县平均水平，但与京滨工业带（东京区部、川崎市和横滨市）相比仍有一定差距。2005 年，东京都市圈劳动力人口（就业人口和待业人口之和）1859 万，其中东京都劳动力人口 625 万，都市圈外围劳动力人口比例高于区部，见表 1–7 及图 1–10。

2010 年东京都市圈各地区人口分布　　表 1–7

区　域	人口（人）	面积（km²）	劳动人口（人）	劳动人口比例（%）	人口密度（人 /km²）
东京都心三区	375308	42.16	149218	45.82	8902
东京区部	8949447	617.03	4255010	50.95	14504
东京都	13133958	1776.92	6253755	50.49	7391
东京区部（除都心三区）	8574139	574.87	4105792	51.15	14915
东京都（除区部）	4184511	1159.89	1998745	49.54	3608
东京都市圈	37601723	16382.03	18588582	51.49	2295
东京都市圈（除东京都）	24467765	14605.11	12334827	52.01	1675
神奈川县	9035827	2417.01	4563933	52.14	3738
埼玉县	7352194	3921.55	3720823	52.54	1875
千叶县	6224850	5228.05	3073709	50.94	1191
茨城南部	1854894	3038.50	976362	52.89	610
横滨市—川崎市	5101608	581.25	2571533	52.79	8777
横滨市	3681279	437.00	1834323	51.74	8424
川崎市	1420329	144.25	737210	55.59	9846
埼玉市	1222910	217.49	609173	51.95	5623
千叶市	947223	272.08	458378	49.85	3481

注：本著中“横滨市—川崎市”表示以两市为整体进行统计；总人口为 2010 年数据，劳动人口为 2005 年数据。
资料来源：总务省统计研修所，第五十八回日本统计年鉴，2009；patmap 都市情報 | 日本トップページ（根据市町村级数据整理）。

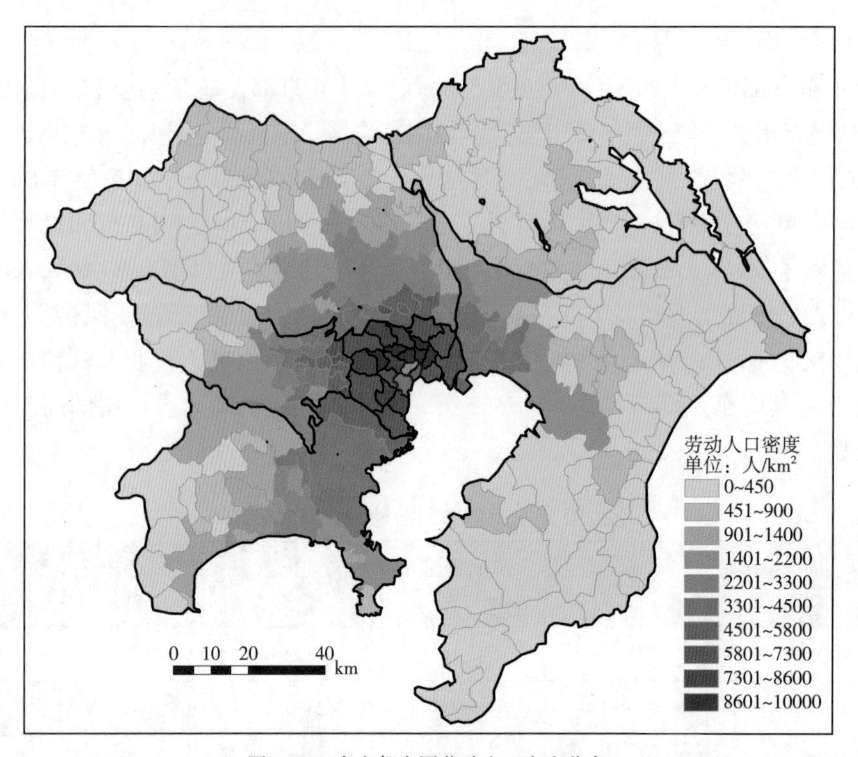

图 1-10 东京都市圈劳动人口密度分布
资料来源：patmap 都市情報 | 日本トップページ（根据市町村级数据整理，经 GIS 分析制作）。

2005 年东京都市圈就业人口为 1760 万，其中东京都就业人口 590 万，外围地区 1170 万。东京都市圈就业人口占总人口的比例达 48.76%，外围地区就业人口比例高于东京都。东京都就业人口中，管理者和有佣业主与无佣业主人数比例为 17.45%，其中都心三区这一比例高达 28.15%。都心三区的高房价抬高了居住门槛，因而常住就业人口中管理者和业主比例相对较高。东京都市圈各地区居家就业比例普遍在 2%~4%，茨城南部最高，为 6.47%，见表 1-8。

2005 年东京都市圈各地区就业人口分布 表 1-8

区　域	就业人口（人）	就业人口比例（%）	员工比例（%）	管理者比例（%）	有佣业主比例（%）	无佣业主比例（%）	居家就业比例（%）
东京都心三区	143637	44.11	68.33	17.10	3.98	7.07	3.50
东京区部	4011554	48.03	76.76	9.03	3.05	6.93	3.31
东京都	5900320	47.64	78.55	7.97	2.86	6.62	3.10
东京区部（除都心三区）	3867917	48.19	77.08	8.73	3.02	6.92	3.30
东京都（除区部）	1888766	46.82	82.33	5.71	2.46	5.97	2.67
东京都市圈	17604141	48.76	81.11	6.27	2.51	6.39	3.34
东京都市圈（除东京都）	11703821	49.35	82.41	5.41	2.33	6.28	3.46
神奈川县	4324535	49.41	83.95	5.59	2.30	5.42	2.49

续上表

区 域	就业人口（人）	就业人口比例（%）	员工比例（%）	管理者比例（%）	有佣业主比例（%）	无佣业主比例（%）	居家就业比例（%）
埼玉县	3509189	49.55	82.18	5.55	2.24	6.61	3.41
千叶县	2948583	48.86	81.88	5.24	2.37	6.49	4.00
茨城南部	921514	49.92	77.73	4.62	2.68	8.37	6.47
横滨市—川崎市	2433868	49.96	84.61	5.92	2.19	5.12	2.13
横滨市	1736859	48.99	84.36	6.07	2.25	5.14	2.16
川崎市	697009	52.56	85.23	5.55	2.05	5.09	2.08
埼玉市	576575	49.17	83.82	6.15	2.12	5.37	2.54
千叶市	431779	46.96	85.40	5.28	2.19	4.94	2.19

资料来源：总务省统计研修所，第五十八回日本统计年鉴，2009；patmap 都市情報 | 日本トップページ（根据市町村级数据整理）。

2005 年东京都市圈各圈层人口及就业人口，见表 1–9。都市圈人口和就业人口主要分布在距东京站 50km 范围内，其中 10~20km 及 30~40km 圈层就业人口比例较高。10~20km 圈层主要对应区部中外围 9 区，是区部人口最为密集的地区；30~40km 圈层是业务核都市分布最多的圈层，聚集了一定规模的人口。

2005 年东京都市圈各圈层人口及就业人口统计 表 1–9

圈 层 范 围	人口（人）	就业人口（人）	就业率（%）	占总就业人口比例（%）
10km 以内	3492412	1689086	48.36	9.59
10~20km	8824740	4338085	49.16	24.64
20~30km	4897646	2379336	48.58	13.52
30~40km	7607453	3703165	48.68	21.04
40~50km	5844876	2805161	47.99	15.93
50~60km	2727954	1339000	49.08	7.61
60~70km	920500	456816	49.63	2.59
70km 以上	1786280	893492	50.02	5.08

资料来源：patmap 都市情報 | 日本トップページ（根据市町村级数据整理并经 GIS 分析而成）。

3. 人口老龄化

按照联合国标准，老年人（65 岁以上）比例超过 14% 即称为老龄化社会。2005 年东京都、神奈川县、埼玉县、千叶县和茨城南部地区 65 岁以上人口（老年人群）比例分别为 18.46%、16.91%、16.45%、17.57% 及 18.34%，因此东京都市圈已全面进入老龄化社会。都市圈各地区 65 岁以上人口比例均高于 15 岁以下人口（少年人群）比例，老龄化程度面临进一步加剧的境地（表 1–10）。2008 年，东京都老年人群比例已达 22.1%，按照联合国标准东京都现已步入“超级老龄化社会”行列，如图 1–11 所示。

2005 年东京都市圈各区域人口年龄结构　　表 1-10

区　域	15 岁以下人口（万人）	15~64 岁人口（万人）	65 岁以上人口（万人）	15 岁以下人口比例（%）	15~64 岁人口比例（%）	65 岁以上人口比例（%）
东京都心三区	3.03	23.80	5.74	9.29	73.08	17.63
东京区部	90.11	588.23	156.86	10.79	70.43	18.78
东京都	142.11	867.82	228.70	11.47	70.06	18.46
东京区部（除都心三区）	87.08	564.43	151.12	10.85	70.32	18.83
东京都（除区部）	52.00	279.59	71.84	12.89	69.30	17.81
东京都市圈	467.99	2509.11	633.09	12.96	69.50	17.54
东京都市圈（除东京都）	325.88	1641.29	404.39	13.74	69.21	17.05
神奈川县	118.46	608.81	148.03	13.53	69.55	16.91
埼玉县	99.27	492.48	116.47	14.02	69.54	16.45
千叶县	81.93	415.46	106.03	13.58	68.85	17.57
茨城南部	26.21	124.53	33.86	14.20	67.46	18.34
横滨市—川崎市	65.62	341.74	79.80	13.47	70.15	16.38
埼玉市	17.02	81.57	18.68	14.52	69.56	15.93
千叶市	12.76	63.97	15.22	13.88	69.57	16.55

资料来源：patmap 都市情報 | 日本トップページ（根据市町村级数据整理）。

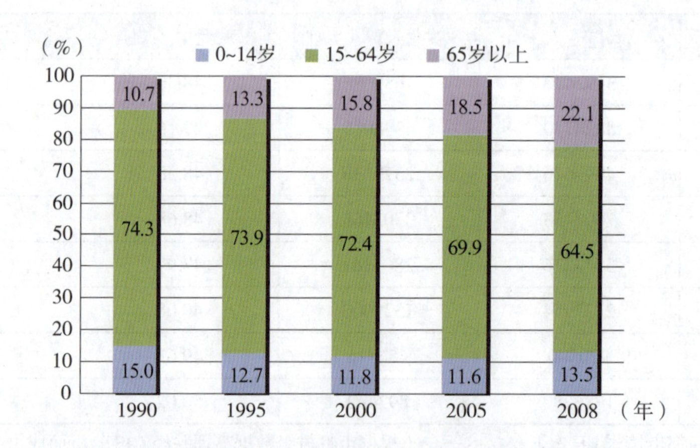

图 1-11　东京都老年人群比例变化趋势

资料来源：东京都，东京都的人口（Population of Tokyo）。

东京都市圈劳动力的不足迫使女性和老年人就业者数量增加，如图 1-12、图 1-13 所示。1985~2005 年东京都 25~64 岁女性的劳动力率全面大幅上升，与之相比，男性劳动力率基本维持稳定。根据日本高龄社会白皮书的统计数据，1999~2010 年日本 60 岁以上男性就业者数量呈上升趋势，其中 1995~2005 年东京都 65 岁以上老年人就业者总数增加了 22 万。

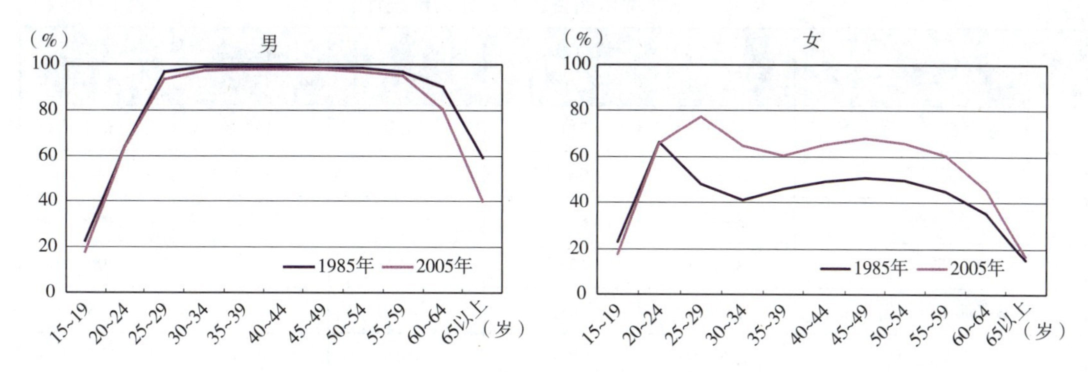

图 1-12 东京都男性和女性各年龄段就业率的变化（1985 年和 2005 年）
资料来源：东京都，東京の労働力。

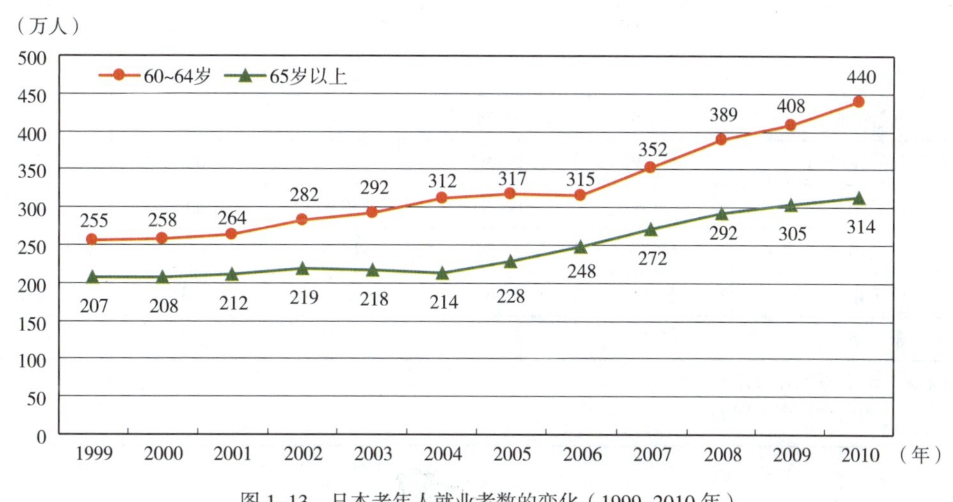

图 1-13 日本老年人就业者数的变化（1999~2010 年）
资料来源：内閣府，高齢社会対策——高齢社会白書。

三、就业岗位

1. 总体情况

2005 年，东京都市圈岗位规模约 1760 万，其中东京都就业岗位约 818 万，占都市圈的 46%。东京都范围内区部就业岗位约 669 万，占东京都的 82%。东京区部就业岗位比例最高的 5 个行业依次为批发零售业、服务业、信息通信业、制造业和餐饮酒店业，比例分别为 21.42%、19.61%、9.89%、9.74% 及 8.73%。

2. 就业岗位分布

2005 年东京都市圈岗位密度 1075 个 /km^2，岗位分布呈现出东京都明显高于外围各县，都县核心区域明显高于都县周边地区的特征，见表 1-11 及图 1-14。都市圈就业岗位主要分布在距东京站 10km 以内及 10~20km 圈层，即东京区部范围内；30~40km 圈层分布大量业务核都市，也聚集了一定规模的就业岗位；50km 以上圈层就业岗位数较少，具体圈层统计数据见表 1-12。

2005 年东京都市圈各区域就业岗位统计　　表 1-11

区　域	就业人口（万人）	就业岗位（万个）	岗位与就业人口差	岗位与就业人口比	岗位密度（个 /km²）
东京都心三区	14.36	211.72	197.36	14.74	50218
东京区部	401.16	669.37	268.21	1.67	10848
东京都	590.03	818.14	228.11	1.39	4604
东京区部（除都心三区）	386.79	457.65	70.86	1.18	7961
东京都（除区部）	188.88	148.77	–40.10	0.79	1283
东京都市圈	1760.41	1760.32	–0.10	1.00	1075
东京都市圈（除东京都）	1170.38	942.18	–228.21	0.81	645
神奈川县	432.45	354.74	–77.71	0.82	1468
埼玉县	350.92	272.41	–78.51	0.78	695
千叶县	294.86	229.29	–65.57	0.78	439
茨城南部	92.15	85.74	–6.42	0.93	282
横滨市—川崎市	243.39	198.25	–45.13	0.81	3411
横滨市	173.69	142.91	–30.77	0.82	3270
川崎市	69.70	55.34	–14.36	0.79	3836
埼玉市	57.66	48.64	–9.02	0.84	2236
千叶市	43.18	40.30	–2.87	0.93	1481

资料来源：总务省统计研修所，第五十八回日本统计年鉴，2009；patmap 都市情報 | 日本トップページ（根据市町村级数据整理）。

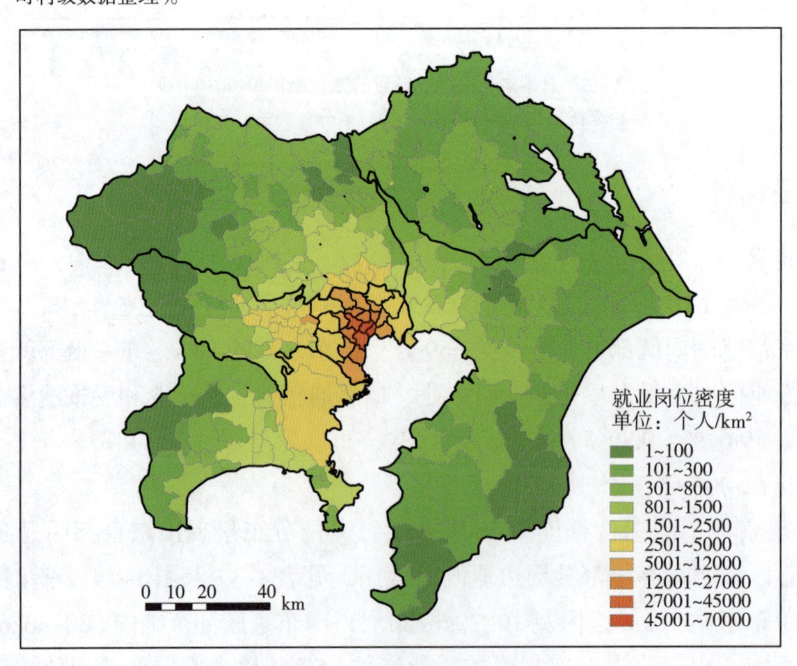

图 1-14　东京都市圈岗位密度分析

资料来源：patmap 都市情報 | 日本トップページ（根据市町村级数据整理，经 GIS 分析制作）。

2005 年东京都市圈各圈层岗位分布统计 表 1-12

圈 层 范 围	就业人口（人）	岗位数（个）	岗位数比例（%）
10km 以内	1689086	4939398	28.06
10~20km	4338085	3281106	18.64
20~30km	2379336	1712018	9.73
30~40km	3703165	2939613	16.70
40~50km	2805161	2299253	13.06
50~60km	1339000	1189995	6.76
60~70km	456816	414576	2.36
70km 以上	893492	827201	4.70
合计	17604141	17603160	100

资料来源：patmap 都市情報 | 日本トップページ（根据市町村级数据整理，经 GIS 分析制作）。

东京都市圈就业岗位与就业人口的集聚分布特征呈现较大差异，就业岗位聚集程度明显高于人口聚集程度。人口主要分布东京区部以及周边地区的主要城市，呈大饼状铺开；而就业岗位仅集中在京滨工业带以及紧靠区部的千叶滨海区域和埼玉南部区域。就业岗位密度与就业人口密度差值清晰地反映了东京都市圈就业形态，东京都心及副都心所在各区差值较大，形成“岗位人口差值高地”，大量就业岗位需要外围就业人口填补；距东京站10~30km 范围就业岗位密度明显少于就业人口密度，形成“岗位人口差值洼地”，对比就业岗位密度图，该范围虽也分布了一定数量的岗位，但居住功能却更为强大；30~50km 范围就业岗位密度也少于就业人口密度，但不如 10~30km 范围差值明显，该现象表明有部分就业人口前往都心、副都心和业务核都市就业，但受距离因素的影响其比例明显下降；50km 以外地区由于岗位和就业人口均较少，职住处于平衡状态，如图 1-15 所示。

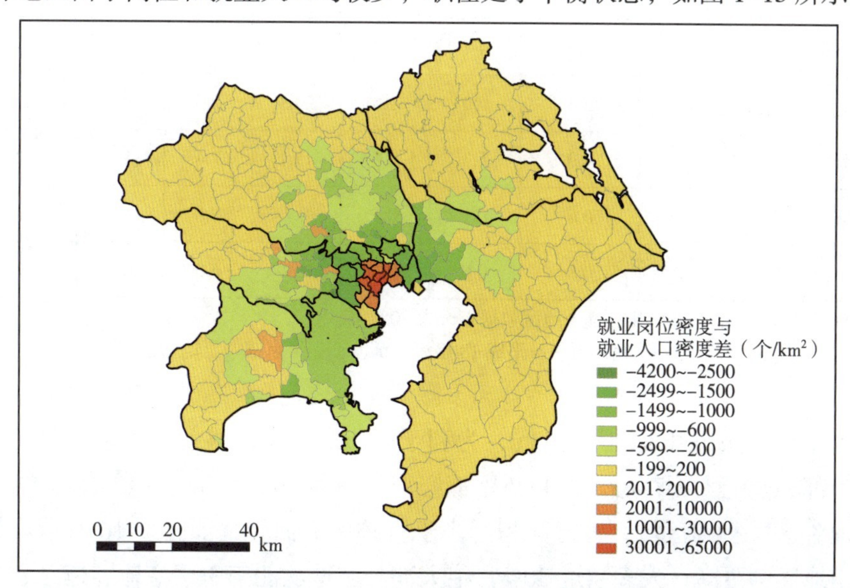

图 1-15 岗位就业人口差值密度图

资料来源：patmap 都市情報 | 日本トップページ（根据市町村级数据整理，经 GIS 分析制作）。

第五节 东京都土地利用

日本的土地分类方式与我国有所不同，一级分类为宅地、其他（屋外利用地）、公园等用地、未利用土地、道路等用地、农用地、水面、森林和原野九大类。其中宅地是指作为建筑物地基的土地，可以直观理解为为建筑物提供的建设用地。与日本相比，我国建设用地应包括宅地、其他（屋外利用地）、公园等用地、道路等用地以及未利用土地等。

一、土地利用概况

2006年东京区部宅地、道路及公园等大类用地比例分别57.2%、21.8%及6.3%，远高于多摩和岛部区域。多摩地区分为都市部和山村部两个子区域，其中：都市部属于人口比较集中的地区，2007年宅地面积达34.2%，森林和原野土地面积占33.2%；而山村部以及东京岛部绝大部分土地为森林和原野，宅地比例分别为0.8%和3.8%，见表1-13。

东京都各类用地比例 表1-13

东京都		面积（km^2）	各大类用地比例（%）								
			宅地	其他（屋外利用地）	公园	未利用土地	道路	农用地	水面	森林	原野
东京区部	区部合计	622.0	57.2	4.7	6.3	3.1	21.8	1.1	4.9	0.1	0.8
	千代田区	11.6	57.3	1.0	6.8	2.2	27.1	0.0	5.7	0	0
	中央区	10.2	42.9	2.8	4.7	3.0	29.5	0.0	17.2	0	0
	港区	20.4	60.4	2.6	6.9	2.5	24.3	0.0	3.3	0	0
多摩都市部		836.4	34.2	4.9	5.3	2.5	11.1	7.4	1.5	30.2	3.0
多摩山村部		331.1	0.8	0.6	0.1	0.1	0.7	0.8	1.7	95.0	0.3
东京岛部		396.6	3.8	0.8	0.6	0.3	2.9	6.0	0.1	71.5	14.1

注：东京区部数据年份为2006年，其余地区数据年份为2007年。

资料来源：东京都，東京都の土地利用——平成18年東京都区部；東京都の土地利用——平成19年多摩・島しょ地域。

根据《东京新城市开发利用方针》，为利于城市的开发和整备，东京区部商务核心区域被划分为都心及七大副都心。都心与副都心均为商务中心区（CBD），有别于都心三区、新宿区、涩谷区等行政区域，占地面积远小于行政区划面积，如图1-16所示。都心和副都心道路用地比例更高，大多超过30%，绝大部分土地功能集中于宅地、道路和公园等用途，见表1-14。

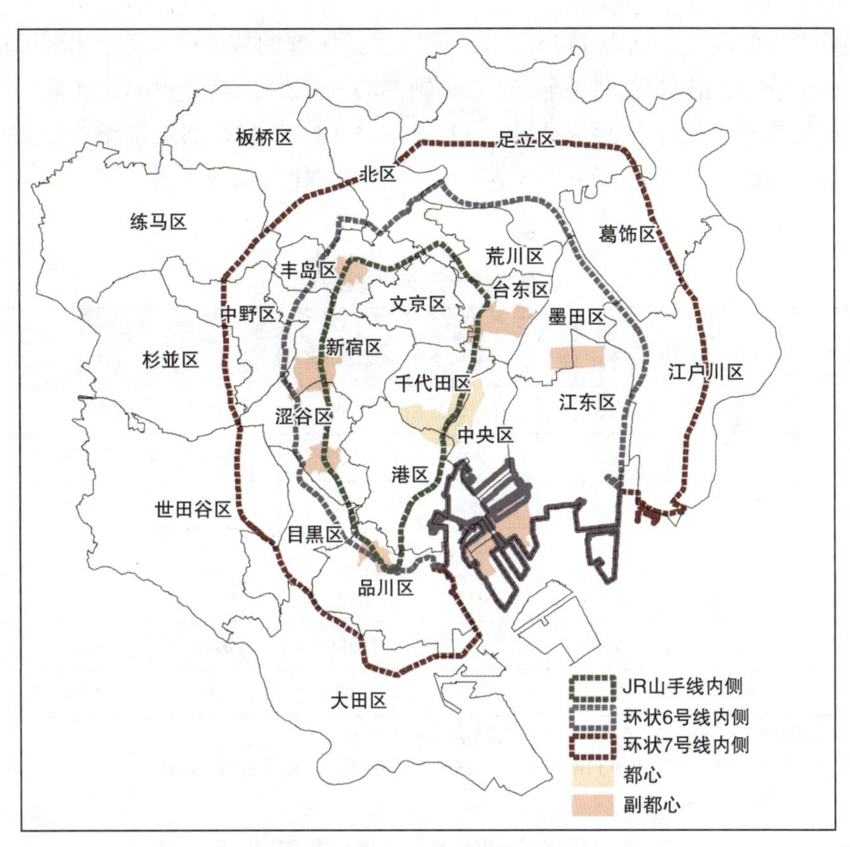

图 1-16　都心及副都心区域范围

资料来源：东京都，東京都の土地利用——平成 18 年東京都区部。

2006 年东京“一核七心”各类用地比例　　表 1-14

区　域	面积（km^2）	各大类用地比例（%）								
		宅地	其他（屋外利用地）	公园	未利用土地	道路	农用地	水面	森林	原野
都心	5.4	54.5	0.9	3.9	2.7	37.5	0	0.4	0	0
新宿	2.7	56.6	2.8	4.1	3.6	32.9	0	0.1	0	0
涩谷	1.5	63.5	1.8	1.3	2.2	30.9	0	0.3	0	0
池袋	1.3	54.1	2.0	2.8	2.8	38.3	0	0	0	0
大崎	1.3	52.0	3.5	1.0	7.0	33.4	3.2	0	0	0
上野—浅草	2.7	58.4	2.9	2.6	1.0	35.2	0	0	0	0
锦系町—龟户	2.1	53.9	3.7	5.9	1.1	34.0	1.3	0	0	0
临海	4.4	26.8	8.9	19.4	20.9	23.3	0.7	0	0	0

资料来源：东京都，東京都の土地利用——平成 18 年東京都区部。

东京都范围内，区部开发强度较大，毛容积率和净容积率[1]分别为 0.99 和 1.72，均

[1] 根据东京都《东京的土地利用》报告对毛容积率及净容积率的定义：毛容积率 = 建筑物总建筑面积 / 土地利用面积；净容积率 = 建筑物总建筑面积 / 宅地面积。

高于东京都的其他区域，见表1–15。都心三区作为区部的核心，其毛容积率和净容积率是区部平均水平的2倍左右。特别是都心和副都心等CBD，净容积率往往高达4.0以上，其开发情况代表东京都市圈最高水平，见表1–16。整个东京都范围城市建筑景观特征基本呈现都心和副都心等商务中心区高楼林立，而其他大部分地区多被低层建筑覆盖的特征。

东京都土地利用详细指标 表1–15

区 域		面积（km^2）	宅地面积（km^2）	建筑栋数（栋）	毛容积率	净容积率	建筑面积（万m^2）	平均层数
东京区部	区部合计	622.0	355.8	1641031	0.99	1.72	61814.6	2.5
	千代田区	11.6	6.7	11909	2.22	3.87	2517.9	5.3
	中央区	10.2	4.4	17997	2.22	5.17	2318.7	4.7
	港区	20.4	12.32	29671	2.07	3.42	4333.8	4.0
多摩都市部		836.4	286.1	986907	0.29	0.86	24205.1	1.9
多摩山村部		331.1	2.64	—	0.003	0.40	109.0	1.5
东京岛部		396.6	15.07	—	0.012	0.30	382.3	1.2

注：东京区部数据年份为2006年，其余地区数据年份为2007年。

资料来源：东京都，東京都の土地利用——平成18年東京都区部；東京都の土地利用——平成19年多摩・島しょ地域。

2006年东京“一核七心”土地利用详细指标 表1–16

区 域	面积（km^2）	宅地面积（km^2）	建筑栋数（栋）	毛容积率	净容积率	建筑面积（万m^2）	平均层数
都心	5.4	3.0	5982	3.35	6.15	1820	5.7
新宿	2.7	1.5	3839	3.54	6.25	950	4.8
涩谷	1.5	1.0	2943	2.77	4.36	420	5.0
池袋	1.3	0.7	2443	3.07	5.68	410	5.3
大崎	1.3	0.7	1721	3.98	7.65	510	4.8
上野—浅草	2.7	1.6	10957	1.40	2.39	380	3.7
锦系町—龟户	2.1	1.1	5560	1.60	2.97	330	3.2
临海	4.4	1.2	418	0.80	2.98	350	2.8

资料来源：东京都，東京都の土地利用——平成18年東京都区部。

东京都市圈的地价情况基本符合地租理论，即由中心地带向外围逐渐降低。其中都心和副都心地价处于最高等级水平，区域内部基础设施完善、交通发达，是盈利性高的商业和高端服务业的聚集中心。都市圈外围区域地价相对较低，但交通的便利性以及基础设施的完善程度相对也较低。人们根据自己的经济承受能力和对交通基础设施的要求选择合适的居住区域，通常这类区域用途的确定是经济、居住环境、生活设施和交通等因素综合作用的结果。神奈川县横滨和川崎、多摩地区的立川和调布、埼玉市浦河区和大宫区作为区域的中心，聚集了一定程度的商业和居住功能，其地价水平相对周边区域较高。此外，轨道交通对地价的影响较大，都市圈外围区域轨道沿线土地价格明显高于其他区域，如图1-17所示。

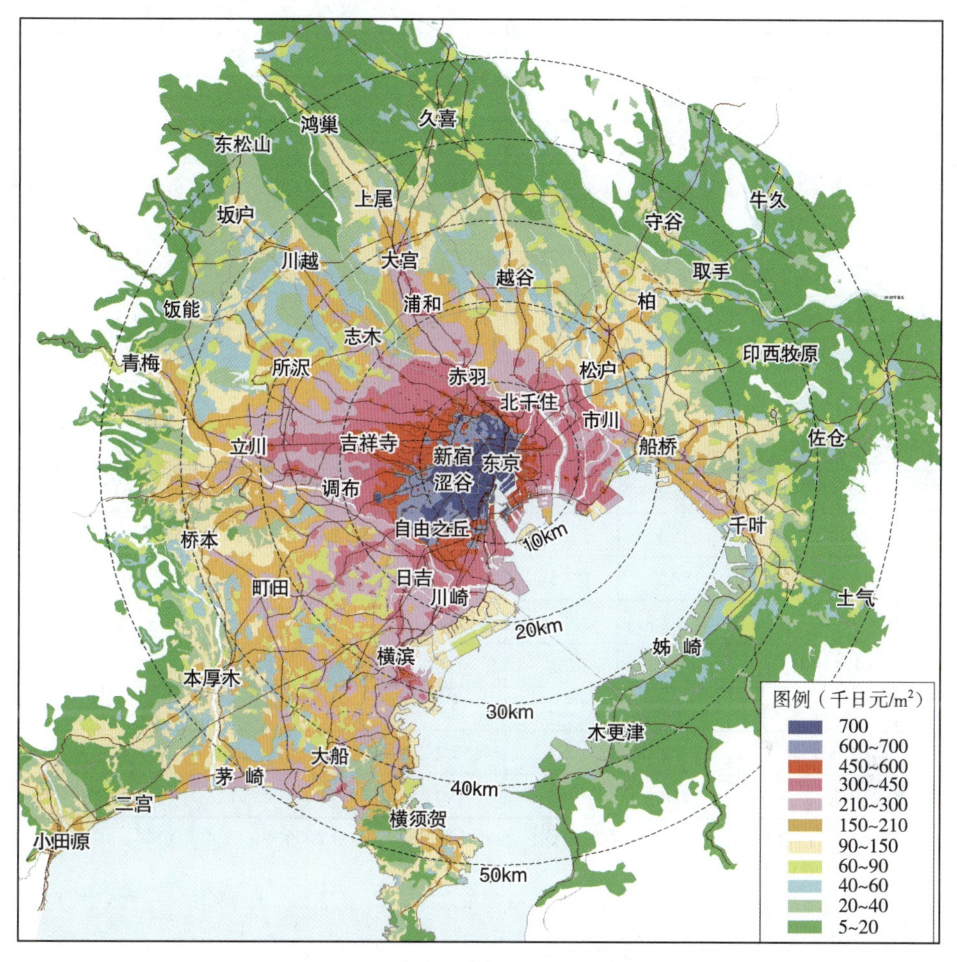

图 1-17　2007 年东京都市圈地价分布情况
资料来源：東急不動產株式会社官网。

二、宅地

日本又将宅地划分为公共用地、商业用地、住宅用地、工业用地和农业用地五大类，各类用地又根据实际用途细分为不同的子类。东京都范围内，住宅用地占宅地比例为58%~65%，区部略低，但区部集合住宅比例较高，而其他地区多为独立住宅；商业用地比例为10%~16%，区部商业用地比例较高；工业用地比例为6%~10%，区部较高且主要为仓储运输设施，其他地区较低但专用工厂比例更高。东京都心三区主要以商业、商务功能为主，各区商业用地占宅地的比例超过35%，住宅用地占宅地的比例明显偏低，其中千代田区作为日本政府机关和皇室所在地，政府公务设施用地明显高于其他区域，见表1-17、表1-18。

东京都各类宅地比例（单位：%） 表 1-17

用地分类		东京区部				多摩都市部	多摩山村部	东京岛部
		区部	千代田区	中央区	港区			
公共用地	政府公务设施	1.7	30.1	3.2	8.8	0.9	1.2	3.5
	教育文化设施	10.1	12.3	4.9	12.7	11.6	10.7	12.7
	医疗福利设施	1.6	1.1	1.7	1.6	2.2	2.0	2.0
	供给处理设施	2.0	0.2	4.4	2.2	1.6	2.9	1.7
公共设施小计		15.4	43.7	14.2	25.3	16.3	16.8	19.9
商业用地	事务所建筑物	6.0	35.5	43.1	23.6	2.1	1.5	1.1
	专用商业设施	2.3	2.5	4.9	2.6	3.4	1.9	1.7
	商住并用设施	6.4	3.8	8.3	4.8	3.2	3.1	3.5
	酒店娱乐设施	0.8	3.7	2.3	5.6	0.4	5.8	5.9
	体育演出设施	0.8	0.6	0.3	0.8	1.0	0.4	0.2
商业设施小计		16.3	46.1	58.9	37.4	10.1	12.7	12.4
住宅用地	独立住宅	33.1	1.8	4.3	8.9	46.5	61.9	55.4
	集合住宅	25.1	5.7	15.6	22.3	18.1	0.7	2.5
住宅设施小计		58.2	7.5	19.9	31.2	64.6	62.6	57.9
工业用地	专用工厂	3.2	0.1	0.6	0.9	5.0	4.7	2.9
	居住并用工厂	1.8	0.2	0.8	0.6	0.5	0.5	0.7
	仓储运输设施	4.9	2.4	5.8	4.7	2.4	1.6	3.0
工业设施小计		9.9	2.7	7.2	6.2	7.9	6.8	6.6
农业用地		0.0	0.0	0.0	0.0	1.0	1.1	3.3

注：宅地比例 = 各类设施宅地面积 / 总宅地面积；东京区部数据年份为 2006 年，多摩都市部、多摩山村部及岛部数据年份为 2007 年。

资料来源：东京都，東京都の土地利用——平成 18 年東京都区部；東京都の土地利用——平成 19 年多摩・島しょ地域。

宅地内各类设施的含义 表 1-18

用地分类	包含内容
政府公务设施	官公署及派出机构，警察署及办事处，消防站，邮局，税务局，法院，大使馆
教育文化设施	幼儿园，小学，初中，高中，大学，专修学校，各种专门学校，进修所，研究所，美术馆，博物馆，图书馆，礼堂，寺院和神社，教会，街道居民会馆，汽车驾驶学校
医疗福利设施	医院，诊疗所，保健所，保育园，托儿所，老年人福利设施，残疾人福利设施，儿童福利设施
供给处理设施	自来水道设施，电力供给设施（发电站、变电站），管道煤气供给设施，大型批发市场，垃圾焚烧设施，废弃物处理设施，下水道设施，屠宰场，火葬场
事务所建筑物	事务所，营业店铺（银行、证券会社等），报社，电视台，日本电信电话株式会社（NTT），计算中心，医生会馆
专用商业设施	专用商业建筑（不包括住宅），百货商店，超市，零售店铺，批发店铺，加油站，饮食店，公共浴池，桑拿浴池

续上表

用地分类	包含内容
商住并用设施	住宅和店铺、事务所（杂货、饮食、面包点心、美容理发、批发等的店铺，税务、会计、司法、不动产、给排水、涂饰及建筑等的事务所）共用的房屋设施
酒店娱乐设施	饭店，旅馆，简易招待所，会馆，酒吧，酒馆，夜总会，料理屋，风俗馆，泡泡浴，汽车旅馆，弹子房，麻将铺，台球，游艺场，KTV包房
体育演出设施	体育馆，体育场，棒球场，游泳场，滑冰场，保龄球场，赛马自行车竞赛场等，剧场，文艺表演场，电影院，音乐演奏厅等（上述设施须有看台）
独立住宅	独门独户住宅，以及和住宅合在一起的作为主人私塾、教室及医院等并用建筑物
集合住宅	公团、公社修建的公共住宅，公寓及高级公寓，单身宿舍，寄居舍，家属宿舍，排屋（terrace house）以及联建住宅
专用工厂	专用工厂，包括一般工厂和作业所，混凝土工厂，精米工厂，汽车修理厂，洗涤工作室
居住并用工厂	与住所并用的工厂，包括一般工厂和作业所，混凝土工厂，精米工厂，汽车修理厂，洗涤工作室
仓储运输设施	汽车车库和自行车停车场（不含事务所和住宅附带车库），停车大楼、公共汽车终点站、卡车运货集散站（上层往往是事务所），巴士、出租车及卡车车库，仓库，屋顶附着材料放置处，物资流通中心，发送所
农林渔业设施	温室，筒仓，畜舍，养鱼场，其他农林渔业设施

资料来源：东京都，東京都の土地利用——平成18年東京都区部。

东京“一核七心”虽全部被认为是中央商务区，但其宅地利用形态具有一定差异。“一核七心”商业用地比例均很高，都心、涩谷、新宿和池袋均高于60%，大崎、上野—浅草、锦系町—龟户和临海相对较低，但也高于40%；公共设施用地比例相差较大，都心比例高达28.7%，而其他副都心位于17%以下；住宅用地方面，锦系町—龟户比例高达37.5%，都心最低，仅为1.2%。总体上，都心事务所建筑物用地和政府公务用地分别高达53.6%和22.5%，集商务中心和政治中心于一身；新宿、涩谷和池袋事务所建筑物用地和专用设施用地比例均处于中上水平，商务和商业更为均衡；大崎、上野—浅草及锦系町—龟户住宅用地比例相对较高，融商业、办公和居住于一体；作为1989年新建的临海副都心其用地与其他CBD完全不同，专用商业设施和仓储运输设施比例均很高，住宅全部为集合住宅，见表1–19。

2006年东京“一核七心”各类宅地比例（单位：%）　　表1–19

用地分类		都心	新宿	涩谷	池袋	大崎	上野—浅草	锦系町—龟户	临海
公共用地	政府公务设施	22.5	4.0	2.5	3.6	1.1	1.0	0.8	0.8
	教育文化设施	5.8	8.2	6.5	6.8	2.7	14.4	6.6	6.8
	医疗福利设施	0.2	3.8	1.7	0.9	0.2	1.3	2.7	1.8
	供给处理设施	0.2	0.4	0.9	1.6	0.4	0.1	1.0	6.1
公共设施小计		28.7	16.4	11.6	12.9	4.4	16.8	11.1	15.5

续上表

用地分类		都心	新宿	涩谷	池袋	大崎	上野—浅草	锦系町—龟户	临海
商业用地	事务所建筑物	53.6	34.7	36.0	28.7	34.9	22.3	12.4	15.5
	专用商业设施	5.5	12.3	12.5	20.8	7.0	8.0	10.0	30.7
	商住并用设施	2.5	5.1	15.2	6.0	6.0	18.0	14.2	0.7
	酒店娱乐设施	4.9	11.6	7.0	9.2	3.5	4.5	4.2	7.6
	体育演出设施	0.4	3.0	1.9	3.6	1.3	0.6	1.4	2.1
商业设施小计		66.9	66.7	72.6	68.3	52.7	53.4	42.2	56.6
住宅用地	独立住宅	0.4	3.1	4.2	2.0	3.0	9.1	12.1	0.0
	集合住宅	0.8	9.3	8.4	11.4	23.4	10.1	25.4	8.3
住宅设施小计		1.2	12.4	12.6	13.4	26.4	19.2	37.5	8.3
工业用地	专用工厂	0.0	0.1	0.1	0.5	11.6	0.4	2.6	1.3
	居住并用工厂	0.1	0.2	0.0	0.1	0.9	2.9	3.2	0.0
	仓储运输设施	3.2	4.3	3.2	4.9	4.1	7.5	3.5	18.4
工业设施小计		3.3	4.6	3.3	5.5	16.6	10.8	9.3	19.7
农业用地		0.0	0.0	0.0	0.0	0.0	0.0	0.0	0.0

资料来源：东京都，東京都の土地利用——平成18年東京都区部。

容积率方面，2006年东京区部各类用地中事务所建筑用地容积率最高达4.25，酒店娱乐设施用地容积率紧随其后为4.0，容积率较低的非农用地类型包括供给处理、教育文化、独立住宅及体育演出等类别。多摩都市部仅有集合住宅、商住并用设施、酒店娱乐设施和事务所建筑等几类用地容积率超过1.0，而多摩山村部和东京岛部各类用地容积率均在1.0以下，见表1–20。

2006年东京都各类用地容积率及平均层数　　表1–20

用地分类		东京区部		多摩都市部		多摩山村部	东京岛部
		净容积率	平均层数	净容积率	平均层数	净容积率	容积率
公共用地	政府公务设施	1.49	2.2	0.69	1.8	0.57	0.26
	教育文化设施	1.00	1.7	0.56	1.7	0.31	0.23
	医疗福利设施	1.90	2.5	0.99	2.0	0.84	0.39
	供给处理设施	0.78	1.4	0.36	1.4	0.16	0.22
商业用地	事务所建筑物	4.25	4.6	1.14	2.3	0.41	0.45
	专用商业设施	2.10	2.7	0.90	1.8	0.42	0.36
	商住并用设施	2.00	2.7	1.19	2.2	0.58	0.59
	酒店娱乐设施	4.01	4.0	1.15	2.2	0.33	0.46
	体育演出设施	1.22	1.9	0.60	1.6	0.42	0.30

续上表

用地分类		东京区部		多摩都市部		多摩山村部	东京岛部
		净容积率	平均层数	净容积率	平均层数	净容积率	容积率
住宅用地	独立住宅	1.06	2.1	0.72	1.9	0.41	0.25
	集合住宅	2.36	2.9	1.38	2.7	0.71	0.58
工业用地	专用工厂	1.20	1.8	0.82	1.6	0.37	0.28
	居住并用工厂	1.53	2.3	0.87	1.9	0.62	0.46
	仓储运输设施	1.31	1.6	0.75	1.4	0.27	0.32
农业用地		0.35	0.9	0.35	1.2	0.24	0.36

注：东京区部数据年份为 2006 年，其余地区数据年份为 2007 年。
资料来源：东京都，東京都の土地利用——平成 18 年東京都区部。

东京都心三区绝大多数类别用地的容积率高于区部平均值，显示出都心三区相对紧凑的开发特征，其中事务所建筑用地容积率均高于 6.0，开发强度为所有类别之最，集合住宅、酒店娱乐设施、专用商业设施及医疗服务设施等类别用地容积率也基本高于 3.0。都心三区中，中央区的开发强度最高，特别是其集合住宅类用地容积率高达 7.52，其事务所建筑和酒店娱乐设施用地也均高于 6.0。千代田区专用商业设施、商住并用设施和体育演出设施容积率相对较高，港区各类用地容积率均为都心三区中最低，见表 1–21。

2006 年东京都心三区各类用地净容积率　　表 1–21

用地分类		千代田区	中央区	港区
公共用地	政府公务设施	1.26	3.39	0.89
	教育文化设施	2.86	2.32	1.21
	医疗福利设施	3.87	3.95	2.78
	供给处理设施	1.93	1.29	1.24
商业用地	事务所建筑物	6.32	6.40	6.26
	专用商业设施	4.49	4.12	3.03
	商住并用设施	3.97	3.61	2.99
	酒店娱乐设施	5.02	6.07	3.79
	体育演出设施	3.22	1.72	1.28
住宅用地	独立住宅	1.50	1.68	1.15
	集合住宅	5.36	7.52	4.37
工业用地	专用工厂	—	2.59	1.52
	居住并用工厂	1.93	1.94	1.71
	仓储运输设施	1.77	2.50	1.97
农业用地		—	—	—

资料来源：东京都，東京都の土地利用——平成 18 年東京都区部。

东京“一核七心”是整个都市圈开发强度最高的区域，其中大崎、都心和新宿等 CBD

开发强度相对其他 CBD 更高。特别是大崎副都心，其事务所建筑、酒店娱乐设施及集合住宅三类用地的容积率超过 9.0，为“一核七心”之最；都心事务所建筑容积率也高达 8.0 以上，集合住宅、酒店娱乐设施和体育演出设施容积率超过 6.0；新宿副都心政府公务设施容积率达 6.72，为“一核七心”之最，此外其事务所建筑容积率也超过了 9.0；池袋和大崎副都心专用商业设施均超过 8.0，高于其他 CBD；上野—浅草及锦系町—龟户等老城区容积率相对较低，各类别用地容积率均低于 5.0，见表 1–22。

2006 年东京“一核七心”各类用地净容积率　　表 1–22

用地分类		都心	新宿	涉谷	池袋	大崎	上野 — 浅草	锦系町 — 龟户	临海
公共用地	政府公务设施	3.25	6.72	3.49	4.26	4.87	2.87	2.97	2.98
	教育文化设施	2.65	2.36	2.75	4.85	2.55	79.6	1.53	2.06
	医疗福利设施	3.07	4.77	2.56	3.16	3.83	2.21	3.29	4.30
	供给处理设施	3.07	1.56	2.42	2.49	3.83	2.39	1.19	2.63
商业用地	事务所建筑物	8.17	9.18	5.37	5.41	9.40	3.48	4.59	5.34
	专用商业设施	6.04	5.89	4.95	8.20	8.74	2.66	3.00	1.88
	商住并用设施	3.20	3.43	3.55	3.88	5.99	1.91	2.38	2.13
	酒店娱乐设施	6.15	7.54	5.85	6.61	9.18	3.19	4.59	4.58
	体育演出设施	6.15	3.54	4.13	6.79	3.53	1.99	1.27	2.55
住宅用地	独立住宅	1.54	1.21	1.25	1.14	1.79	1.23	1.20	—
	集合住宅	7.68	4.57	3.89	5.93	9.22	4.49	4.07	5.88
工业用地	专用工厂	—	—	—	—	4.75	1.20	1.48	0.92
	居住并用工厂	0.0	3.13	—	5.68	2.55	1.40	1.67	—
	仓储运输设施	1.92	1.60	2.18	1.74	2.61	1.50	1.44	1.41
农业用地		—	—	—	—	—	—	—	—

资料来源：东京都，東京都の土地利用——平成 18 年東京都区部。

三、建筑

1. 总体情况

东京都总建筑面积达 8.65 亿 m^2，其中区部 6.18 亿 m^2，多摩都市部 2.42 亿 m^2。东京都各类建筑中，住宅类建筑面积比例为 50%~69%，其中多摩都市部和山村部比例较高，区部较低，但区部住宅中集合住宅的建筑面积比例较高；东京都商业类建筑面积比例为 12%~28%，区部比例最高，其中区部事务所建筑物面积比例达 14.9%，而其他地区均不足 3%，见表 1–23。

2006 年东京都建筑面积及比例

表 1-23

用地分类		区部		多摩都市部		多摩山村部		岛部		东京都	
		建筑面积（万 m^2）	比例（%）	建筑面积（万 m^2）	比例（%）	建筑面积（万 m^2）	比例（%）	建筑面积（万 m^2）	比例（%）	建筑面积（万 m^2）	比例（%）
公共用地	政府公务设施	927.2	1.5	169.4	0.7	1.9	1.7	11.1	2.9	1109.6	1.3
	教育文化设施	3585.2	5.8	1839.6	7.6	8.9	8.2	31.3	8.2	5465.1	6.3
	医疗福利设施	1112.7	1.8	605.1	2.5	4.7	4.3	9.6	2.5	1732.0	2.0
	供给处理设施	556.3	0.9	169.4	0.7	1.3	1.2	7.3	1.9	734.3	0.9
公共设施小计		6181.4	10.0	2783.5	11.5	16.8	15.4	59.3	15.5	9041.0	10.5
商业用地	事务所建筑物	9210.4	14.9	677.7	2.8	1.6	1.5	7.3	1.9	9897.0	11.4
	专用商业设施	1792.6	2.9	871.4	3.6	2.2	2.0	8.4	2.2	2674.6	3.1
	商住并用设施	4574.3	7.4	1065.0	4.4	4.8	4.4	25.6	6.7	5669.7	6.6
	酒店娱乐设施	1174.5	1.9	145.2	0.6	5.1	4.7	40.1	10.5	1365.0	1.6
	体育演出设施	370.9	0.6	169.4	0.7	0.4	0.4	0.4	0.1	541.1	0.6
商业设施小计		17122.7	27.7	2928.7	12.1	14.1	13.0	81.8	21.4	20147.4	23.3
住宅用地	独立住宅	12548.4	20.3	9464.2	39.1	69.1	63.4	164.8	43.1	22246.4	25.7
	集合住宅	21326.0	34.5	7116.3	29.4	1.4	1.3	28.3	7.4	28472.1	32.9
住宅设施小计		33874.4	54.8	16580.5	68.5	70.5	64.7	193.1	50.5	50718.5	58.6
工业用地	专用工厂	1359.9	2.2	1161.8	4.8	4.8	4.4	9.9	2.6	2536.5	2.9
	居住并用工厂	989.0	1.6	121.0	0.5	0.9	0.8	3.4	0.9	1114.4	1.3
	仓储运输设施	2287.1	3.7	508.3	2.1	1.2	1.1	14.1	3.7	2810.8	3.3
工业设施小计		4636.0	7.5	1791.1	7.4	6.9	6.3	27.4	7.2	6461.7	7.5
农业用地		0.0	0.0	96.8	0.4	0.7	0.6	20.6	5.4	118.1	0.1
合计		61814.6	100	24180.9	100	109.0	100	382.3	100	86486.8	100

资料来源：东京都，東京都の土地利用——平成 18 年東京都区部；東京都の土地利用——平成 19 年多摩・島しょ地域。

东京“一核七心”建筑形态与土地利用形态具有相似的特征，但由于考虑了开发强度的影响，建筑形态特征可更好地体现都心和副都心商业发达程度的差异。都心、涩谷、新宿和池袋商业建筑面积占总建筑面积的比例均大于 75%，大崎、上野—浅草及临海副都心比例为 60% 左右，锦系町—龟户仅为 47.8%，因此都心、涩谷、新宿和池袋是东京最繁华的商业中心。公共类建筑面积比例差别较大，都心和临海副都心比例高达 14.6% 和 13.5%，大崎仅为 1.9%，其他副都心介于 7%~11%；住宅类建筑面积比例方面，锦系町—龟户高达 39.8%，而都心仅为 1.1%，为“纯粹”的就业中心，见表 1-24。

2006 年东京都“一核七心”建筑面积（单位：万 m^2）　　表 1–24

用地分类		都心	新宿	涩谷	池袋	大崎	上野—浅草	锦系町—龟户	临海
公共用地	政府公务设施	216.9	40.8	8.4	11.0	3.6	4.5	2.6	2.8
	教育文化设施	45.6	29.4	17.3	23.6	4.6	18.1	11.2	16.6
	医疗福利设施	1.8	27.5	4.2	2.0	0.5	4.5	9.9	9.2
	供给处理设施	1.8	0.9	2.1	2.8	1.0	0.4	1.3	19.1
公共设施小计		266.1	98.6	32.0	39.4	9.7	27.5	25.0	47.7
公共设施比例（%）		14.6	10.4	7.6	9.7	1.9	7.3	7.6	13.5
商业用地	事务所建筑物	1297.7	483.5	186.8	111.1	218.2	122.7	63.1	98.1
	专用商业设施	98.4	110.0	59.8	122.1	40.7	33.6	33.2	68.5
	商住并用设施	23.7	26.5	52.2	16.7	23.9	54.4	37.5	1.8
	酒店娱乐设施	89.3	132.7	39.6	43.5	21.4	22.6	21.4	41.3
	体育演出设施	7.3	16.1	7.6	17.5	3.1	1.9	2.0	6.4
商业设施小计		1516.4	768.8	346.0	310.9	307.3	235.2	157.2	216.1
商业设施比例（%）		83.2	81.1	82.2	76.4	60.4	62.3	47.8	61.2
住宅用地	独立住宅	1.8	5.7	5.0	1.6	3.6	17.7	16.1	0.0
	集合住宅	18.2	64.5	31.6	48.4	143.4	71.7	114.8	57.9
住宅设施小计		20.0	70.2	36.6	50.0	147.0	89.4	130.9	57.9
住宅设施比例（%）		1.1	7.4	8.7	12.3	28.9	23.7	39.8	16.4
工业用地	专用工厂	0.0	0.0	0.0	0.0	36.6	0.8	4.3	1.4
	居住并用工厂	0.0	0.9	0.0	0.4	1.5	6.4	5.9	0.0
	仓储运输设施	18.2	10.4	6.7	6.1	7.1	17.7	5.6	30.7
工业设施小计		18.2	11.3	6.7	6.5	45.2	24.9	15.8	32.1
工业设施比例（%）		1.0	1.2	1.6	1.6	8.9	6.6	4.8	9.1
农业用地		0.0	0.0	0.0	0.0	0.0	0.0	0.0	0.0
总建筑面积		1822.6	948.0	420.8	407.0	508.7	377.5	328.8	353.0

资料来源：东京都，東京都の土地利用——平成 18 年東京都区部。

按 2007 年人口计算，东京都人均就业面积 40.7m^2，其中区部 38.6m^2，多摩都市部 51.5m^2；都心三区中千代田区和中央区人均就业面积均不足 30m^2，港区也仅为 32.9m^2。各类就业岗位人均面积方面，东京都商业类、公共类及工业运输类岗位人均就业面积分别为 34.8m^2、68.0m^2 和 33.0m^2，公共类就业岗位人均就业面积明显高于其他类别。各区域商业类岗位人均就业面积差别不大，区部（除都心）和多摩都市部高于都心三区；公共类岗位人均就业面积普遍较高，都心三区中千代田区较小；工业、运输类岗位人均就业面积差别较大，主要受区域行业比例影响，区部（除都心三区）和多摩都市部分别为 42.3m^2 和 53.3m^2，而都心三区小于 10m^2，见表 1–25。

东京都各圈层人均就业面积　　表 1–25

区　域	人均就业面积（m^2）				
	总平均	商业	公共	工业、运输	农业
千代田区	26.3	27.3	42.1	2.8	—
中央区	24.3	25.3	65.5	8.1	—
港区	32.9	35.4	77.6	9.0	—
区部（除都心三区）	44.2	38.2	71.7	42.3	—
区部	38.6	34.8	68.0	33.0	—
多摩都市部	51.5	36.8	81.3	53.3	756.1
东京都	40.7	35.0	71.3	36.9	275.7

注：此表中东京都不包含多摩山村部和东京岛部。

按照 2007 年人口计算，东京都人均居住面积 39.8m^2，区部和多摩都市部等城市化程度较高地区人均居住面积差别不大，大致为 40m^2，但都心三区人均居住面积均大于 50m^2，其中港区更是高达 70m^2。多摩山村部以及东京岛部等城市化程度较低地区约 70m^2，明显高于区部及多摩都市部，见表 1–26。

东京都各圈层人均居住面积　　表 1–26

区　域	住宅总建筑面积（万 m^2）			人均居住面积（m^2）
	合计	独立住宅	集合住宅	
千代田区	216.5	17.6	198.9	50.2
中央区	558.8	32.5	526.3	54.2
港区	1365.2	130.0	1235.1	69.6
区部（除都心三区）	31691.6	12379.1	19312.6	38.5
区部	33832.1	12559.2	21273.0	39.3
多摩部市部	16528.3	9451.9	7076.4	40.6
多摩山村部	70.5	69.1	1.4	75.8
东京岛部	193.1	28.3	164.8	68.5
东京都	50360.4	22011.1	28349.4	39.8

2. 居住建筑利用

随着东京都政府不断加大力度改善居民居住环境，东京都人均居住面积有所提高，2007 年东京都人均居住面积 39.8m^2，相比 2003 年增加了 9.3%。2008 年东京区部的住宅总数为 418 万套，1998~2003 年和 2003~2008 年区部住宅总数分别增加了 37 万套和 34 万套。2008 年都心三区住宅总数约为 21 万套，以集合住宅为主，1998~2003 年和 2003~2008 年住宅总数分别增长了 5.5 万套和 4.9 万套，其中 6 层以上集合住宅数分别增长了 5.3 万套和 4.7 万套，而独立住宅几乎没有增加。虽然都心三区住宅数量有了大幅提高，但从绝对数量看，可容纳的人口数量仍较少。2008 年中环 11 区和外围 9 区住宅总数分别为 152 万套和 245 万套，除了集合住宅占较大比例，中环和外围各区还分布了共约 100 万套独立住宅，占用了大量的土地资源。中环和外围各区近 10 年间也呈现集合住宅尤其是高层住宅数快速增加、独立住宅数增长放缓的发展趋势，见表 1–27。

1998~2008 年东京区部各类住宅数量（单位：套） 表 1–27

<table>
<tr><th colspan="3">区 域</th><th>1998 年</th><th>2003 年</th><th>2008 年</th></tr>
<tr><td rowspan="6">都心三区</td><td colspan="2">总数</td><td>102360</td><td>157500</td><td>206330</td></tr>
<tr><td colspan="2">独立住宅</td><td>15280</td><td>16380</td><td>16780</td></tr>
<tr><td colspan="2">经济公寓（公租房）</td><td>2370</td><td>2710</td><td>2080</td></tr>
<tr><td rowspan="3">集合住宅</td><td>1~2 层</td><td>3410</td><td>2760</td><td>2630</td></tr>
<tr><td>3~5 层</td><td>19520</td><td>21860</td><td>24100</td></tr>
<tr><td>6 层以上</td><td>55510</td><td>108260</td><td>155220</td></tr>
<tr><td rowspan="6">中环 11 区</td><td colspan="2">总数</td><td>1210360</td><td>1358140</td><td>1521030</td></tr>
<tr><td colspan="2">独立住宅</td><td>278370</td><td>292930</td><td>298210</td></tr>
<tr><td colspan="2">经济公寓（公租房）</td><td>24800</td><td>24110</td><td>20970</td></tr>
<tr><td rowspan="3">集合住宅</td><td>1~2 层</td><td>227590</td><td>207640</td><td>196960</td></tr>
<tr><td>3~5 层</td><td>337710</td><td>375280</td><td>418770</td></tr>
<tr><td>6 层以上</td><td>326770</td><td>448330</td><td>576610</td></tr>
<tr><td rowspan="6">外围 9 区</td><td colspan="2">总数</td><td>2156070</td><td>2326730</td><td>2450320</td></tr>
<tr><td colspan="2">独立住宅</td><td>631510</td><td>687300</td><td>697170</td></tr>
<tr><td colspan="2">经济公寓（公租房）</td><td>47800</td><td>41230</td><td>38590</td></tr>
<tr><td rowspan="3">集合住宅</td><td>1~2 层</td><td>511220</td><td>458690</td><td>451000</td></tr>
<tr><td>3~5 层</td><td>618550</td><td>681320</td><td>714460</td></tr>
<tr><td>6 层以上</td><td>332370</td><td>450400</td><td>542890</td></tr>
<tr><td colspan="3">合 计</td><td>3468790</td><td>3842370</td><td>4177680</td></tr>
</table>

资料来源：东京都，2009 年東京都統計年鑒。

2008 年东京多摩部的住宅总数为 66 万套，以集合住宅和经济公寓（公租房）为主，独立住宅较少。2008 年北多摩、南多摩和西多摩住宅总数分别为 35 万套、23 万套和 8.5 万套，反映出多摩部人口主要集中在靠近区部的北部和南部地区。1998~2003 年和 2003~2008 年东京多摩部住宅分别增加了 4.4 万套和 6.1 万套，6 层以上集合住宅数增幅尤为明显，而独立住宅数总体呈不断下降趋势，见表 1–28。

1998~2008 年东京多摩部各类住宅数量（单位：套）　　表 1-28

区域			1998 年	2003 年	2008 年
北多摩	总数		297960	318220	349940
	独立住宅		21340	19390	18550
	经济公寓（公租房）		533680	588980	655240
	集合住宅	1~2 层	205600	202000	203130
		3~5 层	240930	253950	274560
		6 层以上	87160	133000	177580
南多摩	总数		187820	200760	226620
	独立住宅		12000	11520	11340
	经济公寓（公租房）		271880	299030	337080
	集合住宅	1~2 层	79540	79480	80220
		3~5 层	152980	144720	159320
		6 层以上	39380	74820	97550
西多摩	总数		71070	81980	85410
	独立住宅		1910	1560	1860
	经济公寓（公租房）		47940	52690	57520
	集合住宅	1~2 层	15270	16340	17090
		3~5 层	24650	27660	27480
		6 层以上	8030	8690	12950
合计			556850	600960	661970

资料来源：东京都，2009 年東京都統計年鑒。

东京都宅地和建筑统计分析表明，东京区部特别是“一核七心”区域居住用地比例较低、居住建筑面积较少；区部 JR 山手线以外各区居住用地比例高，但大量居住用地被木造低层住宅覆盖，实际居住面积不高，能容纳的居住人口总量受到限制。木造建筑为日本文化特色之一，独门独户的低层木屋是日本家庭文化的象征之一，20 世纪之前东京都建筑基本以木造低层建筑为主。1923 年关东大地震给“木造的东京”以沉重打击，摧毁了一些建筑质量差的木屋，随后引发的火灾更是造成了大量木屋的毁灭。经过此次灾难，日本政府意识到改造木屋对于预防灾害的重要性，于是提出将东京建成不燃化城市的构想，但之后受经济条件等限制并未完全实施，木屋依然是当时占主导地位的居所。第二次世界大战（后简称二战）末东京大空袭中，美军投掷大量燃烧弹摧毁了区部中心区域（现 JR 山手线内）的木屋带，战后重建中成立的不燃化委员会有效地控制该区域的木屋建设，但是山手线以外区域的木屋建设仍在进行，与历史遗留的木屋群共同形成区部内部外围现状木屋环状群，如图 1-18 所示。20 世纪 80 年代以来，为促进区部居住建设，东京开始全面整备木屋，并采取了多种鼓励措施（包括经济上的直接奖励等），但木屋整备计划的实施依然遭遇到强大的阻力，其中日本人的“木屋情结”以及“独门独户”的居住习惯被日本学者认为是主要原因之一。

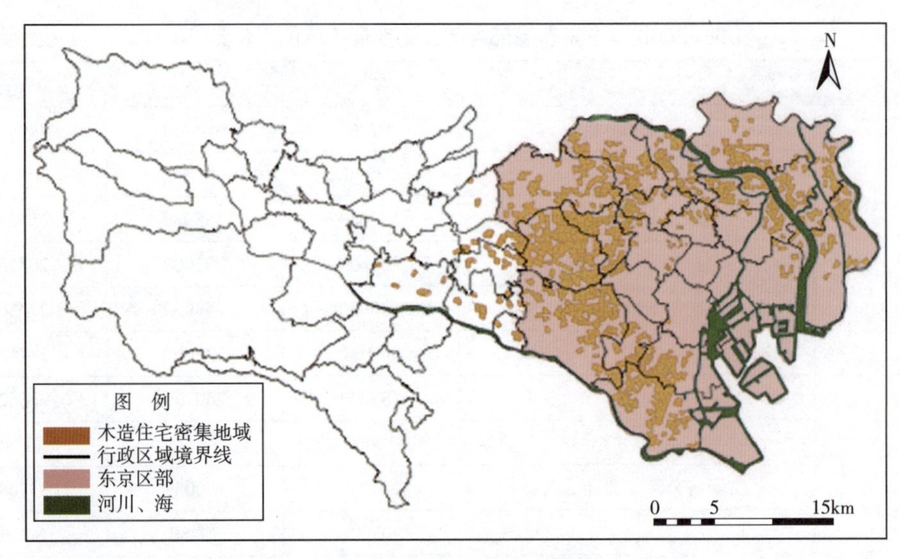

图 1–18 东京都木屋分布情况

资料来源：东京都整备局，防災都市づくり推進計画（平成 22 年 1 月改訂）。.

2008 年东京都空置住宅达 75 万套，住房空置率为 11.1%，低于 13.1% 的全国平均空置率，也低于中京圈（11.4%）和近畿圈（13.8%）。1958 年以来东京都住房空置数和空置率总体呈上升趋势，其中 1963~1978 年及 1988~1998 年空置率增幅较大，可能与 1963~1978 年都市圈外围大量新城开发及 1988~1998 年泡沫经济有一定关联；1998~2008 年，东京都住房空置率维持稳定，如图 1–19 所示。

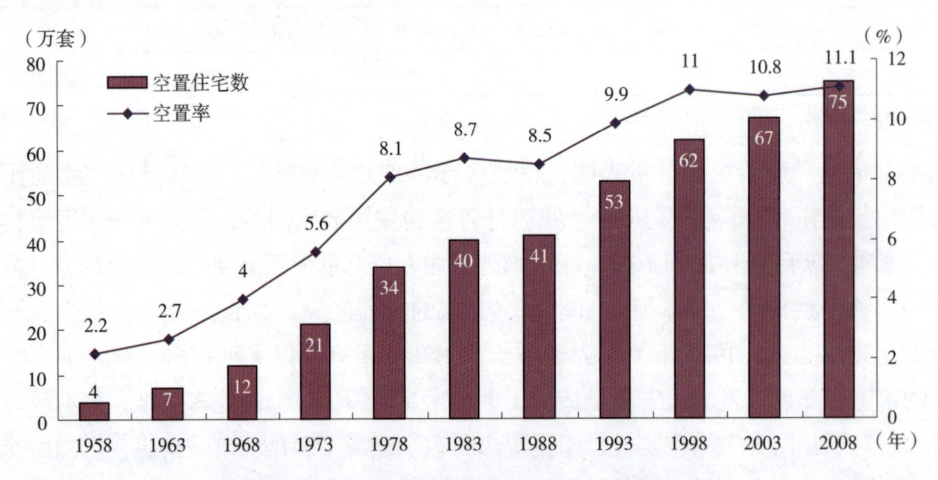

图 1–19 1958~2008 年东京都空置住宅数及空置率

资料来源：东京都总 1 务局，平成 20 年住宅・土地統計調査。

四、国际横向比较研究

东京都市圈与纽约都会区、大巴黎区相比，三者均呈现城市中心区域商业办公用地比例高于市区平均水平的特征，但差异较大。东京都市圈作为典型强中心城市，都心三区商业办公用地比例高达 24.3%，商业办公与居住用地比（简称商住之比）约为 2∶1，即使在东京区部范围商住之比为 1 : 3.6 ；而纽约中心区曼哈顿商业办公用地比例为 10.5%，商住之比为 1 : 3.6，且纽约市范围内分布大量居住用地，商住之比为 1 : 10.6 ；巴黎市和大巴黎区商业办公用地比例远低于东京和纽约同等区域，巴黎市商住之比为 1 : 7.5，见表 1–29。由此可见，东京区部特别是都心三区商业办公的聚集程度远高于纽约和巴黎。

东京、纽约和巴黎商业和居住用地比例综合比较 表 1–29

区域		面积（km^2）	各类用地比例（%）							商业 / 居住
			商业办公用地	工业用地	居住用地	公共设施用地	公园绿地	其他用地	合计	
东京（2006 年）	都心三区	42	24.3	3.0	12.4	41.9	13.7	4.8	100	2 : 1
	东京区部	622	9.4	5.7	33.3	30.6	11.3	9.7	100	1 : 3.6
纽约（2010 年）	曼哈顿区	60	10.5	2.0	37.8	19.6	25.4	4.5	100	1 : 3.6
	纽约市	790	4.0	3.6	42.4	15.3	26.9	7.6	100	1 : 10.6
巴黎（1999 年）	巴黎市	105	4.0	8.0	30.0	27.0	12.0	19. 0	100	1 : 7.5
	大巴黎区	762	1.4	10.0	—	—	—	—	—	—

资料来源：2006 年东京区部土地利用调查报告；纽约市城市规划部官网统计报告；叶桂勋，上海城市空间发展战略研究，2003。

东京都心三区和区部商业办公用地和居住用地的严重失调，加之两者开发强度的差别，导致都心三区和区部未被平衡就业岗位分别高达 197 万个和 268 万个，因此东京都市圈职住分离十分严重。虽然纽约曼哈顿区就业岗位高达 226 万个，其未被平衡的岗位约为 130 万个，但是纽约市范围内（除曼哈顿）分布了大量的居住用地，使纽约市范围内基本实现职住平衡。巴黎市商住用地比例较小，在 105km^2 范围内未平衡的岗位仅 60 万个，就业岗位数量和未被平衡的就业岗位数远少于都心三区和曼哈顿；同时外围区域分布了大量岗位，各圈层职住状态均较平衡，见表 1–30 及图 1–20。

世界三大都市圈就业岗位密度和人口密度一览表 表 1–30

区域		面积（km^2）	就业岗位（万个）	居住人口（万人）	未平衡岗位（万个）
东京（2005 年）	都心三区	42	212	33	197
	东京区部	622	669	849	268
	东京都市圈	16382	1760	3760	–0.1
纽约（2009 年）	曼哈顿区	60	226	163	130
	纽约市	790	355	839	–105
	纽约都会区	17407	1077	1907	28
巴黎（1999 年）	巴黎市	105	179	221	60
	大巴黎区	762	376	658	14
	巴黎大区	12012	561	1166	–80.3

注：纽约和巴黎劳动力人口数均按居住人口的 0.55 倍估算。

资料来源：2005 年东京都统计年鉴；2010 年第一季度纽约市就业与收入报告；法国统计和经济学研究协会，就业雇用统计。

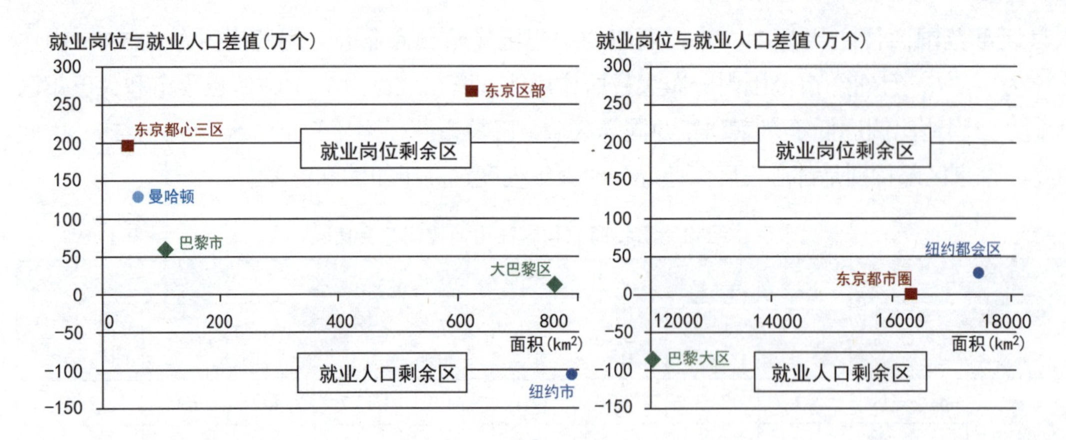

图 1-20　世界三大都市圈各圈层岗位和人口关系图

东京、纽约和巴黎各城市土地和职住分布情况表明，城市土地利用结构决定了职住分布形态。东京属于职住严重分离型城市，都心三区和区部不合理的土地利用方式是导致城市单极化发展和严重职住分离的决定因素；纽约属于职住接近型城市，曼哈顿岗位聚集程度不亚于都心三区，但是其在中心区外围分布大量的居住人口，在一定范围内控制人口扩散；巴黎属于接近职住平衡型城市，各区域人口和岗位分布较为均衡。

第六节　结　　语

本章主要从区位、功能、社会经济、人口就业及土地利用等角度为读者描绘了东京都市圈的概貌，其中详细地介绍了都市圈各圈层的基本情况、东京在日本的单极化、都市圈内职能分工和中心体系、各圈层的人口和就业、东京都的土地利用和建筑情况，并与纽约和巴黎进行了同等尺度的比较研究。基于上述研究，结合国内城市规划建设情况，笔者有以下几点思考：

（1）即使在宏观形势不甚理想的大背景下，竞争力强的城市仍可保持一定的发展速度。

20 世纪末期，在日本经济低迷和人口老龄化与少子化日趋严重的时期，东京与名古屋、大阪等都市圈相比，仍凭借自身在政治、经济、交通等方面的综合优势，持续吸收外地人口，并保持一定的经济增长。该现象表明，城市的发展态势与其在国家或者区域层面的相对竞争力更具相关性。近年，我国经济增长趋缓，也逐步迎来人口的老龄化，但不同竞争力的城市受影响程度将有较大区别，因此制定城市规划和发展战略时应把握城市在区域乃至国家层面的相对竞争力，对于竞争力强的大城市仍应客观预测其人口规模，并适度预留发展空间。

（2）城市的规划应建立在合理居住人口和就业岗位规模的基础上。

东京作为世界上规模最大的都市圈之一，面积约 1.6 万 km^2，总人口 3760 万，总岗位数仅 1760 万，即便在严重单极化的结构下，其中心区（东京区部）就业岗位数也不过 669 万。相比之下，当前国内已经出现了规划就业建筑量折合岗位超 3000 万的特大城市，甚至有些城市在 2000km^2 的范围内就规划了可容纳 1500 万个岗位的建筑量，不得不让人怀疑其合理性。笔者建议先结合各因素判断城市的合理居住人口和就业岗位规模，再以此规划城市用地。

（3）城市的规划应避免建筑总量偏大和结构失衡等问题。

东京都 2188km^2 范围内建筑总量 8.65 亿 m^2，其中区部 622km^2 建筑总量 6.18 亿 m^2。若按本章第五节中东京都人均居住、就业岗位面积与及东京都市圈人口和就业岗位总量推算，都市圈建筑总量约 22.2 亿 m^2，其中居住建筑总量 15.0 亿 m^2，就业建筑总量 7.2 亿 m^2。目前，国内城市规划的建筑总量大多偏大，个别城市在与东京都面积相当的区域内规划的就业建筑总量已远超过东京都。

东京区部居住建筑与就业建筑面积之比为 1.22，其岗位数与就业人口差值高达 268 万；东京都居住建筑与就业建筑面积之比为 1.73，其岗位数与就业人口差值 228 万；都市圈范围居住建筑与就业建筑面积之比为 2.08，其岗位与就业人口基本平衡。根据《上海市统计年鉴 2007—2009》，2008 年上海市居住建筑量为就业建筑量的 1.4 倍，由此可见，合理的居住建筑和就业建筑面积的比值参考值为 1.4~2.1。但国内有些城市在过于追求商业办公建筑的冲动下，往往造成规划居住建筑与就业建筑量之比只有甚至小于 1。这种建筑结构的严重失衡难言科学性，即使实现了，也必将引发比东京更为严重的职住分离现象。

（4）建议城市规划从“用地平衡”模式向“建筑平衡”模式转变。

目前，国内城市规划偏重用地总量及结构控制，较为忽视对建筑总量及结构的把控。实际上，建筑总量和结构是否合理较用地更能影响城市建设的合理性。尤其是在容积率具有弹性变化空间的现实情况下，合理的用地平衡也可能得出建筑总量和结构畸形的城市空间，前述数据便是佐证。因此，城市规划有必要向“建筑平衡”模式转变，即明确控制城市及分区域的建筑总量和各类建筑合理比例，以抑制无限制增加居住、商业、办公建筑的冲动，引导城市健康发展。

第二章　都市圈发展历程及愿景

第一节　发 展 历 程

近百年来，东京一跃成为全球规模最大、人口最多的巨型都会区，城市经济发展取得了举世瞩目的成就。东京的成功毋庸置疑，然而其典型的强中心城市形态也引发了严重的交通和社会问题。深入研究东京的城市发展历程和规划演变史，对我国城市规划具有重要的指导意义。本章以人口规模为最基本的依据，参考日本学者立泽方男关于东京部分发展阶段划分依据和经济与人口内容的研究成果，并结合对重大历史事件、城市空间形态和城市规划的综合分析，将东京都市圈大致划分为 7 个发展阶段，如图 2–1 所示。

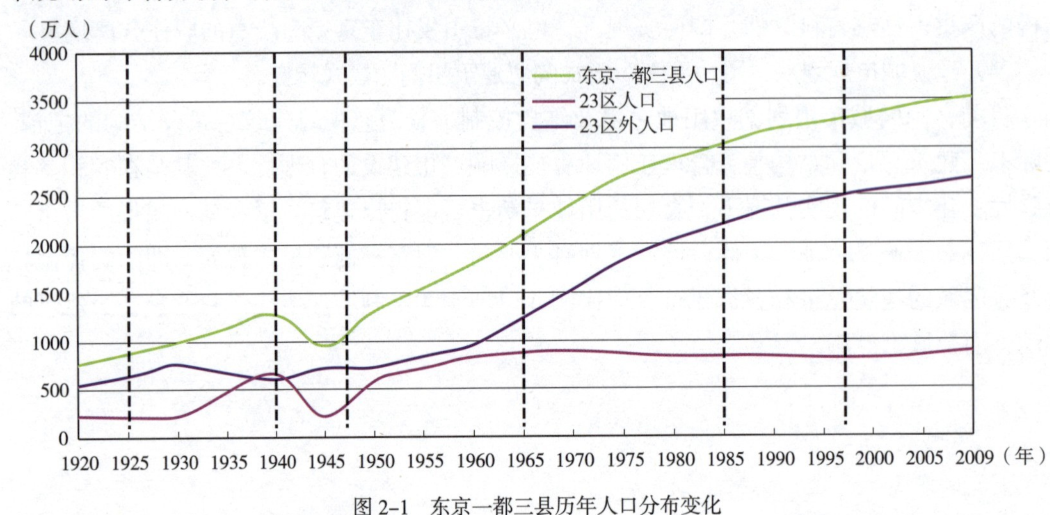

图 2–1　东京一都三县历年人口分布变化

注：根据总务省统计局《日本统计年鉴》人口数据制作。茨城县南部人口仅占东京都市圈总人口的 5%，因此一都三县人口变化特征可代表东京都市圈人口变化特征。

第一阶段：从明治维新开始至关东大地震后首个法定城市规划《东京特别都市计划》（1924 年）的推出，此阶段东京地区逐步进入工业化时代，人口稳步增长；第二阶段：从震后重建开始至 1940 年太平洋战争爆发，东京城市化进程加速发展，现区部区域人口增长明显；第三阶段：至 1947 年东京战后重建全面开始，东京受战争影响建成区几乎被摧毁，人口向外围迁移避难；第四阶段：从战后重建到 1964 年东京成功举办奥运会，经济高速增长，区部人口饱和；第五阶段：从 1965 年《首都圈整备法》修订到 1985 年日本签订“广场协议”，经济持续增长，区部外围人口增加显著，城市向都市圈全面扩展；第六阶段：从“广场协议”签订到 1997 年经济开始复苏，东京经济产生严重泡沫并最终引发经济衰退，都市圈人口增长全面放缓；第七阶段：从经济开始复苏至今，东京都市圈经济缓慢复苏，逐步进入老龄化社会。

一、第一阶段（1925 年以前）

典型特征：日本开始进入工业化时代。山手线内人口快速增长，线外人口开始增长，以西南沿海地区为主。都心初步确立为城市核心地位，山手线成为城郊边界，对外放射性轨道骨架网成型。

1. 经济发展和人口分布

1868 年日本明治维新开始，翌年迁都东京。此后，东京城市化和产业化步伐加快，雇佣学徒、小手艺商人、劳役及小买卖者等职业工人逐渐增加。19 世纪 80 年代日本开始工业化进程，1905~1925 年日本经济增长明显，特别是第一次世界大战（后简称一战）期间（1914~1918 年）以轻工业为主的第二产业迅速发展（表 2–1），新工厂向大井、品川、蒲田方向转移逐渐形成现京滨工业带雏形。工业化进程产生了大量的劳动力需求，周边区域的青年劳动者纷纷涌入，东京进一步扩展并逐渐形成了以东京站为中心 10~20km 圈域的城市化区域（图 2–2）。

旧东京市相邻五郡三大产业比例（单位：%）　　表 2–1

区域	1906 年			1915 年			1920 年		
	第一	第二	第三	第一	第二	第三	第一	第二	第三
荏原郡	55.0	15.7	29.3	37.1	25.8	37.1	19.0	40.7	40.3
丰多摩郡	51.3	10.9	37.8	18.6	24.7	56.7	11.7	35.8	52.5
北丰岛郡	52.3	23.5	24.2	27.1	37.4	35.5	13.0	48.4	38.6
南足立郡	51.2	24.5	24.3	44.4	30.0	25.6	34.2	38.7	27.1
南葛饰郡	58.4	20.6	21.0	33.7	46.8	19.5	20.1	57.5	22.4

资料来源：立泽方男，「東京圏都市研究プロジェクト」調査レポート，2005.1。

进入 20 世纪后，旧东京市[1]人口快速增加，区域内宅地比例上升至 50%；神奈川县、千叶县和埼玉县距东京站 20km 区域人口开始增加，特别是随着京滨工业带的兴起，神奈川县沿海地区人口增加显著。

2. 城市空间和城市交通

19 世纪 80 年代东京开始建设以货运功能为主的铁路设施，其中大多数线路直接联系山手环线（1885 年开通）和外围地区，对东京地区资源向东京站周边商贸区聚集起到了支撑作用。20 世纪初旧东京市大力进行城市基础设施建设，路面有轨电车交汇处人流较多的新街道逐渐繁荣起来，以丸之内为代表的都心开始发展并逐渐成为商业和办公中心；

[1] 旧东京市，1889 年东京市最初成立时的管辖范围，大于山手线内区域，包含现区部的千代田区、中央区、港区、文京区、台东区全区与新宿区、墨田区、江东区局部区域。

放射轨道沿线成为新兴居住地，其中居住条件和交通条件较好的田园调布以及东横线、目蒲线（现目黑线）沿线区域成为新兴阶层的首选居住区。此时，东京地区绝大部分人依然居住在就业点附近，乘坐市内有轨电车或徒步上下班；都心和郊外之间开始出现通勤现象，诞生了最早一批“上班族”。总体而言，职住分离现象不明显。

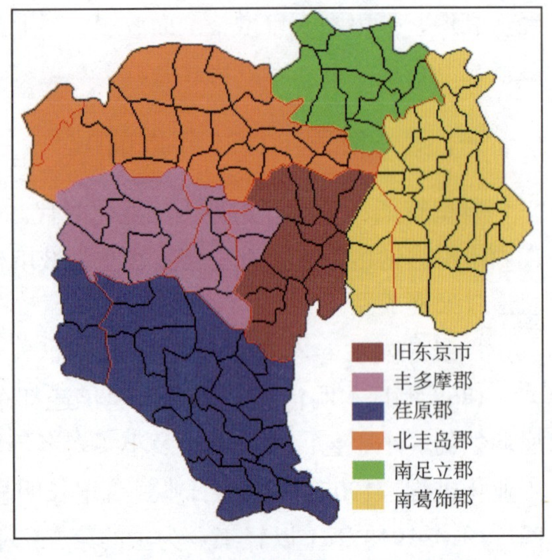

图 2-2　旧东京市及相邻五郡行政范围
资料来源：维基百科，旧东京市。

本阶段，市内有轨电车的建设支撑了城市中心区的发展，郊区铁路网络的完善则为城市的进一步发展和扩张创造了条件。20 世纪 20 年代初，山手线成为公认的东京城区和郊区分界线，城市化区域由山手线内逐步向旧东京 15 区及外围扩展。

3. 城市规划要点

1915 年东京《都市计划法》的出台，标志着东京的城市发展迈入新阶段，1921 年东京以此为基础编制了第一版城市规划，如图 2-3 所示。1923 年 9 月 1 日东京地区爆发关东大地震，地震引起的火灾给以木造建筑为主的东京、横滨以及神奈川县部分地区以毁灭性打击。1924 年在内务大臣后藤新平极力主张下，政府编制《东京特别都市计划》指导震后重建工作，其重点在于加强公园、不燃化学校以及桥梁、干线道路和轨道等交通基础设施建设，如图 2-4 所示。

图 2-3　东京都市计划（1921 年）

图 2-4　东京特别都市计划（1924 年）

资料来源：梅本通孝，東京の都市復興；东京都整备局，東京における市街地整備の実施方針，2010.5。

二、第二阶段（1925~1940年）

典型特征：东京轻工业快速发展。京滨工业带人口快速增长，神奈川距东京站30km以内、埼玉和千叶距东京站20km以内区域人口开始增长。都心发展成熟，京滨工业带逐渐成为建成区，现有外围轨网骨架基本成型。

1. 经济发展和人口分布

本阶段，东京城市化和工业化进程齐头并进，其中东京至横滨沿海地区第二产业快速发展，第三产业也逐渐在都心聚集。随着都心人口日趋饱和，更多居民开始在郊区购买住宅，不断涌入的劳工也大多居住在外围。居住环境优越的西南部武藏野台地迅速成为住宅区，而东部荒川三角洲地区地势低湿，农林资源受到保护，居住功能发展较缓。神奈川县距东京站30km、埼玉县和千叶县距东京站20km区域人口快速上升，见表2–2。

1925~1940年神奈川、千叶和埼玉三县不同区域人口增长率统计（单位：%）　表2–2

距都心范围（km）/ 时间段（年）	神奈川县				千叶县				埼玉县			
	10~20	20~30	30~40	40~50	10~20	20~30	30~40	40~50	10~20	20~30	30~40	40~50
1925~1930	31.2	23.7	13.1	9.8	15.2	9.9	6.3	1.9	9.6	9.2	3.4	1.9
1930~1935	29.4	18.3	8.2	8.3	14.0	9.5	5.8	3.9	20.8	9.8	3.0	1.6
1935~1940	56.9	31.0	16.6	10.1	16.0	9.4	3.8	0	31.1	40.3	32.1	29.8

资料来源：立泽方男，「東京圏都市研究プロジェクト」調査レポート，2005.1。

东京都：都心商业商务功能加强，人口逐步向外围迁移。旧东京市及周边区域第一产业人口比例降至较低水平，以上班族为主的第三产业就业者大幅度上升，大量的运输业从业者、公务员和自由业者由郊外通勤至城区。

神奈川县：关东大地震后，神奈川县川崎市、横滨市及其周边城市化进程加快，与东京联系的轨道交通网络逐渐完善，距东京站30km以内区域人口急剧增加。东横线元住吉、日吉、菊名、纲岛、白乐作为区部的住宅地迅速开发建设；京滨急行电铁沿线横滨市矶子区、金泽区、逗子区人口增加；小田急小田原线沿线随着人口增加开始城市化。随着后期城市化发展，该县距东京站40~50km的轨道沿线区域开始发展。

千叶县：千叶县作为军事基地，军事设施用地比例较高。虽然本阶段神奈川县依然是外围地区人口的增长重心，但受关东大地震影响，部分居民开始向东搬迁以远离灾区，加之都心饱和后人口向外围扩散，千叶县与东京邻近的区域人口增加迅速。其中距都心10~20km范围人口增长率152.3%，20~30km范围人口增长率131.7%，千叶县现JR总武线和常磐线沿线人口增加和城市化发展明显。

埼玉县：与神奈川、千叶相比，埼玉县人口增加和城市化相对较晚开始。埼玉县人口增加区域主要分布在距东京站10~20km范围，其中蕨市（287.9%）、野市（279.8%）、大宫市和浦和市人口增加明显。埼玉昼夜人口比90%~100%，通勤流动性低。

2. 城市空间和城市交通

本阶段，东京与川崎、横滨相连的沿海地带工业迅速兴起，逐渐发展为“京滨工业带”。城市化区域蔓延到旧东京市以外的地区，特别是京滨工业带的川崎市和横滨市，京滨工业带逐渐发展为公认的建成区。都心地区商业和办公高度集中，对外辐射力增强，逐渐成为东京地区的核心。

在《东京特别都市计划》指导下，东京不仅迅速完成了震后基础设施的恢复工作，而且延续建设力度，进一步加强基础设施建设，其中 1915~1935 年轨道网络线路总规模增加了 580km，基本形成了现有外围轨道网络格局，连接都心和郊区的多条放射性线路建设促进了人口沿轨道向郊区的流出，主要放射性线路集中于西南向，支撑了西南部特别是京滨工业带的发展，东京早期人口集中区如图 2–5 所示。本阶段随着郊区居住功能的进一步增强，中远距离的通勤出行逐渐增多。

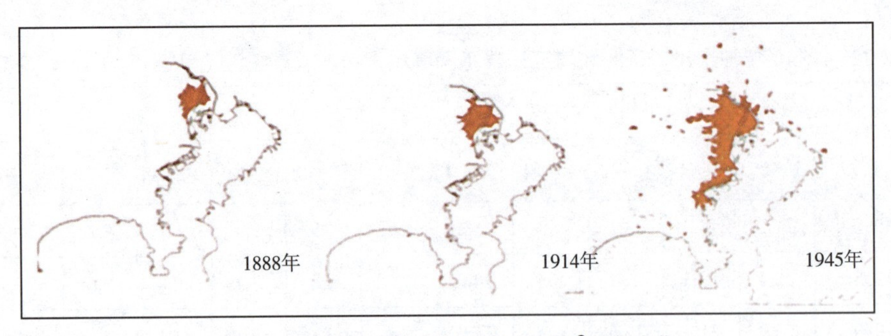

图 2–5　东京都市圈早期人口集中地区[1]范围变化

资料来源：Akito Murayama，Noriaki Hayakawa，Junichiro Okata，Toward comparative study on spatial planning issues and approaches in diverse megacities，2006.7。

3. 城市规划要点

东京城市的不断扩张，促使规划师开始思考城市理想的空间结构和形态。1924 年东京城市规划部门派代表参加了阿姆斯特丹国际城市规划会议，德国规划师沃尔夫提出的“中心—绿带—卫星城”模型对日本规划界产生了巨大影响。1940 年关东地区遵循该模型原则制订了新一轮的城市结构规划，规划市中心被绿化带环绕，绿化带外围分布着一些卫星城，靠放射性和环状交通系统分别实现中心和卫星城以及卫星城之间的联系，如图 2–6 所示。

三、第三阶段（1940~1947 年）

典型特征：太平洋战争爆发，受二战影响，山手线内区域与神奈川县沿海工业区域毁坏严重，工业化和城市化进程中止，京滨工业带人口因迁往外围区域避难而减少，外围其他区域人口增加。

---

[1] 日本人口普查中的一个概念，满足以下两个条件之一即为人口集中地区：①该市町村人口密度大于 4000 人 /km^2；②人口密度大于 5000 人 /km^2 的连续区域。

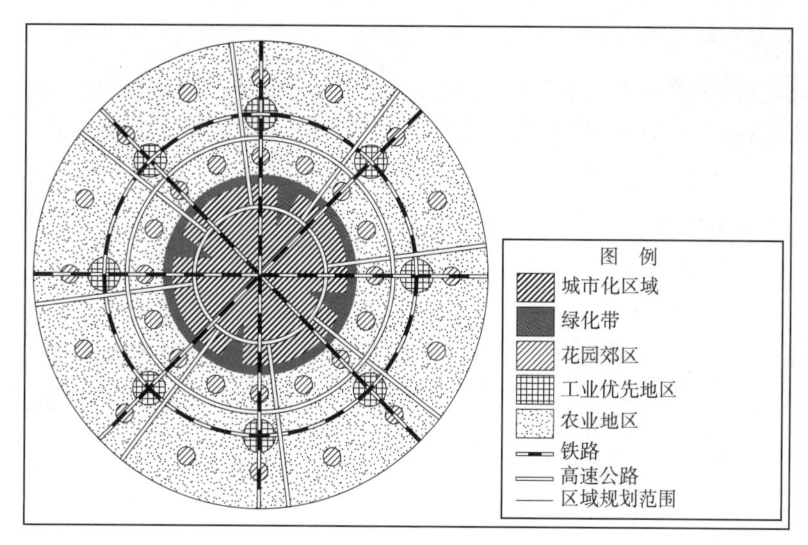

图 2-6 1940 年关东地区城市结构规划

资料来源：Sorenson，A. Subcentres and Satellite Cities: Tokyo's 20th Century Experience of Planned Polycentrism，2001。

1940 年太平洋战争爆发，日本进入全面战争状态。期间，东京建成区遭受了多次空袭，其中 1945 年的东京大轰炸使得现山手线内与周边各区成为废墟。受战争影响，居民向外围迁移避难，京滨工业带建成区内人口急剧减少，埼玉南部、千叶西北部、东京多摩部及神奈川西部人口显著增加，避难人口的迁入加快了这些地区的城市化进程，包括东京多摩部的武藏野、立川和八王子市，神奈川县距东京站 30~40km 的相模原、大和和座间市，距东京站 40~50km 的镰仓、藤泽、茅崎、逗子、厚木、海老名、绫濑、叶山和寒川市等，见表 2-3。二战给东京建成区造成的巨大损失远超过关东大地震，发展了近 80 年的都心及其周边地区被夷为平地，京滨工业带重要的工业设施几乎全部被摧毁。

1940~1947 年神奈川、千叶和埼玉三县不同区域人口增长率统计（单位：%）　　表 2-3

距都心范围（km） 区　域	10~20	20~30	30~40	40~50
神奈川县	−15.9	−14.7	28.9	35.5
千叶县	52.3	51.5	33.5	30.3
埼玉县	31.1	40.3	32.1	29.8

资料来源：立泽方男，「東京圏都市研究プロジェクト」調査レポート，2005.1。

四、第四阶段（1947~1965 年）

典型特征：东京经济高速发展，重工业逐渐成为支柱产业。人口逐步向距东京站 30~40km 区域扩散，增长重心倾向西南区域，轨道沿线人口增加显著。都心中枢功能聚集，外围地区卧城化，东京都市圈基本成型，轨道网络建设以加强放射线运能为主，区部开始地铁建设。

1. 经济发展和人口分布

二战后东京开始重建，因战争散去的人群逐渐返回京滨工业带。1951 年朝鲜战争爆发，日本成为美军后方基地，在军备需求的刺激下东京工业投资快速增加，生产能力迅速增强，企业不断发展壮大，劳动人口大量聚集，东京开始进入战后经济高速发展时期。1947~1955年，都心人口迅速恢复，各种中枢功能重新集聚，多摩、埼玉南部、千叶西北部地区等紧邻京滨工业带的地区发展较为缓慢。1955年以后，都心人口增长停滞并有减少倾向，10~30km圈层成为区域人口增长重心，人口向区部其他地区和外围蔓延，城市发展呈现大饼状摊开的趋势。

为此，日本政府于1958年制定了《第一次首都圈基本计划》，希望通过在建成区外建设绿化带以控制城市的无序蔓延。然而，城市的高速发展背离了规划的设想。1958年后人口继续保持着之前的增长势头，城市化区域由区部沿放射轨道向外围蔓延，特别是距东京站10~30km区域人口增长明显，见表2-4。

1947~1965年神奈川、千叶和埼玉三县不同区域人口增长率统计（单位：%）　　表2-4

距都心范围（km） 时间段（年）	神奈川县				千叶县				埼玉县			
	10~20	20~30	30~40	40~50	10~20	20~30	30~40	40~50	10~20	20~30	30~40	40~50
1947~1950	26.2	21.0	12.5	3.3	3.4	5.4	2.4	0.2	5.9	5.4	1.6	0.4
1950~1955	39.6	26.8	21.4	4.4	13.0	12.7	6.5	–0.3	14.5	11.4	4.2	1.4
1955~1960	42.1	24.3	26.6	6.4	9.9	24.7	9.3	–3.8	28.2	15.1	6.4	0.1
1960~1965	35.1	26.4	55.1	28.5	58.6	61.9	21.6	–0.8	56.0	37.1	27.5	11.1

资料来源：立泽方男，「東京圏都市研究プロジェクト」調査レポート，2005.1。

东京都：战后人口回归，城市复兴，中心商业办公功能恢复。随着经济的高速发展，区部完全城市化并逐渐趋于饱和状态，城市化区域开始向多摩和周边县扩张。为满足居住需求，住宅公团、东京都住宅公社和私企大力开发郊区房地产，区部周边地区迅速卧城化。东京都人口增长由区部转移至东京都西部的立川、武藏野、八王子等具有一定城市化基础的外围区域。

神奈川县：神奈川县工业港口战后得到迅速的发展，吸引了大量的农村劳动力，人口急剧增加，由战后的200万增至400万（1964年）。1955年后横滨、川崎人口增加停止，县内周边区域人口开始增加，城市化向西部片区发展。随着东京区部人口的饱和，神奈川县的西部区域成为新的人口增长点，进一步促进了东京都市圈西南部片区的新城建设。

千叶县：在居住需求不断上升的刺激下，八千代台团地、江户川台地和常磐平团地等住宅区域开始建设，千叶西部和北部逐渐成为区部的卧城。千叶县人口分布形成过密和过疏两种状态，10~30km圈层人口增加明显，其中船桥市人口增加了135%，习志野市144.8%，柏市210.9%，流山市114.2%，镰谷市202.1%，而40~50km圈层人口减少。

埼玉县：1955年后埼玉县人口开始急剧增加，特别是南部轨道沿线距都心10~20km区域，其中东武东上线、伊势崎线、西武铁道线路、JR东北本线沿线区域人口增加最为明显（受地理自然条件影响，战前东上线、西武池袋线、新宿线沿线区域人口增加不明显）。轨道沿线住宅开发急速推进，进一步吸纳区部就业者前来居住，1965 年埼玉县昼夜人口比例降至 70%~80% 之间，城市产业结构也随之转变，第一产业所占比例减小。

2. 城市空间和城市交通

本阶段东京逐渐由单个城市发展成为以都心为核心，辐射区部（除都心）、多摩北部和南部、神奈川县北部和东部、千叶县西部、埼玉县南部的都市圈。1965 年东京都市圈人口集中地区（DID 地区）总人口约 1564.6 万，面积约 1251.5m^2，人口密度 1.25 万人 /km^2，其中东京区部人口集中地区总人口约 876.1 万，人口密度 1.73 万人 /km^2，如图 2–7 所示。区部以外人口集中地区呈现出明显的沿轨道线路分布的特征，表明轨道对都市圈形成起到关键作用。

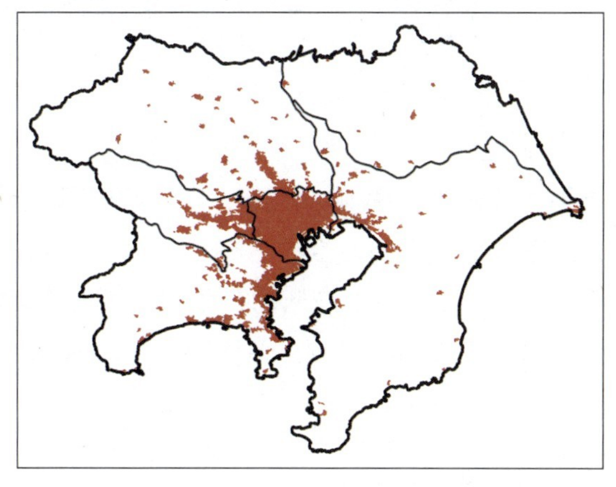

图 2–7　1965 年东京都市圈人口集中地区范围
注：根据国土交通省日本全国人口集中地区 GIS 数据制作。

战后 10 年内，东京联系山手线和外围的既有放射轨道线路以及区部内的有轨电车线路恢复并加强了运输能力。之后随着外围地区人口的增长，为适应外围至区部的通勤出行需求，大多数放射性轨道线路将功能调整为以客运为主。另外，完善的轨道设施又促进了外围住宅的开发，城市沿既有放射轨道迅速铺开。

1958 年后都心迎来了 5 年的发展高峰期，期间都心建设了 1439 万 m^2 的钢混商业办公建筑，成为首都圈最大的就业中心。随着都心就业岗位的增多和土地价格的不断上升，新涌入的就业者迅速向区部外围 9 区、多摩部及邻接三县转移。鉴于区部外围 9 区分布了大量的低层木屋，住房面积有限，为满足经济高速增长所带来的居住需求，日本住宅公团、相关公社和民间房地产机构纷纷推进区部以外地区轨道沿线住宅的开发建设，人口沿轨道线路迅速向外围扩散，职住分离现象明显，通勤圈范围逐渐扩大至距东京站 30~40km 圈域。

随着经济的持续增长和城市的不断蔓延，东京地区职住分离逐渐加剧，向心通勤交通量剧增。20 世纪 60 年代放射性轨道线路极度拥挤，虽然旧国铁和郊外私铁通过复线化、大力改善车辆及加大编组等方式提升线路运输能力，但是仍无法满足日益增长的客流需求，拥挤状况依然严重。由于放射线大多止于山手环线，大量的客流在此换乘其他交通工具前往就业点，造成山手线上枢纽拥挤不堪。为缓解山手线站点交通压力和方便乘客直达就业地点，相关轨道规划要求区部大力兴建地铁并与郊外轨道线路直通运营，相关道路整备计划也努力推动联系东京区部和外围城市高等级道路的建设。借助 1964 年东京举办奥运会的契机，区部开始大规模建设地铁线路以替代有轨电车，提供运量更大、效率更高的运输系统；相关的放射高速公路也逐步开始动工。

3. 城市规划要点

20 世纪 50 年代后，随着经济的高速发展和城市的无序蔓延，日本政府逐渐认识到城市规划的重要性，着手制定不同层次的城市规划指导城市发展。此时，东京首都圈规划体系分为三个层次：首都圈基本计划、首都圈整备计划和首都圈事业计划。首都圈基本计划类似于我国城市总规，每10年进行一次修编，提出未来规划愿景，制定首都圈发展战略；首都圈整备计划类似于我国的近期建设规划，对城市土地利用、基础设施和环境等提出具体的发展策略和实施方案；首都圈事业计划类似于我国的年度实施计划，对每年实施的重点项目进行安排。

在经济高速发展和快速城市化的背景下，1958年7月日本政府为合理控制城市规模、指导区域发展，编制了《第一次首都圈基本计划》，其规划目标年为1975年，规划范围为以东京站为中心、半径100km区域，规划人口规模2660万。《第一次首都圈基本计划》重点在于限制城市建成区的扩张和人口的持续增长，遏制城市的无序蔓延。该计划主要参考1940年的关东区域城市结构规划和1944年大伦敦规划，如图2-8所示。计划明确提出在京滨工业带建成区周围设置宽度为5~10km的绿化带，抑制建成区膨胀和人口增长，并在绿化带外规划若干卫星城吸纳由都市圈外迁入的人口❶，如图2-9所示。同时，计划要求建成区内沿山手线发展副都心（新宿、池袋和涩谷）缓解都心压力，以分散都心的中枢功能和就业岗位，并在建成区严格限制工厂的新建和扩建，将工业及相应的居住功能迁至外围卫星城。

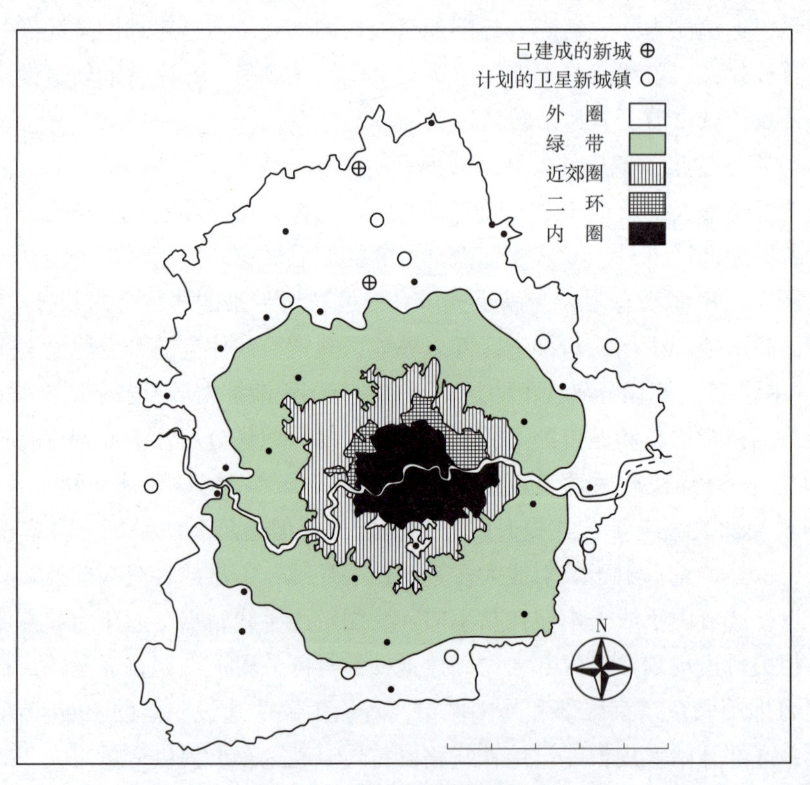

图2-8　1944年大伦敦规划
资料来源：Diagram of the “Greater London Plan 1944”。

❶ 冯建超，日本首都圈城市功能分类研究，2009。

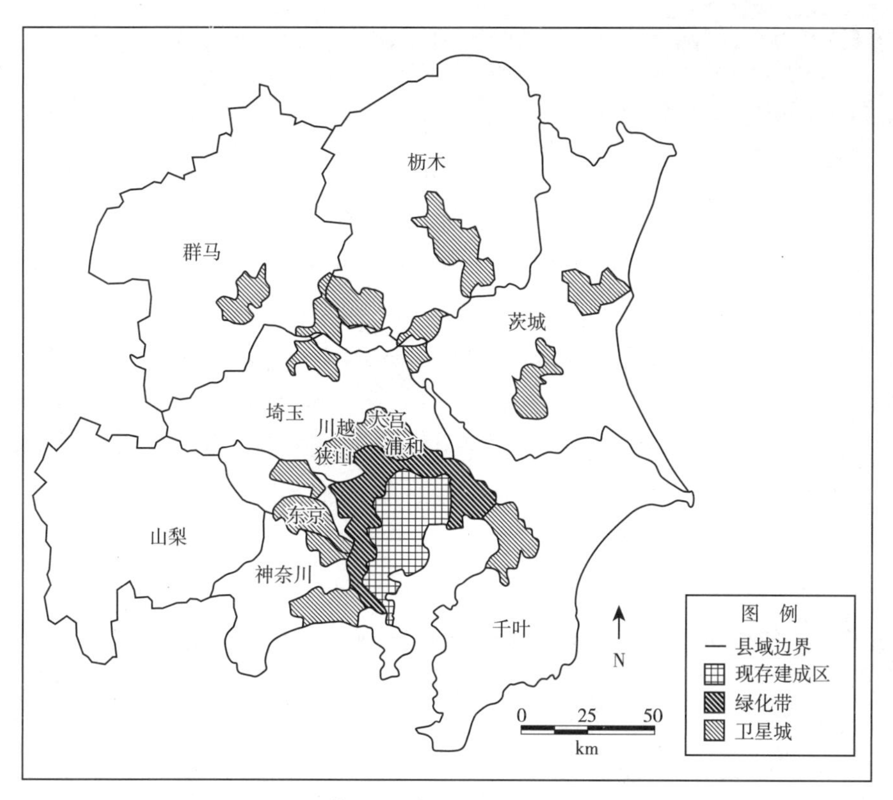

图 2-9 第一次首都圈基本计划区域规划图

资料来源：Sorenson，A. Subcentres and Satellite Cities: Tokyo’s 20th Century Experience of Planned Polycentrism，2001。

然而，城市发展最终背离了规划设想，《第一次首都圈基本计划》规划的绿化带区域建设了大量卧城，基本上成为东京居民的居住拓展区。“绿化带设想”失败的原因有多个方面：第一，在日本市场经济体制的主导下，都心地区大规模开发商业办公建筑，集聚了过多的就业岗位，区部受土地资源的限制和木屋容积率较低的影响无法满足激增的住房需求，新增就业者难以在区部解决居住需求；第二，轨道设施建设和完善先于城市化进程，轨道沿线区域迅速开发成卧城，轨道为居住在外围、工作在中心的生活方式提供了便利；第三，绿带地区紧靠区部，区位优越，比之远郊卫星城更易成为居住区的首选；第四，首都圈基本计划在当时缺乏有效的法律保障，“绿化带设想”遭到相关利益集团的反对和干涉时未能有效予以控制，甚至国家直属开发机构带头在绿化带区域进行开发；第五，规划对人口增长估计不足，进而影响对全局的判断，首都圈人口增长超过了《第一次首都圈基本计划》的预期，1962 年计划被迫将规划人口规模由 2660 万提升至 2820 万。

1956 年世界银行调查团报告书中指出，日本道路条件非常差，政府不应忽视道路交通的建设。此后，日本政府意识到道路基础设施发展的滞后，开始在首都圈规划高等级道路网络。1957 年，日本政府相继颁布了《国家发展纵向高速道路建设法》和《国家高速道路法》，为高速公路建设做好了立法准备，1959 年成立了大都会高速路国营公司，负责 71.03km 规划高速公路的建设。1963 年东京都市圈基本问题委员会编制的中期报告明确提出构筑“三环九射”的首都圈高速公路网，该网络在后续城市规划和道路改善规划中得到了很好的延续和贯彻，几条联系区部和外围的放射性高速公路也率先开始动工。

五、第五阶段（1965~1985 年）

典型特征：东京经济持续增长，产业重心由二产向三产转移。人口继续沿轨道向外围扩散至距东京站 40~50km，增长重心由西南向东北转移，外围地区进一步卧城化。都心中枢功能继续加强，东京区部地铁逐步成网并与放射轨道直通运营以适应城市发展。

1. 经济发展和人口分布

1965 年后东京经济仍保持较快发展，但产业结构发生根本性转变，以房地产、金融和一般服务业为主导的第三产业迅速成长，工业、教育科研和物流业则进一步转移至外围地区。东京都市圈人口依然持续增长，但东京区部人口基本保持不变，其中外围 9 区人口停止增长，都心三区和中环 11 区人口持续下降。都市圈外围人口依然持续增长，距东京站 30~50km 圈域人口增长较 10~30km 圈域增长更为明显。此时东京人口主要分布在山手线以外区域，这与战前人口集中在山手线内形成了鲜明的差别，见表 2–5。

1965~1985 年神奈川、千叶和埼玉三县不同区域人口增长率统计（单位：%）　　表 2–5

距都心范围（km）／时间段（年）	神奈川县				千叶县				埼玉县			
	10~20	20~30	30~40	40~50	10~20	20~30	30~40	40~50	10~20	20~30	30~40	40~50
1965~1970	15.1	16.6	47.9	30.9	31.9	40.3	49.6	17.6	38.3	44.7	36.7	21.8
1970~1975	5.9	14.7	30.5	30.5	21.2	30.9	34.9	32.3	29.7	31.7	33.8	16.2
1975~1980	1.6	3.6	11.3	19.3	8.5	11.6	18.9	20.2	19.2	17.3	16.6	14.6
1980~1985	3.4	6.4	7.7	10.6	5.0	8.5	10.2	11.3	10.8	10.3	8.5	14.1

资料来源：立泽方男，「東京圏都市研究プロジェクト」調査レポート，2005.1。

本阶段区部特别是山手线内土地利用结构未能得到有效控制，导致了都心三区及周边地区商业办公等功能进一步集聚。1965 年颁布的《第二次首都圈基本计划》默认绿化带区域的开发建设，在“轨道 + 物业”的房地产开发引导下，人口沿轨道继续向外扩散，形成诸多功能单一的卫星城和卧城。近远郊住宅区的开发虽然满足了城市发展的需求，但却导致了新的问题，如通勤交通拥挤、休闲娱乐时间减少及家庭主妇数量增加等社会问题。

东京都：都心区域大力建设金融中心，就业岗位进一步增加。就业功能的加强需要周边地区提供更多的居住空间，地方政府、公营住宅公司和私营企业先是在近郊整备区外围大力进行新城开发，而后逐渐向远郊拓进，其中多摩新城、千叶新城和田园都市为典型案例。总体上东京多摩部多摩新城、调布市、保谷市和小平市等区域城市化进程加快，人口和住宅增加显著。

神奈川县：神奈川县人口增加由横滨川崎向周边区域扩散，川崎和横滨中心区域人口基本停止增长，但作为神奈川县的中心工业化和商业化色彩加强；周边区域人口增加明显，特别是横滨南部区域（受根岸线开通影响，经根岸线可与东京都心直接联系）。随着田园都市新城的进一步开发，神奈川县逐渐成为京滨工业带工作人群的主要居住区。

千叶县：本阶段前期县内距都心 30~40km 圈域人口增加明显，增加率为 131.3%，其中木更津市 94.7%、八千代市 295.1%、千叶市 132.1%、我孙子市 236.2%、四街道市 238.9%；后期人口增长转移到 40~50km 区域。区域的发展主要集中在房总半岛与东京湾沿岸地区，其中君津市周边重化学工业地带发展使其成为郊外发展的代表区域；受人口老龄化和石油危机的影响，北总线的建设规模缩减，千叶新城的开发放缓。1978 年成田国际机场开通，东京与成田间的轨道网和道路网逐渐完善，促进了周边区域活力的加强。JR 总武线、成田线和京成线之间的相互竞争使得轨道服务水平不断提升，与东京区部联系更加紧密和便捷，进一步促进了沿线区域成为区部的卧城，昼夜人口比降至 70%~80%。1985 年，30~40km 圈域范围宅地面积比例约为 25%，其中市川、松户、浦安、船桥、习志野等地居民素有“千叶都民”（泛指千叶县内居住、东京都内就业的人群）之称。20 世纪 80 年代千叶线的开通支撑了幕张新都心和县内海湾地区开发，使之成为东京腹地。

埼玉县：相对于东京都和神奈川县而言，埼玉县人口增加的程度和步伐都较慢，大宫、熊谷、浦和、川越等城市与横滨、千叶相比规模较小，主要原因是埼玉县仍属于自给自足经济结构，第二、三产业相对较弱。1965 年后前半期，东上线沿线人口倍增，人口迁入现象明显；1965~1975 年埼玉县 30~40km 圈层人口增加明显，1975~1985 年人口增长逐渐转移至 40~50km 圈层区域，远郊城市土地价格的低廉使得地铁沿线区域人口迅速增长，沿线乘客至区部通勤主要采用“轨道 + 小汽车”的出行方式。

2. 城市空间和城市交通

这一阶段东京都市圈人口在外围持续增长，城市主要在放射轨道线路设施引导下向外围各个方向扩展。至 1985 年，东京多摩部、埼玉县、千叶县和神奈川县绝大部分平原地区均已成为人口集中地区，与前一阶段相比，新增城市化区域明显增大。此时东京一都三县（都市圈除茨城南部）人口集中地区人口规模达 2565.4 万，面积扩大至 2860km^2，其中东京区部人口集中地区人口降至 835.5 万，人口密度降至 1.40 万人 /km^2，如图 2–10 所示。

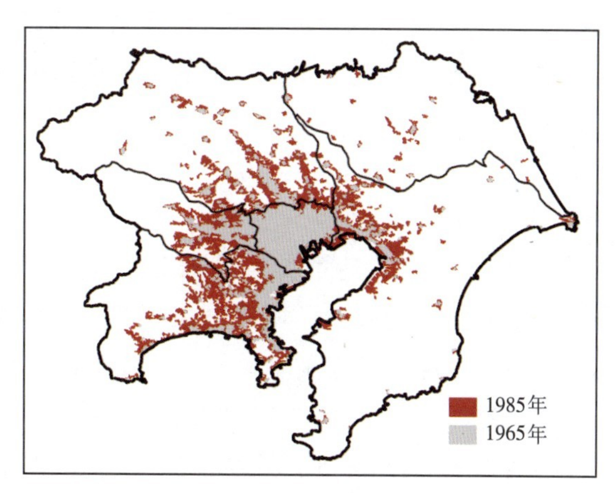

图 2–10　1965 年和 1985 年人口集中地区范围对比

注：根据国土交通省日本全国人口集中地区 GIS 数据制作。

1965 年后，日本政府对都心和副都心地区商业办公开发持支持态度。1975 年后受里根和撒切尔新自由主义政策的影响，日本政府积极推进撤销管制（deregulation）的经济政策，进一步将区部居住用地转为商业用地，加强区部特别是都心的商业办公开发。东京都心商业办公容量达到极限，开始向周边地区溢出，山手线几大换乘枢纽利用区位之利逐渐发展成为副都心，如新宿、上野、池袋及涉谷等。由于副都心距都心太近（5km 以内），其与都心实际上成了一个整体，作为整个都市圈的新核心辐射外围更广大的地区。副都心的发展促进了商业办公在东京区部的进一步集聚，东京“单极化”发展模式更加明显，城市在广域范围内全面扩张，进一步沿轨道扩大至距东京站40~50km圈域。

本阶段，都市圈范围内进一步强化了单中心城市形态，城市功能过度聚集导致了就业与居住用地的失衡，而大规模放射轨道网和高速公路网建设也顺应了这种失调的城市结构发展和强化。一方面，在地价上升和交通设施完善等因素的共同推动下，居住功能沿轨道线路向区部以外地区全面转移，外围轨道新城的持续开发使得职住分离固化，导致东京早晚高峰期产生大量通勤交通，放射性轨道线路极其拥挤，通勤时段出行的痛苦状况被日本社会形象地称为“通勤地狱”，引起了社会、经济、环境等方面的问题。另一方面，虽然各级规划都坚持“三环九射”高速公路网结构的思想，但实际建设重点却集中于放射线，九条放射线在1990年之前基本建成，而三条环线至今没有开通，放射性高速公路的迅速建成对城市空间的扩张也起到了一定的推动作用。在此期间，为缓解放射交通拥挤和提升区部交通品质，区部建成200km的地铁网络，并通过与放射性私铁或国铁直通运营缓解换乘枢纽的压力，私铁公司为配合新城建设也修建了相应的轨道线路，但是总体上相关线路运能的增长仍远远赶不上出行需求的增长，早晚高峰拥挤状况依然持续。

3. 城市规划要点

前一阶段东京城市发展与城市规划背离之后，日本政府意识到必须重新评估“绿化带设想”和对近郊整备区的规划策略。1965年，日本政府对《首都圈整备法》进行了修正，将首都圈范围扩大至“一都七县”的全部区域，并将首都圈分成建成区、近郊整备区和城镇开发区3个圈域，分别制定了相应的规划目标。《首都圈整备法（修正）》中指出：将城镇开发区的城市培育成工业城市、住宅城市、研究学园以及流通中心等具有独立功能的城市；将近郊整备区与建成区同等看待，可以进行综合开发建设，但要求逐步、有计划地进行开发。修正后的《首都圈整备法》成为《第二次首都圈基本计划》的编制基础。

在此背景下，1968年10月日本政府编制了《第二次首都圈基本计划》，规划目标年依旧为1975年，规划范围扩大至“一都七县”的全部区域。《第二次首都圈基本计划》在预计人口未来将快速增长的基础上将规划总人口提高到3310万，其中建成区和近郊整备区规划人口2500万，城镇开发区规划人口810万。与《首都圈整备法》的调整相呼应，《第二次首都圈基本计划》对区域发展策略进行了一定的调整，建成区（即京滨工业带）仍然作为履行中枢功能的区域；在建成区以外距市中心半径50km内区域（即近郊整备区）取消绿化带规划，继续推进该地区的城市化建设，强调新居住区域的建设必须保护环境、与自然协调共存；在城镇开发区继续推进卫星城的开发建设，分担建成区迁出的工业、物流、教育科研等功能。与《第一次首都圈基本计划》截然不同，《第二次首都圈基本计划》提出了构造广域都市圈的设想，主张培育和发挥各个区域的功能特色，以分担中心区域承载量，形成有机的、相互提携的多核地域结构。然而，在实际的发展中，中心区仍然不断聚集各种中枢功能，外围地区依然以工业卫星城和卧城为主。

1973年第一次石油危机爆发，1974年日本经济出现战后第一次负增长，社会形势发生巨大变化，同时东京都市圈单极化发展所产生的交通和社会问题仍在持续加剧。在此背景下，日本政府重新审视全国的发展形势，于1976年11月制定了《第三次首都圈基本计划》，规划目标年为1986年，规划范围为“一都七县”全部区域，规划人口规模3800万。本次计划宗旨在于改变首都圈“单极化”的发展态势，抑制东京都市圈人口的过快增长。计划指出，为了增强对地震等灾害的应对能力、形成安全性高的区域结构，不仅应将工业、居住、教育科研及物流等功能迁出建成区，而且同时也应将业务管理功能适当地从建成区转移到外围区域，以便更好地带动外围区域的发展，缓解“职住分离”的状况，促进形成“多极地域结构”的大都市圈。1976年日本政府制定的《第三次全国综合开发计划》提出“均衡发展”的构想，即以东京为政治中心、大阪为商业中心进行全面综合开发，广域层面缩小各都市圈的发展差异。上述两个计划的核心在于“均衡”二字，在都市圈范围内抑制商业和办公在区部特别是都心的过度集中，将部分业务管理功能转移到外围城市；在全国范围内抑制东京都市圈的“一枝独秀”，实现全国区域协调发展。

这一阶段，城市发展继续背离了规划的设想，依然延续着“单极化”的发展模式。一方面，城市中心岗位进一步集中，区部作为更广范围的都市圈核心，辐射周边地区，经济活动开始形成“路径依赖[❶]”；另一方面，核心区域居住人口不断下降，昼夜人口差别逐渐增大，形成了典型的“职住分离”城市形态；此外，相关的轨道和道路建设规划仍然以加强放射线运输能力为重点，强化了既有的经济发展路径。规划从国家安全层面考虑，东京都市圈形成“多极地域结构”以及大都市圈之间“均衡发展”等构想有其现实意义，但是市场经济有其本身的规律，在东京已经成为日本的政治中心和经济中心的背景下想要改变以往经济活动的“路径依赖”非常困难。因此，本阶段的规划设想依然未能有效抑制首都圈“单极化”的态势。20世纪80年代后，日本三大都市圈中名古屋圈和大阪圈的发展趋于停滞，而首都圈仍然保持着较为高速的发展，其中东京区部就业岗位仍继续集聚，外围区域建设大量居住功能建筑，城市化进程加快。

六、第六阶段（1985~1997年）

典型特征：泡沫经济破裂，人口向外围扩散趋势明显放缓，外围人口开始向业务核都市集中。都心出现衰退，岗位数量减少，外围部分业务核都市对都心依赖下降，轨道系统建设力度减弱，以补充完善为主。

1. 经济发展和人口分布

1985年，世界五大经济强国签订“广场协议”，日元迅速升值，国际大量资金为躲避汇率风险而进入日本。日本政府为补贴出口产业实行量化宽松政策，资金压力减轻后，银行将大量资金贷给不动产业和商业。在国内外资金的投机炒作下，日本房地产业迅速膨胀，房屋价格高涨，同时股票市场也非常火热，经济出现泡沫。1985~1992年是泡沫经济

---

❶ 路径依赖类似于物理学中的“惯性”，一旦进入某一路径（无论是“好”的还是“坏”的）就可能对这种路径产生依赖，某一路径的既定方向会在以后发展中得到自我强化。

的鼎盛期，金融、房地产及商业（批发和零售）等行业异常火爆，都心和副都心作为上述行业的总部集中区，也随之达到了发展巅峰。泡沫经济下地价普遍上涨引发了一系列民生问题，日本政府意识到问题的严重性后采取了较为严厉的金融缓和政策，房地产市场和股票市场迅速低迷，不动产和股票价格持续下降，如图 2–11 所示，从此日本随之进入长达 10 年的经济低迷时代。

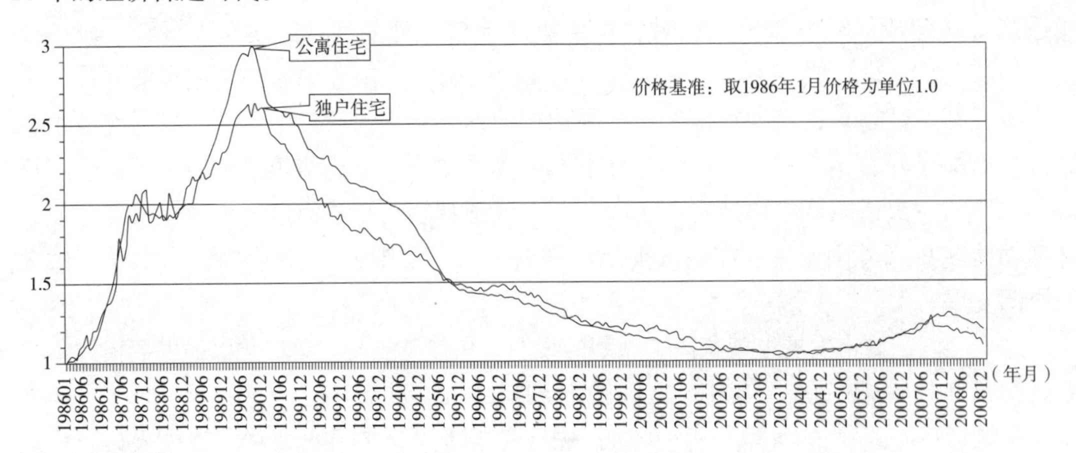

图 2–11　东京都住宅平均价格变化图

资料来源：清水千弘，渡辺努，日米における住宅価格の変動要因，2009。

本阶段，东京都市圈人口变动不大，建成区人口有所减少，外围地区人口稳中有升。泡沫经济破裂前，虽然不动产业的火热推动了城市化进程，但也提高了城市门槛；泡沫经济破裂后，东京区部岗位数量大幅下降，抑制了人口机械增长。区部岗位数量下降造成了大规模失业，居住在区部外的失业人群倾向于到附近的业务核都市或其他城市寻找工作，为缓解经济压力，一批家庭主妇也开始在居住地附近寻找一些工作机会。另外，20 世纪 60 年代区部就业的人群面临退休，其子女更倾向于在居住地附近寻找工作机会。上述就业新动态刺激了外围业务核都市的发展，在泡沫经济破裂、东京区部遭受打击的时候，业务核都市受到的影响反而较小，就业者数量略有增加。

东京都：20 世纪 80 年代末始，东京区部地价飞涨，区部各区居住人口均有所减少。相比区部，多摩部人口则稳中有升，为难以负担区部高房价的居民提供安身之所。

神奈川县：1985 年后神奈川县人口增加趋势变缓，人口规模基本停滞不动。

千叶县：20 世纪 90 年代后期经济增长速度放缓、区部房价下降，千叶新城建设放缓，千叶县人口增加大幅度降低。

埼玉县：经济高速增长停止，埼玉县人口增长趋势变缓。前期由于区部房价的高涨，埼玉县地价优势明显，大量的人群入住本县轨道沿线区域，人口增长以机械增长为主（69.7%）。随着泡沫经济的崩溃和土地神话的破灭，区部房价下降，迁入埼玉县的人口下降，县内人口增加转为以自然增长为主。

2. 城市空间和城市交通

总体上，本阶段人口向外围地区扩散的趋势明显放缓。至 1995 年，东京都市圈 DID

人口规模为2855.0万，面积3239.3km^2，人口密度0.88万人/km^2。其中东京区部DID人口规模继续下降至796.8万，人口密度1.29万人/km^2，东京都市圈（除区部）DID人口密度为0.78万人/km^2，两者之间差距逐渐缩小，如图2-12所示。

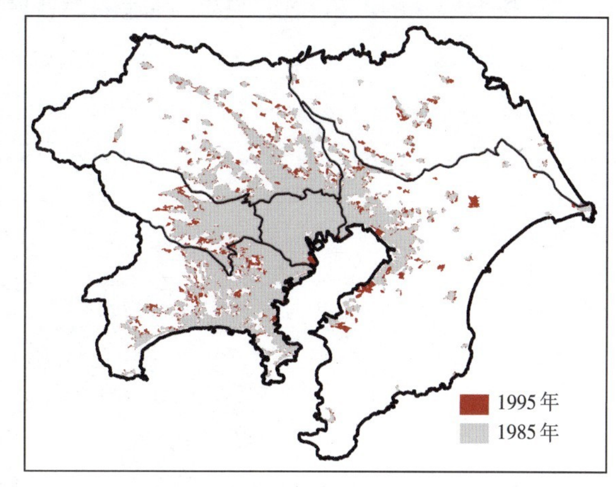

图2-12　1985年和1995年人口集中地区范围对比
注：根据国土交通省日本全国人口集中地区GIS数据制作。

泡沫经济破裂前区部中枢功能进一步集聚，区部地铁设施继续完善并与放射轨道直通，进一步支持了都心和副都心的高密度开发。受泡沫经济破裂影响，区部岗位数量下降，一定程度上缓解了通勤高峰时段的交通压力，主要放射性轨道服务水平均有所提高，轨道交通建设重点开始转向外围，主要以缓解外围局部拥挤地段和提高局域服务为主。道路交通方面也开始重视环向高速公路建设，通过改造已有国道、提升道路规格，逐步完善东京都外环道和央圈道，强化外围城市之间的业务联系。

3. 城市规划要点

《第三次首都圈基本计划》虽然没有达到预期的效果，然而其提出的“多极地域结构”理念却逐渐受到重视，对东京都市圈各类规划形成了巨大的影响。为应对挑战和解决东京城市发展问题，将东京打造成国际化的魅力城市，日本政府于1986年6月制定了《第四次首都圈基本计划》[❶]，规划目标年为2001年，规划范围依旧为“一都七县”全部区域，规划人口规模4090万。

《第四次首都圈基本计划》提出“多极多圈域”的区域结构，强调在东京都市圈外围打造功能多元化的业务核都市，并以其为核心发展独立都市圈，改变“单极化”的发展模式，如图2-13所示。具体而言，首先，将外围比较成型的卫星城列为业务核都市，给予一定的政策支持，扶持其逐渐发展为综合性城市；其次，在业务核都市中选取基础较好的城市化区域，包括埼玉市的浦和区和大宫区、千叶市的幕张、川崎市、横滨市以及筑波新城等，将其培育为区域据点，带动周边地区发展并努力构造新都市圈；最后，要求核心区转移部分行政功能，鼓励和推动商务、国际交流、信息和研发等功能转向业务核都市，从而带动业务核都市全面发展。该计划同时明确了副都心的地位，指出应在都心三区边缘构筑多个副都心，将中枢功能分散，以缓解都心三区的压力。

《第四次首都圈基本计划》在强调核心区功能转移、多种功能在首都圈范围内分散的同时，又注重功能在业务核都市的集聚。与前几次首都圈基本计划相比，强调次中心的复合功能，为缓解核心区的压力，不得不迁出部分功能使之分散在更广泛的区域，但功能过于

❶ 资料来源：浅野光行著，余碧波、吴德刚译，特大城市区域发展计划编制的作用和极限——东京大都市区的教训，2002。

分散不利于形成规模效应，因此必须在新的区域集聚，也即国内常言的“有机分散”。该计划强调顺应产业发展的客观需求，对三大圈层进行了全新的梳理和规划，在核心区域形成“一核七心”的城市片块结构，在近郊整备区以业务核都市为核心形成几个相对独立的小型都市圈，在城镇开发区逐步丰富工业卫星城的城市功能，形成具有特色的卫星城市群，推进“多核多圈域”区域结构的实现。针对首都圈人口规模不断增长的现状，计划主张顺应首都圈人口的自然增加，通过抑制人口的机械增加来缓解城市压力。

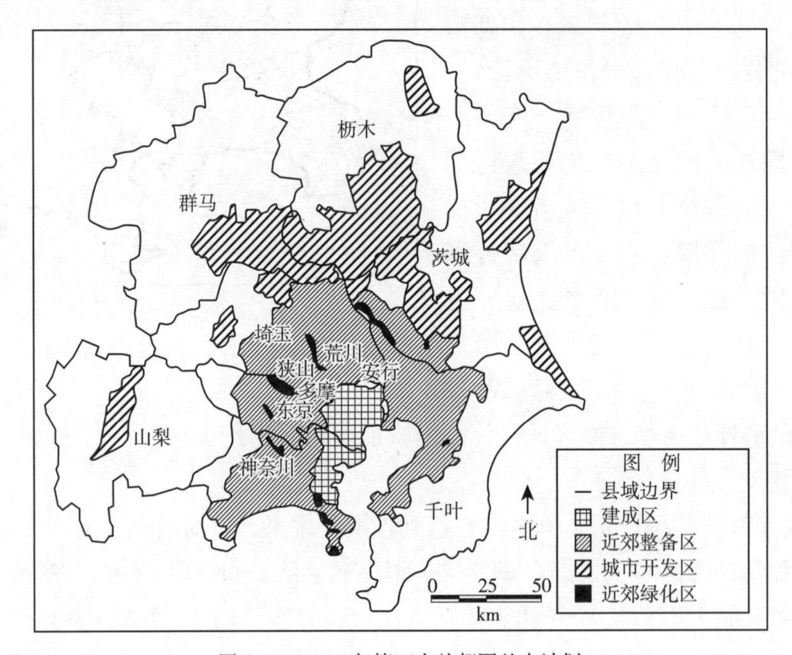

图 2-13　1986 年第四次首都圈基本计划

资料来源：Sorenson，A. Subcentres and Satellite Cities: Tokyo's 20th Century Experience of Planned Polycentrism，2001。

1991 年东京都政府制定的《第三次东京都长期规划》(The 3rd long-term plan for the Tokyo Metropolis)(图 2-14)以及《东京规划 1992》(Planning of Tokyo 1992)都将副都心和业务核都市的开发作为核心内容，在一系列规划的指导下，东京都市圈副都心和一些业务核都市取得了快速发展。

进入 20 世纪 90 年代后半期，东京经济发展陷入了低迷期，区部就业岗位数量一度大幅减少。业务核都市经过 30 年的发展，积累了一定的实力，在经济危机时为附近的一些居民提供了就业机会，减缓了通勤圈扩大的趋势。这一现象引发了政府和规划者的深思，成为之后第五次首都圈基本计划的一大重要背景。

《第四次首都圈基本计划》与之前各次计划最大的不同是提出了国家行政机关和国家科研机构转移的方案。自 1996 年 3 月国家行政机关转移计划实施开始，至 2000 年 5 月完成了全部计划机关向埼玉市的迁移。但是，17 家指定转移机关绝大多数为省厅下属的关东地方支部，并未真正涉及国家层次的管理部门，例如日本警察厅关东管区警察局、总务省关东管区行政评价局、日本邮政公社关东支社、厚生劳动省关东信越厚生局、财务省关东财务局、经济产业省关东经济产业局及国土交通省关东地方整备局等。此外，国家科研机构的转移效果不甚理想，虽然1998年就已经颁布了转移实施计划，指定了国文学研究资料馆、统计数理研究所、国立极地研究所、国立国语研究所及自治大学校5所科研机构向多摩部立川市转移，然而到2005年仅有国立国语研究所及自治大学校两家完成了转移，其余3家机构至今未能完成。中枢功能向外转移困难重重，加之转移出去的机构影响力有限，东京都市圈单极的城市形态依然没有发生根本改变。

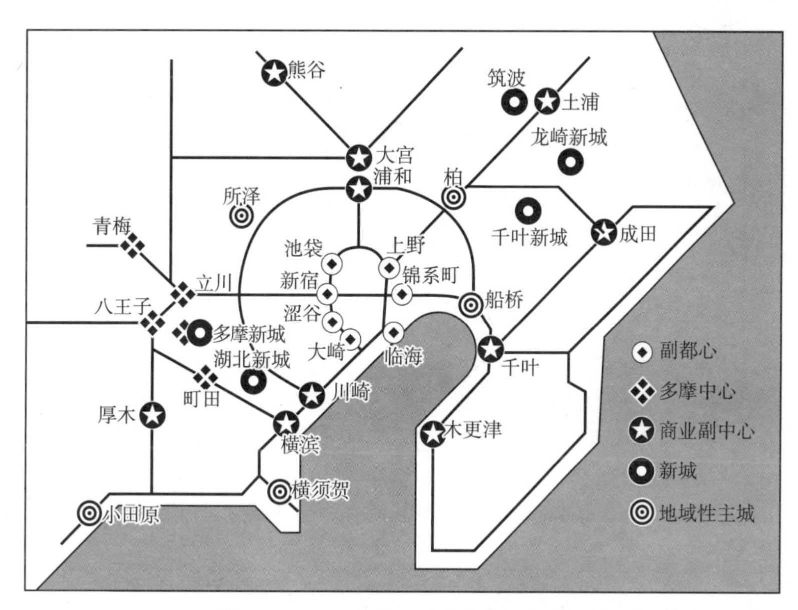

图2-14 1991年第三次东京都长期规划

资料来源：Sorenson，A. Subcentres and Satellite Cities: Tokyo's 20th Century Experience of Planned Polycentrism，2001。

七、第七阶段（1997年以后）

典型特征：东京经济开始复苏。人口向都心回迁，外围地区人口继续向周边城市集中，都市圈范围内人口集中区人口密度均呈上升趋势。都心居住功能和外围城市就业功能加强，轨道强化了重大枢纽与都心的联系以适应经济全球化。

1. 经济发展和人口分布

泡沫经济崩溃以后，东京区部与业务核都市之间的关系发生了一定程度的微弱转变。一方面部分对原有经济路径不敏感的新兴产业在外围集聚，加之区部部分中枢功能的外迁，外围业务核都市的功能得到了丰富和提升。例如，为落实首都圈基本计划的要求，缓解区部就业岗位过于集中的状态和带动外围城市发展，东京将自由大学和国立语言研究所等教育科研机构迁移至多摩的立川市，腾出的土地后来基本用于运动员村和养老院等公共服务设施建设。另一方面，东京区部以打造“职住接近型”城市为最终目标，通过提高区部居住用地容积率、增加中高层住宅供应等措施吸引更多人回归区部居住。

1997年以来，东京区部人口开始增长，其绝对增长量超外围各县。1995~2005年横滨市、川崎市和千叶市至区部通勤通学总人口均有所下降，上述业务核都市就业岗位数持续增长，而区部就业岗位数量直到2005年才开始回升，如图2-15所示。居住人口的增长和外围通勤人口的减少使得区部职住分离现象稍微有所缓和。

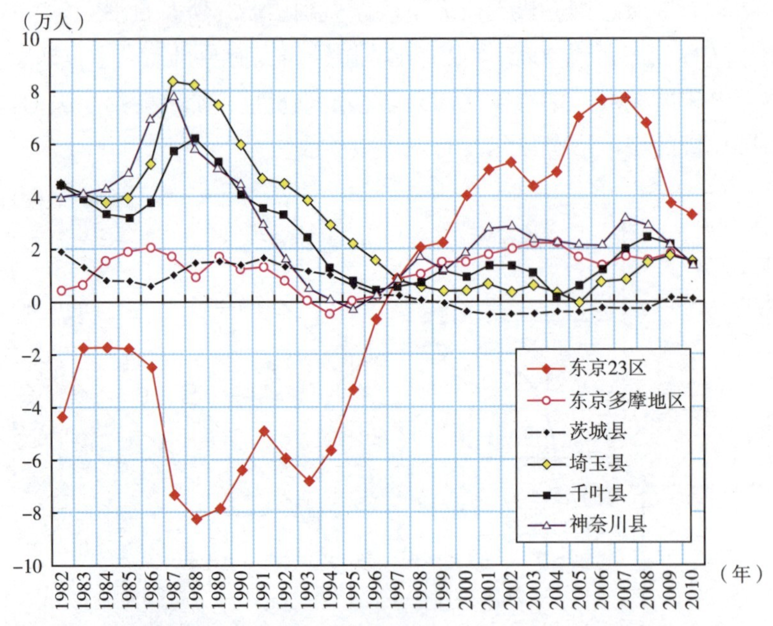

图 2-15　东京都市圈人口历年变化——东京都心人口的回归

资料来源：总务省统计局，住民基本台账人口移动报告年报。

2. 城市空间和城市交通

2005 年，东京都市圈 DID 人口规模为 3048.7 万，比 1995 年上升了 193.7 万，2005 年面积 3307.0km²，仅比 1995 年上升了 67.7km²。2005 年东京区部 DID 人口密度比 1995 年上升了 0.09 万人 /km²，东京都市圈（除区部）DID 人口密度比 1995 年上升了 0.04 万人 /km²，如图 2-16 所示。

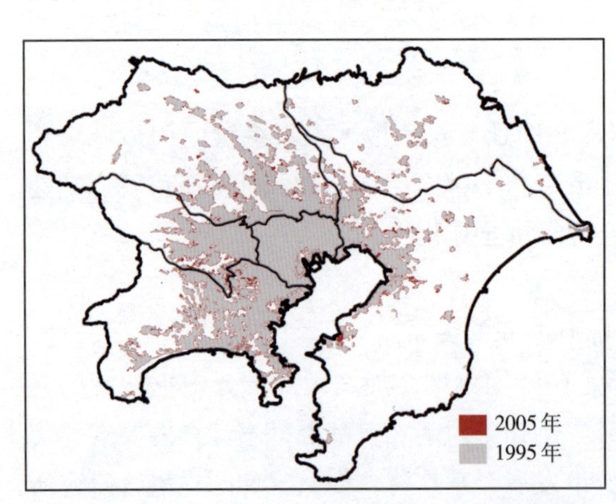

图 2-16　1995 年和 2005 年人口集中地区范围对比

注：根据国土交通省日本全国人口集中地区 GIS 数据制作。

本阶段外围业务核都市缩小了与区部的差距，一些发展基础较好的业务核都市人口和岗位持续上升，起到了“外围据点都市”的作用，分担了区部压力。距东京站 40~50km 圈域，不仅至区部通勤就业者数开始下降，其自身人口规模也开始下降，东京都市圈出现了“收缩”的迹象。轨道交通继续以补充和完善为主，为适应经济全球化趋势，轨道交通加强了都心与对外枢纽节点的联系。道路交通开始全面推进环向高速公路的建设，为外围业务核都市发展开辟新途径。

本阶段，东京城市转型取得了一定的成就，最典型的效果就是都心人口回归、外围就业比例上升，总结下来主要有以下几点启示。其一，中枢功能的转移需要合适的时机。当东京区部经济兴旺时期，经济对原有路径的依赖持续加强，此时难以实现中枢功能的转移；泡沫经济破裂后（主要是1990~2000年），受区部岗位数量减少因素影响，部分人员选择就近就业，给业务核都市带来了发展机遇。其二，与政府关联度较高的城市功能比较容易转移，可有效带动业务核都市发展。例如，教育和科研功能转移至筑波新城，东京都部分行政功能转移至埼玉市。其三，世代更替对都市圈结构构建具有一定影响。日本相关学者的研究表明，居住在外围而前往区部工作的上班族的子女对前往区部就业的不敏感，往往选择居住地附近的业务核都市就业。受这一因素影响，外围至东京区部就业者人数不断下降。其四，强调中心区以及外围卧城就业居住功能的复合，通过优化土地利用结构，形成功能混合的城市街区，抑制大范围的职住分离。

3. 城市规划要点

《第四次首都圈基本计划》的执行效果并不理想，东京都市圈单极化形态依然明显，其引发的交通和社会问题持续存在。在此背景下，日本政府于1999年3月制定了《第五次首都圈基本计划》，规划范围为"一都七县"全部区域，规划目标年为2015年，本计划预计首都圈人口在2011年达到4190万后将开始减少，2015年人口规模为4180万。本计划基于第四次基本计划"多极多圈域"结构提出了"分散的网络结构"的概念，将首都圈地域划分为5大片区，强调各个片区围绕着自身的业务核都市发展，加强片区之间业务合作与联系。其中，"东京中心地区"的任务是在充实引导全国经济社会职能的同时，强化居住职能的城市空间再造；"近郊地区"培育、整备环状据点都市群，以求适当分担东京中心部的职能；"关东北部地区"、"关东东部地区"和"内陆西部地区"的任务是促进环状方向的地域联合，推动大环状联合轴的形成。这一规划结构打破了以往核心区与外围区域的放射状联系格局，建立环状据点都市群和大环状连接轴。《第五次首都圈基本计划》进一步提出了首都功能迁移的设想——"展都"计划，将首都中枢功能分散到更大的圈域范围中（半径100km以外），扭转以东京区部为极点的都市结构。该计划扩大业务核都市数量，希望通过改善基础设施和提供优惠政策强化业务核都市之间的环向联系，形成相互提携的环状据点都市群，如图2-17所示。

同年，日本政府对1986年出台的《业务核都市基本方针》进行修正，进一步明确了业务核城市的发展方向。首先，在近郊整备区建立多个独立都市圈，以平衡首都圈的地域结构，解决大城市居住问题，培育居住就业平衡的综合性区域；其次，根据城市区位优势、经济发展水平、基础设施水平等适当培育各业务核都市的独立中心城市职能和教育、文化、休闲等生活职能。

2006年，日本政府对《首都圈整备法》进行了新一轮修改，主要改变有两点：一是促使首都圈基本计划与整备计划一体化，合并为新的整备计划；二是废除首都圈事业计划，通过每年发布首都圈整备年度报告公布计划实施情况。原有三层规划体系合并后的新整备计划成为首都圈唯一的法定规划。新的《首都圈整备计划》包括两部分内容，即基本篇和整备篇，分别对应于原基本计划和整备计划。新的《首都圈整备计划》每5年修编一次，每次都必须重新制定整备篇的内容，而基本篇的内容则视实际情况进行更新，

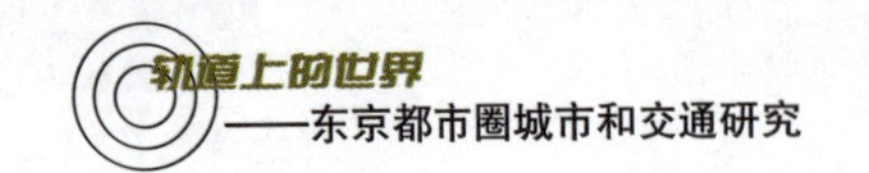

如图 2–18 所示。

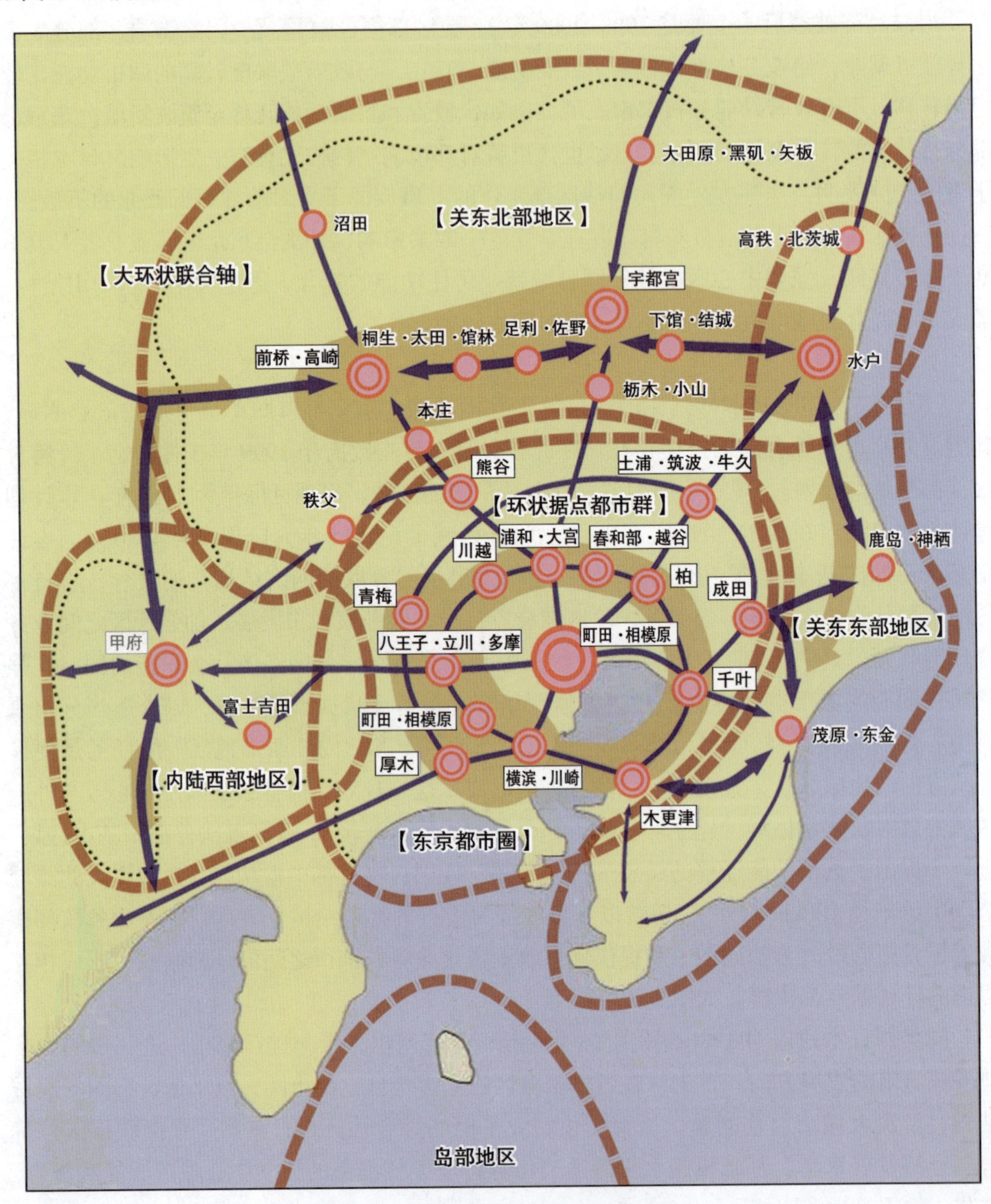

图 2–17　第五次首都圈基本计划区域规划图

资料来源：国土交通省，首都圏基本計画。

2006 年 9 月新《首都圈整备计划》延续了《第五次首都圈基本计划》的思想，研究范围和规划人口规模均保持不变，重点提出了两条策略：一是加强环向交通基础设施建设以支撑环状据点都市群和大环状联合发展轴的形成；二是加强重大对外枢纽与核心区联系以适应全球化发展需求，如图 2–19 所示。

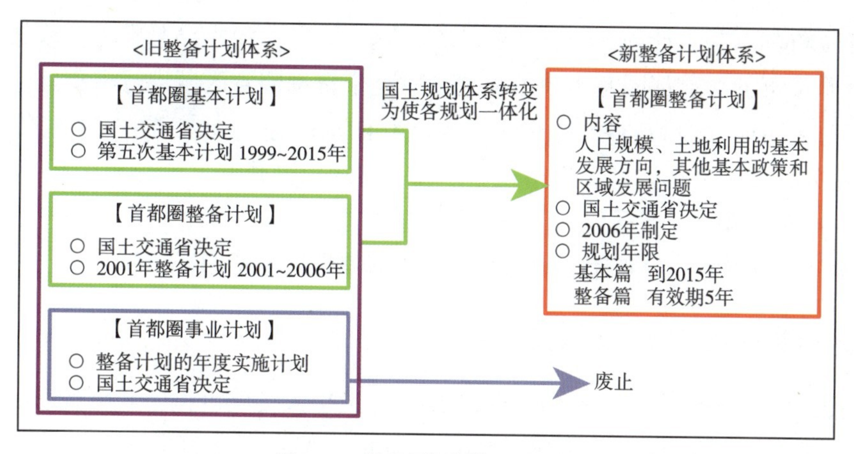

图 2-18 首都圈规划体系的调整

资料来源：国土交通省，首都圈基本計画。

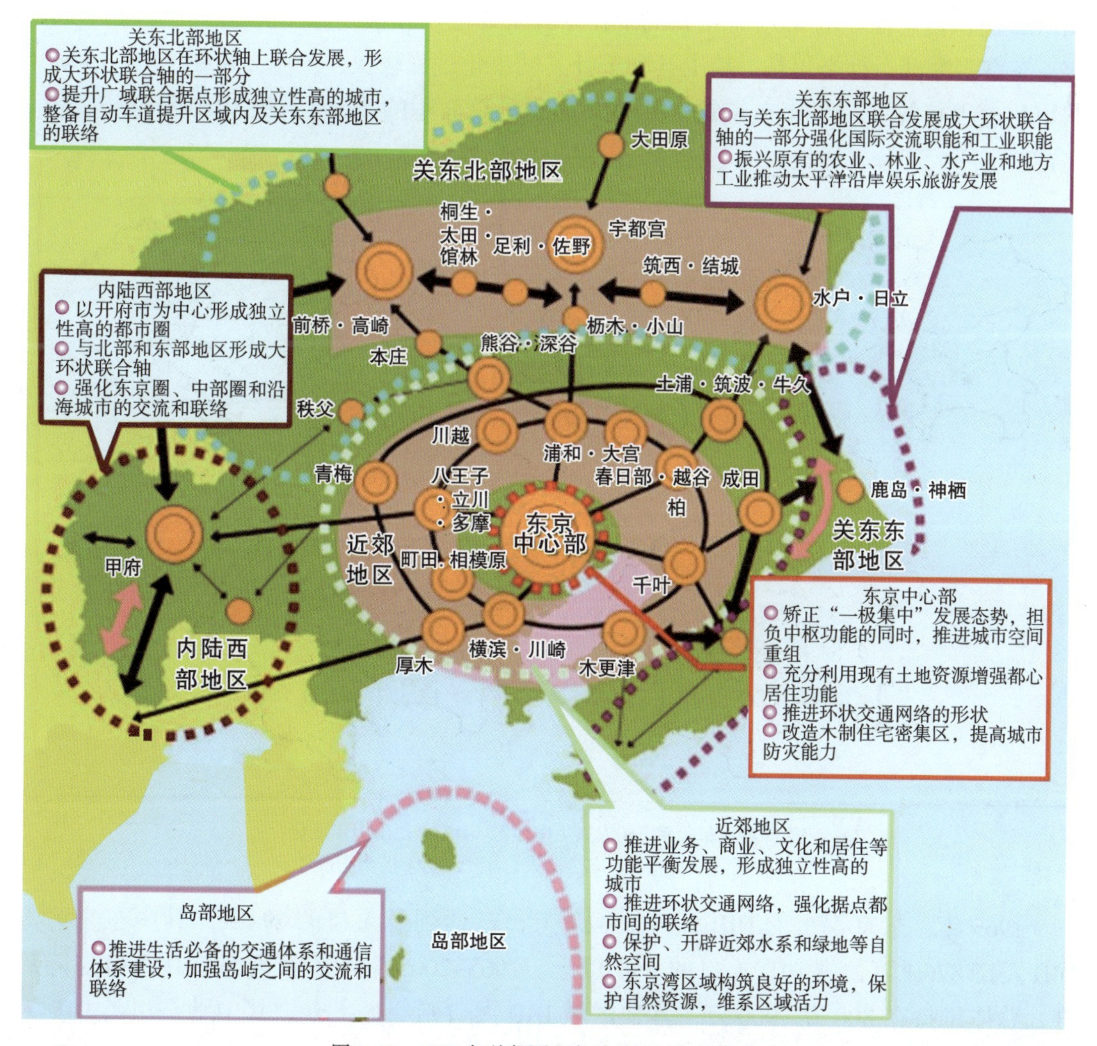

图 2-19 2006 年首都圈整备计划区域发展策略

资料来源：国土交通省，平成 18 年首都圈整備計画。

《第五次首都圈基本计划》与《业务核都市基本方针》的主导思想是一致的，但出发点有所差别。《第五次首都圈基本计划》先是对整个首都圈各区域进行了梳理，提出了各个区域的发展方向，之后从核心区中枢功能转移的角度进一步提出了首都功能迁移的构想；而《业务核都市基本方针》则站在业务核都市的角度强调了自身独立发展的重要性。总体而言，本阶段都心三区居住人口与就业岗位的差距依然很大，近郊据点都市与东京核心区的差别依然存在，东京都市圈地域结构发生根本性转变依旧任重而道远。

八、人口集中区（DID）演变

二战后，东京都市圈人口集中地区（DID）迅速扩大，城市化区域由东京区部逐渐扩展到外围广大地区，如图 2–20 所示。1960 年东京区部和神奈川京滨工业带地区基本实现了城市化，都市圈其余地区城市化区域面积较小、城市化程度较低。1965 年东京都市圈 DID 面积占总面积的 8.0%，主要局限在京滨工业带及几条放射性轨道沿线。1965~1980 年，东京多摩部、神奈川县、埼玉县和千叶县城市化进程较快，茨城县则在 1975~1990 年城市化进程较快。2005 年东京都市圈 DID 面积占总面积的 21.6%，比 1960 年增长了近 2 倍，都市圈大部分平原地区均已完成城市化，如图 2–21 所示。

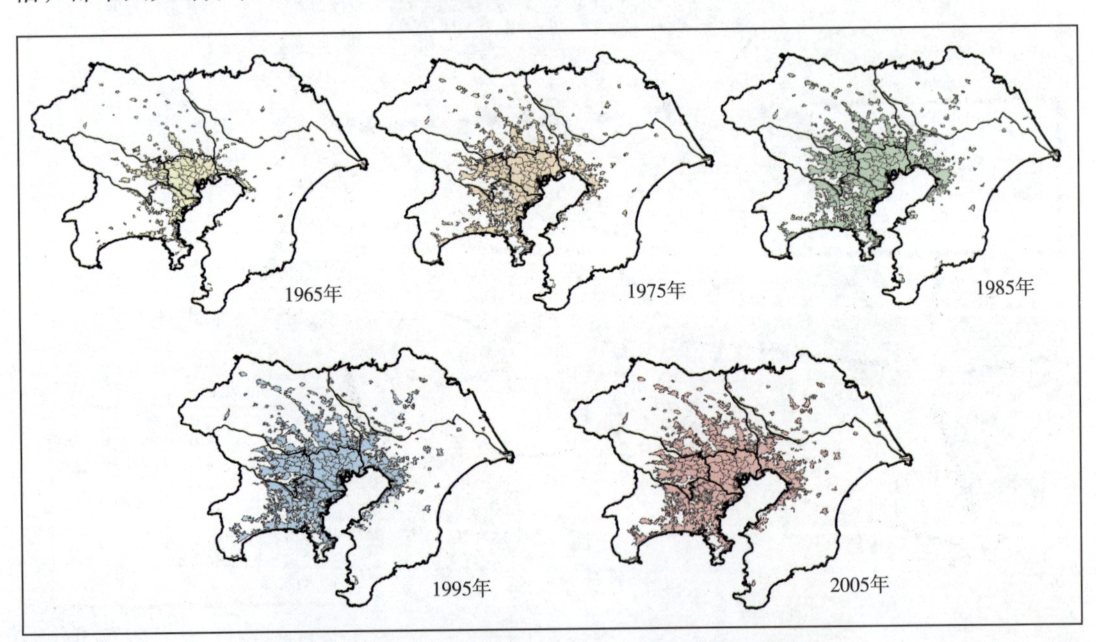

图 2–20 东京都市圈人口集中地区（DID）范围历年变化

注：根据国土交通省日本全国人口集中地区 GIS 数据制作。

1965 年，东京都市圈 DID 人口 1564.6 万，已达到总人口的 69.6%，其中东京区部 DID 人口 876.1 万，占 DID 人口的一半以上。1965~2005 年，东京区部 DID 人口先降后升，总体维持在 800 万 ~900 万，其他区域 DID 人口则明显上升，其中神奈川县 DID 人口已逼近东京区部水平。2005 年，东京都市圈 DID 人口 3048.7 万，占都市圈总人口的 84.3%，其中区部 DID 人口 849 万，仅占 DID 总人口 28%，如图 2–22 所示。

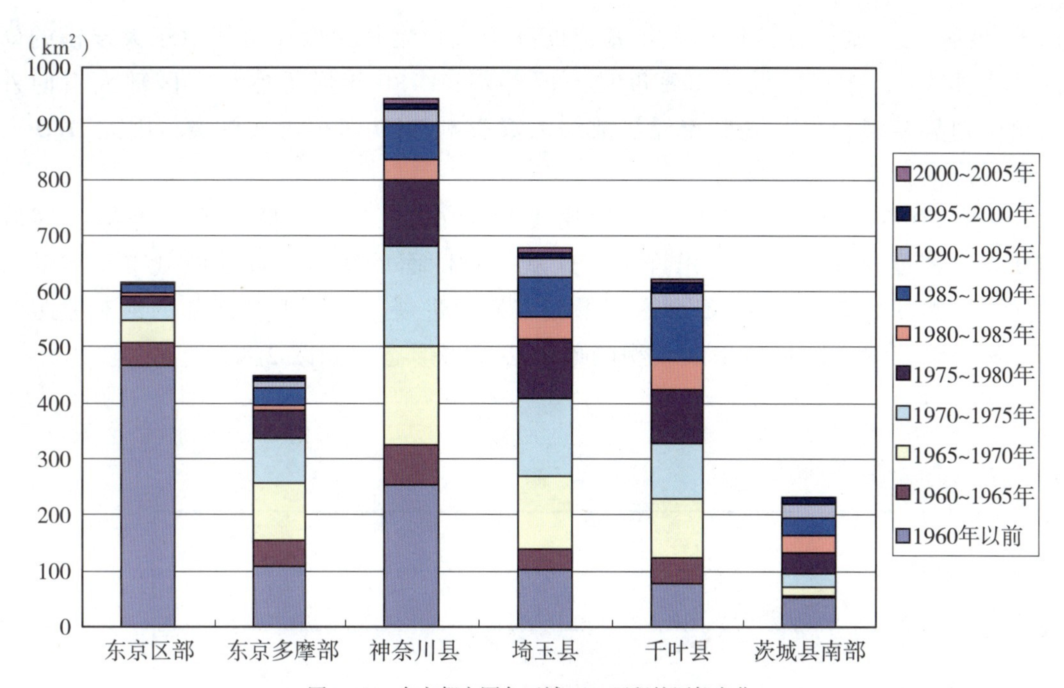

图 2-21　东京都市圈各区域 DID 面积的历年变化
注：根据国土交通省日本全国人口集中地区 GIS 数据制作。

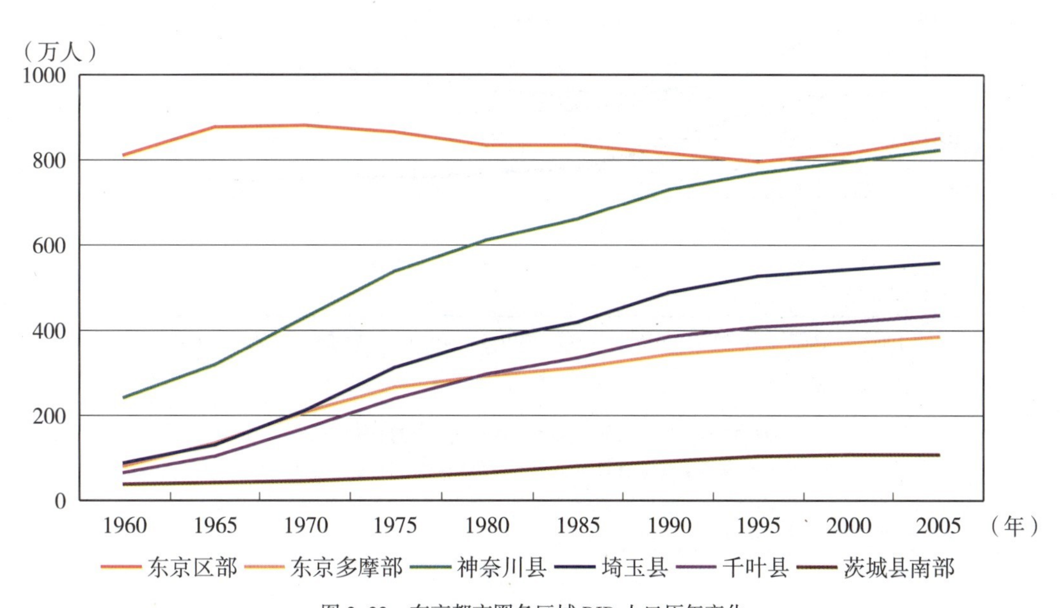

图 2-22　东京都市圈各区域 DID 人口历年变化
注：根据国土交通省日本全国人口集中地区 GIS 数据制作。

1960~2005 年，东京都市圈各区域 DID 人口密度基本呈现先降后升的趋势。其中东京区部转折点出现在 1990 年，1990 年前地价上涨而住房供应不足，人口向外围迁移，DID 人口密度下降；1990 年后地价下跌及中高层住宅供应的增加促使部分人群开始回归，DID 人口密度上升。外围东京多摩部、神奈川县、埼玉县转折点出现在 1980 年左右，

1980年前DID城市化区域面积扩张速度高于人口增长速度（可能由于大规模的郊区住宅建设），DID区域人口密度处下降趋势；1980年后虽然东京区部人口向外溢出的趋势减缓，但是受制于经济放缓因素影响DID面积增长更缓，因此DID人口密度持续上升（除茨城县）。

尽管2005年东京区部DID人口密度比1960年有所下降，但与外围各区域DID人口密度相比，依然高出许多，这从一个侧面反映出了各区域城市化质量的差异。虽然战后60年东京都市圈外围城市发展进展较大，但与区部的绝对差距依旧明显，东京都市圈依然呈现典型的单中心城市形态，如图2-23所示。

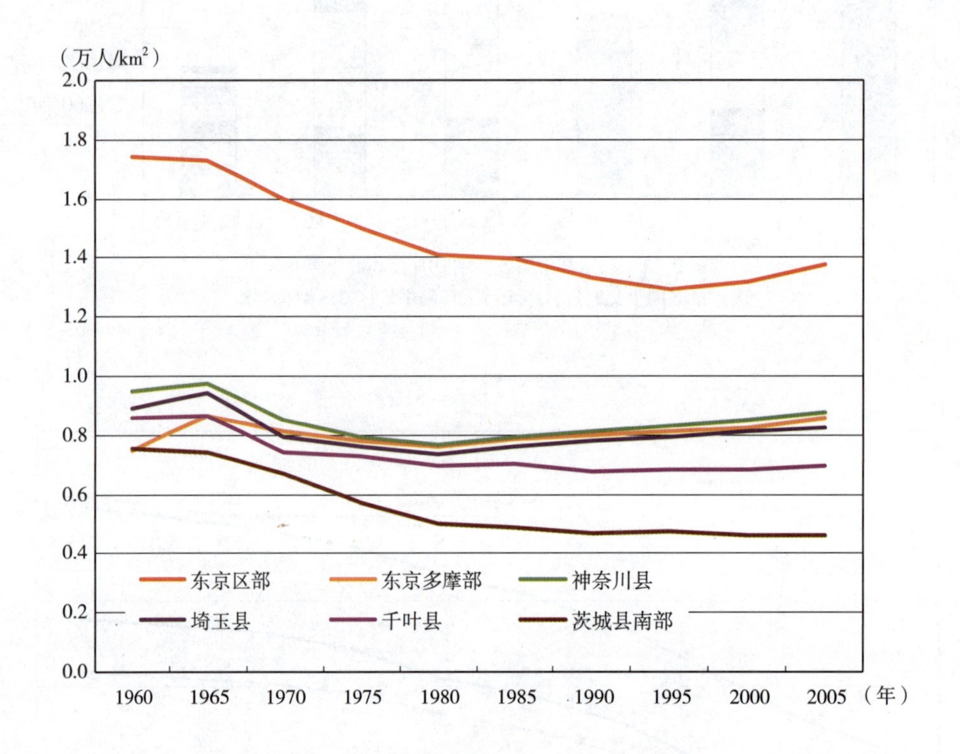

图2-23　东京都市圈各区域DID人口密度历年变化
注：根据国土交通省日本全国人口集中地区GIS数据制作。

东京都市圈规划和发展历程，见表2-6。

东京都市圈规划和发展历程

表 2-6

项目	第一阶段（1925 年以前）	第二阶段（1925~1940 年）	第三阶段（1940~1947 年）	第四阶段（1947~1965 年）	第五阶段（1965~1985 年）	第六阶段（1985~1997 年）	第七阶段（1997 年以后）
人口分布	集中于山手线内，开始向线外西南部扩散	人口集中于京滨工业带，开始向距东京站 20~30km 扩散	京滨工业带人口骤减，人口向外围地区迁移避难	人口回归，后沿轨道向距东京站 30~40km 扩散	人口进一步沿轨道向距东京站 40~50km 全面扩散	人口停止扩散，向外围城市集中	人口向区部回归，外围城市人口继续增加
经济发展	工业化早期，经济快速增长	城市化进程加速，经济保持高增长	工业化和城市进程中止，经济发展停滞	工业化进程恢复，经济快速增长	后工业时代经济继续高增长，三产成主导	泡沫经济破裂，经济陷入低迷	经济复苏，高科技产业成为新的增长点
城市发展	都心形成，山手线内建成区，城市范围不超过现区部范围	都心成熟，京滨工业带建成，城市范围扩散至区部以外	都心及周边地区被完全摧毁，京滨工业带工业设施受到重创	都心恢复并呈单极化发展，以都心为核心的都市圈初步形成	都心发展达顶峰，外围继续卧城化，对都心依赖持续增强	都心岗位数下降，外围城市对都心依赖减弱	都心及外围城市初步呈现功能复合发展趋势
轨道建设	初步形成放射性轨网骨架，货运为主，山手线内有轨电车成网	形成轨网基本骨架，兼具货运和短途客运，修建第一条地铁	路面轨道线毁坏严重，运营陷入瘫痪	放射轨道线运能恢复，货运转客运以适应通勤需求	放射线运能加强，地铁大规模建设并直通运营，新城轨道开建	完善地铁网络，全面直通运营，国铁改革为 JR 集团	加强都心与重大枢纽及重点发展区域的联系
通勤圈发展	距东京站 10~20km	距东京站 20~30km	—	距东京站 30~40km	距东京站 40~50km	距东京站 40~50km	距东京站 40~50km
城市规划要点	城市规划法定化，编制《东京都市计划》	编制《东京特别都市计划》，加强不燃化城市和基础设施建设	—	编制《第一次首都圈基本计划》，推进城市绿带建设，控制城市无序蔓延	《第二次首都圈基本规划》、《第三次首都圈基本计划》相继出台，推动形成“多核”地域结构	编制《第四次首都圈基本计划》，行政功能转移以带动外围发展，推进“多极多圈域”结构	编制《第五次首都圈基本计划》，提出“分散的网络结构”，强调中心及外围功能复合
实施情况及问题	第一部规划受地震影响未能施行	规划指导震后城市设施的恢复和建设	—	“绿带设想”遭各利益集团反对而夭折	市场作用导致商业办公在中心区积聚	行政功能转移未达预期，影响有限	中心区居住有所加强，业务核发展加快
重大历史事件	1868 年明治维新，1895 年甲午战争，1914 年一战爆发	1937 年二战爆发，1940 年太平洋战争爆发	1945 年东京空袭，1945 年二战结束美军接管东京	1950 年朝鲜战争爆发，1964 年东京奥运开幕、新干线建成	1973 年石油危机爆发	1985 年签订“广场协议”，20 世纪 90 年代初泡沫经济破裂	2000 年左右东京进入老龄化社会

第二节　未来发展趋势及愿景

一、人口和就业发展趋势

人口和岗位分布是影响都市圈和城市发展的关键因素。为更好地预测东京都市圈的发展趋势，日本国立社会保障和人口问题研究所及东京都总务局均对东京都市圈未来的人口、就业等关键性因素进行了系统的研究。

1. 人口预测

2007 年，日本国立社会保障和人口问题研究所对日本各都府道县 2035 年的人口进行了预测，其中与东京都市圈相关的一都四县未来人口发展趋势如图 2-24 所示。2035 年东京都市圈人口将少于现状人口数量，各区域呈现人口规模越大人口增长期限越长的特征。2005~2035 年东京一都四县中东京都、神奈川县、埼玉县和千叶县人口先增后减，而茨城县人口则呈下降趋势。其中，东京都人口 2020 年达到最大值 1310 万，至 2035 年人口下降至与 2007 年相当；周边神奈川县、埼玉县和千叶县人口峰值均早于东京都出现。

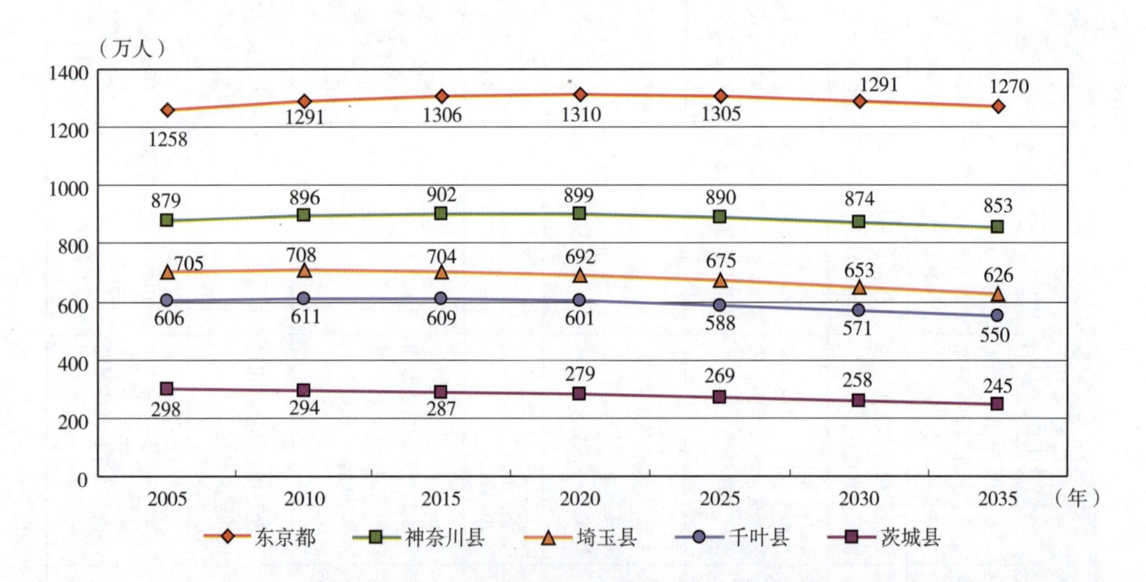

图 2-24　东京一都四县人口未来变化趋势（2005~2035 年）

注：图中 2005 年人口为国势调查数据，2010~2035 人口为预测值。

资料来源：国立社会保障与人口问题研究所，日本の都道府県別将来推計人口，2007.5。

根据 2007 年东京都总务局统计部人口预测数据，2015 年东京都人口将达到峰值 1307.5 万，2025 年降至 2007 年的水平，与日本国立社会保障和人口问题研究所的预测数据略有所出入，但先增后减趋势大致相同。其中，区部和多摩市部人口拐点为 2015 年，而多摩郡部和岛部人口呈持续下降趋势，见表 2–7。

东京都未来人口预测（2000~2025 年）（单位：万人）　　表 2–7

区　域	2000 年	2005 年	2010 年	2015 年	2020 年	2025 年	2005~2025 年增长率（%）
东京都	1206.4	1257.7	1295.5	1307.5	1294.4	1268.0	0.8
东京区部	813.5	849.0	881.1	892.0	883.1	865.7	2.0
多摩市部	384.1	399.9	405.9	407.2	403.3	394.7	–1.3
多摩郡部	6.0	5.9	5.8	5.6	5.4	5.2	–12.5
东京岛部	2.8	2.9	2.8	2.7	2.6	2.4	–15.8

注：表中 2000 年和 2005 年人口为国势调查数据，2010~2025 年人口为预测数据。
资料来源：东京都总务局，東京都区市町村別人口の予測，2007.3。

东京区部外围 9 区未来人口预计于 2015 年到达顶峰 546 万，2025 年人口为 528 万；中环 11 区预计于 2015 年达到 275 万后下降至 2025 年 269 万；都心三区人口 1995 年为 24 万，随着都心人口的回归，预计 2015~2025 年人口将维持在 39 万左右，如图 2–25 所示。

《第四次首都圈基本规划》和《第五次首都圈基本规划》涉及的业务核都市未来人口变化如图 2–26 所示。根据业务核都市未来人口规模和量级将业务核都市划分为 1 级业务核都市、2 级业务核都市和 3 级业务核都市三类，不同类型业务核都市展现出不同的人口变化趋势。

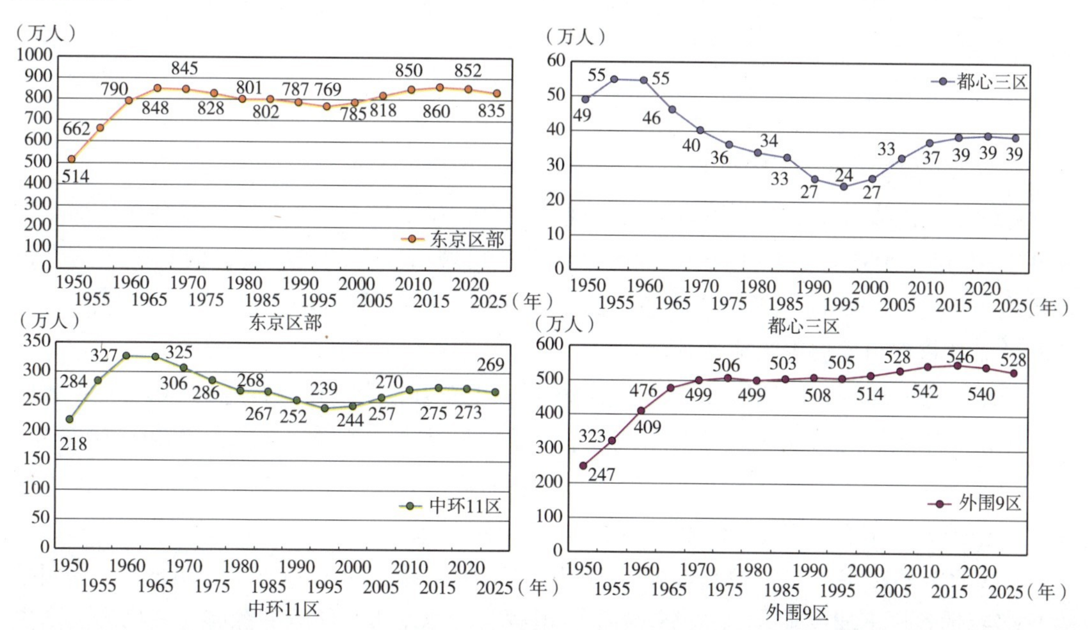

图 2–25　东京区部及其内部三大区域人口变化趋势（1950~2025 年）
注：1950~2005 年人口为国势调查数据，2010~2025 年人口为预测数据。
参考资料：东京都总务局，東京都区市町村別人口の予測，2007。

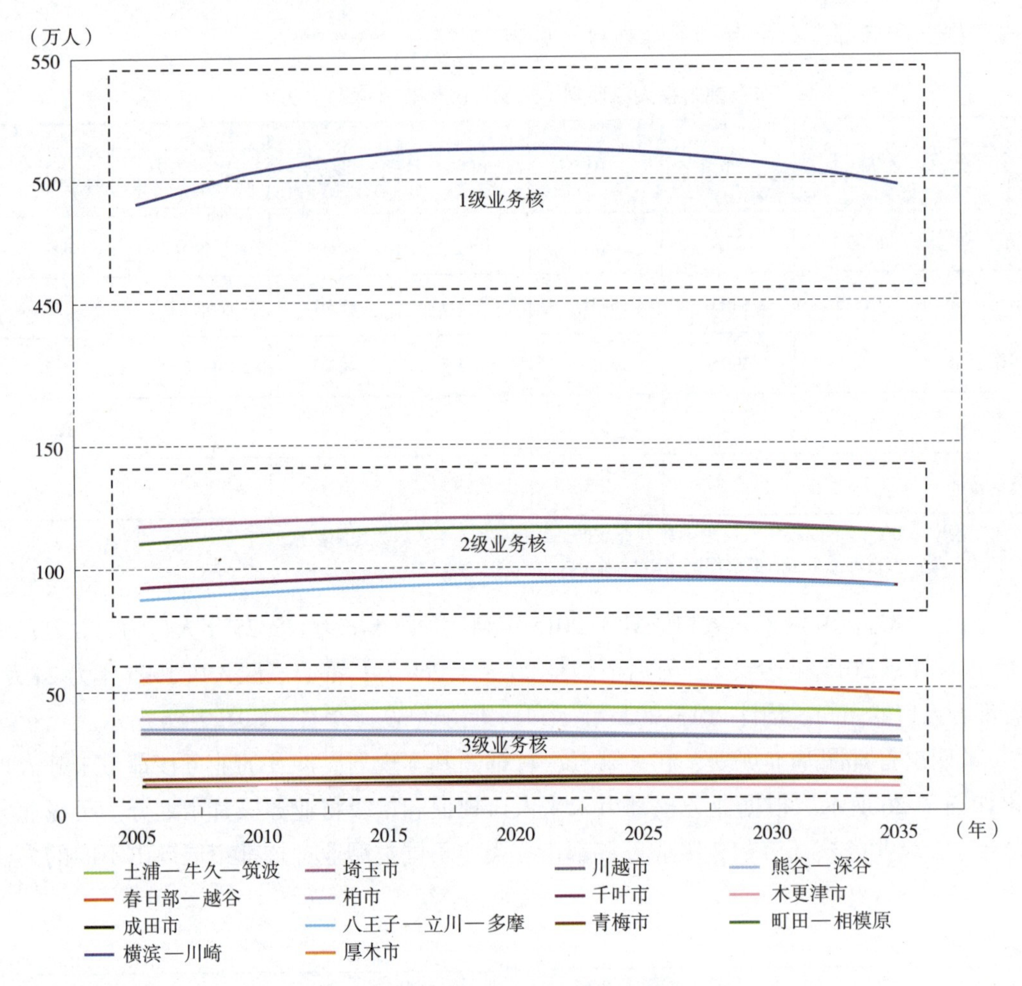

图 2-26　业务核都市未来人口变化（2005~2035 年）

注：2005 年人口为国势调查的真实值，2010~2035 年人口为预测值。

资料来源：国立社会保障与人口问题研究所，日本の都道府県別将来推計人口，2007.5。

1 级业务核都市（横滨—川崎）人口规模在 500 万左右，未来人口先增后降，拐点出现在 2020 年，2035 年人口下降至 2005 年水平。从城市发展的角度看，横滨—川崎人口规模也与区部相当，远高于其他业务核都市，其与东京区部一起组成“京滨工业带”，相比其他业务核都市发展更为成熟。

2 级业务核都市人口规模基本上处于 80 万 ~ 150 万，距离东京都心约 30km，主要包括埼玉市、町田—相模原、千叶市和八王子—立川等城市，人口拐点基本出现于 2020 年。从城市发展角度看，2 级业务核都市为都市圈外围各子区域的中心城市，具有一定的人口规模和竞争力，至少未来 10 年内人口仍然能够继续增长。

3 级业务核都市人口规模基本处于 10 万 ~ 60 万，距东京都心 40 ~ 50km，主要包括春日部—越谷、土浦—牛久—筑波、柏市、川越市、厚木市、熊谷—深谷、青梅市、木更津市、成田市等城市，人口拐点出现的时间不超过 2015 年，其中有 4 个业务核都市自 2005 年后人口一直处于下降趋势。从城市发展角度看，3 级业务核都市为都市圈外围比较有特色的小型城市，吸引力相对较弱，人口规模已经接近顶峰，如图 2–27 所示。

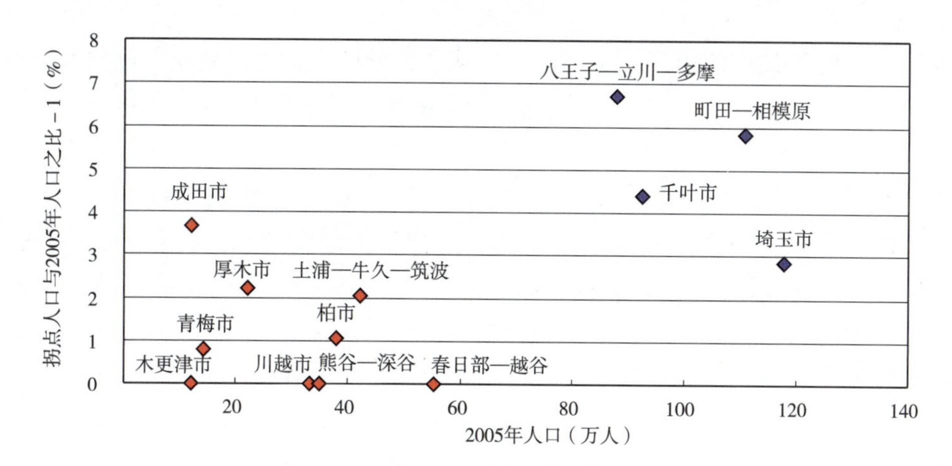

图 2–27　业务核都市人口增长与人口规模相关性
资料来源：国立社会保障与人口问题研究所，日本の都道府県別将来推計人口，2007.5。

东京都市圈未来人口老龄化和少子化将更加严峻。2005 年东京都 65 岁以上人口的比例已达 18.3%，15 岁以下人口比例仅 11.3%，预计 2025 年东京都 65 岁以上人口的比例将上升至 26.3%，15 岁以下人口比例将下降至 8.5%，平均年龄将由 2005 年的 42.8 岁上升至 2025 年的 48.6 岁，如图 2–28 所示。

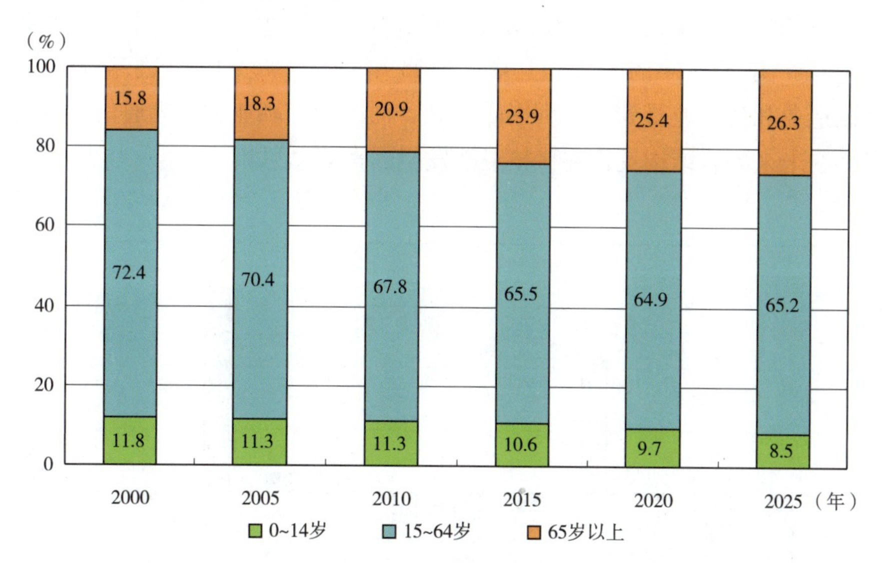

图 2–28　东京都人口老龄化趋势（2000~2025 年）
注：1950~2005 年人口为国势调查数据，2010~2025 年人口为预测数据。
资料来源：东京都总务局，東京都区市町村別人口の予測，2007.3。

总体上，未来无论是东京都还是外围各县人口结构均将出现严重的老龄化和少子化，东京都市圈人口规模将先增后减，并呈现出地区城市化水平越高，人口增长期越长的特征。在空间上，区域人口的下降趋势与区域到都心距离之间呈现出一定的正相关，即区域到都心距离越近人口下降趋势越缓，都心三区人口反而成增长趋势。

2. 就业预测

2010 年，东京都政府组织了关于 2025 年从业地就业者数（即就业岗位数）的相关预测研究。根据研究报告，2010 年后东京都就业岗位数呈下降趋势，见表 2–8。

东京都就业岗位数预测（1990~2025 年） 表 2–8

区 域	1990 年	1995 年	2000 年	2005 年	2010 年	2015 年	2020 年	2025 年	2005~2025 年增长率（%）
东京都	862.8	876.9	850.7	820.5	840.9	838.6	820.6	804.7	–1.9
区部	724.9	726.8	699.3	669.4	688.1	687.6	672.8	660.1	–1.4
多摩部和岛部	137.9	150.1	151.4	151.2	152.7	151	147.8	144.5	–4.4

注：1990~2005 年岗位数为国势调查值，2010~2025 年岗位数为预测值。
资料来源：东京都，東京都就業者数の予測，2010.12。

随着科技的发展和老龄化趋势的加剧，2005~2025 年除情报通信业和医疗福利业就业比例大幅上升以外，其他行业均有所下降，详细情况如图 2–29 所示。东京都第二产业就业者数构成比有所下降，由 2005 年的 19.3% 降至 2025 年的 15.6%，第三产业就业者数构成比则有所增长，由 2005 年的 80.4% 上升至 2025 年的 84.1%。未来东京都第三产业中批发零售业、制造业和建筑业受到的不利影响最大，而医疗福利业和信息通信业将成为新的经济增长点，与未来人口结构变化和科技经济发展因素等息息相关。

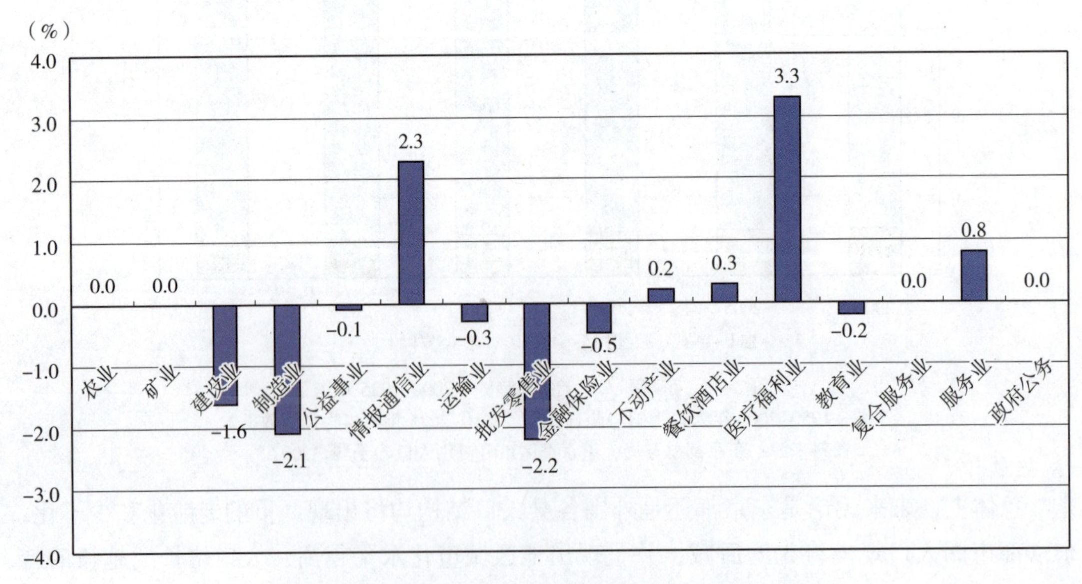

图 2–29 东京都各行业就业者构成比的增长率（2005~2025 年）
资料来源：东京都，東京都就業者数の予測，2010.12。

二、发展愿景

根据未来人口和就业预测，东京都市圈发展形势将具有以下特征：首先，面临严重的人口老龄化和少子化问题，人口不再持续增长，劳动力平均年龄显著上升，这点将严重影响东京都市圈的经济活力；其次，外围区域及其业务核都市已经或者即将出现人口减少、竞争力下降等严重问题，未来可能进一步加剧；最后，人口规模和年龄结构的变化以及科技的发展必将引起产业结构调整，部分原有支柱产业面临衰退风险，医疗福利业和信息通信业等产业将成为新的经济增长点。

自《第四次首都圈基本计划》颁布以来，人口老龄化、产业国际化和信息化等趋势已被各层次规划提及。1999 年《第五次首都圈基本计划》及 2006 年新体系下的整备计划针对上述形势提出了“分散的网络结构”，一方面，强调各区域特别是外围区域之间的联系和合作，形成“大环状联合发展轴”，为业务核都市发展开辟新途径；另一方面，强调提升重大交通枢纽的可达性以适应国际化和全球化挑战。2000 年以来，东京都市圈各类规划秉承《第五次首都圈基本计划》的思想提出了诸多针对性的发展愿景，以下一一简单阐述。

1. 新形势下的东京城市发展规划——2000 年

2000 年，东京都政府以整个东京都市圈为研究对象制定了《新形势下的东京城市发展规划（2025 年）》。该规划认为，21 世纪东京都市圈社会经济形势将发生重大变化，人口老龄化、全球环境污染、IT 产业革命的冲击、国际性城市的竞争以及日益高涨的地方自主呼声都将是城市发展不可回避的诸多挑战；为适应新的形势，城市规划必须将以需求为主导的策略转变为以政策导向为主。

该规划明确指出东京未来的城市发展必须遵循以下理念：

①保持和发展具有国际竞争力的经济；

②保持可持续发展的环境；

③创造并传播独特的城市文化；

④实现安全健康的、高品质的生活环境；

⑤倡导居民、公司和非营利组织等各类城市主体间的互动和合作。

规划认为，日本经济持续增长时代已不复存在，现有多极都市圈结构（multipolar city）将向多功能集中型都市圈结构（multifunctional concentrated-type city）转变。都市圈各城市均需要丰富和完善复合功能，开展包括商业、居住、工业、物流、灾害防护和文化等多方面的广泛的合作；同时东京必须朝着建立环境友好型城市的目标奋斗，城市发展要与水域和绿带等自然环境相协调。未来东京都市圈应形成“一心一轴一群一圈”的环状都市圈（Loop Megalopolis），如图 2-30 所示。其中“一心一轴一群一圈”分别指核心区（center core）、东京湾临海城市发展轴（Tokyo Bay waterfront urban axis）、城市发展联动群（urban axis linking core cities）、水系和绿带等自然生态圈（water and greenery loop）。

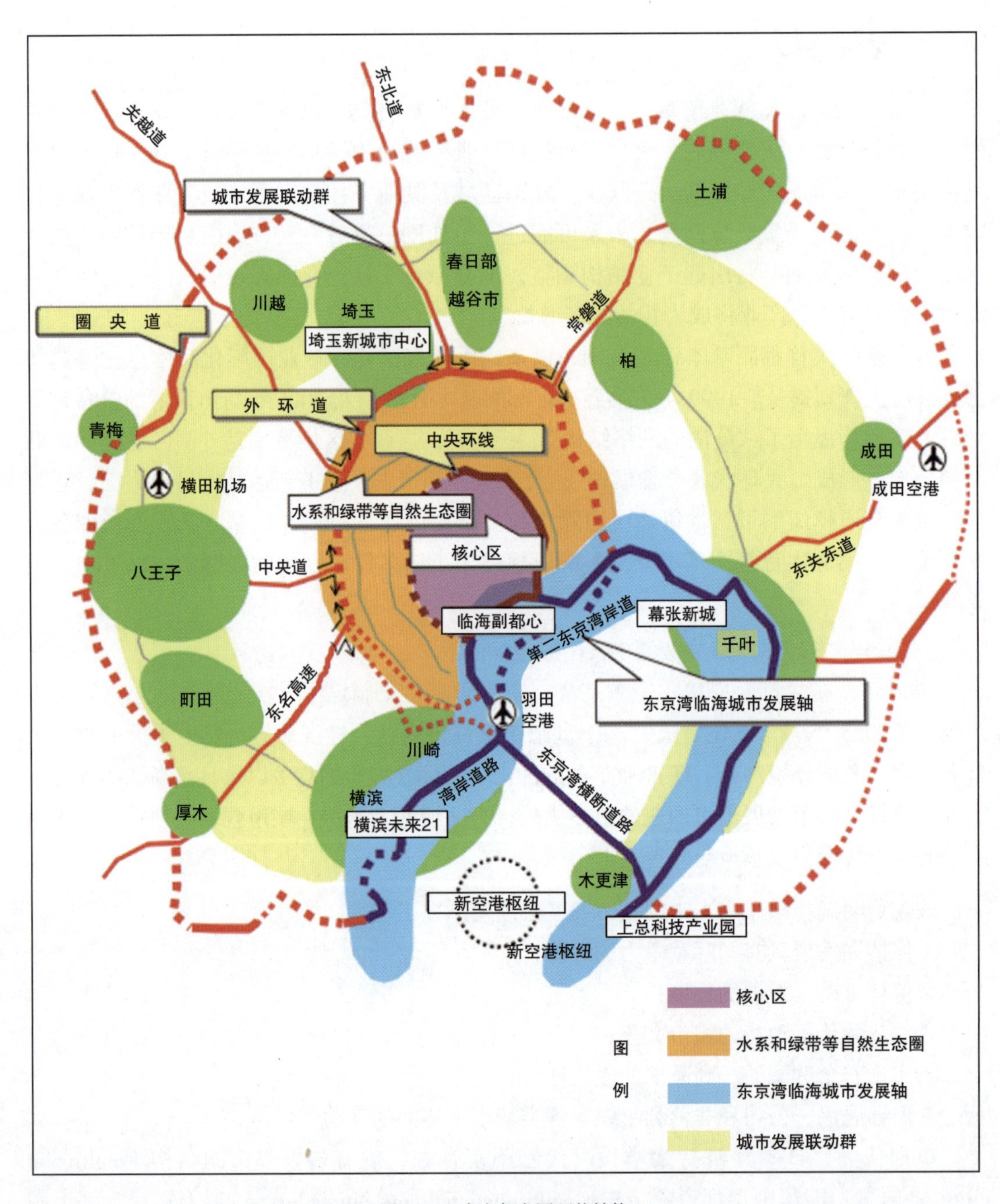

图 2-30　东京都市圈环状结构

资料来源：东京都，Tokyo Urban Devlopment 2009；东京都，Tokyo's New Urban Development Plan Incorporating Changing Socioeconomic Conditions。

为实现这一愿景，该规划指出，核心区应加强经济功能、改善居住环境、提升文化和历史等软实力，实现居住和就业的平衡；东京湾临海城市发展轴应建设富有活力和吸引力的商业环境，进一步提升在世界范围的影响力；在近郊整备区通过完善环向交通基础设施加强业务核都市间的联系，促进相对独立小型都市圈的形成。对于业务核都市的发展，要以社区生活为基础、注重与环境的协调、确保居住的集中，同时加强基础设施和高水准居住区建设，强化工业和教育科研单位间的合作。对于水域和绿带等自然生态资源，要求在确保环境不受破坏的前提下合理加以利用。

此外，2000 年国土交通省制定的《东京都市圈更新计划》进一步指出：东京都心和临海发展轴应建设为充满活力和创造力的国际化区域；外围重要的业务核都市则形成功能相对完善的区域中心据点，弱化其对都心的依赖，同时鼓励部分外围城市走个性化发展道路；都市圈外围的广大区域，则应立足于建设亲近自然的宜居区域，如图 2-31 所示。

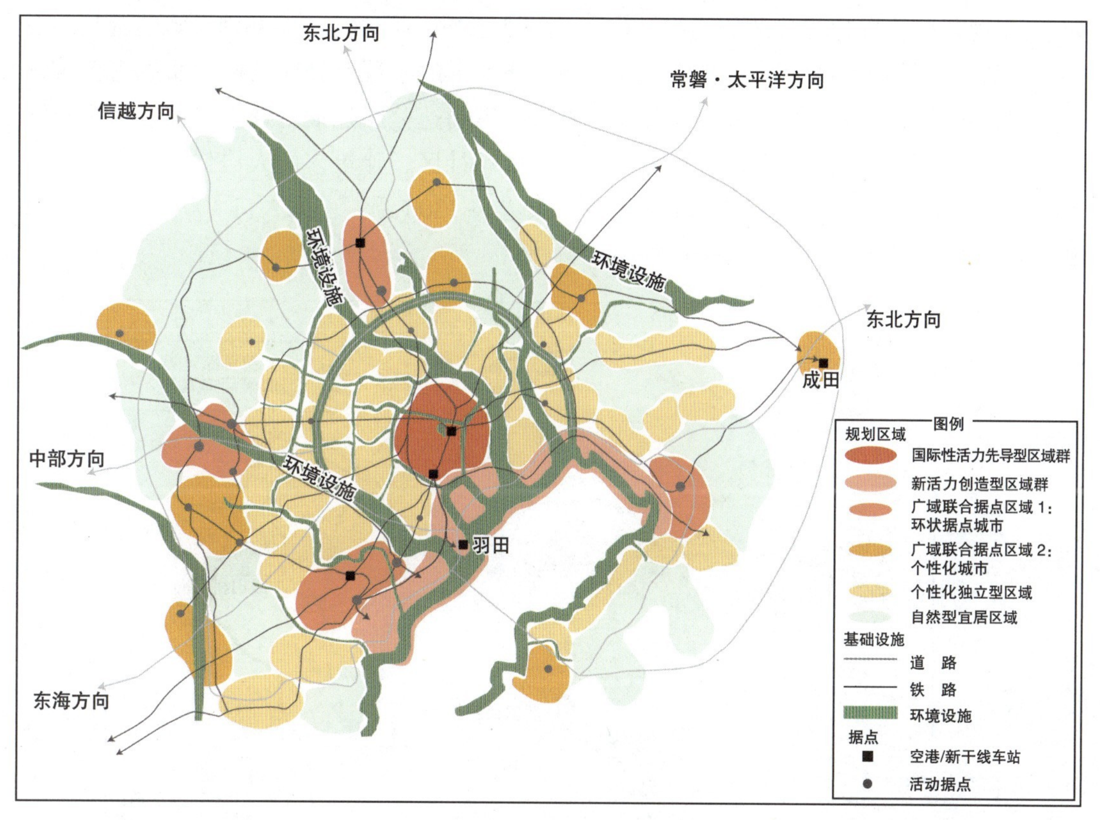

图 2-31　2000 年东京都市圈更新计划

资料来源：国土交通省，平成 12 年東京圏のリノベーション・プログラム。

目前，东京都市圈内工业、居住、教育和科研等职能逐步向外围转移，但外围业务核都市承担的职能有限、城市功能不完善，无法独立于东京区部运转。本质上，业务核都市仍是东京区部的延伸，都市圈单极特征没有改变。正因如此，强调东京区部和业务核都市本身的独立，强调业务核都市之间的相互联系成为《第五次首都圈基本计划》后的核心思想。一方面，东京核心区依靠改善居住环境，采用提高容积率等措施，吸引人口回归形成更为多元的社区；另一方面，通过临海城市发展轴和城市发展联动轴丰富和强化业务核都市的城市功能，建立区域中心据点，吸引产业和人口的聚集。规划中“环状都市圈”这一名称只是个形象称呼，其本质是多功能集中型多中心都市圈结构。

2. 东京都十年规划——2006年

2006年，新《首都圈整备计划》指出未来发展趋势：首先，首都圈人口预计将于2015年后开始下降，老年人比例和老龄就业者数量上升；其次，首都圈就业者总量将维持稳定，但产业信息化革命将使得远程办公就业者数大幅上升（一周内至少一次远程办公的就业者人数由1995年的13万提升至2015年的340万），通勤交通压力有望得到缓解，人们将有更多的时间用于休闲、购物等其他活动。新《首都圈整备计划》提出为了加强广域联合据点城市（即外围业务核都市）之间的联系，应大力进行环状交通基础设施的建设。

2006年12月，东京都政府以上层次规划为依据编制了《东京都的巨变——十年规划》。本规划坚持构建“分散的网络结构”的基本思想，拟通过交通基础设施的调整改变都市圈的空间结构，推动各区域独立发展和职住平衡的实现。具体策略为通过完善首都高速中央环线、东京都外环路和首都圈中央联络等高速公路建设构造三环放射结构道路网络。同时，规划指出要建设功能更为丰富的城市社区，让更多的人居住在工作场所附近，其中明确提出未来东京都外环路以内白天人口1300万、夜间人口1000万的发展目标，如图2-32所示。

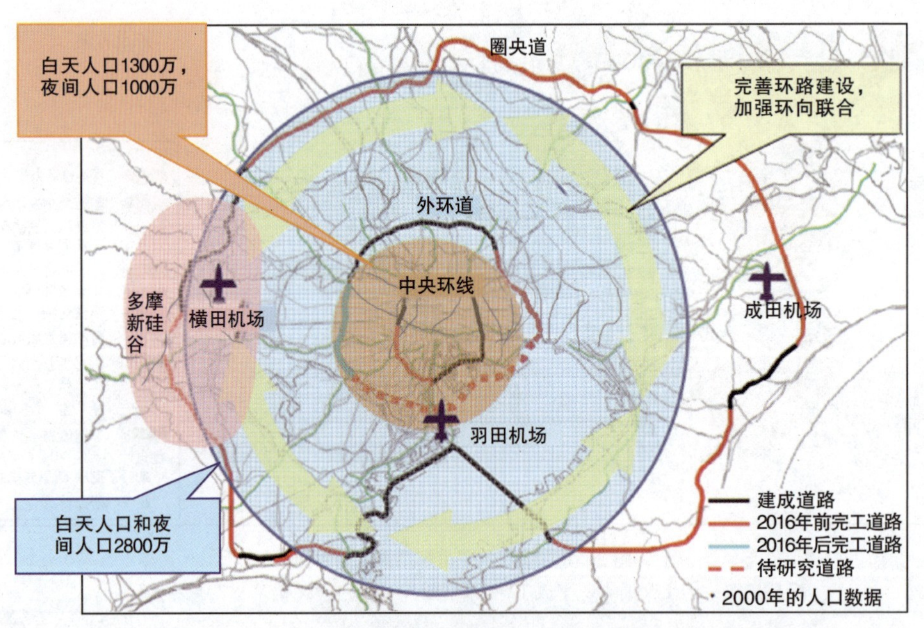

图2-32 东京都市圈圈央道及中央环线内区域
资料来源：东京都，Tokyo's Big Change——The 10-Year Plan，2006。

对于产业发展，规划提出利用东京区部、多摩“新硅谷”和筑波新城之间优势互补形成都市圈内“产业铁三角”。东京区部作为都市圈的中枢，是日本对内对外交流的窗口，拥有各种完善的城市功能，尤其是具有强大的商务和贸易功能；多摩地区以高新科技产业为主导，享有“新硅谷”的美誉；筑波新城则是都市圈重要的高等教育和研发基地。三者之间各有所长，但相互间交通不甚便捷，阻碍了经济合作和区域互动。加强基础设施建设，提高交通服务水平，能够有效地增强上述区域间的业务联系，提高高科技产业的全球竞争力。譬如，随着首都圈中央联络自动车道的完善，八王子与筑波新城之间的旅行时间由 3.5h 降至 1.5h，多摩青梅市与羽田机场的旅行时间由 110min 降至 70min；筑波快线的完善也将使得秋叶原与筑波新城间的旅行时间由 85min 降至 45min，如图 2-33 所示。

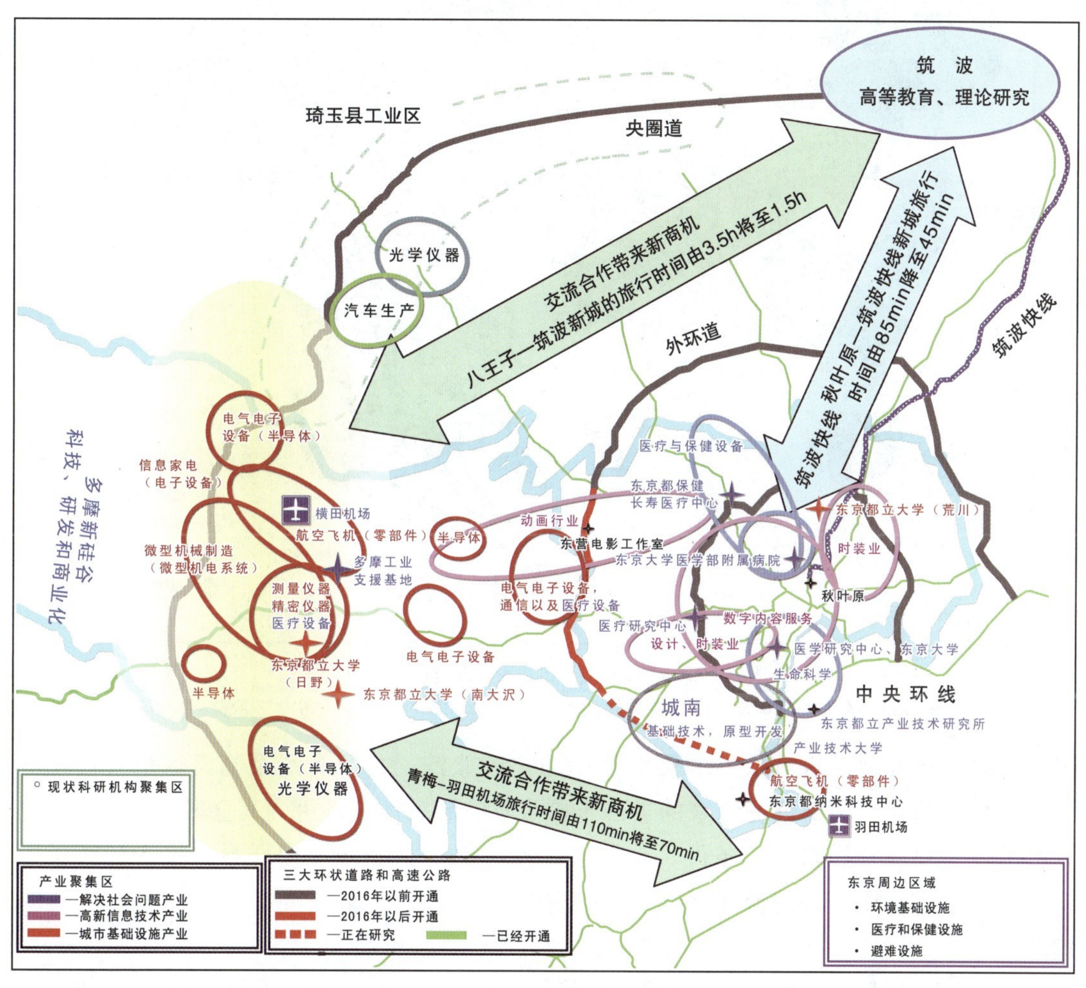

图 2-33　东京都市圈产业铁三角

资料来源：东京都，Tokyo's Big Change——The 10-Year Plan，2006。

3. 东京城市发展报告——2009 年

2009 年东京都发布的城市发展报告以 2000 年《新形势下东京城市发展规划》提出的构建“环状都市圈”理念为前提（图 2-34），从经济发展、基础设施、居住环境、城市安全和生态环境等方面总结了 2000 年以来东京都市圈的发展思路和工作成效，并对未来发展提出了展望。

经济发展方面，报告指出要把东京建设成为宜业宜居的美好都市，各区域应进一步加强企业合作，不同功能城市应相互支持。具体策略包括加强轨道站点周边高密度开发、加强就业区空中步行走廊的建设以及加强新城就业功能等。

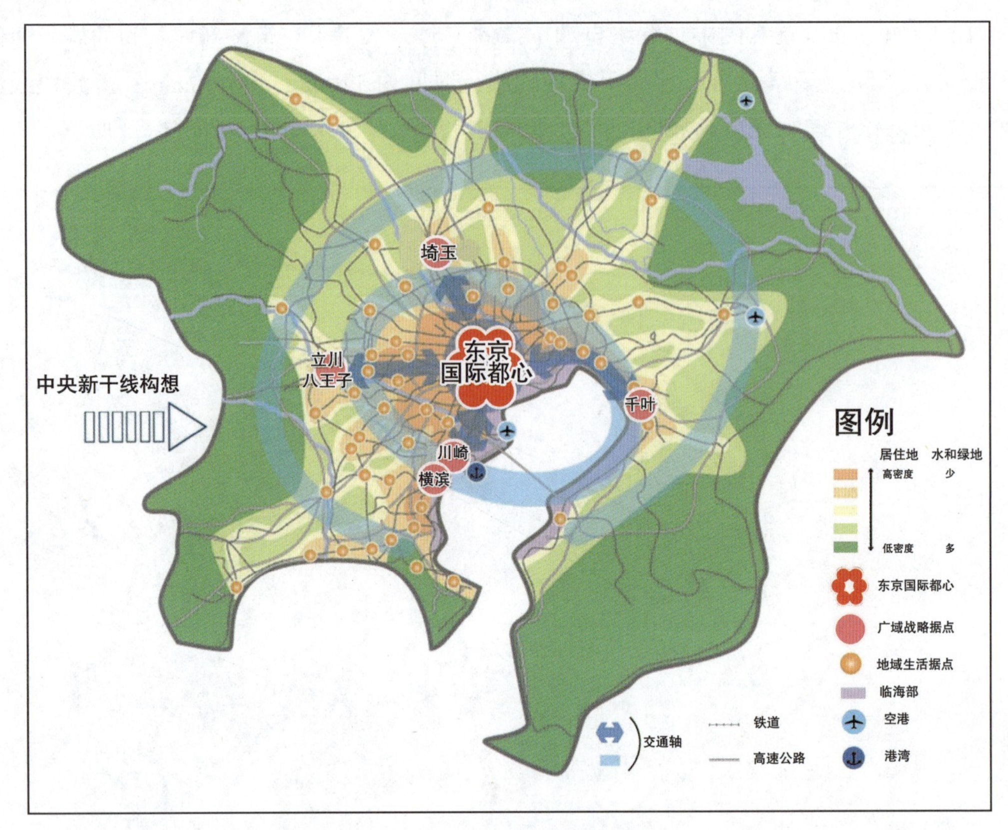

图 2–34 东京都市圈未来发展目标
资料来源：东京都市圈交通计划协议会，第 5 回東京都市圏パーソントリップ調查，2010。

基础设施方面，筑波快线和临海线已为“产业铁三角”布局及临海城市发展轴的强化奠定了基础。羽田机场未来的进一步扩张及空域条件改善可为其全球化背景下的产业结构转变和提升提供基础条件。为加强业务核都市之间的环向联系，报告延续了以往规划关于首都圈三环道路的整备思路，进一步明确了三环道路建设的重要性和具体建设目标。

居住环境方面，未来重要的发展目标就是打造“职住接近型社区”。首先，要进一步提高住房供应量，尤其是公租房的供应，使更多人能够居住在工作场所附近，形成更加便利更有活力的社区。其次，通过加强绿化、保护水系、完善广场和公园设施提高社区生活品质。面对老龄化问题，报告还特别强调完善老年人租房政策的重要性，保障老年人居住和生活品质。

城市安全和生态环境方面，要求进一步推进不燃化城市建设，加强建筑物抵御灾害的能力，保护水系和绿带等自然生态圈，使东京成为一个安全舒适的城市。

4. 小结

目前，东京都市圈相关规划提出的大型交通基础设施正处于完善过程之中，其中部分重大基础设施已建成，如筑波快线、京成成田空港线等，提升了相关重要节点可达性。面对未来各种严峻的挑战，归纳总结上述规划主要提出了以下三点发展目标和策略。

（1）广域范围内形成多功能集中型城市，构建“环状都市圈”。

首先，对于业务核都市，通过环状道路和临海城市发展轴基础设施建设，改善外围业务核都市之间的联系，为业务核都市的发展开辟新途径；以政策支持等方式增强业务核都市的经济活力，培育城市功能形成区域中心据点，吸引周边人口向业务核都市聚集。其次，对于东京区部，加强居住功能吸引人口回归，将核心区建设成多功能集中型区域。

（2）完善城市建设，提供紧凑的城市空间和高品质的城市环境。

首先，通过整合社区资源加强企业之间的合作和各种城市功能之间的联系，推进重点站点周边开发，更为集约高效地利用已有资源，提高经济活动的效率。其次，加强公园、广场、绿地和水系等公共空间的建设，保护文物和生态环境，增强社区魅力。最后，提出适应老龄化社会发展的政策和措施，改善老年人居住和工作的条件。

（3）顺应国际形势和时代发展，培育新的经济增长点。

首先，顺应产业信息化发展趋势，针对高科技产业这一新兴经济增长点构建东京区部、多摩“新硅谷”及筑波新城的“产业铁三角”，加强轨道等交通基础设施建设，为区域业务联系提供保障。其次，在产业全球化的大背景下，加强机场等重大对外交通枢纽建设，为产业结构调整和升级创造条件。

第三节　结　　语

本章以东京城市发展为线索描绘了东京城市的过去、现在和未来，其中：第一部分从经济发展和人口分布、城市空间和城市交通以及城市规划要点三个方面对东京城市规划和发展历程做了深入详细的介绍和总结；第二部分简要介绍和分析了日本和东京相关研究机构对东京人口和就业发展趋势的判断以及未来发展愿景。基于上述分析和研究，结合国内城市实际情况，笔者有以下几点认识：

（1）政府须基于城市长远利益而坚持规划理想，坚定不移地实现合理的城市规划目标。

二战后，东京城市的发展与规划愿景相悖，虽然《第二次首都圈基本计划》至《第五次首都圈基本计划》均规划了“多中心”的城市结构，如图 2-35 所示，但城市的实际发展却表现出追求土地价值和短期利益最大化的特点，而导致了严重的单极化。特别是政府在 20 世纪 60 年代被迫放弃《第一次首都圈基本规划》的绿带策略，之后放任中心区商业办公功能的集聚，并顺应需求沿既有放射轨道交通发展了大量功能单一的外围居住区域，致使都市圈“单极化”趋势更为严重，这一定程度上可视为政府抛弃了规划理想。我国城市在未来发展时应汲取东京城市发展中的经验和教训，从城市发展的长远角度出发坚持合理的规划理想，不抛弃、不放弃。

（2）城市规划和交通规划对城市中心的认识有所差异，建议相互借鉴。

城市规划一般认为中心体系结构中的中心是城市公共活动的核心，是城市政治、经济、文化等公共活动最为集中的地区，可以是不同功能的中心，是对城市结构的一种定性判断；而交通规划则认为城市中心多为就业、休闲娱乐等出行聚集的区域，是决定交通形态的主要因素，往往通过定量的分析确定，同时还考虑该区域的辐射范围，两者对于城市中心的认识存在一定的差异。例如：东京从城市功能角度出发，可认为是由不同功能不同层次的主次中心组成的多中心结构；但从交通角度出发，东京却是一个单中心城市，其区部是都市圈中最主要的就业中心，岗位数远大于本地就业人口，早高峰时段向心通勤交通量巨大，引发了严重的交通问题和社会问题。因此，为避免两者对城市中心认识的不同而可能导致的一些社会和交通问题，建议在定义中心体系时相互借鉴，定性地判断城市功能，定量地分析人口与就业岗位分布，即出行的聚集程度和辐射范围。

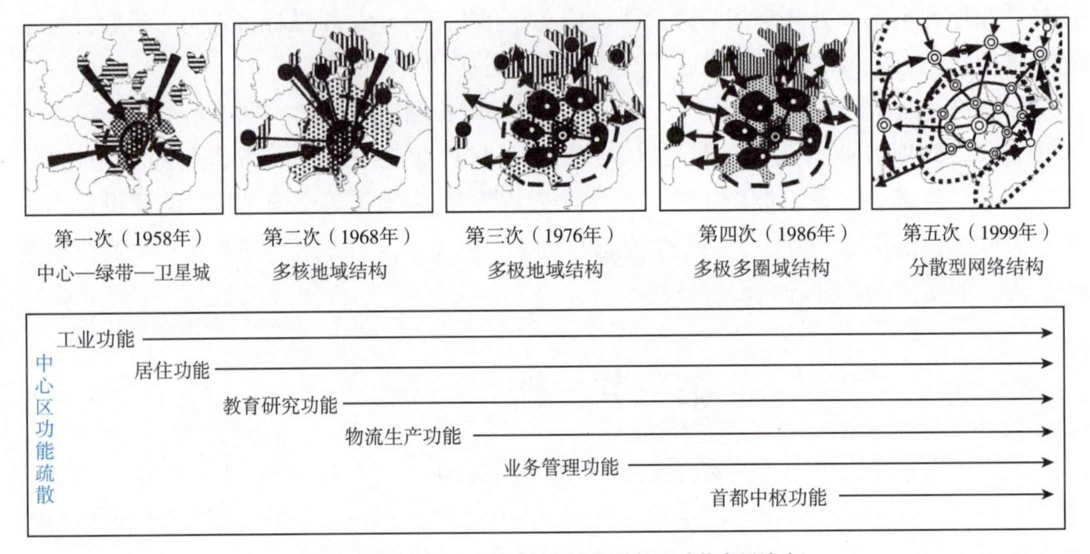

图 2–35　首都圈五次基本计划空间结构及功能布局演变

（3）多中心空间结构是大城市或都市圈应追求的理想，但其实现面临极大挑战。

单极化发展模式符合规模经济理论，但是极度的单极化会产生严重的交通问题和社会问题，如东京自 1960 年以来长期的通勤交通拥堵、居民居家时间下降、区域发展的不均衡等问题。目前，我国北京、上海和深圳等特大城市单极化趋势较明显，其引发的负面作用逐渐体现。因此，无论从区域发展均衡性还是城市健康发展的角度出发，当城市发展到一定的规模后需实现资源在整个区域范围的有机分散，即构建多中心城市结构。

但实际上城市多中心结构的实现是面临极大挑战的，东京的城市发展历程就是典型佐证。20 世纪 60 年代后期，即使东京政府在意识到城市单极化发展的弊端后对规划的城市结构作出了调整，但城市发展仍然保持单极化固化发展的趋势。究其原因：第一，规划本身可能存在一定的缺陷，受认识局限性和未来城市发展趋势的不确定性影响，之后历次基本规划未强化外围区域各业务都市、新城和卫星城的就业功能；第二，规划实施过程之中，受利益集团的影响政府对规划的落实力度不够，很大程度上仍然是以市场为导向；第三，城市单极化是市场经济客观规律的作用，经济始终是城市发展的命脉，单极化发展模式符合规模经济理论，各种功能的集聚往往能产生乘数效应；第四，单极化发展模式形成后经济活动对既有路径产生依赖，会导致自我加强的正反馈效应，即单中心辐射力越来越强，腹地拓展至更广阔的区域，而腹地拓展后又进一步强化了中心区；第五，城市在无序蔓延会产生负面效应，但“路径依赖”使得各参与者陷入“囚徒困境”，除非所有参与者同时改变决策，否则难以多赢，都市圈的结构也无法得到根本改变，而这种“默契”的达成往往需要重大事件的推动。

（4）城市多中心结构的构建需政府从多方面进行长期、精准的引导。

笔者通过对东京发展历程和近期规划的分析，结合对巴黎、纽约等大城市发展历程的认识和研究，认为大城市或都市圈要实现多中心城市结构必须利用政府这只“有形的手”全面调控，提供长期的、精确的城市规划服务及行政干预。具体政策主要有以下 5 点：第一，规划应以构建多中心紧凑型城市形态为目标，为中枢功能向外围转移规划合理路径；第二，应用行政手段配合规划，以免中心区商业办公功能的过度集聚；第三，优化中心区土地利用结构，尤其应当加强居住功能；第四，运用各种优惠政策，引导商业、办公和产业迁出核心区，促进外围地区发展；第五，交通基础设施应配合上述策略同步建设，强化各中心之间的快速联系和促进新中心内部经济活动的高效运转。

（5）限制主中心过度开发是实现多中心城市结构的重要前提。

东京由于放任区部商业办公的过度聚集，外围区域大多在区部的强大辐射下产生严重依赖，并未能真正成为规划所描述的具有一定独立性的次中心；与之相比，巴黎因中心区旧城保护的需要而限制原中心区的过度开发，从而造就了外围的较独立新城和拉德芳斯地区的成功。两者的对比，证明了限制主中心过度发展对次中心发展的重要意义。城市在一定发展阶段可获取的资源是较恒定的，主中心的过分强大必然导致次中心的弱小。目前，我国许多城市规划高呼构建多中心城市结构，却又不对主中心商业办公功能的集聚予以控制，其次中心的发展前景堪忧。

（6）从片区或组团层面出发优化土地利用，打造“职住接近”型城市，是实现城市职住平衡的有效策略。

职住平衡是指在某一给定的地域范围内，居民中劳动者的数量和就业岗位的数量大致相等，大部分劳动者可以就近上班，通勤交通出行时间和距离较短。宏观层面，一个城市或都市圈、区域范围内，必然是职住平衡，但是有可能实际的通勤出行距离很大，如东京都市圈；微观层面，社区、邻里等范围内，由于其地域范围小，处于一个巨大的统一的劳动力市场中，即使做到居住人口和就业岗位的大致相等，受市场因素影响仍然可能存在大量的跨区长距离出行，因此在宏观层面和微观层面上探讨职住平衡具有较大的局限性。从中观层面出发，在一定的片区或组团内部，通过优化土地利用，构建功能复合的片区或组团，打造“职住接近型”城市可抑制大范围的职住分离，尽量减少长距离的通勤出行。如近年东京区部增加居住功能吸引人口回归，使得向心通勤交通量与 20 世纪 90 年代相比减少 10%。

（7）轨道交通对构筑多中心城市结构是一把“双刃剑”，必须客观看待轨道交通的

作用。

轨道交通是实现外围次中心和主中心快速联系的一种重要手段，但是，在市场规律作用下，轨道引发的居住人口疏散通常快于就业岗位转移，倘若没有其他相关配套政策的支持，所谓的“次中心”极易成为依附主中心的卧城。在东京城市发展中，既有轨道为居住人口在外围居住、中心区工作提供了便利的交通条件，使得人口迅速扩散至30~50km圈域范围，而产业仍在主中心聚集，推动东京走向更为严重的单极化发展模式。

第三章　都市圈客运交通

第一节　出 行 需 求

一、出行量

1. 出行总量

2008 年东京都市圈日均出行总量 8489 万人次，其中都市圈内部日均出行量 8385 万人次，都市圈与外部日均出行量 104 万人次，如图 3–1 所示。东京区部日均出行总量 2604 万人次，约占整个都市圈出行总量的 31%，远高于都市圈内其他区域。随着城市和经济的发展，东京都市圈交通出行总量呈逐年上升趋势。总体上，2008 年都市圈各区域日均出行总量比 1998 年均有所提升，其中东京区部增幅高达 12.67%，远高于都市圈平均水平 7.51%；东京多摩部增幅达 8.82%，东京都外围各地区增幅在 5%~7%，见表 3–1。

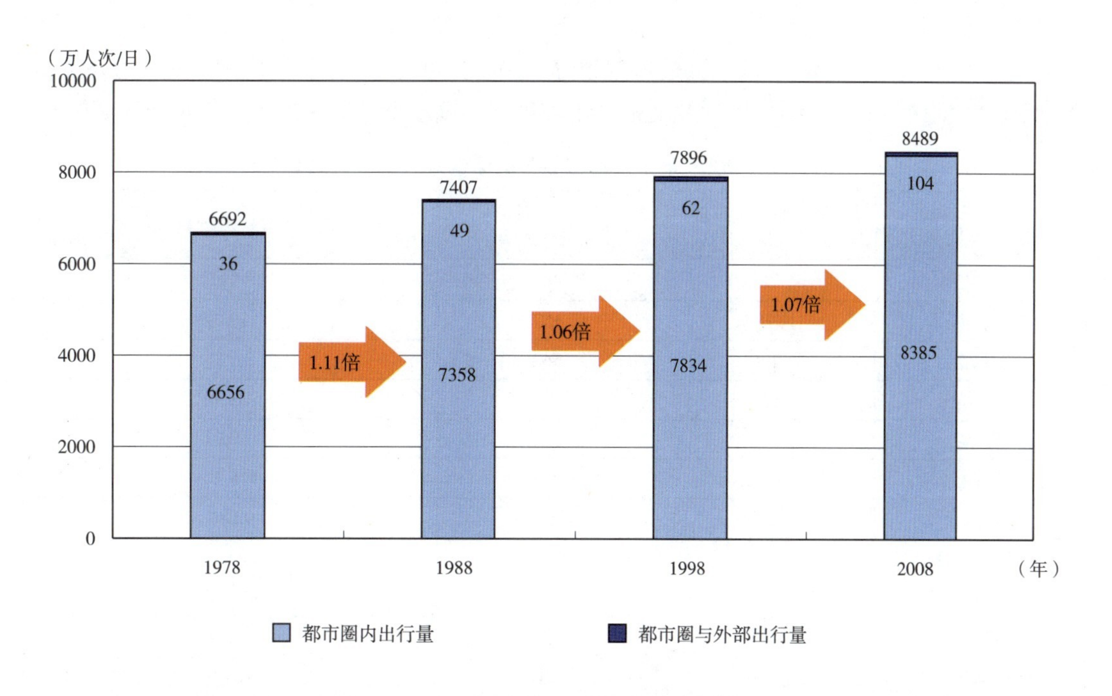

图 3–1　1978~2008 年东京都市圈日均出行总量

资料来源：东京都市圈交通计划协议会，第 5 回東京都市圏パーソントリップ調查，2010。

1998 年和 2008 年东京都市圈日均出行量 表 3–1

区 域	1998 年出行总量（万人次 / 日）	2008 年出行总量（万人次 / 日）	1998~2008 年日均出行量变化率（%）
东京区部	2311	2604	12.67
东京多摩部	819	891	8.82
东京都	3130	3495	11.66
神奈川县	1764	1875	6.27
埼玉县	1412	1488	5.36
千叶县	1214	1285	5.86
茨城南部	326	346	6.25
都市圈（除东京都）	4766	4994	4.78
东京都市圈	7896	8489	7.51
横滨市	—	776	—
川崎市	—	276	—
埼玉市	—	271	—
千叶市	—	218	—

注：根据东京都市圈交通计划协议会，第 5 回東京都市圏パーソントリップ調查资料制作。

2. 老龄人口出行量

2008 年东京都市圈老年人群（65 岁以上人口）出行总量 1398 万人次 / 日，比 1998 年增加了 99%。其中东京区部老年人群日均出行量 385 万人次，占都市圈总量的 28%。2008 年东京区部老年人群日均出行量比 1998 年增加了 74%，东京多摩部、神奈川县、埼玉县和千叶县增幅均超过 100%；神奈川县、埼玉县的增幅也分别高于县域主要大城市的增幅。总体上，城市化程度较高地区老年人群日均出行量增幅低于城市化程度较低地区，如表 3–2 及图 3–2 所示。

1998 年和 2008 年东京都市圈各地区老年人群出行总量 表 3–2

区 域	1998 年出行总量（万人次 / 日）	2008 年出行总量（万人次 / 日）	1998~2008 年日均出行量变化率（%）
东京区部	222	385	73.81
东京多摩部	75	157	110.07
东京都	296	542	82.94
神奈川县	158	322	103.80
埼玉县	116	254	119.91
千叶县	105	226	116.27
茨城南部	28	54	92.86
都市圈（除东京都）	406	856	110.84
东京都市圈	702	1398	99.07
横滨市	65	130	100.00
川崎市	22	41	84.09
埼玉市	21	43	104.76
千叶市	15	36	140.00

资料来源：东京都市圈交通计划协议会，第 5 回東京都市圏パーソントリップ調查，2010。

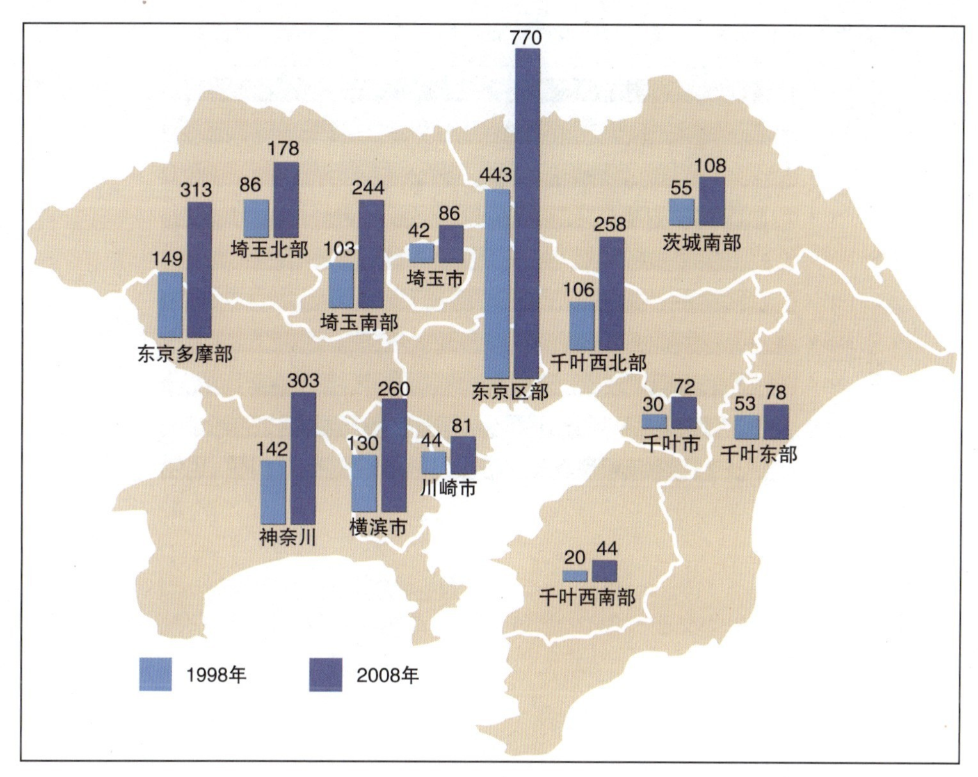

图 3–2 1998 年和 2008 年东京都市圈各地区老年人群出行量（单位：万人次 / 日）

资料来源：东京都市圈交通计划协议会，第 5 回東京都市圏パーソントリップ調査，2010。

3. 不同目的出行量

2008 年东京都市圈全目的出行方式中，回家出行占总出行量的 39%，基家出行中通勤、通学、私事和业务分别占总出行量的 16%、6%、15% 和 2%。1978~2008 年，通学出行的比例不断减少，而通勤出行的比例不断提高，见表 3–3。一方面说明因少子化影响适龄上学人群的减少；另一方面，受老龄化趋势影响中老年人、妇女就业比例上升，通勤出行比例有增无减。

1978~2008 年东京都市圈各出行目的出行比例（单位：%） 表 3–3

年份（年）	基家通勤	基家通学	基家业务	基家私事	回家	商务 / 业务	其他私事
1978	13	10	3	15	41	9	10
1988	15	10	3	14	42	8	8
1998	16	7	3	16	42	7	9
2008	16	6	2	15	39	6	16

资料来源：东京都市圈交通计划协议会，第 5 回東京都市圏パーソントリップ調査，2010。

老年人群出行中主要以基家私事和回家出行为主，由于老年人就业比例上升，通勤出行比例不断上升。1998~2008 年，65~69 岁龄段和 70~74 岁龄段的通勤出行比例均上升 1%，如图 3–3 所示。

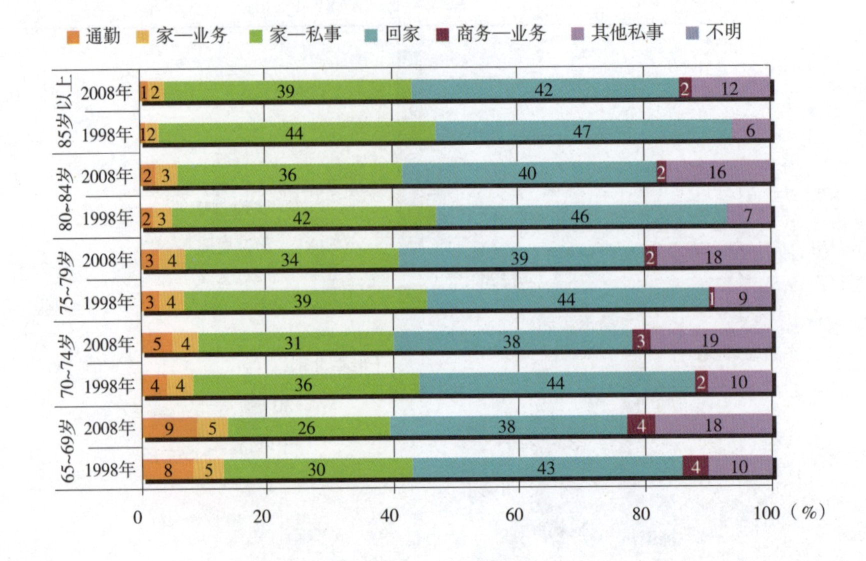

图 3–3　1998 年和 2008 年东京都市圈老年人各种出行目的比例

资料来源：东京都市圈交通计划协议会，第 5 回東京都市圏パーソントリップ調査，2010。

二、出行强度

1. 人均出行强度

2008 年东京都市圈人均出行强度 2.45 次 /（人 · 日），其中东京区部人均出行强度最高达 3.04 次 /（人 · 日），茨城南部人均出行强度最低为 1.98 次 /（人 · 日）。东京都市圈机动化出行强度 1.57 次 /（人 · 日），其中区部机动化出行强度 1.94 次 /（人 · 日），多摩部机动化出行强度 1.32 次 /（人 · 日）。1978 年以来东京都市圈平均出行强度呈现先减后增的趋势，1978 年出行强度 2.53 次 /（人 · 日），1998 年出行强度下降至 2.4 次 /（人 · 日），2008 年又上升至 2.45 次 /（人 · 日），见表 3–4。

2008 年东京都市圈各区域出行强度　　表 3–4

区　域	出行强度［次 /（人 · 日）］	区　域	出行强度［次 /（人 · 日）］
东京区部	3.04	都市圈（除东京都）	2.23
东京多摩部	2.24	东京都市圈	2.45
东京都	2.79	横滨市—川崎市	2.20
神奈川县	2.18	横滨市	2.24
埼玉县	2.31	川崎市	2.09
千叶县	2.19	埼玉市	2.51
茨城南部	1.98	千叶市	2.44

注：根据东京都市圈交通计划协议会，第 5 回東京都市圏パーソントリップ調査资料制作。

2. 不同年龄段人口出行强度

东京都市圈不同年龄的人群出行强度存在差异，劳动人口（15~64 岁人口）出行强度大于老年人群出行强度。1978~2008年，45岁以下人口出行强度明显下降，45岁以上人口特别是60岁以上人口出行强度明显增加。与老年人群分布和出行总量分布情况相对应，东京都市圈城市化成熟区域老年人群出行强度较大，如图3-4及表3-5所示。老年人群出行增加的原因主要有以下三点：一是随着保健医疗技术的进步，老年人身体素质得到普遍提高，活动欲望随之增强；二是交通基础设施人性化设计更多地考虑到老年人需要，方便了老年人出行；三是老龄化社会下老年人就业率提高，使得通勤出行这类固定出行数目增加。

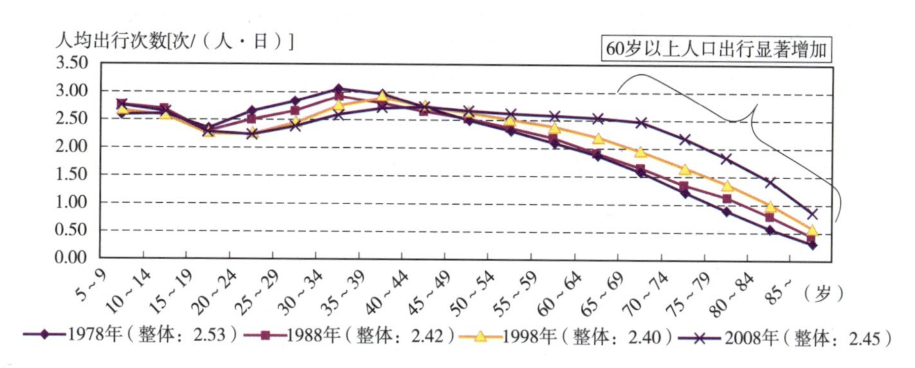

图3-4　1978~2008年东京都市圈各年龄段人均出行次数变化图

资料来源：东京都市圈交通计划协议会，第5回東京都市圏パーソントリップ調査，2010。

2008年东京都市圈各地区老年人群出行强度　　表3-5

区　域	出行强度［次/（人·日）］	区　域	出行强度［次/（人·日）］
东京区部	2.35	都市圈（除东京都）	2.02
东京都（除区部）	2.12	东京都市圈	2.06
东京都	2.28	横滨市—川崎市	2.06
神奈川县	2.05	横滨市	2.09
埼玉县	2.09	川崎市	1.99
千叶县	2.17	埼玉市	2.23
茨城南部	1.77	千叶市	2.29

注：根据东京都市圈交通计划协议会，第5回東京都市圏パーソントリップ調査资料计算。

三、空间分布

1998年和2008年东京都市圈交通调查分析数据显示，都市圈交通形态表现出显著的向心性。2008年东京区部与东京多摩部、千叶西北部和埼玉南部之间日均出行量均达150万人次以上，与神奈川县横滨市间的日均出行量也超过100万人次，如图3-5、图3-6所示。以东京区部为中心的东西向和南北向一直是都市圈重要的交通走廊，其他各区域之间的交通出行总量相对较小，这种交通出行空间分布形态显示东京区部仍然是都市圈的核心，都市圈“单极结构”并未得到根本的改善。

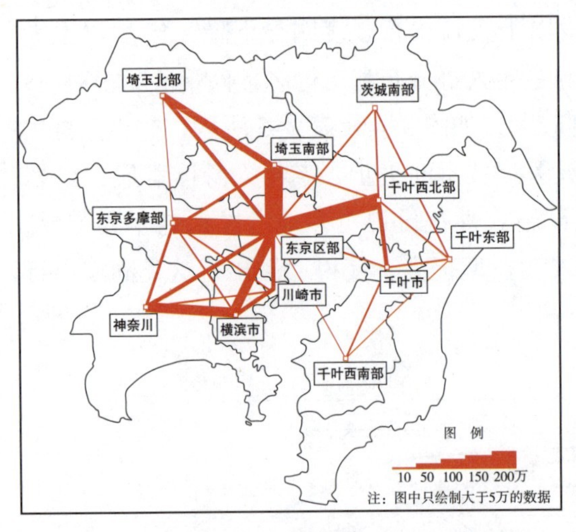

图 3-5　1998 年东京都市圈交通出行空间分布图

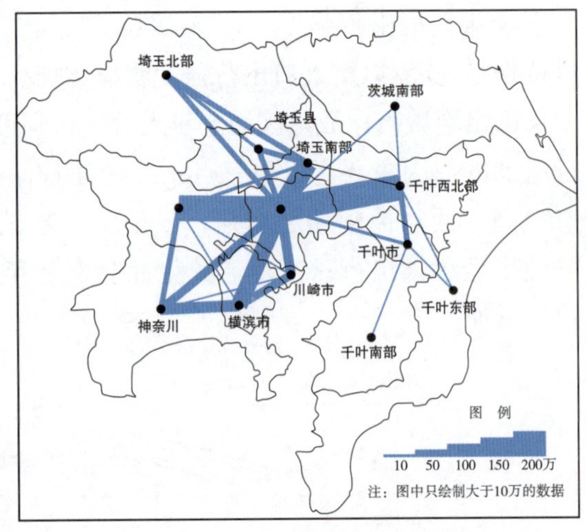

图 3-6　2008 年东京都市圈交通出行空间分布图

资料来源：东京都市圈交通计划协议会，第 5 回東京都市圏パーソントリップ調査，2010。

第二节　基 础 设 施

一、道路网络

1. 等级划分

《日本道路法》依照管理主体将道路分为国道（高速机动车国道及一般国道）、都府县道和市町村道三类，其中国道构成国家级道路干线网，都府县道构成地方级道路干线网，市町村道则指在城市、乡镇与农村内的道路。一般将国道和都府县道等干线网道路称为主要道路，如图 3-7 所示。

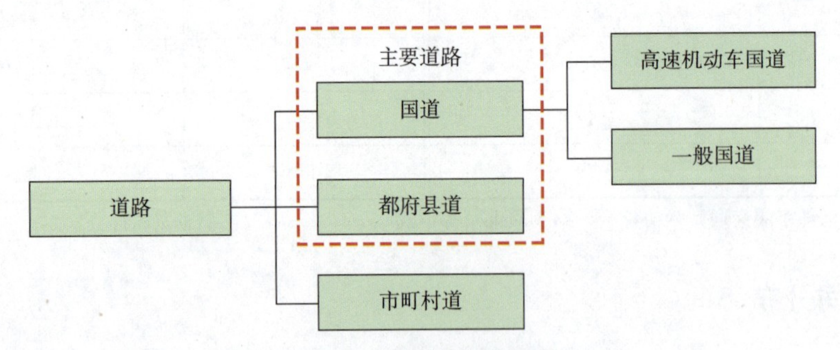

图 3-7　日本道路划分标准

资料来源：东京都总务局，平成 21 年東京都統計年鑑，2011.8。

2. 路网规模

2008 年东京都市圈各类道路总长约 17 万 km，其中主要道路约 1.39 万 km，市町村道 15.6 万 km。都市圈各圈层主要道路比例维持在 7%~11%，其中周边各县核心城市主要道路比例明显低于整个县域均值，但东京都心三区主要道路比例高达 19.58%，远高于东京都及其他区域。这一特征与都心三区强大的对外辐射能力相对应，见表 3–6。

2008 年东京都市圈道路里程　　表 3–6

区　域	道路总长（km）	主要道路（km）	市町村道（km）	主要道路占比（%）	市町村道占比（%）
都心三区	630	123	507	19.58	80.42
东京区部（除都心三区）	11045	950	10095	8.60	91.40
东京区部	11674	1073	10602	9.19	90.81
东京都（除区部）	10842	1157	9686	10.67	89.33
东京都	22517	2230	20287	9.90	90.10
神奈川县	25184	2161	23023	8.58	91.42
埼玉县	46432	3321	43113	7.15	92.85
千叶县	39628	3606	36024	9.10	90.90
茨城南部	36622	2592	34030	7.08	92.92
东京都市圈（除东京都）	147866	11680	136190	7.90	92.10
东京都市圈	170383	13910	156477	8.16	91.84
横滨市—川崎市	10213	608	9606	5.95	94.05
横滨市	7707	445	7262	5.77	94.23
川崎市	2507	163	2344	6.50	93.50
埼玉市	4167	285	3882	6.83	93.17
千叶市	3271	181	3090	5.55	94.45

资料来源：patmap 都市情報 | 日本トップページ（根据市町村级数据整理，经 GIS 分析制作）。

2008 年东京都市圈道路密度 10.40km/km^2，若以建设用地计算为 15.03km/km^2。东京区部道路密度 18.92km/km^2，东京多摩部道路密度 9.35km/km^2，若以建设用地计算多摩部道路密度为 17.74km/km^2，见图 3–8 及表 3–7。总体上，东京都、神奈川县和埼玉县的道路密度和主要道路密度较高，千叶县和茨城南部地区道路密度和主要道路密度较低，东京都心三区道路密度不仅低于区部其他地区，而且低于川崎、横滨、埼玉等外围核心城市。

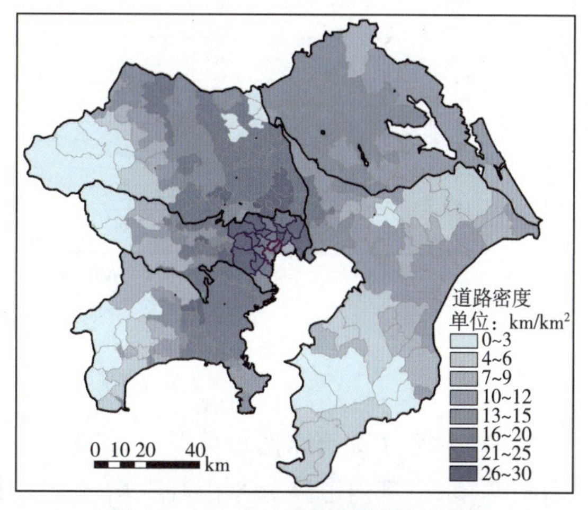

图 3–8　2008 年东京都市圈道路网密度
资料来源：patmap 都市情報 | 日本トップページ（根据市町村级数据整理，经 GIS 分析制作）。

由于无法准确获得茨城南部道路统计数据，故以东京一都三县（东京都、神奈川县、埼玉县、千叶县）合计数据作为东京都市圈的参照。1995~2008 年东京一都三县道路里程以平均 0.26% 的年增长率不断增长，至 2008 年总道路里程达 13.58 万 km，如图 3–9 所示。

2008 年东京都市圈道路密度　　表 3-7

区　域	道路密度（km/km²）	主要道路密度（km/km²）	市町村道密度（km/km²）	道路建设用地密度（km/km²）
都心三区	14.94	2.92	12.01	14.94
东京区部（除都心三区）	19.21	1.65	17.56	19.21
东京区部	18.92	1.74	17.18	18.92
东京都（除区部）	9.35	1.00	8.35	17.74
东京都	12.67	1.25	11.42	18.33
神奈川县	10.42	0.89	9.53	17.25
埼玉县	11.84	0.85	10.99	18.09
千叶县	7.58	0.69	6.89	11.36
茨城南部	12.05	0.85	11.20	14.13
都市圈（除东京都）	10.12	0.80	9.32	14.63
东京都市圈	10.40	0.85	9.55	15.03
横滨市—川崎市	17.57	1.05	16.53	19.17
横滨市	17.64	1.02	16.62	19.36
川崎市	17.38	1.13	16.25	18.60
埼玉市	19.16	1.31	17.85	19.64
千叶市	12.02	0.67	11.36	14.91

资料来源：patmap 都市情報 | 日本トップページ（根据市町村级数据整理，经 GIS 分析制作）。

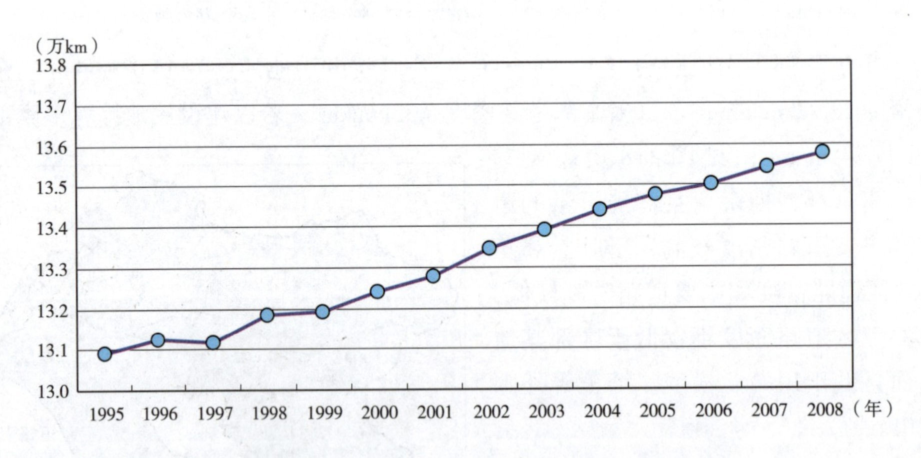

图 3-9　1995~2008 年东京一都三县道路里程历年变化
注：根据国土交通省平成 7 年至平成 20 年道路統計年報制作。

2010 年东京都道路面积率仅为 8.3%，低于名古屋、大阪、横滨、川崎等日本其他主要城市。东京都内道路分布极其不均匀，其中区部的道路面积率高达 16.2%，位于全国前列，而多摩市部道路面积率仅为区部的 50%。综合道路面积率和道路网密度两项指标，东京区部两项指标都较高，表明区部不但道路里程长，而且道路等级较高。都心三区主要道路比例很高但道路密度较低，主要依靠轨道交通满足其巨大的潮汐性交通需求，如图 3-10 所示。

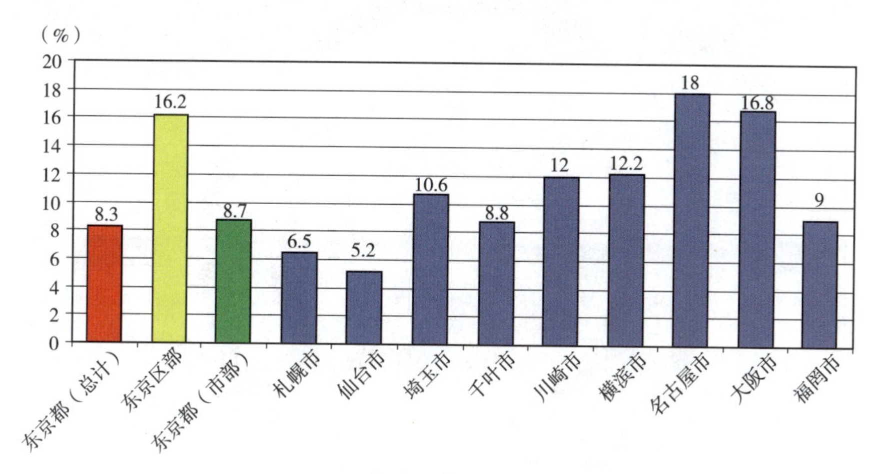

图 3-10　2005 年东京都和日本其他城市道路率的比较
资料来源：东京都建设局，道路の建設。

3. 路网结构

现有资料表明，早在 1963 年的首都圈基本问题座谈会中，日本政府就提出了构建首都圈“三环九射”路网结构的设想，并于会议报告书《都市内交通体系整备》中予以详细阐述。“三环”指环绕东京都市圈的三条高速道路（中央环线、外环道和圈央道），“九射”指由东京都心向外围放射的九条高速公路，如图 3-11、图 3-12 所示。目前，九条放射性道路已基本建成，而三条环向道路的建设则出现了不同程度的滞后。1999 年《第五次首都圈基本计划》提出“分散的网络结构”设想，旨在以环射线交叉的交通节点为依托形成若干地方性中心城市，并通过环向交通基础设施强化环线上各城市间的功能联系，改变东京区部单极化的发展格局。因此，环向道路的建设对都市圈新结构体系的形成至关重要，随后当局制订了详细计划并将在近年内大力推进三大环线建设，如图 3-13 所示。

首都高速中央环线，简称中央环线，位于距东京站约 8km 的圈域，全长 47km，已开通 37km，除小菅至堀切段为 7 车道外，其余路段均为 4 车道，设计速度 60km/h。“内环”中央环线环绕于都心和副都心外侧，迂回通过了池袋、新宿、涩谷等主要地区，为东京区部环向交通提供新通道，缓解放射性道路交通压力。正在建设中的品川线（3 号涩谷线—海岸线）将于 2013 年建成，届时中央环线全线开通。

东京都外环道，简称外环道，位于距东京站约 15km 的圈域，全长约 85km，目前已开通 34km，其中大泉至和光北 6 车道，和光北至三乡南 4 车道，设计速度 80km/h。外环道起点靠近羽田空港，将横滨、川崎、三鹰、埼玉、松户和市川等业务核都市串联起来，是近郊业务核都市联系的纽带，有助于近郊整备区环状据点都市群的进一步发展。目前，外环道尚未形成连续的通道，三乡南至高谷（京叶道路与东关东自动车道交会处）长约 16km 的路段计划于 2015 年建成使用，东名高速公路至关越道之间约 16km 的区间目前处于建设阶段，东名高速公路至湾岸道路之间约 20km 的路段也已经制订了建设规划。

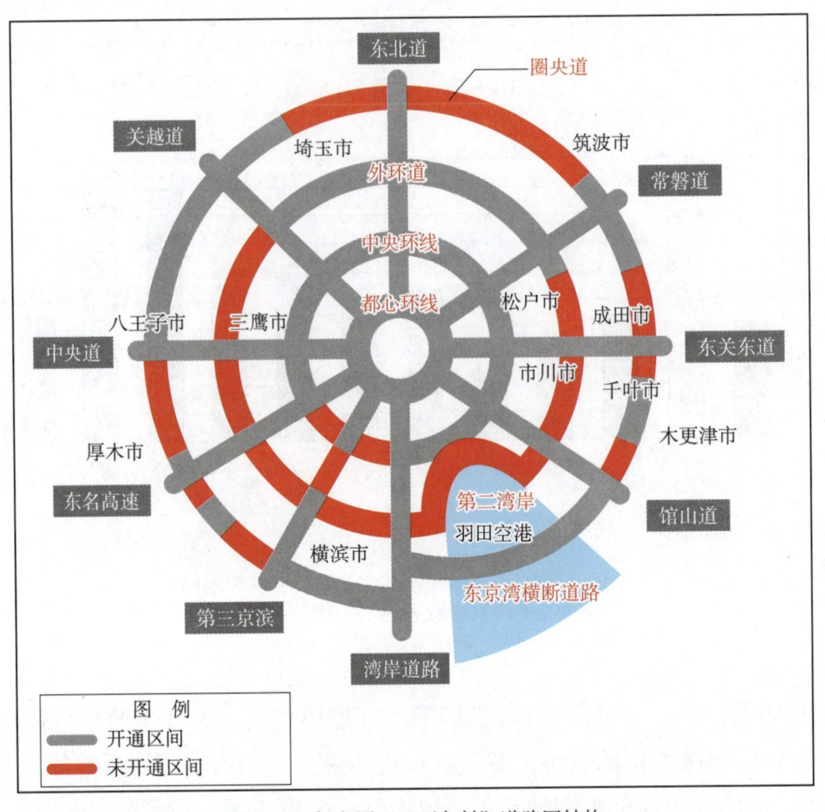

图 3–11 都市圈“三环九射”道路网结构
资料来源：国土交通省，首都圈 3 環状道路（圏央道、外環、中央環状）。

图 3–12 都市圈“三环九射”道路网现状
资料来源：国土交通省，首都圈 3 環状道路（圏央道、外環、中央環状）。

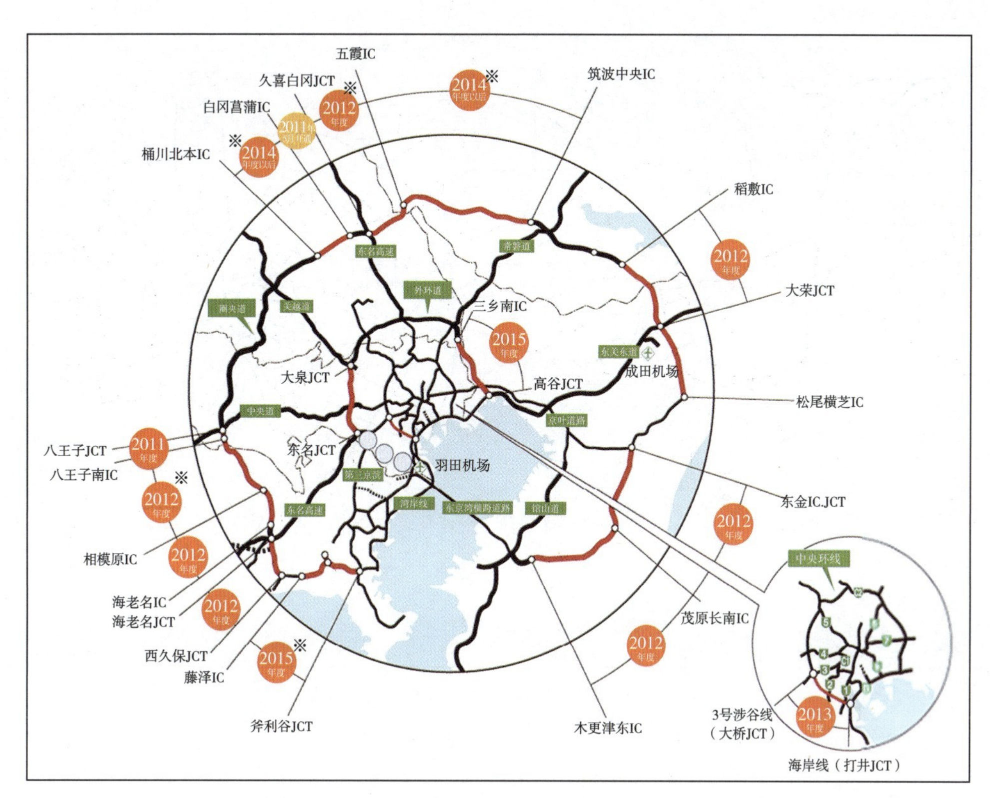

图 3-13　东京都市圈“三环”道路规划建设目标

资料来源：国土交通省，首都圈 3 環状道路（圈央道、外環、中央環状）。

首都圈中央联络自动车道，简称圈央道，距离都心 40~60km，全长约 300km，目前仅有约 110km 的道路已建成使用，大部分区间为 4 车道（少数 6 车道），根据路段不同设计时速分 80km/h 和 100km/h 两种。圈央道起于神奈川县横滨市金泽区，终于千叶县木更津市，不仅将成田机场、横滨港和木更津港等重要空港和海港串联，而且经过厚木、八王子、青梅、深谷和成田等业务核都市，是都市圈外围的联络骨干道。圈央道有助于城镇开发区卫星城的进一步发展。目前，圈央道绝大部分规划线路已经列入建设计划，其中部分已经动工，最迟于 2016 年基本完成全线建设。

东京都道路网整体呈“环 + 放射”的路网结构，区部主要是单中心放射结构；多摩地区路网无明显的中心。这种道路网结构一定程度上体现了东京都的城市发展形态和空间结构，如图 3-14 所示。

二、机动车

1. 机动车保有量

2008 年东京都市圈机动车保有量达 1325 万辆，人均 0.35 辆，人均指标明显低于世界其他大都市圈。东京都市圈人均机动车保有量由都心向外围逐渐上升。都心三区机动车保有量为 0.39 辆 / 人，略高于区部平均水平。外围主要城市中，川崎市和埼玉市机动车保有量低于都市圈平均水平和所在县域水平，而千叶市和横滨市则基本与所在县域水平相当。

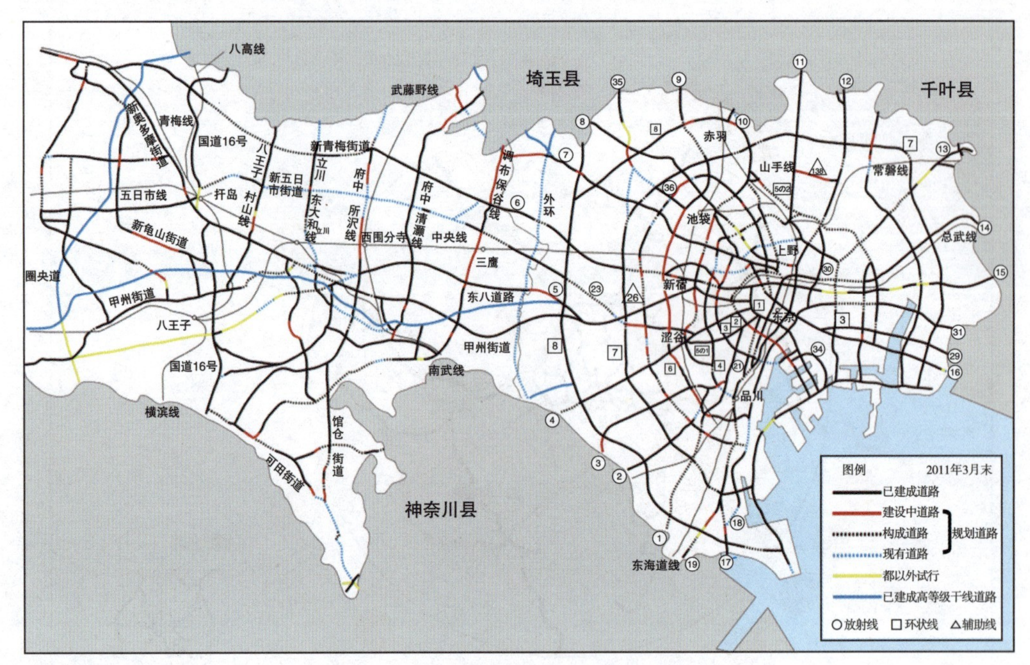

图 3-14 东京都道路网络结构和建设情况
资料来源：东京都建設局，道路の建設。

东京都市圈机动车密度 809 辆 /km²，其中东京都和神奈川县分别为 1854 辆 / km² 和 1401 辆 /km²，高于都市圈平均水平。都市圈中区部的机动车密度较高，其中都心三区最高，达 3438 辆 /km²；外围主要城市机动车密度均明显高于所在县域平均水平，其中横滨市和川崎市均高于 3000 辆 /km²，如表 3-8 及图 3-15 所示。都市圈内城市化程度较高的地区，机动车密度较高但人均机动车保有量较低；城市化程度较低的地区，人均机动车保有量较高，居民出行对机动车的依赖程度较高。以东京区部为例，虽然在严格的管理控制和大规模轨道交通支撑下，人均机动车保有量降至一个较低的水平，但机动车密度仍然较高，加之经济活动活跃，道路拥挤严重；都市圈外围地区虽然人均机动车保有量较高，但机动车密度仍然比较低，加之公共交通基础设施相对薄弱，机动车保有量增长的空间仍然存在。

2008 年东京都市圈各区域机动车保有量和密度 表 3-8

区　域	保有量（辆）	人均机动车数（辆 / 人）	机动车密度（辆 /km²）
东京都心三区	144935	0.39	3438
东京区部（除都心三区）	1942152	0.23	3378
东京区部	2087087	0.23	3382
东京都（除区部）	1207250	0.29	1041
东京都	3294337	0.25	1854
神奈川县	3385416	0.37	1401
埼玉县	2617085	0.36	667
千叶县	2481064	0.40	475
茨城南部	1473759	0.79	485

续上表

区　域	保有量（辆）	人均机动车数（辆 / 人）	机动车密度（辆 /km²）
都市圈（除东京都）	9957324	0.41	682
东京都市圈	13251661	0.35	809
横滨市—川崎市	1836332	0.36	3159
横滨市	1398567	0.38	3200
川崎市	437765	0.31	3035
埼玉市	345321	0.28	1588
千叶市	381035	0.40	1400

资料来源：patmap 都市情報 | 日本トップページ（根据市町村级数据整理，经 GIS 分析制作）。

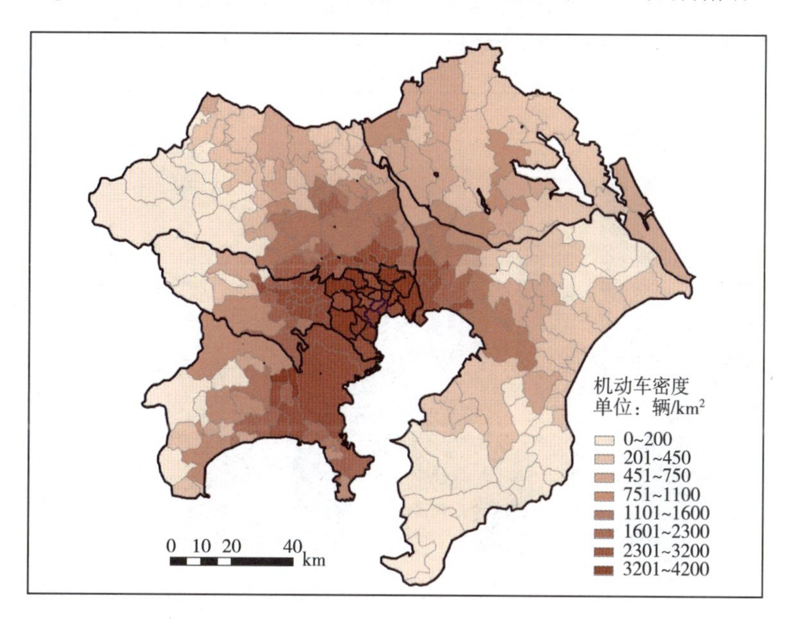

图 3–15　2008 年东京都市圈机动车密度分布

资料来源：patmap 都市情報 | 日本トップページ（根据市町村级数据整理，经 GIS 分析制作）。

1966~1990 年东京一都三县机动车保有量随城市和经济的快速发展呈直线上升趋势，1990~2000 年增长逐渐放缓，2000 年以后机动车总量基本维持稳定，其中 2007 年后机动车保有量逐年小幅下降，如图 3–16 所示。

与 1998 年相比，2008 年东京都市圈外围区域机动车户均保有量总体呈上升趋势，其中茨城南部、埼玉北部、千叶东部和千叶西南部上升明显；而区部和外围主要城市化区域均明显下降。随着变化趋势的延续，都市圈外围区域户均机动车保有量不仅明显高于东京区部，而且两者之间的差距在逐渐拉大，如图 3–17 所示。

东京区部机动车保有量变化与人口变化存在差异。20 世纪 80 年代以来东京区部中环 11 区和外围 9 区人口保持增长趋势，2000 年后都心三区人口也重新开始增长，但机动车保有量却呈下降趋势，见表 3–9。东京区部机动车保有量的减少受多种因素的影响，不同区域机动车下降的原因不尽相同。

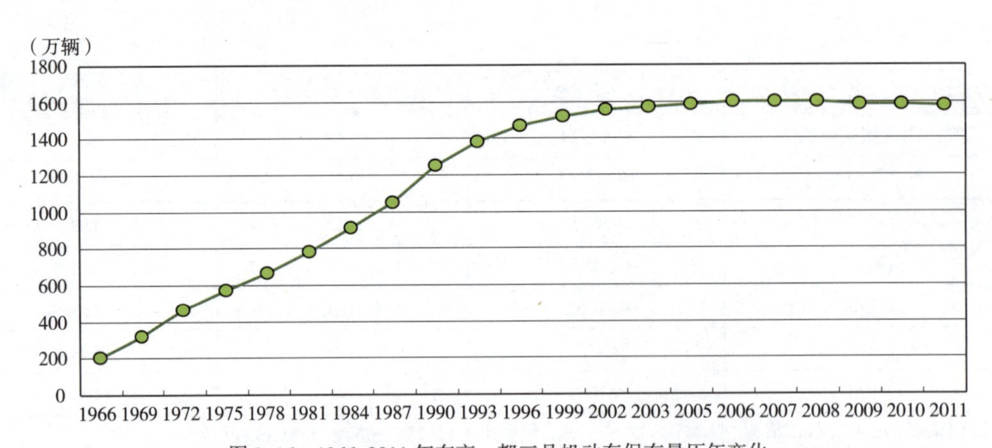

图 3-16　1966~2011 年东京一都三县机动车保有量历年变化

注：根据自动车检查登陆情报协会昭和 41 年至平成 23 年自动车保有台数年报制作。

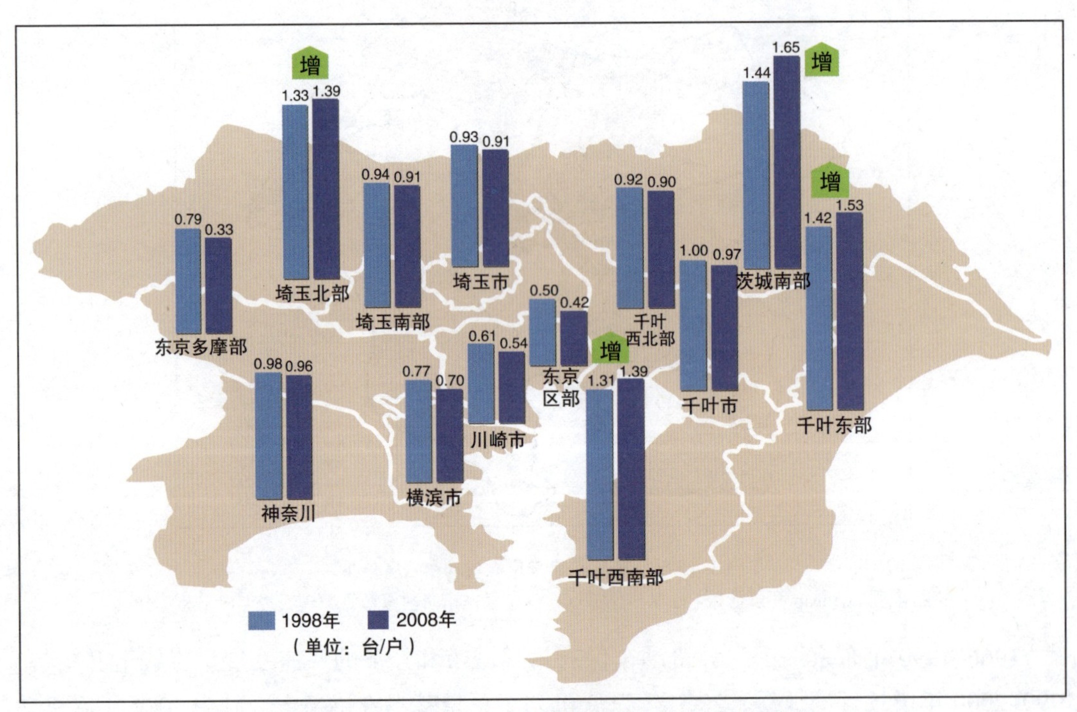

图 3-17　1998 年和 2008 年东京都市圈各地区户均机动车数

资料来源：东京都市圈交通计划协议会，第 5 回東京都市圏パーソントリップ調査，2010。

1985~2005 年东京区部机动车保有量（单位：万辆）　　表 3-9

区　域	1985 年	1990 年	1995 年	2000 年	2005 年
都心三区	20.13	21.69	18.41	16.70	16.30
中环 11 区	71.90	81.83	77.79	75.38	72.84
外围 9 区	138.77	168.11	166.95	165.24	160.28

资料来源：桥本昌史，自動車化の成熟，2008。

第一，经济萧条与税收政策的影响。20 世纪 90 年代初日本泡沫经济破裂后经济进入低谷，经济不景气影响了货物需求，区部货车数量急剧减少。1997 年 4 月日本政府提高消费税的政策和 1997 年 7 月的金融危机影响进一步增加了居民购买和使用机动车的成本，抑制了机动车的增长，这一时期整个关东地区机动车保有量均有所下降。

第二，国家机构搬迁政策的影响。为了缓解都心拥堵，20 世纪 90 年代初日本都政府、NTT 总社和 JR 东日本总社等大型机构开始转移到新宿副都心等区域，这是 1990~1995 年都心三区机动车数量迅速减少的重要原因之一。

第三，东京区部停车政策的影响。日本于 1962 年实施了自助泊位政策，《机动车保管场所之确保法》等相关法律规定购车者必须在拥有非路边停车位的前提下才能够购买汽车。东京对建筑的停车配建要求很低（商业建筑配建停车场数量在亚洲大城市中位列末位，并允许一些小型建筑不配备停车设施），同时采取非常严厉的路边停车管理政策，路边停车不仅需要交纳管理费，超过 1h 还要征收高额的罚款（约 1000 人民币），并扣 2 分（满分 6 分）。上述政策使得非路边停车位在东京中心区逐渐成为稀缺资源。2000 年以后，随着东京区部的独门独户住宅开始减少，3 层以上住宅迅速增加，进一步加剧了非路边停车位的稀缺性，抑制了居民购买机动车的行为。

综上所述，一方面，在各种因素的作用下机动车使用成本增加，对其保有量增长具有一定的抑制作用；另一方面，东京区部高密度的轨道交通网络为居民提供了一种便捷的公共交通出行选择。疏堵相济之下，1990 年后区部机动车保有量持续下降。

2. 公交车

2009 年东京一都三县（茨城南部除外）普通公交在籍车辆数 15382 辆，线路里程达 27106km。一都三县公交车万人拥有率达 4.4 辆 / 万人，其中东京都、神奈川县、埼玉县和千叶县公交车万人拥有率分别为 4.4 辆 / 万人、5.6 辆 / 万人、2.8 辆 / 万人和 4.2 辆 / 万人，见表 3–10。

2009 年东京都市圈一都三县普通公交基本情况 表 3–10

项　目	东京都	神奈川县	埼玉县	千叶县	合计
2009 年人口（万人）	1287	894	713	614	3508
面积（km^2）	2103	2416	3767	5082	13368
运营公司数（个）	37	28	32	53	150
线路里程（km）	9064	5116	6323	6603	27106
在籍车辆数（辆）	5723	5046	2012	2601	15382
运营车辆数（辆）	5093	4491	1771	2211	13566
车辆使用率（%）	89	89	88	85	88
万人拥有率（辆 / 万人）	4.4	5.6	2.8	4.2	4.4
每日每车载客量（人次）	406	394	291	269	365

资料来源：关东运输局，バス事業の都道府県別、年度別実績推移。

3. 出租车

2009 年东京一都三县出租车总量 80332 辆，其中出租车公司车 58944 辆，1 人 1 车制个体出租车21388辆。2009年东京都出租车总量达52691辆，约占都市圈总量的66%。东京一都三县出租车万人拥有率22.9辆/万人，其中东京都达40.9辆/万人，其余三县与东京都相比明显较低，见表3-11。

2009年东京一都三出租车基本情况　　表3-11

行政区	法人出租车公司		个体出租车数（辆）	合计（辆）	万人拥有率（辆/万人）
	公司数（个）	车辆数（辆）			
东京都	463	35271	17420	52691	40.9
神奈川县	195	10652	2830	13482	15.1
千叶县	233	6484	925	7409	10.4
埼玉县	213	6537	213	6750	11.0
合计	1104	58944	21388	80332	22.9

资料来源：关东运输局，一般乘用旅客自動車運送事業の事業者数。

4. 停车设施

2008年东京都市圈主要城市收费停车场（停车面积大于500m^{2}的停车场）基本情况见表3-12。收费停车场泊位总数与机动车保有量之比均小于10%，其中川崎市和埼玉市甚至不足5%。

2008年东京都市圈主要城市收费停车场基本情况　　表3-12

区域	收费停车场数（个）	收费停车场泊位数A（辆）	机动车保有量B（辆）	A/B（%）
东京都	1217	222127	3294337	6.74
东京区部	954	170639	2087087	8.18
横滨市	377	98978	1398567	7.08
川崎市	83	14346	437765	3.28
埼玉市	69	12261	345321	3.55
千叶市	129	35798	381035	9.39

注：统计数据只包含面积大于500m^{2}的收费停车场。东京都数据为2009年统计数据，其余区域数据均为2008年统计数据。

资料来源：日本统计年鉴，自動車台数及び市（都）内有料駐車場数統計表。

三、轨道交通设施

2010年东京都市圈轨网规模约3521km，其中区部轨网规模约807km。轨道分布总体上呈现核心区域相对密集，向外逐渐稀疏的特征。由于东京区部核心区域轨道站间距较小，站点分布核心区域密集现象更为显著，如图3-18、图3-19所示。都市圈轨网按面积计算密度为0.21km/km^2，不同区域轨网密度相差较大。都心三区轨网密度极高，按面积计算高达3.58km/km^2，其中中央区甚至高达4.5km/km^2；外围主要城市横滨市—川崎市、千叶和埼玉的轨网密度分别为0.60km/km^2、0.33km/km^{2}和0.44km/km^2，见表3-13及图3-20。

图 3-18　东京都市圈轨道线路分布

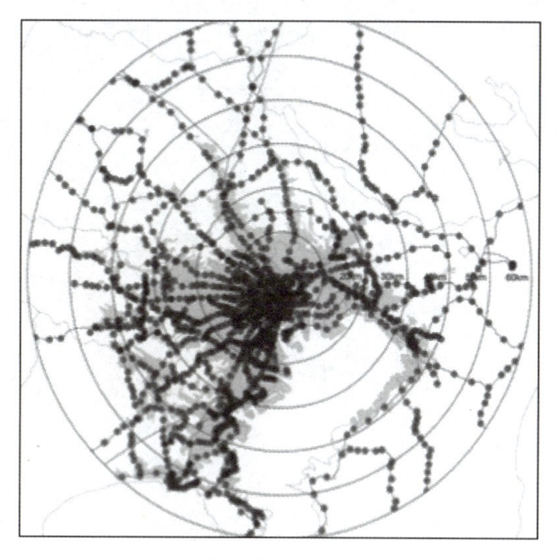

图 3-19　东京都市圈轨道站点分布

资料来源：维基百科 Map of Greater Tokyo rail network；Junichiro Okata and Akito Murayama，Tokyo's urban growth, urban form and sustainability。

东京都市圈各区域轨道密度　　表 3-13

区域范围	轨网规模（km）	轨网密度	
		按人口计算（km/万人）	按面积计算（km/km^2）
东京都心三区	151	4.02	3.58
东京区部	807	0.90	1.31
东京都	1110	0.85	0.62
东京区部（除都心三区）	656	0.77	1.14
东京都（除区部）	303	0.72	0.26
东京都市圈	3521	0.93	0.21
东京都市圈（除东京都）	2411	0.98	0.16
横滨市—川崎市	350	0.69	0.60
埼玉市	95	0.78	0.44
千叶市	89	0.94	0.33

注：轨网规模计算中考虑所有轨道交通方式，包含新干线和有轨电车。其中，人口采用 2010 年居住人口，面积采用 2008 年统计面积，轨道数据为 2010 年数据。此处统计数据由 GIS 统计分析得出。

四、交通服务水平

尽管东京都市圈道路和轨道交通发达，但仍无法满足日益增长的交通需求，目前存在出行时间过长、道路交通拥挤较严重、轨道主要线路服务水平有待进一步提高等问题。

1. 出行时间

2008 年东京都市圈平均每次出行耗时约 34.3min。相比于 1978 年的 29.2min，30 年增幅达 17.5%，如图 3-21 所示。2008 年东京都市圈基家出行平均耗时约 35min，其中基家公务出行 48min，基家私事出行 22min。1978 年以来各类基家出行平均出行时间均呈上升趋势，其中基家公务出行时间增加最显著，如图 3-22 所示。

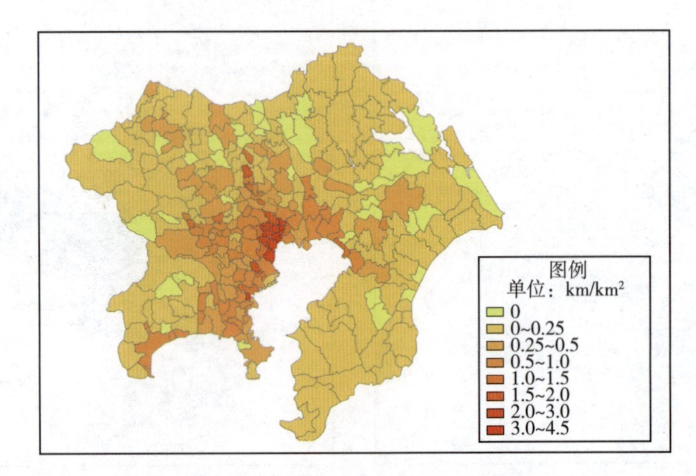

图 3-20　东京都市圈轨道交通线网密度图

注：考虑所有轨道交通方式，包含新干线和有轨电车。其中，面积采用 2008 年统计面积，轨道数据为 2010 年数据。此图由 GIS 统计分析制作。

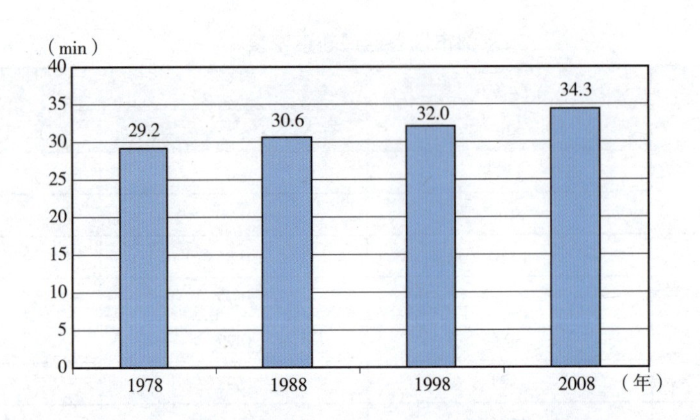

图 3-21　1978~2008 年东京都市圈每次出行平均移动时间变化

资料来源：东京都市圈交通计划协议会，第 5 回東京都市圏パーソントリップ調査，2010。

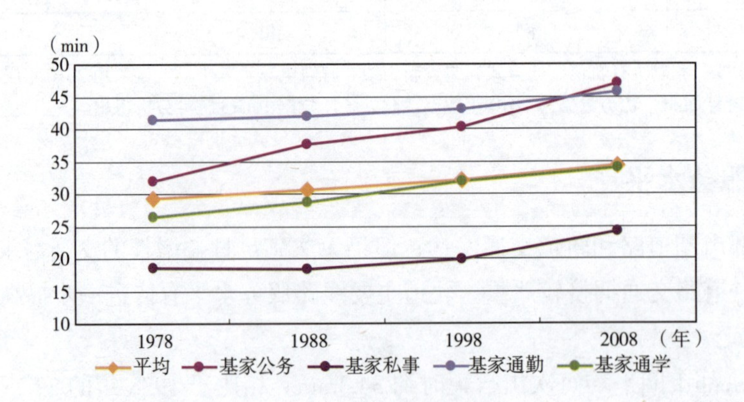

图 3-22　1978~2008 年东京都市圈各类基家出行平均出行时间变化

资料来源：东京都市圈交通计划协议会，第 5 回東京都市圏パーソントリップ調査，2010。

2. 道路交通服务水平

根据国土交通省2005年道路交通统计数据，东京都日均道路交通量为全国平均值的3倍左右，区部为全国平均值的5倍左右。高峰时段，东京区部、川崎市、横滨市和千叶市的主要道路平均行驶速度分别为18.8km/h、22.0km/h、22.3km/h和25.6km/h，明显低于日本平均水平35.3km/h，如图3–23、图3–24所示。1995年通勤至东京区部人群出行时耗30min以内的比例仅占1.8%，1h以上的比例高达76.9%，部分人群上下班时间超过3.5h，较长的通勤出行时耗不仅造成了大量的时间损失，也影响了居民的生活质量，而且还迫使郊外家庭主妇数量上升，如图3–25、图3–26所示。

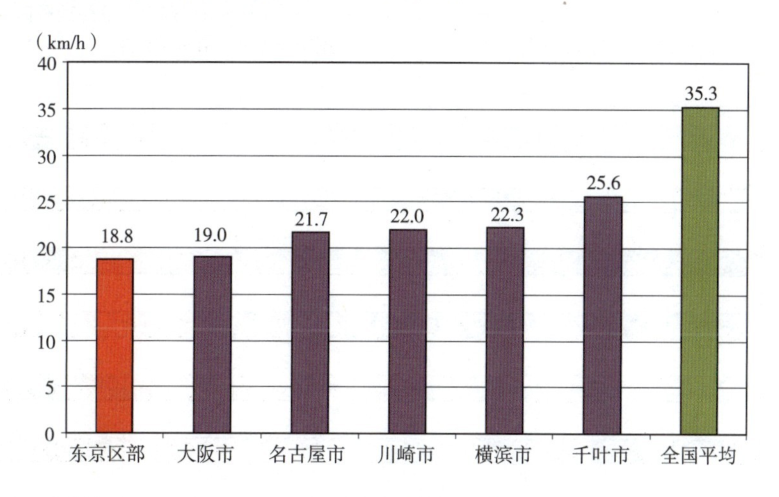

图3–23　2005年日本大城市高峰时期行车速度

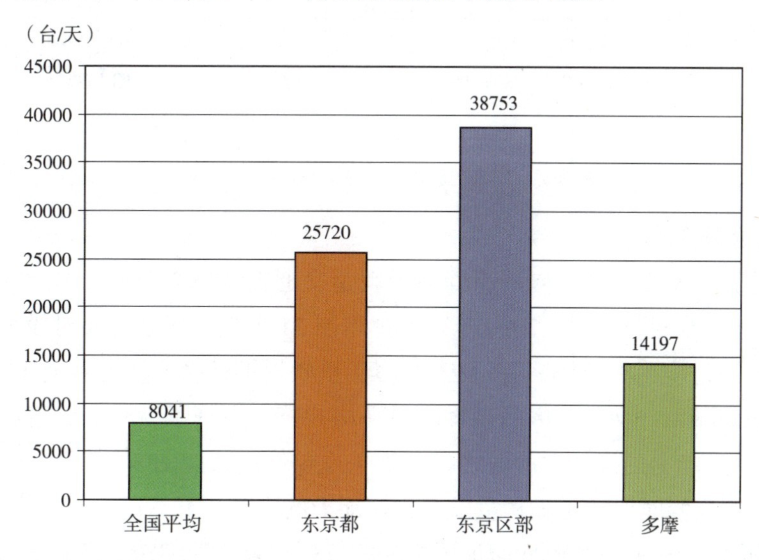

图3–24　2005年东京都日均道路交通量

受各种中枢功能单极化的影响，东京区部道路服务水平明显低于都市圈外围地区。1997年东京区部拥挤度高于1.0以上的路段比例高达58%，与整个都市圈相比区部道路拥挤度位于1.0~1.25范围的路段比重较大，整体更为拥挤，如图3–27所示。

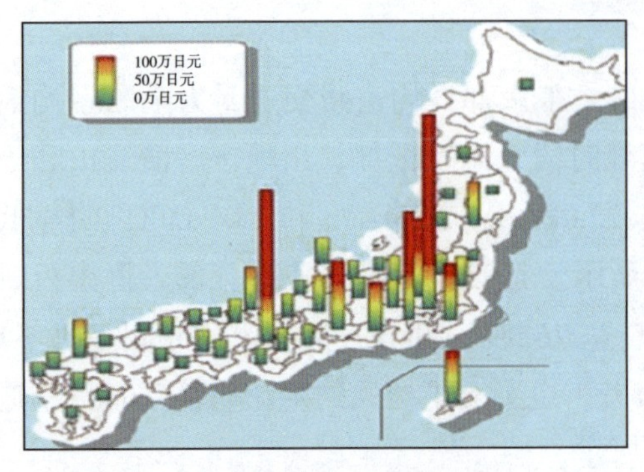

图 3-25　都府拥堵 1km 当量损失额　　　　图 3-26　东京都市圈道路拥挤损失分布

资料来源：东京都建设局，道路の建设；国土交通省，RoadsinJapan。

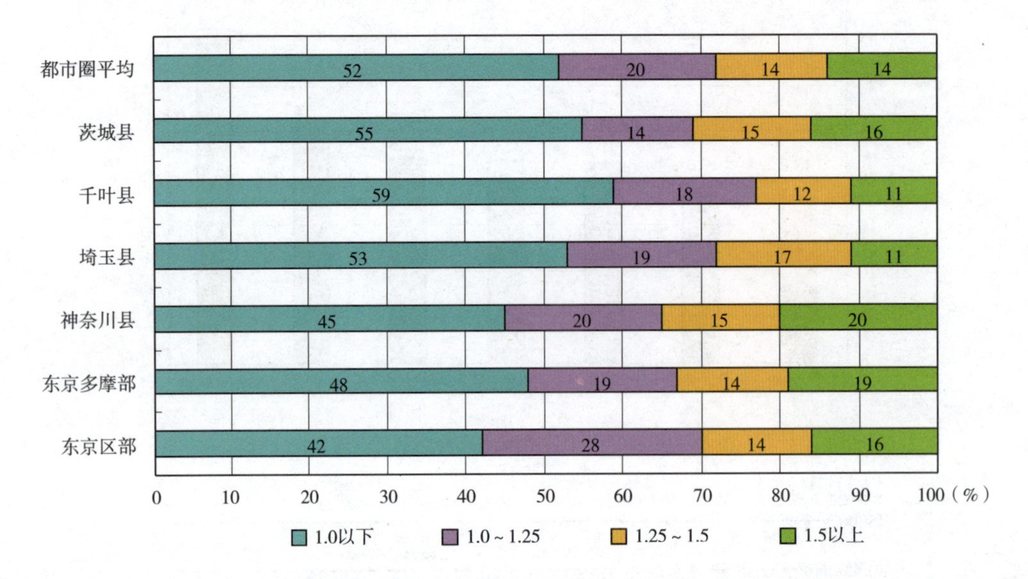

图 3-27　1997 年东京都市圈各地区白天道路拥挤度

资料来源：国土交通省，平成 9 年道路統計年報。

3. 轨道交通服务水平

1998 年至东京区部主要方向的高峰时段轨道交通拥挤率[1]高达 180% 以上，服务水平距舒适性要求依然相距甚远，2009 年东京都市圈 31 个主要区间高峰时段平均拥挤率依然达到 167%。不过应当注意到，在过去 30 多年里轨道拥挤率水平已经有了明显的下降，特别是 1975~2003 年，主要 31 区间高峰时段平均拥挤率下降了 50%，轨道输送供给能力提高了 64%，输送能力的提高对缓解拥挤起到了重要作用，如图 3-28、图 3-29 所示。另外，主要 31 区间高峰时段轨道输送量随着输送能力的提高先升后降，拐点出现在 1993 年左右，这一变化特征从另一个侧面印证了之前的分析结果，即泡沫经济破裂后，外围区域至东京区部通勤通学人数有所降低，对区部的依赖有所减弱。

❶ 拥挤率是线路运输客运量与运输能力的比值，其中线路运输能力按 1 ㎡站立 4 人的标准核算，也即 100% 的拥挤程度代表 4 个人约束在地板 $1m^2$ 的范围内。

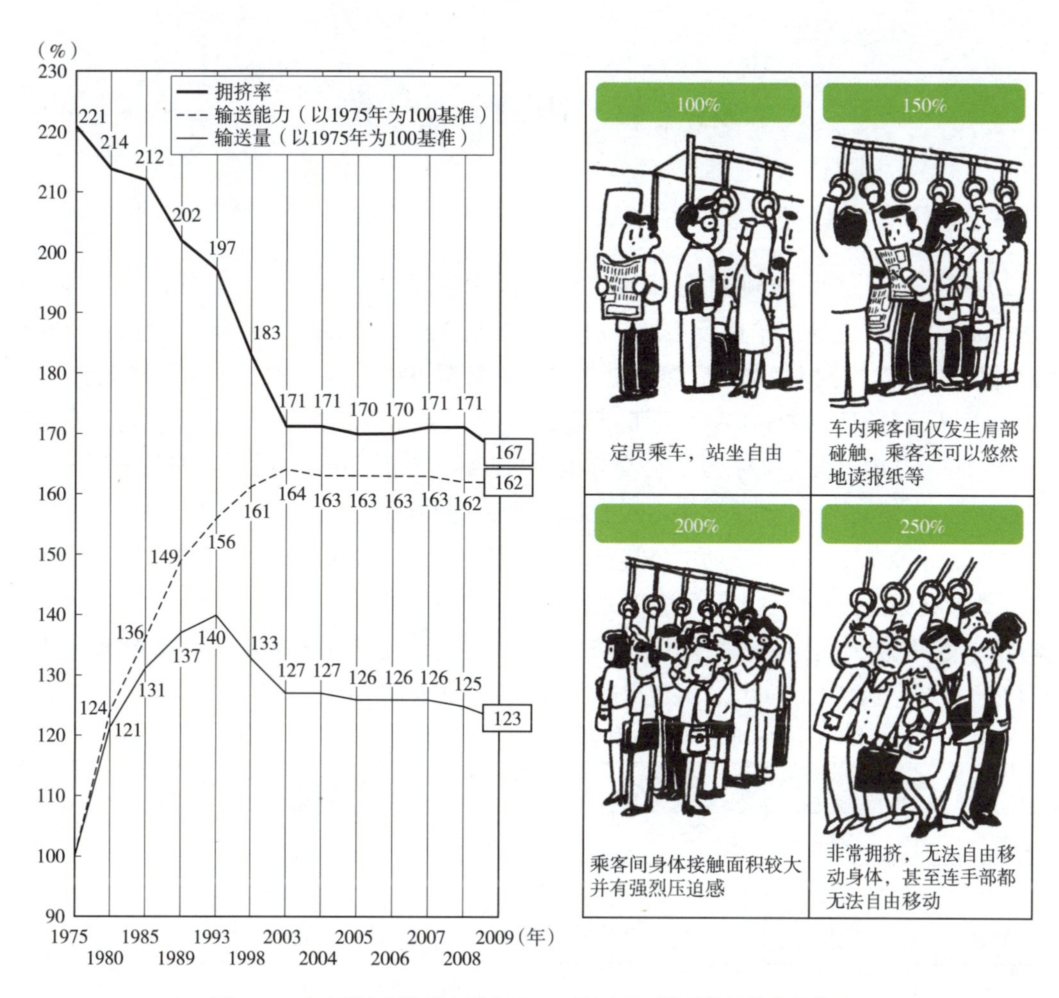

图 3-28 东京都市圈轨道交通主要 31 区间高峰时段平均拥挤率变化图
资料来源：国土交通省，三大都市圏の最混雑区間における平均混雑率・輸送力輸送人員の推移，2010。

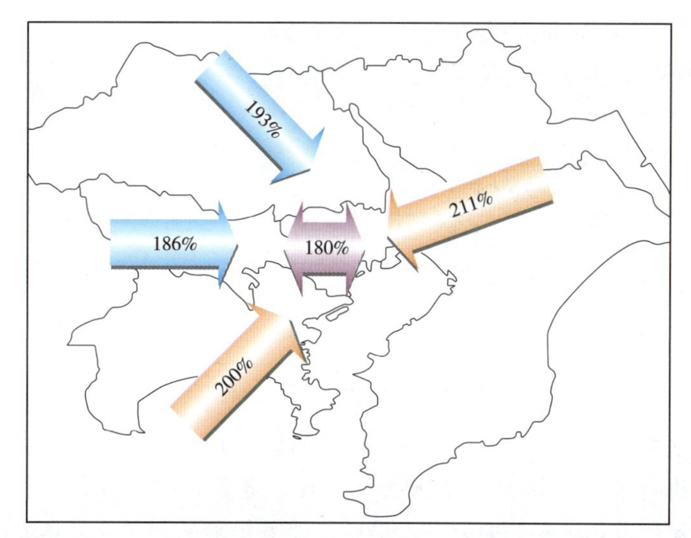

图 3-29 1998 年东京区部通勤通学主要方向高峰时段轨道拥挤率
资料来源：东京都市圈交通计划协议会，第 5 回東京都市圏パーソントリップ調査，2010。

第三节 出行方式

一、出行方式概况

2008年东京都市圈轨道分担率30%，是分担率最高的出行方式，见表3–14。1978~2008年，轨道分担率持续增加，由23%增至30%；机动车（指除地面公交和摩托车以外的机动车）分担率先增后降，先由25%上升至1998年的33%，而后下降至2008年的29%；步行分担率1978~1998年下降明显，由34%下降至22%后基本保持稳定；自行车分担率维持在14%左右，摩托车和公交分担率一直维持在低于5%的水平。步行分担率的下降表明东京都市圈出行机动化水平不断提高，而替代的方式主要为轨道交通。与世界其他都市圈相比，东京都市圈客运交通中公共交通分担率极高，2008年都市圈内公共交通分担率为33%，轨道交通占公共交通比例高达91%；机动化出行轨道分担率为47%。东京区部公共交通分担率更具优势，公共交通分担率达51%，轨道占公共交通比例高达94%；机动化出行轨道交通分担率达76%。可见，轨道交通在东京综合交通体系中占据主体地位，见表3–15。

1978~2008年东京都市圈全方式分担率（单位：%） 表3–14

年份	轨道	公交	机动车	摩托车	自行车	步行
1978	23	4	25	2	13	34
1988	25	3	28	3	15	27
1998	26	2	33	2	15	22
2008	30	3	29	2	14	22

资料来源：东京都市圈交通计划协议会，第5回東京都市圏パーソントリップ調査，2010。

2008年东京都市圈出行结构（单位：%） 表3–15

类别		东京区部	都市圈
出行方式结构	公共交通	51	33
	个体交通	11	29
	慢行交通	37	26
公共交通结构	轨道交通	94	91
	地面公交	6	9

注：根据东京都市圈交通计划协议会，第5回東京都市圏パーソントリップ調査中数据计算。

东京都市圈老年人群出行分担率显示出以下规律：首先，步行和机动车是老年人群分担率最高的两种出行方式；其次，与1998年相比，老年人群步行分担率普遍下降，与之对应的是机动车和轨道分担率普遍上升；最后，随着年龄的增长，老年人群采用步行的分担率上升，采用轨道的分担率则明显下降，如图3–30所示。

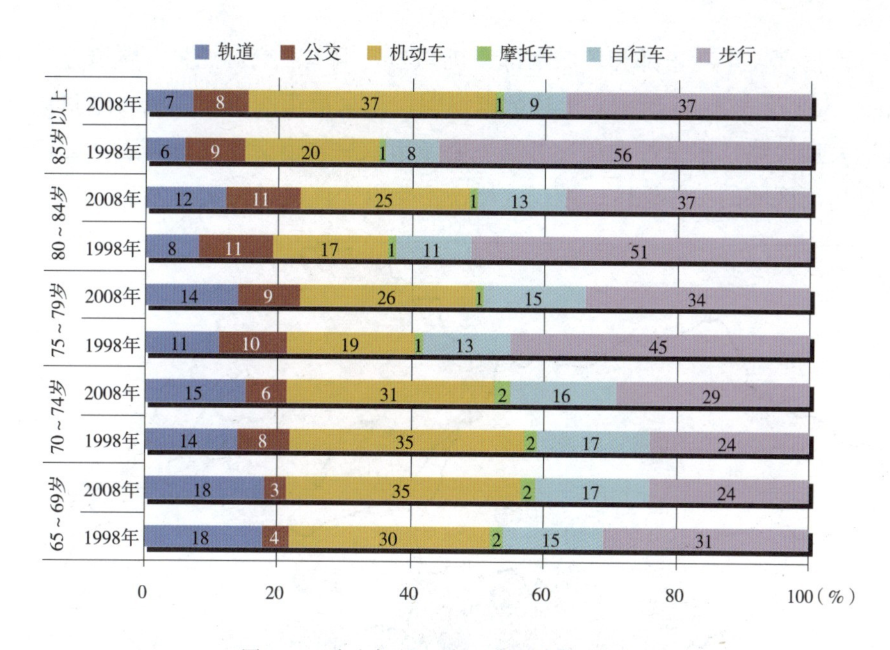

图 3-30 东京都市圈老年人各种出行方式比例

资料来源：东京都市圈交通计划协议会，第 5 回東京都市圏パーソントリップ調査，2010。

二、不同区域出行方式

总体上，东京都市圈出行方式以轨道交通为主，但不同区域有所差异。目前，东京区部基本形成了中长距离出行依靠轨道、短距离出行依靠步行和自行车的交通出行模式。2008 年东京区部轨道和机动车分担率分别为 48% 和 11%，步行和自行车分担率分别为 23% 和 14%。1978~2008 年，区部步行分担率显著下降，机动化水平不断提高，其中随着区部地铁网络的不断完善，轨道交通分担率增长迅速，如图 3-31 所示。区部以外城市化程度较高的地区轨道分担率也处于较高水平，如横滨市、川崎市和多摩部轨道全方式分担率分别为 34%、34% 和 27%。都市圈外围区域机动车分担率较高，尤其是距东京区部

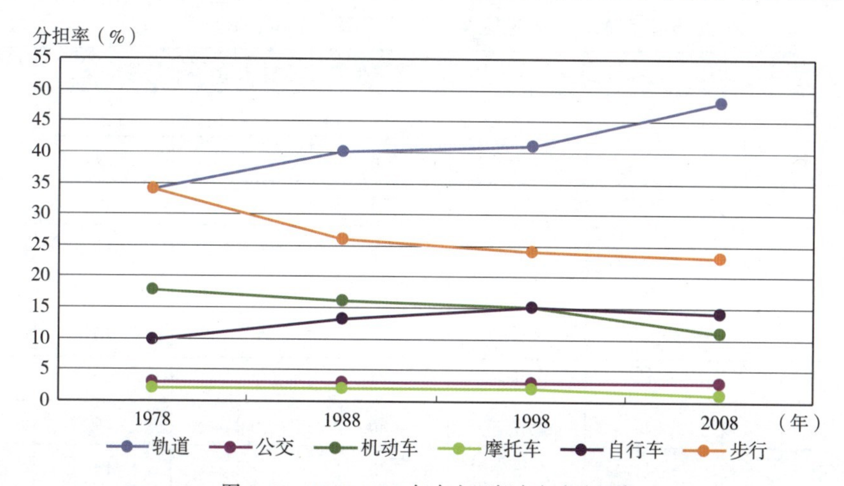

图 3-31 1978~2008 年东京区部全方式分担率

注：根据东京都市圈交通计划协议会，第 5 回東京都市圏パーソントリップ調査资料制作。

较远的千叶西南部、千叶东部和茨城南部，机动车分担率占绝对优势，轨道分担率均低于10%，如图 3–32 及表 3–16 所示。上述数据说明，东京都市圈不同区域因地制宜，采取了不同的交通发展策略，东京都及周边各县主要城市依靠轨道交通支撑其正常运转；而区部外围特别是远离区部的一些地区，地广人稀，主要以个体机动化交通为主。

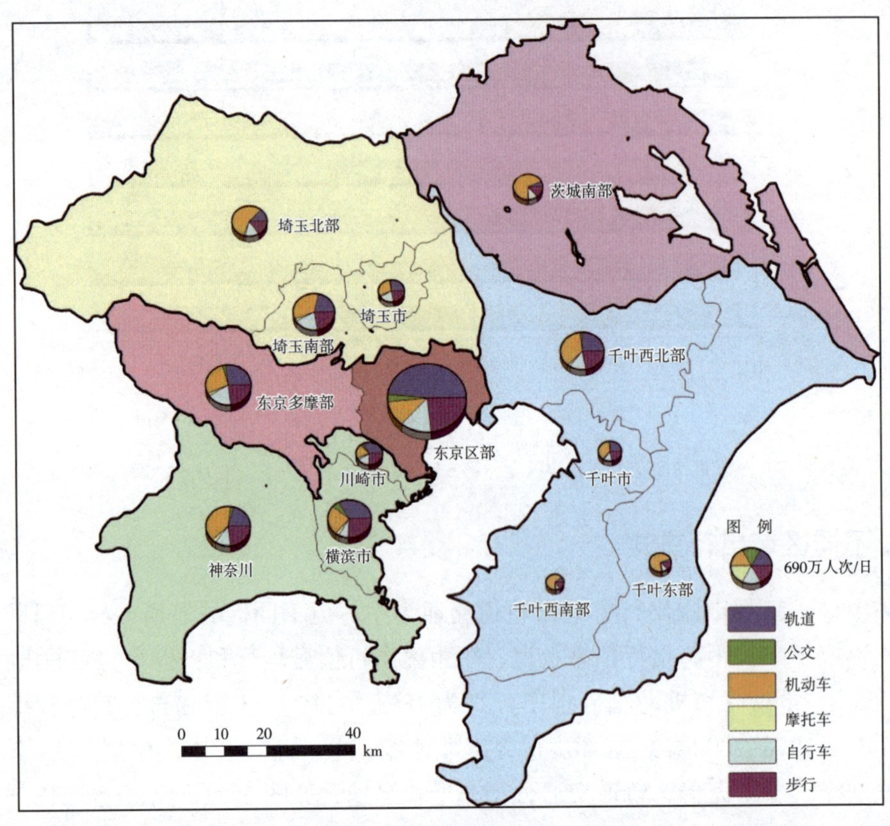

图 3–32　2008 年东京都市圈各地区全方式分担率

注：根据东京都市圈交通计划协议会，第 5 回東京都市圏パーソントリップ調査资料制作。

2008 年东京都市圈各地区全方式分担率（单位：%）　表 3–16

区　域	轨道	公交	机动车	摩托车	自行车	步行
东京区部	48	3	11	1	14	23
东京多摩部	27	3	26	2	19	23
横滨市	34	6	23	3	8	26
川崎市	34	4	18	3	16	26
神奈川	20	3	38	3	13	23
埼玉市	26	2	28	2	20	22
埼玉南部	21	1	34	2	20	22
埼玉北部	12	1	56	2	14	15
千叶市	24	3	36	2	13	22
千叶西北部	25	2	35	2	14	22

续上表

区　域	轨道	公交	机动车	摩托车	自行车	步行
千叶西南部	9	1	66	2	8	15
千叶东部	5	1	71	2	9	12
茨城南部	6	1	68	1	11	13
东京都市圈	30	3	29	2	14	22

资料来源：东京都市圈交通计划协议会，第5回東京都市圈パーソントリップ調査，2010。

2008年东京都市圈机动车出行量达2366万人次/日，约占都市圈机动化出行总量的45%。东京区部和都市圈其他大城市机动车交通出行总量上已低于外围的一些地区，且分担率处于较低水平。1998~2008年都市圈机动车出行量总体呈下降趋势，总量下降了8.31%。其中，东京区部、横滨、川崎等城市化程度较高的区域机动车出行量下降明显，外围区域下降幅度较小，茨城南部甚至有所提升，如图3-33及表3-17所示。

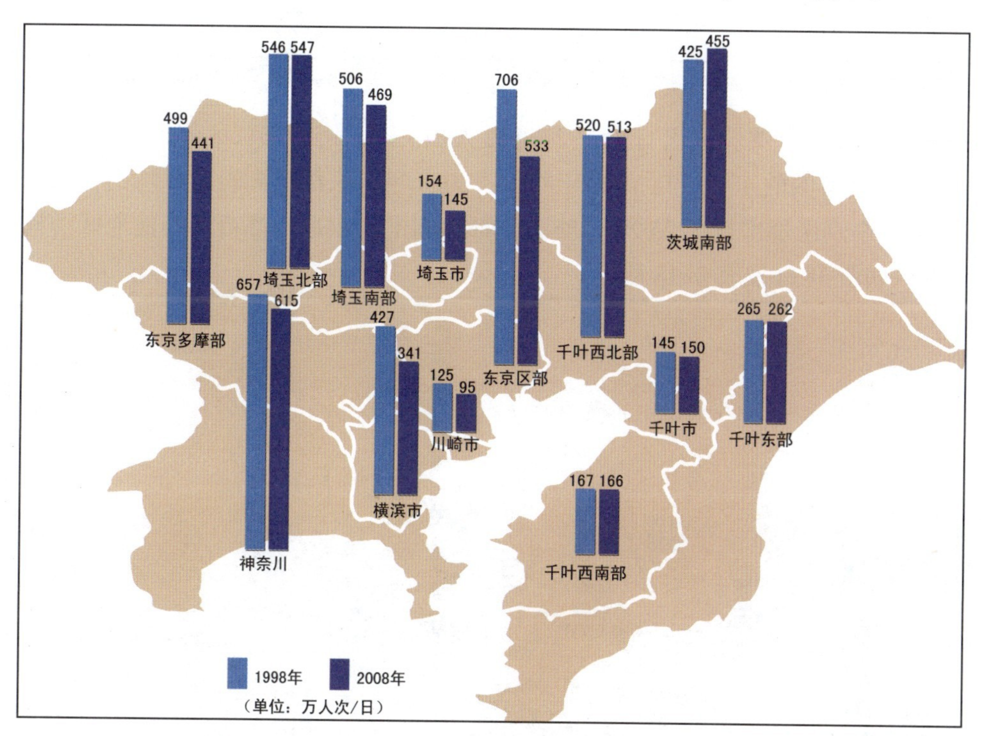

图3-33　1998年和2008年东京都市圈各地区机动车日均发生吸引量

资料来源：东京都市圈交通计划协议会，第5回東京都市圈パーソントリップ調査，2010。

1998年和2008年东京都市圈机动车出行量及出行强度　　表3-17

区　域	1998年机动车出行量（万人次/日）	2008年机动车出行量（万人次/日）	1998~2008年出行量变化率（%）	2008年机动车出行强度［次/（人·日）］
东京区部	353	266.5	–24.50	0.30
东京都（除区部）	249.5	220.5	–11.62	0.53
东京都	602.5	487	–19.17	0.38

续上表

区　域	1998 年机动车出行量（万人次 / 日）	2008 年机动车出行量（万人次 / 日）	1998~2008 年出行量变化率（%）	2008 年机动车出行强度［次 /（人・日）］
神奈川县	604.5	525.5	−13.07	0.59
埼玉县	608	580.5	−4.52	0.81
千叶县	553	545.5	−1.36	0.89
茨城南部	212.5	227.5	7.06	1.23
都市圈（除东京都）	1978	1879	−5.01	0.78
东京都市圈	2580.5	2366	−8.31	0.64
横滨市	213.5	170.5	−20.14	0.47
川崎市	62.5	47.5	−24.00	0.34
埼玉市	82	72.5	−11.59	0.60
千叶市	77	75	−2.60	0.79

注：根据东京都市圈交通计划协议会，第 5 回東京都市圏パーソントリップ調査资料制作。

2008 年东京都市圈轨道出行量达 2476 万人次 / 日，其中东京区部出行量达 1197 万人次 / 日，占都市圈的 48%。与 1998 年相比，2008 年东京都市圈轨道日均出行量增长了 23.8%，其中东京区部增长了 25.2%，略高于都市圈平均水平，都市圈其他地区增幅也在 20% 以上，如图 3–34 及表 3–18 所示。

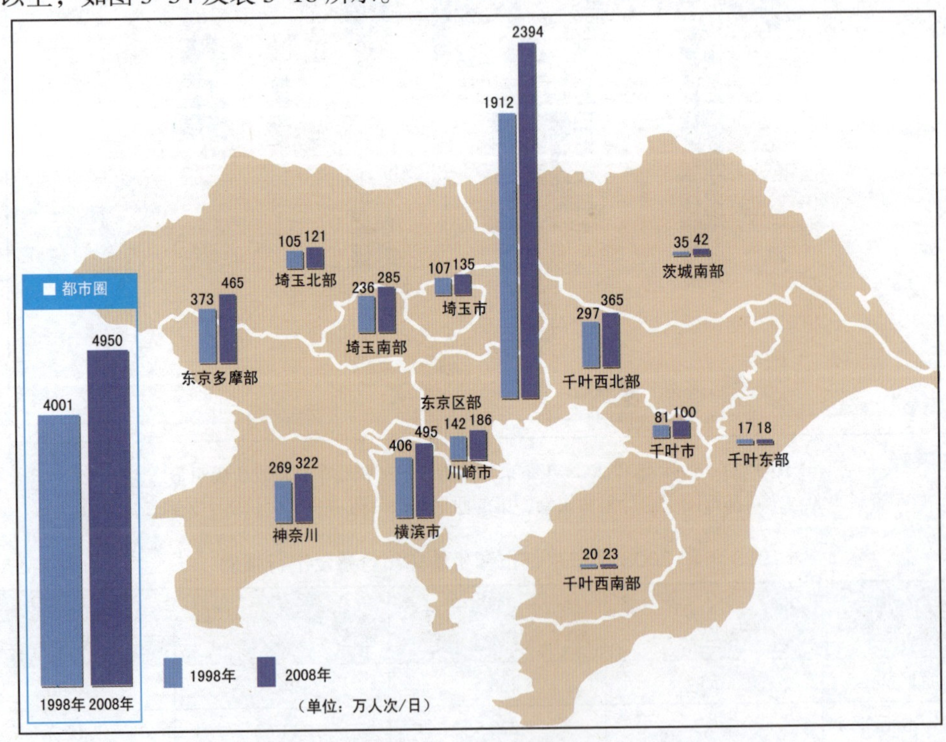

图 3–34　1998 年和 2008 年东京都市圈各区域轨道日均发生吸引量
资料来源：东京都市圈交通计划协议会，第 5 回東京都市圏パーソントリップ調査，2010。

1998 年和 2008 年东京都市圈轨道交通出行量及出行强度　　表 3-18

区　域	1998 年出行量（万人次 / 日）	2008 年出行量（万人次 / 日）	1998~2008 年出行量变化率（%）	2008 年出行强度 [次 /（人・日）]
东京区部	956	1197	25.21	1.37
东京都（除区部）	187	233	24.66	0.56
东京都	1143	1430	25.12	1.11
神奈川县	409	502	22.77	0.56
埼玉县	224	271	20.76	0.38
千叶县	208	253	21.93	0.41
茨城南部	18	21	20.00	0.11
都市圈（除东京都）	858	1046	21.98	0.43
东京都市圈	2000	2476	23.78	0.67
横滨市	203	248	21.92	0.68
川崎市	71	93	30.99	0.67
埼玉市	54	68	26.17	0.56
千叶市	41	50	23.46	0.53

注：根据东京都市圈交通计划协议会，第 5 回東京都市圏パーソントリップ調查资料制作。

三、不同目的出行方式

2008 年东京都市圈各类目的的出行中，轨道分担率较高的前两位是回家和基家通勤出行，其中基家通勤出行轨道分担率高达 53%。在基家通学、基家业务和商务 / 业务出行中，轨道分担率位列第二。商务 / 业务、基家业务和基家私事出行中，机动车仍然是分担率排名首位的出行方式。与 1998 年相比，2008 年各类出行中轨道分担率均有所提高，如图 3-35 及表 3-19 所示。

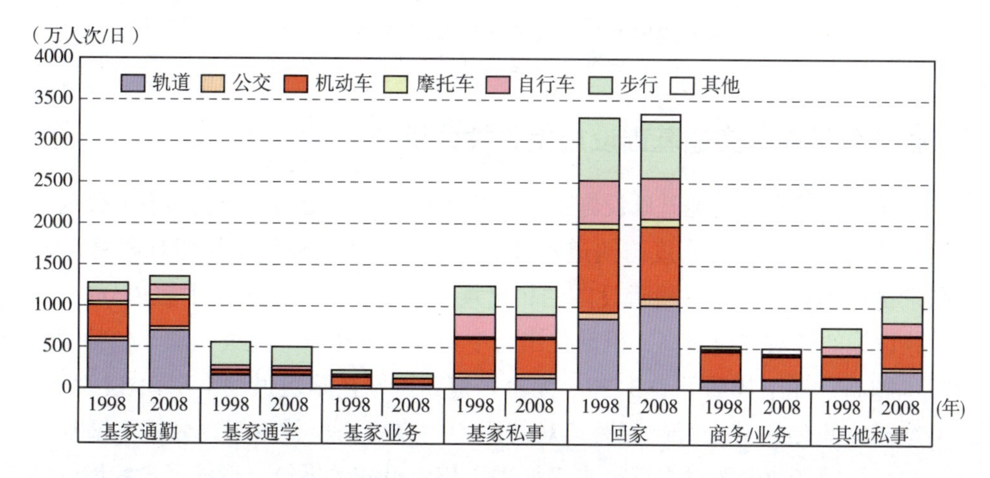

图 3-35　1998 年和 2008 年东京都市圈各种目的出行交通方式分担率

资料来源：东京都市圈交通计划协议会，第 5 回東京都市圏パーソントリップ調查，2010。

2008 年东京都市圈全目的出行交通方式分担率（单位：%）　　表 3-19

项　目	基家通勤	基家通学	基家业务	基家私事	回家	商务 / 业务	其他私事
轨道	53	29	29	11	30	25	20
公交	2	0	0	3	3	0	3
机动车	24	10	39	35	26	60	33
摩托车	3	0	0	0	2	0	0
自行车	11	13	12	23	15	0	14
步行	7	48	20	28	21	15	30
其他	0	0	0	0	3	0	0

资料来源：东京都市圈交通计划协议会，第 5 回東京都市圏パーソントリップ調查，2010。

1998 年东京区部通勤出行轨道分担率高达 68%，机动车分担率仅为 10%；商务事务出行机动车分担率较高为 45%，轨道分担率次之为 33%；私人事务出行步行分担率最高为 39%，轨道交通次之为 23%，如图 3-36 所示。

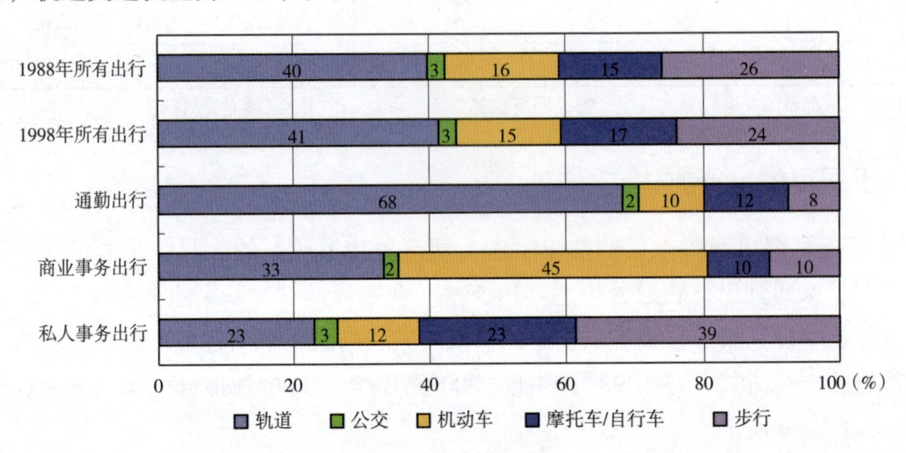

图 3-36　1998 年东京区部各种目的出行交通方式分担率
资料来源：东京都交通局。

四、轨道分担率与交通基础设施相关性分析

区域交通出行结构与交通基础设施供给有着密切联系。交通基础设施主要分为道路设施和轨道设施两大类，道路密度与轨道密度的比值反映了两种设施的相对规模。图 3-37 表明，东京都市圈各区域中，轨道设施的相对规模越高，机动化出行中轨道分担率越高，反之，道路设施的相对规模越高，机动化出行中机动车分担率（此处机动车包括了公交和摩托车）也越高，详细数据见表 3-20。无论是道路网络还是轨道网络都存在巨大的规模效应，网络越密集使用其出行越便利，对使用者的吸引力也就越强，分担率增加速度越快；另一方面使用者数量的增多反过来又促进了相应设施的供给，形成了自我增强的正反馈效应。

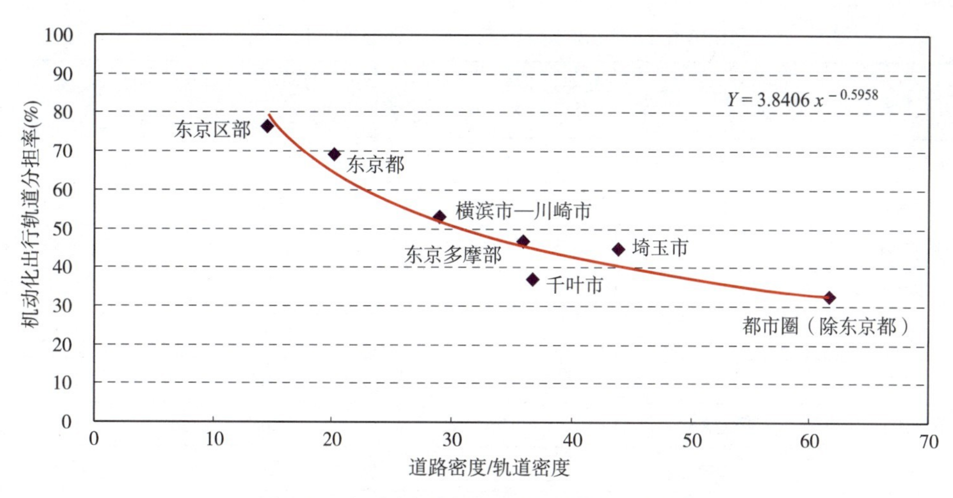

图 3-37　轨道分担率与交通基础设施构成的关系

东京都市圈交通基础设施对比　　表 3-20

区　域	道路密度（km/km²）	轨道密度（km/km²）	道路密度 / 轨道密度	轨道分担率（%）	轨道机动化分担率（%）
东京区部	18.92	1.31	14.5	48	76
东京都（除区部）	9.35	0.26	36.0	27	47
东京都	12.67	0.62	20.2	43	69
都市圈（除东京都）	10.12	0.16	61.7	21	33
东京都市圈	10.40	0.21	49.5	30	47
横滨市—川崎市	17.57	0.60	29.0	34	53
埼玉市	19.16	0.44	43.9	26	45
千叶市	12.02	0.33	36.8	24	37

注：道路及机动车相关数据年份为 2008 年，轨网密度数据年份为 2010 年。

第四节　通勤通学交通

一、出行总量和强度

2008 年东京都市圈通勤通学出行总量为 1868 万人次 / 日，与 1988 年和 1998 年相比分别上升了 271 万人次 / 日和 84 万人次 / 日。2008 年东京都市圈通勤出行量 1358 万人次 / 日。以总人口计算，通勤通学出行强度为 0.54 次 /（人 · 日），相比 1998 年上升了 46%；以总通勤通学人口计算，出行强度为 0.95 次 /（人 · 日）。与 1998 年和 1988 年相比，都市圈外围区域通勤出行量增幅明显高于东京区部，具体情况见表 3-21。

1988 年和 1998 年东京都市圈通勤交通日均出行量　　表 3–21

区　域	1988 年通勤交通出行量（万人次 / 日）	1998 年通勤交通出行量（万人次 / 日）	1988~1998 年通勤出行量变化率（%）	1998 年通勤交通出行强度［次 /（人・日）］
东京区部	509	539	5.89	0.67
东京都（除区部）	88	100	13.64	0.26
东京都	597	639	7.04	0.54
神奈川县	225	250	11.11	0.30
埼玉县	141	180	27.66	0.26
千叶县	126	152	20.63	0.26
茨城南部	38	46	21.05	0.26
都市圈（除东京都）	544	635	16.73	0.28
东京都市圈	1141	1274	11.66	0.37

资料来源：东京都市圈交通计划协议会，第 5 回東京都市圏パーソントリップ調査，2010。

二、空间分布

2010 年东京都通勤通学总量约 943 万，其中 33% 的人口居住在东京都周边各县，以紧靠东京都的埼玉县、神奈川县和千叶县为主，三者各占 11%、12%、8%；东京区部通勤通学总量约 751 万，其中 45% 的人口居住在区部以外区域，东京多摩部、埼玉县、神奈川县、千叶县各占 7.5%、12.2%、13% 和 10.3%。东京区部严重的职住分离导致每天巨大的通勤客流在短时间内涌入，2010 年东京都每天有 310 万的通勤通学者从外围其他县域进入，东京区部每天则有 337 万的通勤通学者由区部以外区域进入，早高峰时段交通异常拥堵，放射型轨道线路服务水平低，如图 3–38、图 3–39 所示。

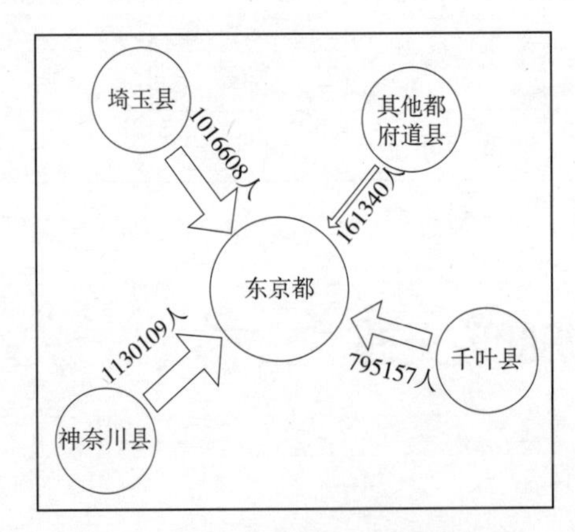

图 3–38　2010 年东京都单向通勤通学交通

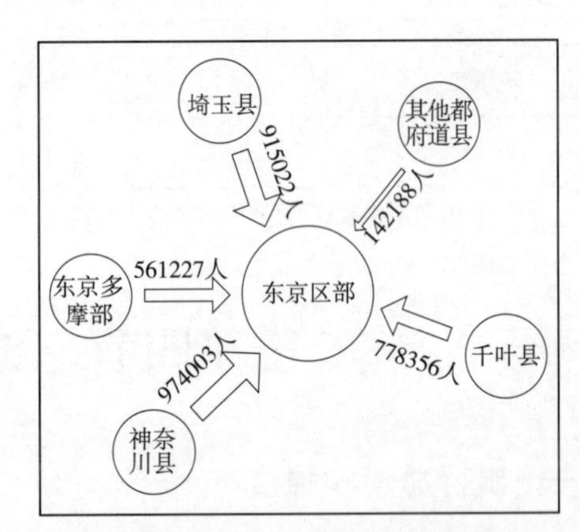

图 3–39　2010 年东京区部单向通勤通学交通

资料来源：根据东京都，平成 22 年東京都昼間人口の予測资料制作。

2005 年，外围各县至区部出行发生量中通勤通学比例均在 40% 以上，其中千叶县和埼玉县该比例超过 60%，分别为 62.8% 和 61.3%；东京多摩部和茨城县的比例分别为 58.3% 和 52.1%；神奈川县其本身就业功能相对强大，该比例低于外围其他各县，如图 3–40 所示。

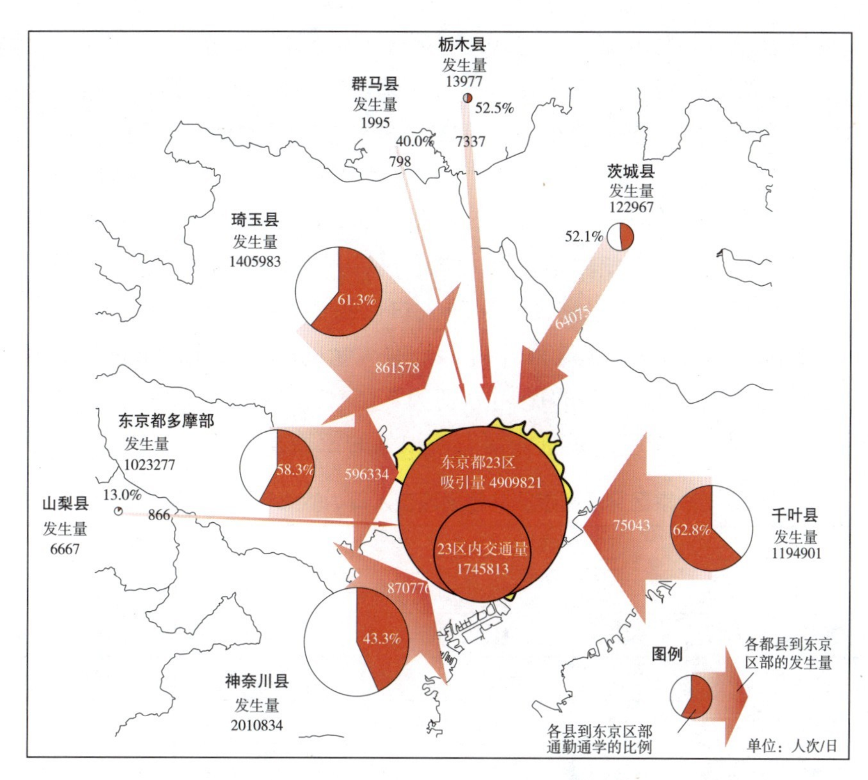

图 3-40　2005 年首都圈各县至东京区部出行总量与通勤通学出行量关系图

资料来源：国土交通省，平成 17 年大都市交通センサス首都圏報告書，2007.9。

在空间上，东京区部通勤通学人群 96% 以上居住在以东京站为圆心的 50km 范围内，通勤通学人群在距东京站 30km 范围内分布广泛，而在 30~50km 范围内主要集中在放射性轨道沿线。外围至区部通勤通学交通量比较大的城市，如横滨、川崎、埼玉、川口、千叶、市川、船桥和松户市等基本位于距东京站 30km 范围内。

都心三区作为东京都市圈最核心的商务区，其职住分离现象最为严重，通勤通学交通向心特性最为明显。都心三区居住人口仅占都市圈的 0.1%，岗位比例却高达 12%，每日高峰时段约有 200 万就业者进入，他们的平均通勤时间约 1h（门到门）。2005 年的统计数据表明，都心三区昼夜人口相差极大，千代田区、中央区和港区昼夜人口比分别高达 2043%、658% 和 489%。以千代田区为例，居住人口仅 4.2 万人，就业岗位高达 75.5 万个，每日由区外进入的就业者人数高达 74 万，中央区和港区每日进入的就业者人数分别达到 57 万和 72 万，见表 3-22。

2005 年都心三区人口和就业基本情况　　表 3-22

区　域	居住人口（人）	面积（km^2）	就业岗位（个）	就业人口（人）	内部就业人口（人）	昼夜人口比（%）	区外通勤就业者人数（人）
千代田区	41683	11.64	755057	21053	13085	2043	741972
中央区	98220	10.18	595546	48003	25649	658	569897
港区	185732	20.34	766591	74581	41679	489	724912

资料来源：patmap 都市情報 | 日本トップページ（根据市町村级数据整理）。

通勤交通形态基本可以反映东京都市圈的城市等级体系。东京都市圈五大城市东京区部、横滨市、川崎市、埼玉市和千叶市人口规模分列日本城市的第一、第二、第九、第十和第十二位，然而，排名第一的东京区部人口是排名第二的横滨市的2.4倍，区部人口比都市圈外围四大城市人口总数还多168万。国家政策上，东京区部是特别行政区，其他4市为政令指定市；行政级别上，东京区部是国家首都，而横滨、埼玉及千叶分别为县首府，东京区部与上述大城市相比是超级大城市，具有绝对竞争力。这种竞争力在就业形态中体现得尤为明显，2005年东京区部岗位人口比高达1.67，外围四大城市岗位人口比均小于1。横滨市、川崎市、埼玉市和千叶市均有大量的就业者前往东京区部就业，往东京区部就业人口占其总就业人口的比例分别为23.56%，34.29%，29.31%和23.26%，见表3–23。可见，外围四大城市对东京区部有着很强的依赖性。

2005年东京区部及都市圈其他大城市人口、就业和通勤交通指标　　表3–23

城 市	东京区部	横滨市	川崎市	埼玉市	千叶市
总人口（万人）	895	368	142	122	95
日本城市人口规模排名	1	2	9	10	12
总面积（km^2）	617	437	144	217	272
建设面积（km^2）	617	398	135	212	219
常住地就业人口（万人）	401	174	70	58	43
常住地内就业人口（万人）	373	109	35	30	25
至常住地外就业人口（万人）	28	65	35	28	18
就业岗位数（万个）	669	143	55	49	40
外来通勤就业者（万人）	296	34	20	19	15
至区部就业人口（万人）	—	41	24	17	10
就业率（%）	44.80	47.28	49.30	47.54	45.26
岗位数与常住地就业人口比值	1.67	0.82	0.79	0.84	0.93
外来通勤就业者数与岗位数比值（%）	44.25	23.78	36.36	38.78	37.50
常住地就业人口外部就业比值（%）	6.98	37.36	50.00	48.28	41.86
至区部就业人口占总就业人口比值（%）	—	23.56	34.29	29.31	23.26
至区部就业人口占总人口比值（%）	—	11.14	16.90	13.93	10.53

资料来源：日本总务省统计局，平成17年国勢調査 大都市への通勤通学人口図；东京都，平成22年東京都昼間人口の予測，2010.3；国势调查，平成17年国勢調査従業地通学地集計結果。

一个城市的就业主要存在两个方向的流动：一是其本身的就业人口前往外地就业，称为输出向；二是外部就业人口前往本地就业，称为输入向。双方向流动的强弱，可用常住地就业人口外部就业比例（输出向指标）和外来通勤就业者数占就业岗位数比例（输入向指标）两个指标来衡量。东京区部输入向指标高达44.25%，输出向指标仅为6.98%，整体呈输入状态；而横滨市、川崎市、埼玉市和千叶市输出向和输入向指标总体均较高，但整体呈输出状态。双向流动的特征表明外围区域受区部强大辐射力的影响无可避免地面临就业人口的流失，承担了一定的“卧城”功能。

上述表格数据表明，外围四大城市对其周边地区也存在一定的辐射力，吸引了数量可观的外部就业者，发挥着次级中心的作用。作为京滨工业带上重要的两个城市，川崎和横滨对周边地区具有一定的辐射力，通勤通学范围扩展至距市中心 30km 的区域。其中川崎通勤通学人群除本市外，还有一部分居住于紧靠川崎的西部区域、横滨及东京区部；横滨通勤通学人群除本市外，还有一部分居住于周边的横须贺、町田、相模原、藤泽等市以及东京区部。东京区部及外围四大城市的通勤通学人口分布如图 3-41~ 图 3-45 及表 3-24~ 表 3-28 所示。

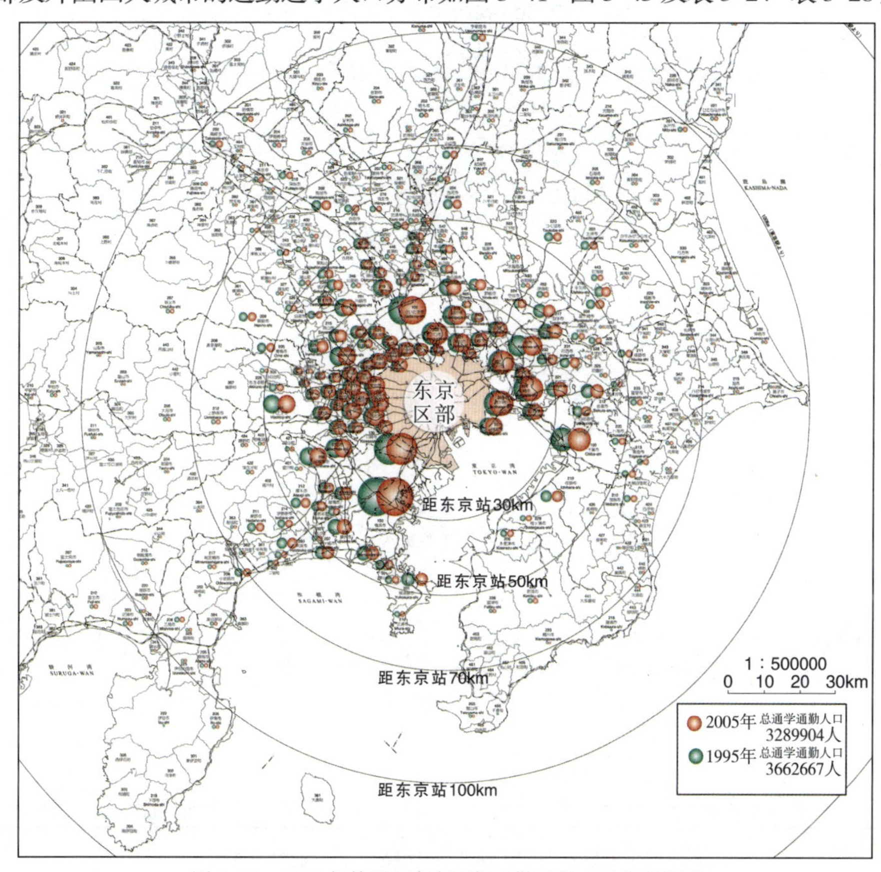

图 3-41　2005 年外围至东京区部通勤通学人口分布情况

资料来源：日本总务省统计局，平成 17 年国勢調查 大都市への通勤通学人口図。

2005 年东京区部面积、人口、岗位和通勤信息总表　　表 3-24

总人口（万人）	895
就业人口（万人）	401
内部就业人口（万人）	373
外部就业人口（万人）	28
就业岗位数（万个）	669
外来通勤就业人口（万人）	296
总面积（km^2）	617
建设面积（km^2）	617

资料来源：东京都，平成 22 年東京都昼間人口の予測，2010.3。

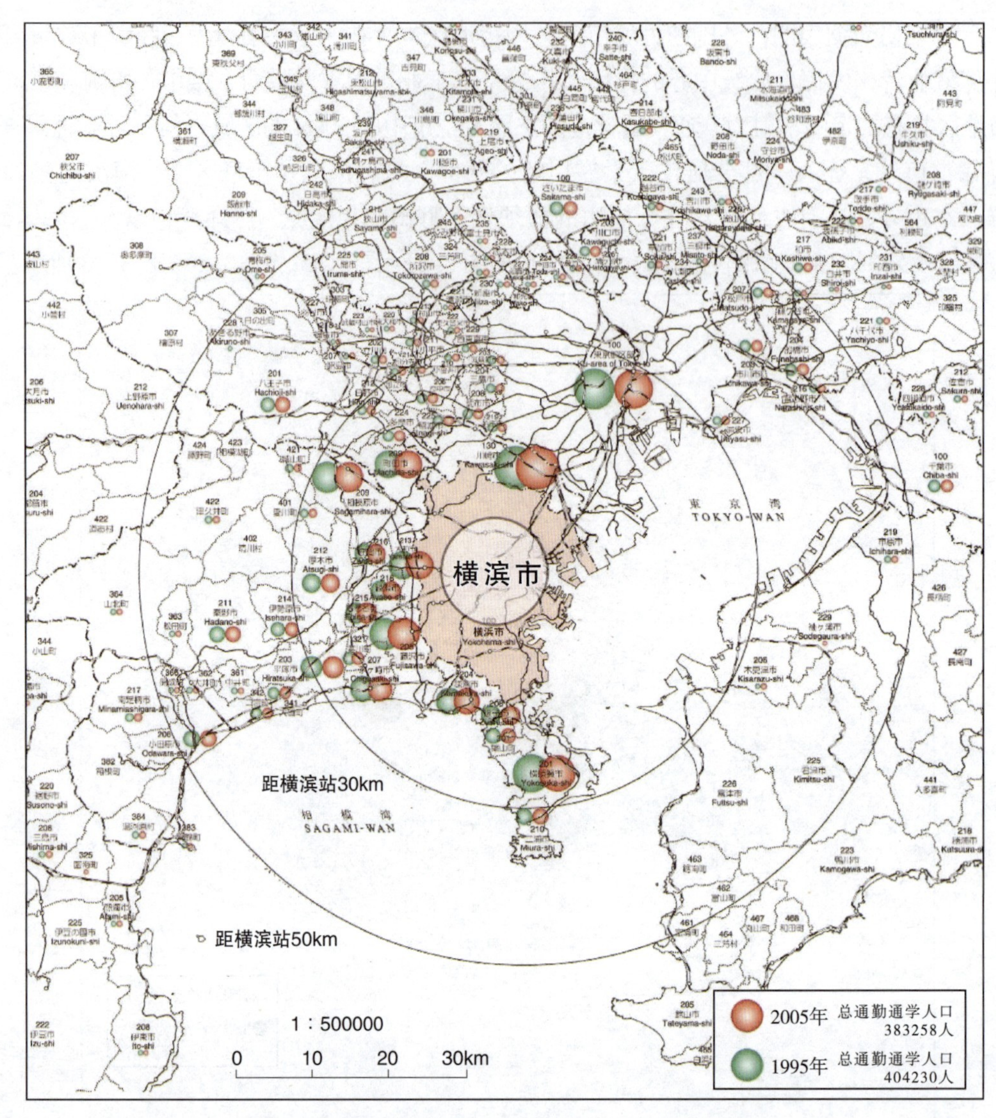

图 3-42 2005 年外围至神奈川县横滨市通勤通学分布情况
资料来源：日本总务省统计局，平成 17 年国勢調査 大都市への通勤通学人口図。

2005 年横滨市面积、人口、岗位和通勤信息总表 表 3-25

项目	数值
总人口（万人）	368
就业人口（万人）	174
内部就业人口（万人）	109
外部就业人口（万人）	65
就业岗位数（万个）	143
外来通勤就业人口（万人）	34
往东京区部就业人口（万人）	41
总面积（km^2）	437
建设面积（km^2）	398

资料来源：国勢调查，平成 17 年国勢調査従業地通学地集計結果。

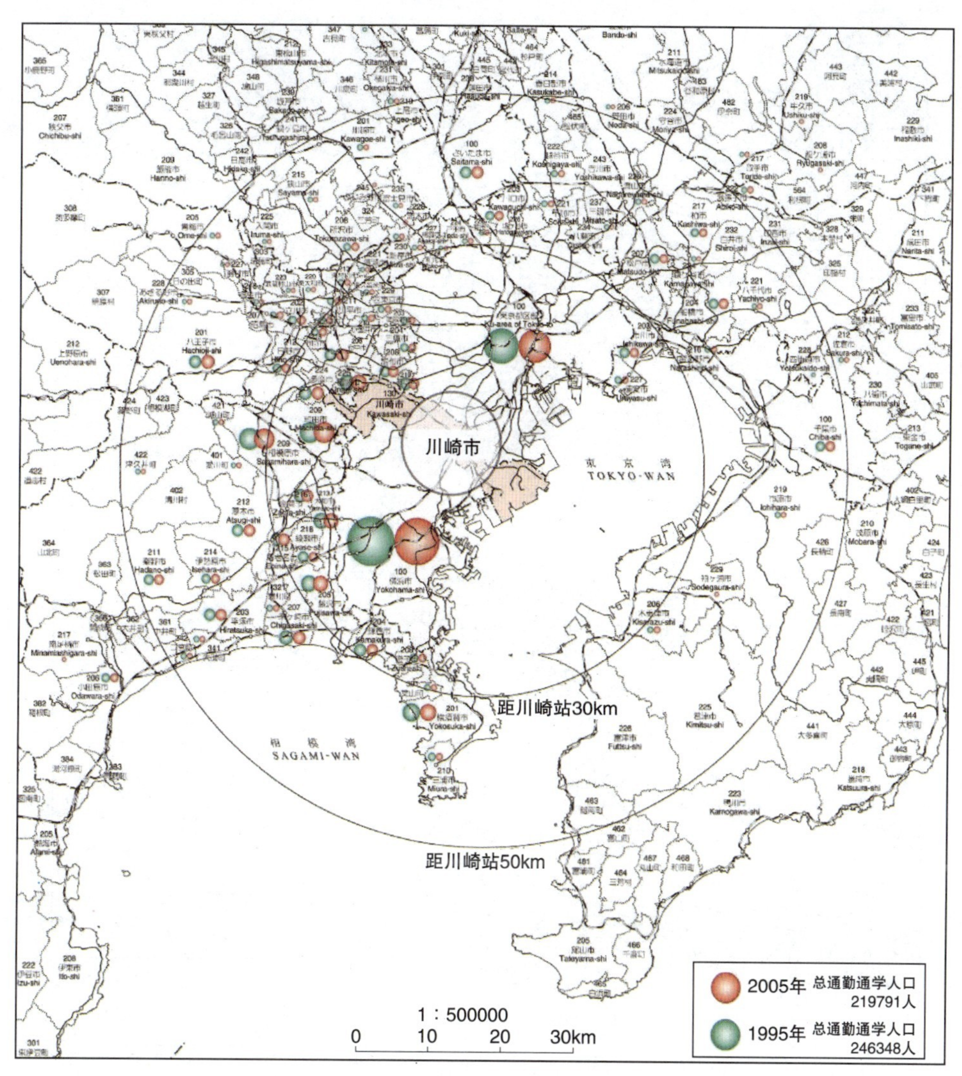

图 3-43　2005 年外围至神奈川县川崎市通勤通学分布情况

资料来源：日本总务省统计局，平成 17 年国勢調査 大都市への通勤通学人口図。

2005 年川崎市面积、人口、岗位和通勤信息总表　　表 3-26

总人口（万人）	142
就业人口（万人）	70
内部就业人口（万人）	35
外部就业人口（万人）	35
就业岗位数（万个）	55
外来通勤就业人口（万人）	20
往东京区部就业人口（万人）	24
总面积（km^2）	144
建设面积（km^2）	135

资料来源：国势调查，平成 17 年国勢調査従業地通学地集計結果。

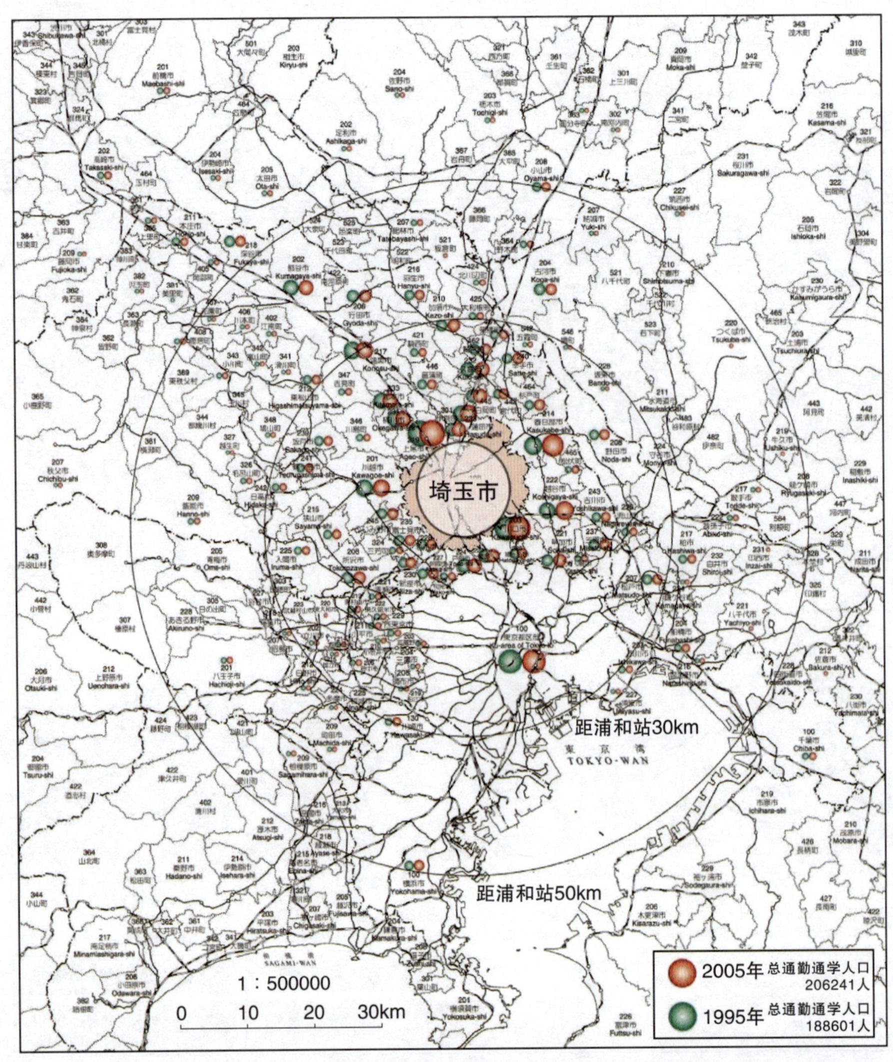

图 3-44　2005 年外围至埼玉县埼玉市通勤通学分布情况

资料来源：日本总务省统计局，平成 17 年国勢調査 大都市への通勤通学人口図。

2005 年埼玉市面积、人口、岗位和通勤信息总表　　表 3-27

项目	数值
总人口（万人）	122
就业人口（万人）	58
内部就业人口（万人）	30
外部就业人口（万人）	28
就业岗位数（万个）	49
外来通勤就业人口（万人）	19
往东京区部就业人口（万人）	17
总面积（km^2）	217
建设面积（km^2）	212

资料来源：国势调查，平成 17 年国勢調査従業地通学地集計結果。

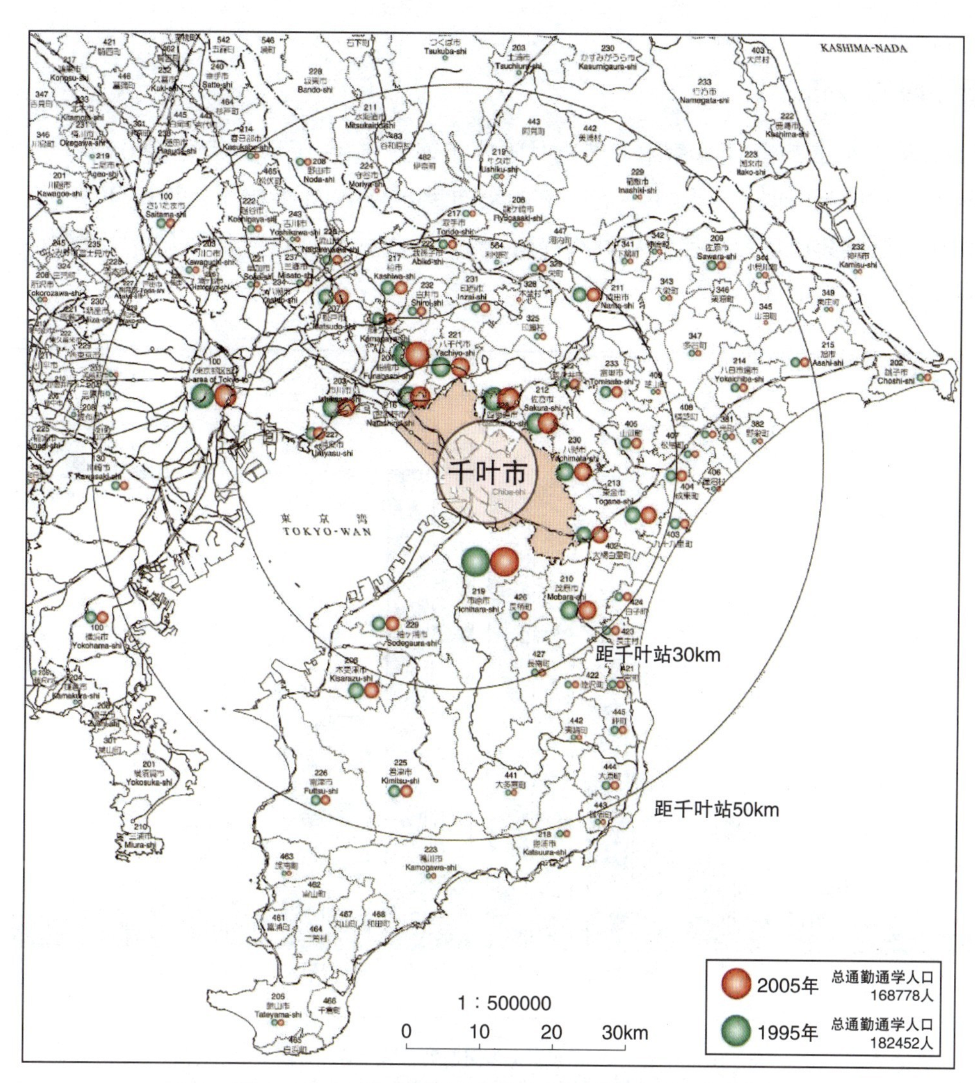

图 3-45 2005 年外围至千叶县千叶市通勤通学分布情况
资料来源：日本总务省统计局，平成 17 年国势調査 大都市への通勤通学人口図。

2005 年千叶市面积、人口、岗位和通勤信息总表 表 3-28

项目	数值
总人口（万人）	95
就业人口（万人）	43
内部就业人口（万人）	25
外部就业人口（万人）	18
就业岗位数（万个）	40
外来通勤就业人口（万人）	15
往东京区部就业人口（万人）	10
总面积（km^2）	272
建设面积（km^2）	219

资料来源：国势调查，平成 17 年国勢調査従業地通学地集計結果。

三、时间分布

2008 年，东京都市圈通勤通学交通时间分布如图 3-46 所示，其中 8：00~9：00 时间段是通勤通学的高峰时段，集中了 53.4% 的交通量。与 1998 年相比，2008 年 8：00 以前各时段通勤通学交通量分布比例均有所提高，8：00 之后各时段均有所下降，通勤通学高峰略微变缓。

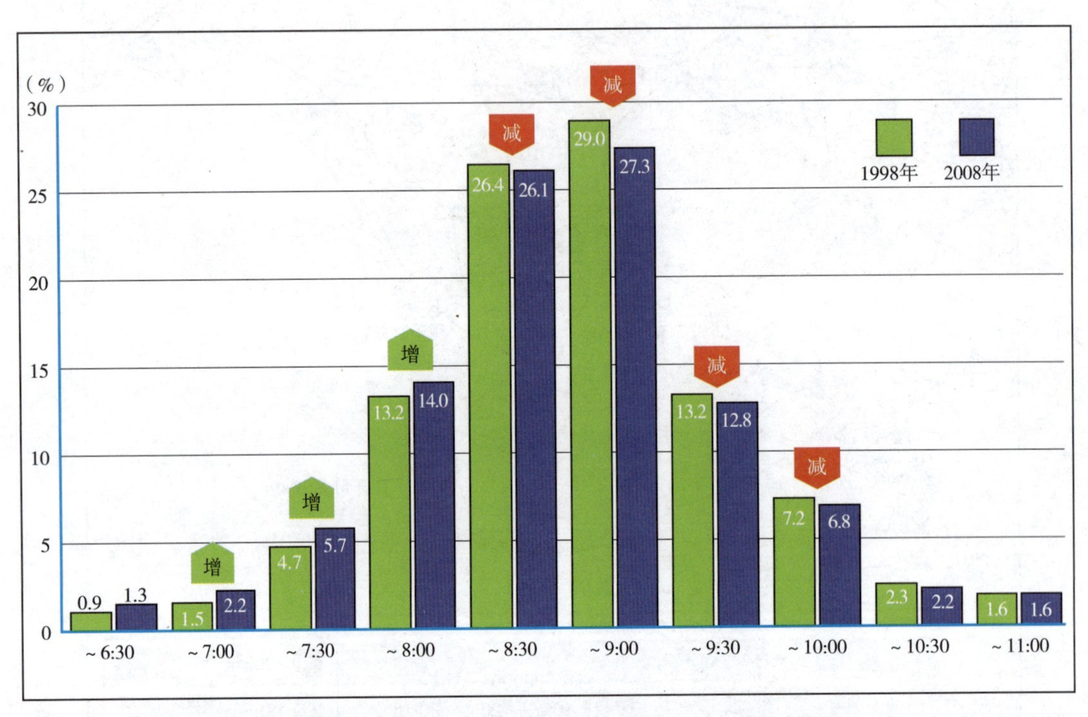

图 3-46　1998 年和 2008 年东京都市圈通勤通学交通各时段交通量比例

资料来源：东京都市圈交通计划协议会，第 5 回東京都市圏パーソントリップ調査，2010。

四、出行分担率

东京都市圈通勤通学出行以轨道为主，2008 年全方式中轨道分担率高达 53%，机动化轨道分担率高达 63.9%。其中东京区部通勤通学出行轨道机动化分担率高达 90.08%，东京多摩部、川崎市、横滨市、埼玉市、千叶西北部和千叶市轨道机动化分担率也分别达到 57.14%、73.08%、67.47%、57.89%、40.51% 和 49.41%，相比之下都市圈北部区域和东部区域轨道分担率处于较低水平。1998~2008 年都市圈通勤通学轨道全方式分担率上升了 7%，各区域轨道分担率都有不同幅度的增长，城市化程度较高区域的增幅尤为明显，其中东京区部增长了 5%，横滨市、川崎市、埼玉市和千叶市的增幅分别高达 8%、10%、10% 和 8%；而城市化程度较低的外围区域轨道分担率上升幅度有限，其中茨城南部增幅仅为 1%，此现象与轨道交通网络规模和密度相关，具体见表 3-29 及图 3-47。

1998 年和 2008 年东京都市圈各地区通勤通学全方式分担率（单位：%）　表 3-29

区　域	年　份（年）	轨　道	公　交	机动车	摩托车	自行车	步行
埼玉北部	1998	7	0.4	72	3	12	6
	2008	10	1	68	3	12	7
埼玉南部	1998	19	1	48	5	20	7
	2008	23	2	40	5	21	9
埼玉市	1998	34	2	39	3	15	6
	2008	44	2	27	3	16	7
东京多摩部	1998	32	3	33	4	17	10
	2008	40	3	23	4	19	10
神奈川	1998	21	3	50	5	11	9
	2008	27	3	40	6	13	10
横滨市	1998	48	5	28	5	6	9
	2008	56	5	17	5	7	9
川崎市	1998	47	4	22	4	12	9
	2008	57	4	13	4	13	9
东京区部	1998	74	2	9	2	8	6
	2008	79	2	4	2	7	5
千叶西北部	1998	26	2	50	4	12	6
	2008	32	2	42	3	13	8
茨城南部	1998	3	1	83	3	8	4
	2008	4	0.3	81	2	7	6
千叶市	1998	34	3	47	3	8	5
	2008	42	3	37	3	10	6
千叶东部	1998	2	1	81	3	7	7
	2008	3	0.3	81	2	6	8
千叶西南部	1998	6	1	80	2	6	4
	2008	8	1	77	3	6	5
都市圈全体	1998	46	2	32	3	10	7
	2008	53	2	24	3	10	7

资料来源：东京都市圈交通计划协议会，第 5 回東京都市圏パーソントリップ調査，2010。

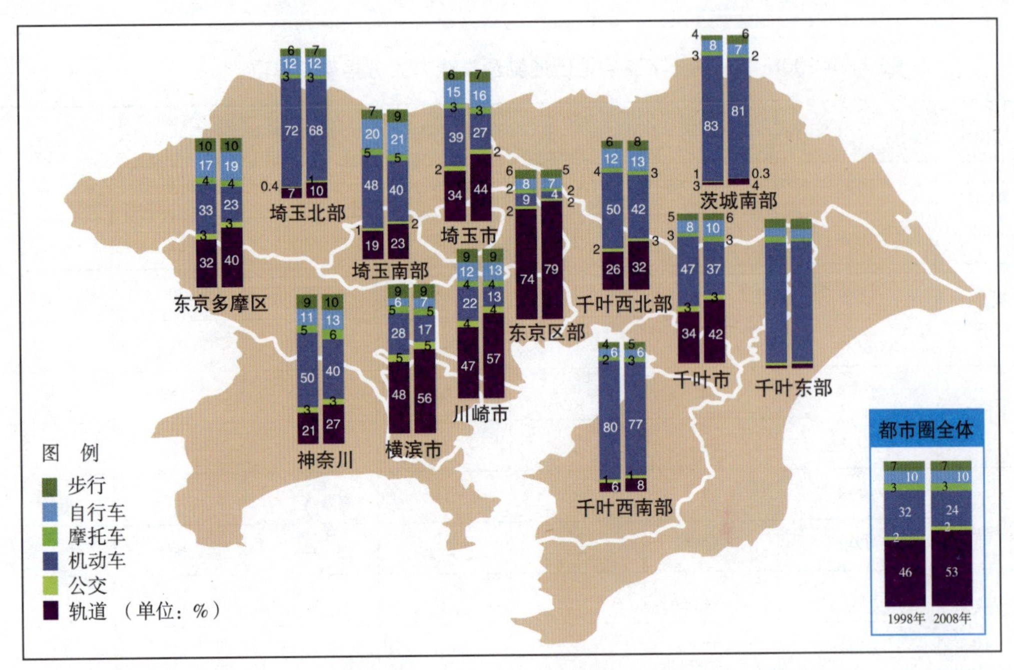

图 3-47　1998 年和 2008 年东京都市圈各地区通勤通学全方式分担率
资料来源：东京都市圈交通计划协议会，第 5 回東京都市圏パーソントリップ調査，2010。

五、服务水平

2008 年，东京都市圈通勤出行平均耗时 45.7min，通学出行平均耗时 34.0min。在东京都市圈的扩张和单极化发展过程之中，就业逐步集中于核心区域，而居住不断向外蔓延，通勤通学距离不可避免地增大，通勤通学时间不断上升。1978~2008 年，都市圈平均通勤时间上升了 10.4%，平均通学时间上升了 28.3%，如图 3-48 及图 3-49 所示。

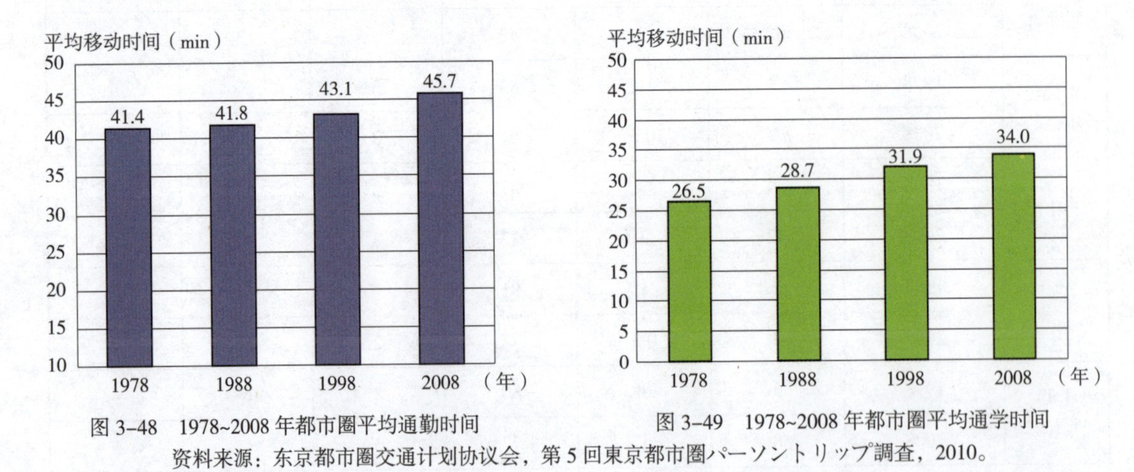

图 3-48　1978~2008 年都市圈平均通勤时间

图 3-49　1978~2008 年都市圈平均通学时间

资料来源：东京都市圈交通计划协议会，第 5 回東京都市圏パーソントリップ調査，2010。

1998 年东京区部的平均通勤时间高达 56min，远高于都市圈平均水平 43min，区部通勤时间 30min 以内的比例仅为 19%，50% 的人群通勤时间大于 60min。都市圈其他区域的平均通勤时间均低于都市圈平均水平，30min 以内的比例明显高于东京区部，其中茨城南部平均通勤时间最低仅为 23min，30min 以内通勤出行比例高达 70%，如图 3–50 所示。通勤通学时间分布反映出东京都市圈的就业形态，区部就业者居住地大多分布在外围 9 区或区部以外区域，而都市圈外围区域的就业者居住大多分布在工作场所周边。

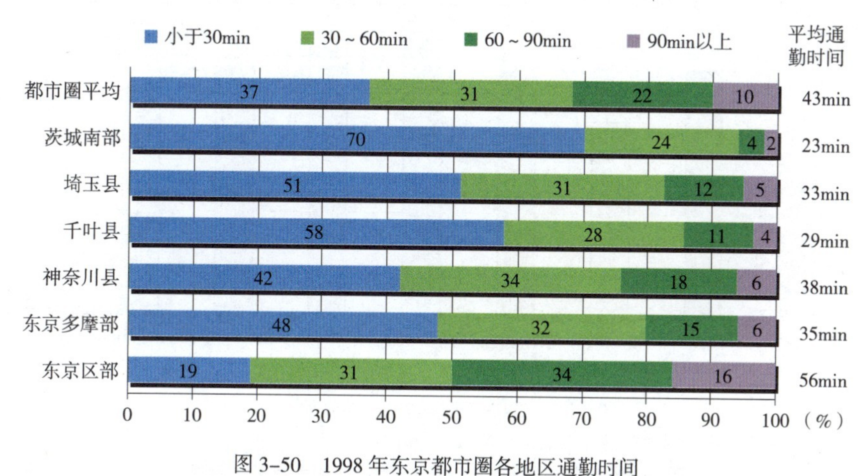

图 3–50　1998 年东京都市圈各地区通勤时间

资料来源：东京都市圈交通计划协议会，第 4 回東京都市圏パーソントリップ調査，1998。

根据日本国土交通省相关研究，日本三大中心城市（东京、名古屋和大阪）各圈层通勤时间，均呈现先上升后下降的变化规律。2003 年东京、名古屋和大阪 50km 圈域范围内通勤时间最长的圈层分别为 20~30km、10~20km 和 20~30km。以东京为例，距旧东京都政府（位于千代田区）0~10km 圈层平均通勤时间为 37.9min，随着距离的增加平均通勤时间不断上升，20~30km 圈层平均通勤时间到达顶峰 53.5min，而后随距离的增加平均通勤时间下降，到 60~70km 圈层仅为 35.6min，与 0~10km 处于同一水平，如图 3–51 所示。

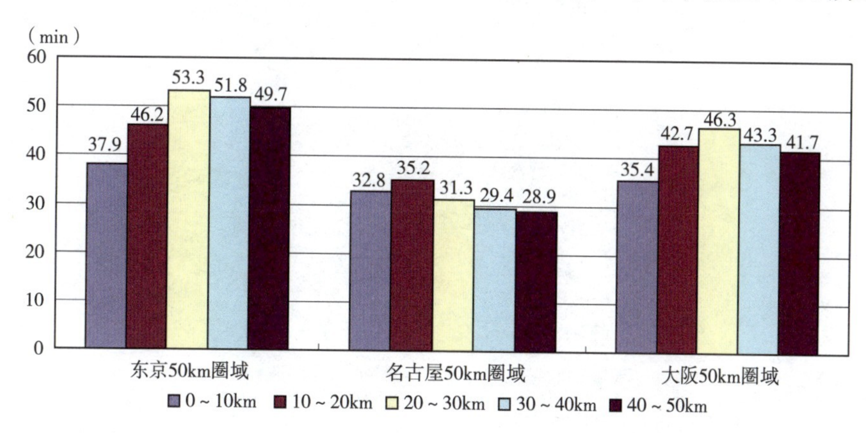

图 3–51　2003 年日本三大都市 50km 圈通勤时间

注：图中各圈域分别以旧东京都政府、名古屋市政府和大阪市政府所在地为中心。

资料来源：国土交通省，平成 15 年住宅和土地统计调查。

理论上就业者居住地距都市圈就业中心（都心和副都心）距离越远通勤时间越长，但是就业人口至就业中心的就业比例也会随距离增加而降低。两方面因素共同作用之下，决定了都市圈就业中心的就业者中绝大多数居住在 20~50km 圈层区域，如图 3–52 所示。这些人必须承受中长距离的长时间通勤出行，因此为这些人提供便捷的交通服务成为都市圈最严峻的课题之一。

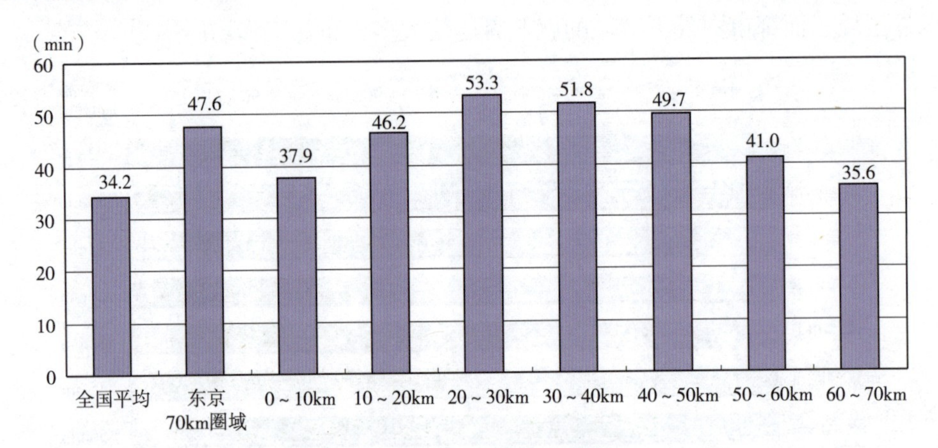

图 3-52　2003 年东京 70km 圈通勤时间

注：图中各圈层以旧东京都政府所在地（千代田区内）为中心。

资料来源：国土交通省，平成 15 年住宅和土地统计调查。

六、通勤交通变化历程

目前，东京区部通勤通学范围约为距东京火车站（都心范围内）50km 圈域，覆盖了东京都市圈绝大多数业务核都市，至东京区部的通勤通学人群主要从神奈川、多摩、埼玉、茨城和千叶 5 个方向汇集，如图 3-53 所示。

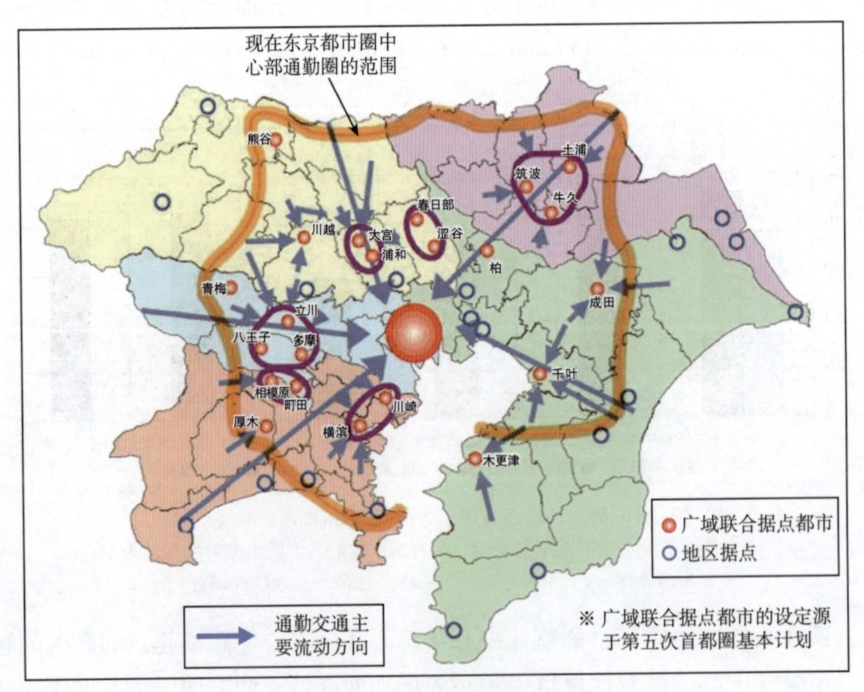

图 3-53　2008 年东京区部通勤范围

资料来源：东京都市圈交通计划协议会，平成 32 年将来推計。

20世纪50年代以来，东京区部通勤圈范围总体上不断扩大，其通勤形态是都市圈"单极"城市形态和人口与岗位分布特征的外在体现。1955~2005年，随着区部岗位总数的不断提升，就业者的居住区域由区部逐渐向外围扩散。1955年东京区部总就业岗位为324万个，其中286万就业者居住在区部；2005年东京区部就业岗位数增加至669万个，其中仅有368万就业者居住在区部，669万就业者中约85%居住在距东京站30km范围内，13%居住在30~50km圈域，还有2%居住在50km以外区域，见表3-30及图3-54、图3-55。下面内容主要参考了日本学者谷谦二的研究成果，对东京区部通勤圈变化历程进行详细阐述。

1955年和2005年东京区部就业者的居住分布 表3-30

居住地	1955年		2005年	
	就业者人数（人）	比例（%）	就业者人数（人）	比例（%）
合计	3245280	100	6693665	100
东京区部	2859103	88.1	3676633	54.9
川崎市	29835	0.9	242782	3.6
横滨市	42031	1.3	409829	6.1
20km圈域	96039	3.0	659627	9.9
30km圈域	85713	2.6	721031	10.8
40km圈域	47577	1.5	531483	7.9
50km圈域	39076	1.2	238243	3.6
60km圈域	12267	0.4	58870	0.9
70km圈域	5086	0.2	17989	0.3
其他	28533	0.9	137178	2.0

注：川崎和横滨单列，表中20km和30km圈域不包括此二市。
资料来源：西泽明，東京圏の鉄道ネットワークと地域形成，2009。

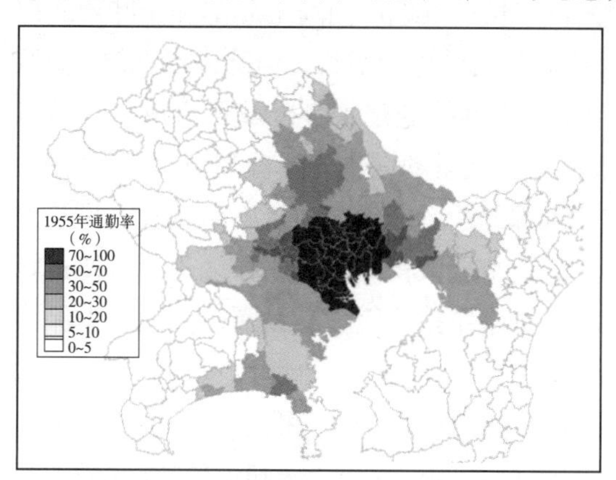

图3-54 1955年东京区部通勤率分布

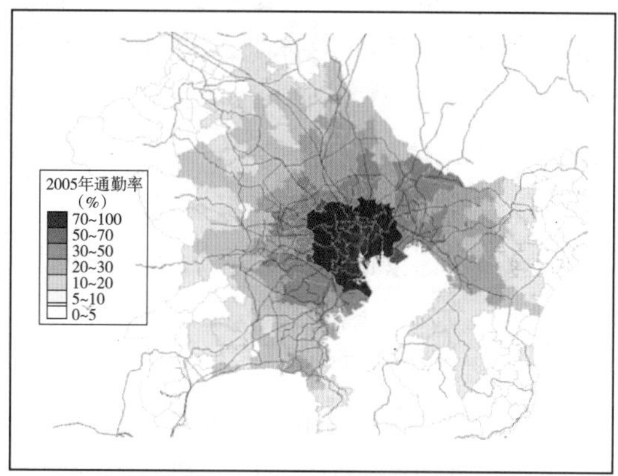

图3-55 2005年东京区部通勤率分布

注：通勤率指都市圈范围内一个区域内部至东京区部通勤出行量与该区域通勤出行总量的比值。
资料来源：西泽明，東京圏の鉄道ネットワークと地域形成，2009。

20世纪50年代初，东京地区城市化区域主要集中在东京区部及川崎和横滨的部分地区，东京都人口主要居住于区部中环 11 区，通勤范围基本等同于区部行政边界（距东京站约 15km）。随着战后日本经济的高速发展，人口急剧涌入，城市迅速扩张，近郊城市和以居住功能为主的新城迅速发展，距东京站 10~30km 圈域人口大幅增加。至 1965 年，距东京站 30km 圈域至区部通勤率已达到 30% 以上，30~40km 圈域的通勤率 15%。按照日本都市圈的定义，此时距东京站 40km 内区域与东京区部属于紧密联系，东京都市圈初见雏形。

1965 年后，都市圈新增人口进一步向外围扩散，放射性轨道线路运输能力提升，使得都市圈 30~50km 圈域轨道沿线地区成为区部就业者可选择的居住范围。1965~1975 年，距东京站 50km 的各个圈域通勤率均明显上升，30km 圈域至区部通勤率由 32% 上升至 37%，30~40km 圈域的通勤率由 15% 上升至 20%，40~50km 圈域的通勤率由 10% 上升至 14%，50km 以上圈域的通勤率依然不足 5%。这一时期东京区部的通勤圈边界已扩大到距东京站 40~50km 的范围，如图 3-56 及图 3-57 所示。

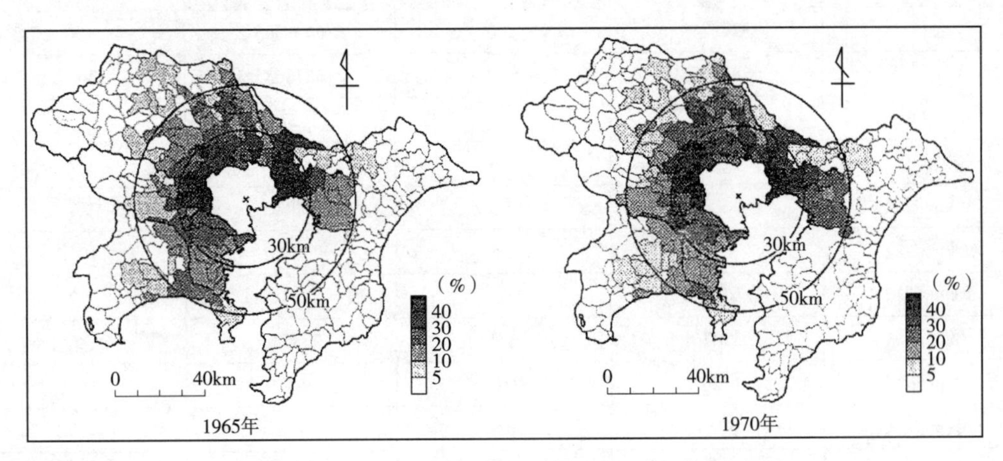

图 3-56　1965 年和 1970 年都市圈区部以外地区的区部通勤率分布
资料来源：谷谦二，1990 年代の東京大都市圏における通勤流動の変化に関するコーホート分析。

1975~1990 年，日本进入泡沫经济时代，人口增长重点地区向埼玉北部和千叶西北部轨道沿线区域转移。总体上，外围各圈域至区部就业人口总量增长，但除未满 20km 圈域区部通勤率明显增长外，其余圈域的区部通勤率基本维持稳定（各区域轨道放射线沿线的区部通勤率依然明显增加）。本阶段郊外居民的就业就学动向主要具有两个方面的特征：一方面，随着更多的家庭搬迁到郊外居住，前往区部的通勤通学者数量不断增长；另一方面，许多家庭主妇加入了就业大军，然而她们的就业范围大都局限于居住地附近，使得就近上班的人数也不断增长。因此，郊外至区部的通勤率维持稳定，通勤圈范围也基本保持不变，如图 3-57、图 3-58 所示。

1990 年以后，都市圈各圈域至区部的通勤率开始逐步下降，距东京站未满 20km、20~30km、30~40km 及 40~50km 圈域通勤率的降幅分别为 2%、5%、2% 和 1%，降幅最为明显的区域出现在 20~40km 圈域。出现这种现象的原因有多个方面：第一，经济高速增长时期迁至外围的区部就业者，进入 20 世纪 90 年代后开始退休，外围至区部总就业人口数量下降。第二，受泡沫经济破裂的重创，区部可提供岗位数下降，尤其是 1995~2000 年区部就业岗位由 727 万下降至 699 万，部分居住在外围的就业者失业后转而在其居住地附近或其他地方寻找就业机会。第三，外围业务核都市经过了 30 年的积累具备了一定的基础，加之 20 世纪 70 年代、80 年代出生在郊区的新生代人口，表现出对前往区部就业的不敏感，大多选择在居住地附近的业务核都市寻找就业就会。都市圈业务核都市绝大多数位于距东京站 20~30km 圈域，鉴于这一圈域的通勤时间为各圈域之最，因此一旦圈域内出现了较为合适的就业机会，人们选择在居住地附近就业也就不足为奇。第四，随着区部地价的下降，在“都心回归”政策的引导下区部住房供应量上升，部分郊外居住者迁回区部居住。第五，区部就业者平均结婚年龄推后，抑制了为改善居住条件而搬往郊区的需求。在上述多种因素的共同作用下，外围各圈域至东京区部的通勤率出现了小幅下降，但由于 40~50km 圈域区部通勤率依然保持在 15% 左右，区部通勤圈边界仍旧维持在距东京站 40~50km 的范围，如图 3-59、图 3-60 所示。

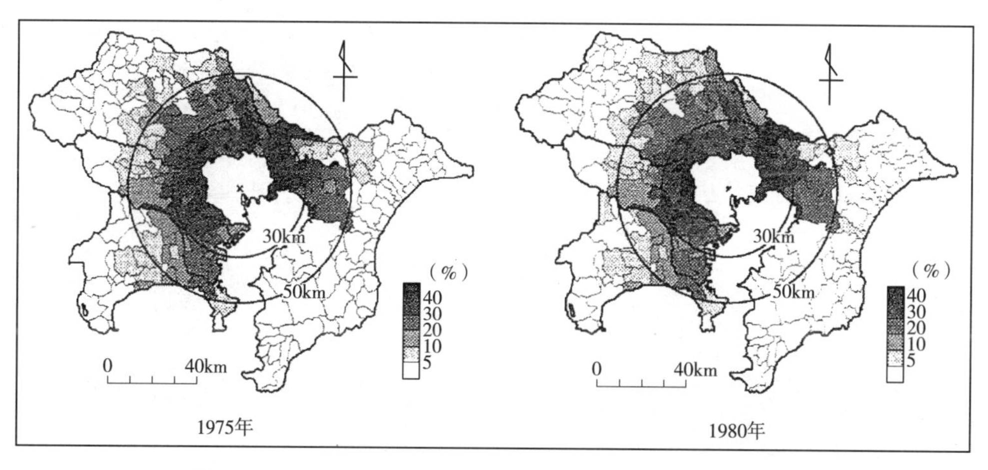

图 3-57　1975 年和 1980 年都市圈区部以外地区的区部通勤率分布

资料来源：谷谦二，1990 年代の東京大都市圏における通勤流動の変化に関するコーホート分析。

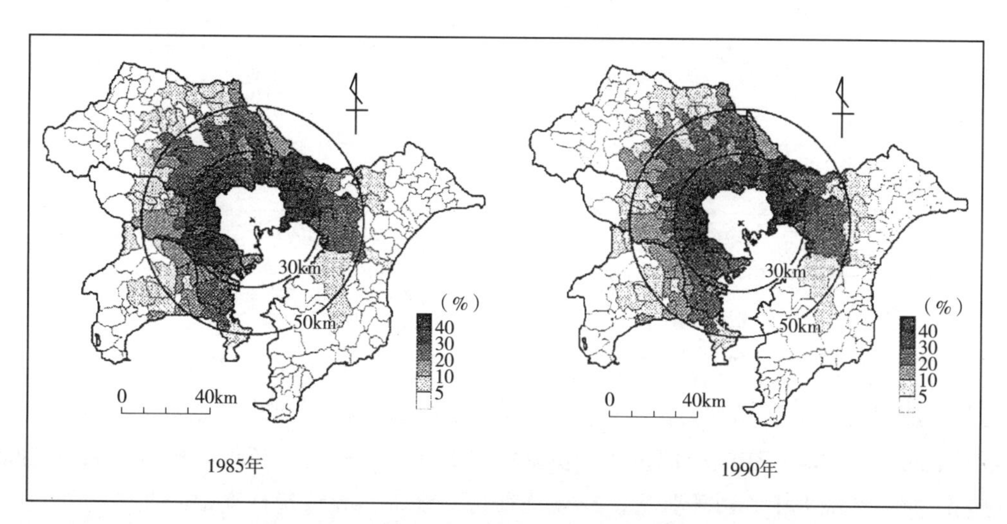

图 3-58　1985 年和 1990 年都市圈区部以外地区的区部通勤率分布

资料来源：谷谦二，1990 年代の東京大都市圏における通勤流動の変化に関するコーホート分析。

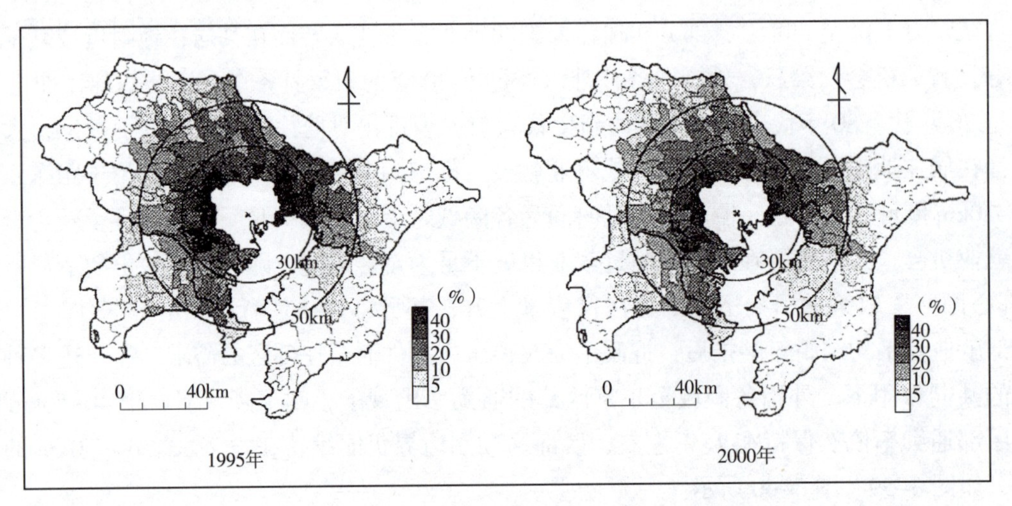

图 3-59　1995 年和 2000 年都市圈区部以外地区的区部通勤率分布

资料来源：谷谦二，1990 年代の東京大都市圏における通勤流動の変化に関するコーホート分析。

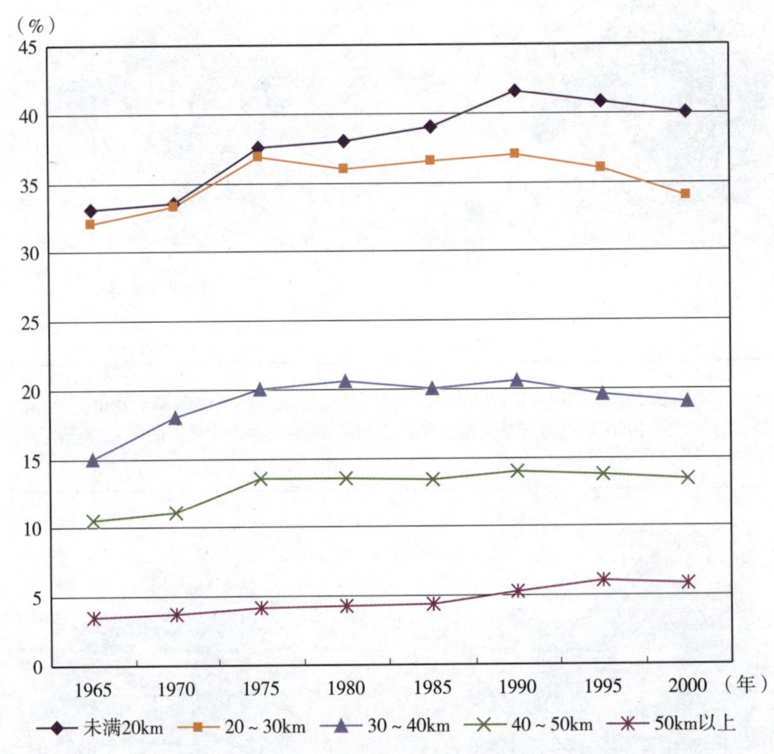

图 3-60　1965~2000 年都市圈其他地区到东京区部的通勤率

资料来源：谷谦二，1990 年代の東京大都市圏における通勤流動の変化に関するコーホート分析。

东京都市圈分布着大小若干个人口密集地区，区部是都市圈的中心，外围的几个大城市是都市圈的次中心，次中心周边或者更外围又分布着一些富有特色的城市，区域之间层次分明。然而，区部中心过于强大、岗位集聚过于集中，导致包括次中心在内的外围广大地区均呈现就业人口净输出状态。这种就业形态不仅造成了早晚高峰期潮汐性的、以中长距离出行为主的通勤交通压力，而且对城市的商业居住、市政交通、医疗教育等各种资源配置带来了挑战。人们常说东京城市发展并不算成功，主要原因可能在于此。从东京可以看出，高密度的城市需要高密度的交通运输工具，而高密度的交通运输工具又促进了高密度城市的发展，两者之间相互促进，相互影响。前一章曾提及，二战之后东京都市圈基于一个庞大的向心性轨网，在时代机遇的推动下迅速发展。某种程度上，正是如此强大的向心运输网支撑了高密度城市中心的形成，并使得这一“强单中心”的腹地延伸到50km甚至更广的地区。

然而，通勤圈的扩展也有极限。像东京这样的典型强中心城市，经过多年的单极化发展，其通勤圈范围基本稳定在距东京站50km，至区部就业的人员85%以上居住在30km范围内。受通勤费用和时间的影响，仅有少数就业者随轨道线路分布至30km以外，但基本不超过50km。目前，我国诸如北上广深等大城市与周边城市的联系日趋紧密，有关“同城化”的诸多设想甚嚣尘上，东京的发展经验给我们以警醒，通勤圈的扩展有其极限，应更为审慎地判断两座城市之间的关系及未来的通勤交通形态。

城市的通勤交通实际是就业形态的外在表现，与核心城市经济发展和区域人口年龄结构有着密切的关联。一方面，核心城市迅速发展之时，其辐射能力日益增强，吸引着各圈域的就业者前来寻找发展机会，只要通勤时间不超过人们所能忍耐的极限，外围就业者向核心城市挺进的步伐就不会停止。放射性交通基础设施的建设，使核心城市的辐射能力释放到更为广阔的区域，很大程度上适应并促进了这种核心发展趋势。另一方面，这种模式导致日益严重的“职住分离”不断提升着本已高昂的就业成本，一旦核心区部发展陷入困境，特别是与外围区域的实力差距缩小，年轻一代就业者往往更容易就近就业，通勤交通形态也将随之变化。

第五节　都市圈未来交通发展

一、通勤圈的变化趋势

进入21世纪后，东京都市圈外围人口依然显示增长趋势，出行需求有进一步增强的趋势；同时高龄和女性就业者比例不断增长，居民出行的年龄和性别结构发生显著变化，现有交通体系能否适应未来发展的需要成为交通规划必须回答的问题。东京规划界人士意识到，城市交通问题是城市问题的缩影，单纯依靠交通手段已无法解决现有矛盾。面对城市结构尚未成功转型而人口先老的严峻形势，东京都市圈是继续延续前40年单极化发展模式，还是彻底改变都市圈的发展格局，这又是一个重要的问题。

首先，人口能否继续增长是判断交通发展趋势的前提。根据1995年日本国势调查的预测，若少子化和老龄化趋势得不到有效缓解，东京都市圈人口可能会呈现先增后减的趋势，2020年总人口为3500万；若鼓励生育的政策能够得到有效的贯彻和实施，都市圈人口可能会继续增长，2020年总人口可达3700万，如图3-61所示。

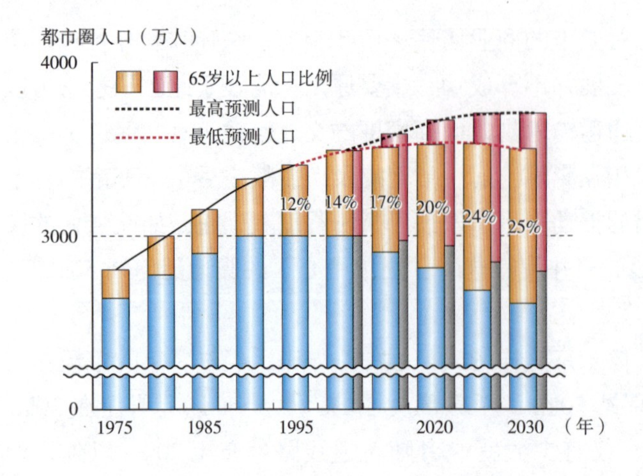

图 3-61　东京都市圈未来人口变化趋势预测
资料来源：东京都市圈交通计划协议会，平成 32 年将来推計。

在未来城市结构不发生根本改变、人口继续增长的前提下，延续前 40 年的发展模式（以下称为“趋势型模式”），东京都市圈将持续“摊大饼”式的扩张，主要城市产业和政治功能依然集中在区部，居住范围将继续向外围郊区扩散。未来都市圈的就业形态将是现有状态的延续和扩大，东京区部通勤圈的范围将进一步扩大，各方向均将突破现有通勤圈的范围，如图 3-62 所示。

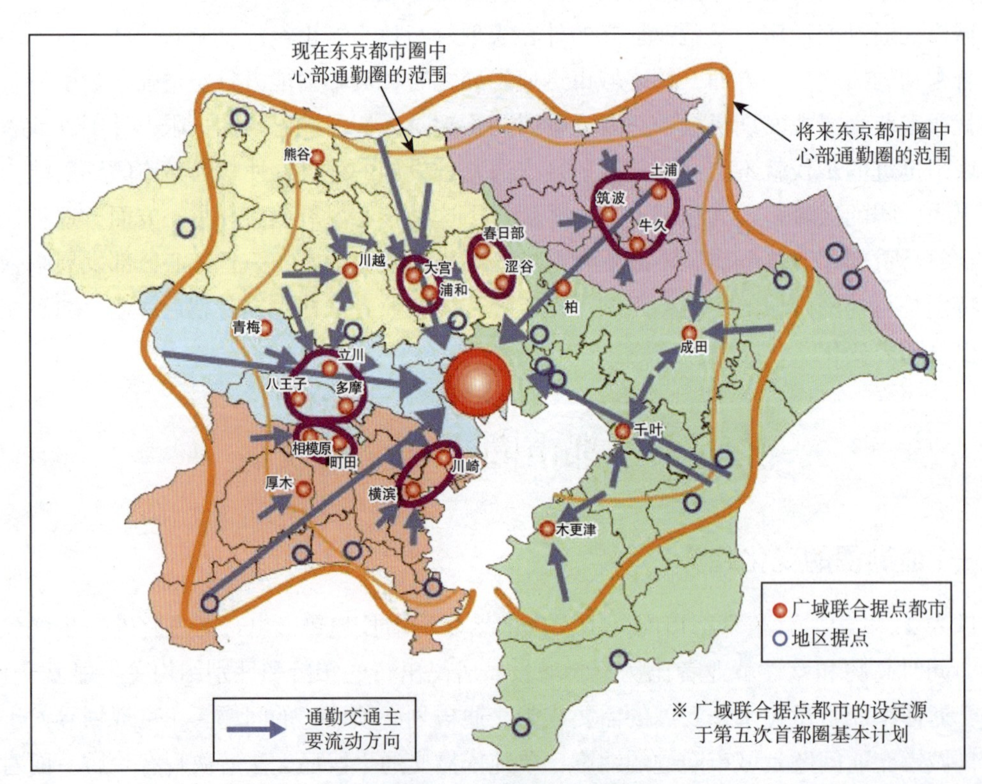

图 3-62　趋势型模式下的东京区部通勤圈范围
资料来源：东京都市圈交通计划协议会，平成 32 年将来推計。

若东京都市圈努力做出改变，依照《第五次首都圈基本计划》的设想模式，诱导和促进周边核心城市业务功能发展，培养出具有一定独立性的地方中心城市（以下称为“诱导型模式”），则有望形成多极多圈域的都市圈结构体系，减轻外围地区对东京区部的依赖，改变现有的就业和通勤形态，从根本上缓解现有交通矛盾。具体而言，对于东京区部，通过提高居住供应，吸引就业者回归，缓解核心区职住分离的现状；对于外围环状据点都市群，通过培育完善的城市功能，增强城市竞争力，摆脱对区部的过分依赖。在诱导型发展模式下，一部分就业者将转向居住地附近工作，区部通勤圈范围有可能缩小，如图 3-63 所示。

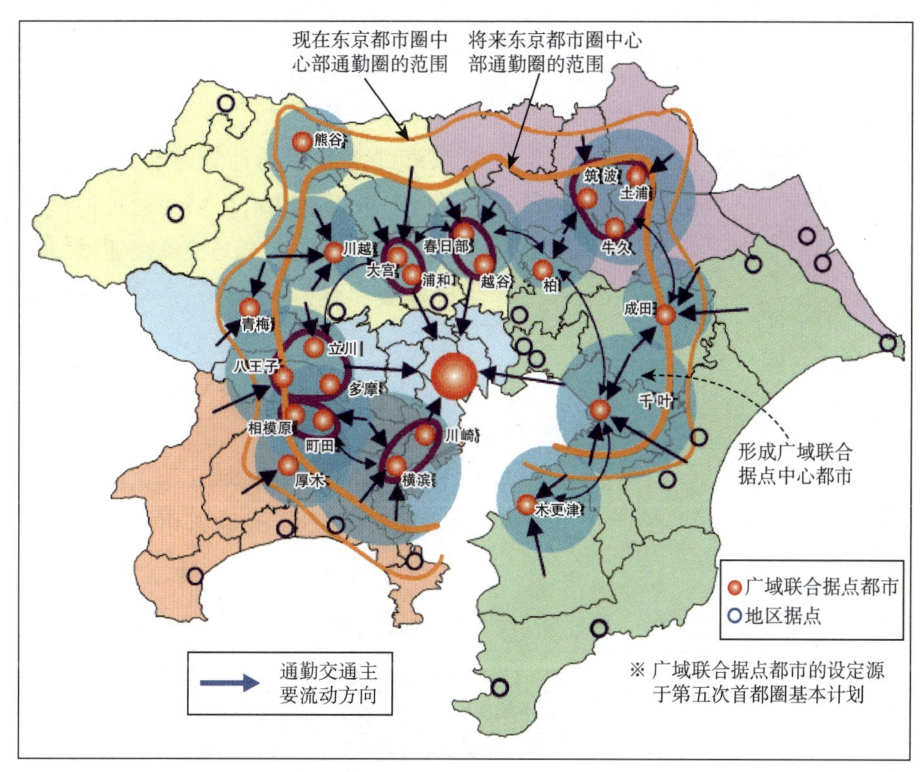

图 3-63　诱导型模式下的东京区部通勤圈范围
资料来源：东京都市圈交通计划协议会，平成 32 年将来推計。

二、都市圈交通发展目标

为实现诱导型模式，东京都市圈交通计划协会提出了未来都市圈交通发展三大基本目标：

（1）提高交通移动性，支撑活力都市圈的形成。

实现这一目标，重点在于以下两个方面：一是切实缩短每天的出行时间，缓解交通拥挤，提高交通系统的效率；二是实现城市间相关产业和经济活动的快速联系，提高业务出行的服务水平。

（2）实现安全舒适的生活和交通。

实现这一目标，重点在于以下三个方面：一是交通系统要适应各类人群出行的需求，通过人性化设计更好地服务老年人、女性及残障人士；二是构建更为安全、事故发生率更低的交通环境；三是构建灾害应对能力更强、更为可靠的交通系统，提高应急救援服务水平。

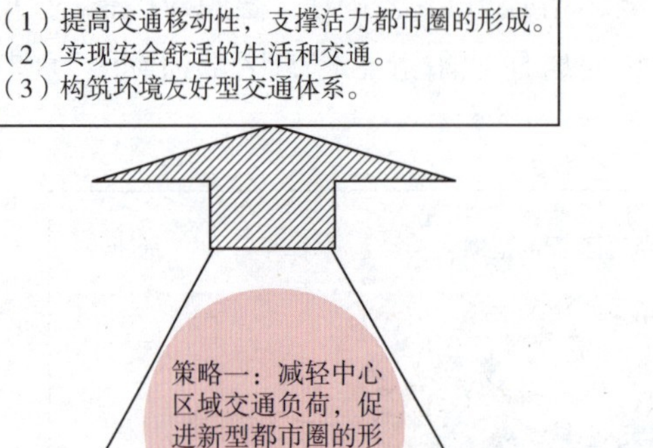

图 3-64　东京都市圈交通发展目标和策略
资料来源：东京都市圈计划协议会，東京都市圏の望ましい総合都市交通体系のあり方。

（3）构筑环境友好型交通体系。

为实现这一目标，应着力降低尾气和噪声污染，更加关注自然环境和居住环境。

三、都市圈交通发展策略

为更好地推动《第五次首都圈基本计划》提出的“分散型网络结构”设想的实现，东京都市圈交通计划协会提出三大发展策略：一是减轻中心区域交通负荷，促进新型都市圈的形成；二是整备交通网络，提高设施等级和服务水平；三是采用交通需求管理策略，提高系统运行效率，如图 3-64 所示。

（1）减轻中心区域交通负荷，促进新型都市圈的形成。

为减轻中心区域交通负荷，诱导形成新型都市圈结构，东京都市圈交通计划协会提出以下对策，见表 3-31。

都市圈构造诱导的基本对策　　表 3-31

都市圈构造诱导基本对策	重点整备有助于形成“分散的网络结构”的骨干道路和轨道基础设施
	诱导广域联合据点都市形成更为丰富完善的城市功能
	推进都心居住环境的改善
	诱导人口和城市功能向公共交通设施便利性高的区域转移（TOD）
	推进居家办公（SOHO）
	重新编制高密度建成区的相关规划
	抑制城市化区域的无限扩大

资料来源：东京都市圈计划协议会，東京都市圏の望ましい総合都市交通体系のあり方。

上述对策，大多是从城市规划的角度出发改善交通形态的措施。这一做法和理念值得我国城市和交通管理者、规划者们深思和重视。我国在编制各类城市规划、交通规划之时，应充分考虑交通问题的根源。

（2）整备交通网络，提高设施等级和服务水平。

该策略从交通网络本身出发，针对交通基础设施及其对应的交通服务水平提出了以下发展对策，见表 3-32。

在都市圈交通网络整备基本对策的基础上，东京都市圈交通计划协会提出了近期交通建设的两大具体措施：一是加强原本较为薄弱的环向道路基础设施的建设（三环道路的完善），改善广域联合据点都市和地区据点都市之间的联系；二是整备广域联合据点都市间轨道和公交网络。上述两点措施旨在增强广域联合据点都市间的交通联系，促进新型都市圈的形成，是从交通层面对上层次城市规划的具体回应。

都市圈交通网络整备的基本对策　　表 3-32

都市圈交通网络整备基本对策	整备骨干交通网络	整备都市圈高等级干线道路
		整备城市间及市区内干线道路
		整备轨道交通网络
		引进高速公交
		增强轨道运输力和改善运行服务
	有效利用既有设施	改良交叉口设施，推进连续立交化
	改善交通枢纽	增强枢纽等交通节点可达性
	提升城市交通各类需求的服务水平	整备步行、自行车空间
		推进残疾人设施无障碍化通用设计
		增强避难和救援活动的应对能力
		改善沿途交通环境
		强化水上公交等水上交通

资料来源：东京都市圈计划协议会，東京都市圏の望ましい総合都市交通体系のあり方。

（3）采用交通需求管理策略，提高系统运行效率。

东京都市圈交通计划协会计划从交通产生的源头通过交通需求管理策略（TDM）合理控制交通需求，减缓高峰期交通压力，诱导各种交通方式的合理使用，提高综合交通系统的运行效率，具体对策见表 3-33。

都市圈交通需求管理的基本对策　　表 3-33

都市圈交通需求管理基本对策	减轻交通和环境负荷	提高短距离出行中自行车的使用比例
		抑制业务和通勤等出行中机动车的使用
		推进错峰上下班制度
		进一步普及拥挤收费制度
		普及和利用低公害车辆
		鼓励机动车合乘利用
	有效利用既有设施	改善公交运行环境
		整备货运设施
		限制路边停车
		提供实时交通信息
	改善交通枢纽	推进各种交通方式的便利接驳
		改善主要轨道站点的换乘环境
		整备站前广场及周边的自行车停车设施
		推进 Park&Ride
		增强高速公交服务
		整备机动车停车场
	提升城市交通各种需求的服务质量	提供更为细致的公交服务
		强化交通安全应急对策

资料来源：东京都市圈计划协议会，東京都市圏の望ましい総合都市交通体系のあり方。

在都市圈交通需求管理基本对策的基础上，东京都市圈交通计划协会提出了近期需求管理的两大具体措施：一是加强城市中心区域的拥挤收费政策；二是加强城市中心区域的停车收费政策。上述两点措施旨在抑制城市中心区域机动车的使用，鼓励使用公共交通出行。

上述三大策略针对性各不相同，策略一从城市规划的角度提出了诱导新型都市圈形成的若干基本对策，而策略二和策略三则从交通管理的角度，指明了城市交通的发展方向。其中，策略二的重点在于加强基础设施建设疏导城市交通（“拉”的作用），策略三的重点在于抑制城市中心区机动车的使用（“推”的作用），要想改善城市交通形态，必须“推”“拉”结合，从需求和供给两端实施交通管理政策。城市规划相关策略（策略一）和交通规划相关策略（策略二和策略三）必须酌情配合使用。若一味强调交通策略，忽视对都市圈结构的诱导，最终必将使都市圈持续既有的发展模式，交通状况非但不能缓解，反而会更加恶化。只有在大力实施新型都市圈诱导策略的基础上，有针对性地进行交通基础设施建设和交通需求管理，才有望转变都市圈结构，从根本上治理现有交通系统中存在的问题。

为改变东京单极结构，从1999年《第五次首都圈基本计划》开始，都市圈各层次规划均提出改变现有“单中心放射型结构”、实现“分散的网络结构”的设想，为实现这一规划理念，东京都市圈特别注意交通形态与城市形态的配合，提出了诸多针对性城市结构调整的发展策略，部分已经付诸实施并取得了良好的效果。这些策略可归纳为以下几点：

①第一点：交通设施布局“网络化”，支撑分散型都市圈结构。

针对当前都市圈环向交通设施较为薄弱的问题，1999年后当局重新明确了环向道路建设计划，拟于2016年前基本实现三环道路的贯通。

②第二点：构建合理的交通出行结构，维持都市圈高效运转。

首先，机动化出行以轨道交通为主导，充分利用轨道大容量、快速高效的特点，实现区部与外围地区之间快速联系，服务中长距离的通勤和业务出行；其次，重视步行和自行车交通环境建设，使之成为中短途出行的主要方式，并与轨道交通形成良好接驳；最后，抑制机动车出行增长，将机动车出行比例控制在一定范围内，仅供部分业务出行所需。

③第三点：加密核心区域轨道网络，支持区部和业务核都市多功能复合。

近年来，即便是轨道网络密度已经很高的东京区部也仍然在不断加密轨道网络，提高交通便捷性。为向多功能复合型城市转变，一些业务核都市提出了进一步加密轨道网络的建设计划，如横滨市、川崎市、埼玉市及千叶市等。

④第四点：提高机场轨道服务，增强国际竞争力。

为适应经济全球化和未来国际航空客流需求增长的要求，近年来东京相关部门采取了诸多针对性措施，一方面加强高等级机场轨道服务提高机场可达性，另一方面大力提高机场轨道运能及拓展服务范围。

⑤第五点：城市规划和交通规划双管齐下，应对老龄化社会出行问题。

当局分别从城市规划和交通规划入手，应对老龄化社会出行问题。一方面，改变都市圈结构，缩短出行距离。老年人出行距离以中短途为主，通过增强都市圈外围地区独立性，有效缩减出行距离。另一方面，提供更为人性化的交通系统，服务老年人群出行，并制定了专门的措施以应对出行过程中老年人突发疾病等意外情况。

四、都市圈交通发展策略的预测实施效果

若按照诱导型模式发展，广域联合据点都市和重大对外枢纽的可达性均将获得提升，交通移动性有效提高，城市活力增强；高峰时期拥堵情况将大幅改善，灾害应急能力也将有所提升，居民出行更为安全舒适；交通污染将有所减轻，环境友好型交通体系有望实现。若按照趋势型模式发展，都市圈交通状况将继续恶化，见表 3-34。

都市圈交通发展策略预测实施效果

表 3-34

项　　目	现　状	趋势型模式	诱导型模式
广域联合据点都市 30min 内可达人数	100	85	102
空港、新干线等大型对外枢纽 60min 内可达人数	100	95	106
高峰时期拥挤度在 150% 以上的轨道线路的乘车时间	100	141	40
发生灾难时从广域联合据点都市 30min 内可救援的人数	100	97	115
机动车 CO_2 的年排放量	100	122	98

注：表中值为相对指标。

资料来源：东京都市圈计划协议会，東京都市圏の望ましい総合都市交通体系のあり方。

根据《东京都市圈 21 世纪构想》的预测，按照诱导型的都市圈发展模式，随着环向道路基础设施的完善，2020 年都市圈环向交通需求与 1995 年相比将有明显的提升，其中千叶市与千叶西南部、茨城南部和千叶东部、千叶市和千叶西北部以及东京多摩部和埼玉南部之间的交通量增幅都在 5 万人次 / 日以上。都市圈向心性交通未来增幅较小，其中东京都市圈外围地区到区部的轨道交通量总体上将比 1995 年减少 20 万人次 / 日，其中神奈川县和东京多摩部方向减少 11%，千叶县方向减少 9%，埼玉县减少 6%，都心区域交通和环境负荷有望得到缓解，如图 3-65、图 3-66 所示。

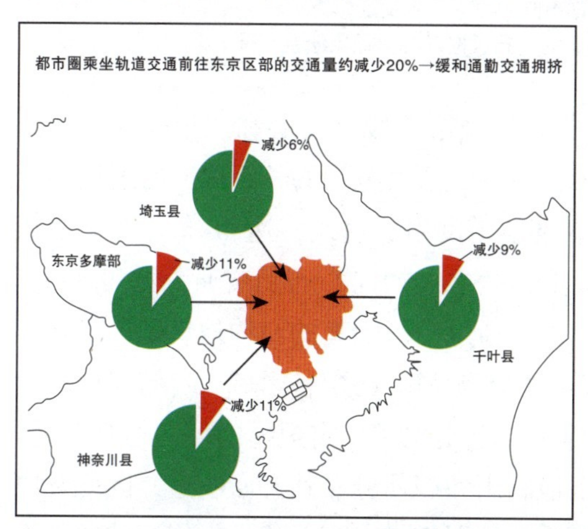

图 3-65　2015 年都市圈向心轨道交通量预测

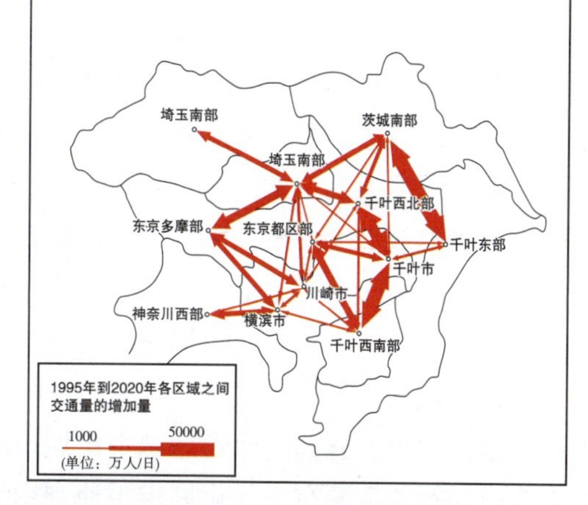

图 3-66　2020 年都市圈交通量预测

资料来源：东京都，首都圏メガロポリス構想——21 世紀の首都像と圏域づくり戦略。

第六节　交通形态横向比较研究

基于第一章中东京、纽约和巴黎人口和就业岗位数据，分别结合三大都市圈空间结构和城市中心通勤交通分布等因素抽象了其通勤交通形态，如图 3–67 所示。东京都市圈大范围区域均存在大量至区部“一核七心”通勤出行，因此其是都市圈范围中长距离向心出行通勤形态；对于纽约都市圈而言，纽约市内职住基本平衡，至曼哈顿的通勤出行就业者基本来源于纽约市及其北部和东部周边紧邻区域，都市圈通勤出行平均 23min 且以小汽车为主，因此纽约是市域范围中距离向心出行的通勤形态；巴黎都市圈各圈层人口与岗位分布较均衡，远距离跨区通勤出行比例小，巴黎市区就业的居民通勤时间 30min 以内的比例高达 44%，1h 以上的比例仅 8%，并且近郊和远郊居民通勤出行时间与巴黎市大致相同，因此巴黎是全都市圈较均衡的中短距离出行的就近通勤形态。

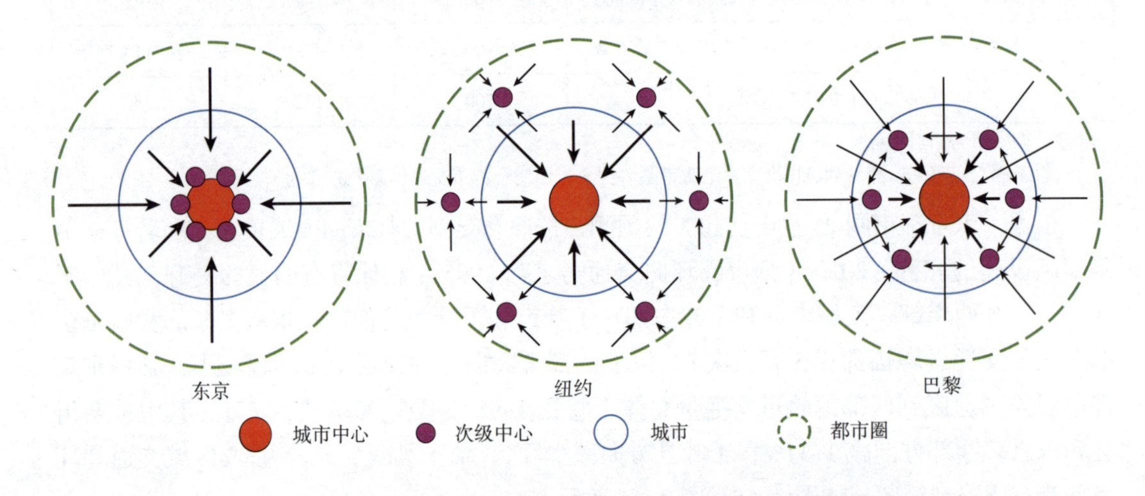

图 3–67　东京、纽约和巴黎三大都市圈中心区通勤交通形态

注：本图根据对各城市形态和交通形态的基础数据理解而抽象绘制。

东京都心三区和区部不合理的土地利用方式导致城市单极化发展和严重职住分离形态，未被居住空间平衡的岗位数远超纽约和巴黎，高峰时段大范围的长距离向心通勤交通给城市带来了巨大的交通压力，即使目前东京区部轨道网络放射线多达 46 条（其中终点在区部以外的线路 34 条）也难以适应都市圈范围如此之大的向心通勤交通，见表 3–35。纽约都市圈向心通勤交通主要存在纽约市范围以内，通过中短距离的纽约地铁就已经基本解决，纽约市以外区域至曼哈顿通勤交通的向心特性不明显。巴黎各区域人口与岗位均比较平衡，其交通形态向心性最不明显，中心区外围甚至出现了一定规模的环向通勤交通。可以看出，城市的通勤交通形态基本由城市的土地利用和职住分布状态所决定，因此解决城市交通问题的根源在于优化城市土地利用结构，否则即使如东京般建设大规模的轨道交通也无法从根本上解决城市交通问题。

东京、纽约和巴黎三大都市圈中心区面积、未平衡岗位和通勤交通关系　　表 3-35

项　目	东京都心三区	东京区部	纽约市曼哈顿	巴黎市
面积（km^2）	42	622	59.5	105.3
未平衡岗位（万个）	197	268	130	60
通勤交通（万人次）	220	337	160	80
放射轨道（条数）	34	23	22	16

第七节　结　　语

本章首先按照国内交通规划研究的思路，详细介绍东京都市圈客运交通系统，主要包含交通需求特征、交通基础设施及服务水平、方式划分等方面，并对轨道分担率与交通设施水平相关性进行分析；其次，对关键的通勤通学交通进行了研究，包括出行总量和强度、空间和时间分布、出行分担率、服务水平和变化历程等多方面；再次，介绍了都市圈未来交通发展策略；最后，基于第一、二章对东京、巴黎和纽约三大都市圈的交通形态进行比较研究。笔者认为我国交通规划应注意以下几点：

（1）我国大城市远期居民机动化出行强度指标应重点参考亚洲大城市。

发达国家大都市机动化出行强度总体上可归为两类：一类是欧美大都市，其机动化出行强度通常大于 2.2 次 /（人・日），例如纽约市为 2.27 次 /（人・日），大巴黎区为 2.24 次 /（人・日），大伦敦为 2.8 次 /（人・日）；另一类是亚洲大都市，其机动化出行强度通常不大于 2.0 次 /（人・日），例如东京为 1.91 次 /（人・日），香港仅为 1.82 次 /（人・日），而新加坡也只有 2.0 次 /（人・日）。机动化出行强度的不同，反映出民族文化和社会生活习惯的差异。我国作为典型的亚洲文化国家，交通规划中远期机动化出行强度的判断应重点参考亚洲的大都市，如日本东京、中国香港和新加坡等城市。

（2）轨道交通的高分担率仅存在城市部分区域及特定时段，制订交通规划时需谨慎提出分担率目标。

东京都市圈全境公共交通（含轨道交通和地面公交）机动化分担率 52%，其中除区部、横滨、川崎等高度建成区公共交通机动化分担率超过 60% 外，其他区域大多不超过 50%。即使轨道系统在公共交通体系中处于垄断地位，其轨道机动化分担率也仅为 47%，轨道交通机动化分担率也只是在区部、川崎、横滨等局部城市化高度建成区域或者通勤时段较高，其他大部分地区、大部分时段轨道交通机动化分担率都难以超过 50%。目前，国内部分大城市交通规划以东京轨道交通高分担率区域为标杆，动辄提出全市域 75% 以上的公共交通机动化分担率和 40%~50% 甚至更高的轨道机动化分担率目标，其科学性、合理性值得深思。

（3）应充分重视门到门通勤出行时间这一指标。

门到门通勤出行时间这一指标关系到城市的运行效率和万千家庭生活质量，十分重要。1998年东京都市圈基家通勤门到门单程平均耗时为43min（2008年为46min），仅有32%的出行耗时超过60min。上述数据说明，在城市出现严重职住分离的情况下，东京都市圈以轨道交通为主的综合交通系统高效有力地支撑了城市运转，实属不易。相比之下，国内不少大城市目前居民居家通勤门到门耗时达到甚至超过东京水平，但城市仍处于快速扩张时期，因此，我们应充分关注并采取针对性措施降低该指标。

（4）国内交通界需明确城市通勤圈的具体含义，并判定合理的通勤范围。

日本统一规定，大都市或都市圈内某一区域至中心区的通勤量与该区域通勤总量的比例不低于5%，即认为该区域位于中心区的通勤范围。东京在极度单极化的城市结构下，其通勤圈范围为距东京站50km左右，但区部85%的就业者居住在30km圈层以内。目前，我国规划界尚无通勤圈的具体定义，各人理解不尽相同。另一方面，部分城市规模、首位度等方面远不及东京，但在制订相关交通规划时竟提出了50km甚至70km的通勤圈范围。因此，国内业界需明确城市通勤圈的定义，并根据城市的实情判断合理通勤圈范围，以科学指导土地利用、交通设施布局规划和相关政策的制定。

（5）大城市或都市圈范围内距主中心20~30km的区域最有发展成为次中心的可能。

东京都市圈区部85%就业者居住在30km圈层内，该范围内以轨道出行为主的全程时耗在1h以内且费用较可接受，可视为区部的强力辐射区，其内难以形成较独立的次级就业聚集中心；而其边缘地区不但可与主中心交易交流，还可拥有一定腹地，易形成次级中心。事实上，东京都市圈区部以外的大城市横滨、川崎、千叶和埼玉等均位于30km圈层，虽然这些城市尚不能完全称之为独立的“次中心”，但它们仍有一定辐射周边区域的就业聚集功能，而更远的区域就业聚集地的规模远小于此圈层的城市。我国城市主中心大多很难达到东京这种极致的单极聚集程度，因此主中心的强力辐射范围稍小，使得距主中心20~30km的区域最具备成为次中心的区位优势。

第四章　都市圈轨道交通概况

第一节　轨道事业分类

日本轨道交通属国土交通省管辖。根据《铁道事业法》，“铁道”泛指所有具有特定行车路线的交通工具。该法第四条第一项第六号国土交通省令规定“铁道”主要包括以下几种：

（1）普通铁道——最普遍的铁道（列车行驶于2条钢轨之上的铁道，包括直线电动机式列车铁道）；

（2）悬垂式铁道——悬挂式单轨铁路；

（3）跨座式铁道——跨座式单轨铁路；

（4）中央引导式铁道——自动导向的轨道交通系统（AGT）·巴士快速交通系统（GBS）；

（5）无轨条电车——无轨电车；

（6）钢索铁道——缆索铁路；

（7）浮上式铁道——磁悬浮列车·超电磁悬浮列车；

（8）上述铁道以外的铁道（如2005年日本开通的爱知县东部丘陵线（IMTS）——中低速磁悬浮交通）。

《铁道事业法》第二条根据基础设施和铁道运输经营“路”“运”分离的情况将铁道事业分为六大类，见表4-1。日本铁道从资本投入角度又可划分为国家公营铁道、其他公营铁道和私营铁道三大类，见表4-2。

日本铁道事业分类（按照“路”“运”分离情况分类）　　表4-1

类　别	定　义
第一铁道企业	拥有铁道线路基础设施并从事运输的普通企业
第二铁道企业	借用其他企业铁道线路基础设施进行客货运的企业
第三铁道企业	自身不从事运输业，以出让铁道基础设施为目的或由借予第二铁道企业专用为目的修建铁道的企业
索道企业	经营索道的企业
专用铁道企业	经营专供内部使用或已有铁道连接线的企业
特定目的的铁道企业	以观光娱乐为目的，旅客运输铁道

日本铁道企业分类（按照资本投入）　　表 4–2

类别	资本投入	主要主体
国家公营铁道	国有控股	JR 东日本[1]（国有股份转让，民营化）、JR 东海、JR 西日本
	100% 国有	JR 北海道、JR 四国、JR 九州、JR 货物
其他公营铁道	国家与地方政府、地方政府或地方政府和民间企业等共同出资的铁道	地铁，第三部门（非营利公共机构）铁路
私营铁道	大手私铁（全日本 16 家）（大型）	东京都市圈：东武、西武、小田急、京成、东京急行、京滨急行、相模铁道
	准大手私铁（全日本 5 家）（准大型）	东京都市圈：新京成电铁
	中小型私铁	

注：第三部门又称自愿部门，泛指除第一部门政府机关、第二部门私营企业以外的非政府单位、非一般民营企业的机构单位，普遍以社会公益为存在目的。

都市圈轨道交通系统在长期发展过程之中，不同轨道事业变迁较大，各种轨道事业主体运营线路复杂、功能交错。依据日本长期形成的习惯，将东京都市圈铁道事业划分为 JR 线路、地铁、私铁和其他 4 大类，其中 JR 线路主要是由旧时日本国铁（JNR）分割民营化而来；地铁主要是指日本大都市区域内部高速地下铁道；私铁主要是由私营企业经营的铁道；其他是除上述三者以外的轨道企业，泛指除 JR 和地铁以外其他公营铁道，见表 4–3。

东京都市圈铁道事业分类（按照传统习惯观点划分）　　表 4–3

类别	划分依据	主要主体
JR	由旧日本国铁 1987 年民营化产生的 JR 集团及其子公司	JR 东日本
地铁	东京区部和横滨市地下高速铁道	东京地下铁（原营团）、都营地下铁、横滨市营地下铁
私铁	由私营资本投资新建，解决东京区部和外围区域交通需求或位于交通薄弱区域的地方铁道	东武、西武、小田急、京成、东京急行、京滨急行、相模铁道和新京成电铁等
其他	除 JR 和地铁以外，以第三部门形式出资的铁道、公营单轨和有轨电车等	千叶单轨、都电荒川电车、东京临海新交通等

注：东京地下铁全称东京地下铁株式会社，以经营日本东京区部地下铁路线为主要业务的轨道企业。其前身为帝都高速度交通营团（又称为营团地下铁；经营的路线通称为营团线），2004 年 4 月 1 日改制为特殊会社（由日本政府与东京都等共同出资），通常简称为东京地下铁，计划 2009 年完全私有化，但未按计划实施。在日本民营铁道协会出版的 2010 版《大手民铁素颜》中将其归为大手私铁。

考虑我国学术界传统观点，下文中以“轨道”泛指除索道、有轨电车以外的铁道，涉及的铁道线路主要指客运线路。

[1] JR 授权股份总数 16 亿股，实际对外发行 4 亿股，因此可认为 JR 东日本为国有控股企业。

第二节 线网概况

一、JR 线路

东京都市圈所有 JR 线路皆由 JR 东日本管辖，主要承担都市圈中长途客运运输和通勤交通。都市圈内 JR 物理线路共 33 条，线网总规模约 1718.3km，其中 JR 新干线主要承担东京和南北主要城市间的中长距离高速城际运输；JR 东日本普通线路主要联系东京都市圈内部和周边城市，提供中短途距离的城际客运运输和通勤通学客流运输，如图 4-1 所示。

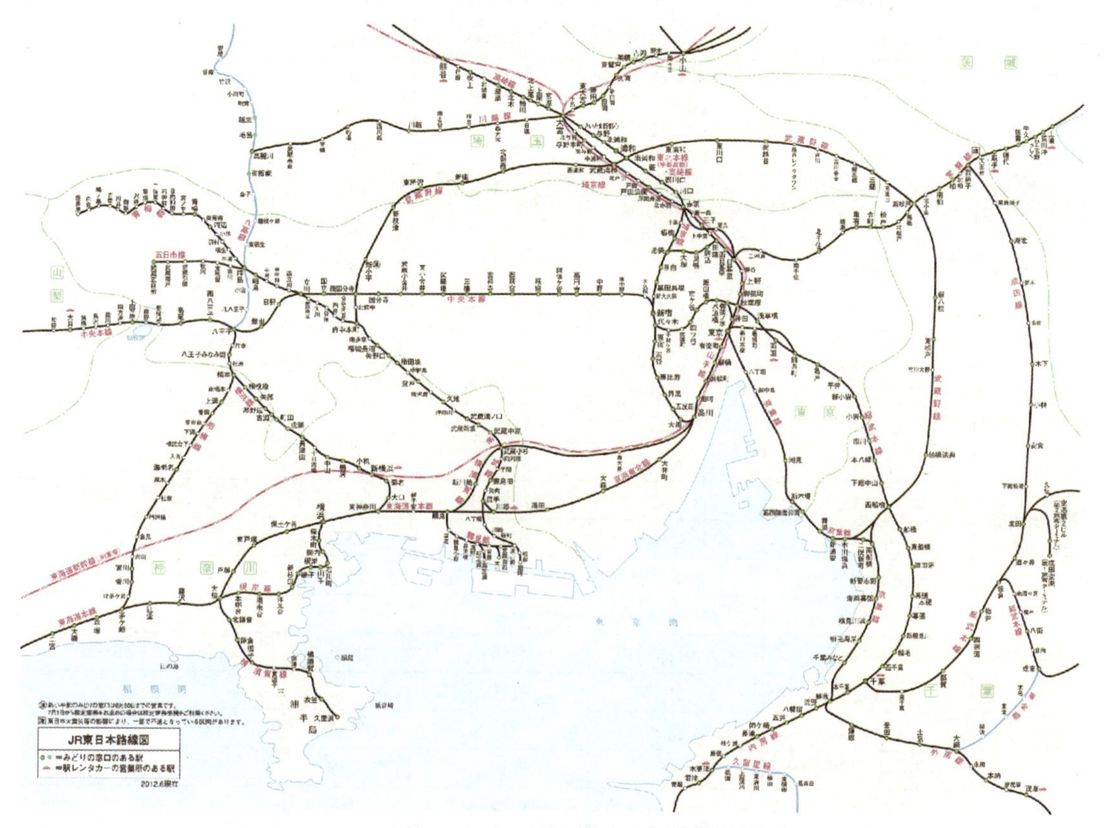

图 4-1 东京近郊区域 JR 系统线路图
资料来源：JR 东日本官方网页，东京近郊路线图，2012.7。

东京都市圈内 JR 新干线主要包括东海道新干线和东北上野新干线，线路总长 223km，共设 7 站。两线皆以 JR 东京站为起点，其中东海道新干线向南主要联系横滨、名古屋和大阪等城市，东北上野新干线向北主要联系大宫、高崎、福岛、仙台等城市。

JR 东日本线路系统呈双环放射结构，其中双环是指区部 JR 山手环线和区部外围由武藏野线、南武线和鹤见线组成的不完全环线，放射线路由区部向周边地区呈放射状分布，主要包括东海道线、京滨东北线、横须贺线、中央本线、东北本线、埼京线、常磐线、总武线和京叶线等线路，具体线路信息见表 4-4。

东京都市圈内 JR 普通线路基本情况一览表 表 4–4

线路名称		起 点	终 点	长度（km）	站点数（个）	备 注
环线	山手线	大崎站	大崎站	34.5	29	内环
	武藏野线	府中本町站	西船桥站	71.8	25	外环
	南武线	川崎站	立川站	35.5	25	
	南武支线	尻手站	滨川崎站	4.1	4	
放射线	总武线	铫子站	东京站	140.8	49	向东
	京叶线	东京站	苏我站	42	17	
	* 常磐线	日暮里站	羽鸟站	90.3	19	东北
	* 中央线	东京站	藤野站	68.3	33	向西
	* 东海道本线	东京站	汤河原站	99.6	20	西南
	横须贺线	大船站	久里滨站	23.9	9	西南
	埼京线	大崎站	大宫站	36.9	19	向北
	* 宇都宫线	上野站	古河站	64.7	15	向北
	* 高崎线	大宫站	神保原站	61.4	16	向北
其他线路	五日市线	拜岛站	武藏五日市站	11.1	7	
	* 八高线	八王子站	丹庄站	86.1	20	
	青梅线	立川站	奥多摩站	37.2	25	
	川越线	大宫站	高丽川站	30.6	10	
	* 鹤见线	鹤见站	扇町站	9.7	13	
	横滨线	东神奈川站	八王子站	42.6	20	
	相模线	茅崎站	桥本站	33.3	18	
	根岸线	横滨站	大船站	22.1	12	
	内房线	苏我站	安房鸭川站	119.4	30	
	外房线	千叶站	安房鸭川站	93.3	27	
	久留里线	木更津	上总龟山站	32.2	14	
	东金线	大网站	成东站	13.8	5	
	* 水户线	小田林站	羽黑站	30.6	10	
	* 御殿场线	国府津站	谷峨站	23	8	
	成田线	佐仓站	松岸站	75.4	27	
	成田线我孙子支线	我孙子站	成田站	32.9	10	
	成田线空港支线	成田站	成田空港站	10.8	2	
	鹿岛线	香取站	鹿岛神宫站	14.2	6	
总 计				1490.1		

注：1. 根据 JR 东日本官方网站（日文）和维基百科（日文）网页信息整理而成，截至 2011 年 6 月 22 日。

2. 统计表中包括中央总武缓行线中御茶之水站—锦系町站段 2.8km 线路。

3. 鹤见线包括海芝浦支线、大川支线；中央线实际终点为名古屋站，全长 424.6km，112 站。

4. 东海道本线实际终点为热海站，全长 104.6km，21 站。

5. 宇都宫线（东北本线）实际终点站为黑矶站，全长 159.9km，33 站。

6. 常磐线实际终点为岩泽站，全长 343.1km，80 站。

7. 高崎线实际终点站为高崎站，全长 74.7km，19 站。

8. 八高线实际终点站为高崎站，全长 96.4km，24 站。

9. 水户线实际起点为小山站、终点为友部站，全长 50.2km，16 站。

10. 御场殿线实际终点站为沼津站，全长 60.2km，19 站。

11.* 代表线路长度按东京都市圈内长度统计。

二、私铁

东京都市圈私铁系统在 JR 线路未覆盖区域中承担与区部间的客流运输功能，主要由放射骨干线路及其支线组成，其中放射线路以 JR 山手线枢纽站点为起点向四周辐射。东京都市圈范围内私营轨道企业 17 家，管辖线路 66 条约 1213km。其中：8 家大手私铁共辖 56 条线路；1 家准大手私铁辖 1 条线路；8 家中小私铁共辖 9 条线路。都市圈私铁线路信息见图 4–2 和表 4–5。

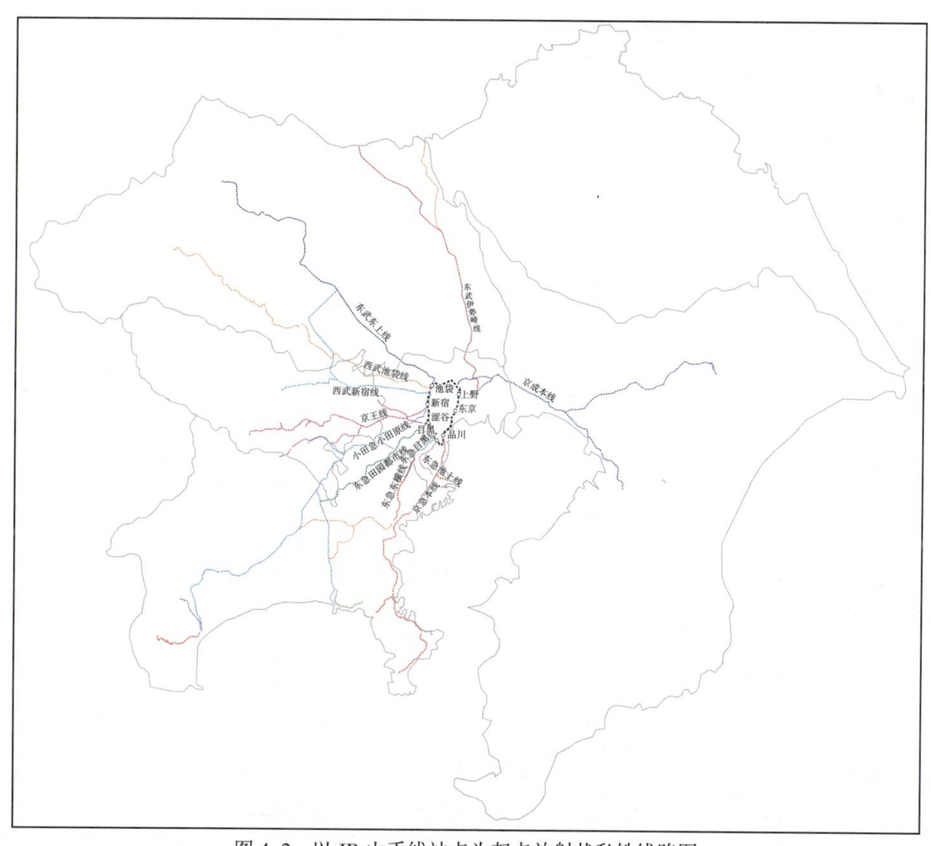

图 4–2　以 JR 山手线站点为起点放射状私铁线路图

东京都市圈涉及私铁线路基本情况一览表　　表 4–5

山手线枢纽站	私铁系统	系统长度（km）	包含线路	所属单位	长度（km）	起 终 点 站	站点数（个）	备注
品川	京急线系统	87	京急本线	京急电铁	56.7	泉岳寺站—浦贺站	50	放射线
			空港线		6.5	京急蒲田—羽田机场	7	支线
			大师线		4.5	京急川崎—小岛新田	7	
			逗子线		5.9	金泽八景—新逗子	4	
			久里滨线		13.4	堀之内—三崎口	9	
五反田	池上线系统	10.9	东急池上线	东急电铁	10.9	五反田站—蒲田站	15	
目黑	目黑线系统	11.9	东急目黑线	东急电铁	11.9	目黑站—日吉站	14	放射线

续上表

山手线枢纽站	私铁系统	系统长度（km）	包含线路	所属单位	长度（km）	起终点站	站点数（个）	备注
涩谷	东横线系统	24.2	东横线	东急电铁	24.2	涩谷站—横滨站	15	放射线
	田原都市线系统	31.5	田原都市线	东急电铁	31.5	涩谷站—中央林间站	27	放射线
	井之头线	12.7	井之头线	京王电铁	12.7	吉祥寺站—涩谷站	17	
新宿	京王线系统	75.6	京王线	京王电铁	37.9	新宿站—京王八王子站	32	放射线
			京王新线		3.6	新线新宿站—笹冢站	4	支线
			相模原线		22.6	调布站—桥本站	12	
			竞马场线		0.9	东府中站—府中竞马正门前站	2	
			动物园线		2	高幡不动站—多摩动物公园站	2	
			高尾线		8.6	北野站—高尾山口站	7	
	小田原线系统	120.7	小田原线	小田急电铁	82.5	新宿—小田原	47	放射线
			江之岛线		27.6	相模大野—片濑江之岛	17	支线
			多摩线		10.6	新百合丘—唐木田	8	
	新宿线系统	81.2	新宿线	西武铁道	47.5	西武新宿站—本川越站	29	放射线
			拜岛线		14.3	小平站—拜岛站	8	支线
			国分寺线		7.8	东村山站—国分寺站	5	
			多摩湖线		9.2	国分寺站—西武游园地站	7	
			西武园线		2.4	东村山站—西武园站	2	
池袋	东上线系统	85.9	东上本线	东武铁道	75	池袋站—寄居站	39	放射线
			越生线		10.9	坂户站—越生站	8	支线
	池袋线系统	84.6	池袋线	西武铁道	57.8	池袋站—吾野站	32	放射线
			峡山线		4.2	西所泽站—西武球场前站	3	支线
			西武秩父线		19	吾野站—西武秩父站	6	
			西武有乐町线		2.6	练马站—小竹向原站	3	
			丰岛线		1	练马站—丰岛园站	2	
上野	京成线系统	127.5	京成本线	京成电铁	69.3	京成上野站—成田机场站	42	放射线
			东成田线		7.1	京成成田站—东成田站	2	支线
			押上线		5.7	押上站—青砥站	6	
			金町线		2.5	京成高砂站—京成金町站	3	
			千叶线		12.9	京成津田沼站—千叶中央站	10	
			千原线		10.9	千叶中央站—千原台站	6	
			成田机场线		51.4	京成高砂站—成田机场站	18	
其他线路	伊势崎线（东武本线）系统	179.7	伊势崎线	东武铁道	114.5	浅草站—伊势崎站	54	放射线
			龟户线		3.4	曳舟站—龟户站	5	支线
			大师线		1	西新井站—大师前站	2	

续上表

山手线枢纽站	私铁系统	系统长度（km）	包含线路	所属单位	长度（km）	起 终 点 站	站点数（个）	备注
其他线路	伊势崎线（东武本线）系统	179.7	佐野线	东武铁道	22.1	馆林站—葛生站	10	支线
			桐生线		20.3	太田站—赤城站	8	
			小泉线		18.4	馆林站—东小泉站	9	
	东武日光线系统	135	日光线	东武铁道	94.5	东武动物公园站—东武日光站	25	放射线
			宇都宫线		24.3	新栃木站—东武宇都宫站	10	支线
			鬼怒川线		16.2	下今市站—新藤原站	9	
	相模铁道本线系统	35.9	相模铁道本线	相模铁道	24.6	横滨—海老名	18	
			相模铁道泉野线		11.3	二俣川—湘南台	8	支线
	西武多摩川线			西武铁道	8	武藏境站—是政站	6	
	东急多摩川线			东急电铁	5.6	多摩川站—蒲田站	7	
	东急儿童国线			东急电铁	3.4	长津田站—儿童国站	3	
	东急大井町线			东急电铁	12.4	大井町站—沟之口站	16	
	关东常总线			关东铁道	51.1	取手—下馆	24	
	京成新京成线			新京成电铁	26.5	京成津田沼—松户	24	
	小湊铁道线			小湊铁道	39.1	五井—上总中野	18	
	箱根登山铁道登山线			箱根登山铁道	15	小田原—强罗	11	
	关东铁道龙崎线			关东铁道	4.5	佐贯—龙崎	3	
	羽田线			东京单轨电车株式会社	17.8	滨松町—羽田机场	9	
	东京临海新交通临海线			百合鸥株式会社	14.7	新桥—丰洲	16	
	湘南单轨江之岛线			湘南单轨	6.6	大船—江之岛	8	
	东武野田线			东武铁道	62.7	大宫站—船桥站	33	
	江之岛电铁线			江之岛电铁	10	藤泽—镰仓	15	
	世田谷线			东急电铁	5	三轩茶屋站—下高井户站	10	
	西武山口线			西武电铁	2.8	西武球场前站—西武游园地站	3	
	迪士尼度假区线			舞滨度假区线株式会社	5	舞滨站（环线）	4	

注：1. 根据各线路官方网站（日文）和维基百科（日文）网页信息整理而成，截至 2011 年 7 月 1 日。

2. 东京都市圈范围内东武本线系统伊势崎线长度为 70.4km（浅草站—羽生站），且不包括东武桐生线和东武小泉线。

3. 东武日光线系统日光线长度为 23.6km（东武动物园站—柳声站），且不包括东武宇都宫线和鬼怒川线。

三、地铁

东京都市圈的地铁主要包括东京区部地铁系统和横滨市营地下铁两大部分。其中东京区部地铁系统经过近 90 年的发展，目前已形成 13 条线路 301.8km 的物理网络，整体呈现由东南海滨中心向北、向西扇形扩散。东京区部地铁系统由两家主体运营，其中东京地下铁株式会社拥有 9 条线路，都营地下铁拥有 4 条线路。东京区部地铁线路皆与 JR 山手线接驳换乘，其中与 JR、私铁共同汇集成了几个大型枢纽车站（如池袋站、新宿站、涩谷站等），详细的线路情况如图 4-3 和表 4-6 所示。

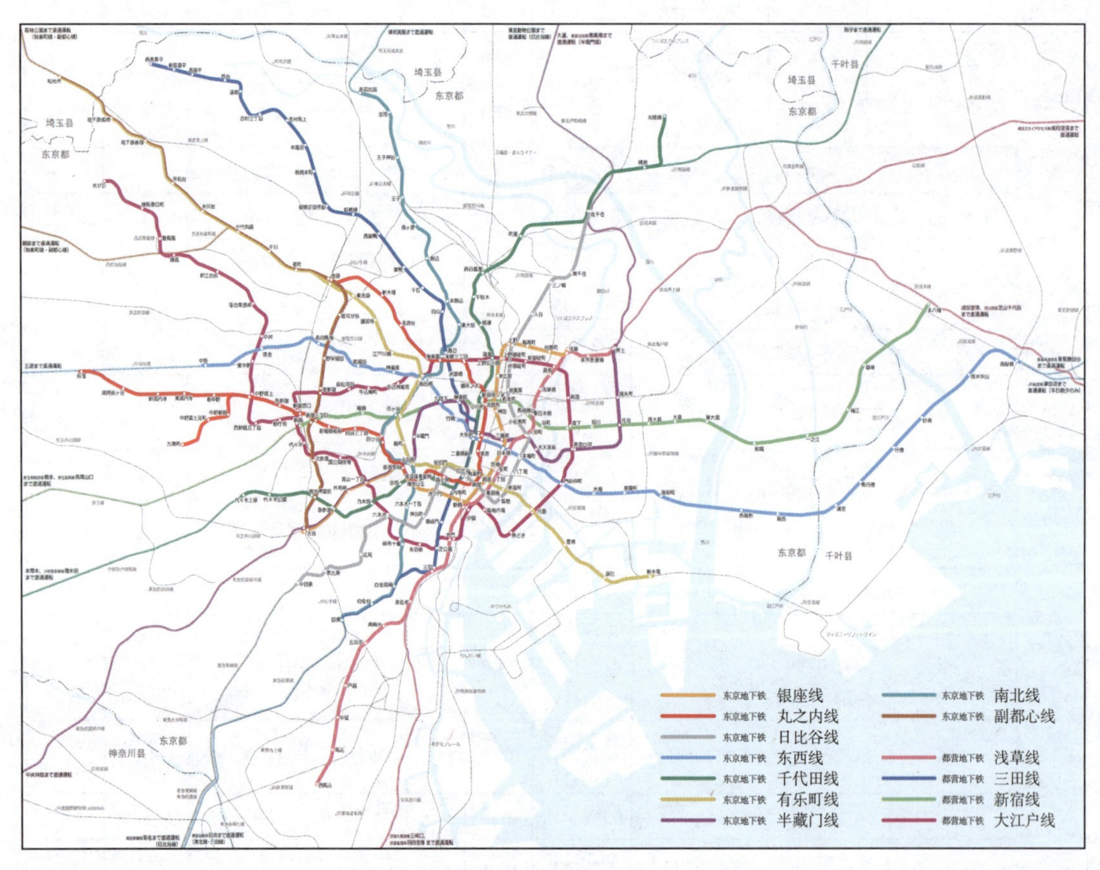

图 4-3 东京区部地铁线路网

资料来源：维基百科，东京地下铁，2008.6.22。

东京区部地铁线路基本情况一览表 表 4-6

轨道主体	线路名称	起终点站	终点站	长度（km）	站点数（个）
东京地下铁株式会社	银座线	涩谷站	浅草站	14.3	19
	丸子内线	荻洼站	池袋站	27.4	20
	日比谷线	中目黑站	北前往站	20.3	21
	东西线	中野站	西桥站	30.8	23
	千代田线	代代木上原站	北绫濑站	24	20
	有乐町线	和光市站	新木场站	28.3	24

续上表

轨道主体	线路名称	起终点站	终点站	长度（km）	站点数（个）
东京地下铁株式会社	半藏门线	涩谷站	押上站	16.8	14
	南北线	目黑站	赤羽岩渊站	21.3	19
	副都心线	和光市站	涩谷站	20.2	11
都营地下铁	浅草线	西马込站	押上站	18.3	20
	三田线	目黑站	西高岛站	26.5	27
	新宿线	新宿站	本八幡站	23.5	21
	大江户线	新宿西口站	光丘站	40.7	38
总计				301.8	—

注：1. 根据东京地下铁株式会社和东京都交通局官方网站数据整理，统计截止日期 2011 年 7 月 1 日。
2. 副都心线和有乐町线共用小竹向原站—和光市站段 8.3km；南北线和三田线共用目黑—白金高轮段 2.3km。

横滨市营地下铁是横滨市交通局经营的地铁系统，是关东地区唯一的市营地铁。横滨市地下铁主要服务横滨市市区和周边区域，包括 2 条线路 40 个车站，线路总长 53.4km，线路信息如图 4–4 所示。

图 4–4　横滨市营地下铁线路图
资料来源：维基百科，横滨市营地下铁路线图，2008.8.14。

四、其他轨道交通

都市圈范围内除JR、私铁和地铁外，还有以有轨电车和第三部门形式等存在的轨道线路，详细情况见表4–7。

东京都市圈其他轨道交通线路一览表　　表4–7

轨道主体	线路名称	起点站	终点站	长度（km）	站点数（个）	备注
东京都交通局	日暮里.舍人线	日暮里	见沼代亲水公园	9.8	13	AGT
	都电荒川线	三之轮桥	早稻田	12.2	30	有轨电车
北总铁道株式会社	北总线	京成高砂	小室	19.8	12	
东叶高速铁道株式会社	东叶高速线	西船桥	东叶胜田台	16.2	9	
多摩都市单轨铁道	多摩单轨铁道	上北台	多摩中心	16	19	跨坐式单轨
横滨高速铁道株式会社	港未来21线	横滨	元町中华街	4.1	6	
	儿童国线	长津田	儿童国	3.4	3	
横滨新都市交通	金泽海边线	新杉田	金泽八景	10.6	14	AGT
东京临海高速铁道株式会社	临海线	大崎	新木场	12.2	8	
鹿岛临海铁道	大洗鹿岛线	水户	鹿岛神宫	53	15	
埼玉高速铁道株式会社	埼玉高速铁道	赤羽岩渊	浦和美园	14.6	8	
埼玉新都市交通株式会社	伊奈线	大宫	内宿	12.7	13	AGT
千叶都市单轨铁路株式会社	单轨1号线	千叶港	县厅前	3.2	6	悬挂式单轨
	单轨2号线	千叶	千城台	12	13	
首都圈新都市铁道株式会社	筑波快线	秋叶原	筑波	58.3	20	
夷隅铁道株式会社	夷隅线	大原	上总中野	26.8	14	
真冈铁道株式会社	真冈线	下馆	茂木	41.9	17	
芝山铁道株式会社	芝山铁道线	东成田	芝山千代田	2.2	2	
总武流铁株式会社	流铁流山线	马桥	流山	5.7	6	
山万株式会社	尤加利丘线	山万尤加利丘	中学校	4.1	5	AGT
铫子电气铁道	铫子电气铁道线	铫子	外川	6.4	11	

注：1. 根据维基百科（日文）和各运营主体官方网页（日文）相关信息整理，统计截止日期2011年7月1日。
2. 东京交通局不属于第三部门，东京都市圈范围内真冈铁道真冈线长度9.2km（下馆—久下田）；鹿岛临海铁道大洗鹿岛线长度26.5km（鹿岛神宫—新鉾田）。

五、线路长度和设站间距

轨道交通线路的长度和站距主要受线路功能和所处区域的建设用地形态影响，据此可将东京都市圈轨道线路按4种类型分析：

（1）服务于城市中心区内部的轨道交通线路，主要是指高度建成区内的JR山手线、地铁线路和部分私铁线路，其承担城市内部轨道交通功能，线路长度为20~30km，平均物理设站间距约1km，此类线路信息见表4-8。

都市圈主要建成区城市内部轨道交通线站距一览表　　表4-8

轨道企业主体	线路名称	长度（km）	站距（km）
东京地下铁	银座线	14.3	0.8
	丸之内线	27.4	1.4
	日比谷线	20.3	1
	东西线	30.8	1.3
	千代田线	24	1.2
	有乐町线	28.3	1.2
	半藏门线	16.8	1.2
	南北线	21.3	1.1
	副都心线	11.9	1.2
都营地下铁	浅草线	18.3	0.9
	三田线	26.5	1
	新宿线	23.5	1.1
	大江户线	40.7	1.1
横滨市营地下铁	蓝线	40.4	1
	绿线	13	1.3
JR	山手线	34.5	1.2
私铁	东急目黑线	11.9	0.9
	东急池上线	10.9	0.7
	东急大井町线	12.4	0.8
	京王电铁井之头线	12.7	0.7

（2）主要服务于区部与外围城市的中短距离城际旅客运输，部分线路提供都市圈以外区域的城际运输，兼顾沿线区域至区部的通勤通学和业务出行交通服务，主要是指JR放射线路，其线路长度一般大于40km、小于90km，平均物理设站间距一般为3~5km，此类线路信息见表4-9。

都市圈中短距离城际和通勤JR线路站距一览表　　表4-9

线路名称	线路长度（km）	站点数（个）	平均站距（km）
武藏野线	71.8	25	2.9
总武线	140.8	49	2.9
京叶线	42	17	2.5
中央线	68.3	33	2.1
东海道线	99.6	20	5
横须贺线	23.9	9	2.7

续上表

线路名称	线路长度（km）	站点数（个）	平均站距（km）
宇都宫线	64.7	15	4.3
常磐线	90.3	19	4.8
高崎线	61.4	16	3.8
八高线	86.1	20	4.3
川越线	30.6	10	3.1
横滨线	42.6	20	2.1
内房线	119.4	30	4
外房线	93.3	27	3.5
成田线	75.4	27	2.8
我孙子支线	32.9	10	3.3

（3）服务区部与外围区域的客流运输，弥补 JR 线路的空缺，主要是私铁放射骨干线路，为都市圈外围区域与区部间的城际客流和通勤客流提供交通服务，线路绝大多数位于都市圈以内，平均物理设站间距一般为 1.2~2km，此类线路信息见表 4–10。

都市圈城际和通勤通学功能私铁线路站距一览表　　表 4–10

线路	线路长度（km）	站点数（个）	平均站距（km）
东武伊势崎线	114.5	54	2.1
东武东上线	75	38	2
西武新宿线	47.5	29	1.6
西武池袋线	57.8	32	1.8
京成本线	69.3	42	1.7
京王电铁京王线	37.9	32	1.2
京王电铁相模原线	22.6	12	1.9
小田急小田原线	82.5	47	1.8
小田急多摩线	10.6	8	1.3
东急东横线	24.2	15	1.6
东急田园都市线	31.5	27	1.2
京急本线	56.7	50	1.1
相模铁道相模本线	24.6	18	1.4

（4）服务于都市圈外围交通薄弱片区的轨道线路，弥补该区域公共交通的不足，主要以私铁和第三部门的轨道线路为主，本部分线路长度一般长度较短，站距根据周边开发情况具体设置。

第三节　线网规模

东京都市圈各区域轨道线路组成各有特点，其中区部 JR 山手线内侧区域以地铁线路为主，基本不存在其他形式轨道线路；东京区部 JR 山手线外侧区域私铁、地铁、JR 线路并重；都市圈外围区域（除区部外）主要以私铁和 JR 线路为主，具体各区域各类轨道线路规模见表 4-11。

东京都市圈各层次轨道线网规模统计表（单位：km）　　表 4-11

区 域 范 围	新干线	JR	私铁	地铁	其他	总计
都心三区	10	35	2	96	8	151
东京区部	35	173	231	306	62	807
东京都	35	319	371	306	79	1110
东京都市圈	223	1495	1196	358	249	3521
横滨市—川崎市	25	107	149	54	15	350
千叶市	0	57	22	0	15	95
埼玉市	17	53	14	0	5	89

注：1. 本表统计数据由 GIS 统计分析得出，线路共线部分存在重复计算。
2. “其他”包括除新干线、JR 线路、私铁和地铁以外的其他所有轨道交通。

第四节　轨道线网客流

一、客流总量

2009 年东京都市圈私铁、JR 东日本和地铁输送客流比例为 1.66 ：1.7 ：1。2005 年首都圈范围 JR 线路、地铁线路和大手私铁客流总比例高达 91.4%，其中 JR 东日本与 JR 东海和东京地铁总客流占首都圈范围所有轨道客流的 54.4%，涉及主要轨道运营主体运输客流量如图 4-5 和表 4-12 所示。

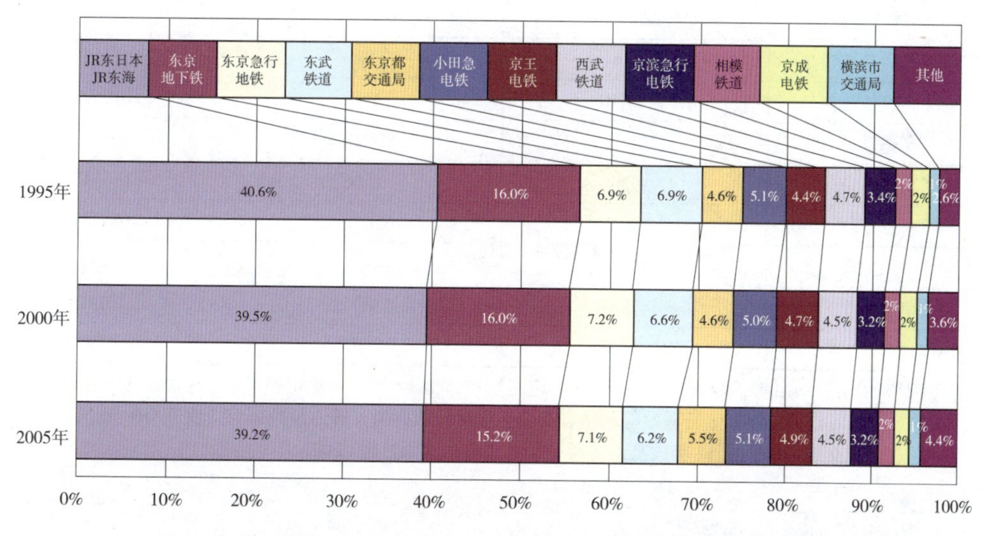

图 4-5　1995 年、2000 年和 2005 年首都圈各轨道企业主体客流比例变化图
资料来源：国土交通省，平成 17 年大都市交通センサス首都圏報告書，2007.9。

2005年东京都市圈主要轨道运营主体输送乘客数（单位：人/日）　　表4-12

轨道运营主体	定期票	普通票	合计
JR东日本	10512280	4953291	15465571
都营地下铁	1153732	1006842	2160574
横滨市交通局	274036	186717	460753
东京地下铁	3375016	2618719	5993735
京滨急行电铁	770126	494438	1264564
小田急电铁	1269768	741575	2011343
京王电铁	1218296	701126	1919422
东京急行电铁	1743372	1077619	2820991
西武铁道	1149240	627927	1777167
东武铁道	1747984	712292	2460276
京成电铁	433732	243898	667630
山万株式会社	358	935	1293
芝山铁道	976	526	1502
新京成电铁	193468	61161	254629
秩父铁道	15840	3451	19291
相模铁道	481332	209181	690513
关东铁道	40640	9858	50498
总武流山电铁	9306	5613	14919
北总铁道	79128	25328	104456
千叶都市单轨	15924	23622	39546
江之岛电铁	16252	23607	39859
横滨新都市交通	16960	22643	39603
多摩都市单轨	76890	46441	123331
百合鸥株式会社	28096	63459	91555
东京临海高速铁道	84524	77823	162347
东叶高速铁道	113958	32734	146692
埼玉高速铁道	73742	20029	93771
横滨高速铁道	94926	71626	166552
首都圈新都市铁道	100152	65635	165787
东京单轨电车	58534	100813	159347
湘南单轨电车	14486	15626	30112
埼玉新都市交通	29170	17607	46777

注：定期票与国内常见的月票相同，主要包括工作定期票（上下班）、学生定期票（上下学）和敬老定期票。定期券数据经《铁道定期券·普通票等利用者调查》统计分析而出，普通票数据经《铁道OD调查》分析而出。

资料来源：国土交通省，平成17年大都市交通センサス首都圏報告書，2007.9。

二、断面客流

2005年JR山手线绝大部分路段断面日均客流量超过50万人次；JR中央线、总武线、东海道线和宇都宫线紧靠 JR 山手线的路段断面日均客流量高达 50 万人次；区部其他放射线路断面日均客流量均达到 25 万 ~50 万人次，JR 中央线、总武线、东海道线、宇都宫线、常磐线和私铁小田原线区部外围路段仍有大量区间断面日均客流量达到 25 万 ~50 万人次，其中 JR 东海道线断面日均客流量 25 万 ~50 万人次区间远达距东京都心 50km 处的大船站。2005 年，区部地铁线路断面日均客流量大多数位于 10 万 ~25 万人次，JR 山手线以外南部和东北部的地铁线路断面日均客流量大多数位于 5 万 ~10 万人次。东京都市圈轨道线路全日运输能力和客流量信息如图 4-6~ 图 4-9 和表 4-13~ 表 4-15 所示。

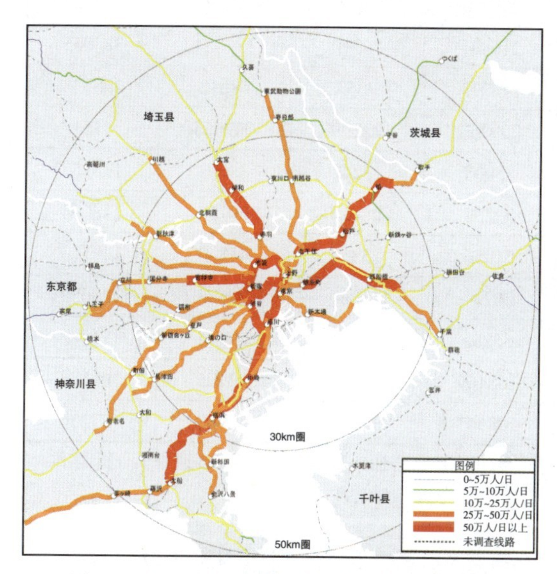

图 4-6　2005 年都市圈全日轨道线路运输能力

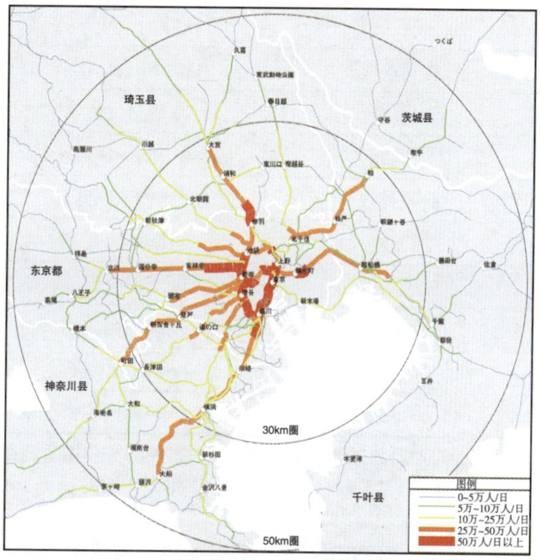

图 4-7　2005 年都市圈全日轨道线路客流量

注：图中不包括地铁、新干线线路客流。

资料来源：国土交通省，平成 17 年大都市交通センサス首都圈報告書，2007.9。

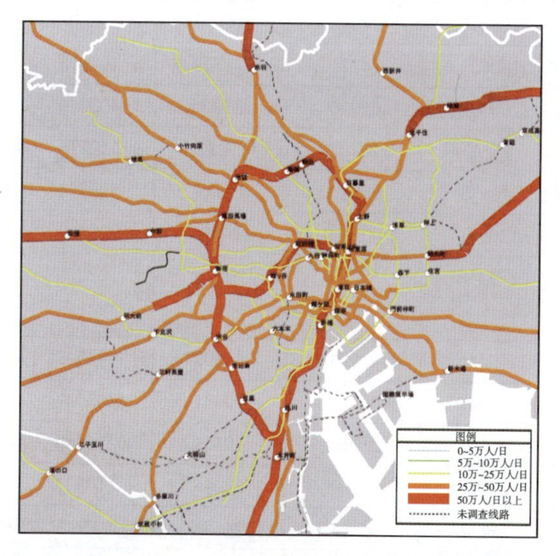

图 4-8　2005 年区部轨道线路全日运输能力

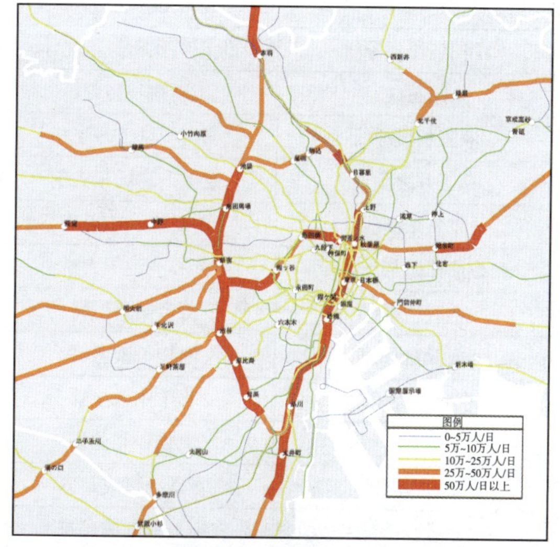

图 4-9　2005 年区部轨道交通线路全日客流量

注：图中不包括新干线线路客流。

资料来源：国土交通省，平成 17 年大都市交通センサス首都圈報告書，2007.9。

2005年东京都市圈主要JR线路全日最大断面客流量（单位：人次/日）　表4-13

线　路	最大断面	定期票		普通票	合　计
		通勤	通学		
东海道本线	横滨→户塚	153509	29985	59809	243303
中央本线	新宿→太久保	257046	61847	141459	460352
京滨东北.根岸线	品川→大井町	200852	22361	96279	319492
常磐线快速	北千住→松户	175708	36580	53979	266267
常磐线缓行	绫濑→龟有	80361	17980	45786	144127
总武线缓行	秋叶原→浅草桥	216891	46090	121054	384035
总武本线	锦系町→新小岩	140273	9653	58612	208538
山手线	原宿→代代木	259362	72299	209856	541517
南武线	武藏中原→武藏小杉	83008	17242	38003	138253
武藏野线	南浦和→东浦和	59235	28126	30737	118098
横滨线	新横滨→菊名	71956	23357	43840	139153
横须贺线	保土谷→横滨	86737	13230	29683	129650
青梅线	立川→西立川	65885	16043	29414	111342
埼京线	池袋→板桥	168465	47028	93195	308688
京叶线	新木场→葛西临海公园	108545	11787	56902	177234

注：定期票数据经《铁道定期券·普通券等利用者调查》统计分析而出，普通票数据经《铁道OD调查》分析而出。
资料来源：国土交通省，平成17年大都市交通センサス首都圈報告書，2007.9。

2005年东京都市圈主要私铁线路全日最大断面客流量（单位：人次/日）　表4-14

线　路	最大断面	定期票		普通票	合　计
		通勤	通学		
京急本线	横滨→户部	124179	39485	65140	228804
小田急小田原线	世田谷代田→下北泽	186833	74271	148374	409478
京王线	新宿→初台	200512	65926	137335	403773
京王相模原线	调布→京王多摩川	54722	18792	37202	110716
京王井之头线	池上→驹场东大前	89562	36816	71513	197891
东急东横线	中目黑→祐天寺	120981	43593	114309	278883
东急田园都市线	涩谷→池尻大桥	179436	52737	90823	322996
西武新宿线	下落合→高田马场	127084	33024	78789	238897
西武池袋线	池袋→椎名町	159148	48201	85699	293048
东武伊势崎线	北千住→小菅	167612	30164	70831	268607
东武东上线	池袋→北池袋	149351	59567	79531	288449
京成本线	青砥→京成高砂	62662	16237	32038	110937
京成押上线	押上→京成曳舟	64434	8714	21544	94692
相模铁道本线	平沼桥→横滨	137341	34761	67548	239650

注：定期票数据经《铁道定期券·普通券等利用者调查》统计分析而出，普通票数据经《铁道OD调查》分析而出。
资料来源：国土交通省，平成17年大都市交通センサス首都圈報告書，2007.9。

2005 年东京都市圈主要地铁线路全日最大断面客流量（单位：人次 / 日）　表 4–15

线路		最大断面	定期票		普通票	合计
			通勤	通学		
东京地下铁	银座线	虎之门→新桥	80809	1709	108264	190782
	丸之内线	茗荷谷→后乐园	86493	20102	63004	169599
	日比谷线	上野→入谷	126334	11628	67273	205235
	东西线	茅场町→门前仲町	194546	30339	106735	331620
	千代田线	町屋→西日暮里	132787	37243	56063	226093
	有乐町线	江户川桥→饭田桥	88471	17445	67683	173599
	半藏门线	涩谷→表参道	113810	24479	60919	199208
	南北线	东大前→后乐园	38426	18686	27565	84677
都营地下铁	浅草线	泉岳寺→三田	68390	10898	52011	131299
	三田线	白山→春日	48906	15341	37229	101476
	新宿线	曙桥→市谷	59221	12278	54578	126077
	大江户线	代代木→国立竞技场	32253	3476	49695	85424
横滨地铁蓝线		三泽下町→横滨	33000	10078	27233	70311

注：定期票数据经《铁道定期券・普通券等利用者调查》统计分析而出，普通票数据经《铁道 OD 调查》分析而出。
资料来源：国土交通省，平成 17 年大都市交通センサス首都圏報告書，2007.9。

三、站点客流

由于 JR 轨道站点多位于重要的交通节点位置，换乘线路较多，其站点客流量十分巨大且稳定。1999~2009 年，都市圈范围客流量排列前八位的站点均保持不变：新宿、池袋、涩谷、横滨、东京、品川、大宫和新桥；2009 年 JR 东日本站点客流量前十名均超过 20 万人次 / 日，其中新宿站客流量高达 75 万人次 / 日，客流量前十名站点信息见表 4–16。

2009 年 JR 东日本站点客流量前十名　表 4–16

排名	站点	日均客流量（人次 / 日）	排名	站点	日均客流量（人次 / 日）
1	新宿	748522	6	品川	321739
2	池袋	548249	7	新桥	248048
3	涩谷	412241	8	大宫	236424
4	横滨	399633	9	秋叶原	224608
5	东京	384024	10	高田马场	204527

资料来源：JR 东日本官方网站，JR 东日本站点客流统计数据，2010。

私铁线路中位于东京区部和横滨、川崎的个别站点客流量占线路客流比例极高，见表 4–17。其中与 JR 山手线接驳的私铁放射线起点客流比例基本高达 15% 以上，如西武池袋线的池袋站、东横线的涩谷站等。究其原因，主要由于大量的旅客居住在私铁沿线的郊区，工作地点大多分布于区部甚至 JR 山手线范围以内，每日大量的乘客在 JR 山手线换乘其他线路或其他交通方式。其他私铁线路大多为放射干线的支线，线路较短、站点数量较少，站点客流与站点周边土地利用情况紧密相关。

东京都市圈私铁放射线重要站点客流比例　　表 4–17

线 路 名 称	重要站点客流比例
西武新宿线	西武新宿：12.9%；高田马场：21.5%
西武池袋线	池袋站：31.7%
京成本线	日暮里：9%；京成高砂：9%；京成船桥：9.2%
京王电铁京王线	新宿：33.6%
小田急小田原线	新宿：15.8%
东急东横线	涩谷：17.8%；横滨：14.8%
东急田园都市线	涩谷：28.8%
京急本线	品川：7.9%；川崎：7.4%；横滨：10.6%
相模铁道相模本线	横滨：38%
东急目黑线	目黑：37.2%
东急池上线	五反田：23.7%；蒲田：17.2%

注：根据私铁线路 2008 年或 2009 年详细站点客流数据推算。

东京都市圈地铁线路全部位于高度建成区，除少数与 JR、私铁接驳形成交通枢纽站点的客流较大外其他站点客流量相差不大，表 4–18 中客流比例超过 10% 的绝大多数站点周边商业开发完善且为多线路换乘节点。

东京都市圈地铁线路主要站点客流比例一览表　　表 4–18

线 路	重要站点客流比例	站点数（个）
银座线	涩谷：11.1%；新桥：10.7%；日本桥：10.6%	19
丸之内线	池袋：12.4%；新宿 10.1%	29
日比谷线	北千住：14.5%	21
东西线	日本桥：10.1%；西船桥：10.4%	23
千代田线	绫濑：19.8%；北千住：14%；代代木上原：10.1%	20
有乐町线	小竹向原：10.3%；有乐町：10.5%	24
半藏门线	涩谷：27.5%；表参道：10.7%	14
南北线	目黑：10.4%；溜池山王：11.4%；饭田桥：10.3%	19
副都心线	小竹向原：25.6%；池袋：16.9%；新宿三丁目：17%；涩谷：19.9%	11
浅草线	泉岳寺：14.3%；押上：14.6%	20
三田线	神保町：11%	27
新宿线	新宿：20%	21
大江户线	站点客流比较均衡	38
横滨蓝线	横滨：13.2%	39

注：本表只统计站点客流占全线客流 10% 以上站点，根据 2009 年《東京都統計年鑑》和 2009 年《横浜市統計書》站点客流推算。

四、客流强度

东京都市圈 JR 山手线全部位于区部核心区，承担城市内部客运交通功能，同时其站点大多为放射线路起点。因此，JR 山手线是东京都市圈客流强度最大的轨道线路，2008 年线路日均客流量 397.3 万人次 / 日，客流强度高达 11.5 万人次 /（日・km）。

都市圈私铁放射线路客流明显高于其他私铁线路，其中联系东京区部和横滨、川崎沿海发展轴的线路客流量大，该方向 4 条私铁放射线路（京急本线、东急池上线、目黑线、东横线）2003 年客流强度总和高达 9.6 万人次 /（日・km）。另外，联系田园都市新城和区部的田园都市线、多摩新城和区部的京王线因沿线至区部通勤量高，其客流强度也较大。2003 年东京都市圈主要私铁线路客流强度信息见表 4-19。

2003 年东京都市圈主要私铁线路客流强度　　表 4-19

线路名称		日均客流量（万人次 / 日）	线路长度（km）	客流强度［万人次 /（日・km）］	备注
放射线	京急本线	78.74	56.7	1.39	横滨、川崎方向
	东急池上线	19.3	10.9	1.77	
	东急目黑线	32.5	11.9	2.73	
	东急东横线	112.9	24.2	4.67	
	小田急小田原线	152.3	82.5	1.85	
	田原都市线	116.7	31.5	3.7	东京都西多摩方向
	京王线	109.85	37.9	2.9	
	西武新宿线	69.6	47.5	1.47	
	东武东上线	95.86	75	1.28	埼玉方向
	西武池袋线	76.15	57.8	1.32	
	京成本线	50.4	69.3	0.73	千叶方向
	东武伊势崎线	84.6	114.5	0.74	
其他	京急空港线	8.1	6.5	1.25	
	京急大师线	2.93	4.5	0.65	
	京急逗子线	2.3	5.9	0.39	
	京急久里滨线	7.21	13.4	0.54	
	京王井之头线	55.5	12.7	4.37	位于区部
	京王相模原线	22	22.6	0.97	
	京王竞马场线	0.17	0.9	0.19	
	京王动物园线	0.31	2	0.16	
	京王高尾线	4.72	8.6	0.55	
	小田急江之岛线	35.8	27.6	1.3	
	小田急多摩线	7	10.6	0.66	
	西武拜岛线	7.62	14.3	0.53	

续上表

线路名称		日均客流量（万人次/日）	线路长度（km）	客流强度［万人次/（日·km）］	备注
其他	西武国分寺线	7.64	7.8	0.98	
	西武多摩湖线	2.18	9.2	0.24	
	西武园线	0.21	2.4	0.09	
	东武越生线	1.95	10.9	0.18	
	西武峡山线	0.82	4.2	0.2	
	西武秩父线	0.56	19	0.03	
	西武有乐町线	5.57	2.6	2.14	直通连接线
	西武丰岛线	0.68	1	0.68	
	京成金町线	1.7	2.5	0.68	
	京成千叶线	4	12.9	0.31	
	京成押上线	13.2	5.7	2.32	直通连接线
	东武亀户线	2.4	3.4	0.71	
	东武大师线	0.76	1	0.76	
	东武佐野线	0.42	22.1	0.02	
	东武桐生线	0.33	20.3	0.02	
	东武小泉线	0.26	18.4	0.01	
	东武日光线	4.29	94.5	0.05	
	相模铁道本线	56.82	24.6	2.31	
	相模铁道泉野线	5.69	11.3	0.5	
	西武多摩川线	3.03	8	0.38	
	东急多摩川线	7.05	5.6	1.26	
	东急儿童国线	0.55	3.4	0.16	
	东急大井町线	21.1	12.4	1.7	

注：根据運輸政策研究機構《都市交通年報 平成 17 年》资料整理。

2009 年，区部地铁线路日均客流强度 3.58 万人次 /（日 · km）。早期开通线路客流强度明显高于后期线路，其中最早开通的银座线客流强度最高；大江户线、南北线、副都心线因建设年代相对较近，客流强度相对较小，具体线路客流强度信息见表 4–20。

2009 年东京都市圈地铁线路客流强度 表 4–20

运营主体	线路	日均客流量（万人次/日）	线路长度（km）	客流强度［万人次/（日·km）］
东京地下铁	银座线	102.04	14.3	7.14
	丸之内线	109.36	27.4	3.99
	日比谷线	109.38	20.3	5.39
	东西线	132.06	30.8	4.29

续上表

运营主体	线路	日均客流量（万人次/日）	线路长度（km）	客流强度［万人次/（日·km）］
东京地下铁	千代田线	113.90	24	4.75
	有乐町线	91.73	28.3	3.24
	半藏门线	85.79	16.8	5.11
	南北线	44.62	21.3	2.09
	副都心线	30.82	11.9	2.59
都营地下铁	浅草线	62.72	18.3	3.43
	三田线	56.69	26.5	2.14
	新宿线	66.52	23.5	2.83
	大江户线	79.23	40.7	1.95
横滨地下铁	蓝线	49.1	40.4	1.22
	绿线	9.3	13	0.72

注：根据関東交通広告協議会和2009年《横浜市統計書》统计数据整理计算。

五、平均乘距

东京都市圈主要放射线路平均乘距13~15km，JR主要放射线平均乘距约15km，见表4–21。定期票旅客平均乘距大于非定期票旅客平均乘距，非放射性线路平均乘距明显低于放射性线路，其中中央本线和东北本线因沿线区域开发密集平均乘距约10km。私铁放射线路除位于高度建成京滨工业带的东急目黑线和东横线平均乘距略小，其他放射线路平均乘距13~14km；非放射线路平均乘距约6km，见表4–22。区部地铁线路平均乘距随着线路长度的增加逐渐增大，大多为线路总长度的1/4~1/3，见表4–23，其中副都心线平均乘距约占线路长度的1/2。考虑都市圈外围至区部的通勤交通服务实际由放射线路和地铁线路直通运转或换乘共同提供，因此，都市圈外围至区部的通勤轨道交通平均乘距可能为19~21km。

2003年JR线路平均乘距一览表

表4–21

线路	区间	长度（km）	平均乘距（km）		
			定期票	非定期票	平均
山手线	品川—田端	20.6	6.0	5.3	5.7
总武本线	东京—八街	65.9	15.9	13.6	15.2
东海道本线	东京—平塚	81.6	14.2	11.6	13.3
中央本线	东京—高尾	53.1	11.0	9.5	10.4
东北本线	东京—栗桥	82.8	10.8	8.4	10.0
常磐线	日暮里—牛久	50.6	17.4	15.8	17.0
高崎线	大宫—吹上	27.3	15.6	16.5	15.8

续上表

线　路	区　间	长度（km）	平均乘距（km）		
			定期票	非定期票	平均
京叶线	全线	54.3	16.5	11.5	14.0
横须贺线	大船—久里滨	23.9	8.8	7.2	8.0
根岸线	横滨—大船	22.1	7.6	5.5	6.8
横滨线	东神奈川—八王子	42.6	12.4	10.2	11.6
南武线	全线	39.6	9.2	1.0	9.0
外房线	千叶—誉田	12.6	7.1	6.6	6.9
内房线	苏我—滨野	3.4	3.4	3.4	3.4
武藏野线	府中本町—西船桥	71.8	13.0	11.1	12.3
青梅线	立川—奥多摩	37.2	8.7	7.8	8.4
川越线	大宫—高丽川	30.6	11.3	12.0	11.5
成田线	我孙子—佐仓	46	13.5	14.7	14.0
成田支线	成田—久住	6.9	6.9	6.9	6.9
五日市线	拜岛—武藏五日市	11.1	6.5	6.3	6.4
相模线	茅崎—桥本	33.3	8.3	9.6	8.7
鹤见线	全线	9.7	3.0	2.5	2.9
八高线	八王子—越生	39.6	10.1	10.4	10.2
成田空港线	成田—成田空港	10.8	10.3	10.2	10.2

注：灰色底纹区域为放射线路。“平均乘距”数据来源運輸政策研究機構《都市交通年報平成 17 年》。

都市圈主要私铁线路平均乘距一览表　　表 4–22

线　路	路　段	长度（km）	平均乘距（km）		
			定期票	非定期票	平均
东武伊势崎线	浅草—鹭宫	52.1	13.9/15.5	12.4/16.3	13.4
东武东上线	池袋—坂户	40.6	15.8/15.9	12.0/12.5	14.5
西武新宿线	全线（含支线）	72	14.3/13.1	11.6/10.9	13.3/12.2
西武池袋线	全线（含支线）	84.8	15.0/14.4	12.6/12.3	14.1/13.6
京成本线	京成上野—成田空港	69.3	13.0/13.5	14.3/14.6	13.6/13.9
京王京王线	全线（含支线）	72	14.2/13.9	11.5/11.6	13.1/12.9
京王小田原线	新宿—爱甲石田	48.5	15.0/15	13.4/13.4	14.4/14.4
东急东横线	涩谷—横滨	24.2	9.7	9	9.4
东急目黑线	目黑—日吉	11.9	5.3	4.7	5.1
东急田园都市线	涩谷—中央林间	31.5	11.4	8.9	10.5
京急京急本线	泉岳寺—贺浦	56.7	15.9	12.0	14.2
东武野田线	大宫—船桥	62.7	9.3	9.3	9.3

续上表

线路	路段	长度（km）	平均乘距（km）		
			定期票	非定期票	平均
东武日光线	东武动物公园—栗桥	13.9	8.2	10.4	9.0
东武越生线	坂户—越生	10.9	6.4	6.7	6.5
西武多摩湖线	国分寺—西武游园	9.2	3.6	3.5	3.5
西武多摩川线	武藏境—是政	8	5.1	5.0	5.1
京成押上线	押上—青砥	5.7	4.8	4.3	4.7
京成千叶线	京成津田沼—千叶中央	12.9	7.5	6.8	7.2
京成千原线	千叶中央—千原太台	10.9	7.2	6.5	6.9
京成东成田线	京成成田—东成田	7.1	7.1	7.1	7.1
京王井之头线	涩谷—吉祥寺	12.7	5.6/5.6	5.2/5.2	5.4/5.4
京王江之岛线	相模大野—片濑江岛	27.4	8.7	8.2	8.6
京王多摩线	新百合丘—唐木田	10.6	6.3	6.0	6.2
东急大井町线	大井町—沟之口	12.4	4.8	4.2	4.6
东急多摩川线	多摩川—蒲田	5.6	3.3	3.2	3.3
东急池上线	五反田—蒲田	10.9	4.4	3.7	4.1
相模铁道相模铁道线	横滨—海老名	24.6	11.7	10.8	11.3

注：灰色底纹区域为放射线路，“14.2/13.9”右边数据为2009年数据，其他为2003年数据。
资料来源：関東交通広告協議会；運輸政策研究機構《都市交通年報平成17年》。

2009东京区部地铁线路平均乘距一览表 表4-23

经营主体	线路	线路长度（km）	平均乘距（km）		
			定期票	非定期票	平均
东京地下铁	银座线	14.3	3.7	3.5	3.6
	丸之内线	27.4	5.4	4.4	5.0
	日比谷线	20.3	6.1	4.7	5.5
	东西线	30.8	9.8	7.5	8.9
	千代田线	24	7.6	6.0	7.0
	有乐町线	28.3	8.3	6.6	7.6
	半藏门线	16.8	5.5	4.9	5.1
	南北线	21.3	6.7	5.2	6.1
	副都心线	11.9	6.4	5.7	6.1
都营地下铁	浅草线	18.3	5.6	4.7	5.2
	三田线	26.5	7.3	5.6	5.6
	新宿线	23.5	7.5	6.1	6.9
	大江户线	40.7	6.7	5.2	5.9

注：“平均乘距”数据来源関東交通広告協議会。

六、高峰时段

都市圈职住分离的就业形态导致大量的通勤通学人口在特定的时间段涌入东京区部，使得放射性轨道交通高峰时段拥挤严重。根据东京都市圈第三、四、五次交通调查数据结果，如图 4–10 所示，轨道交通高峰时段 8：00~9：00 通勤通学客流约占总通勤通学客流的 50% 以上。1998~2008 年，都市圈轨道交通早高峰呈缓和分散趋势，8：00~9：00 采用轨道交通通勤通学的比例呈逐年下降趋势，8：00 以前的比例呈上升趋势。通过对首都圈乘客的上下时刻分布分析见图 4–11 和图 4–12，8：00 以前通勤通学者乘车且比例呈上升趋势，乘客下车集中在 7：30~9：00，且 8：00 以前下车的比例呈上升趋势。这种变化趋势在一定程度上表明，远距离居住者为了保证通勤通学的准时性而不得不选择更早的出行。

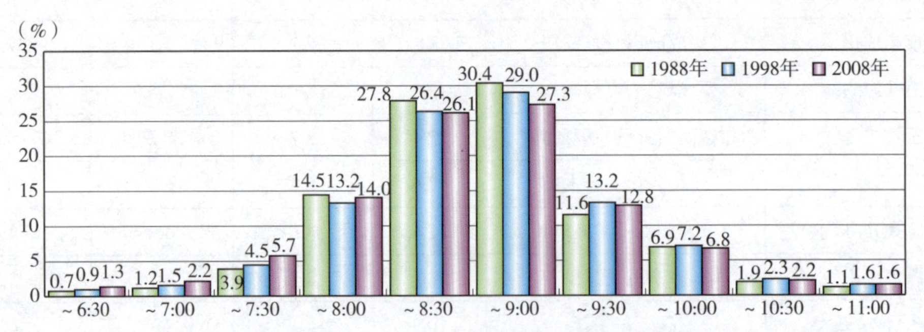

图 4–10　东京都市圈 1988 年、1998 年、2008 年通勤时段轨道交通客流分时比例图

注：根据东京都市圈第三、四、五次交通调查报告数据整理。

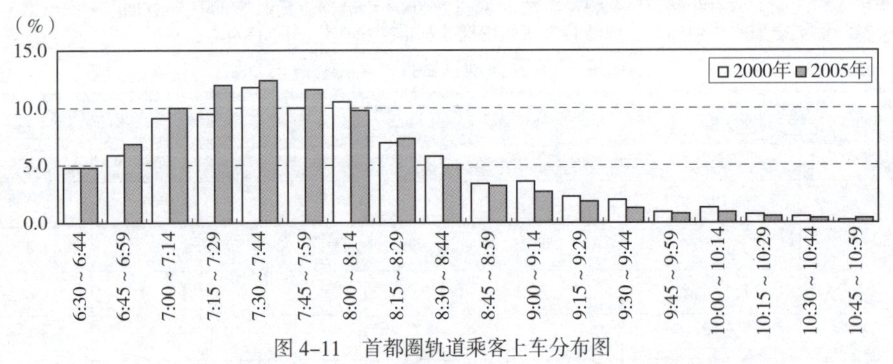

图 4–11　首都圈轨道乘客上车分布图

资料来源：国土交通省，平成 17 年大都市交通センサス首都圏報告書，2007.9。

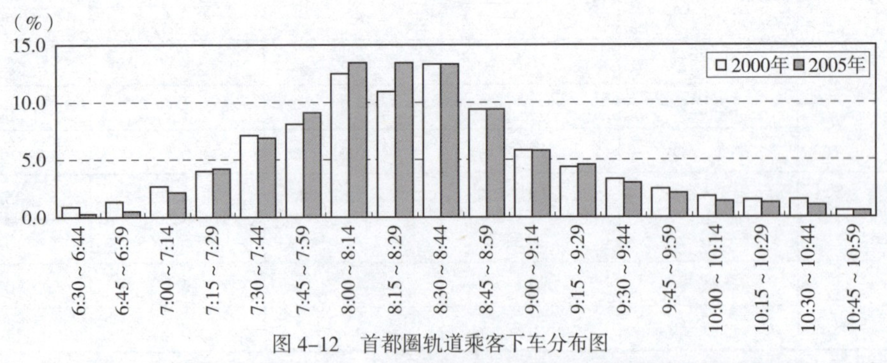

图 4–12　首都圈轨道乘客下车分布图

资料来源：国土交通省，平成 17 年大都市交通センサス首都圏報告書，2007.9。

七、高断面

轨道交通高断面是指通过客流最大的断面，其通过客流称为最大断面客流。在日本，轨道线路拥挤率是以高峰小时高断面高方向服务水平界定的。得益于轨道企业严密的票务清分系统，每年均可获得较为准确的线路高断面客流数据。2003 年，东京都市圈 JR 线路、私铁线路、地铁线路的主要线路高峰小时高断面高方向的客流、运输能力及全日运输能力详见表 4-24 ~ 表 4-26。

2003 年东京都市圈 JR 主要线路高峰小时高断面高方向运营状况　　表 4-24

轨道线路		高峰断面	高峰时段	输送力(人)	断面客流量(人)	全日断面客流量(人)
放射线	横须贺线	新川崎→品川	7：40—8：40	20504	38750	130219
	东海道线	川崎→品川	7：39—8：39	35280	71880	200510
	京滨东北线	大井町→品川	7：30—8：30	33600	73350	273280
		上野→御徒町	8：00—9：00	33600	75500	313520
	中央线（快速）	中野→新宿	8：00—9：00	42000	91560	367850
	中央线（缓行）	代代木→千太谷	8：00—9：00	34040	30510	166530
	常磐线（缓行）	龟有→凌濑	7：30—8：30	33600	67310	162800
	常磐线（快速）	松户→北千住	7：30—8：30	21840	41530	134050
	总武线（缓行）	绵系町→两国	7：30—8：30	38480	81160	300624
	总武线（快速）	新小岩→锦系町	7：40—8：40	35340	62930	175076
	埼京线	池袋→新宿	8：00—9：00	28000	59200	227550
	京叶线	东西临海公园→新木场	7：30—8：30	25200	47100	186250
	东北线	土吕→大宫	7：14—8：14	27010	51400	167216
环线	山手线（外环）	上野→御徒町	8：00—9：00	38220	85300	333830
	山手线（内环）	代代木→原宿	8：00—9：00	38040	70200	480760
	南武线	武藏中原→武藏小衫	7：40—8：40	20160	39010	92510
	武藏野线	东浦和→南浦和	7：26—8：26	14560	28960	120540
	鹤见线	鹤见→鹤见小野	7：30—8：30	5880	9610	21760
其他	横滨线	小机→新横滨	7：30—8：30	19040	39100	148890
	青梅线	西立川→立川	7：00—8：00	20720	37070	118760
	五日市线	东秋留→拜岛	7：00—8：00	4200	8010	25680
	根岸线	新杉田→矶子	7：00—8：00	18200	35672	95362
	高崎线	宫原→大宫	7：20—8：20	27010	51400	167216

注：横须贺线、总武线（快速）、横滨线调查时间为 2003 年 10 月 22 日，鹤见线调查时间为 1999 年 10 月 13 日，其他线路调查时间为 2003 年 10 月 15 日。

资料来源：運輸政策研究機構，都市交通年報平成 17 年。

2003年东京都市圈私铁主要线路高峰小时高方向高断面运营状况

表4-25

线路		区间	高峰时段	输送力（人）	断面客流量（人）	全日断面客流量（人）	调查时间
放射线	东武伊势崎线	小菅→北千住	7：30—8：30	51540	73517	227536	2003年12月3日
	东武东上线	北池袋→池袋	7：30—8：30	37260	52179	219979	2003年11月20日
	西武新宿线	下落合→高田马场	7：43—8：42	33600	52796	209828	2003年11月12日
	西武池袋线	椎名町→池袋	7：43—8：42	35840	54984	225979	2003年11月13日
	西武有乐町线	新楼台→小竹向原	7：37—8：36	17088	11470	32547	
	京成本线（特急、急行、普通）	大神宫下→京成船桥	7：20—8：20	15246	24080	86209	2003年11月11日
	京成电铁押上线（特急、普通）	曳舟→押上	7：40—8：40	21296	33650	76190	2003年10月30日
	京王电铁京王线	下高井户→明大前	7：40—8：40	42000	71188	278129	2003年11月18日
	京王电铁井之头线	神泉→涩谷	7：50—8：50	20160	29755	139330	
	京王电铁相模原线	京王多摩线→调布	7：20—8：20	17920	25153	81985	
	小田急小田原线	世田谷代田→下北泽	7：48—8：48	38566	72579	300819	2003年11月10日
	小田急多摩线	五月台→新百合丘	7：18—8：18	9970	7368	36797	
	东急东横线（急行、普通列车）	祐天寺→中目黑	7：50—8：50	30870	53389	251991	2003年10月7日
	东急目黑线	不动前→目黑	7：50—8：50	15062	22695	87740	2003年10月8日
	东急池上线	大崎广小路→五反田	7：50—8：50	7986	10376	51063	2003年10月2日
	东急田园都市线（急行、普通）	池吊大桥→涩谷	7：50—8：50	41272	80686	314699	2003年9月30日
	京急本线（特急、急行、普通列车）	戸部→横浜	7：30—8：30	33792	50963	172522	2004年3月4日
	相模铁道相模本线（急行、快速、普通列车）	西横滨→平沼桥	7：33—8：33	38920	54556	218861	2003年10月16日

续上表

线路		区间	高峰时段	输送力（人）	断面客流量（人）	全日断面客流量（人）	调查时间
其他	东急大井町线	九品→自由丘	7：30—8：30	13176	20032	89764	2003 年 10 月 2 日
	新京成电铁新京成线	上本乡→松户	7：22—8：22	14384	15629	50611	2003 年 11 月 12 日
	关东铁道龙崎线	电之崎→佐贯	7：40—8：39	834	377	1519	2003 年 12 月 12 日
	关东铁道常总线	西取手→取手	6：47—7：46	4480	4144	12957	
	总武流山电铁流山线	小金城趾→幸谷	7：10—8：10	2440	2255	15015	2003 年 11 月 19 日
	北总开发铁道北总公团线	新柴又→京成高砂	7：30—8：30	10080	10760	28640	2003 年 10 月 29 日
	江之岛电铁	石上→藤沢	7：20—8：19	1540	1302	7936	2003 年 10 月 28 日
	东京单轨羽田线	浜松町→天王洲	8：00—9：00	10512	10213	51429	2003 年 6 月 2 日
	湘南单轨江之岛线	富士见町→大船	7：19—8：11	1464	2861	13100	2003 年 10 月 2 日
	山万尤加利丘线	公园→俞丘	7：12—8：08	1120	261	1598	2003 年 10 月 15 日
	埼玉新都市交通伊奈线	大成→大宫	7：12—8：08	2964	3746	16701	2003 年 11 月 21 日
	千叶单轨 2 号线	千叶公园→千叶	7：52—8：51	1896	2780	9076	2003 年 10 月 15 日
	横浜新都市交通金泽滨海线	新杉田→南部市场	7：30—8：30	4272	3017	45331	2003 年 10 月 8 日
	东叶高速铁道东叶高速线	东海神→西船桥	7：26—8：21	17088	16074	49070	2003 年 11 月 27 日
	东京临海心新交通临海线	汐留→竹芝	8：30—9：30	6688	6869	39488	2003 年 11 月 12 日
	东京临海高速铁道临海副都心线	大井町→品川	8：20—9：20	12612	12524	38468	2003 年 12 月 24 日
	多摩都市单轨多摩都市线	泉体育馆→立飞	7：18—8：18	4160	2983	17081	2003 年 11 月 13 日

资料来源：運輸政策研究機構，都市交通年報平成 17 年。

表 4-26

2003 年东京都市圈地铁线路高峰小时高断面高方向运营状况

轨道线路		区　间	高峰时段	输送力（人次）	断面客流量（人次）	全天客流量（人次）
东京地下铁（帝都高速营团）	银座线	赤坂见附→溜池山王	8：00—9：00	18240	30452	176146
	丸之内线	新大塚→茗荷谷	8：00—9：00	23731	37000	140753
	丸之内线	四谷→赤坂见附	8：10—9：10	22248	31122	155432
	日比谷线	三输→入谷	7：50—8：50	28224	47216	184202
	东西线	高田马场→早稻田	8：00—9：00	34176	45248	138033
	东西线	木场→门前仲町	7：50—8：50	38448	76185	307074
	千代田线	町屋→西日暮里	7：45—8：45	41296	76692	219706
	有乐町线	东池袋→护国寺	7：45—8：45	34176	60113	175848
	半藏门线	涩谷→表参道	8：00—9：00	38448	67300	212737
	南北线	驹进→本驹进	8：00—9：00	13290	18707	57383
都营地下铁	浅草线	押上→本所吾妻桥	7：40—8：40	23040	26188	89120
	三田线	西巢→巢鸭	7：50—8：50	15960	20799	101597
	新宿线	新宿→新宿三丁目	7：40—8：40	19320	20899	123024
	大江户线	中井→东中野	7：40—8：40	12480	18589	77777
横滨市地下铁蓝线		阪东桥→伊势佐木长者町	7：45—8：45	10500	15681	58288

注：营团地下铁调查时间 2003 年 11 月 18 日，都营地下铁浅草线、三田线、新宿线、大江户线调查时间分别为 2003 年 11 月 5 日、2003 年 11 月 12 日、2003 年 11 月 19 日、2003 年 11 月 26 日，横滨市地下铁蓝线调查时间为 2003 年 11 月 13 日。

资料来源：運輸政策研究機構，都市交通年報平成 17 年。

八、轨道交通服务水平

二战后，随着日本经济的高速发展，东京都市圈建设了大规模的轨道网络也难于应对高峰时段巨大的向心性通勤通学客流压力。高峰期间都市圈 JR 线路中山手线和主要放射线路实际轨道客流量远远高于运输能力，区部内部的地铁线路客流量基本接近或超过运输能力，线路高峰小时运输能力和实际运量如图 4-13~ 图 4-16 所示。

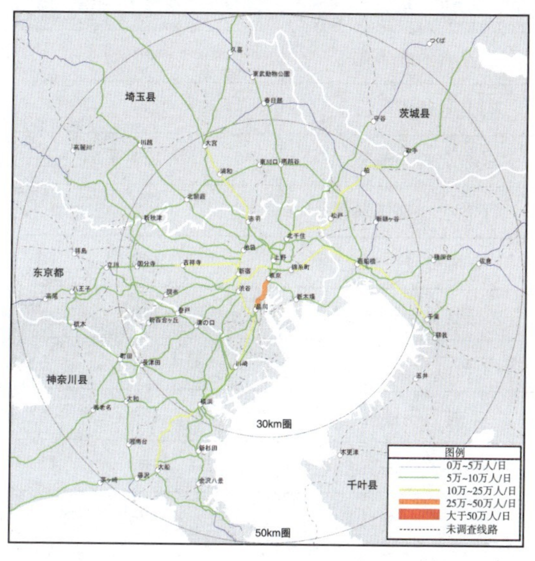

图 4-13　2005 年都市圈高峰时段轨道运输能力

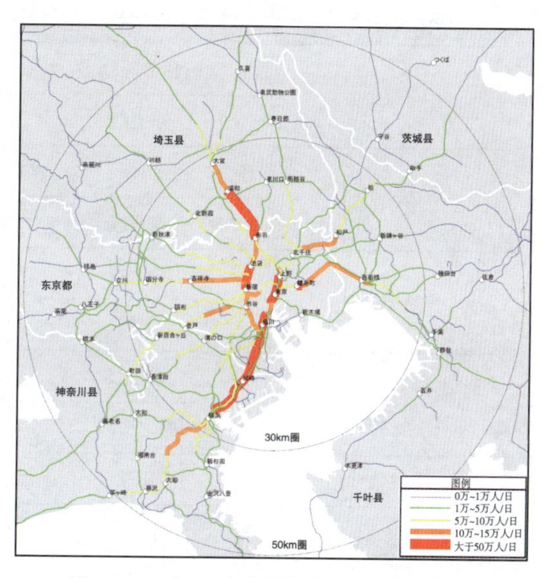

图 4-14　2005 年都市圈高峰时段轨道客流量

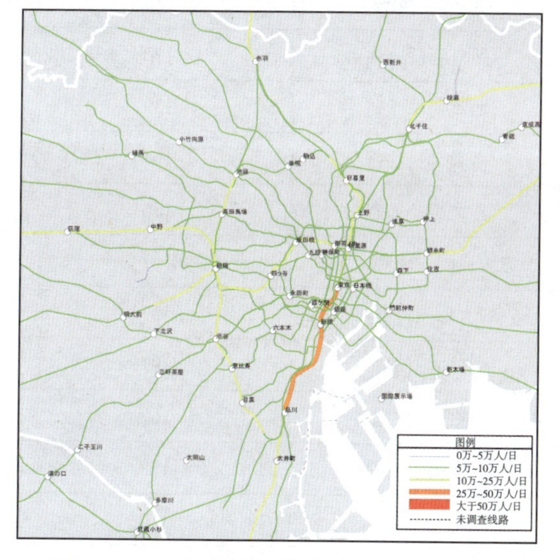

图 4-15　2005 年区部高峰时段轨道运输能力

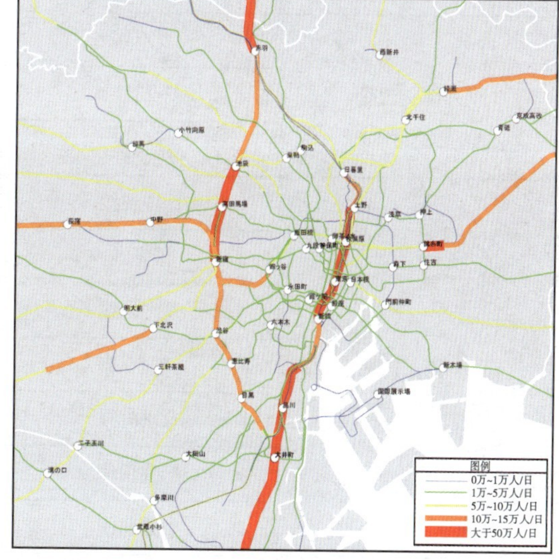

图 4-16　2005 年区部高峰时段轨道交通客流量

注：图 4-13 和图 4-14 不包括地铁、新干线客流，图 4-15 和图 4-16 中不包括新干线客流。

上述 4 图资料来源：国土交通省，平成 17 年大都市交通センサス首都圏報告書，2007.9。

根据日本国铁 1960 年调查数据，当时早高峰时段 5 条国铁线路最拥挤区间拥挤率均超过 200%，其中总武本线 312%、东北本线 307%、山手线 299%、中央线快速 279%、常磐线 247%，这种通勤严重拥挤状态在日本被称为“通勤地狱”。通过日本国家政府、地方政府和轨道企业共同的不懈努力，1975~2009 年轨道主要路段平均拥挤率呈逐年下降趋势，但 2009 年主要 31 区间平均拥挤率仍为 167%，主要通勤通学方向拥挤率仍居高不下，主要 31 区间高峰时段拥挤率见表 4–27。

2009 年东京都市圈轨道 31 区间高峰时段拥挤率　　表 4–27

轨道企业主体	线　名	区　间	拥挤率（%）
东武	伊势崎线	小营→北千住	140
	东上线	北池袋→池袋	138
西武	池袋线	椎名町→池袋	172
	新宿线	下落合→高田马场	159
京成	押上线	京成曳舟→押上	160
	本线	大神宫下→京成船桥	149
京王	京王线	下高井户→明大前	167
	井之头线	神泉→涩谷	139
小田急	小田原线	世田谷代田→下北泽	187
东急	东横线	佑天寺→中目黑	174
	田园都市线	池尻大→涩谷	187
京急	本线	户部→横滨	152
东京都交通局	浅草线	本所吾妻桥→浅草	122
	三田线	西巢鸭→巢鸭	139
	新宿线	西大岛→住吉	154
东京地下铁	日比谷线	三之轮→入谷	156
	银座线	赤坂见附→溜池山王	161
	丸之内线	新大塚→茗荷谷	157
	东西线	木场→门前仲町	197
	有乐町线	东池袋→护国寺	167
	千代田线	町屋→西日暮里	178
	半藏门线	涩谷→表参道	170
JR 东日本	东海道线	川崎→品川	190
	横须贺线	新川崎→品川	181
	中央线（快速）	中野→新宿	194
	中央线（缓行）	代代木→千驮谷	91

续上表

轨道企业主体	线　名	区　间	拥挤率（%）
JR 东日本	京滨东北线	上野→御徒町	198
	常磐线（快速）	松户→北千住	173
	常磐线（缓行）	龟有→绫濑	171
	总武线（快速）	新小岩→锦系町	180
	总武线（缓行）	锦系町→两国	203

虽然东京都市圈高峰时段主要放射线路运输能力严重不足，但从全日角度出发，5 个方向轨道交通运输能力均有剩余，其中最饱和方向神奈川方向仍有 35.6% 的运输能力尚未发挥，东京职住分离形态决定的通勤交通形态造成了轨道交通基础设施资源的极大浪费，如图 4–17 所示。

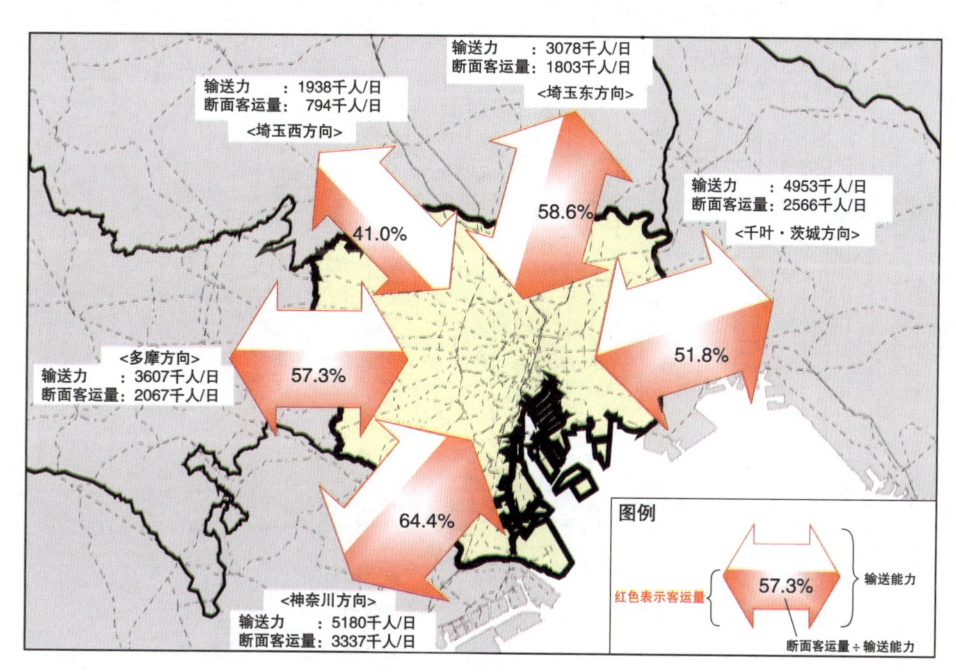

图 4–17　2005 年都市圈五个方向全日轨道运输能力和实际客运量关系
资料来源：国土交通省，平成 17 年大都市交通センサス首都圏報告書，2007.9。

与名古屋圈、大阪圈相比，东京都市圈轨道交通服务水平（主要考虑拥挤区间数量和拥挤程度）明显较低，三大都市圈轨道交通服务水平变化趋势相同，且变化的速率大致相近；但运输能力和输送量却有不同的变化特征。如果 4–18 所示，对于轨道运输能力而言，东京都市圈和名古屋圈 1975~2003 年间均快速增长，2003 年后基本保持平稳，而大阪圈 1975~1998 年间快速增长，1998~2009 年间呈现明显下降趋势；对于线路客流输送量而言，1975~1993 年间三大都市圈均快速增长，1993~2003 年间快速下降，2003 年后东京都市圈客流输送量缓慢下降，而名古屋圈、大阪圈却仍保持一定的下降速率，特别是大阪圈，其

2009 年输送量下降为 1975 年的 80%，三大都市圈各自的客流变化趋势正好与日本经济发展、自身的人口发展趋势紧密相关。

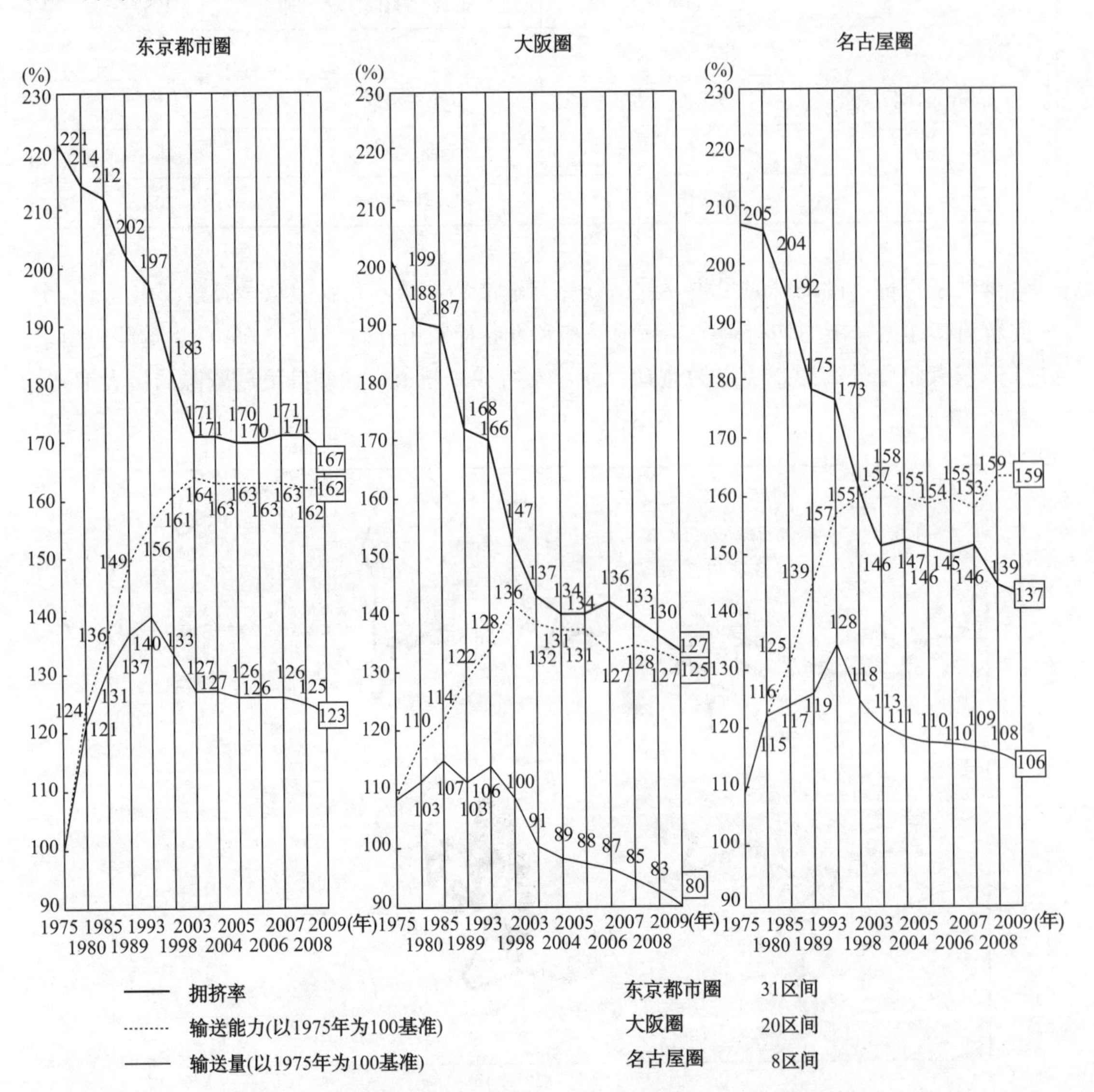

图 4-18 日本三大都市圈轨道交通主要区间平均拥挤率变化图

资料来源：国土交通省，三大都市圏の最混雑区間における平均混雑率・輸送力輸送人員の推移，2010。

九、轨道交通可达性

东京都市圈在提高轨道线路运输能力的同时，通过新线建设、技术改进和线路直通运转提升关键节点可达性。如通过成田空港相关轨道线路（以成田新高速铁道线为主）的整备，使得东京区部至成田空港的出行时耗由 51min 缩短至 36min；JR 埼京线和东京临海高速铁道临海线之间的直通运转可使东京都市圈北部大宫区域乘客直接抵达东京临海副都心和南部沿海区域；东京火车站 1h 圈覆盖人口由 1980 年的 997 万人上升到 2000 年的 1119

万人，覆盖面积亦明显增大，如图 4–19 所示。虽然东京都市圈轨道不断完善、运输能力不断提升，但轨道交通改善速度难以适应城市的不断扩张，因此整体上相同时耗出行人口覆盖率呈下降趋势，都市圈利用轨道交通抵达重要交通节点效率仍然偏低。

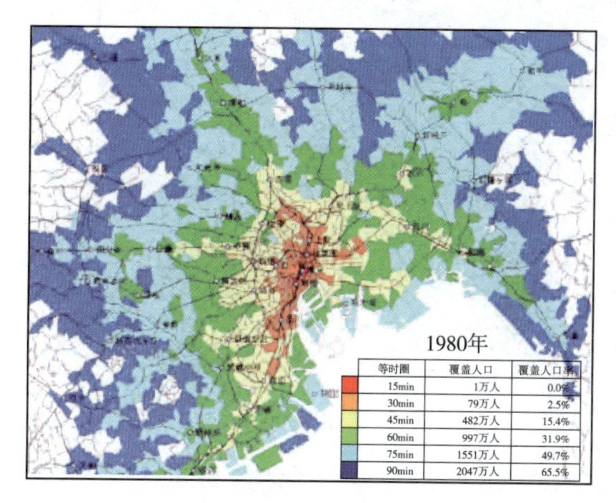

等时圈	覆盖人口	覆盖人口率
15min	1万人	0.0%
30min	79万人	2.5%
45min	482万人	15.4%
60min	997万人	31.9%
75min	1551万人	49.7%
90min	2047万人	65.5%

a）1980 年情况

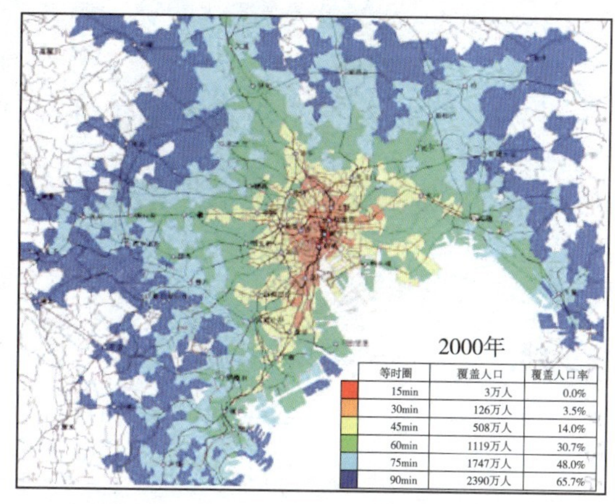

等时圈	覆盖人口	覆盖人口率
15min	3万人	0.0%
30min	126万人	3.5%
45min	508万人	14.0%
60min	1119万人	30.7%
75min	1747万人	48.0%
90min	2390万人	65.7%

b）2000 年情况

图 4–19　1980 年和 2000 年东京站可达性和覆盖人口

资料来源：国土交通省，都市鉄道整備のあり方ー新たな社会的ニーズへの対応，2004。

第五节　轨道接驳交通

一、各接驳方式分担率

轨道交通作为东京都市圈公共交通系统的骨架，承担城际、区域间和城市客流走廊的客运运输，但旅客仍需采用其他交通方式接驳抵达居住和就业点。通过历次的交通调查显示（图 4–20），都市圈轨道接驳交通方式中步行分担比例最大（2008 年步行接驳分担率高达 68%）且呈逐年上升趋势，公交接驳客流逐渐向步行接驳转移。

根据图 4–21 数据，城市化程度越高区域步行接驳分担率越高，都市圈外围区域机动车（特指除公交车和摩托车外的机动车）接驳比例明显高于中心区。如：2008 年千叶东部机动车接驳分担率 43%，步行接驳分担率 38%；东京区部机动车接驳分担率 10%，步行接驳分担率 73%。1998~2008 年，东京都市圈各区域轨道交通接驳分担率变化情况与整体平均情况趋势相同，步行接驳分担率均上升；除千叶南部和埼玉北部区域外，其他区域公交分担率呈下降趋势。

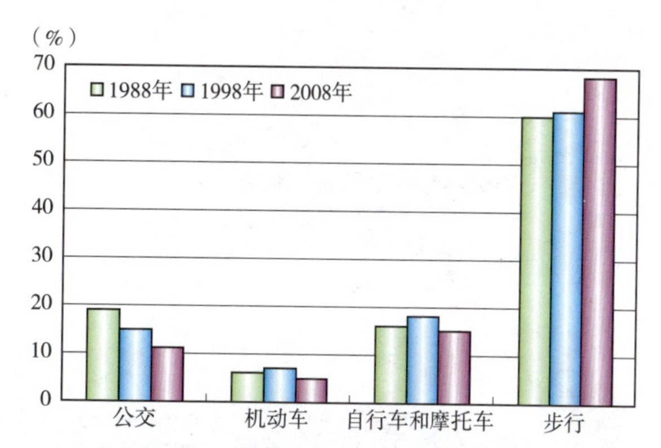

图 4–20　都市圈历年轨道接驳交通分担率

资料来源：東京都市圏交通計画協議会，第 3、4、5 回東京都市圏パーソントリップ調査，2010。

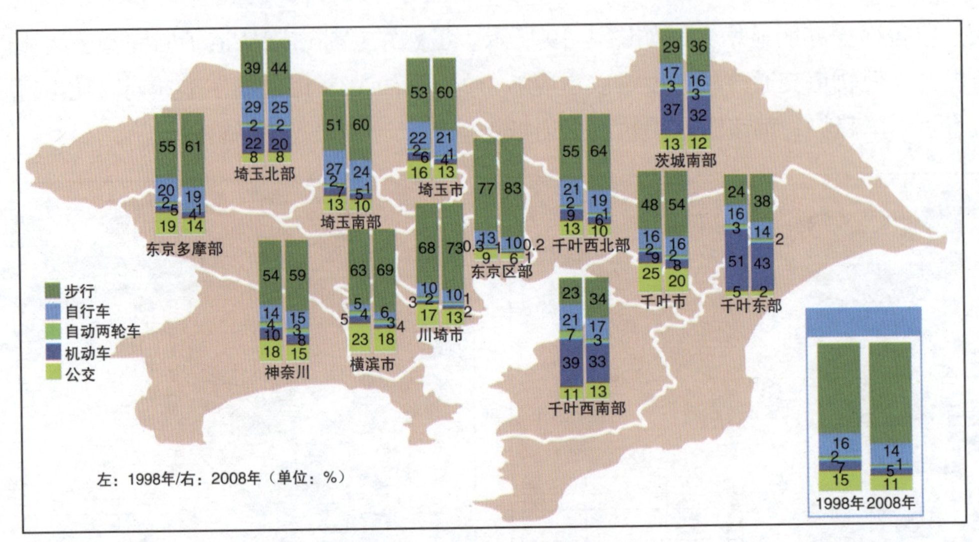

图 4–21　都市圈各区域轨道交通站点交通接驳分担率图

资料来源：東京都市圏交通計画協議会，第 5 回東京都市圏パーソントリップ調査，2010。

东京都市圈各区域轨道接驳特点亦不相同。对于步行接驳（图 4–22），2005 年区部除足立区和江户川区以外区域分担率均高于 60%，其中山手内侧区域高达 80% 以上；川崎和横滨区域步行接驳分担率也较高。对于两轮车（包括自行车和摩托车）接驳（图 4–23），东京区部和横滨川崎区域接驳比例较低，其中山手线内、横滨川崎市中心区域接驳分担率极低，分担率 60% 以上的区域主要集中在都市圈的北部和东部。对于机动车接驳（图 4–24），都心三区机动车接驳分担率极低，都市圈城市化成熟区域机动车接驳分担率基本位于 10% 以下，都市圈北部和东部局部区域接驳分担率高达 80% 以上。对于公交接驳（图 4–25），紧靠区部的外围区域接驳比例较高，特别是神奈川县和多摩南部区域。

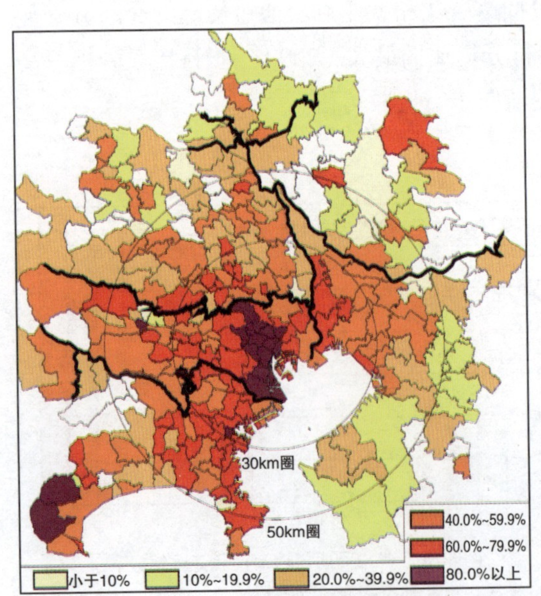

图 4–22　2005 年轨道步行接驳分担率

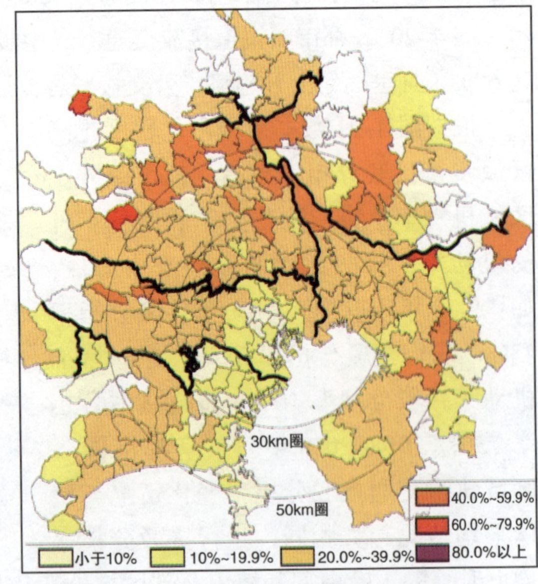

图 4–23　2005 年轨道两轮车接驳分担率

资料来源：国土交通省，平成 17 年大都市交通センサス首都圏報告書，2007.9。

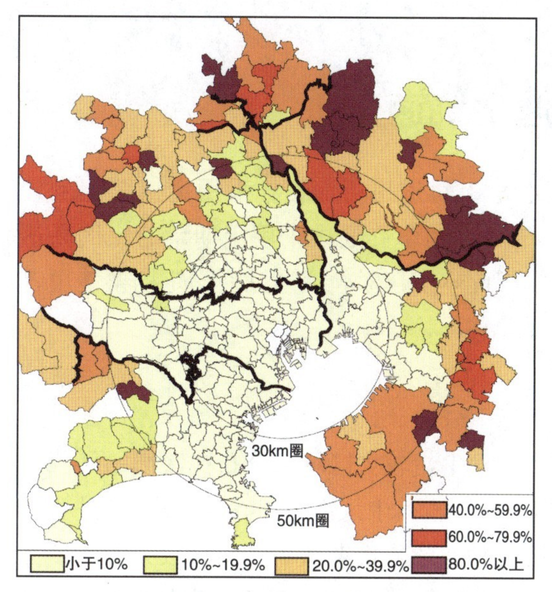

图 4-24　2005 年轨道机动车接驳分担率

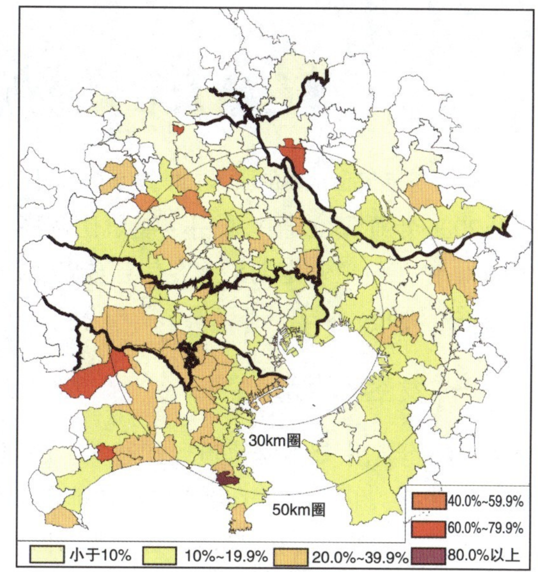

图 4-25　2005 年公交接驳分担率

资料来源：国土交通省，平成 17 年大都市交通センサス首都圈報告書，2007.9。

二、接驳时耗

1998 年都市圈轨道接驳交通平均耗时约 10min，平均接驳距离 500~800m，不同类型接驳方式的平均接驳时间如图 4-26 所示。2005 年东京区部大部分地区轨道平均接驳耗时 10min 以内，区部以外绝大部分区域轨道接驳交通平均耗时 10~14min，极少数区域接驳平均时耗大于 15min，如图 4-27 所示。对于东京区部而言，由于轨道线网密度高、站点分布较密，因此形成了步行接驳分担率高、接驳时耗低的轨道接驳交通特征。

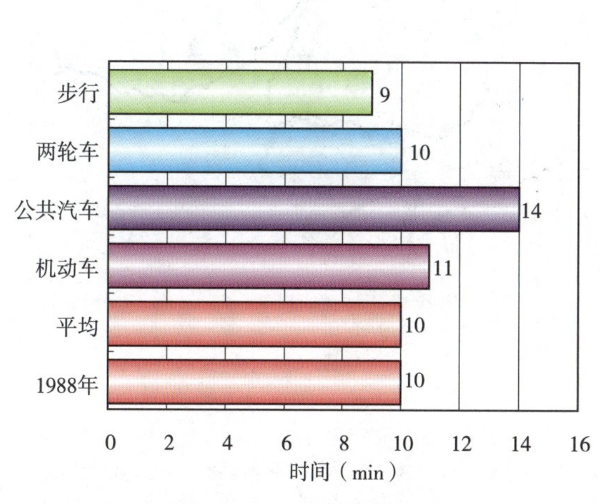

图 4-26　1998 年都市圈轨道接驳交通时耗

注：两轮车包括自行车和摩托车。

资料来源：東京都市圏交通計画協議会，第 4 回東京都市圏パーソントリップ調查，1998。

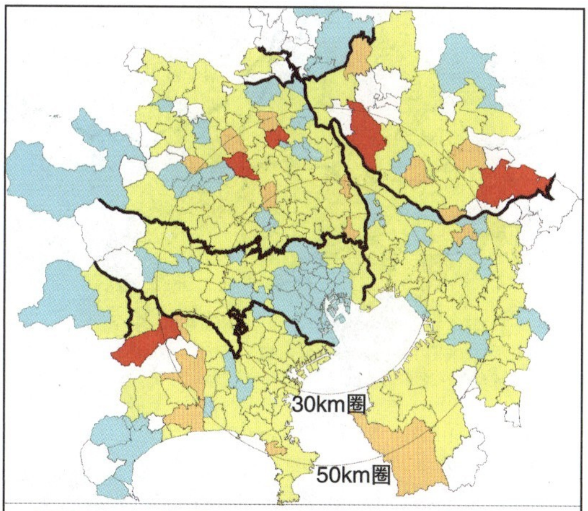

图 4-27　2005 年都市圈各区轨道接驳时耗

资料来源：国土交通省，平成 17 年大都市交通センサス首都圈報告書，2007.9。

第六节 通勤通学轨道交通

对于东京都市圈的通勤通学（特指上班上学）轨道出行而言，采用定期票比例较大（2005 年通勤交通中采用定期票比例高达 78%，通学交通中采用定期票的比例高达 94%）。由于轨道非定期票乘客信息难以获得，因此本节仅对轨道通勤通学定期票使用者出行进行研究。

一、发生吸引量

2005 年东京都市圈轨道通勤通学（定期票）发生量较大区域，分布在区部的外围区域、东京都八王子市、千叶西南部和神奈川相模原市，其中区部世田谷区轨道（定期票）使用者发生量高达 25 万人次 / 日；都市圈轨道通勤通学（定期票）吸引量较大的区域主要分布在区部 JR 山手线内部、世田谷区、江东区、大田区和多摩部八王子市与横滨市，其中千代田区和港区轨道通勤通学（定期票）吸引量均超过 60 万人次 / 日，中央区约 50 万人次 / 日，如图 4-28 和表 4-28、表 4-29 所示。都市圈轨道通勤通学（定期票）的出行特征与前文分析的都市圈居住就业分布情况相对应，通勤通学（定期票）的发生区域明显大于吸引区域，这表明居住扩散程度远大于就业。

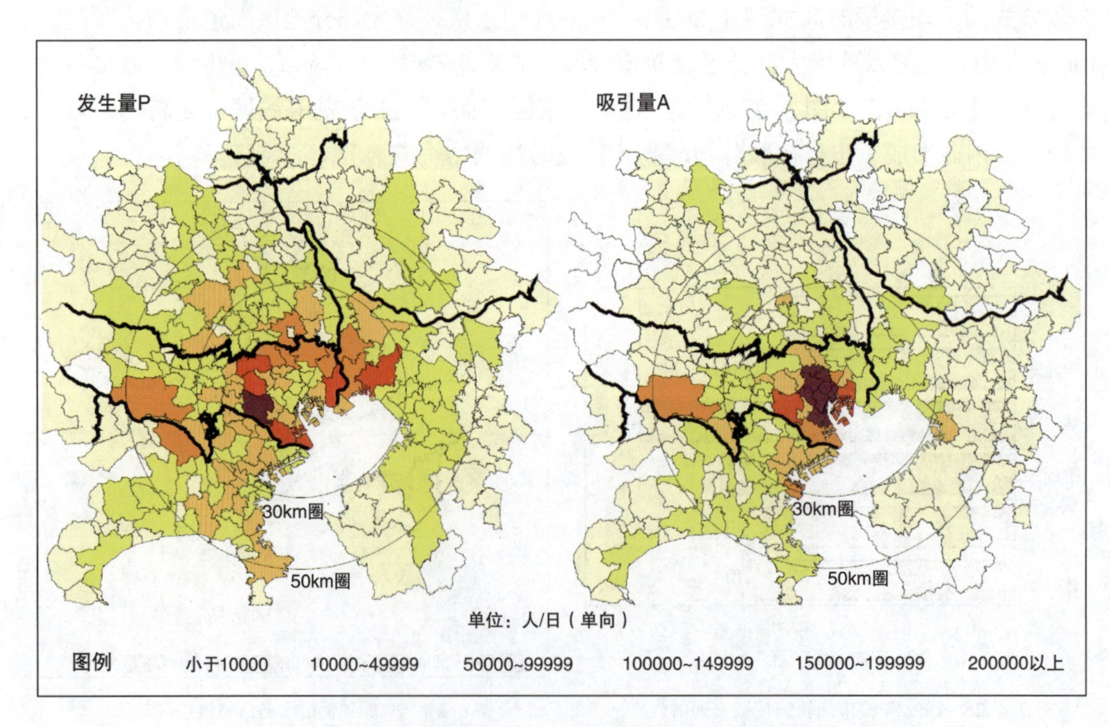

图 4-28 2005 年东京都市圈通勤轨道定期票发生吸引量（按行政区划统计）
资料来源：国土交通省，平成 17 年大都市交通センサス首都圏報告書，2007.9。

2005年东京都市圈主要区域通勤通学轨道交通发生量（单位：人次/日）　表4-28

行政区		通勤	通学	合计
区部	世田谷区	199953	51854	251807
	杉并区	149755	49702	199457
	练马区	147472	41101	188573
	江户川区	153678	32465	186143
	大田区	147333	37767	185100
	板桥区	110152	36253	146405
	葛饰区	90668	23364	114032
	北区	91790	18849	110639
多摩部	八王子市	81057	32323	113380
千叶县	船桥市	141335	23621	164956
	市川市	130797	16291	147088
	松户市	110367	27794	138161
埼玉县	川口市	104440	26192	130632
神奈川县	相模原市	82563	25174	107737

注：以上区域均为轨道定期票使用者发生量大于10万的行政区。
资料来源：国土交通省，平成17年大都市交通センサス首都圏報告書，2007.9。

2005年东京都市圈主要区域通勤通学轨道交通吸引量（单位：人次/日）　表4-29

行政区		通勤	通学	合计
区部	千代田区	755003	112598	867601
	港区	687429	57402	744831
	新宿区	405482	108552	514034
	中央区	504746	4707	509453
	涩谷区	290402	44046	334448
	品川区	229166	19228	248394
	文京区	134642	89524	224166
	丰岛区	136158	84593	220751
	江东区	156149	5363	161512
	世田谷区	80120	73781	153901
	台东区	122462	13573	136035
	大田区	124023	8441	132464
多摩部	八王子市	50314	54065	104379
横滨市	中区	100279	13000	113279

注：以上区域均为轨道定期票使用者吸引量大于10万的行政区。
资料来源：国土交通省，平成17年大都市交通センサス首都圏報告書，2007.9。

二、空间分布

东京都市圈的通勤通学交通具有强大的向心性，都市圈外围各区与区部之间采用轨道交通的通勤通学客流较大。其中，多摩东部、横滨市、埼玉县南部、千叶县西部与区部间轨道通勤通学客流均超过 30 万人次 / 日，区部内部轨道客流流入都心三区、新宿、涩谷和丰岛区，约占区部内部总量的 70%，如图 4–29 所示。都市圈范围通勤与通学轨道交通相比具有更明显的向心特性，而区部范围通学轨道交通不具有明显的向心性，如图 4–30、图 4–31 所示。

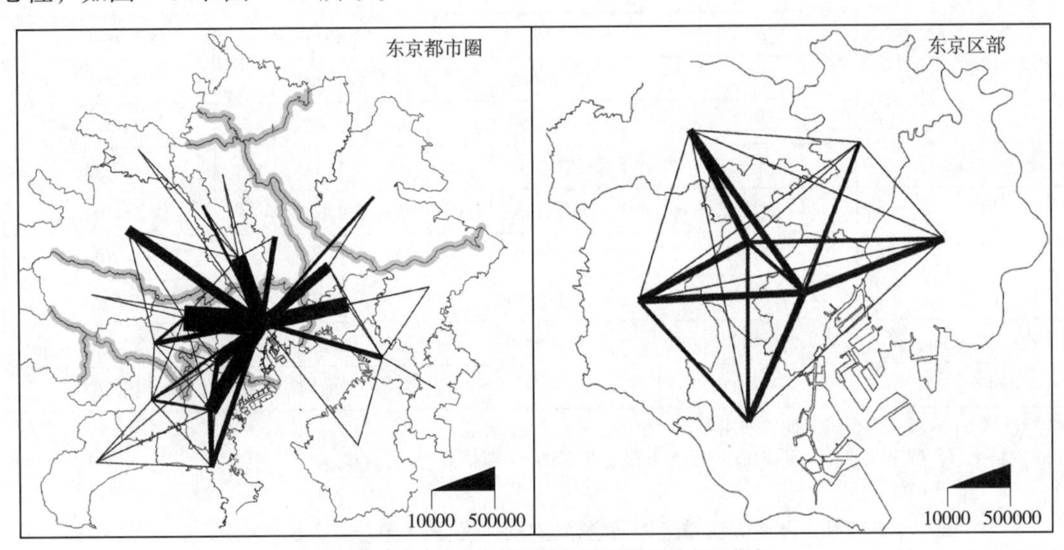

图 4–29　2005 年东京都市圈轨道通勤通学交通分布
（只表示 10000 以上的数据，单位：人次 / 日，单向）
资料来源：国土交通省，平成 17 年大都市交通センサス首都圏報告書，2007.9。

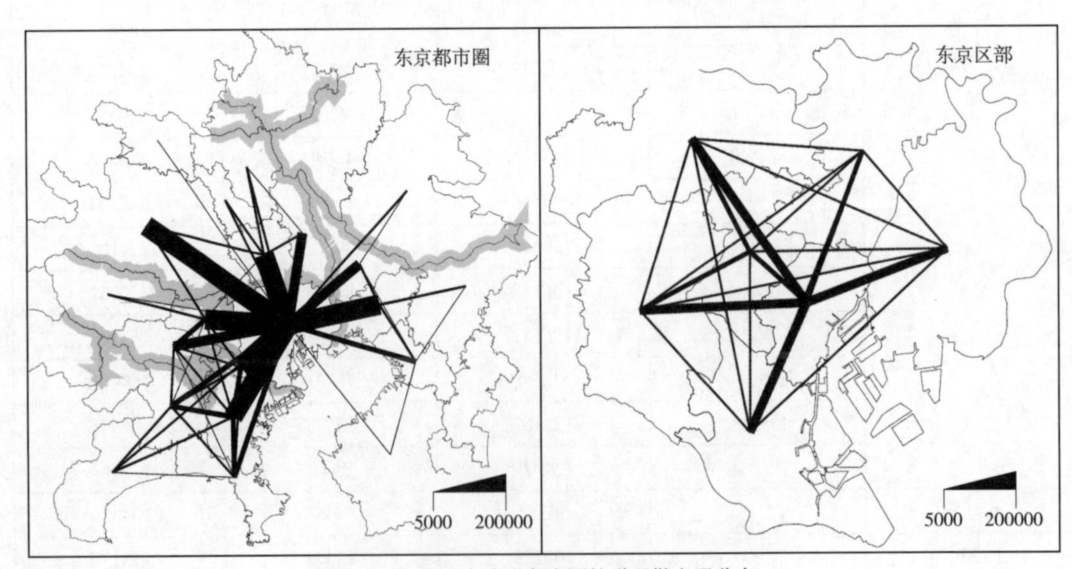

图 4–30　2005 年东京都市圈轨道通勤交通分布
（只表示大于 5000 的数据，单位：人次 / 日）
资料来源：国土交通省，平成 17 年大都市交通センサス首都圏報告書，2007.9。

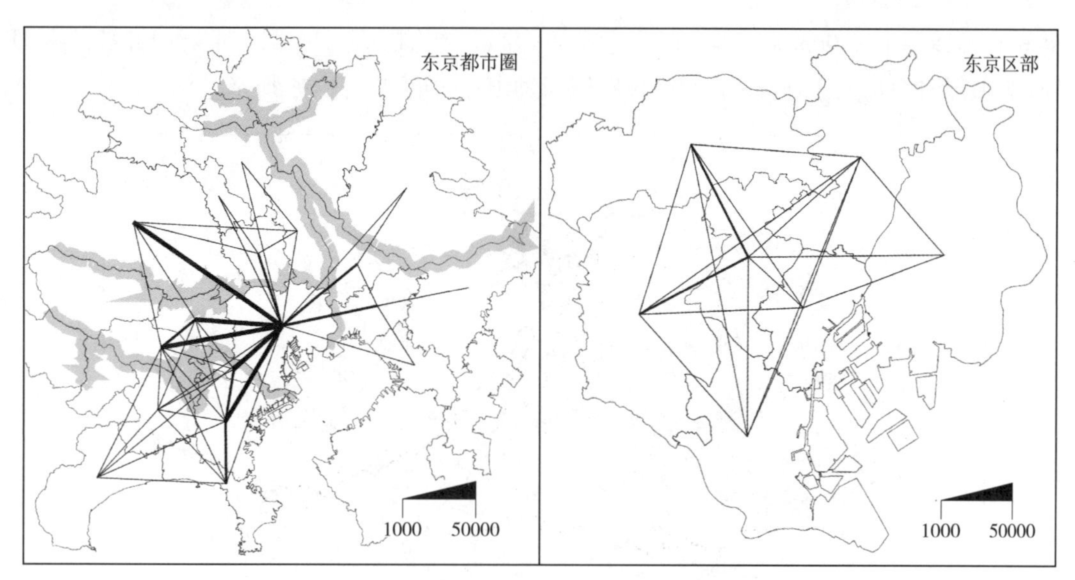

图 4-31　2005 年东京都市圈轨道通学交通分布
（只表示大于 1000 的数据，单位：人次 / 日）
资料来源：国土交通省，平成 17 年大都市交通センサス首都圏報告書，2007.9。

三、通勤时间

2005 年，东京都市圈轨道通勤通学交通平均出行时间 68min，其中通勤出行时间约 66.9min，通学出行时间约 72.1min。1995~2005 年通勤通学总平均时间略微下降，由 68.9min 下降至 68min，其中通勤出行时间呈略微上升趋势，由 66.6min 上升至 66.9min；而通学出行时间呈明显下降趋势，由 77min 下降到 72.1min。2005 年轨道通勤通学 30min 以内出行比例仅占 3.8%，45~90min 的出行比例高达 62.8%，如图 4-32 所示。

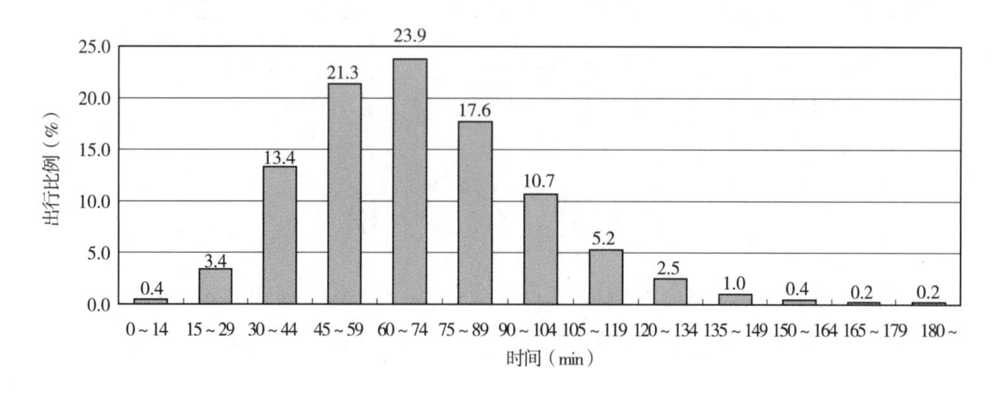

图 4-32　2005 年东京都市圈通勤轨道出行时耗分布图
资料来源：国土交通省，平成 17 年大都市交通センサス首都圏報告書，2007.9。

2005 年，都心三区轨道通勤通学者平均出行时间约 68.7min，与 1995 年相比下降了 1.9min，其中通勤轨道出行时间由 70.3min 上升至 73.8min，通学轨道出行由 68.8min 下降至 67.3min。整个东京区部至都心三区轨道通勤通学出行时间基本在 30~60min，距东京站

30km 的区域基本在 90min 以内，距东京站 30~60km 范围除埼玉东部、千叶西部部分区域外其他出行时耗均大于 90min，各区域轨道通勤出行时间如图 4-33 所示。

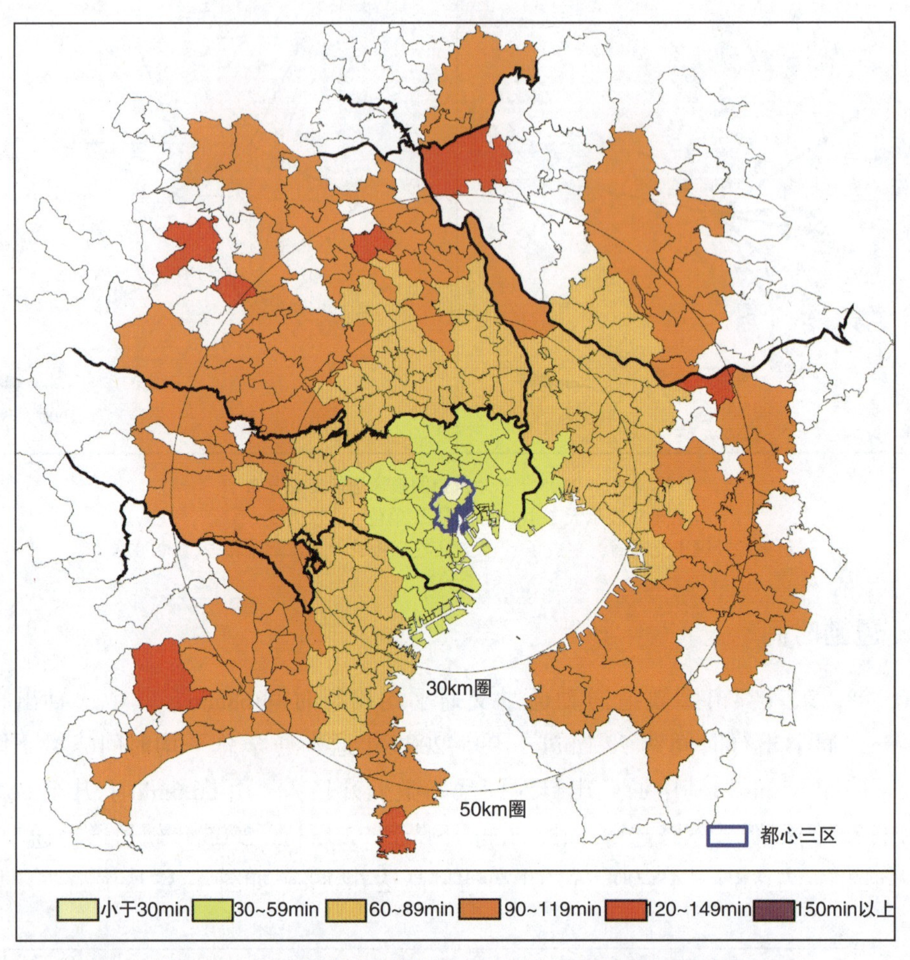

图 4-33　2005 年东京都市圈各区至都心三区轨道通勤出行时间
资料来源：国土交通省，平成 17 年大都市交通センサス首都圏報告書，2007.9。

第七节　结　　语

本章系统地介绍了东京都市圈轨道交通系统分类、轨道线网和客流、接驳交通等，梳理了都市圈轨道方式通勤通学交通的特征，整理了一系列关于东京轨道交通相关技术指标参数，连同以下认识供参考。

(1) 东京都市圈轨道系统分类易混淆，表述时需谨慎。

目前，部分国内学者研究东京轨道时简单将东京轨道以 JR、地铁和私铁三类分之；实际上东京轨道分类相当复杂，可按日本相关法律、资本投入、传统习惯等不同标准进行分类。即使按传统习惯划分，东京轨道也不仅仅只是 JR、地铁和私铁三类，还包括大量的第三部门轨道线路和公营单轨线路等，表述时需谨慎，以更客观、全面。

（2）城市轨道系统应由诸多不同功能、速度、停车间距、发车频率的轨道线路有机组成。

东京都市圈的轨道系统由 JR、私铁、地铁、单轨和新交通方式等共同组成，各类线路功能、速度、站距均不相同，且服务不同的区域范围和出行需求。目前，国内业界中存在一种以地铁制式构建市域所有轨道系统的趋势，实际上城市不同区域的客流密度、可达性、发车频率、舒适度要求等存在较大的差异，应因地制宜，按选择合适技术标准和制式的轨道系统共同构建城市轨道交通系统。

（3）我国部分放射轨道将难于避免高峰与平峰时段客流极不均衡的命运。

受多种因素影响，我国不少城市中心区岗位不断聚集，居住人口迅速向外扩散，以联系中心就业区和外围居住区为主的放射性轨道必然主要服务通勤通学客流，全天各时段客流不均衡性极其明显，目前部分线路已出现早晚高峰严重拥挤、平峰客流较少的极端现象。而不少城市土地利用规划仍在不断加强中心区就业功能和外围居住功能，个别城市规划的职住分离状态与东京相比更有过之而无不及。也许这预示着放射性轨道线路难以避免高峰拥挤、平峰客流稀少的命运，业内应着手积极应对。

第五章　轨道管理体制与投融资模式

第一节　建设经营主体

一、主体分类

东京都市圈轨道线路建设运营主体最典型的特征是多元化，共有国家、地方政府、国家与地方政府合建、私营及公私合营的主体41家，且民营资本投资修建的线路比重较大。根据《铁道事业法》第七条，日本的轨道主体按经营类别可分为株式会社（股份有限公司）、公营企业（国有企业）、特殊法人（依照特殊法令成立的独立行政机构或授权公司，与普通民间法人所不同，类似我国的法定机构和事业单位）、财团法人（基金会）、其他经营形态（宗教法人、社会福利法人和社团法人），具体分类见表5–1。

日本轨道建设主体分类　　表5–1

类　别	解　　释	典型轨道主体
株式会社	股份有限公司	京王、京成、东武、东急、京急、小田急、相模铁道、西武、伊豆箱根铁道
公营企业	由政府直接经营的企业	都营地下铁、横滨市市营地下铁
特殊法人	处于地方政府和株式会社之间，依据具体的法令为特定的目的设立的独立行政机构或授权公司	JR东日本、东京地下铁
财团法人	基金会：利用自然人、法人或者其他组织捐赠的财产，以从事慈善、公益事业为目的非营利性法人	爱知高速交通（爱知东部丘陵线）
其他经营形态	宗教法人：获得注册成立的宗教组织	鞍马山钢索铁道
	社会福利法人：以社会福利为目的，依照《社会福利法》成立的法人机构	横滨高速铁道
	社团法人：以一定的目的形成的社会团体，法律上认可的具有权利和义务的法人主体	名古屋交通局协力会

按照日本长期形成的习惯，不考虑有轨电车交通方式，东京都市圈轨道交通主体大致分为JR东日本、私铁、地铁和第三部门4类，各轨道交通主体详细信息见表5–2。

东京都市圈主要轨道交通企业主体概表

表 5–2

轨道建设经营主体	主要投资方	经营主体类别		经营内容
JR 东日本	日本政府国有控股	JR	特殊法人	2 条新干线、31 条 JR 线路
东京地下铁株式会社	日本政府、东京都政府	地铁	特殊法人	9 条东京地铁线路
都营地下铁	东京都交通局	地铁	公营	都营地下铁、都电荒川线（有轨电车）、日暮里—舍人线
横滨市市营地下铁	横滨市交通局	地铁	公营	蓝线和绿线
东京急行电铁株式会社	第一生命保险、日本生命保险等	私铁	株式会社	东横线、目黑线、田园都市线、大井町线、池上线、东急多摩川线、儿童国线、世田谷线
东武铁道株式会社	中央三井信托银行株式会社、东武集团	私铁	株式会社	东武本线、东上线
京滨急行电铁株式会社	日本生命保险、株式会社横滨银行、西武铁道株式会社、明治安田生命保险、住友信托银行株式会社、株式会社瑞穗实业银行、日本信托服务银行株式会社等	私铁	株式会社	京急本线、京急久里滨线、京急大师线、京急逗子线和京急空港线
京成电铁株式会社	日本托拉斯信托银行、日本生命保险相互会社、三菱东京 UFJ 银行、中央三井信托银行、瑞穗银行、JP 摩根证券、日本信托服务银行株式会社、东洋乐园、瑞穗实业银行等	私铁	株式会社	京成本线、东成田线、金町线、成田空港线、押上线、千叶线和千原线
京王电铁株式会社	日本生命保险、第一生命保险、太阳生命保险、日本托拉斯信托银行、日本信托银行等	私铁	株式会社	京王线、相模原线、竞马场线、动物园线、高尾线
西武铁道株式会社	西武控股有限公司	私铁	株式会社	新宿线系统、池袋线系统、山口线、多摩川线
相模铁道株式会社	相铁控股株式会社	私铁	株式会社	相模本线、厚木线、泉野线
小田急电铁株式会社	第一生命保险、日本生命保险、日本托拉斯信托银行、明治安田生命保险、日本信托银行等	私铁	株式会社	小田原线、江之岛线、多摩线
伊豆箱根铁道株式会社	西武铁道	私铁	株式会社	伊豆箱根铁道大雄山线
箱根登山铁道株式会社	小田急箱根控股有限公司	私铁	株式会社	箱根登山铁道
东京单轨电车株式会社	东日本旅客铁道、日立制作所、全日本空输和日本国际航空公司等	私铁	株式会社	东京单轨列车羽田线
关东铁道株式会社	京成电铁、常阳银行、滨雄太郎等	私铁	株式会社	关东铁道龙崎线、关东常总线
山万株式会社	山弘住建、三井住友银行、瑞穗银行、中央三井信托银行、千叶银行等	私铁	株式会社	山万一丘线
小凑铁道株式会社	九十九里铁道株式会社、京成电铁株式会社	私铁	株式会社	小凑铁道线
新京成电铁株式会社	京成电铁、京成开关、日本生命保险、帝都自动车交通和关铁	私铁	株式会社	京成新京成线
秩父铁道株式会社	太平洋水泥、有恒矿业、埼玉理索纳银行	私铁	株式会社	秩父铁道秩父本线

续上表

轨道建设经营主体	主要投资方	经营主体类别		经营内容
舞滨度假区线株式会所		私铁	株式会社	迪士尼度假区线
百合鸥株式会社	东京临海控股公司	私铁	株式会社	百合鸥号（轻轨）
江之岛电铁株式会社	小田急电铁、神奈川中央交通、中央三井信托银行、横滨银行等	私铁	株式会社	江之岛电铁线
湘南单轨电车株式会社	三菱重工、三菱商事、三菱电机、新日本制造、京滨急行电铁等	私铁	株式会社	湘南单轨江之岛线
北总铁道株式会社	京成电铁株式会社、千叶线、独立行政法人都市再生机构、松户市、市川市等	第三部门	株式会社	北总铁道北总线
东叶高速铁道株式会社	千叶县、船桥市、八千代市、6社（东京电铁、京成电铁、东武电铁、新京成电铁、瑞穗银行以及三菱东京 UFJ 银行）以及其他 22 社	第三部门	株式会社	东叶高速铁道东叶高速线
多摩都市单轨铁道	东京都、西武铁道、京王电铁、小田急电铁	第三部门	株式会社	多摩单轨铁道
横滨高速铁道株式会社	横滨市、神奈川县、东京急行电铁、三菱地所、日本政策投资银行、京滨急行电铁、都市再生机构、横滨银行、东京电力、相铁控股、横滨高速铁道、东京急行电铁等	第三部门	社会福利法人	横滨高速铁道港未来 21 线、儿童国线
横滨新都市交通	横滨市、横滨急行电铁、西武铁道和横滨银行、其他为 44 会社拥有	第三部门	株式会社	横滨新都市交通 金泽海边线
东京临海高速铁道株式会社	东京都政府、JR 东日本、品川区及 11 间银行、10 间投资银行和 15 间保险公司	第三部门	株式会社	临海高速铁道临海线
鹿岛临海铁道	日本货物铁道、茨城县、住友金属工业、三菱化学、全国农业协同组合联合会还有其他的 18 个社团	第三部门	株式会社	鹿岛临港线、大洗鹿岛线
埼玉高速铁道株式会社	埼玉县、东京地下铁、川口县、日本政策投资银行、东武铁道、西武铁道、国际兴业、埼玉市等	第三部门	株式会社	埼玉高速铁道
千叶都市单轨铁路株式会社	千叶市、企业和金融机关	第三部门	株式会社	千叶都市单轨 1 线、2 线
首都圈新都市铁道株式会社	沿线之地方政府与民间企业共同出资	第三部门	株式会社	筑波快线（常磐新线）
夷隅铁道株式会社	千叶县、大多喜町、夷隅市、小凑铁道、千叶银行等	第三部门	株式会社	夷隅铁道夷隅线
真冈铁道株式会社	枥木县、真冈市、筑西市、足利银行、常阳银行、益子町、市贝町、二宫町、茂木町、有野农业合作社、真冈信用组合、枥木银行、东野交通等	第三部门	株式会社	真冈铁道真冈线
芝山铁道株式会社	成田国际空港株式会社、千叶线、京成电铁株式会社、日本航空株式会社、瑞穗实业银行等	第三部门	株式会社	芝山铁道线
流铁株式会社	总武都市开发株式会社、TGC 株式会社、流山市、龟甲万株式会社、足立产业等	第三部门	株式会社	流铁流山线
埼玉新都市交通株式会社	东日本旅客铁道、埼玉县	第三部门	株式会社	伊奈线

注：根据各运营主体官方网页和维基百科介绍相关基础信息整理而成，信息截止日期 2011 年 7 月 22 日。

（1）JR东日本。JR东日本旅客铁道[1]，属特殊法人，在东京都市圈范围内主要经营新干线和JR线路。

（2）私铁。由私营企业投资建设和经营，主要包括7家大手私铁（东武、西武、小田急、京成、东京急行、京滨急行、相模铁道）、1家准大手私铁（新京成电铁）和其他诸多中小私铁，属株式会社类别。

（3）地铁。主要提供东京区部和横滨市内部轨道服务，由地方政府或与日本政府共同出资修建，其线路大多为地下敷设，包括东京地下铁（属特殊法人）、都营地下铁和横滨市营地下铁（属公营企业）3家主体。

（4）第三部门。除上述所包含的轨道企业外，还包括由地方政府和私营企业及其他相关单位、机构共同出资组建的轨道企业。

二、主体变迁

东京都市圈最主要的轨道建设经营主体，包括JR东日本、东京地下铁、都营地下铁、横滨市营地下铁和7家大手私铁。其中7家大手私铁主体变迁复杂，本章节仅阐述日本旅客铁道JR和东京区部地铁主体变迁过程。

1. 日本国铁JNR→日本旅客铁道JR

1872年，日本第一条现代铁路——新桥至横滨铁路，由日本政府投资修建开通。由于当时财政基础薄弱，加上1877年西南战争费用支出，明治政府陷入财政困境，政府为保障铁路建设而鼓励民间资本进入铁路行业。明治末期（20世纪初），随着甲午战争（1894~1895年）和日俄战争（1904~1905年）爆发，日本政府逐渐意识到铁路在军事上的重要性，对铁路国有化要求日益增强。1906年，《铁道国有法》正式颁布，根据该法日本政府收购主要铁路干线，私营铁路被限定于地方运输。期间，日本国家铁路管理部门经历了从工部省铁路寮、通信省铁路局到内阁铁路院等变迁；1920~1943年，日本铁路由铁道省管辖，此时由国家收购、运营的铁路被称为省营铁路（省线）。

1949年，日本国家铁道改革，日本国有铁道（JNR，简称国铁，根据《日本国有铁道法》设立的特殊法人）成立，日本政府掌握的铁路专项资产全部划归日本国有铁道。日本国有铁道由政府管理，其资源调配（预算和运营）、收费和重大的人事任命等决策都必须征得政府和国会的同意。日本国有铁道作为特殊法人，其职员为公务员，内部实行集中统一的管理和垂直金字塔式的组织结构。

二战后，日本经济高速发展、城市化进程急剧加快，直到1963年日本国铁经营业绩一直良好。20世纪60年代，小汽车产业开始在日本迅速发展，对铁路运输产生了巨大的冲击，于是从60年代中期开始，单纯依靠运费收入便可回收铁路投资成本的状况不复存在。面对日趋激烈的市场竞争，日本国有铁道体制的各种弊端逐渐暴露出来。首先，其应对市场反应

---

[1] 东日本旅客铁道，简称JR东日本，日本7家JR铁路公司之一，日本JR集团中规模最庞大的公司。JR东日本成立于1987年4月1日，由公营企业日本国有铁道（日本国铁）分拆私营化而来。JR东日本铁道主要经营日本国铁在东北地方所有地区，关东、甲信越地方大部分地区和静冈县部分地区的铁路客运业务。

缓慢；其次，各区域铁道经营状况不同，使其管理着重于平衡各方利益而非提高效益，导致缺乏以运营实绩为导向的激励机制。1963 年以后，即使国铁的运营收入持续增长但其业绩却持续赤字，同时受国家政治、财政的影响，国铁主动筹划、实施新建项目十分困难。在此背景下，国铁私有化（实际为国有民营改革）逐渐提上日程。

1987 年，国铁实行部分民营化，改制为 JR 集团（拆分为 1 家全国性的货运公司和 6 家客运公司），国铁债务中除了必须由政府承担的债务以外全部由 JR 集团承担，JR 集团可独立自主地展开各种新线建设及改扩建工程。此后，JR 各公司充分、有效地利用继承资产并竭力减少成本投入，最终成功地偿还所有由国铁继承的长期债务，其财务状况如图 5-1 所示。其中，JR 东日本主要运营日本本州、东北地区的铁路，企业经营业绩良好并在 1993 年实现股票上市，2002 年政府将所持有的全部股份出售。

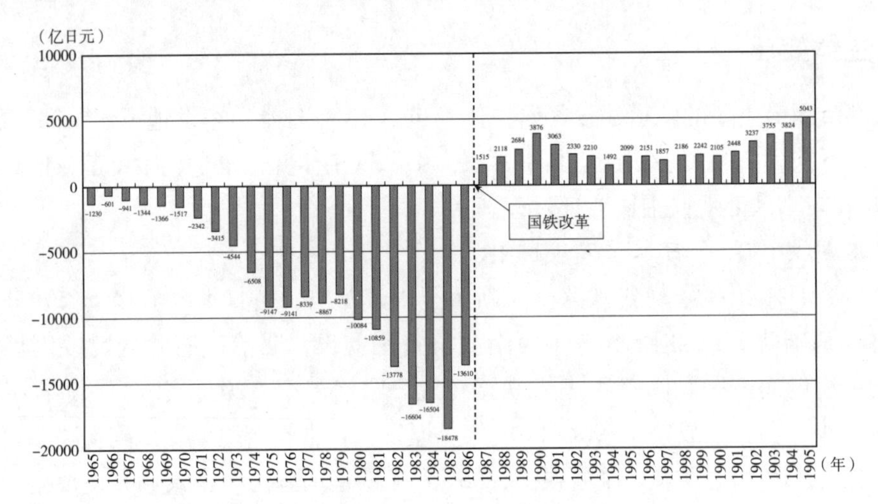

图 5-1　日本国铁（JR）财务状况变化

资料来源：国土交通省，国鉄改革について，2007.3。

2. 东京区部地铁

东京最初的地铁，是 1927 年由私企东京地下铁道株式会社以观光旅游为主要目的建成的上野—浅草段线路（2.2km）；1938 年，私营企业东京高速铁道株式会社开通了青山六丁目—虎之门段（4.4km）的地铁线路 ❶，这两段线路是二战结束时东京仅有的地铁线路。

1910~1926 年，日本政府在公共交通设施建设运营方面逐渐占主导地位，交通部门和国民逐渐意识到交通基础设施的重复投资将造成巨大的资源浪费和低效利用；加之所有民众达成“在国家紧急情况下也要确保交通基础设施的正常运作”的共识；同时，受 1923 年关东大地震以及 1929 年世界经济危机等不利因素影响，私营轨道企业进行新线建设十分困难。在此大背景下，城市交通企业一元化的改革趋势逐渐得到人们的认可，因此城市内公共交通企业一元化改革在日本得到推动。

旧东京市最初准备将以东京站为圆心、半径 30~40km、行程约 1h 范围内的所有公共

❶ 当时由东京地下铁道株式会社、东京高速铁道株式会社开通的路线，现属于东京地下铁银座线的一部分。

交通进行整合，但当时的铁道省持反对态度，私铁出于自身郊外势力范围考虑，主张自由整合，最后旧东京市被迫将整合范围缩减至半径10km左右（大致在现JR山手线以内）。由于经营市区有轨电车和巴士的东京电气局赤字巨大，国家政府对旧东京政府经营能力持怀疑态度。因此，中央政府（总务省、铁道省）和东京市关于旧东京市区地铁整合的意见严重相左，其中东京市政府有强烈的市营倾向，而国家和私铁皆认为旧市区的地铁应由“官公私合同特殊会社”经营。1938年，日本政府成立起草《陆上交通事业调整法》的交通事业调整委员会，该委员会经过长达2年的讨论，最终决定组建“官公私合同特殊会社”帝都高速营团经营旧东京市域地下铁道，并强制取得旧东京市已获取的地铁线路建设许可，而旧东京市专营市内道路公共交通，市外轨道由私铁经营。于是，日本政府、东京都政府和私铁（东横、东武、京成、小田急、西武、武藏野等）分别出资4000万日元、1000万日元和1000万日元组建特殊法人帝都高速营团，并接收东京地下铁道株式会社（开通8.0km，未开通7.2km）、东京高速道株式会社（开通6.3km，未开通10.6km）和京滨地下铁道（未开通5.2km）的所有地下铁道业务。

二战前，《陆上交通事业调整法》将合并旧东京所有公共交通企业作为最终目标，但是旧东京市受制于财力以及民营阵营的反对，只是简单将各集团业务合并。二战后，日本人民对于民主的呼声日益高涨，被合并的交通企业也存在着业务变迁，于是各企业掀起了要求恢复到合并前状态的运动。同时，战后新组成的东京都政府有意废止营团并将东京的地下铁全面收归都营；但当时的运输省（今国土交通省）认为“营团地下铁是国家出资具有高度公共性的事业机构，战后东京复兴建设需要轨道交通给予支撑，应予存续”，因此营团在二战后继续经营[1]。

1955年，日本运输省设立城市交通理事会，就东京都市圈城市交通发展等问题进行审议，并重新讨论了东京区部地铁建设及其经营主体的问题。营团认为，“若从营团作为东京地区地下铁道建设实体的创立过程出发，关于地铁建设实体的讨论是没有必要的”；但是，决心策划城市中心延长线的私铁企业和准备将地铁事业都营化的东京都政府，均强调“国家政府不应忽略来自各方的意见”。

1956年，城市交通理事会根据第一次讨论的内容，决定由营团继续承担东京地铁建设的主要任务，出于早日完善线网的目的，可由互不冲突的几个经营主体进行资金筹集并建设，对于相关法律方面的问题则下一步深化讨论。1957年，第二次讨论报告中明确提出“地下高速铁路事业主体将其拥有的修建铁路许可转让给新的事业主体完全可行”。之后，运输省以讨论报告为基础发表了《关于地下高速铁道建设》的文件，正式指定东京地铁浅草线和日比谷线的建设实体并要求其与相关私营线路直通，于是营团将浅草线转让给东京都交通局和京滨急行电铁。1960年，东京都交通局开通第一条都营地铁浅草线并与京成电铁本线直通运营。从此，东京地铁进入多元化建设经营阶段，其建设也进入高速发展阶段。

[1] 营团是指为战争（中日战争）而设立的由国家控制管理的特殊法人——经营财团的简称。但帝都高速交通营团却不是为战争时期的统治目的而运营的机构。

20世纪末，随着日本政府财政的日益窘迫，改革特殊法人的呼声越来越高，因此在日本行政和财政改革过程中政府决定将营团民营化。由日本内阁议会决定的《特殊法人等整理合理化计划》[1]（2001年12月颁布）规定：至建设中的半藏门线[2]开通前1年内（初定为2004年春）将营团特殊公司化，预定2004年4月成立由日本政府与东京都控股的东京地下铁株式会社，未来实现股票上市。2004年4月1日，营团依照《东京地下铁株式会社法》改制为特殊会社（由日本政府与东京都共同出资控股），通常简称为东京地下铁。

在未来东京都市圈人口下降的背景下，轨道收益必将减少，相关方认为东京地下铁和都营地铁合并更有利于地铁事业的经营和发展。2010年8月至2011年3月，日本国土交通省召集相关部门就都营地铁和东京地下铁合并方案进行了4次讨论。目前，各方仅对未来的合并趋势表示了统一的看法，东京地下铁对于都营地铁超过4300亿日元的赤字存在疑问，认为两者的合并仍需长时间协商和讨论。

JR东日本、东京地下铁及都营地铁的变迁历程和发展趋势深刻地体现了国有轨道企业体制的弊端。民营化后的JR东日本和东京地下铁自主性强、应对市场反应快，可根据自身实际情况制定相应的发展策略，短时间内企业扭亏为盈，既保证了公共运输的公益性又保证了企业发展的可持续性。从营团的成立、都营地铁引入和东京外围诸多私铁合分过程可以看出，即使在二战前政府极力推行公共交通一元化的背景下，政府也不得不保持企业多元化并引入合理竞争以保证轨道网络的完善和服务的多样化；二战后，为了区部和周边区域公共交通的尽快改善，政府亦被迫构建多元化的地铁建设主体。即使面对未来客流下降趋势，近年东京又推行地铁一元化，但面临巨大的财政压力，其可行性仍值得进一步探讨。

第二节 管理体制

日本政府为保证轨道交通行业的投资、建设和运营等，制定了相关法律法规。1897年制定的《私设铁道条例》以及1900年的《私设铁道法》、《铁道营业法》、《地方铁道法》等，规范了私营铁道的建设和运营。国铁改革前，日本政府通过《日本国有铁道法》、《国有铁道运费法》、《铁道建设法》、《新干线整备法》和《地方铁道法》来规范原国铁建设和经营行为；1987年，为配合国铁民营化改革，日本政府颁布了《国有铁道改革法》并废除原有法律，新成立的JR铁路集团7家子公司和其他铁路企业必须遵守《国有铁道改革法》。对于轨道建设和沿线土地开发，日本轨道企业或房地产开发机构可通过《土地区画整理法》（1954年）和《大都市地域宅地开发与铁道整备一体化推进特别措置法》（1989年）规定对轨道沿线土地进行建设开发。通过法律形式，日本明确了轨道企业和政府各自的权利和义务，理清了轨道建设经营及相关项目的内容，保障了轨道交通事业的可持续发展。

---

[1] 依照《行政改革纲要》（2000年12月内阁议会决定）以及《特殊法人等基本法》（2001年6月内阁议会决定颁布），营团改革不应停留在简单的企业组织形式方面，应该对其本质进行改革，如对其业务进行改革，从而全面彻底地改变整个机构，并在此基础上废除现存的组织形态或使其私营化。

[2] 正在建设中的路线是指水天宫—押上长达6km的半藏门线的延伸区间。

日本主流观点认为，所有轨道企业即使私铁企业也必须从事公益事业，即要求轨道企业在确保运营安全和方便乘客的前提下追求利润。轨道交通经营由其资产所有者执行，各企业独立设置调度系统，但负有向政府相关部门（市消防厅、警察厅等）通报信息的义务，必要时须承担向外界发布运营基本信息的责任。政府不干涉轨道企业具体运营事务，只有在发生重大事故时才由政府防灾指挥中心进行统一协调指挥。都市圈范围内任何轨道线路出现延误或事故，其他轨道线路上的列车均会第一时间显示。2011 年福岛大地震，日本当局在地震前 1min 预测并紧急通知，东京政府防灾救灾中心迅速通知各轨道企业，有效地防止了事故的发生。通过东京轨道交通发展经验可以得出，在完善的体制下，轨道交通多元主体建设经营的模式亦可保持较高的防灾能力。

为保持东京都市圈轨道交通的有序运转，各轨道企业之间自行签订协议协调相关运营事务与其他问题。具体而言，对于换乘站业务和直通运营业务处理，轨道企业相互签订协议协商费用问题；对于基础设施的维护，以线路财产归属进行划分。在票款清算方面，都市圈主要轨道运营商之间共同成立了清算中心，负责清分票款。政府根据轨道企业所报的票价和相关材料组织专家评审确定价格上限，各企业在合理范围内自行浮动销售，但需报政府批准。

第三节　投融资模式

东京轨道交通经过 140 年的发展，目前已形成由国家政府、地方政府、民营企业或各方独立或共同出资的多元化投融资格局，不同类别的轨道投融资具体情况存在差异。

一、日本国铁（JNR）或 JR 东日本

日本国铁（JNR）时代，根据《铁道建设法》，国铁新线由日本国铁以及日本铁道建设公团建设，后交付日本国铁运营。国铁新线的建设资金由国家融资，大部分依靠贷款，国家以利息补贴或补助金的方式进行补助。1987 年后进入 JR 时代，日本政府废除《铁道建设法》，不再对新线建设进行干预，各 JR 公司根据自身需求决策，资金基本由国家贷款提供；线路改造由国家投入补助金；对于实现高速化、直通运行、车辆现代化和新干线等提高竞争力方面的投资，政府和相关部门都给予财政支持，提供补助或无息贷款。

铁道 · 运输机构（JRTT，2003 年成立），全称铁道设施 · 运输整备支援机构，是以公益为目的的特殊独立行政法人机构，由 1964 年成立的日本铁道建设公团（旧铁道公团）和运输设施整备事业团合并而成，在日本轨道建设投融资方面特别是国铁或 JR 线路建设方面充当了极其重要的作用。旧铁道公团的目标是“通过推动新铁路线的建设完善轨道交通网络，进一步强化经济基础，缩小地域性差距”，其成立时继承了国铁已获批的新建轨道线路等建设项目，1970 年取得新干线铁路建设项目。1972 年，随着大城市（东京、大阪、名古屋）以及其周边地区人口的急剧增长，通勤通学交通需求迅速上升，私铁线路迫切需要双复线化并与区部地铁直通运营等以提高运输能力；为促进新开发地区的轨道建设有计划地实施，日本修改了《铁道公团法》，允许铁道公团负责私铁线路建设以及大规模的轨

道改良工程，完成后交付给国铁或私铁企业，当时的东京都市圈轨道网以这种形式得以扩充。1987 年后，JR 集团和铁道建设公团是明确的市场交易关系。铁道·运输机构自身通过利用“有偿筹集资金的财政性投融资（财政贷款基金）”和“自我融资（铁道建设债券，2003 年 10 月以后改称铁道建设运输设施整备支援机构债券）”等进行资金筹集，建设完成后将基础设施转让给轨道企业；轨道企业采取“25 年内等额本息，每半年支付一次”的支付方式付款，其中超过支付利息 5% 的部分，由国家与地方政府等额补偿（补偿期为转让后 25 年，其中市区线 15 年）。

二、其他轨道[1]

东京都市圈除 JR 以外的轨道交通资金主要是来源于企业自筹、贷款、国家政策倾斜和补助，详细的资金筹措可分为企业自有、政府补助、利用者负担、受益者负担、发行债券与贷款、“轨道 + 土地开发”模式平衡资金六大部分。其中，企业自有主要包括企业内部留存金、设备折旧预留金、企业增加投资等；利用者负担是指乘客负担使用费用——票价；受益者负担是指轨道交通的各方受益者均须承担费用。公营轨道企业，政府政策和补助份额较大；私铁由于受企业性质的限制，政府政策和补助额度相对有限，主要以企业债券和商业性银行贷款方式获取资金。此外，日本政府还给予轨道交通企业以政策优惠，在税收上基本都给以 1/3 的减免，对涉及特殊群体需要而单独增加的投资全部由政府承担。见表 5–3。

东京都市圈轨道项目建设投融资模式　　表 5–3

<table>
<tr><th colspan="2">公营轨道</th><th>私营轨道</th></tr>
<tr><td colspan="2">自有资金：建设费的 20%，企业内部留存金等</td><td>自有资金：建设费的 10%~20%，企业内部留存金等</td></tr>
<tr><td colspan="2">政府补助金
地下高速铁道建设费补助制度（1962 年）：运营初期的运营补贴，额度最高为 6.5% 的利息差；1978 年改为建设费补贴，额度为建设费的 10.5%~70%，支付年限 5~10 年。
铁道建设基金（1991 年）：对铁道建设公团和旧营团轨道承建项目提供项目费的 40% 的一次性无息贷款</td><td rowspan="2">政府补助金
P 线制度（1972 年）：以推动轨道交通与沿线住宅的综合开发为目的，补助对象为三大都市圈都心地区轨道新线和复线建设、卫星城轨道建设项目，由铁路建设公团负责项目建设或提供项目建设费用，私营企业可在 25 年内分 50 次偿还，利息低于 5%。
特定城市轨道累积金制度（1986 年）：轨道设备改造部分项目费用加入现有线路的运营票价。
车站综合改造补助制度（2001 年）：无障碍化、防震、防火等改造项目。
地下高速铁路建设费补助制度：2002 年开始适用于私营线路</td></tr>
<tr><td colspan="2">财政投融资资金</td></tr>
<tr><td rowspan="2">地方政府出资
（都营）
建设费 20%，来源于地方财政预算、日本开发银行出资</td><td rowspan="2">日本开发银行出资
（旧营团）</td><td>政策融资：针对大型私营企业在线路防灾改造、增强运力改造、大型综合换乘车站建设、提高换乘便利性改造等方面的项目建设施工费用，由日本政策融资银行提供长期的低息贷款</td></tr>
<tr><td>受益者负担制度</td></tr>
<tr><td colspan="2">发行债券（都营：公营企业债券；旧营团：交通债券）</td><td>发行债券（企业债券、上市）</td></tr>
<tr><td colspan="3">商业银行贷款</td></tr>
</table>

资料来源：王郁，东京城市轨道交通建设投融资体制浅析，日本学刊，2007.5。

[1] 本小节“政府补助”和“受益者负担制度”部分内容主要参考叶霞飞和顾保南编著的《城市轨道交通规划与设计》。

1. 政府补助

（1）公营线路

20世纪60年代，日本政府为推动城市轨道交通发展逐渐建立了各种补助制度，补助资金主要是中央政府的国库补助金和地方财政补助金两大类。1962年建立的“地下高速铁道建设费补助制度”主要以地方政府、特殊法人和第三部门建设经营的线路为补助对象，初期主要是以运营费补贴为主，最高额度为6.5%的利息差；之后补助内容改为建设费，补助额度也逐渐提高到总建设费的70%，分10年支付，由国家政府和地方政府各承担35%。1991年“铁道建设基金”成立，建立了“城市铁道建设费无息贷款制度”，对于公营轨道项目的补助方法改为专项基金式管理，补助对象和补助内容不变，平均一次性支付建设费的40%。

（2）私营线路

二战后至20世纪70年代，日本政府未建立任何针对私营轨道的补助制度。1972年，为鼓励私营轨道企业积极参与轨道建设，政府设立了“新线、复线建设项目制度”（简称“P线制度”），补助对象限定为日本三大都市圈的轨道建设项目、轨道复线工程、卫星城轨道项目。按照“P线制度”，轨道线路可由铁道建设公团承担，项目建设后交由私营轨道企业运营管理，私营轨道企业在25年内分50次向政府偿还项目建设费用，同时还可享受返还利息补助；也可由私营轨道企业直接建设。1986年颁布的“特定城市铁道累积金制度”，从使用者负担的原则出发，对私营轨道票价审查许可制度作出一定的调整，允许适当提高已开通线路的票价以筹集资金进行轨道设备改造。通过这些补助制度，私营轨道企业缓解了资金短缺问题，对私营轨道企业起到了降低成本、鼓励增加投资的积极作用。

20世纪90年代，日本经济衰退和人口减少导致了轨道客流减少，私营轨道企业运营压力增大。为此，日本政府陆续推出了一系列新的政策加大对私营线路改造和新建项目的政策扶持。2001年，日本政府对于以提高线路换乘便利性、加强运能等为目的而进行的私营线路及其车站等改造项目，进行比例不等的建设工程费的直接补助，如无障碍化改造、车站防火改造、线路防震性改造等。2002年，原有的“地下高速铁道建设费补助制度”适用对象扩展到私营轨道，对于以改善城郊交通联系、促进轨道交通与沿线居住区一体化开发的新建项目进行形式灵活的建设费补助；对于大型综合枢纽建设、连接性线路建设，由日本政策融资银行提供优惠的长期低息贷款，贷款比例达到建设施工费用的40%~50%。

（3）补助金制度

日本政府通过铁道·运输机构对轨道企业进行各种资金补助，其宗旨是促进各种轨道基础设施建设或技术开发。补助业务主要包括城市轨道、干线轨道、安全和防灾措施、新干线整备、轨道技术开发、无障碍设施。其中，关于城市轨道的主要补助制度和流程方案参照图5–2和表5–4。

地下高速铁道
地下高速铁道整备事业费补助

货运轨道客运化
干线铁道等活性化事业费补助

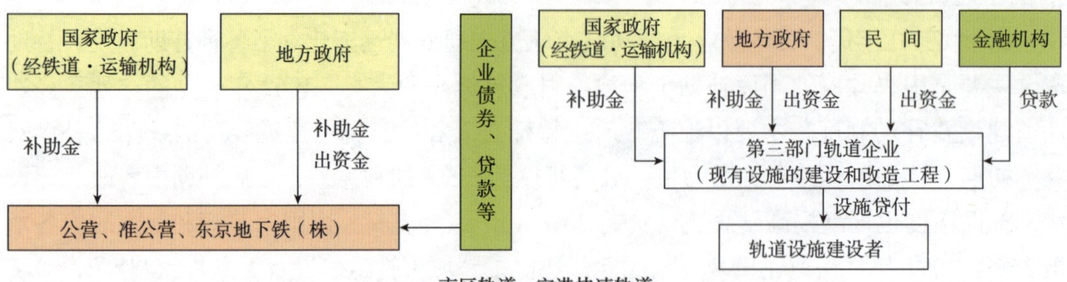

市区轨道・空港快速轨道
市区轨道等整备事业补助

地方公营企业

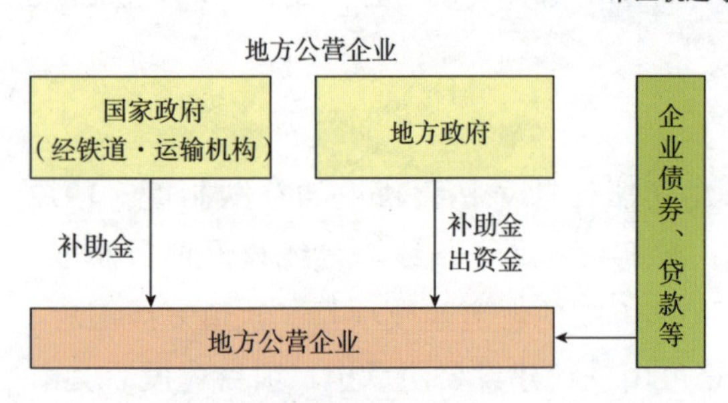

第三部门

国家政府
（经铁道・运输机构）
补助金
地方政府
补助金
出资金
贷款等
第三部门轨道企业

换乘的便利化
干线轨道等活性化事业费补助

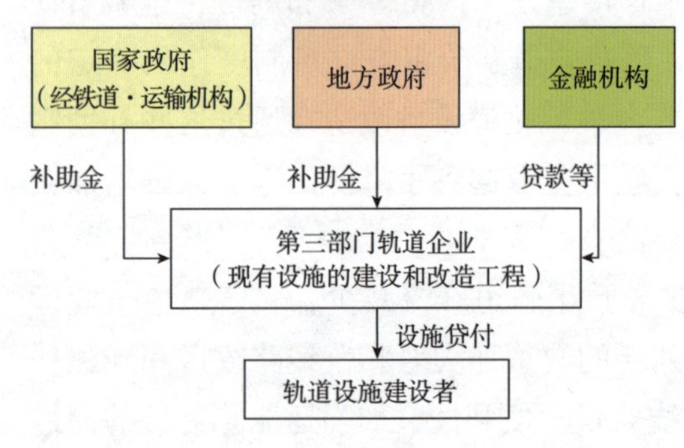

促进都市轨道便利化事业
促进都市轨道便利化事业费补助

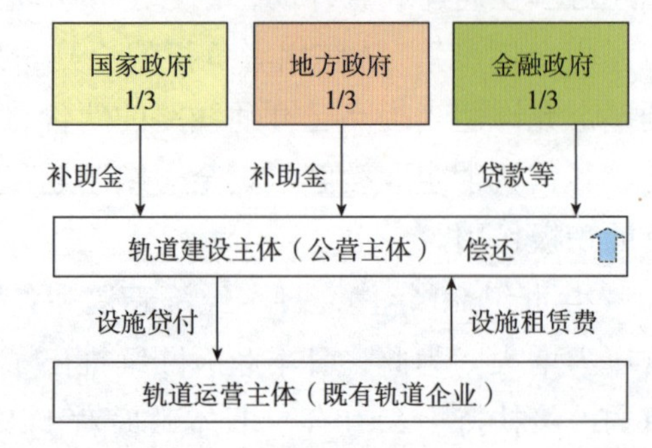

轨道车站总体改善
轨道车站总体改善事业费补助（都市一体化）

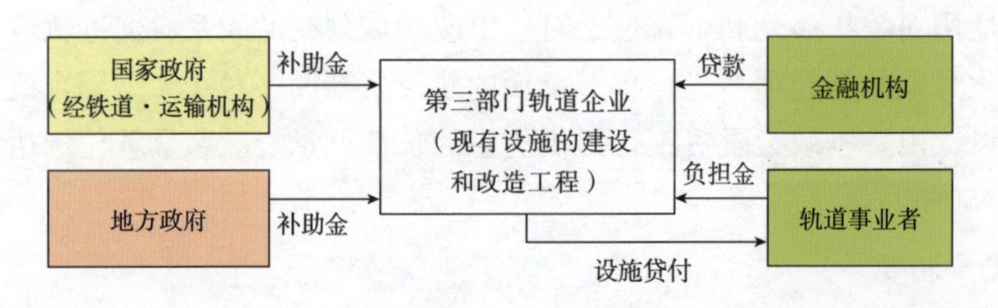

图 5–2　都市轨道主要补助金制度流程方案图

资料来源：鉄道・運輸機構，鉄道助成ガイドブック，2007.12；株式会社大和総研，東京圏における鉄道と都市の発展，2010.5。

表 5–4

东京都市圈轨道线路涉及的主要补助金制度

补助对象	地下高速铁道	市区轨道・空港快速轨道	货运轨道客运化	换乘的便利化	轨道车站总体改善	促进都市轨道便利化事业
补助制度	地下高速铁道整备事业费补助	市区铁道等整备事业费补助	干线铁道等活性化事业费补助	干线铁道等活性化事业费补助	铁道车站总体改善事业费补助（都市一体化）	促进都市铁道便利化事业费补助
制度概要	为促进大都市圈范围内的地铁整备事业，针对公营主体等主体，补助部分建设费用以及大规模改善工程费用	为促进市区轨道及空港快速轨道整备事业，针对地方公营主体、第三部门补助部分整备费用	为促进大都市圈内货运线路沿线地区发展，缓和通勤通学时段交通拥挤，针对第三部门主导的货运轨道线路客运化事业，补偿部分费用	为减轻轨道站点及轨道与其他交通方式之间的换乘压力，由国家、地方政府和金融机关向第三部门提供补助与贷款，支持相互直通运营、换乘便利化等车站改善工程	为提高轨道乘客的安全性和便利性，市区旧改、土地规划与建设、出入口的整备等城市方面改善建设工程与轨道站点改善工程等协同实施，总体改善车站能力，补助部分所需费用	针对已获“都市铁道等便利增进法”批准，并由第三部门等公共实体（负责整备补助对象设施的实体）进行设施整备的事业（提高运行速度或车站设施利用人性化事业），补助部分所需经费
补助对象事业	新线建设费、加强抗震工程及车站的无障碍设施等大规模改善工程费用	新路线建设费、加强抗震工程及设置防护栏等大规模改善工程费用	实现货运轨道客运化的轨道设施整备所需经费	为促进换乘便利化进行轨道设施整备所需经费	车站总体改善工程所需经费	【提高运行速度】连接线建设、连接多路线必须实施的设施整备、使列车实现超车须实施的设施整备； 【车站设施利用方便化】为方便乘车，对站台、检票口或通道口进行整备，与上述整体进行整备的停车场、线路变更以及设施变更
补助对象经费	（建设费－直接劳务费和事务费－车辆购置费－建设利息）×1.02×80% ×90%	（建设费－直接劳务费和事务费－车辆购置费－建设利息－开发者投资资金等）×80%	（建筑成本、线路设备费用、开通设备费用、建筑用地费用）×90% ×80% ×90%	建筑费用、线路设备费用、开通设备费用、建筑用地费用	建筑费用、线路、电路、停车场设备费用、建筑用地费用等	工程费用、附带工程费用、建筑用地费用
补助率	35%	市区轨道：15％；空港快速轨道：18％（成田新高速铁道 1/3）	20%以内。地方政府与国家等额补助	20％以内。地方政府与国家等额补助	20％以内。国家补助金额少于地方政府的补助金额	国家和地方政府各补助 1/3 以内
预算金额	2006 年 192 亿日元 2007 年 174 亿日元	2006 年 41 亿日元 2007 年 48 亿日元	2006 年 9 亿日元 2007 年 7 亿日元	2006 年 2 亿日元 2007 年 3 亿日元	2006 年 12 亿日元 2007 年 8 亿日元	2006 年 2 亿日元 2007 年 8 亿日元
补助对象主体	东京都交通局、横滨市交通局、东京地下铁	横滨市交通局、成田新高速铁道株式会社	—	—	京急本线横滨站和本线空港线蒲田站、京成本线日暮里站、西武池袋线东长崎站和江古田站	相铁・JR 直通线、相铁・东急直通线

注：“开发者投资资金”是指地面以下工程费的 1/2，以及新市区范围外的用地收购费中超出预算的部分。

资料来源：鉄道・運輸機構，鉄道助成ガイドブック，2007.12；株式会社大和総研，東京圏における鉄道と都市の発展，2010.5。

2. 受益者负担制度

私营轨道和联系中心与外围区域的轨道、轻轨等各种轨道交通，均可通过受益者负担制度来分摊建设成本。受益者负担制度强调“轨道交通作为公共交通的一种主要形式，费用不应只由使用者承担，按照公共交通建设经营的公平性原则，受轨道交通建设运营而受益的各方主体均应承担相应的费用”，日本轨道建设受益者负担制度的主要内容见表 5–5。日本政府通过各种灵活的方式，使得在轨道线路沿线区域开发受益的各种主体负担相应合理的费用，这种“开发利益有效返还给公共基础设施项目建设”的良性循环机制，一定程度上保证了轨道交通项目的资金来源。

受益者负担制度的主要内容　　表 5–5

制度名称	受益者	负担内容
新城开发者负担制度	新城地区开发商	按照基价（最初购买价格）提供轨道交通建设用地，负担施工基面以下工程费的 1/2 及其他费用
基于住宅开发者指导纲要负担	沿线地区开发商	无偿提供轨道交通建设用地，全额负担施工基面以下工程费，并部分负担其他建设费
基于协议负担	沿线地区开发商	按照协议承担线路延伸及加强运力工程的部分费用
请求设站负担	车站及周边地区开发商	全部负担工程费，无偿转让车站用地，建设车站广场及相关道路
相关企业所得外部利益内部化	轨道企业和周边土地拥有者	土地拥有者用保留地向轨道交通企业支付代行实施分区规划项目的费用，轨道企业将所得土地升值部分用于轨道交通建设
旧城市规划法受益者负担金制度	沿线土地所有者、土地长期租用者	沿线土地所有者、长期租赁者承担旧城市规划法受益者负担金及建设费的 1/4，按照与车站距离的远近定负担金额
连接工程分担金	开发商、周边企业	分担轨道交通车站与建筑物之间的通道工程费用
起额征税及法人居民税、企业税等待定财源的运用	全体市民、作为征收对象的企业等	超额征收法人居民税，其增收部分作为资金积累，补助轨道交通建设项目

资料来源：叶霞飞、胡志军、顾保南，日本城市轨道交通建设融资模式与成功经验剖析，中国铁道科学，2002.8；叶霞飞、顾保南，城市轨道交通规划与设计，中国铁道出版社，1999。

3.“轨道 + 物业”模式

日本轨道交通发展中最典型的特征就是轨道与地产、商业开发紧密结合，协调发展。在日本，所有轨道企业一直将“小林一三[1]模式”作为轨道企业应努力实现的理想发展模式，其主要特征是为提高郊外轨道线路的收益，在轨道沿线开发住宅区、百货商店以及各种休闲娱乐等场所，实现综合利益最大化。

20 世纪 70 年代以前，东京都市圈城市快速拓展和人口的急剧增加激发了大规模居住需求。当时，东京郊外相对较易获得大量可供开发的土地，为了满足区部就业人群的居住需求，周边区域兴起了“轨道 + 物业”模式的新城建设。20 世纪 70 年代以后，受经济发展减缓和人口因素影响，都市圈居住需求下降，直接获取土地进行开发出售所需的必要条件已不

[1] 小林一三（1873.1.3~1957.1.25）：日本实业家，阪急电铁创始者，轨道、城市开发和商业物流等事业综合一体开发的先驱者、创始者。

完备，轨道企业不得不逐渐转向轨道站点周边的商业经营。从轨道企业内部经营的观点出发，两者最大的不同是：前者易将开发所得收益内部化，后者因受发展背景和土地资源难以获取等因素影响而变得困难。20 世纪 70 年代以前，日本私铁得益于土地的直接开发出售，平衡内部收益，在东京都市圈外围建设了成熟的轨道交通网络。私铁“轨道 + 物业”模式平衡资金支持轨道企业发展，其中最典型、最成功的案例是东急电铁开发建设的多摩田园都市和田园都市线。

东京都市圈范围内的地铁，主要以客运运输业务为主，基本不从事商业开发等业务活动。对于日本国铁而言，1987 年以前，特别是经济高速增长时期，仅以客运运输业为主；民营化的 JR 开始改变经营模式，对客运运输和商业开发并重，逐渐在 JR 一些重要的站点进行商业开发，其典型站点配套商业情况如表 5-6 和图 5-3 所示。

JR 东日本典型站点配套商业开发情况 表 5-6

站　点	营 业 时 间	店铺面积（m^2）	主 要 业 务	2010 年营业金额（亿美元）
大宫	2005 年 3 月	约 2300	熟食店、糖果店、杂货店、餐馆、宾馆等（73 个店）	9.6
品川	2005 年 10 月	约 1600	熟食店、糖果店、杂货店、餐馆、宾馆等（46 个店）	7.2
立川	2007 年 10 月（第一阶段） 2008 年 10 月（第二阶段）	约 4300	熟食店、糖果店、杂货店、咖啡厅、宾馆、托儿所、诊所等（92 个店）	5.9
日暮里	2008 年 3 月 2009 年 6 月（增加建筑面积）	约 380	熟食店、糖果店、杂货店、咖啡厅等（17 个店）	1.5
东京	2010 年 3 月	约 1300	熟食店、糖果店、杂货店、咖啡厅等（31 个店）	— （2010 年 3 月 28 日开业）

资料来源：JR 东日本，Moving Forward on Track（2010 年 JR 东日本年报），2010.3。

品川站 | 立川站 | 东京站
大宫站

图 5-3　JR 东日本车站配套商业开发图

资料来源：JR 东日本，Moving Forward on Track（2010 年 JR 东日本年报），2010.3。

纵观东京都市圈轨道交通建设经营主体演变历程和投融资政策，政府迫于轨道建设运营的财政压力而寻求多种渠道筹措资金，其中最具特色的是“轨道＋物业”融资模式和有效的轨道开发外部利益返还机制。因为轨道企业的特殊性，为尽量减少轨道企业财政压力，日本政府从多方面为企业提供优惠政策和补助，保证企业正常的经营状态和发展空间。

与日本相比，世界上以“政府财政兜底”经营模式的城市大多因地铁建设运营而背负巨大的财政压力，其中最为惨痛的案例是韩国首尔。至2004年，首尔地铁建设债务累计已达到80亿美元，占首尔城市总债务的80%。同时，每年地铁运营收入仅占运营成本的75%，剩下部分仍需政府承担，其中2003年首尔地铁的运营赤字高达6.34亿美元。虽然韩国中央政府为首尔地铁承担了相当数量的地铁建设融资成本（40%~50%），但其受体制和融资渠道的限制，债务危机仍然势不可挡。韩国政府为防止首尔政府财政危机扩大，不得不大幅度限制首尔地铁的建设。

第四节　结　　语

本章主要介绍东京都市圈轨道交通建设经营主体分类及主要主体的变迁，梳理轨道交通管理体制，归纳总结不同类别轨道企业的不同时期投融资模式。与政府补贴制度等。目前，我国城市轨道交通处于高速发展时期，但轨道交通投资大、回收期长、直接收益低等特点影响了轨道建设经营的可持续，笔者结合东京经验教训，对此有以下几点看法：

（1）轨道交通建设经营应从公有公营转向市场化或准市场化。

与其他经营性公用事业不同，轨道交通建设经营的收入较微薄，对成本控制和经营效益较敏感。非市场化的轨道建设经营机构往往存在责权利不对等、企业员工激励机制不完善等问题，导致对市场变化的敏感度不高、成本控制较欠缺，若再由政府无限制地补贴亏损，其盈利能力堪忧，甚至会成为财政“黑洞”。JR东日本、东京地下铁、都营地下铁的变迁历程和最终民营化趋势，首尔地铁和纽约地铁公营引发的财务危机，深刻地体现了公有公营的弊端。

由于特殊的国情和发展阶段，我国大多数城市轨道交通均是公有公营，并产生了强烈的市营主义倾向，以至于相当多的业内人士想当然地认为国际上轨道交通的建设运营自始至终由政府或公营企业主导，而事实上并非如此。在当前各城市面临巨大的轨道交通财政压力情况下，亟须人们转变思路，将公有公营企业市场化或准市场化，并积极引入社会力量参与。

（2）轨道建设经营主体应多元化。

相对较单一的主体而言，轨道交通建设经营的多元化可以发挥各主体的积极性，加快资金筹措和建设，并引入合理竞争，保持服务的多样化，这对于面临着轨道交通巨大建设运营任务的我国特大城市而言是至关重要的。从东京营团成立、都营地铁引入和诸多私铁分合过程可以看出，即使在二战前政府极力推行公交一元化的背景下，政府也不得不保持企业多元化并引入合理竞争以保证轨网的完善和服务的多样化；二战后，为了尽快改善区部及周边区域公交服务，政府亦被迫构建多元化的地铁建设经营主体，如今都市圈轨道建设经营主体有 41 家之多。因此，我国当前一元化主体的机制虽有利于减少协调，但是不利于轨道交通全面、快速发展。建议轨道交通建设经营主体适当多元化，此点与市场化应相辅相成。

（3）政府应承担轨道建设运营的主要责任，提供相当的经济资助并制定完善的法规。

轨道交通作为特殊的公益事业，必须得到政府的大额资助并有完善的外部法制环境才可能健康发展。根据有关测算，以一条地铁为例，政府需以某种方式承担其土建投资（约占总投资的 70%）、企业投资机电设备等（约占总投资的 30%）并运营 30 年，才可取得较合理的收益。在运营多年后，设备的升级改造也往往只能依赖于政府的补助。

由于此种资助数额巨大且较为频繁，必须有完善的法律法规对受资助的条件、数额、形式、程序、受助方的权利和义务等细节进行规定并严格执行，才可能在市场上形成稳定的预期，从而吸引各方资金的进入，进而推动轨道交通的有序发展。日本对轨道交通相关法律法规的制定是全面且细致并严格执行的，这是其今日轨道交通系统发达的根本保障，非常值得我们学习。

（4）我国部分城市政府当前可谨慎利用“轨道 + 物业”模式，但长远而言应以多种手段筹措资金支撑轨道事业的发展。

东京和香港的“轨道 + 物业”模式之所以成功，有其特定的条件：一是轨道企业的市场化经营；二是年度融资强度有限；三是处于高速城市化时期，房地产需求旺盛；四是制度完善，房地产市场成熟等。现阶段若满足上述条件，我国城市利用“轨道 + 物业”模式推动轨道交通发展是合理的。但长远而言，大规模使用“轨道 + 物业”模式将引发较为严重的后果，政府应采取推行受益者负担制度等多种手段筹措资金，以保证轨道行业的健康发展。

第六章　轨道交通发展和规划

第一节　轨道建设发展

东京都市圈轨道交通线路发展历程概图如图 6-1 所示。

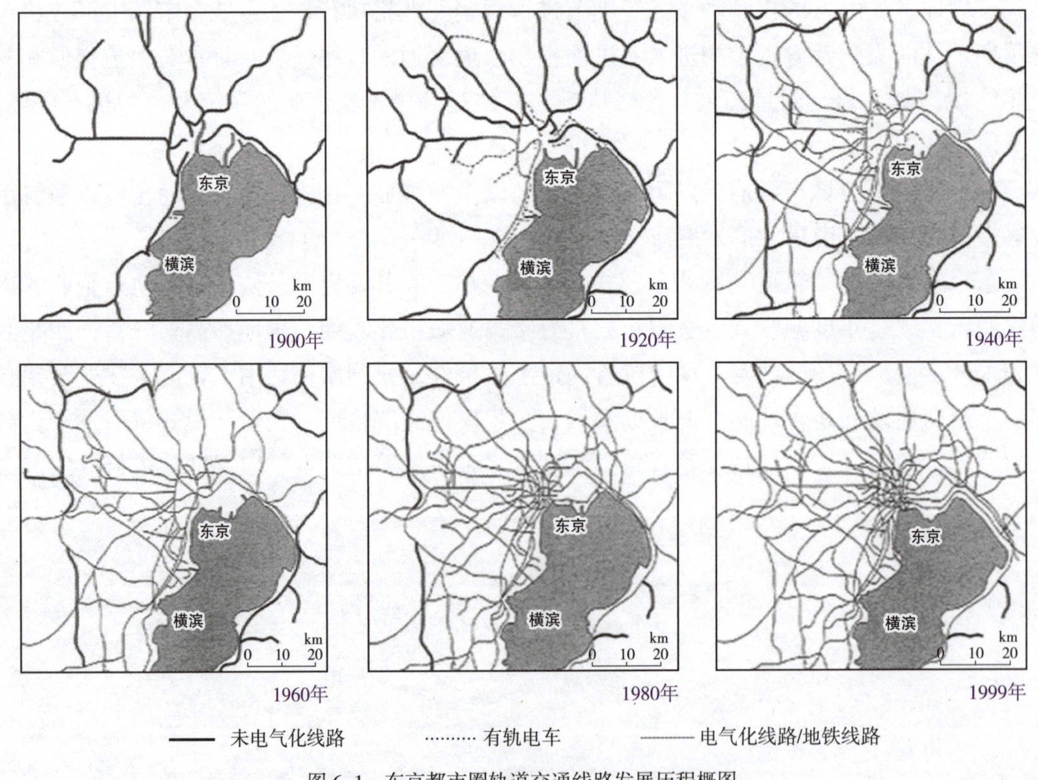

图 6-1　东京都市圈轨道交通线路发展历程概图

资料来源：(财）日本運輸政策研究所，都市圏鉄道の整備と都市化。

一、1940 年以前

1. 铁路及地铁发展

明治政府时期，日本铁路基础设施建设受到高度重视，但是受国内技术水平限制需求助于西方国家。1872 年，日本利用英国技术修建了第一条蒸汽机车铁路。19 世纪 70 年代中期，日本政府的财政危机迫使铁路建设速度减缓，但当时日本资本家对投资铁路兴趣浓厚，于是政府鼓励民间资本进入铁路运输行业。1885 年后，日本首相松方正义的财政改革使得日本经济繁荣发展，同时日本铁道（Nippon Railways，1883~1906 年修建了日本第一条私有铁路）的成功激发了持续到 1890 年（经济出现衰退）的第一次铁路建设高潮。此阶段主要建设干线铁路，基本形成外围城市直达东京的铁路干线骨架，但是此时铁路主要在核心区外围设立终点站。截至 1890 年，日本全国以私有铁路为主，私铁线路总长约 4674km，国有铁路仅约 1335km。

1891 年 7 月，日本政府在时任铁道厅厅长井上胜的提议下，宣布了两项重要的铁路政策的议案——《铁道合同法案》和《铁道国有法案》，主要指出“国家需要通过法律来确保铁路主干线的建设长期计划制定和铁路建设资金的公众支持，并且主干线中的私营铁路应国有化”。1892 年 7 月，日本国会通过的《铁道建设法》明确了铁路的具体建设规则，舍弃了对私有干线国营化的观点，允许企业和社会机构通过当地议员向政府申请修建私有铁路。1893~1897 年，在《铁道建设法》的支持下，日本掀起了第二次铁路建设高潮，期间国有铁路建设进展迅猛，图 6-2 所示为 1895 年东京地区的铁路线路图。由于当时私有铁路建设利润大，许多财阀或大商业集团均积极投身于铁路建设，其中典型的财阀有三井和三菱。

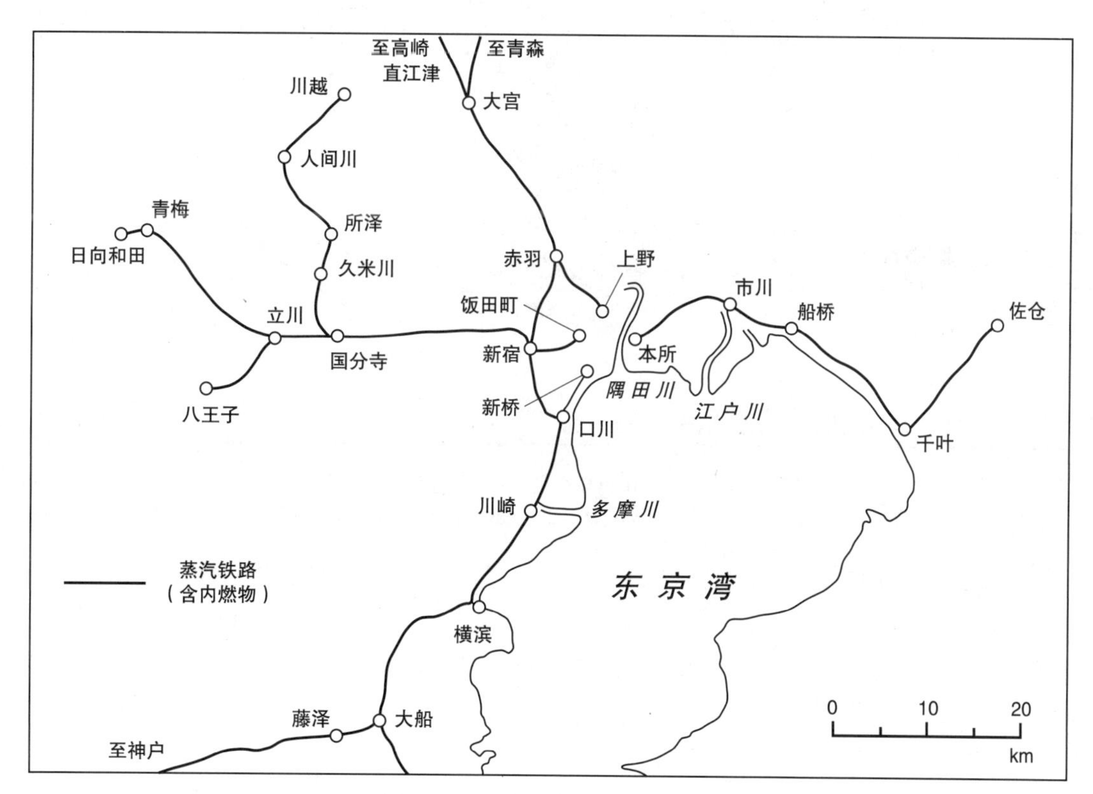

图 6-2　1895 年东京地区铁路线路图

资料来源：青木栄一，都市化の進展と鉄道技術の導入，国際連合大学，1982。

20 世纪初，东京引入有轨电车（美国电力机车）并逐渐拓展到城际交通，轨道企业因蒸汽机车铁路发车间隔大、竞争力下降的原因被迫发展电气化铁路。受战争影响，日本政府逐渐意识到铁路的重要性，1906~1907 年收购了 17 家私铁企业的主干线并计划将连接东京的主要铁路电气化，从此国有铁路的比例大幅扭转。随后，日本再次掀起了铁路建设的高潮，但是建设重点由干线转为支线和已有蒸汽机铁路大规模电气化改造。1911 年，日本颁布《轻便铁道补助法》，对私铁建设进行补贴，促成私铁企业在城市和相邻地区之间修建大量铁路，其中大部分为电气化铁路。第一次世界大战（1914~1918 年）后，日本工业迅速发展，东京区部人口激增并逐渐向都心以外区域扩散，都心和外围区域交通需求快速增长；1920~1930 年，京滨地带城市发展较为成熟，区域内大部分铁路已实现电气化，图 6–3 所示为 1920 年东京地区轨道线路图。

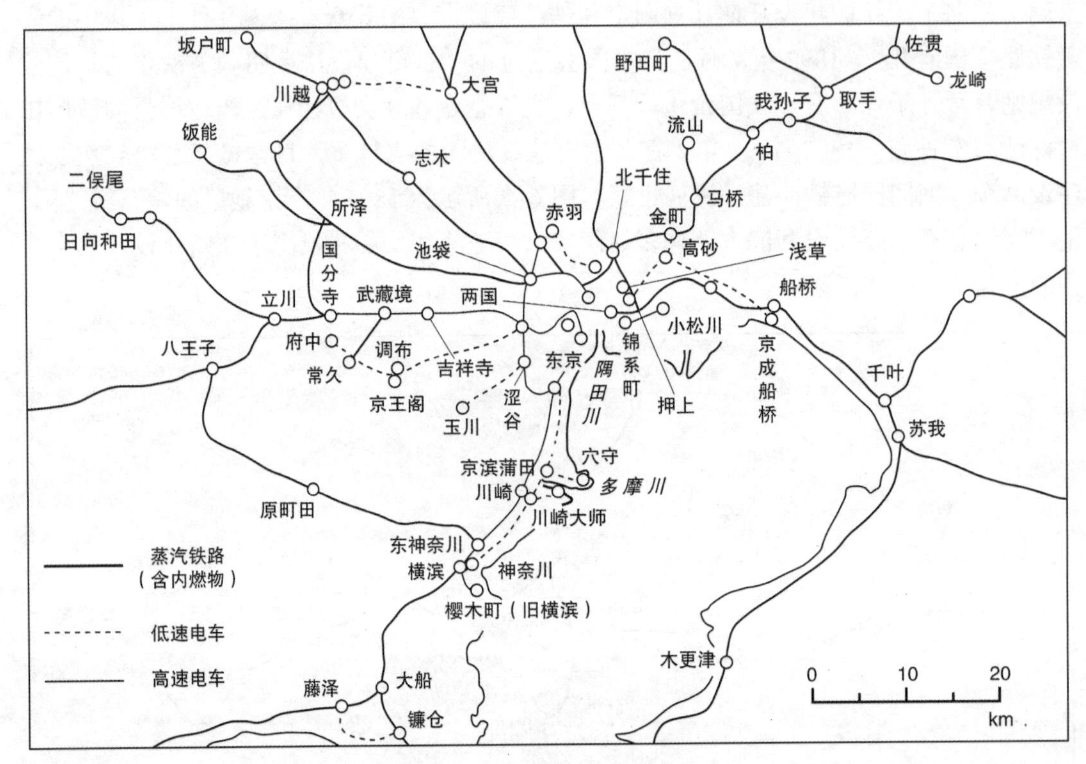

图 6–3　1920 年东京地区轨道线路图

资料来源：青木栄一，都市化の進展と鉄道技術の導入，国際連合大学，1982。

东京在发展山手线外侧干线铁路和地区铁路的同时，内侧也开始修建地铁。早在 1914 年，日本地铁之父早川德次[1]受日本铁道省委托前往欧美考察铁道和港口。当时伦敦地铁在公共交通中已发挥着巨大作用，早川德次对伦敦地铁表现了极大的兴趣，尤其是英国绅士早晨在地铁上看报纸的上班生活亦令其羡慕不已。随后，对巴黎和纽约地铁的考察，使其更加意识到地铁对于东京交通的重要性。1927 年，早川德次主导的东京地下铁公司修建了东京第一条地铁线路（现银座线的一部分）。二战前夕，五岛庆太[2]看中东京银座附近巨大的人流，试图修建一条地上铁道连接早川德次的地铁线，但由于利益问题与早川

[1] 早川德次：日本地铁之父，早稻田大学毕业后于日本国铁工作，1920 年成立东京地下铁株式会社。

[2] 五岛庆太：东京急行电铁创始人，因强力贯彻轨道企业吞并收购而被称为“强盗庆太”，与阪急电铁小林一三合称为“西小林．东五岛”。

德次发生长期纷争并惊动政府。政府为禁止这种状况，出台调整法令，规定山手线以内只能修建有轨电车和地铁。至1939年，东京地铁仅建设开通14.3km，如图6-4b）所示。

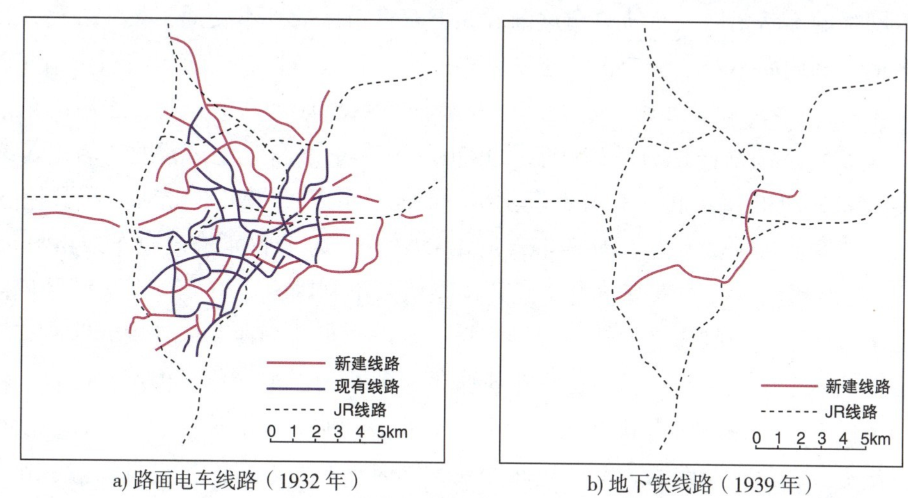

a) 路面电车线路（1932年）　　b) 地下铁线路（1939年）

图6-4　二战前东京区部有轨电车和地铁路线图

资料来源：City and Regional Development Bureau and Building Research Institute Ministry of Land, Infrastructure and Transport Urban Transport Facilitise in Japan，2002。

1915~1935年，东京地区轨道网络规模增加580km，至1940年，形成了现有轨道网络的基本格局（不包括新干线），如图6-5所示。19世纪80年代至20世纪30年代，日本将大量社会资金投入到铁道建设之中，不仅刺激了经济的发展、促进了社会基础设施的建设，同时为战后经济的发展打下了良好的交通基础，该时段被称为日本铁路建设的黄金时期。总体而言，二战以前，东京城市化区域比较小，铁路主要是为城市间货运运输和宗教朝拜目的而修建。

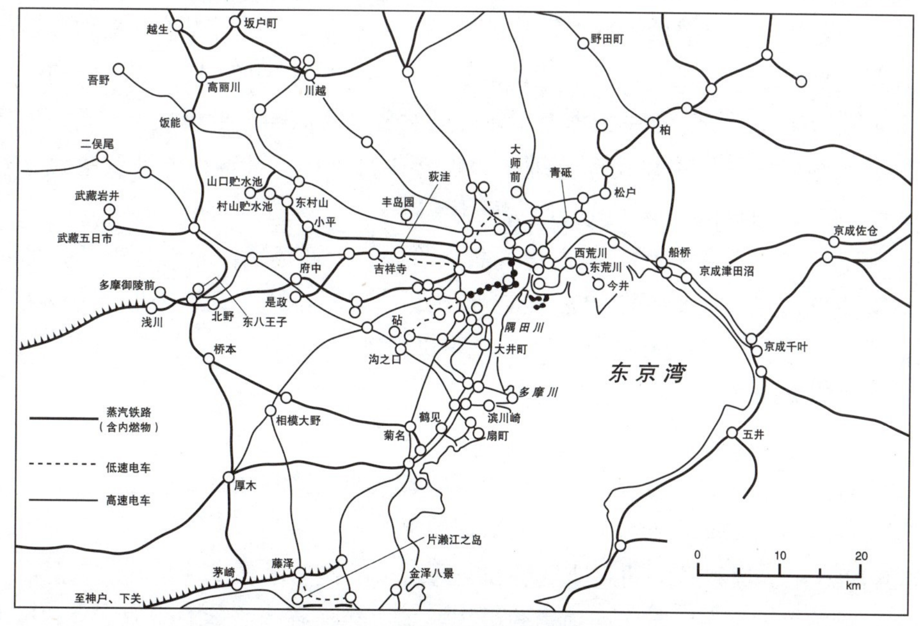

图6-5　1940年东京地区轨道线路图

资料来源：青木栄一，都市化の進展と鉄道技術の導入，国際連合大学，1982。

2. 有轨电车发展

1903~1904 年，东京电车铁道、东京市街铁道和东京电气铁道等有轨电车公司相继成立，随着网络的不断拓展，有轨电车逐渐成为旧东京市区的基本交通工具。随后，私营电车企业为追求利润而不断上涨票价，越来越多的市民发起抗议并要求政府对市内交通企业加强管治。1911 年，东京市政府电力部门开始收购私营有轨电车企业，之后旧东京市内部私营电车线路逐渐地被地方政府接管。1920 年，东京市商业化运营的有轨电车线路长度达到 140km；1930 年年底，有轨电车网络达到最大规模 210km，此时电车数量达 1400 台，日平均乘客数量 130 万人。图 6-4a）所示为 1932 年东京区部有轨电车线路图。

20 世纪 20 年代后，东京有轨电车经营面临诸多不利因素。首先，无法满足日益增长的客运需求，电车数量的增加使轨道更加拥挤。其次，市营交通业务管理分区使有轨电车只能局限于旧东京市内，不能适应因城市扩张带来的客流需求变化。再次，国营铁路逐渐开始承担市内客运运输，对有轨电车运营产生了冲击；加之日本政客的干涉，迫使东京地方政府付出更高的代价收购私营有轨电车企业；同时，有轨电车由于自身弊端引起了众多的道路交通事故；1923 年关东大地震中，旧东京市内有轨电车基础设施损坏严重，地方政府有轨电车企业不能获得国家政府的补贴和贷款。在诸多不利因素的影响下，东京有轨电车运营极其困难。

二、1940 ~1960 年

二战期间，以军事运输为主的铁路垄断了日本国内运输。受战争影响，当局对铁路基础设施和设备维护、更新较少，加之二战后期遭受美军轰炸，以致二战结束时铁路运输能力与战前相比大幅下降。

二战后，盟军总司令部接管日本对其进行民主改革，其中涉及日本铁路改革。出于压制日本日益成长的左翼劳工共产主义运动的目的，1948 年 7 月 22 日，盟军总司令麦克阿瑟责成日本政府将政府铁道改制为国营企业。虽然日本官僚强烈抵抗铁道改革，但日本作为战败国必须绝对服从盟军总司令管理。1949 年 1 月 1 日，日本铁道被改组为日本国有铁道企业（JNR），同日执行裁员减缓经营压力。

1950 年，日本经济因朝鲜战争而进入腾飞阶段，交通运输需求快速增长，但是此时铁路的运输能力只有战前水平的 30%，运输压力巨大。日本国有铁道竭尽全力恢复铁路设施并提高服务水平，如重新开行快速列车、引进电动机和柴油机列车等。1957 年，日本国内铁道运输客流剧增，企业开始盈利。

二战后，私铁企业计划加大对铁路线路建设的投资。日本政府对于私铁建设采取压制投入、拒绝提供补助金的政策，而私铁企业不愿意用非铁路利润补贴铁路建设，此阶段私铁将重点放在增加列车运输能力（如加大车辆编组等）方面。

1950~1960 年，日本经济的高速发展和交通需求的快速增长迫使日本政府急需大力加强铁路基础设施投资，东京都市圈轨道建设主要集中在现有线路运输能力恢复和运力增强等方面，新建铁道线路较少。20 世纪初至 60 年代，有轨电车一直是东京区部的主要交通力量，至1950年，其网络延伸到了很广的区域，图6-6所示为1960年东京地区有轨电车线路图；之后，随着日本汽车行业的兴起，汽车与有轨电车开始竞争。路面交通拥堵使得有轨电车延误增大，加上高票价因素，乘客逐渐转向使用汽车和铁路等交通工具，有轨电车的经营岌岌可危。

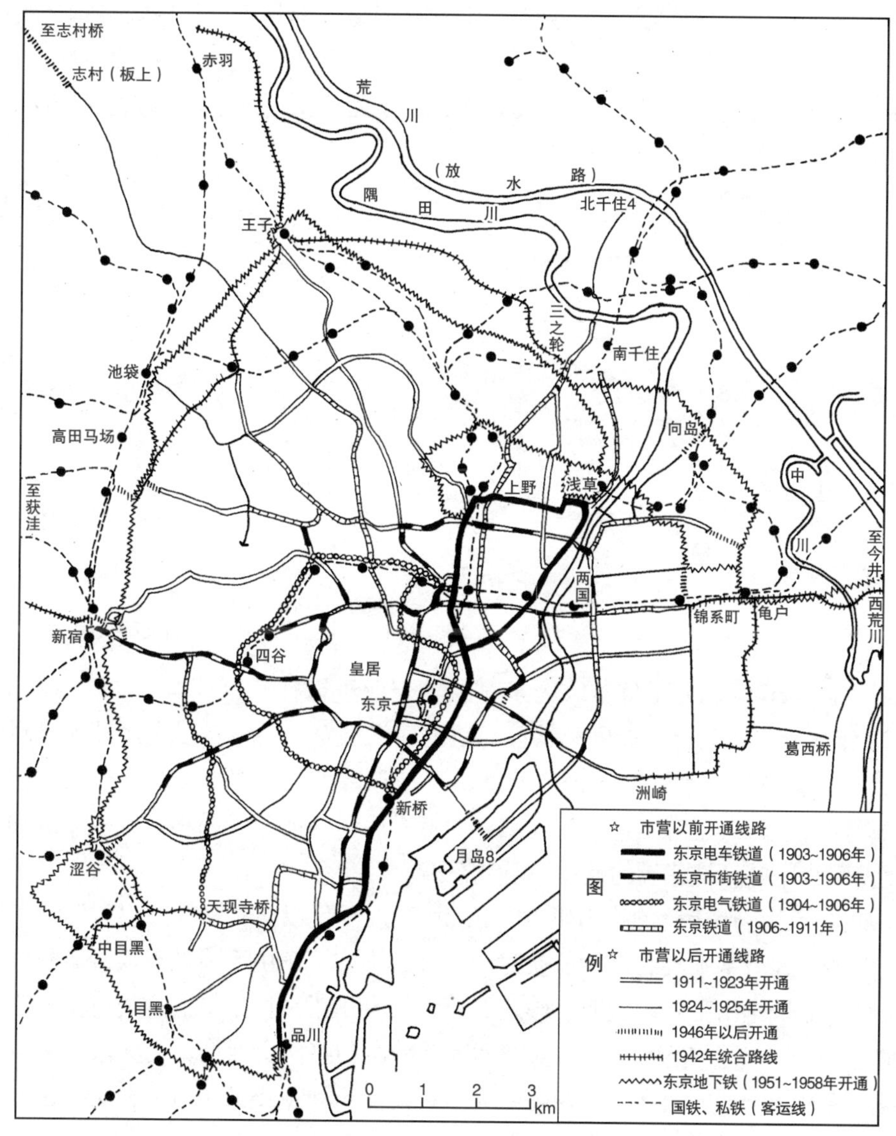

图6-6　东京地区有轨电车线路历程图

资料来源：青木栄一，都市化の進展と鉄道技術の導入，国際連合大学，1982。

三、1960~1980年

1960年，东京都市圈建成区快速扩张使得外围特别是轨道沿线区域人口剧增，早晚高峰时段乘客同时前往区部上班导致列车异常拥挤，主要放射线路拥挤区间已达无法忍受的情景（被称作“通勤地狱”）。于是，日本政府针对东京区部与外围区域联系的5条主要国铁放射干线开展了“通勤五方面作战计划”，主要以复线化、双复线化和车辆更新等措施增加线路运输能力。该计划的实施使东京对外主要方向的运输能力提升 4~5 倍，但仍无法适应高速增长的客流需求，图 6–7 给出五方面作战计划轨道运输能力和通过人员的具体发展情况。随着东京都市圈外围人口迅速增加，国铁放射线外围新增车站并加大通勤列车班次来满足郊区至区部的通勤需求。此外，日本国铁在东京区部外围建设客运环线武藏野线满足中心区外围环向客运需求，促进外围区域发展。随着小汽车运输在日本的兴起和国铁自身体制弊端的凸显，20 世纪 60 年代后期，日本国铁出现严重经营赤字，政府多次改善国铁运营赤字的恢复计划均以失败告终。

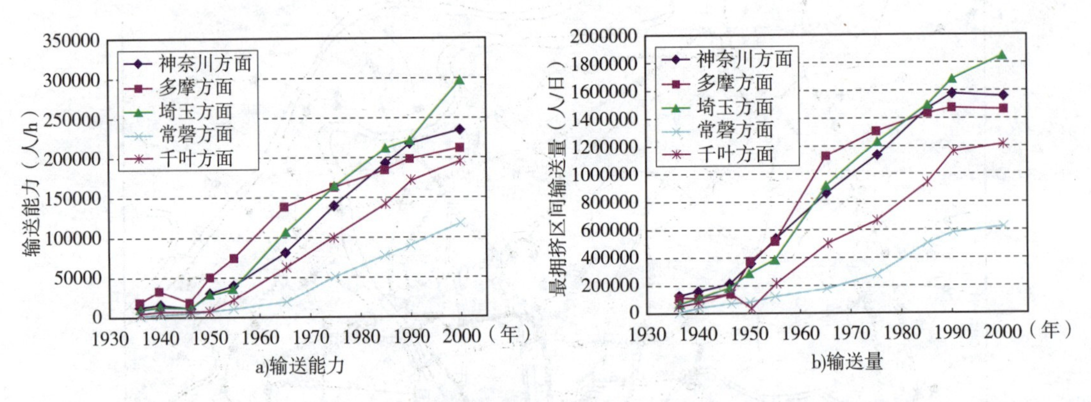

图 6–7　东京都市圈五方面轨道运输能力与通过人员变化

资料来源：紀伊雅敦，首都圏における駅前広場の評価と整備方策，運輸政策研究所，2001.7。

二战后至 1970 年，由于日本政府未对私铁企业进行补贴，日本私铁线路发展缓慢。20 世纪 70 年代，日本政府为鼓励私铁参与轨道建设颁布“新线、复线建设项目制度”（P 线制度），通过该制度对私铁建设进行补助，于是私铁为配合都市圈新城开发进行了新一轮的私铁线路建设，典型的案例是配合东京西部多摩新城而建设的小田急多摩线和京王相模原线以及配合千叶新城建设的北总铁道北总线。

受二战前交通分区运营的格局影响，20 世纪 60 年代以前，私铁放射线路均不进入区部山手线以内，战后基本没有进行地铁建设，多数乘客须于山手线站点换乘有轨电车等地面交通工具才能抵达山手线内就业、娱乐场所，于是山手线换乘节点客流巨大、交通拥挤严重。20 世纪 60 年代，有轨电车受制于小汽车冲击和路面交通拥堵而无法适应城市内部交通发展，这种特殊的交通状态迫切需要大运量的城市轨道交通工具来改善，因此地铁新线的建设迫在眉睫。此时，除帝都高速营团外，东京都政府和私铁企业均积极推进东京区部的地铁建设，东京都政府、私铁企业被允许和营团共同修建区部地铁，同时国家要求各建设经营主体统一地铁建设标准，便于新建地铁线路与抵达市区的私铁或国铁线路直通运转，进而提高效率和缓解交通换乘枢纽的拥挤压力。从此，东京区部地铁进入高速建设发展时期，1960~ 1980 年东京区部先后开通运营了 9 条地铁线路，同时对平交路口轨道线路进行立体化改造，开辟新线使得地铁和私铁、国铁直通。 1968 年区部地铁总长度达到 100km，政府以东京奥运会为契机在 1967~1972 年废除绝大多数有轨电车，从此山手线内交通逐渐由地铁主导。图 6–8 所示为 1972 年东京地区轨道线路图，图 6–9 表示东京区部有轨电车线网规模和地铁线网规模的相互关系，图 6–10 所示为东京区部地铁线发展历程。

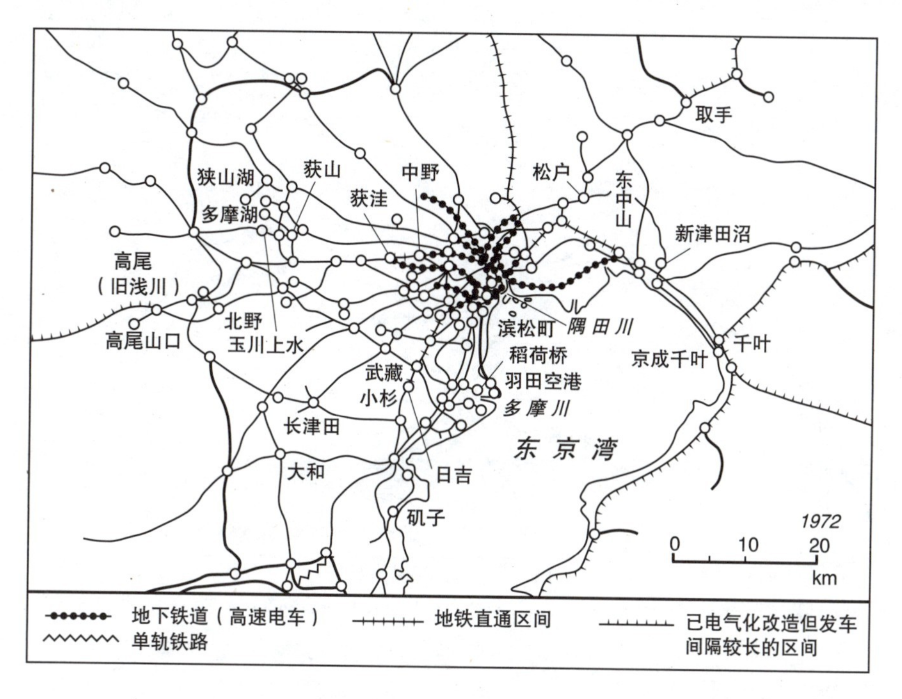

图 6–8 1972 年东京地区轨道线路图
资料来源：青木栄一，都市化の進展と鉄道技術の導入，国際連合大学，1982。

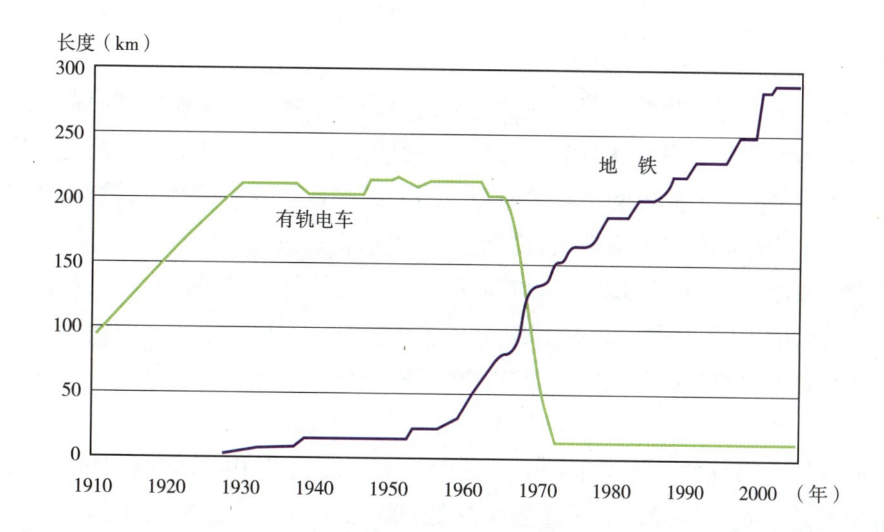

图 6–9 东京区部地铁和有轨电车线路长度变化图
资料来源：和久田康雄，私鉄史ハンドブック，1993.12。

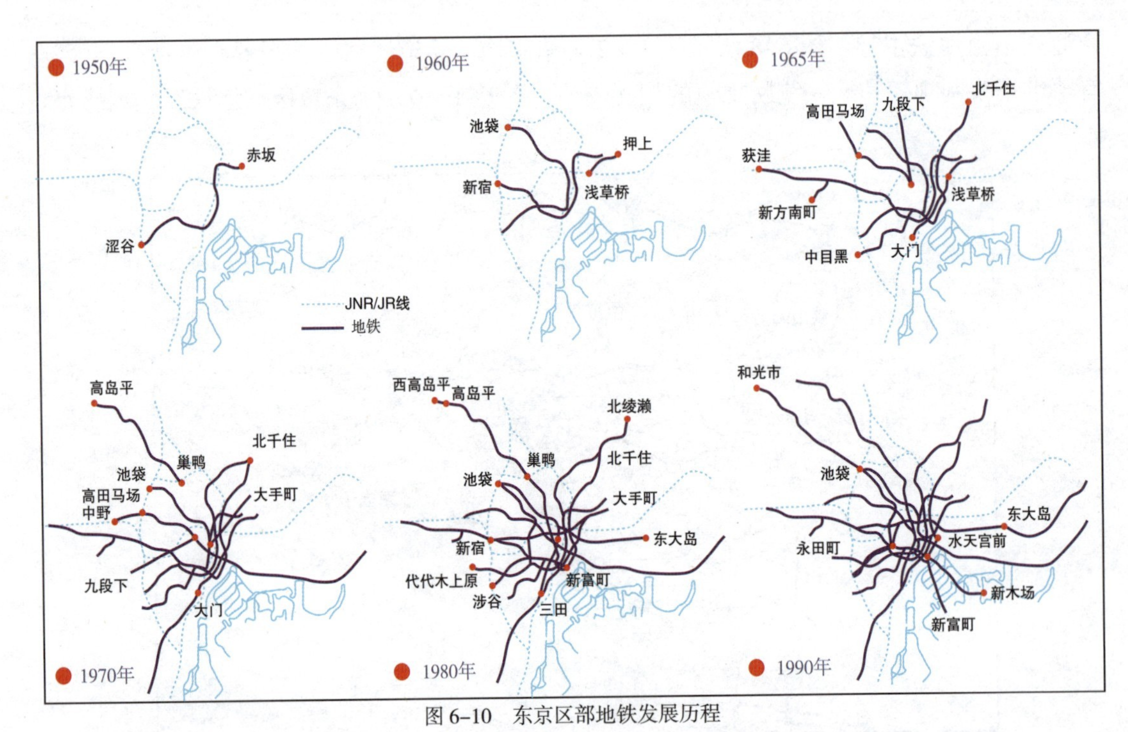

图 6-10　东京区部地铁发展历程

资料来源：Akio Okamoto, Growth of Tokyo Railway & Population，Japan Railway & Transport Review，1995.3。

四、1980 年以后

为从根本上解决国铁财政赤字，1981 年，日本政府成立临时行政调查会，研究国铁改革问题。1982 年，日本内阁接受临时行政调查会的研究建议，准备将日本国铁分割民营并开始研究彻底改革国铁的具体措施。经过两年多的研究和讨论，负责机构认为：国有铁道的公社制度和庞大组织以及全国一元化经营是导致国铁不能迅速适应产业结构和运输结构变化的根本原因，要彻底革除国铁的上述弊病只有将日本国铁分割民营。当时，国铁高层干部和国铁劳动组织总联合会均对日本国铁的“分割民营”方略持反对态度；但日本政府态度十分坚决，为此解除了与政府观点对立的国铁总裁仁杉严及其下属 7 名高级管理干部的职务，任命原运输省事务次官杉浦乔也担任新总裁强行推行政府的改革计划。1987 年，日本国铁改革为 JR 集团，下属 7 大公司，集团各公司实际是公设民营化经营的独立企业。改革后的 JR 各公司，充分利用现有铁路资源，提高铁路运输效益，加大车辆设备等改善力度并提升服务水平，同时开展其他关联业务，JR 集团逐渐扭亏为盈并逐渐偿还所负担的债务。1980 年后，东京都市圈 JR 集团涉及的资金投入，主要集中在现有线路拥挤改善和提高服务为目的的相关工程上。其中：为解决西部 JR 常磐线拥挤状况，由 JR 东日本主导修建了筑波快线；对于通勤极其拥挤路段，继续实施复线化和双复线化；开辟新线分离客运线路共用轨道路段；利用既有货运线路资源客运化；促进通勤线路和区部地铁线路的直通，同时加大对车辆的更新力度。总体来说，本阶段轨道发展主要是立足于既有基础设施提升客运运输能力。

20 世纪 80 年代后，区部地铁新增 130km，新建地铁除都营大江户线外全部与私铁或 JR 线路直通，以满足郊外乘客直达区部的需求。私铁线路主要将精力集中在高速运转、直通、站点设施改善等方面，进行拥挤路段复线化工程建设和车辆设备等基础设施更新，增开高等级列车和直通列车以提高服务水平，同时增设支线注重郊区、片区服务。这一阶段，东京都市圈轨道建设主要是完善中心区轨道网络，除区部和横滨大力进行地铁线路建设以外，其他区域以提高服务水平、加设支线和改善重要枢纽节点可达性为主要目的，同时为了配合和促进临海副都心、港未来 21 区和千叶新城等重点区域开发，同步建设和完善其直达区部的轨道线路。

通过对东京都市圈轨道网络规模统计分析可以看出（图 6-11），1940~1960 年轨道网络规模增加不明显；1940 年以前和 1960 年至今两个阶段各建设了大规模的轨道网络，但建设目的不一样，各阶段特征鲜明。1940 年以前，受日本特殊国情影响，轨道建设主要在私人资本的推动下开展，形成了大规模的货运铁路网络，现 JR 和私铁骨干线路基本于当时建设完成，区部城市以内以有轨电车交通方式为主；1940~1960 年，受二战影响，轨道网络基本没有扩张，即使在 1950~1960 年经济高速发展时期，轨道建设仍是处于恢复线路运输能力、增大既有线路运输能力的阶段，同时区部内部有轨电车已不能满足城市发展需求，政府被迫开始修建中心区地铁网络；1960~1980 年，受住房需求刺激，“轨道 + 物业”的模式促进郊外区域轨道建设，同时区部地铁线路开始全面建设并与放射轨道直通，满足长距离直达通勤服务需求，此阶段轨道建设以外围新城线和中心区地铁线路为主；1980 年后，出于完善轨道网络和功能的目的，进一步加强都市圈外围局域线、东北部快速轨道和区部地铁建设。

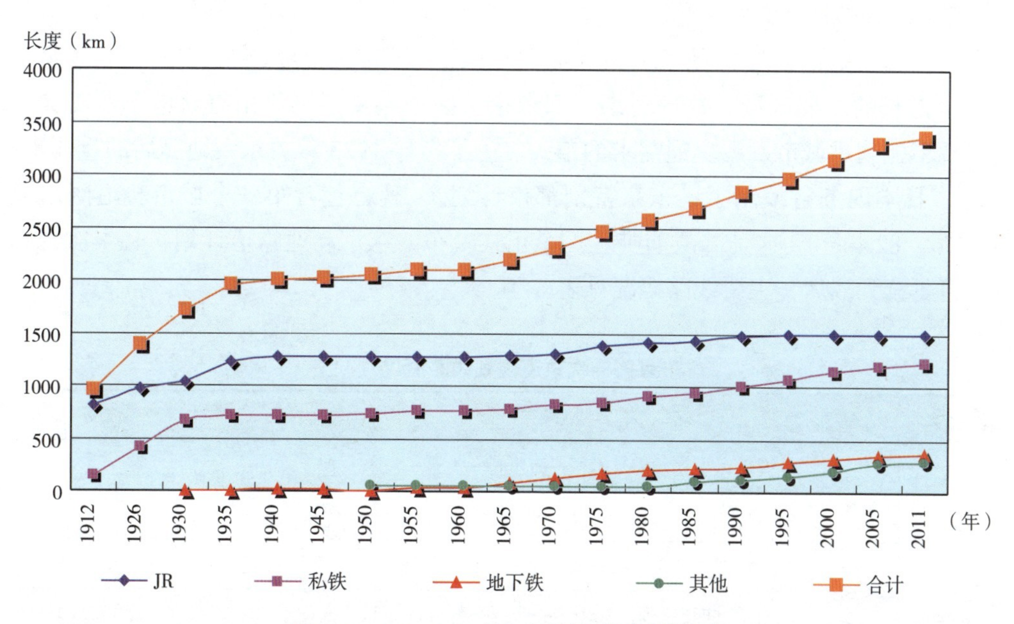

图 6-11　1912~2011 年东京都市圈轨道网络规模

注：本图根据维基百科中都市圈现有各轨道线路发展历程整理制作，其中“其他”指第三部门轨道和新交通方式轨道，此图轨道统计数据不含有轨电车。

第二节　轨道交通规划

二战前，日本企业建设轨道只需取得政府颁发的许可证（政府主要考核线路沿线的人口数量、企业的财力等）。当时，轨道建设和经营处于混乱状态，基本只要申请就可以建设轨道。二战后，日本进入战后10年重建时期，东京城市化进程骤然加快，人口剧增，区部特别是山手线内以及放射线路交通极度拥挤，因此日本政府意识到必须制订规划指导轨道建设发展。日本政府成立日本运输政策审议会（前身是都市交通审议会，隶属国土交通省）讨论大都市交通问题，针对东京等区域制订轨道交通规划提交给中央政府，并依据实际情况每隔5年或者10年进行一次修编。

一、规划历史

早在1919年7月日本政府在审议铁路网络时，旧东京市出于“市营主义”的主张向东京府提交了轨道市营的具体方案。期间，东京府草草通过市区改修委员会第一次决定，形成了预算17916万日元、为期8年、含7条总长61.7km线路的轨道计划。由于旧东京市营计划之前从未公开发布，可实施性不强，被称为“泥绳式计划”，最终因政府财源缺乏而失败。1925年，东京地区正式开展第一次轨道交通网络规划。至今，东京都市圈已经进行了9次轨道网络规划，最近一次轨道网络规划于2000年颁布。以下简要阐述对东京都市圈发展有重大影响的几次轨道交通网络规划。

1. 第一次规划（1925年）

当时，轻工业的发展推动了人口和商业在东京区部的集聚，其中京滨工业区是东京地区人口增长的主要区域。这一时期，旧东京市区公共交通网络由有轨电车所支撑，已开始出现不能满足城市发展交通需求的苗头。为了指导1923年关东大地震后的重建工作，1925年，日本内务省编制了《东京特别都市计划》，其中包含第一个城市轨道网络规划（5条线路，82.4km）。这是二战前唯一一个正式公布的东京高速铁道计划，且本次规划的成果一直延续到战后，主要线路概况见表6-1。

东京第一次轨道规划线路概况　　表6-1

线路编号	线 路 走 向	长度（km）
1	五反目—新桥—日本桥—万世桥—上野—浅草—押上	16.7
2	目黑—西久保—本石町—浅草桥—田园町—南千住	16.1
3	涩谷—东京站—万世桥—本乡三丁目—巢鸭	15.4
4	新宿—四谷见附—日比谷—筑地—本乡三丁目—大塚	20.0
5	池袋—早稻田—饭田桥——桥—东京站—洲崎	12.4

资料来源：佐藤信之，地下鉄の歴史，2004.6。

2. 第二次规划（1946 年）

二战期间，地铁因位于地下，与地上轨道线路（国铁和私铁）相比损失较少，因此战后要求迅速恢复运力并制订新的地铁规划，指导和支撑战后重建。币原内阁设立战后复兴院制订战后复兴计划，其中涉及以第一次轨道规划为基础完善的 5 条总计 101.6km 的地铁线路规划（1946 年 12 月，见表 6–2），其中 3 号线是战前已经开通的银座线，4 号线是规划建设的丸之内线。

东京第二次轨道规划线路概况　　表 6–2

线路编号	线　路　走　向
1 号线	茌原区小山三丁目（武藏小山站附近）—板桥区板桥町—丁目附近
2 号线	目黑区上目黑五丁目（祐天寺站附近）—足立区千住二丁目（北千住站附近）
3 号线	目黑区上目黑七丁目（大桥附近）—浅草区雷门二丁目（雷门附近）
4 号线	中野区富士见町—丰岛区向原町
5 号线	中野区中野站前—深川区东阳町二丁目

资料来源：佐藤信之，地下鉄の歴史，2004.6。

3. 第三次规划（1956 年）

20 世纪 50 年代，东京城市和经济发展迅速恢复，东京地区的职住分离产生了巨大的通勤客流，与战前相比交通需求增加了 3 倍而运输能力仅增加了 2 倍，战前形成的公共交通分区运营使得山手线换乘站点极其拥堵，山手线内有轨电车已不能适应经济发展。因此，为适应郊外居住者的向心通勤通学需求，外围放射线路和区部轨道运输能力均急需加强。都市交通审议会经过 1 号会议讨论判断未来交通需求将大幅度上升，在此前提下新一轮规划为加强郊区居住区和区部就业区的直接联系，提出了地铁和放射轨道干线（包括私铁和国铁线路）直通运营的思路；同时，强调换乘节点应被分散以缓解枢纽站点的拥堵。另外，都市交通审议会还确定了营团以外的其他主体参与地铁建设的计划。第三次规划以 1957 年东京区域轨道现状为基础、1975 年为目标年，主要制订了以区部内 11 条地铁线路为主的规划：

（1）马込—武藏小山—五反目—品川方向至都心方向的线路；

（2）祐天寺—惠比寿方向至都心方向的线路；

（3）三轩茶屋—涩谷方向至都心方向的线路；

（4）荻洼—方南町—新宿方向至都心方向的线路；

（5）中野—高田马场方向至都心方向的线路；

（6）向原—池袋方向至都心方向的线路；

（7）下板桥—巢鸭方向至都心方向的线路；

（8）北千住方向至都心方向的线路；

（9）浅草方向至都心方向的线路；

（10）押上—锦系町方向至都心方向的线路；

（11）江东—东阳町方向至都心方向的线路。

4. 第四次规划

略。

5. 第五次规划（1962 年）

20 世纪 50 年代末是日本经济高速发展的时期，第三轮规划后仅 6 年城市发展已使得通勤通学轨道交通严重拥堵。1960 年 9 月 10 日，运输大臣就《对东京及其周边的高速铁路，特别是地下高速铁道运输能力增强相关的基本计划修订》，要求都市交通审议会作出答复。都市交通审议会通过研究表明，要彻底地解决大城市交通问题必须抑制交通需求、分散交通。此时，区部路面交通已无法提升其效率，政府被迫在区部规划了双倍长度的地铁线路。本次规划（1962 年 8 月颁布）提出，至 1975 年准备投资 5250 亿日元资金修建 10 条总长约 257.3km 地铁线路的目标，规划网络如图 6-12 所示。

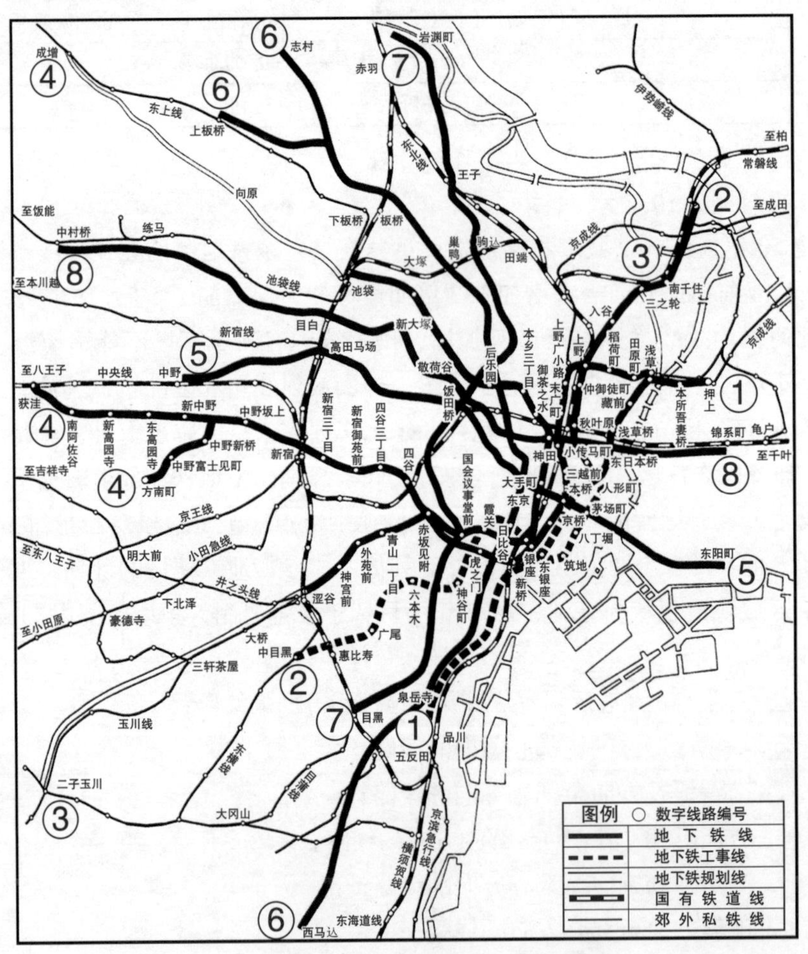

图 6-12　东京第五次轨道网络规划区部线路图
资料来源：佐藤信之，地下鉄の歴史，2004.6。

6. 第六次规划（1968 年）

随着城市的进一步扩张，都市圈居住和交通环境越来越严峻，为此运输大臣于 1967 年 11 月 13 日进行了《关于增强以东京及其周边的高速铁路为中心的交通网络整备基本计划再检讨》规划咨询。本次规划（1968 年 4 月颁布）重新审视上次规划成果，对需立即建设线路进行调整，确定了经新宿、池袋和涩谷等站点与郊区放射线直通的地铁线路建设，区部轨道线路网络如图 6–13 所示。与上一次的规划相比，本次规划取消了银座线（3 号线）延伸至二子玉川的路段和丸之内线（4 号线）的向原延伸段，重新规划了半藏门线（11 号线）和有乐町线（8 号线）的走向。本次规划所有的地铁线路，均是在预测客流的基础下，郊外放射线路向市中心的延伸。为了实现本次规划，1968~1975 年政府和企业投入了 6010 亿日元的地铁建设资金。

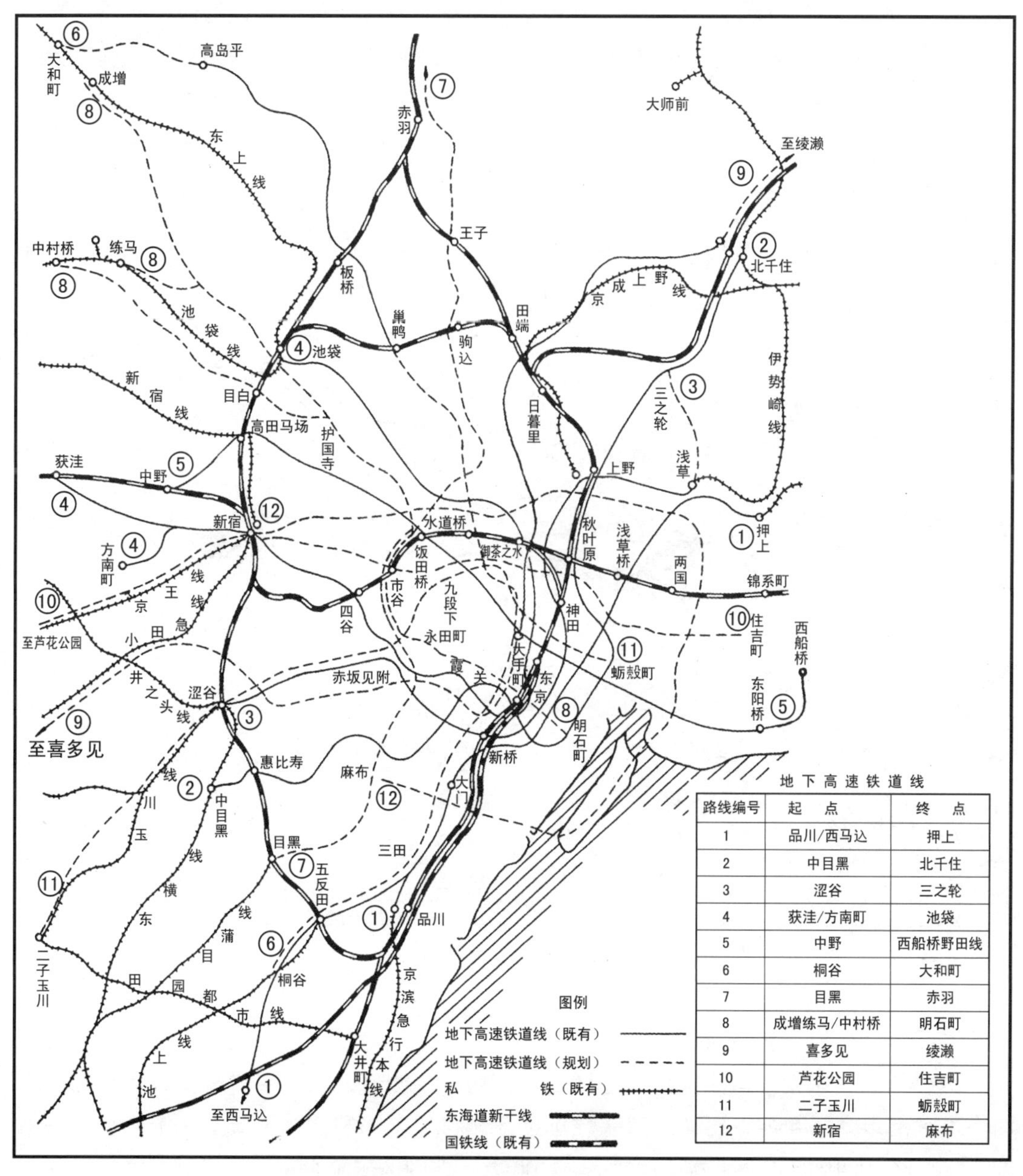

路线编号	起点	终点
1	品川/西马込	押上
2	中目黑	北千住
3	涩谷	三之轮
4	获洼/方南町	池袋
5	中野	西船桥野田线
6	桐谷	大和町
7	目黑	赤羽
8	成增练马/中村桥	明石町
9	喜多见	绫濑
10	芦花公园	住吉町
11	二子玉川	蛎殼町
12	新宿	麻布

图 6–13　东京地区第六次轨道网络规划区部线路图
资料来源：佐藤信之，地下鉄の歴史，2004.6。

7. 第七次规划（1972 年）

第六次规划后，东京都市圈人口和通勤通学交通需求增长仍在延续，并且远距离通勤增长显著，都市圈近半数的居住者需长距离通勤通学出行，放射线路高峰时段拥挤越来越严重。然而，轨道建设费用急剧上升，政府财政窘迫，补贴线路建设变得十分困难。同时，随着新宿等副都心的建设和未来城市各区开发的发展，都市圈主要就业点将会发生改变，轨道网络需进一步调整。本次规划（1972 年 3 月颁布，目标年 1985 年）大幅加强从外围到市中心快线运送能力，提高运营列车速度以减少通勤时间（通过特快等等级列车服务）。本次规划选择性地规划了数条积极推动东京副中心（新宿）建设的地铁线路；同时为应对区内长距离或国外旅客的增长趋势，对新干线车站和机场接驳轨道交通设施进行改善，具体如图 6-14 所示。

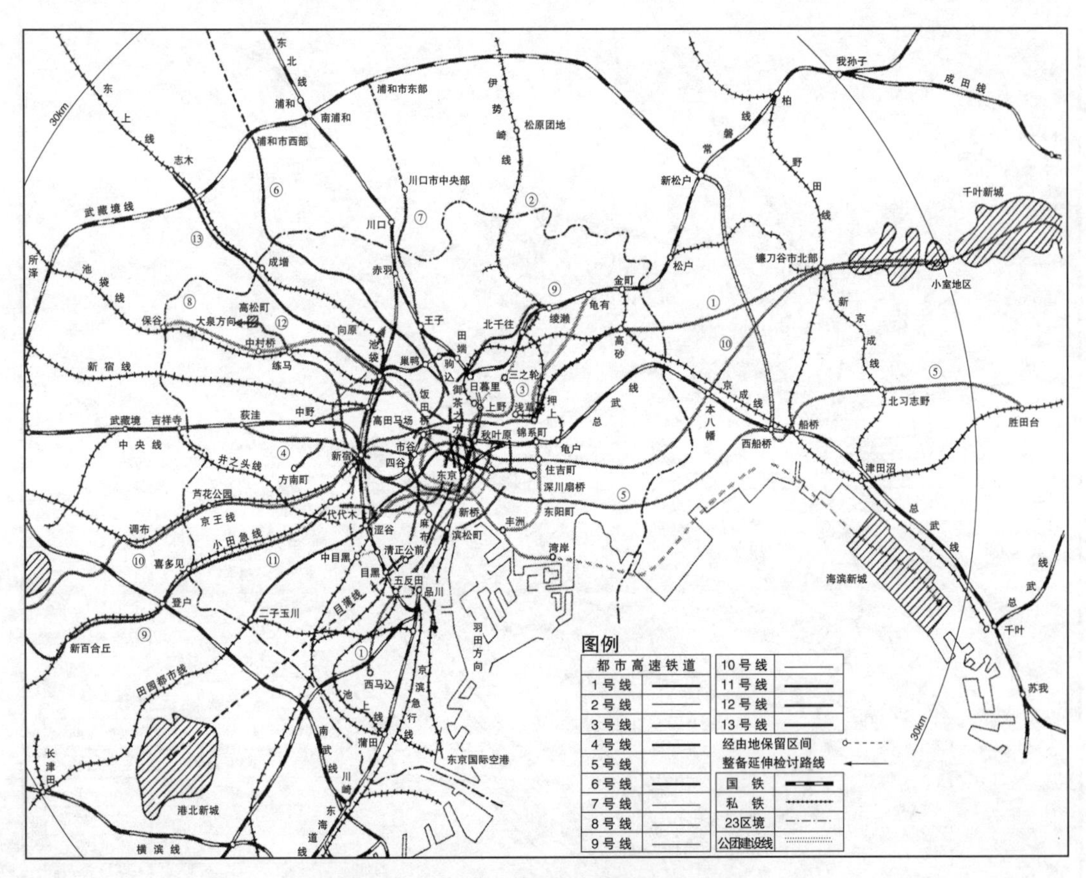

图 6-14　东京都市圈第七次轨道网络规划图

资料来源：佐藤信之，地下鉄の歴史，2004.6。

8. 第八次规划（1985 年）

1972 年后，东京都市圈人口实际增长一直超过预测值，人口主要增长区域从都市圈西南（东京多摩部和神奈川县多摩区域）逐渐转移到东部和北部（埼玉、千叶和茨城南部），预计将由 1980 年的 3000 万增加至 3400 万，外围区域至东京区部通勤通学者交通量预测如图 6-15 所示。随着区部外围新城镇大量居住人口入住，这些区域出现了至东京区部的通勤需求。东京作为全国性中心城市商务功能得到进一步加强，都心三区商业办公功能进一步聚集，新宿、涩谷、池袋等副都心近年发展迅速；同时横滨、川崎等次级商业办公也呈现聚集趋势，立川、八王子、大宫、浦和、千叶、筑波研究学园都市等业务核都市建设也逐渐显现一定的效果，整个都市圈商业办公与业务功能逐渐呈现略微分散化趋势。都市圈地价高涨，轨道建设费用大幅度上升，地方政府财务恶化，给予轨道建设的资金补助出现困难。同时，国际航空旅客高速增长，迫切需要改善成田机场的轨道交通接驳设施，增强羽田机场和新干线站点的可达性。

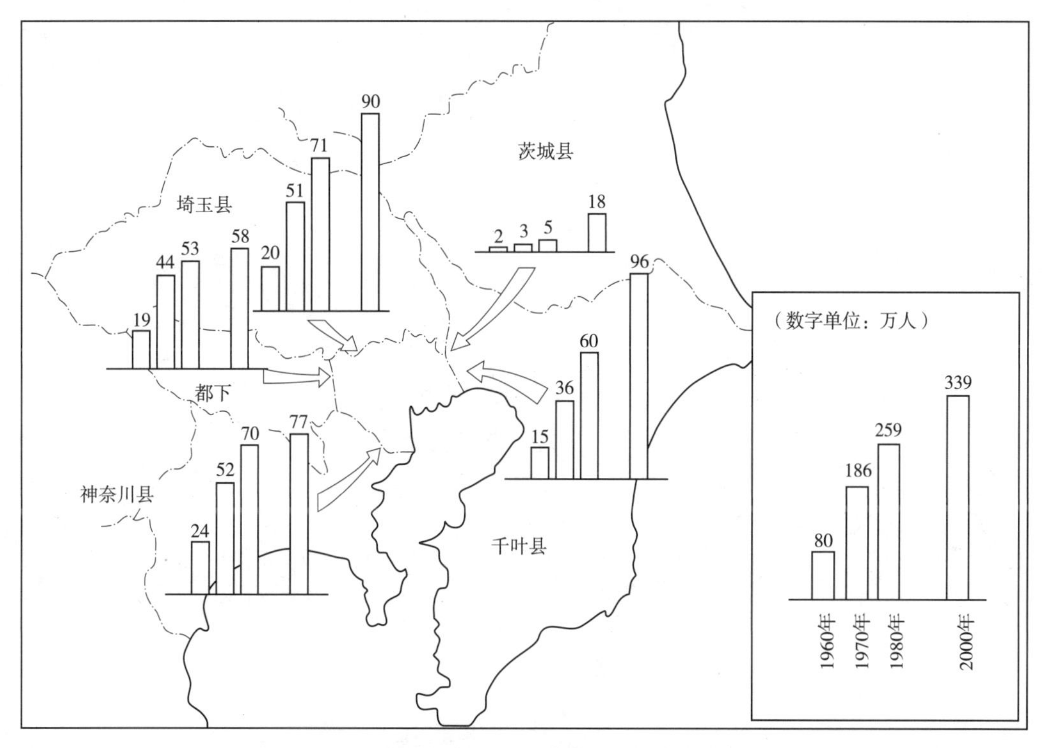

图 6–15　东京都市圈至区部通勤通学者数量预测图

资料来源：北野嘉幸，東京圏における高速鉄道む中心とする交通網の整備に関する基本計画について,The operations research society of Japan.

政府呼吁通过新线建设、双复线化来缓解线路拥挤状况，同时还主张通过将货运线路用于客运运输来更有效地使用现有线路。本次规划提出，提升都市圈主要通勤线路运送能力，对拥挤率超过 200% 的线路进行双复线或者新线建设，将主要线路的高峰时段平均拥挤率由 220% 降低到 180%。对于东京和横滨主要就业地的轨道可达性，希望通过新一轮的轨道建设使得其郊外绝大部分就业者在 90min 以内到达。为此，第八次规划（目标年 2000 年）提出了建设 567km 新建线路的目标，如图 6–16 和图 6–17 所示。目标年内建设 29 条总长 532km 的线路，其中新建线路 402km，双复线化线路 78km，改善线路 11km，货运线路旅客化 41km；需下一步研究线路 3 条总长 47km，其中起终点确定线路 40km，起终点未定线路 7km。

在与城市结构的协调上，轨道建设与副都心的发展相配合，注重外围新城轨道线路的建设和改善，通过轨道线路建设强化业务核心都市机能，引导都市圈结构向多核分散型发展，并与空港规划对应。此外，本次规划还决定通过小断面地铁、新交通方式等新制式轨道的建设来降低轨道建设费用。

截至 2000 年 1 月，第八次规划中 75% 的规划新建线路按照规划实施，其中占规划数量 44% 的线路（约 250km）已运营，其他 31%（约 170km）的线路已动工。本次规划在日本各方看来已是实施度极高的规划。

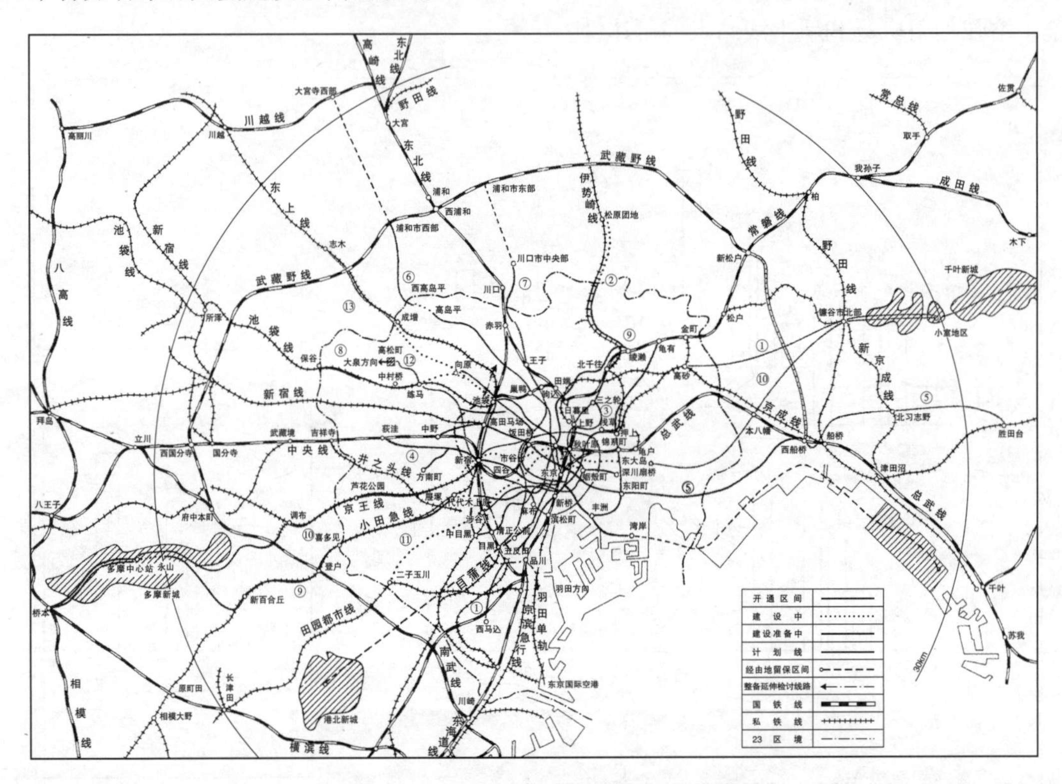

图 6-16　东京都市圈第八次轨道网络规划图
资料来源：佐藤信之，地下鉄の歴史，2004.6。

9. 第九次规划（2000 年）

第八次规划认为“与经济的高度增长相比，东京都市圈未来人口增长速度已经放缓，东京区部的夜生活人群将显著减少”，但实际情况并非如此。若按照第八次规划，1980 年东京都市圈总人口 2968 万，以 14% 的增长率 2000 年将达到 3370 万，但是 1995 年总人口就已经达到了 3407 万，预测值明显偏小，特别是埼玉、神奈川县和东京多摩部等区域。随着区部住宅价格的下降，区部人口逐渐回归；同时，都市圈人口高龄化趋势将进一步加剧，未来都市圈人口将会出现新的变化趋势。

总体而言，东京都市圈轨道线路建设远不能跟上城市的发展和人口的高速增长，主要轨道线路高峰时段拥挤率控制在 180% 以内的目标将难以实现；随着东京都市圈夜生活人群持续增加，就业者和学生的平均通勤通学时间将变长；部分线路运行的列车数量接近高峰时段输送能力，运营速度显著下降，若出现一些影响运行的事故，恢复时间较长；中心商业城市如横滨、多摩、大宫、千叶之间的轨道服务尚不能满足交通需求；都市圈外围较多区域仍无法提供至机场和新干线车站的便捷轨道交通服务；轨道企业各自为阵，线路之间的便捷换乘仍无法保障；舒适的、无障碍的交通基础设施仍有较大缺口。此外，对于轨道企业的发展也存在较大的障碍和阻力，受制于已成熟的城市空间和高强度土地的开发现状，轨道企业很难寻求通道进行新线建设；由于国家和地区政府资金紧张，对轨道企业增加财政资助十分困难；随着轨道交通基础设施标准的不断提高，加之车站工程的复杂性，特别涉及与现有线路车站的处理，轨道交通建设费用持续增长。由于年轻和年老就业者的不确定性，给未来的交通需求带来了巨大的不确定性，增加了轨道交通基础设施的投入负担。东京都市圈轨道交通因多方面影响，规划实施变得极其困难，轨道企业因此失去了投资的愿望。

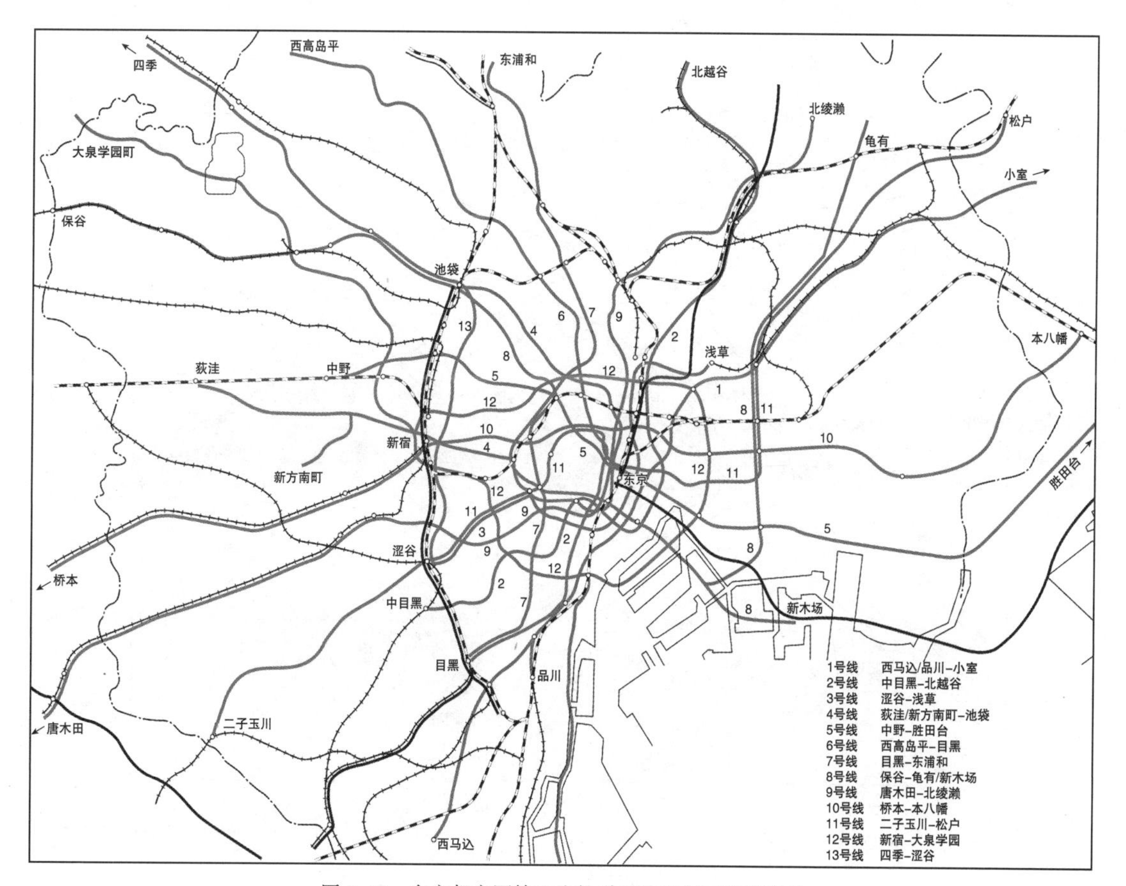

图 6-17 东京都市圈第八次轨道网络规划区部线路图

资料来源：Haruya Hirooka，The Development of Tokyo’s Rail Network，Japan Railway & Transport Review，2000.3。

本次规划在都市圈交通客流需求增幅不大的背景下，出于缓解拥堵、发展快速轨道线路、增加无障碍设施、提高重要对外交通节点的可达性和引导城市发展的目的，规划了 34 条总长 658km 的新线路，如图 6-18 所示，其中中运量轨道线路 7 条（轻轨、单轨和新交通方式）。预计至 2015 年新建线路 288km，实现主要线路平均拥挤率由 183% 下降到 171%。

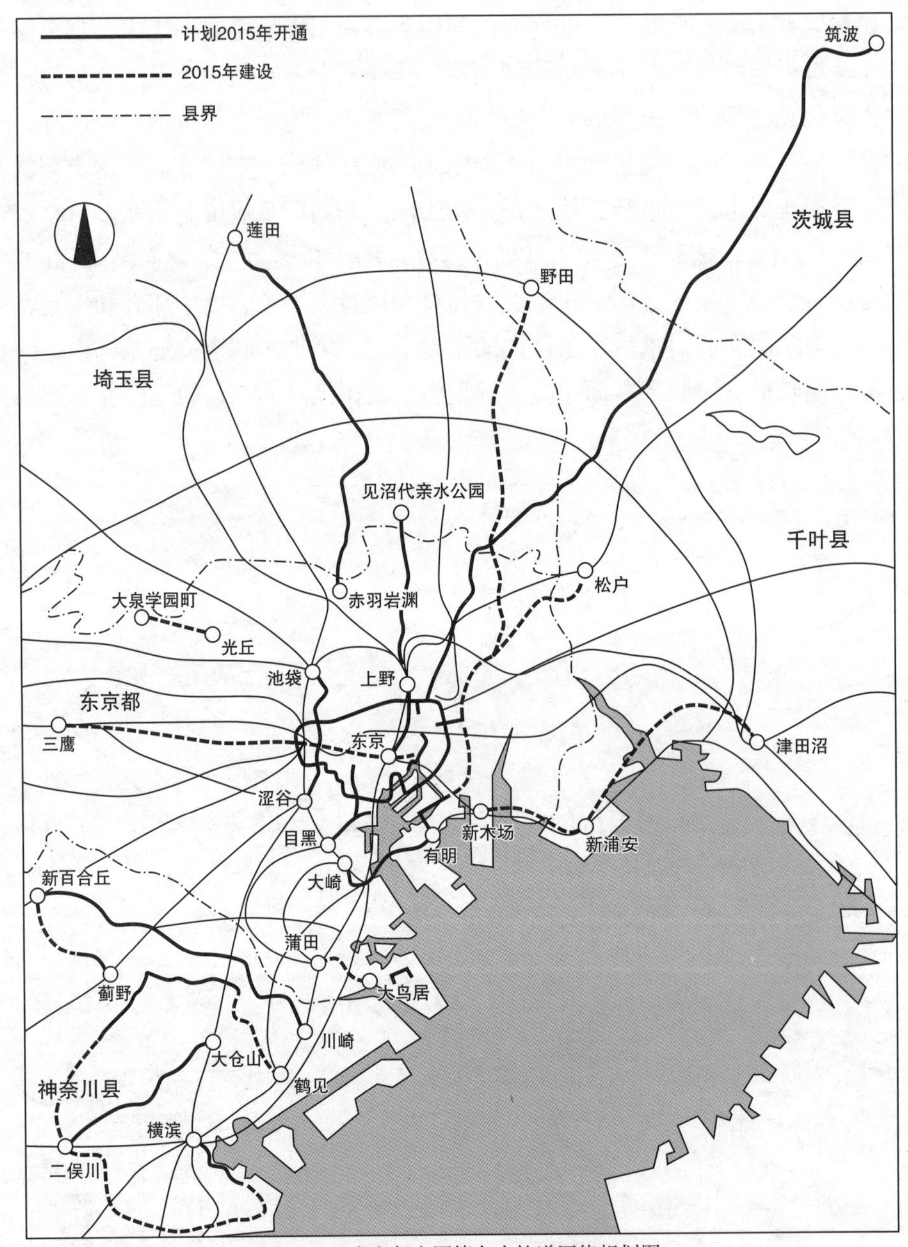

图 6-18　东京都市圈第九次轨道网络规划图

资料来源：T. Suga. New Master Plan for Tokyo's Urban Rail Network, Japan Railway & Transport Review, 2000.3。

二、面向 21 世纪轨道长期规划——2000 年第九次规划[1]

1. 规划目标

1950~2000 年，东京都市圈的轨道网络规模已经扩大了 945km，即使在世界上也属于高密度的网络，然而仍然存在前述一些严重问题。日本政府部门决定规划一个新的轨道网

[1] 本小节主要摘译自森地茂博士等撰写的《Tokyo Metropolitan Rail Network Long-Range Plan for the 21st Century》（2001.7）一文。

络，在 2015 年予以解决，主要提出了以下规划目标：

（1）缓解拥堵。主要线路指定路段高峰时段的平均拥挤率从 183% 降至 171%，个别线路降至 180% 以下，大幅减少拥挤率超过 180% 的路段长度。

（2）发展快线。发展更广范围的轨道快线网络，不仅连接城市中心区，也要覆盖副中心和商业中心。同时，提高高峰时段的运营速度，发展经东京区部至外围的更大范围的快速轨道交通。

（3）引导城市结构功能的重建。与主要车站周围的城市重建和海湾地区的重组相对应，建立分散的轨道网络结构。

（4）提高机场和新干线车站的可达性。加强成田和羽田机场及东京、横滨新干线车站、品川新站的可达性，并在 2003 年实现对外交通节点间的快速通道联系。

（5）无障碍设施。以人为本，全面考虑残疾人出行；扩大站台宽度；考虑到轨道之间以及与其他交通方式之间的互惠利益以促进出行，如改善车站广场基础设施，降低轨道交通换乘费，引入一体化的智能卡，改进交通标识指引系统。

（6）利用投资对交通需求趋势和社会需要做出合适的积极回应，顺利推动正在建设的路线。同时根据实际需求延伸现有线路，并将货运铁路客运化。

2. 规划特点

针对当时轨道网络以及建设运营中所面临的困难和缺点，本次规划与前几次规划相比更关注以下几个方面的问题：

（1）为了保持分析多样性和协调一致性，对规划轨道线路分别作需求预测分析、经济财务分析以及投资效益分析，同时定量地分析轨道建设带来的影响。

（2）为了高效地监管和实施轨道项目，针对每条线路进行运营投资效益分析和定性定量结合方案评估。

（3）针对不确定且多样的复杂政策问题，需在需求预测模型阶段给予充分关注，比如，基于区分私人事务和商务商业出行目的的出行次数需求模型，空港和新干线车站的吸引量需求模型，以及针对回避拥堵的回避行为需求模型。

3. 组织和研究过程

本次规划共耗时 4 年（1996 年 1 月 ~2000 年 1 月），大致可分为两个阶段：1996 年 1 月 ~1998 年 4 月期间的调查研究阶段；1998 年 11 月 ~2000 年 1 月的规划方案研究论证阶段，具体规划工作流程如图 6-19 所示。

1996 年 6 月，国土交通省成立了一个针对未来 2015 年规划制订的初步研究委员会，随后本委员会的成员自然地成为运输政策委员会的核心成员。初步研究委员会的主要任务是建立一个准确的需求预测系统，从政府首选的线路中提取线路，并了解线路沿线土地利用规划的详细情况和轨道企业对这些首选线路的意见。

为了配合初步研究委员会的工作，国土交通省通过问卷和访谈的形式对地方政府和轨道企业进行调查。其中，对地方政府的调查主要包括城市规划的细节、前阶段提出建设但实际不太可能实施的线路及其原因，以及各自未来计划的首选线路；对轨道企业的调查包括

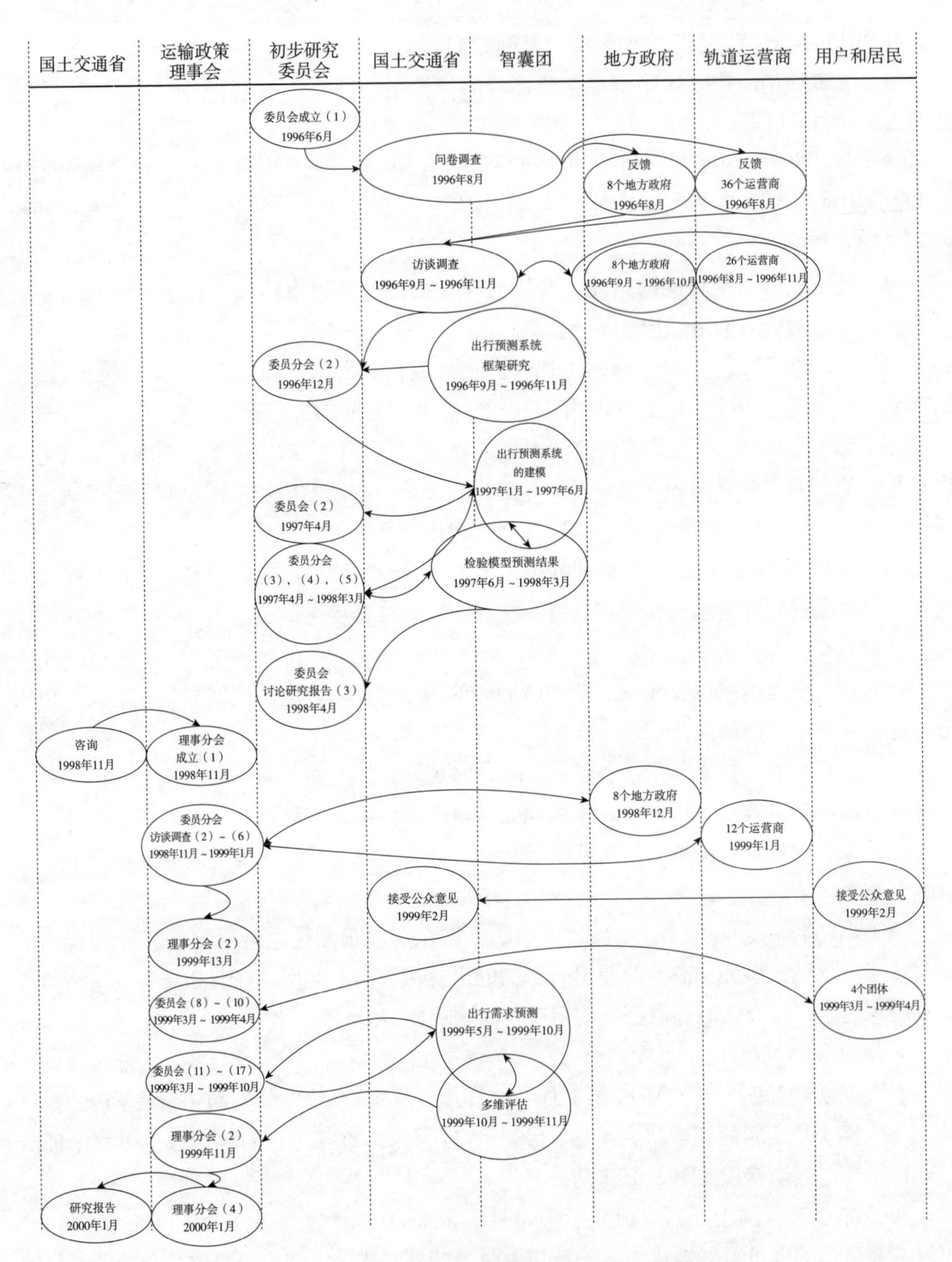

图 6–19　2000 年东京都市圈轨道网络规划详细流程图

资料来源：Shigeru, M. Iwakura, S. Morishige, T. Itoh, M & Haysaki, S. Tokyo Metropolitan Rail Network Long–Range Plan for the 21st Century，Transportation Research Board 80th Annual Meeting，2001.7。

轨道运营基本情况和对地方政府提出的首选线路的意见，同时，通过该调查收集地方政府对轨道线路规划和城市规划的相关建议。实际上，初步研究委员会的一个主要作用就是在一定程度上管理和协调地方政府与轨道企业的相关建议。

1998年11月，国土交通省向交通政策理事会咨询2015年东京都市圈轨道网络的发展问题，都市圈交通理事分会也正式开始研究未来轨道网络规划。都市圈交通委员分会被当作区域交通理事分会的从属组织建立，其从12月开始监管分属不同区域政府和轨道企业的访问调查。1999年2月，各区域政府的首选线路和轨道运营商的发展规划根据最新研究内容被重新制订。1999年3月，轨道网络方案咨询会扩大到4个相关协会，即东京消费者协会联络中心、东京老年人俱乐部、日本残疾人联合协会和日本总工会，同时国土交通省通过互联网和传真收集了219个意见。

理事会以收集的意见和未来的需求前景为背景，1999年11月在需求预测分析的基础上对规划线路进行评估，包括客流强度、拥挤率、拥挤段长度、盈利能力和投资效益分析等方面。在定量分析的基础上，每条线路根据规划目标从5个方面进行评估：①拥挤的缓解程度；②与其他线路之间换乘便利性；③运营速度的提升；④对城市功能结构重组重建的响应和对轨道服务不便地区的改善程度；⑤城际运输的改善。此外，对已建线路和在建线路的竞争关系或网络效应进行评估。拟订规划基于上述影响而进行研究，通过此模式以便从政府提出的首选线路和委员会提出的推荐路线中筛选出最合适的线路。2000年1月19日，基于分析结果的线路被总结为规划草案，由理事会审议合格后于1月27日提交给国土交通省。

4. 规划结果

（1）人口与岗位预测

根据本次规划预测结果（表6–3），2000~2015年，东京都市圈夜间人口将略微增长，其中东京都夜间人口将显著下降，外围区域将上升5%~10%，夜间人口向外持续蔓延。就业人口基本保持不变，但就业结构将发生改变，随着人口老龄化趋势的加剧，老年和妇女就业者将大幅上升。学生人口将因青年人口的下降而显著下降。

（2）轨道需求结果

① 2015年东京都市圈出行总量预计8921万人次/日，在1995年基础上增长0.5%。其中通勤出行增长3.9%，私务出行增长3.5%，通学出行下降21.4%。

2015年轨道交通出行量预计2369万人次/日，在1995年基础上增长1.5%，各都县预测结果见表6–4。其中通勤出行增长6.7%，商务出行增长4.3%，私务出行保持不变，通学出行降低25.2%。

② 2015年轨道全方式分担率将由1995年的26.3%上升至26.6%。区部和郊区的放射性轨道交通客流上升5.6%，2015年预计达到484万人次/日。

③预计未来航空和新干线轨道接驳旅客客流持续上升，2015年将在1995年的基础上增长34.7%。其中，接驳羽田机场的轨道客流将上升53%，由1995年的8.7万人次/日上升至2015年的13.3万人次/日；接驳成田机场的轨道客流上升67%，从1995年的3.3万人次/日上升至2015年的5.5万人次/日；接驳新干线车站的轨道客流将上升27%，由1995年的28.8万人次/日上升至2015年的36.6万人次/日。

④东京都市圈轨道客流受远程办公和弹性工作时间制度的影响很小。

表 6-3

东京都市圈 2015 年人口与岗位预测（单位：千人）

区域		居住人口			就业人口			就业岗位			就学人口			学位数		
		1995 年	2015 年	变化率（%）	1995 年	2015 年	变化率（%）	1995 年	2015 年	变化率（%）	1995 年	2015 年	变化率（%）	1995 年	2015 年	变化率（%）
东京都市圈		34068	35345	4	17849	18011	1	17900	18075	1	5601	4446	－21	5614	4454	－21
东京都	区部	7968	7316	－8	4372	3975	－9	7268	7301	0	1142	770	－33	1501	1016	－32
	多摩	3774	3942	4	1920	1984	3	1484	1505	1	660	527	－20	678	533	－21
	小计	11742	11258	－4	6292	5959	－5	8752	8806	1	1802	1297	－28	2179	1549	－29
神奈川县		8246	8677	5	4273	4328	1	3524	3564	1	1349	1104	－18	1224	1023	－16
埼玉县		6760	7552	12	3514	3796	8	2627	2667	2	1170	1015	－13	1035	919	－11
千叶县		5798	6181	7	2992	3095	3	2282	2314	1	1004	796	－21	918	746	－19
茨城县南部		1522	1677	10	778	831	7	715	723	1	276	235	－15	258	217	－16

资料来源：国土交通省運輸政策審議会，東京圏における高速鉄道を中心とする交通網の整備に関する基本計画について（答申第 18 号），2000.1.2。

表 6-4

东京都市圈各区使用轨道交通发生吸引量（单位：千人次 / 日）

发生＼吸引		东京都			神奈川县	埼玉县	千叶县	茨城县南部	合计	流出量
		区部	多摩	小计						
东京都	区部	7006/6686	908/911	7914/7597	1259/1271	1187/1322	1037/1105	88/125	11485/11420	4479/4734
	多摩	929/935	828/828	1757/1763	233/239	109/108	28/27	2/2	2129/2139	1301/1311
	小计	7935/7622	1736/1739	9671/9361	1492/1510	1296/1430	1065/1132	91/127	13615/13560	3944/4199
神奈川县		1286/1297	231/236	1517/1533	2963/3028	34/37	47/53	4/4	4565/4655	1602/1628
埼玉县		1211/1345	110/108	1321/1453	36/39	1107/1136	62/67	10/12	2536/2707	1429/1570
千叶县		1068/1135	27/27	1095/1162	49/54	61/65	1207/1219	37/44	2449/2544	1243/1324
茨城县南部		89/125	2/2	91/127	3/3	10/11	37/43	37/43	178/227	141/185
合计		11588/11524	2107/2112	13695/13636	4543/4634	2507/2679	2419/2514	179/230	23343/23695	—
流入量		4582/4838	1279/1284	4024/4275	1580/1606	1401/1543	1212/1295	142/187	—	—

注：“9671/9361” 左侧数据为 1995 年数据，右侧数据为 2015 年预测数据。

资料来源：国土交通省運輸政策審議会，東京圏における高速鉄道を中心とする交通網の整備に関する基本計画について（答申第 18 号），2000.1.2。

（3）轨道网络建设时序

在需求预测的基础上，对各地方政府推荐线路和委员会建议的线路进行建设时序规划，确定目标年适合运营的线路（红线，A1）、目标年适合开始建设的线路（橙线，A2）和未来必须建设或研究的线路（绿色虚线，B）。2015 年，需新增运营线路总长 288km，其中 81.8km 目标年处于建设之中；合适开始建设线路总长 166.8km，需进一步研究线路总长 203.3km。详细线路建设时序如图 6-20 所示。

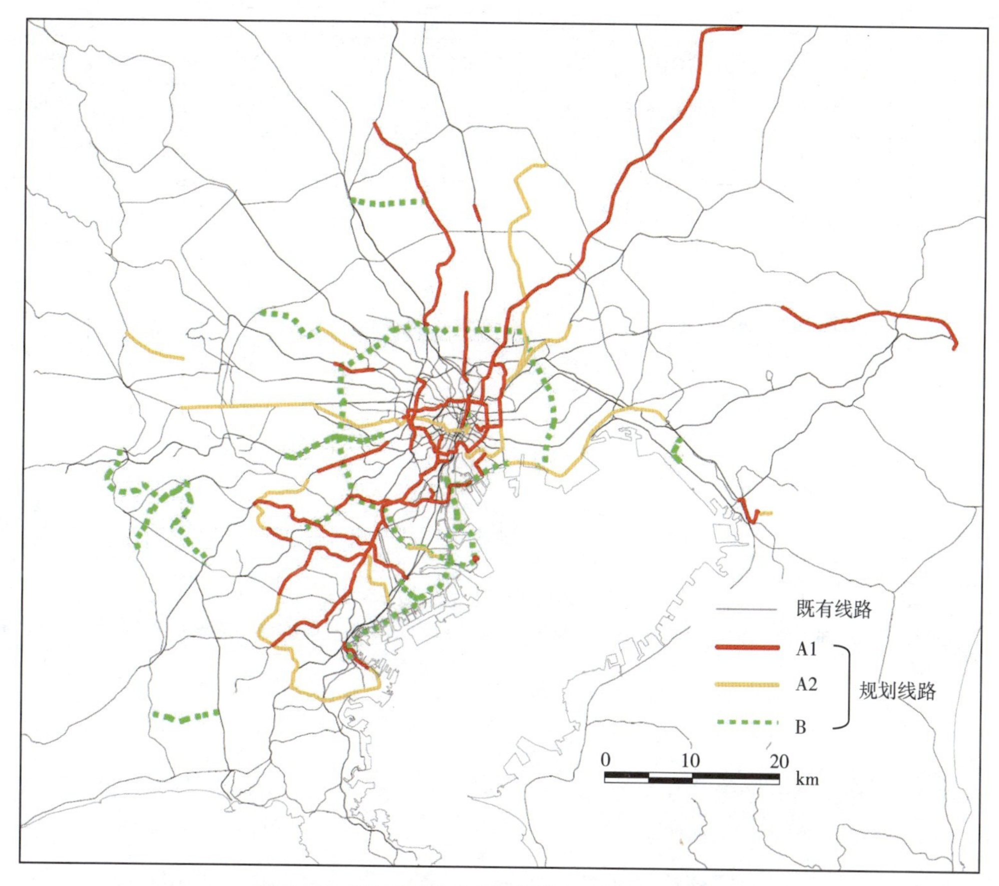

图 6-20　第九次东京都市圈轨道交通规划详细情况图

数据来源：Shigeru, M. Iwakura, S. Morishige, T. Itoh, M & Haysaki, S. Tokyo Metropolitan Rail Network Long-Range Plan for the 21st Century，Transportation Research Board 80th Annual Meeting，2001.7。

5. 规划评价

根据详细的效果评估（表 6-5），预计目标年规划线路实施后，东京都市圈轨道交通系统将会达到如下效果：

（1）东京都市圈的高峰时段主要节点平均拥挤率将由 183% 下降到 171%，预计到 A1 和 A2 全部实施时将降至 151%（此时仅总武缓行线、东海道线和高崎线 3 条 JR 线的拥挤率过 180%）。

（2）若 A1 和 A2 全部实施，轨道线路拥挤段长度（拥挤率超过 180% 的路段）将由 1998 年的 259km 减少到 49km。

东京都市圈第九次轨道交通规划的实施效果评价

表 6-5

<table>
<tr><th colspan="3" rowspan="2">项　目</th><th rowspan="2">1995 年</th><th rowspan="2">1998 年</th><th colspan="3">2015 年（预测）</th></tr>
<tr><th>已开始建设线路完成</th><th>现有线路改善</th><th>A 类线路实施完成</th></tr>
<tr><td rowspan="5">拥挤减缓</td><td colspan="2">主要 31 区间拥挤率</td><td>%</td><td>193</td><td>183</td><td>171</td><td>164</td><td>151</td></tr>
<tr><td colspan="2">主要 42 区间拥挤率</td><td>%</td><td>199</td><td>187</td><td>178</td><td>167</td><td>152</td></tr>
<tr><td rowspan="3">主要 42 线路的拥挤区间长度</td><td>200% 以上</td><td>km</td><td>223</td><td>156</td><td>127</td><td>19</td><td>6</td></tr>
<tr><td>180%~200%</td><td>km</td><td>152</td><td>103</td><td>96</td><td>93</td><td>43</td></tr>
<tr><td>150%~180%</td><td>km</td><td>286</td><td>286</td><td>250</td><td>258</td><td>243</td></tr>
<tr><td rowspan="2">便捷性、城市结构调整及功能改善等对策</td><td colspan="2">便捷性（单程）</td><td>所需时间</td><td>100</td><td>—</td><td>99</td><td>99</td><td>98</td></tr>
<tr><td colspan="2">车站的到达和发出（单程）</td><td>所需时间</td><td>100</td><td>—</td><td>98</td><td>98</td><td>98</td></tr>
<tr><td rowspan="6">空港、新干线枢纽衔接</td><td colspan="2" rowspan="2">羽田空港</td><td>换乘次数</td><td>100</td><td>—</td><td>100</td><td>100</td><td>93</td></tr>
<tr><td>旅行时间</td><td>100</td><td>—</td><td>98</td><td>98</td><td>96</td></tr>
<tr><td colspan="2" rowspan="2">成田空港</td><td>换乘次数</td><td>100</td><td>—</td><td>100</td><td>100</td><td>104</td></tr>
<tr><td>旅行时间</td><td>100</td><td>—</td><td>100</td><td>100</td><td>93</td></tr>
<tr><td colspan="2" rowspan="2">新干线等枢纽</td><td>换乘次数</td><td>100</td><td>—</td><td>99</td><td>99</td><td>89</td></tr>
<tr><td>旅行时间</td><td>100</td><td>—</td><td>99</td><td>99</td><td>98</td></tr>
<tr><td colspan="3">轨道自身无缝衔接</td><td>换乘次数</td><td>100</td><td>—</td><td>98</td><td>98</td><td>97</td></tr>
</table>

注：1.“车站的到达与发出（所需时间）”是指从出发地所在站点（发出站）到达目的地点（接入站）所需要的时间。
2.“主要 31 区间”指《都市交通年报》统计区间，“主要 42 区间”指高峰小时内线路运输量大于 3 万人次的拥挤区间。
3.“空港、新干线枢纽衔接”、“轨道自身无缝衔接”中单程次数按轨道交通中的换乘次数总计。
4. 成田空港中“A 类线路实施完成”换乘次数出现增加的现象，是因为新线路实施后旅客倾向于选择旅行时间更短线路，此种情况随着线路的出行时耗的缩减会经常发生。

资料来源：国土交通省運輸政策審議会，東京圏における高速鉄道を中心とする交通網の整備に関する基本計画について（答申第 18 号），2000.1.2。

（3）通过直接连接业务核心都市的轨道快线实现业务核心都市间的快速交通，减少换乘次数。例如，横滨到大宫现在需要 75min、2 次换乘，未来将会缩短 16min 且无须换乘；千叶到八王子将缩短 11min 且无须换乘。东京都市圈“分散的轨道网络结构”预计有助于本目标的实现。

（4）机场可达性。上野站至成田机场间所需的时间将由 59min 减少至 47min；大宫站到成田机场的时间将由 95min 缩短至 83min。东京站至羽田机场的时间将由 40min 缩短至 32min。

6. 需进一步研究的问题

倘若本次轨道规划合理实施，不仅有利于都市圈未来老龄化社会的多样化，而且为东京国际中心城市提供了一种高便捷性和高适应性的交通运输系统。但是，本次规划顺利实施非常迫切地需要日本各级政府和轨道企业之间的紧密协作推进。规划完成之时，由于多条规划线路的建设企业和经营企业尚未确定，运输政策委员会仍需定期开展相关研究工作，紧密关注各线路的进展情况，稳步推进轨道线路建设。以下几点在轨道网络规划实施推进过程中还须进一步讨论：

（1）鉴于在东京都市圈未来交通需求并未呈现大幅增长、轨道网络规模却不断上升的背景下，轨道企业的投资热情必定不高。政府有必要研究私人融资和垂直分离系统的轨道发展模式；大力确保新的资金来源，包括公共财政补贴等。

（2）轨道交通建设成本随着一系列的问题而急剧上升，其中主要包括新线路的通道成本和站点工程复杂度等。同时，项目推进过程中的相关协调工作必将影响工程建设周期。轨道建设所需资金将通过压缩其他的重复建设项目（例如需求重叠的轨道局域线）来获取，或者推动轨道建设与城市更新工程一体化实施；在工程推进过程中与城市规划和环境影响评估等相关单位的沟通和协调需更为缜密精细。

（3）为了更平稳地实施轨道交通建设，获得乘客、民众的理解和配合也是非常重要的。作为对公众参与的回应，通过网络或传真渠道收集公众意见十分必要，这点在运输政策委员会的讨论中予以体现。今后，有必要从轨道建设设想阶段开始就向公众提供相关细节信息，了解乘客需求并在轨道建设中予以回应。

（4）为持续提供高品质的轨道服务，稳健的管理是轨道项目运营必不可少的环节，交通需求是关键因素。轨道项目建设之前，须进一步考虑未来需求并进行详细的投资收益分析；一旦轨道项目收益由于大规模城市更新所延误而面临亏损风险，轨道企业必须与相关机构（例如城市核心的建设开发部门）和相关地方政府保持紧密联系，并在项目初始阶段改进项目管理方式。此外，还需从使用者负担这一原则出发关注票价定价方式，有必要开展高峰票价研究；同时需关注第三部门的商业开发管理，有必要开展地方政府为项目注资的保障性措施研究。

第三节　轨道交通与城市的互动发展

在东京都市圈发展过程中，轨道交通对其发展具有强大的支撑和推动作用。都市圈最初以铁路车站为中心建立商圈并逐渐成为城市中心；随着城市的不断扩大，铁路逐渐承担城市交通功能，引导了城市向外扩张。总体来说，20世纪60年代以前，轨道干线促进了东京都市圈人口向东京区部聚集，使得东京城市快速发展；20世纪60年代以后，为了应对东京人口快速膨胀和巨大缺口的住房需求，放射轨道使得居民迅速向外扩散，在以车站为中心的城市开发过程中，又承担起居住人口的分散和引导作用。

19世纪80年代末，东京城市规模较小（建成区约40km^2），基本位于现都心三区以内，城市内部出行以步行和马车为主。当时铁路以货运功能为主，城市逐渐依托东京站为中心首次形成市级商业中心区，向外辐射的铁路对其发展起到支撑作用。

20世纪20年代，随着东京地区工业化进程的加快，东京城市化区域扩大。1923年关东大地震以前，东京城市化区域主要集中在山手线内部和日本桥区域。之后，受关东大地震影响，铁路和城市同时开始向西部破坏较小区域扩展。至20世纪20年代末期东京城市化区逐渐突破山手线。此时，市区内交通以有轨电车为主，同时修建了第一条以观光旅游为目的的地铁线路；铁路以干线为主，在承担货运运输的同时，开始逐渐承担中长途客运运输（图6-21）。

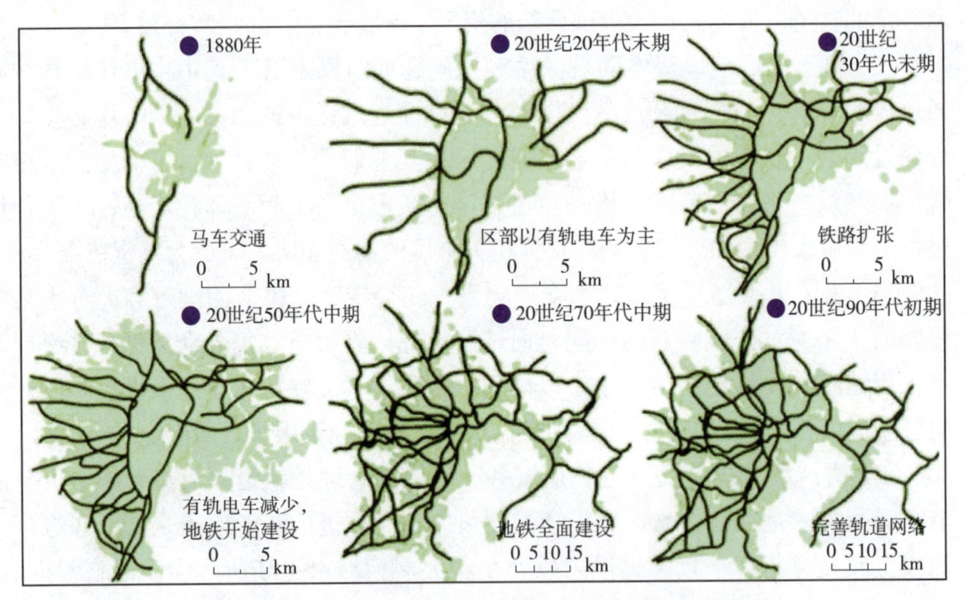

图6-21　东京都市圈城市扩张与轨道网络拓展演变关系

资料来源：Akio Okamoto, Growth of Tokyo Railway & Population, Japan Railway & Transport Review, 1995.3。

20世纪30年代中期，由于东京在日本的聚集规模效应，城市化区域逐渐向外扩散到山手线以外区域。此阶段为与城市扩张相适应，私铁修建了大量郊外放射铁路，向外辐射广域的轨道网络支撑东京城市的发展和扩张，轨道干线（国铁）客运功能进一步加强，总体而言，当时轨道站点数量有限，都市圈外围车站周边仅有一些小的村庄；郊区私路骨架网络形成，主要以货运及短途客运功能为主。由于私铁不允许进入山手环线以内，被迫于山手线上新宿、涩谷、池袋等站点设终点换乘站，这也促进山手线上站点周边开始形成新的商业和办公集聚点。

二战前夕，工业的高速发展使得东京城市逐渐沿着铁路向外围郊区扩张，新城市化区域至山手线内部的通勤客运需求大大增加，因此反过来也要求东京向外辐射的干线轨道线路加密、增设站点。此时，现东京区部范围已经完全城市化，城市已沿着轨道干线向横滨川崎和埼玉方向拓展。总体而言，二战前东京处于单个城市发展阶段，客运轨道处于初始发展阶段，城市内部以有轨电车为主；外围以国铁和私营市郊铁路为主，铁路网络规模庞大，主要用于货运及长、短途客运，客观上为二战后东京城市提供了强有力的交通基础设施，并为未来城市客运预留了宝贵的轨道交通通道资源。

二战期间，铁路基本用于军事运输。为保证战争钢材供给，部分支线线路被拆除，线路基础设施和车辆基本不被维护，基本没有新线建设。二战后期，受美国空袭的影响，铁路基础设施受到巨大的毁坏。

二战后，东京经济高速发展、人口急剧增长，东京区部、横滨川崎和东京都区部以西地区居民迅速增加，城市随之沿铁路向外迅速扩展。东京都市圈的职住分离产生了大量至中心区的通勤客流。在此背景下，通过将原有市郊铁路提速、缩短运行间隔、增加车门、加长列车编组，延长线路、支线和建设立交等措施，将大量私铁改造成通勤线路。其中连接区部副都心新宿至东京都西部八王子的京王线成为第一条承担大量通勤客流的轨道线路。与此同时，东京都市圈的国家干线铁路也通过新增轨道和站点等措施增加通勤功能。

20 世纪 60 年代，为满足区部城市发展需求，迫切需要建设区部地铁，因此东京开始全面建设地铁线路并与私铁、国铁线路直通。1960 年后，东京城市“摊大饼”式地迅猛扩张使得日本政府意识到东京不能无序发展、区部不应过度集中。1962 年通过的《工业布局限制法》限制企业在东京区部设厂，确定轨道沿线逐步发展以居住和工业为主的新兴城市方针。本时期，东京外围轨道放射线路继续通勤化，山手线换乘枢纽巨大客流促进新宿、涩谷、池袋等周边区域逐渐形成区部商业次中心。区部新建地铁逐渐建成通车并与放射轨道直通，有轨电车由于自身的弊端逐渐被淘汰，区部核心和郊外居住区的快速联系进一步使得郊外新城成为卧城。在对外交通方面，1964 年建成了东京—大阪新干线，加强大都市圈之间的联系，稳固了东京日本全国中心城市功能。

此阶段，高效便捷的“地铁 + 放射线”直通模式，推动了东京城市特别是居住功能沿其轨道发展轴向外扩展，使得都市圈形成了严重的职住分离形态和大规模的向心通勤交通。由于轨道的促进作用，东京都市圈城市化建设急剧加快，建成区迅速向郊外蔓延。

20 世纪 70 年代，日本经济持续发展，区部商业商务功能的进一步强化，区部以外区域由于住宅价格、环境优势及轨道交通的服务进一步吸引了大量的人口迁入，城市化区域随之扩大，外围城市间空白地带以轨道为主导发展了大量以居住为主的新城区，城市职住分离和长距离通勤交通进一步固化。

20 世纪 80 年代，都市圈建设重心向北偏移，人口增长热点地区从西南转移到东北，北部方向通勤客流需求剧增，JR 常磐线异常拥堵，为解决该方向的拥堵问题，计划修建筑波快线；区部为满足交通需求的增加，进一步加强地铁网络建设。同时，都市圈的持续发展和国际功能的加强促进了对外交通需求的增长，进一步要求加强机场和新干线等对外交通枢纽接驳轨道交通的建设。

20 世纪 90 年代后，日本经济增长放缓和老龄化趋势明显，城市化进程变缓，新增城市化区域较少。此时，东京都市圈轨道交通系统经过 100 多年的发展已处于一个相对成熟的阶段，在轨道建设方面主要根据都市圈用地发展和交通需求修建新线路，并继续加大改善机场和新干线车站与外围地区的联系力度。随着房价下降，区部的吸引力逐渐加强，人口逐渐向东京都心回归。为配合东京都市圈构建“多极多圈层”的发展目标，逐步加强外围圈层之间轨道建设以支撑城市新结构构造，完善交通薄弱区域轨道网络，同时建设更多的区域快线以满足城市发展的功能需求。2000 年东京都市圈城市与轨道关系如图 6-22 所示。

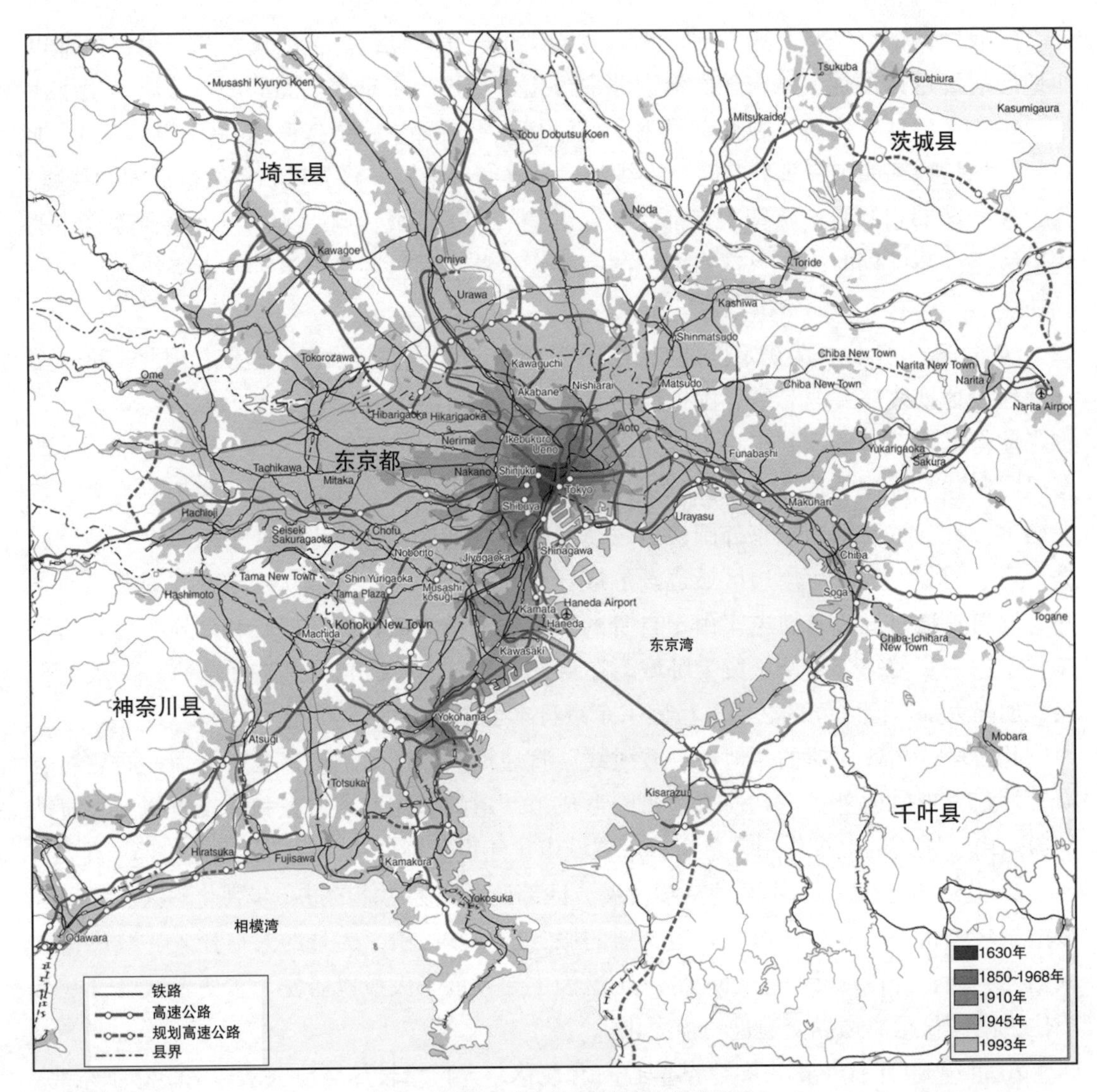

图 6-22　2000 年东京都市圈城市与轨道关系

资料来源：Haruya Hirooka, The Development of Tokyo's Rail Network, Japan Railway & Transport Review, 2000.3。

总体而言，东京都市圈不合理的土地利用所导致的职住分离使得轨道交通疲于应付，城市管理者和轨道企业均将绝大部分精力放在如何解决向心性的通勤交通之上。经济高速发展时期，从东京地区轨道交通规划中很难看出轨道交通对于城市单极结构和发展趋势的改善作用，或者可认为轨道规划对城市结构的改善意图和作用完全被高速的城市蔓延所冲淡，轨道规划和建设完全是一种以需求为导向的发展模式，即使后期规划中反思轨道网络并予以重视，但为时已晚，固化的通勤交通形态已难以扭转。就东京都市圈轨道交通本身而言，轨道为极端的城市化发展和维系提供了必要的交通保障，可以认为其本身是成功的；但从城市的综合角度出发，在东京都市圈高速发展时期既有放射轨道和以需求为导向的轨道发展模式成为东京城市单极化发展和职住分离加剧的推手。因此，在研究东京城市轨道正面作用的同时，还应注重其带来的巨大负面效应。

第四节　轨道主体地位形成探因

东京轨道系统一直在综合交通系统中占有绝对的主体地位，都市圈范围全方式轨道分担率高达30%，区部范围更是高达48%，远高于纽约、伦敦和巴黎（图6-23），而且轨道分担率还呈现逐年上升趋势。综合研究东京城市和交通发展历程发现，其轨道系统的成功有其特殊的背景，主要体现在轨道骨干网络、城市化和机动化发展相互关系、轨道在机动化过程中的作用、轨道行业发展政策等多方面，以下是详细分析。

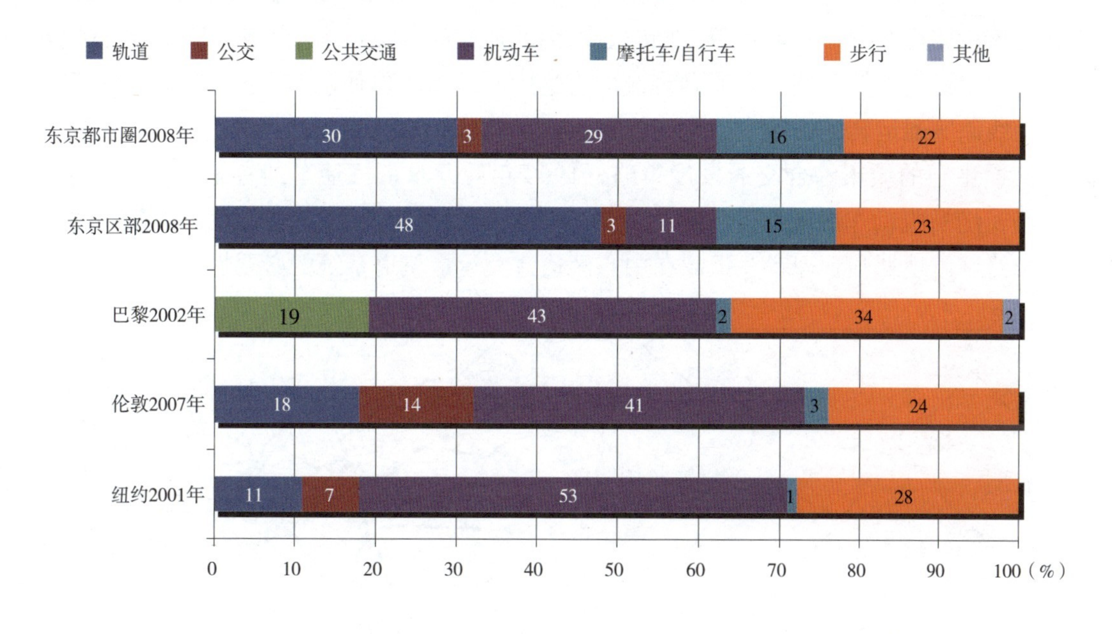

图6-23　世界主要都市各交通方式分担率

注：数据统计范围，巴黎指巴黎大区，伦敦指大伦敦，纽约指纽约都会区。
资料来源：东京都市圈交通计划协议会，第5回東京都市圏パーソントリップ調査，2010。

一、轨道骨干网络先于快速城市化阶段建设

与欧美发达国家类似，日本工业化进程之中建设了大量的郊外货运铁路。二战以前，东京都市圈已形成轨道骨干网络（图6-24），当时主要以货运和中长途客运交通功能为主；1950年后，东京都市圈快速城市化，原有放射货运骨干轨道逐渐开始承担通勤功能，城市主要沿放射轨道迅速向外蔓延。轨道引导城市发展的模式中，轨道本身就是城市发展的基础，是城市得以迅速扩张的前提条件，同时城市沿轨道拓展也为轨道交通带来了巨大的客流，轨道交通由于具有运量大、速度快、准时等显著特点，加之高密度的特征，使得轨道交通在东京以中长距离向心通勤出行为主的综合交通体系中占有了绝对优势。

二、轨道交通在机动化过程之中起主导作用

受国内资源等特殊国情的限制，二战前，日本汽车工业发展缓慢，道路基础设施建设落后，二战后东京都市圈的道路交通基础设施完全不能与轨道交通相抗衡，以致在经济高速发展和快速城市化阶段，道路交通根本无法与已具有庞大网络的轨道系统相竞争。

1950~1965 年，东京开始快速城市化，城市区域和人口已经处于高速增长的阶段，而此时机动化仍未全面开始（图 6-25）。此阶段中心区岗位不断聚集，交通需求不断激增，但区部范围内仍是以“有轨电车为主”的路面交通系统，交通拥堵和事故大增，中心区的落后路面交通已不堪重负；同时巨大向心通勤通学交通于山手线枢纽换乘直接导致了枢纽的极度拥挤，特别是通勤客流的直达中心区需求迫使政府选择在中心区修建与放射性线路直通运转的地铁。因此，在东京机动化未全面开始以前，政府实际上采取了轨道交通主导的城市综合交通发展策略。1960 年后，东京机动车拥有量才呈现高速增长趋势，随后机动车的激增一度给东京中心区带来了交通拥堵和环境污染等负面问题，进一步使城市规划和管理者意识到在中心区构建大运量轨道系统的必要性。

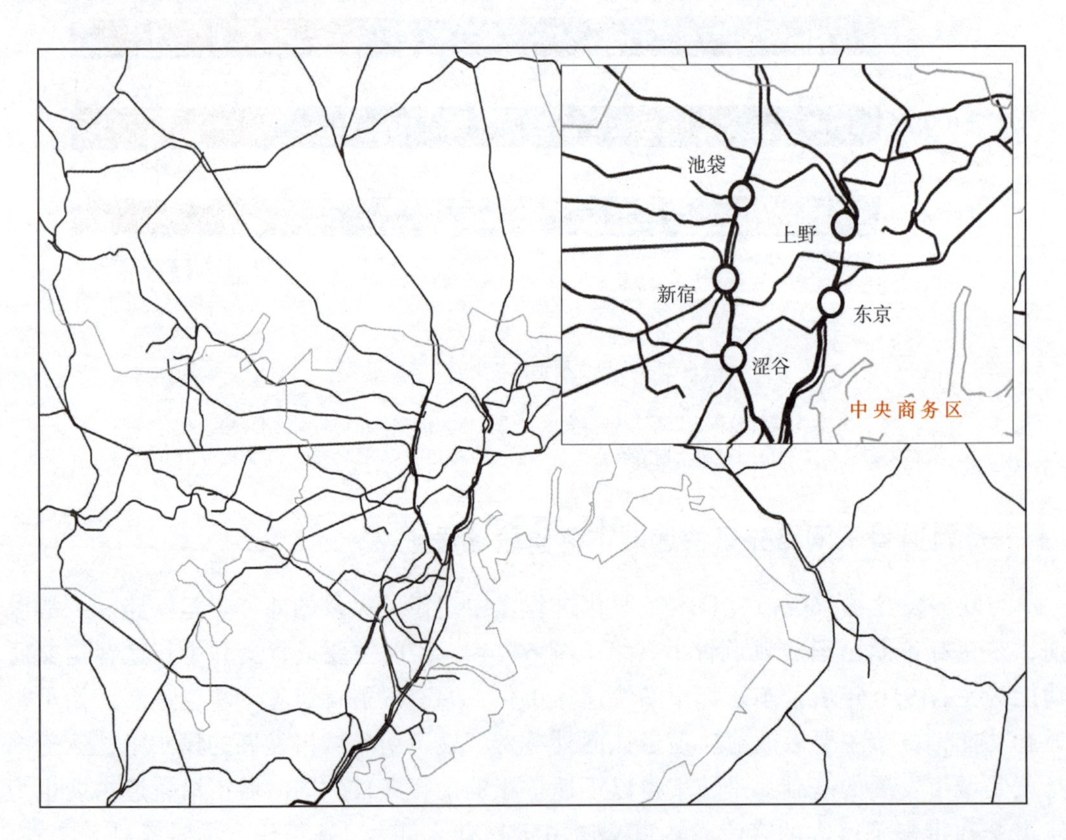

图 6-24　1950 年东京都市圈轨道骨干网络图

资料来源：Shigeru Morichi，Policy transport and Motorization in Tokyo Metropolitan Area，World Metropolitan Transportation Development Forum in 2012。

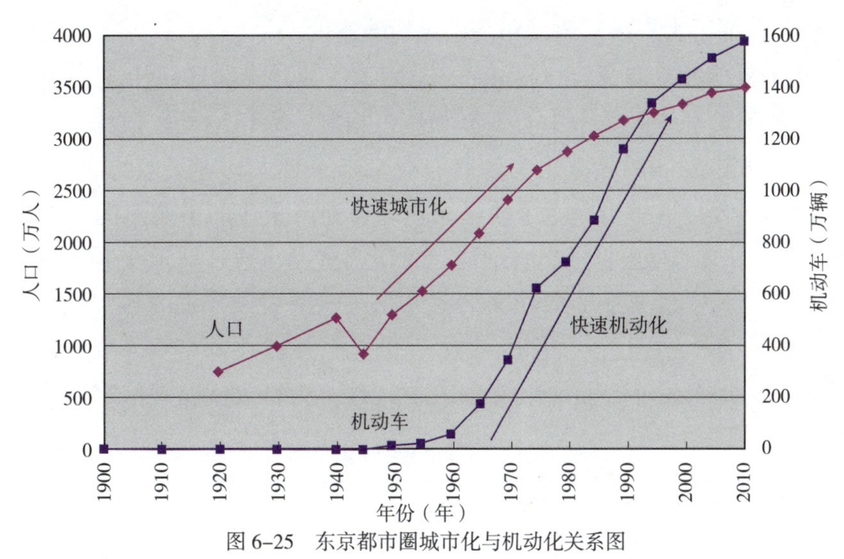

图 6-25 东京都市圈城市化与机动化关系图

注：据 Shigeru Morichi《Policy transport and Motorization in Tokyo Metropolitan Area》数据制作。

另外，快速城市化中东京高速公路网路建设缓慢，1970 年都市圈高速公路网络仅 90km，而此时放射快速轨道网络规模高达 1300 km，截至 2010 年年底，都市圈高速公路网也只有 301km（图 6-26）。东京都市圈在快速城市化早于快速机动化的期间，轨道交通在都市圈综合交通体系自始至终保持绝对主导的地位，而后期区部和外围以居住为主、新城高强度的土地集约开发模式又进一步促进城市轨道网络的完善，道路交通仍无法与先天优势明显的轨道交通系统抗衡。

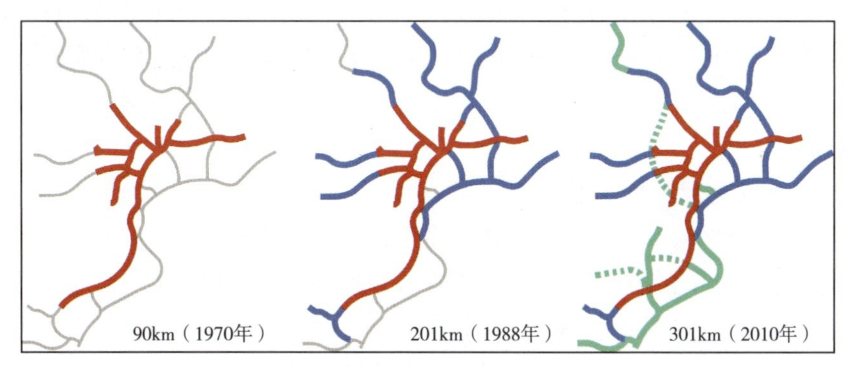

图 6-26 东京都市圈高速公路发展历程

资料来源：（株）首都高速道路 官方网站，高速道路の整備状況。

三、轨道交通发展模式保证了高密度轨道网络的建设

1. 轨道投资多元化模式

因国土资源狭小、人口密集，日本对于集约化的铁路建设一直保持鲜明的支持态度。至今，东京都市圈轨道企业主体资本形态模式多样，可由国家、地方政府、国家与地方政府合建、私营以及公私合营等模式经营，现有线路中非公有资本投资经营的线路比重高达 53.9%（统计计算中不考虑 JR 新干线）。正是由于灵活的轨道资本投资渠道，开拓了轨道建

设资金的来源，保证了大规模轨道线路基础设施的建设。

2. 轨道主导土地开发模式

轨道交通对于东京地区城市中心发展和城市拓展、人口向外扩散均起主导作用，同时这种轨道引导城市发展的模式也为铁路企业带来了巨大的客流效益和土地开发收益，该模式的巨大经济效益进一步刺激了轨道企业和房地产企业的事业热情。1950年后，区部外围区域掀起了"以轨道主导土地开发"的新城建设，通过轨道交通为东京区部和新城提供直接联系，其中最典型的成功案例就是东急电铁主导开发的多摩田园都市新城和田园都市线。东京都市圈通过"轨道＋物业"的经营模式在都市圈外围建设了大量的轨道线路，并通过土地开发平衡资金和吸引人群入住，为轨道线路喂给客流以支持轨道企业可持续发展。

四、利于轨道交通发展的交通政策施行

1. 宽松的轨道管制机制的促进作用

日本对于公共交通特别是轨道交通整体上采用一种宽松的管理体制，主要体现在建设许可和票价管理两大方面。对于建设许可，明治时期，日本政府鼓励民间资本建设铁路，企业只要自身资金实力达到要求就可以建设铁路，目前都市圈的JR和私铁放射线路大多由此而建设；对于票价，东京轨道企业可在政府确定的最高票价下自由营销，通过多种手段吸引客流。同时，各轨道企业可根据自身实践对轨道技术标准进行修正，一旦符合性能标准，轨道企业即可制定自身实施标准，技术标准的放松管理进一步灵活地推动了日本轨道交通事业发展。正由于轨道建设、运营和技术标准的宽松管理体制，才使得轨道行业的准入条件和实施方式简单，大量的资本进入轨道行业，进而促进东京都市圈建设了超过3500km多种制式并存的轨道系统，保证了轨道系统在综合交通体系中的基础设施绝对优势。

2. 优厚的政府补贴的倾斜作用

20世纪70年代以后，日本政府对轨道建设运营优厚的政策优惠和财政补贴，进一步增大了轨道企业建设运营新线的积极性。其中，轨道企业可通过政府补助金、政府直接出资、相关银行提供无息贷款、新城轨道建设补助等方式减轻自身资金压力。日本对于轨道建设运营的补贴倾斜力度远远高于城市地面公共交通系统（图6-27、图6-28），往往是地面公交系统补贴力度的30~40倍。通过这一系列强有力的补贴制度，东京都市圈的轨道网络得以进一步扩张，进一步稳固轨道交通系统在综合交通系统中的绝对主体地位。

3. 严厉的机动车限制政策的影响

日本主要通过法律形式限制机动车的拥有量。1962年起，日本颁布实施《机动车保管场所之确保法》等法律，通过"自助泊位政策"明确购车者须在拥有非路边停车位的前提下才可购买汽车。因此，在停车泊位资源紧张的东京区部，机动车拥有量得到有效控制。另外，政府为进一步控制区部机动车拥有量推行了两大辅助政策，其一，降低建筑的停车配建要求，甚至允许小型建筑不配备停车泊位；其二，对路边停车采取严厉的惩

罚措施，超过 1h 征收高额的罚款（约 1000 元人民币），并扣 2 分（满分 6 分）。东京区部正是通过严厉的交通需求管理使得机动车拥有量始终保持在一个较低的水平，推动居民选择发达的轨道交通系统出行。

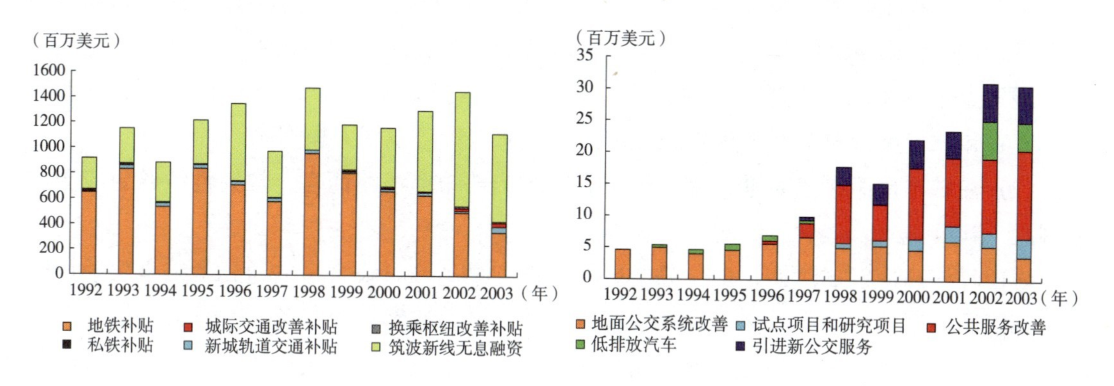

图 6–27　东京都市圈城市轨道历年补贴　　图 6–28　东京都市圈城市地面公交运营补贴

资料来源：Shigeru Morchi，Enhancement of Urban Transport Sustainability in Japan，2005.3

由上述四大方面分析可以看出，东京都市圈特别是东京区部轨道分担率如此之高，实则有其特殊的历史背景和原因。目前，为解决城市交通拥堵问题，我国各特大城市均明确提出“公交优先”的交通发展策略，寄希望通过构筑“以轨道交通为骨干”的公共交通系统来提高综合客运交通系统的运输效率，其中轨道机动化分担率中远期目标大多高于 30%，部分城市甚至高达 60% 以上[1]。当前，我国各特大城市基本均处于快速城市化进程之中，机动车保有量持续高速增长，同时与东京和欧美发达城市相比缺乏既有市域范围轨道客运网络。在此背景下，未来城市轨道交通机动化分担率高目标的实现须做出巨大努力。为尽可能实现我国大城市交通发展目标，借鉴东京轨道交通发展经验，须从以下三大策略方向做出持续不懈的努力：首先，政府应坚定不移地选择轨道交通为主导的交通发展模式，通过轨道交通主导城市发展的方式把握未来城市的拓展方向，稳定轨道交通的市场份额；其次，拓展融资渠道保证轨道基础设施建设，在城市机动化需求剧增前建设大规模的轨道网络满足未来城市发展需求，使得轨道交通在交通发展过程之中抢占先机；最后，在前两大策略的前提下加强交通需求管理，利用合理的行政手段和经济杠杆政策限制私人机动车拥有量和使用，推动乘客选择以轨道交通为主导的公共交通方式出行。

第五节　结　　语

在本章，笔者通过查阅大量的关于东京轨道建设和规划的日、英、中文资料，力争全面、真实地给读者展示东京都市圈轨道交通发展历程，并剖析其发展策略制定的背景、轨道与城市之间的互动关系及轨道在综合交通体系中主体地位形成原因等。笔者结合我国目

[1] 各城市未来轨道机动化分担率，来源于相关综合交通和轨道交通规划、交通发展白皮书等资料。

前的轨道交通发展中所遇到的困惑，提出以下几点看法，以供大家参考。

（1）城市轨道交通发展是持续动态的过程，只是每阶段发展重点不尽相同。

二战后，东京不断根据形势的变化制订新的轨道交通规划以指导轨道发展。当前，东京轨道网络规模处世界之最，但政府在2000年的轨道网络规划中仍提出了建设658km的新线路。东京轨道发展历程表明，一个特大城市的轨道交通发展不会停步，只是在不同时期发展重点不尽相同。因此，国内大城市应借鉴日本经验每隔5~10年根据城市的发展目标、策略和重点进行轨道网络规划调整，以不断适应形势发展并留有余地。

（2）在城市快速扩张时期，相对于中心城区内部轨道线路而言，放射性线路更应受到重视。

城市经济高速发展时期，职住分离更易加剧，早高峰时段大量的通勤者乘坐放射性轨道由外围居住区前往中心城区，且在列车进入中心区前乘客以上车为主，越靠近中心区断面客流越大；而中心城区内部因就业岗位与居住区较接近，通勤出行距离较短，且方向集中度不高，因此放射性轨道较中心城区轨道更易出现拥挤问题，尤其是在进入中心城区边缘的地段。20世纪60年代，东京放射性轨道严重拥挤，而区部有轨电车仍勉强能维持交通运转的实例和目前国内如北京、上海、深圳等特大城市放射性轨道严重拥挤的现状即为证明。因此，应在城市快速扩张阶段，对放射性轨道线路的建设予以倾斜。

（3）放射性轨道交通拥挤将是我国大城市交通近中期的热点和难点。

改革开放后，我国城市人口高速增长，城市居民住房问题日益严峻。受中心区高房价和土地资源有限的影响，城市外围规划建设了大规模的居住片区，这必将引发其与中心城区通勤交通问题。目前，这种情况已在我国的上海、北京、深圳等城市初现端倪，早晚高峰放射道路和轨道线路潮汐性拥挤，如北京地铁1、5、13号线和八通线，上海地铁1号线和2号线，深圳地铁3号线和4号线等。参考东京城市发展和轨道交通发展的经验，职住分离引起的放射性轨道交通拥挤将是我国近中期城市交通的热点和难点，需提前谋划应对。

（4）东京轨道交通主体地位的形成有着极其特殊的原因，借鉴时需深入探究其特定的背景。

当前，我国优先发展公共交通，各大城市更是注重轨道交通系统的建设，以轨道交通为主体的东京自然成为模仿对象。但应看到，东京轨道交通发展有着极其特殊的历史条件和背景。现阶段，我国城市化和机动化发展情况、既有铁路条件、小汽车发展状况和管制水平、轨道交通规划建设方式等多方面均与东京差异较大，因此不宜盲目追求类似东京的轨道交通高分担率，而应从我国实情出发，制定合理的轨道交通发展目标和策略。

第七章　轨道列车运营模式

第一节　典型列车运营模式

国内城市轨道交通线路一般采用独立运营的站站停靠模式，站距较小的线路即为普速服务（图 7–1），站距大的线路即为快速服务（图 7–2）。相对国内而言，东京都市圈还有两类特殊而典型的运营组织模式：一是利用甩站或越行实现快速列车服务，线路以快慢混跑模式运营（图 7–3）；二是地铁线路与放射性轨道的直通运转[1]（图 7–4）。此外，为适应线路客流特征，大小交路和支线运营模式也广泛存在于东京都市圈轨道线路之中。

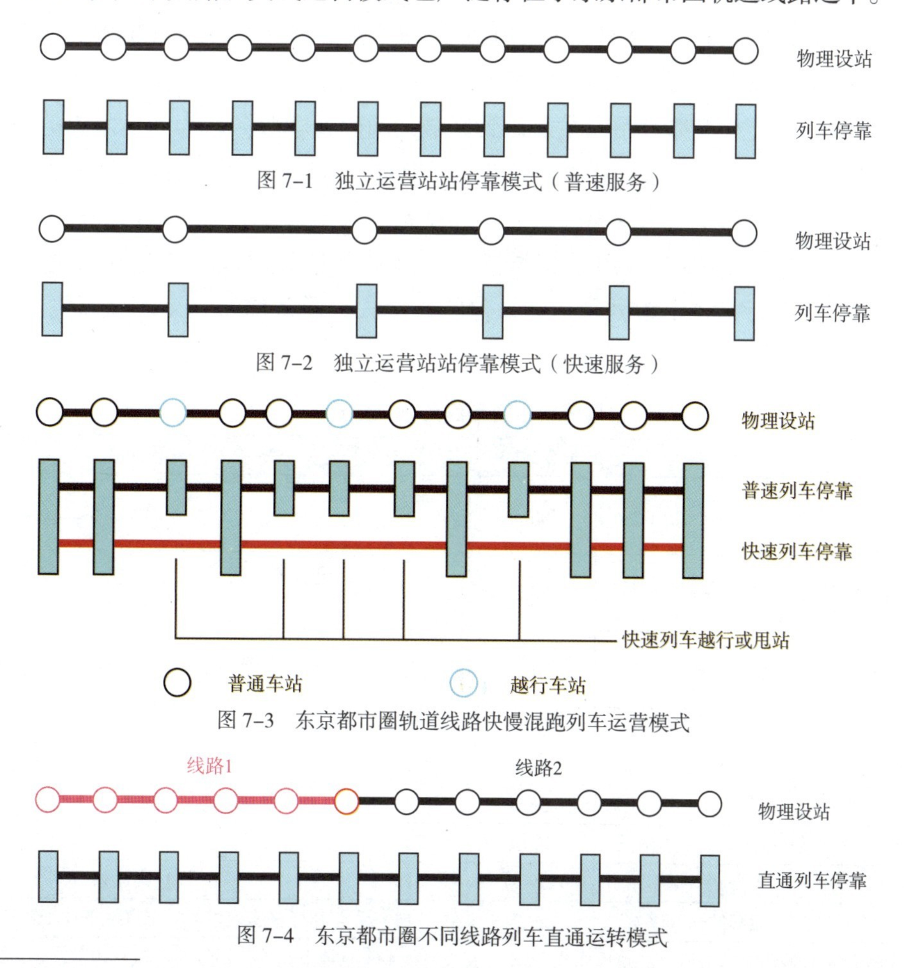

图 7–1　独立运营站站停靠模式（普速服务）

图 7–2　独立运营站站停靠模式（快速服务）

图 7–3　东京都市圈轨道线路快慢混跑列车运营模式

图 7–4　东京都市圈不同线路列车直通运转模式

[1] 直通运转是指隶属不同轨道主体的线路实现列车相互过轨组织方式。

第二节 各类线路的运营模式

一、JR线路

东京都市圈内JR绝大部分线路采用DC 1500V接触网方式供电，轨道间距1067mm，线路之间基本可过轨运营。JR线路建设年代较早，以地面敷设方式为主，且车站大多设有配线，可组织快慢车混跑运营。JR线路列车运营组织模式可分为以下三大类。

1. 常规运营型

常规运营型是指列车采用站站停靠模式运营的线路，主要包括山手线、武藏野线和服务局部区域的其他JR线路。其中，山手线是区部内的环线，主要联系都心和副都心，同时与放射线路接驳换乘，平均站距约1km，高峰时段发车间隔约2.5min，内外环线单独运行。

2. 快慢分轨运营型

快慢分轨运营型主要是指快速列车和普速列车分别在同一通道不同物理股道上运营，其中东京都市圈通勤圈内的JR常磐线、中央线和总武线通勤路段均属此类。本类线路主要联系东京区部与都市圈内重要城市以及都市圈外的大城市，不仅承担都市圈对外中长途城际客流运输，而且承担都市圈内主要通勤区域的通勤通学服务。为满足巨大的通勤通学客流和城际旅客快速出行需求，在通勤段设置四股道。其中两股道与区部地铁直通运转服务城市日常通勤出行和娱乐休闲出行，列车以站站停靠模式运营，停靠站距较小，通常称为“××缓行线”；另外两股道承担城际客流运输和通勤时段的快速通勤客流运输服务，通过甩站和越行方式组织列车运营，停靠站距大，通常称为“××快线”，如表7–1和图7–5所示。

快慢分轨运营型线路信息统计　表7–1

线路名		起终点	长度（km）	站点（个）	备注
中央线	实际起终点	东京站—盐尻站	222.1	67	
	快速线区间	东京站—高尾站	53.1	32	开行通勤快速、中央特快、青梅特快、通勤特快列车
	缓行线区间	三鹰站—御茶之水站	21.5	18	开行普速列车，与东京地下铁东西线直通
总武线	实际起终点	东京站—铫子站	145.4	49	
	快速线区间	东京站—千叶站	39.2	13	开行快速、通勤快速、特急列车
	缓行线区间	御茶之水站—千叶站	38.7	22	开行普速列车，与东京地下铁东西线直通
常磐线	实际起终点	日暮里站—岩沼站	350.4	80	
	快速线区间	上野站—取手站	39.6	11	开行快速列车
	缓行线区间	绫濑站—取手站	29.7	14	开行普速列车，与东京地下铁千代田线直通

注：上表信息来源于维基百科，经整理而成。JR常磐缓行线经东京地下铁千代田线与私铁小田急小田原线系统直通。JR中央缓行线与总武缓行线经东京地下铁东西线相互直通，两者合称为中央·总武缓行线。

图 7-5　东京都市圈快慢分轨运营型 JR 线路示意图

3. 快慢共轨运营型

东京都市圈大多数 JR 骨干线路采用快慢共轨模式运营，即通过甩站和越行方式组织多种列车服务，一般为两股道，其中东海道线和横须贺线因线路位于繁华的京滨工业带客流巨大而采用四股道。此类线路属于东京都市圈铁路运输干线，除埼京线与临海高速铁道临海线直通外，基本不与非 JR 线路直通，主要提供中短途城际客流运输和沿线至区部的通勤客流运输服务。

此外，JR 东日本提供一条非常特殊的列车服务线路——湘南新宿线（2001 年 12 月开通），其本身无自有轨道，而是利用多条既有线路开行快速列车以应对私铁的激烈竞争，提供关东地区南部、北部和东京区部的快速列车服务，一是服务神奈川与关东东北地区来往旅客，二是减轻东京 JR 线路在东京、上野一带的换乘交通压力。

二、私铁

东京都市圈私铁线路列车运营由企业自主，其中 7 家大手私铁企业的放射性线路是私铁系统的骨架，各私铁企业内部线路之间大多可过轨并与地铁直通运转，其他私铁企业线路大多以独立的站站停靠模式运营，具体各线线路运营方式和直通线路情况见表 7-2。私铁放射线主要承担沿线区域至区部通勤通学和业务出行服务，列车运营需兼顾快速服务和高峰时段潮汐性客流。私铁放射线路大多在二战以前建设，地面敷设方式为主，站点配线灵活，可利用甩站和越行模式组织快速列车；同时，放射线路与区部地铁直通，沿线旅客可乘坐直通列车直达区部中心。

东京都市圈主要私铁线路列车运营特点 表 7–2

系 统	包 含 线 路	类 别	运 营 方 式	直 通 线 路
京急线系统	京急本线	本线	越行、甩站、大小交路	都营浅草线 京成电铁京成本线 北总铁道北总线
	空港线	支线	支线运营、甩站	
	大师线		独立、站站停靠	
	逗子线		支线运营	
	久里滨线		支线运营	
东急池上线	池上线		站站停靠、交路	—
东急东横线	东横线		越行、甩站、大小交路	日比谷线、港未来线
东急目黑线	目黑线		越行、甩站、大小交路	都营三田线 东京地下铁南北线 埼玉高速铁道
东急 田园都市线	田园都市线		越行、甩站、大小交路	东京地下铁半藏门线 东武伊势崎线系统
小田原线 系统	小田原线	本线	大小交路、越行、甩站	箱根登山铁道 东京地下铁千代田线 JR 常磐线
	江之岛线	支线	支线运营、越行、甩站	
	多摩线	支线	支线运营、甩站	
京王线系统	京王线	本线	越行、甩站	都营新宿线
	京王新线	连接线	站站停靠	
	相模原线	支线	支线运营、越行、甩站	
	高尾线		支线运营、甩站	
	竞马场线		独立、甩站	—
	动物园线		独立、站站停靠	—
新宿线系统	新宿线	本线	越行、甩站、大小交路	东京地下铁东西线 （计划）
	拜岛线	支线	支线运营、甩站	
	多摩湖线		支线运营、站站停靠	
	国分寺线		支线运营、站站停靠	
	西武园线		独立、站站停靠	
池袋线系统	池袋线	本线	越行、甩站、大小交路	东京地下铁副都心线 东京地下铁有乐町线
	西武有乐町线	支线	直通连接线	
	峡山线		支线运营、站站停靠	—
	西武秩父线		支线运营、越行、甩站	—
	丰岛线		支线运营、站站停靠	—

续上表

系　统	包含线路	类　别	运营方式	直通线路
东上线系统	东上本线	本线	越行、甩站、大小交路	东京地下铁有乐町线 东京地下铁副都心线
	越生线	支线	独立、站站停靠	
伊势崎线系统	伊势崎线	本线	越行、甩站、大小交路	东京地下铁日比谷线 东京地下铁半藏门线 东急田园都市线
	龟户线	支线	独立、站站停靠	
	大师线	支线	独立、站站停靠	
	佐野线	支线	独立、大小交路、站站停靠	
京成线系统	京成本线	本线	越行、甩站、大小交路	都营浅草线 京急本线
	押上线	支线	直通连接线	
	千叶线		支线运营、站站停靠	
	千原线		支线运营、站站停靠	
	金町线		独立、站站停靠	

注：主要依据えきから時刻表 http://www.ekikara.jp 运营列车停靠站点整理。

三、地铁

都市圈地铁位于高度建成区，基本以地下敷设方式为主，出于控制成本和列车通行能力考虑，基本不设置越行站，运营上一般采取站站停靠模式。其中东京区部地铁大部分线路与其他主体轨道直通运转，因此以地铁线路的“路运分离”特征为依据可将其划分为独立运营型和直通运转型，具体分类如表 7–3 和图 7–6 所示。

东京区部地铁运营组织类型及特征表（工作日）　　表 7–3

运营类型		类型特征	代表线路	备　注
独立运营型		仅独立运营地铁列车	大江户线、银座线、丸之内线	制式原因
直通运转型	全直通类	为直通列车提供通道，仅运营极少量或基本不运营地铁独立列车	浅草线（岳泉寺至押上）半藏门线、南北线	线路运输服务基本由直通列车提供
	均匀直通类	地铁独立运营列车和直通列车班次均占有一定比例	三田线、日比谷线、有乐町线、副都心线	直通列车无通勤快车
	高峰直通类	直通列车班次占总班次的比例：通勤高峰时段高，平峰低	浅草线（西马込至岳泉寺）、新宿线、东西线、千代田线	早高峰时段直通列车包含通勤快车

1. 独立运营型

独立运营型是指本线单独组织列车运营，包括东京地下铁银座线和丸之内线、都营大江户线、横滨市营地下铁蓝线和绿线，线路列车皆采用独立的站站停靠模式运营。此运营模式与目前国内常见的地铁运营模式相同，轨道企业运营管理简单。

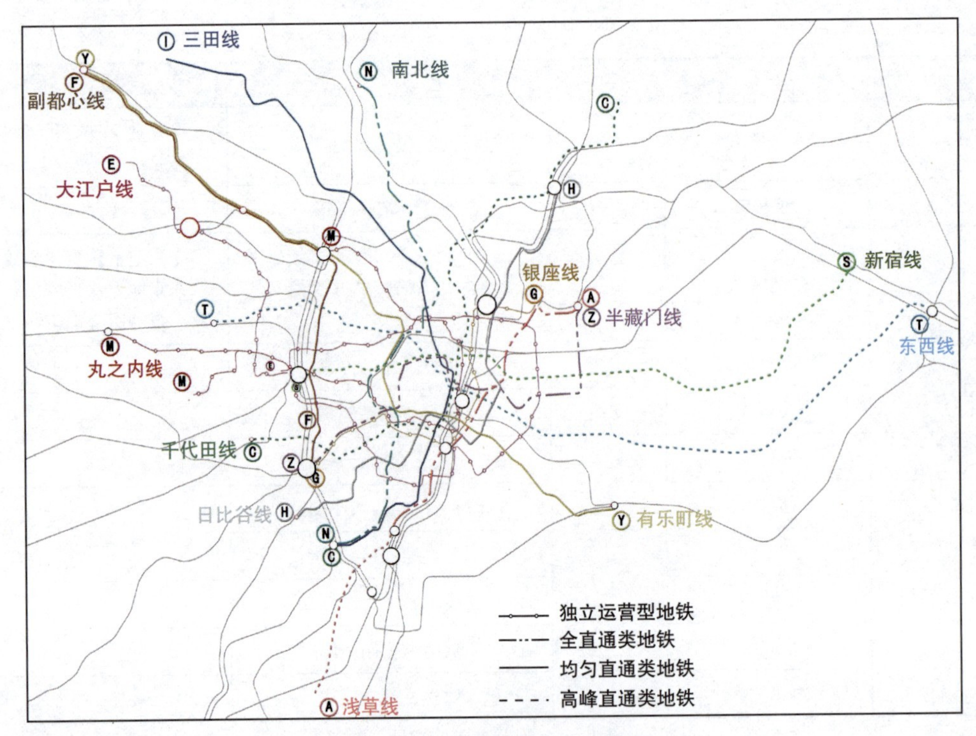

图 7-6　东京区部地铁线路运营类型

2. 直通运转型

直通运转型是指与私铁或 JR 线过轨运营的地铁线路，东京区部地铁除独立运营地铁外，其他的 9 条地铁线路均属此类。直通运转型地铁线路主要与私铁或 JR 快慢分轨运营型线路的缓行线直通，根据地铁线路上直通列车比例和分时段发车特征，可分为全直通类、均匀直通类和高峰直通类三类。其中，全直通类地铁线路，仅提供极少班次甚至不提供地铁独立列车服务，仅为郊外放射轨道提供运营通道，如浅草线岳泉寺至押上段、半藏门线均不提供地铁独立列车服务，南北线工作日仅提供 3 班次独立地铁列车服务；均匀直通类地铁线路上，地铁独立运营列车和直通列车全天各时段班次比例较为均衡；高峰直通类地铁，高峰时段直通列车比例较高，以使大量通勤通学旅客直接抵达目的地，一般仅在早高峰时段提供通勤快车服务，此类线路周末和节假日通勤通学需求大降，高峰时段直通列车班次减少，线路运营类型转为均匀直通类地铁。

第三节　快慢混跑运营分析

一、发展背景

二战后，东京城市沿放射轨道的不断扩张和职住分离的持续固化，促进了大量长距离交通出行需求的产生，特别是早晚高峰的长距离通勤通学出行需求激增。出于适应交通需求的变化和提高自身线路竞争力的目的，日本国铁和私铁企业利用甩站或越行开行快速列车服务。目前，都市圈私铁和 JR 放射线路经过半个多世纪的不断发展，形成了以快慢混跑模式为主的运营模式，见图 7–7。

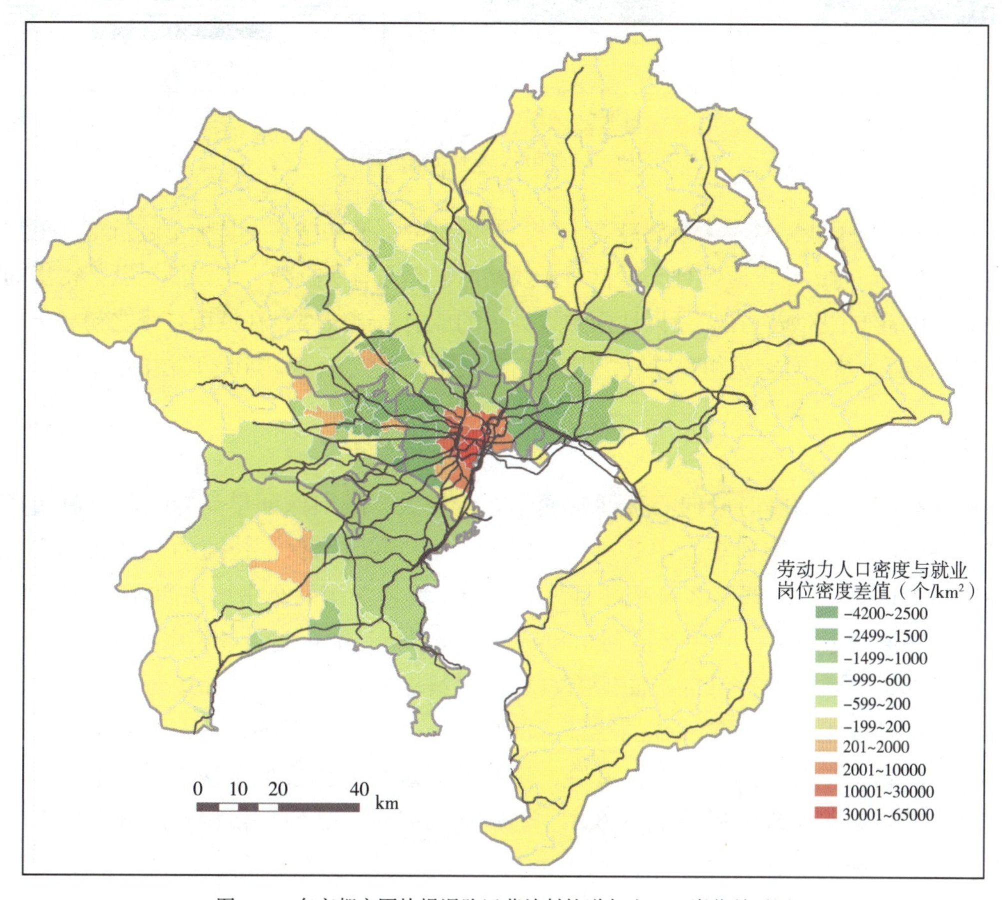

图 7–7　东京都市圈快慢混跑运营放射轨道与人口、岗位关系图

二、站型设置

甩站是指列车沿正线经过车站但不停靠该站点，此类站点一般采用普通岛式或侧式站型，如图 7–8a）所示；越行是指列车抵达车站时通过正线或配线超越站点已停靠待避慢车的情形，此类车站必须是设置配线的越行站，如图 7–8b）所示。常见的越行站主要有 1 岛 4 线 [图 7–9b)] 和 2 岛 4 线 [图 7–9c)] 两类，其中后者服务水平高，但工程量和投资成本更大，其中图 7–9b）类越行站投资约是普通站点的 2 倍，图 7–9c）类越行站投资约是普通站点的 3 倍。

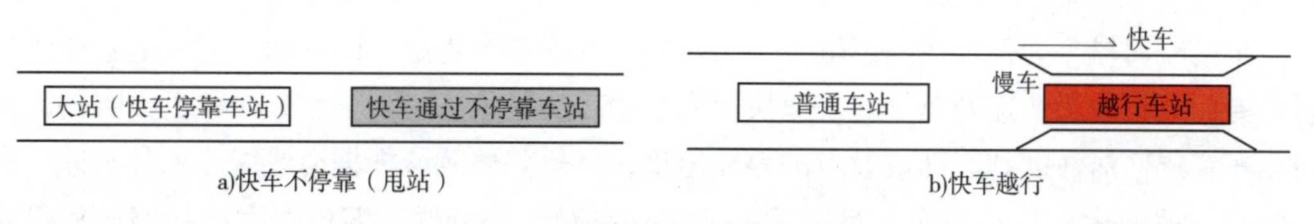

图 7–8　甩站和越行列车实现手段

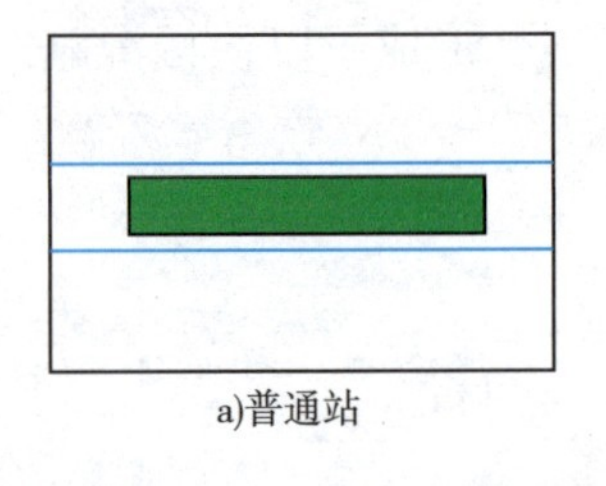
a)普通站

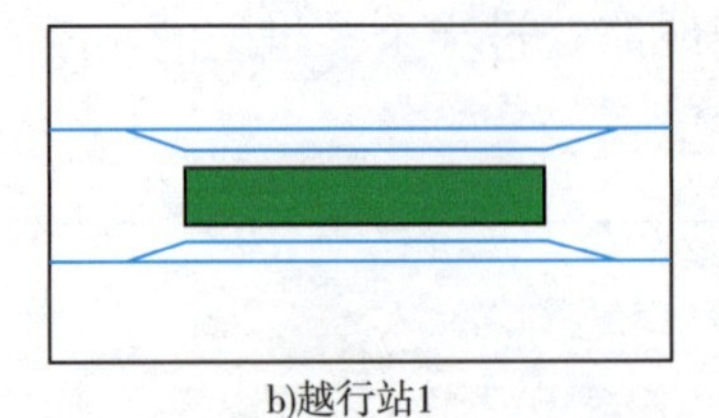
b)越行站1

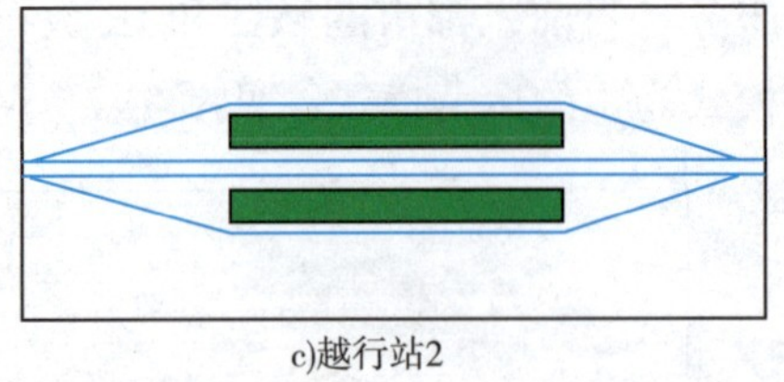
c)越行站2

图 7-9 普通站点、越行站点示意图

东京区部地下线路基本未设置越行车站，原因是区部换乘站多，且地下越行车站工程量和投资较高；同时，快慢混跑列车运营对于线路运输能力有所折减，难以满足区部密集的客流需求。区部外围区域存在大量以地面敷设为主的放射轨道线路，在城市扩张之初易于就地改造设置越行车站，且客流相对较低，因此区部外围区域越行车站得到了广泛的应用。

三、列车运营

东京都市圈早高峰时段向心性通勤通学客流量大，必须保证早高峰时段轨道线路运输能力，因此快慢混跑列车以中低速列车服务为主，同时为保证快速的通勤服务适当增加中速列车；平峰时段线路客流平缓且总量较小，快慢混跑列车中增加高等级快速列车，同时减少中速列车数量，利用普通列车和高等级列车相互配合满足各类服务需求。

基于上述特点，通过对都市圈所有放射轨道线路物理设施摸底和运营统计可知，放射性轨道线站间距呈现内密外疏的特征，部分郊外站点为地面越行站，主要通过快慢混跑模式组织运营三大类列车服务：其一，最高服务水平的特快列车联系重要站点，停靠站点最少，主要在非高峰时段准点发车，如放射线特急、特快、快特、快速急行等列车服务；其二，普通列车，以站站停靠服务为主，全天各时段均保持较高的比例；其三，速度和站距介于普通列车和最高等级列车之间，主要联系郊外的居住区、沿线的重要客流集散点和就业中心，根据线路周边居住和就业情况设置停靠站点，高峰时段可增大比例以适应高峰旅客快速出行需求，主要包括快速、准急、急行等列车服务。以下以西武新宿线和东武东上线为例，详细阐述东京都市圈快慢混跑列车典型运营特点：

（1）最高等级列车主要于非早高峰时段准点运营，满足沿线快速业务出行需求。

如图 7-10 和图 7-11 所示，西武新宿线特急列车和东武东上线快速急行列车均在非高峰时段运营，发车频率较低（每小时 1~2 班次），主要定时停靠沿线重要站点，旅客可根据列车运行时刻准确安排行程时间。此类列车平均停靠站距一般大于 5km，服务对象一般以非高峰时段快速出行为主，需求总量较小。

（2）快速通勤列车主要于早高峰时段运营，满足郊外至区部大量通勤需求。

早高峰时段，为保证线路运输能力通常以中低速列车为主，同时为了更好地服务通勤客流专门开行通勤快速列车。与普通快速列车相比，通勤快速列车服务对象更为明确，运行列车在郊区居住区和区部就业点的停靠密集，一般郊外区域根据沿线居住地分布适当增加站点，就业中心站站停靠满足居民就业需求。对于部分通勤客流较大的线路，一般采取压缩其他快速列车增加通勤快速列车的方法来更好地服务通勤旅客，如东武东上本线6：00~7：00时间段进中心区方向减少急行列车1班次增加通勤急行列车1班次。

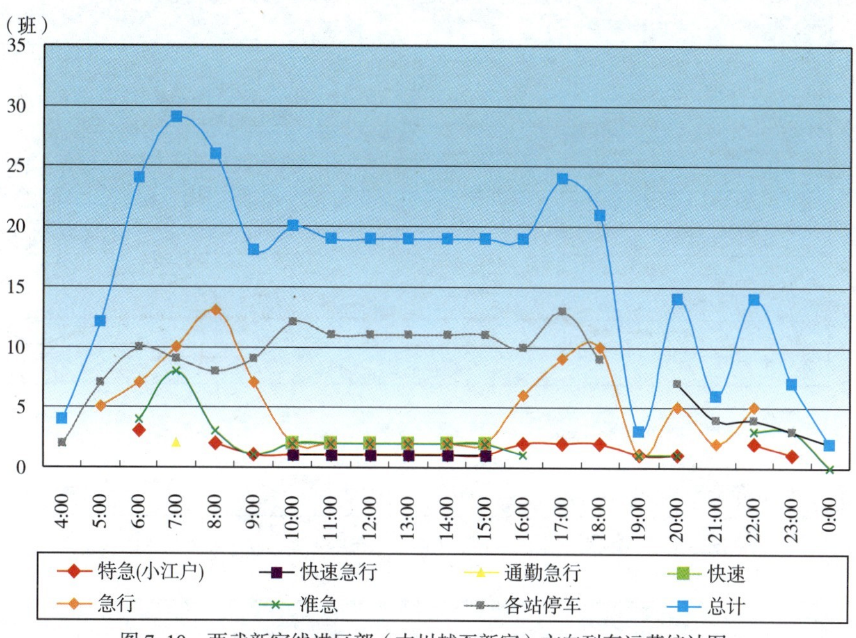

图7-10　西武新宿线进区部（本川越至新宿）方向列车运营统计图

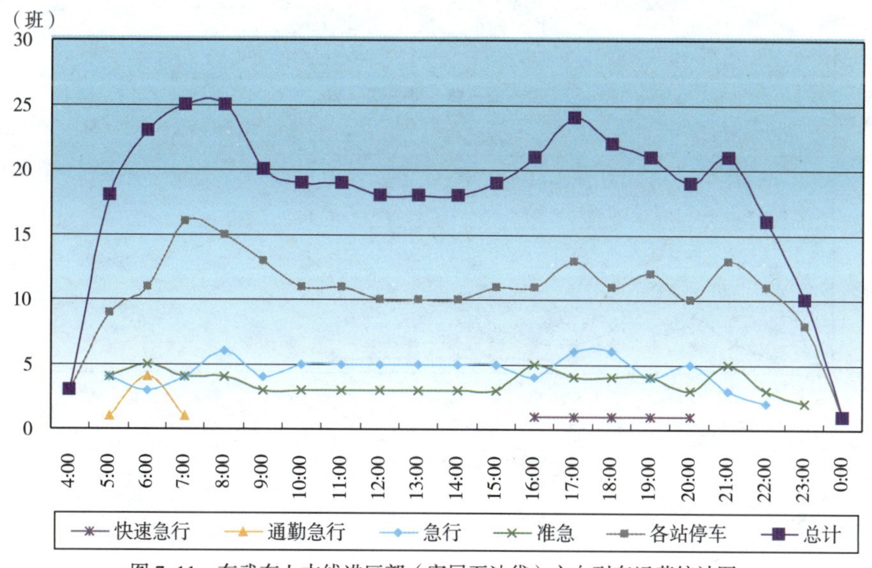

图7-11　东武东上本线进区部（寄居至池袋）方向列车运营统计图

（3）晚高峰加大高等级列车服务班次满足快速返程服务。

晚高峰与早高峰相比，旅客对出行时间段和准时性要求有所降低，客流不会像早高峰时段过于集中。总体而言，16：00~23：00时段出城方向客流较均衡，列车各时段发车总班次相当，因此可在保证线路运输能力的情况下增加部分高等级列车以满足旅客快速返程的需求。如东武东上线出区部方向18：00~23：00段分别于××：00和××：30开行Home liner特急列车（图7-12），旅行速度高达68.5km/h；西武新宿线出区部方向

17：00~23：00 时间段特急列车增加到 3 班次（图 7-13）。

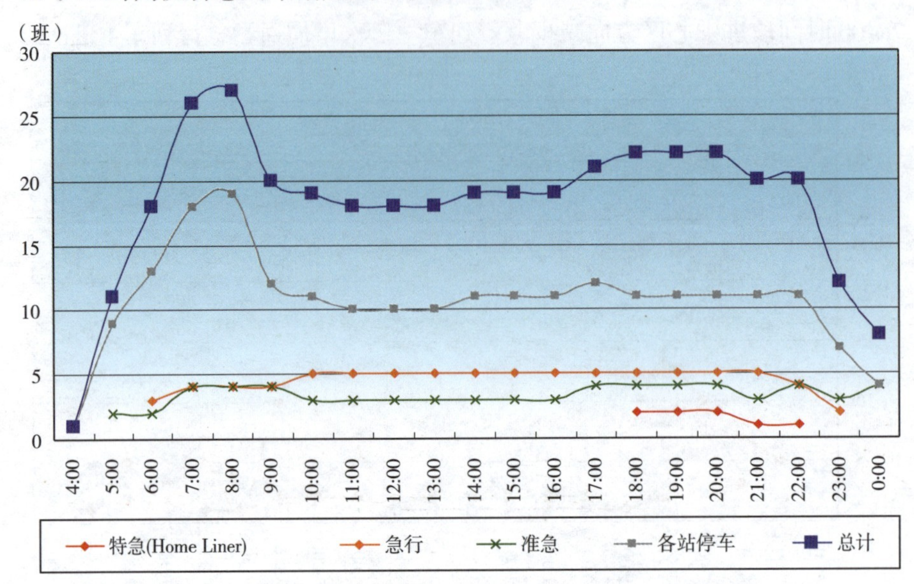

图 7-12　东武东上本线出区部（池袋至寄居）方向列车运营统计图

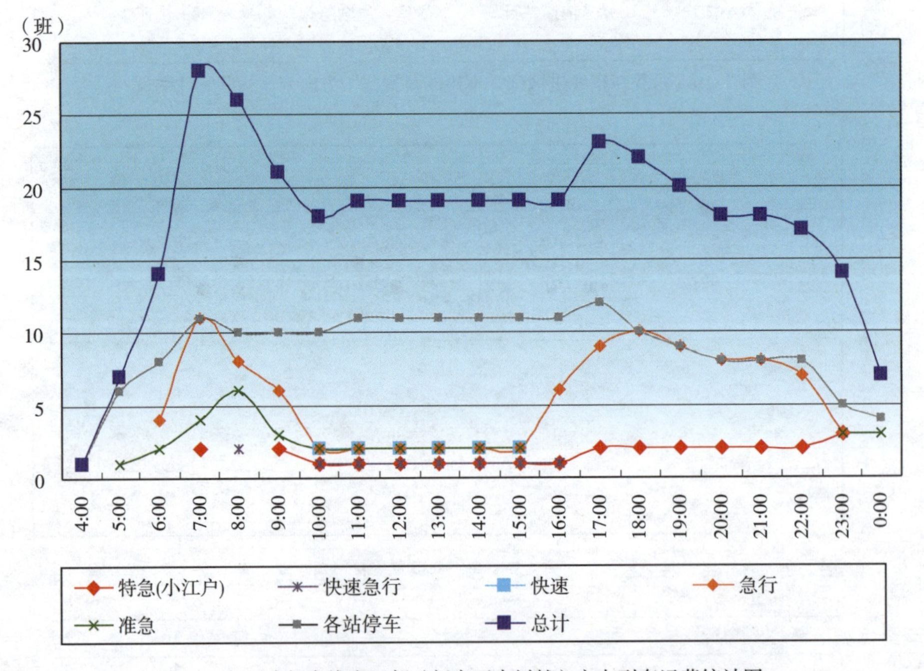

图 7-13　西武新宿线出区部（新宿至本川越）方向列车运营统计图

（4）普通列车全天各时段均保持较高频率，满足沿线各类出行需求。

快速列车在站点覆盖、发车频率和运输能力上均无法全面满足沿线各类客流需求，高频率、高覆盖的普通列车正好与快速列车互补。通勤量相对较小且距离较长的线路，高峰时段为了平衡旅行时间和运输能力普通列车比例较低，如西武新宿线；通勤量较大的线路以保证线路运输能力为主，其普通列车高峰时段比例较高，此类线路普遍列车等级层次较少，列车平均运行速度较低，见表 7-4。

主要放射线路运营列车与线路客流情况一览表　　表 7–4

线路名称	客流强度[万人次/(日·km)]	运营列车种类	最高旅行速度(km/h)	最高运营速度(km/h)
东急东横线	4.67	4	49.7	110
田原都市线	3.7	3	44.7	110
东急目黑线	2.73	2	34.8	110
小田急小田原线	1.85	4	71.7	110
京急本线	1.39	4	66.6	110
西武新宿线	1.47	7	57.0	105
西武池袋线	1.32	8	55.5	105
东武东上线	1.28	6	65.8	105
东武伊势崎线	0.74	6	75.5	120
京成本线	0.73	7	79.8	110

都市圈放射轨道线路最高等级列车一般直接联系都市圈内外圈层，列车运行区间长度一般大于 50km，停靠站距 5km 以上。对于运营快速列车线路的供电方式，放射轨道全部采用 DC 1500V 接触网供电，供电站距可达 3.5 km，沿线主变电站设置即可满足快车运营需求。都市圈不同线路除全座席高等级列车提高收费标准外（如西武新宿线特急小江户线、成田空港 Sky liner 特急列车和 Home liner 特急列车等），同一线路上其他列车统一收费标准。

随着我国特大城市规模的不断扩大和区域的逐渐融合，通勤和业务出行距离均不断攀升，原有站站停靠的普通地铁运营方式已不能满足外围区域至中心区通达时间要求，且此类客流需求受外围区域发展限制总量不大，无法达到我国目前所实施的地铁建设客流标准。目前，国内城市轨道业界部分人士寄希望于修建大站距的轨道快线（单一运营模式），以适应此类交通需求发展，但是其穿越大量郊外区域服务客流较小，站点较少不利于客流培育，建设可实施性大打折扣，即使出于功能性需求建设后期也需补贴大量的运营费用。从线路可实施性、经济效益等综合因素出发，东京的放射线快速列车服务模式非常值得我国市域快线建设借鉴。首先，其可通过部分站点设置越行线组织快速列车满足客流量较小的市域快速轨道服务；其次，可通过运营普通列车站站停靠培育客流，可提高线路实施和运营的客流条件；最后，目前城市郊外土地资源获取成本相对较低，在越行站点的建设投资方面可以控制，因此可考虑郊外区域适当设置地面或高架越行站、城市中心区设置普通地下站点，推行外快内慢、快慢混行的快线建设。

第四节　直通运转分析

一、发展背景

早在 1900 年以前，德国卡尔斯鲁厄市交通运营公司通过采用轻轨、市域铁路及城际铁路共轨运营来扩张城市交通网络，此后直通运转便在欧美和日本城市轨道交通系统中逐渐推广运用，尤其在日本推广过程中效果更为显著。目前，东京区部地铁 9 条总长 221.7km 线路与约 600km 的 JR 线路和约 556km 的私铁线路直通运转，未来还计划与多条放射线路进一步相互直通运转。

二战以前，为保证东京市电局（经营旧东京市有轨电车和巴士企业）在 JR 山手线内侧的垄断经营，东京市政府禁止私营铁路延伸至 JR 山手线内侧；另有分析认为，旧东京 JR 山手线内侧的 15 区是日本高官、贵族聚集区，官尊民卑思想的影响亦是当时私铁全部止于山手线站点的原因之一。东京经济高速发展时期（1947~1965 年），随着城市发展而产生的职住分离逐渐加剧，郊外旅客不得不乘坐放射轨道至山手线枢纽及其周边区域换乘有轨电车抵达就业中心，由于山手线枢纽大多是多条放射轨道进入区部的必经换乘站，通勤时段基本处于极度拥挤状态，原山手线内外的交通“二元”格局已无法满足城市的发展和居民对于生活品质的追求。此时，私铁有将线路延伸至 JR 山手线内的意愿，但受向上承报的手续复杂、费用极高的限制，又受到 JR 山手线内侧群众的反对运动影响，最后被迫维持私营放射轨道终止于 JR 山手线。日本政府为此筹划改造放射轨道，新建东京区部轨道与放射轨道直通运转，使得郊外居住者可乘坐放射线直通列车直达区部中心，缓解高峰时段线路和换乘枢纽节点拥堵，提高通勤轨道交通服务水平，东京郊外放射轨道线直通运转发展历程如图 7-14 所示。

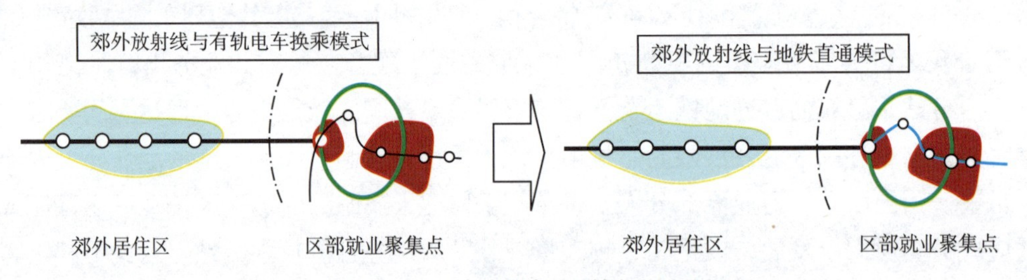

图 7-14　东京都市圈直通运转发展历程

二、设施要求

直通运转最基本的前提条件就是直通线路制式统一（如轨道间距、供电制式、信号系统及隧道限界等），日本政府在决定直通之初就明确要求新建的地铁线路与郊外放射线路必须保持统一制式。同时，直通运转轨道企业之间相互利益、权责、安全、服务水平等各方面存在大量协调工作，对不同轨道企业之间的相互协作要求较高，且需政府、企业、监管部门等多方实现精细化、有序的管理。早期修建的地铁银座线（1927 年开通）和丸之内线（1954 年开通）因采用 1435mm 轨距、第三轨 DC 600V 供电模式无法与郊外的私铁放射线路直通，地铁大江户线（1997 年开通）因采用直线电机制式无法与私铁直通。

东京都市圈放射轨道基本在二战以前就已建成运营，因此其物理基础设施技术标准是直通运转的既定条件。地铁与放射轨道直通处理方式需根据实际情况选择，主要有以下 4 种方式：其一，两者终点直接对接，通过改造放射线区部终点站以满足直通要求；其二，新建直通连接线，放射私铁线路建设一段新线或改造一段旧线满足两者直通条件；其三，经放射线中间站与地铁线路终点对接直通，此类放射线路终点周边区域繁华或者站点结构复杂难于改造，需寻求中间站点直通；其四，经地铁线路中间站与放射线终点对接直通，主要受地铁线路分期建设所控制，如浅草线直通站泉岳寺站在1968年6月21日开通即为线路终点站，并且开通之时便经此站与京急本线直通。东京区部地铁线路直通模式分类详见表7-5，直通运营的详细情况见表7-6和东京都市圈区部地铁直通运营图。

东京区部地铁和放射轨道直通物理处理方式　　表7-5

直通处理模式	地 铁 线 路	直 通 线 路	备 注
终点直接对接	南北线	埼玉高速铁道	经赤羽岩渊站直通
	半藏门线	田原都市线	经涩谷站直通
	南北线、三田线	目黑线	经目黑站直通
	东西线	东叶高速线	经西船桥站直通
	浅草线	京成本线系统	经京成押上站直通
	半藏门线	伊势崎线系统	经押上站直通
新建直通连接线	新宿线	京王线	经京王新线（3.6km，无站）直通，由原有的复线改造为双复线
	副都心线、有乐町线	池袋线	经小竹向原站、新建西武有乐町线（2.6km，中间设1站）直通
经放射线中间站与地铁终点对接	千代田线	小田原线系统	经代代木上原站直通
		常磐线	经绫赖站直通
	东西线	中央缓行线	经中野站直通
		总武缓行线	经西船桥站直通
	日比谷线	东横线	经中目黑站直通
		伊势崎线系统	经北千住站直通
	副都心线、有乐町线	东上线	经和光市站直通
经地铁中间站与放射线终点对接	浅草线	京急线系统	经泉岳寺站直通

三、列车运营

区部地铁与放射轨道的直通范围由都市圈就业人口分布形态和通勤交通形态所决定，主要以解决中长距离通勤出行需求为根本出发点，实际是受东京都市圈的单极就业结构所限制，详细的直通运转信息见表7-6和图7-15。除至成田机场直通列车外，其他所有区部地铁直通列车运营区间均位于通勤圈范围以内，其中距东京站30km范围以内成为主要的直通运转范围，与都市圈主要的人口聚集区域相互匹配，距东京站30~50km的直通范围与郊外主要人口集聚地和重要交通枢纽相互匹配。

表 7-6

东京地铁及其直通放射运营线路情况一览表

地铁线路		开通时间	长度（km）	起终点	供电方式	轨道制式	直通线路	开通时间	直通时间	直通长度（km）	直通线路起终点	直通线路供电方式	直通路段轨道制式	备注
东京地下铁	银座线	1927.12.30	14.3	浅草、涩谷	DC 600V第三轨	复线，轨距 1.435m	无							
	丸之内线	1954.1.20	27.4	池袋、荻洼	DC 600V第三轨	复线，轨距 1.435m	无							
	日比谷线	1961.3.28	20.3	北千住、中目黑	DC 1500V，接触网	复线，轨距 1.067m	东武伊势崎线	1899	1962.5.31	33.9	北千住、东武动物公园	DC 1500V，接触网	复线、双复线，轨距 1.067 m	东武动物公园站为主要发车站点，列车均为普通列车
							东急东横线	1926	1964.8.29	16.6	中目黑、菊名	DC 1500V，接触网	复线，轨距 1.067m	在中目黑站，日比谷线与东急东横线直通运转，横滨高速港线通过东横线直通运转
	东西线	1969.3.29	30.8	中野、西船桥	DC 1500V，接触网	复线，轨距 1.067m	JR 中央缓行线	1923	1966.4.28	44.7	中野、三鹰	DC 1500V，接触网	复线，轨距 1.067m	
							JR 总武缓行线	1989.7.20	1972.4.8	18.6	西船桥、千叶	DC 1500V，接触网	复线，轨距 1.067m	
							东叶高速线	1996.4.27	1996.4.27	16.2	西船桥、东叶胜田台	DC 1500V，接触网	复线，轨距 1.067m	胜田台为主要发车站点，列车分为普通、通勤快车和直通快车
	千代田线	1969.12.20	24.0	代代木上原、绫濑	DC 1500V，接触网	复线，轨距 1.067m	小田急小田原线	1927.4.1	1978.3.30	41.9	代代木上原、本厚木	DC 1500V，接触网	复线，轨距 1.067m	经小田原线与小田急多摩线直通
							JR 常磐线	1896	1971.4.20	32.2	绫濑、取手	DC 1500V，接触网	双复线，轨距 1.067m	
	有乐町线	1974.10.30	28.3	和光市、新木场	DC 1500V，接触网	复线，轨距 1.067m	东武东上线	1914.5.1	1987.8.25	40.1	和光市、森林公园	DC 1500V，接触网	复线、双复线，轨距 1.067m	
							西武池袋线	1915.4.15	1998.3.26	40.3	小竹向原、饭能	DC 1500V，接触网	复线、双复线，轨距 1.067m	经西武有乐町线直通
东京地下铁	半藏门线	1978.8.1	16.8	涩谷、押上	DC 1500V，接触网	复线，轨距 1.067m	东急田园都市线	1927.7.15	1979.8.12	31.5	涩谷、中央林间	DC 1500V，接触网	复线，轨距 1.067m	
							东武伊势崎线	1899	2003.3.19	46.6	押上、久喜	DC 1500V，接触网	复线、双复线，轨距 1.067m	经其与东武日光线直通

续上表

地铁线路		开通时间	长度（km）	起终点	供电方式	轨道制式	直通线路	开通时间	直通时间	直通长度（km）	直通线路起终点	直通线路供电方式	直通路段轨道制式	备注
东京地下铁	南北线	1991.11.29	21.3	目黑、赤羽岩渊	DC 1500V 接触网	复线，轨距 1.067m	东急目黑线	1923.3.11	2000.9.26	11.9	目黑、日吉	DC 1500V，接触网	复线，轨距 1.067m	
							埼玉高速铁道线	2001.3.28	2001.3.28	14.6	赤羽岩渊、浦和美园	DC 1500V，接触网	复线，轨距 1.067m	
	副都心线	1983.6.24	20.2	和光市、涩谷	DC 1500V，接触网	复线，轨距 1.067m	东武东上线	1914.5.1	2008.6.14	40.1	和光市、森林公园	DC 1500V，接触网	复线、双复线，轨距 1.067m	
							西武池袋线	1915.4.15	2008.6.14	40.3	小竹向原、饭能	DC 1500V，接触网	复线、双复线，轨距 1.067m	经西武有乐町线直通
都营	浅草线	1960.12.4	18.4	押上、西马込	DC 1500V，接触网	复线，轨距 1.435m	京成本线	1912	1960.12.4	63.5	押上、成田空港	DC 1500V，接触网	复线、双复线，轨距 1.435m	经京成押上线与京成本线直通；再经京成本线分别于东成田线、芝山铁道线及成田供港线直通运转
							京成成田空港线	2010	2010.7.17	51.4	京成高砂、成田国际机场	DC 1500V，接触网	复线、双复线，轨距 1.435m	
							京急本线	1901	1968.6.21	56.7	泉岳寺、浦贺	DC 1500V，接触网	复线为主，少数路段双复线、三线，轨距 1.435m	经京急本线与京急空港线与京急久里滨线直通运转
	三田线	1968.12.27	26.5	目黑、西高岛平	DC 1500V，接触网	复线，轨距 1.067m	东急目黑线	1923.3.11	2000.9.26	11.9	目黑、日吉	DC 1500V，接触网	全线复线，轨距 1.067m	
	新宿线	1978.12.21	23.5	新宿、本八幡	DC 1500V，接触网	复线，轨距 1.372m	京王线	1913	1980.3.16	37.9	新宿、京王八王子	DC 1500V，接触网	复线、双复线，轨距 1.372m	经京王线与京王相模原线、动物园线、高尾线直通运转
	大江户线	1997.12.19	40.7	光丘、都前厅	DC 1500V，接触网	复线，轨距 1.435m	无							

注：本表中信息主要经维基百科、日本列车时刻运营网站收集整理而成，数据统计截至 2011 年 9 月 20 日。

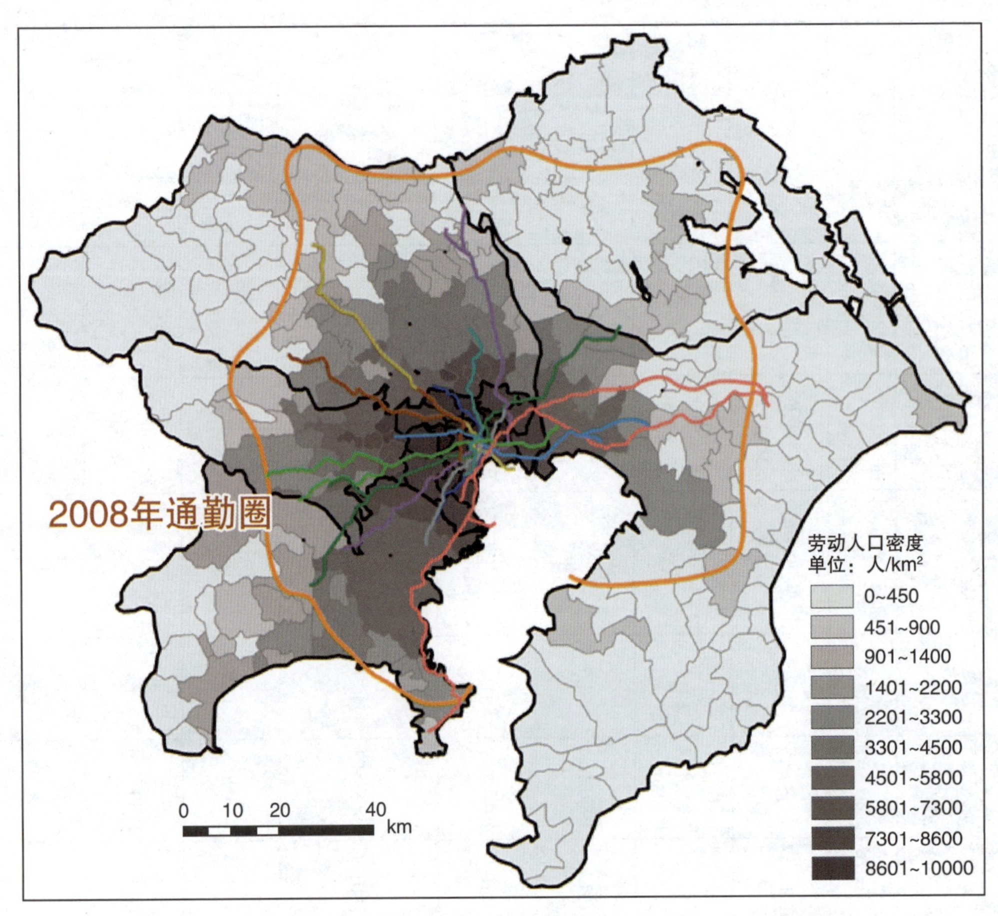

图 7–15　东京都市圈与地铁直通的线路和通勤圈、劳动人口密度关系图

东京区部地铁与放射轨道直通列车双向班次大致相同，直通列车发车分布在沿线客流的基础上由企业自行协商，双向发车频率有所差异，如图 7–16 和图 7–17 所示。东京区部直通地铁线路直通列车比例高达 60% 以上，其中部分线路如半藏门线和南北线实为外围放射线进入中心城的通道，具体直通列车比例见表 7–7。神奈川县北部区域的私铁线路目黑线、东横线、田园都市线沿线，因为区部就业者的主要居住地属高度建成区，与东京区部交流频繁，即使对于私铁列车运营而言其直通列车比例也高达 90% 以上。通过东京区部地铁和放射轨道直通运转的发展以及直通列车比例分析可以明显看出，即使在东京都市圈轨道交通二元格局和利益划分的背景下，日本政府出于完善城市交通发展和满足中心区与外围区域相互交流的客流需求目的，仍以灵活方式推行直通运转。目前，我国地方政府主导的城市轨道和省政府主导的城际轨道存在一定的利益争夺和权属不清的情形，与东京轨道发展极其相似。通过其发展历程可以看出，即使存在利益冲突，也不可损害城际轨道的功能和旅客实际的出行需求。

通过对东京所有直通地铁线路详细分析研究发现，地铁线路由于地下穿越东京区部高度建成区，道路空间狭窄，考虑建设成本和空间因素基本不设置越行站，仅在少数有特殊需求的站点设置，如副都心线仅在东新宿线设置双层 2 岛 4 线越行车站；同时出于保证地

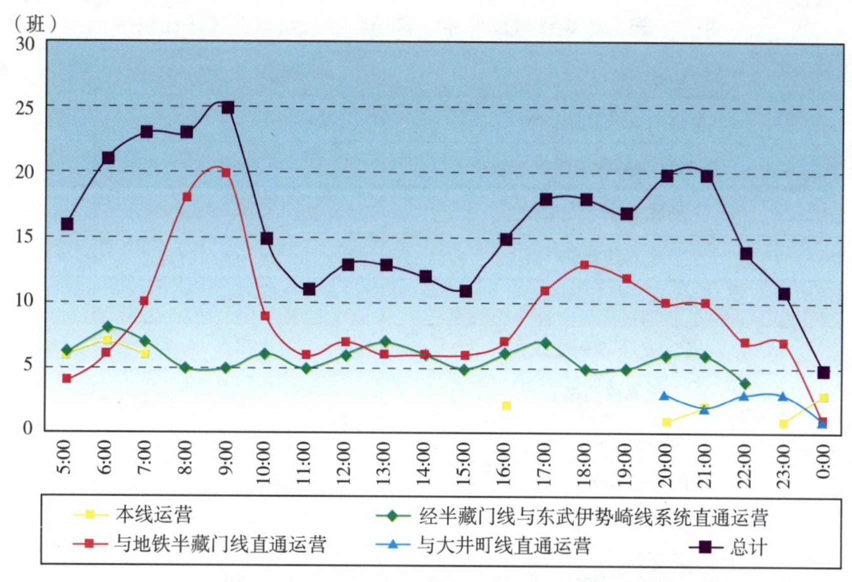

图 7-16　2011 年某工作日田园都市线出区部方向全天列车统计图

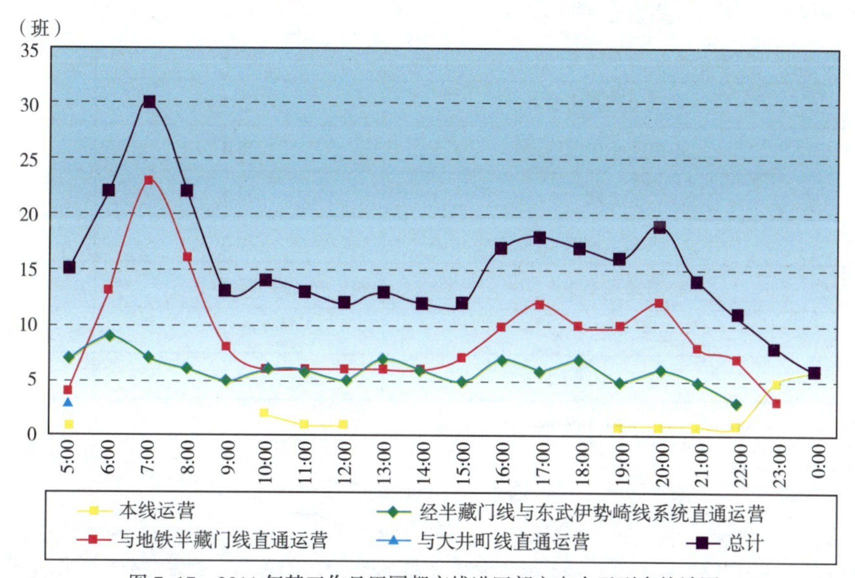

图 7-17　2011 年某工作日田园都市线进区部方向全天列车统计图

铁线路运输能力的目的，即使组织快慢混跑模式，运营列车整体旅行速度也不高。对于组织快速列车的地铁东西线、浅草线押上至泉岳寺段、千代田线，主要利用甩站模式运行快速列车。直通地铁线路快慢混跑列车运营组织具有以下特点：其一，除全直通类直通运转型浅草线因同时承担机场轨道功能外，其余组织快慢混跑列车的地铁线路直通列车等级较少；其二，除地铁副都心线和东西线最高等级列车在地铁段运营有明显的时间优势外，其他线路时间优势不明显，这进一步说明在城市高度建设受客流和建设成本的影响，实行快慢混跑列车运营组织效果不甚明显；其三，大部分放射线直通列车进入山手线内核心区域后，客流密集且换乘站多，难以舍去站点越行或甩站，具体各线路直通列车运营情况见表 7-8。

东京区部直通地铁线路和主要直通私铁线路直通列车比例 表 7–7

线路名称		直通列车比例（%）	总班次
东京区部地铁	东京地下铁日比谷线	71.9	573
	东京地下铁东西线	69.0	590
	东京地下铁千代田线	76.8	474
	东京地下铁有乐町线	76.8	740
	东京地下铁半藏门线	100	564
	东京地下铁南北线	98.6	366
	东京地下铁副都心线	60.8	441
	都营地下铁浅草线	75.9	664
	都营地下铁三田线	58.5	398
	都营地下铁新宿线	87.7	422
私铁放射线	京急本线	30.3	1052
	东急目黑线	97.1	479
	东急东横线	94.3	724
	东急田园都市线	92.3	625
	小田急小田原线	35.4	1032
	京王线	62.3	764
	西武池袋线	29.1	959
	东武东上线	22.5	980
	东武东武本线	48.4	1122
	京成本线	23.7	636

注：根据えきから時刻表（http://www.ekikara.jp）整理。

东京区部组织快速列车的直通地铁线路运营统计 表 7–8

线路	列车方向	列车班次	直通列车班次	直通列车类别	直通快速列车比例（%）	普通列车直通段平均运行时间（min）	快速列车节约时间（min）
东西线	西船桥方向	299	202	普通（120班）、快速（82班）	27.4	53.3	9.7
	中野方向	291	203	普通（126班）、快速（56班）、通勤快速（21班）	26.4	52.9	10.3（快速）、1.3（通勤快速）
千代田线	代代木上原方向	238	185	普通（181班）、特急（4班）	1.7	29.8（北千住—表参道）	0.8
	绫濑方向	239	181	普通（179班）、特急（2班）	0.8	29.7（北千住—表参道）	1.2

续上表

线 路	列车方向	列车班次	直通列车班次	直通列车类别	直通快速列车比例（%）	普通列车直通段平均运行时间（min）	快速列车节约时间（min）
副都心线	和光市方向	222	121	普通（63班）、急行（42班）、通勤急行（16班）	26.1	37.5	11.0（急行）、7.2（通勤急行）
	涩谷方向	221	120	普通（62班）、急行（44班）、通勤急行（14班）	26.2	37.3	11.7（急行）、7.3（通勤急行）
浅草线（押上—泉岳寺段）	押上方向	256	251	普通（175班）、快速（28班）、快特（31班）、通勤特急（7班）、特急（10班）	29.7	24.8	1.1（快速）、0.8（通勤特急）
	泉岳寺方向	262	260	普通（104班）、急行（70班）、快特（56班）、特急（30班）	59.5	23.4	2.5（快特）

注：1. 直通快速列车比例是指除普通直通列车以外，其他直通列车班次与地铁线路上运营列车总班次的比例。
2. 快速列车节约时间指普通列车所有班次平均旅行时间与各类快速列车所有班次平均旅行时间之差，未给出的列车节约时间为0。

经多年实践，东京区部地铁与放射轨道的直通运转实施效果显著。其一，对于外围放射轨道企业和旅客而言，缩短了列车前往市中心的旅行时间，特别是对于旅客而言无需换乘就可直接抵达就业中心，服务水平显著提高。其二，对于地铁企业而言，通过直通运转扩展地铁服务网络，为其带来更大的客流，同时缓解了中心区车辆基地等基础设施的压力。其三，郊外放射线租赁城市地铁通道进入中心区，可节省城市内部通道资源，减少进入市区的工程投资成本。其四，直接缓解高峰时段山手线换乘枢纽的换乘压力，提高城市轨道交通系统综合运输效率。如图7-18所示，1978年小田原线与地铁千代田线直通后，1980年代代木上原站每日早高峰时段直接减少2.7万人次换乘量。

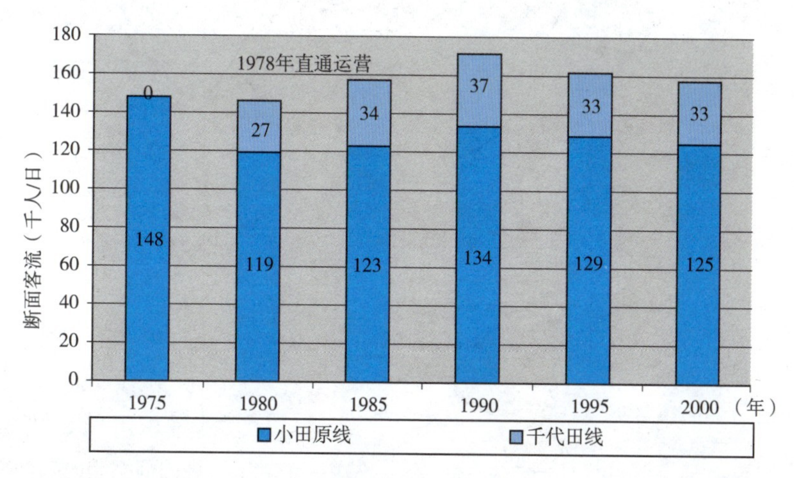

图7-18 小田原线与千代田线换乘站代代木上原站高峰时间日均通过人数
资料来源：国土交通省，都市鉄道整備のあり方—新社会的二ーズへの対応，2005。

20世纪50至70年代，东京都市圈轨道交通山手枢纽集中换乘的模式直接导致枢纽的极端拥挤，东京区部新建地铁与郊外放射线的直通运转实际是为缓解山手线换乘枢纽拥堵和提高长距离通勤出行服务水平的直接有效手段。东京放射轨道与区部地铁直通运转给予我们深刻的启示。首先，服务通勤客流的轨道线路应尽量避免集中换乘，否则极易因短时的巨大客流而造成枢纽站点的功能性瘫痪；其次，即使受轨道交通的分区治理的影响，在外围与中心区巨大的客流交流背景下，仍需保证旅客直达中心区。目前，城市轨道集中换乘所导致的通勤拥堵已在我国上海、北京等城市初步显现，国内专家学者已基本达成共识，认为“轨道交通系统除对外枢纽节点外，应尽量避免形成3线及以上城市轨道线路的内部换乘节点”；但对于外围轨道线路（城际轨道和快线等）进入城市中心看法仍然存在差异，东京的直通运转进一步说明随着区域的融合、城市的通勤范围逐渐扩大，外围至城市中心客流也逐渐上升，规划应着眼未来，考虑轨道线路进入城市中心区的情况并预留条件，以便灵活地适应未来城市发展可能出现的需求变化。

第五节 典型线路——东武东上线

一、线路概况

东武东上线联系东京区部丰岛区、板桥区和埼玉县和光市、富士见野市、川越市、阪户市、东松山市、小川町、大里郡等区域，主要提供沿途城际客运服务，同时兼顾埼玉县西南部区域至东京区部通勤通学服务。东上线起于JR山手线池袋枢纽，终于埼玉大里郡寄居站，全长85.9km，共46站，列车最高运营速度105km/h，全线采用DC 1500V接触网供电，轨道间距1067mm，其中和光市站—志木站段5.3km双复线，岚山信号场—寄居站段14.9km单线，其余路段为复线。东上线与东京地下铁有乐町线、副都心线于中间站和光市站全线直通运转，如图7-19所示。

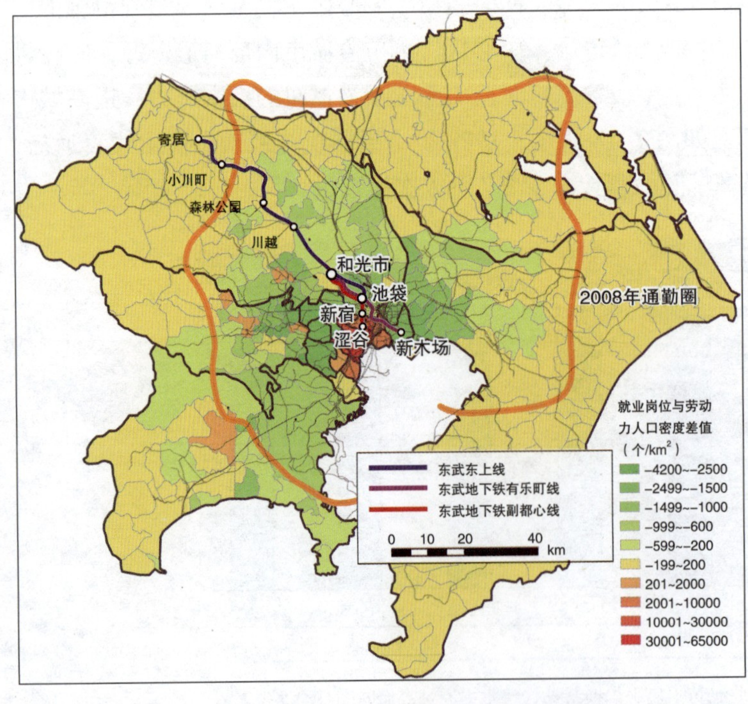

图7-19 东武东上线线位与直通地铁线路关系图

东上线全线除池袋站为地下站、和光市站为高架站外，其余全部为地面站点，其中中间站点中板桥、上板桥、成增、朝霞、朝霞台、志木、富士见野、川越市、坂户、森林公园为 2 岛 4 线越行车站。起点池袋站采用 3 岛 3 线形式车站；直通站点和光市站地铁线路与东上本线采用同向同站台换乘，对于各线而言均等同于 2 岛 2 线侧式站台（图 7-20）；小川町站为快速列车郊区终点，采用 2 岛 2 线模式布置。

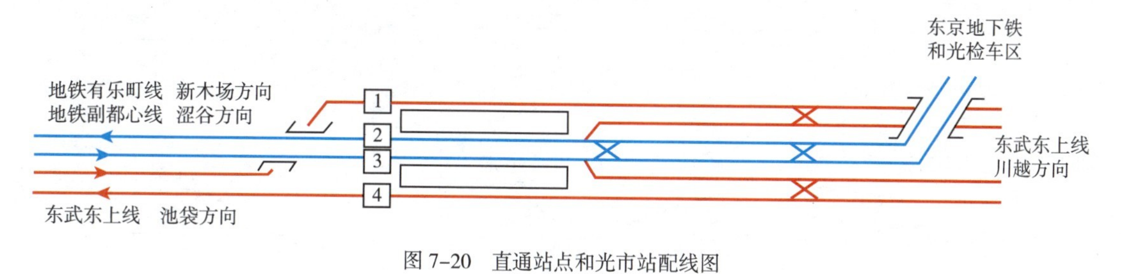

图 7-20 直通站点和光市站配线图
资料来源：维基百科，和光市駅简介。

二、列车运营组织

1. 快慢混跑

东武东上线全线运营各站停车、准急、通勤急行、急行、快速急行和特急 6 种服务类型列车，除快速急行和特急列车外，其他列车双向发车班次大致相同。池袋站为快速列车区部端点，川越市、森林公园、小川町重要站点为快速列车郊外端点。线路列车运营具有明显的早晚高峰时段（7:00~9:00 和 18:00~21:00）。其中，早高峰时段双向均以低中速列车为主；晚高峰持续时间长，线路短时段运输能力要求较早高峰低，快速列车比例大幅上升。通勤急行列车主要在早高峰时段进区部方向提供，与急行列车相比，在外围区域增加站点以便于郊外客流聚集，同时压缩高峰时段急行列车，满足外围区域至区部就业者出行需求；快速急行和特急列车主要在晚高峰时段提供，满足快速归程出行需求。另外，离区部中心越远，列车总班次明显下降，路段运输能力呈下降趋势，中低速列车班次下降明显。东上线全线早高峰、晚高峰、全天各类列车运营情况如图 7-21~ 图 7-26 所示。

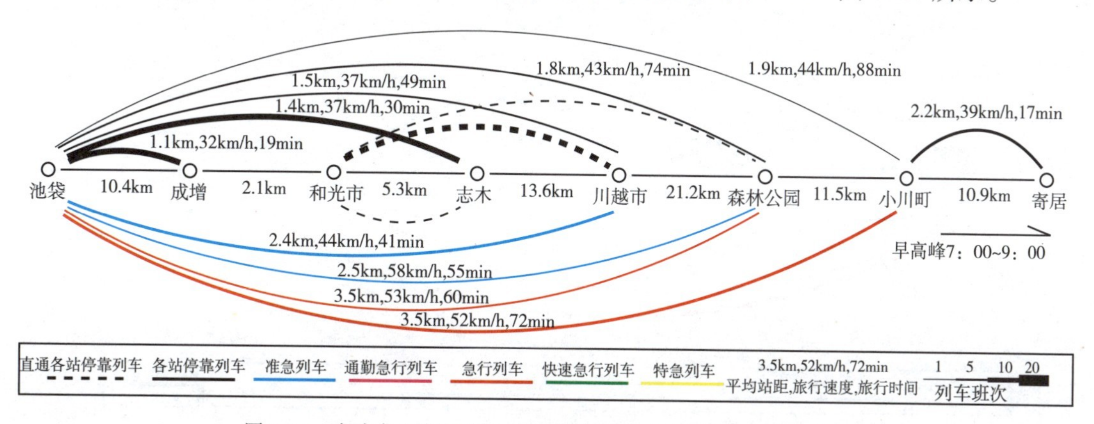

图 7-21 东武东上线出区部（池袋至寄居）方向早高峰列车运营图

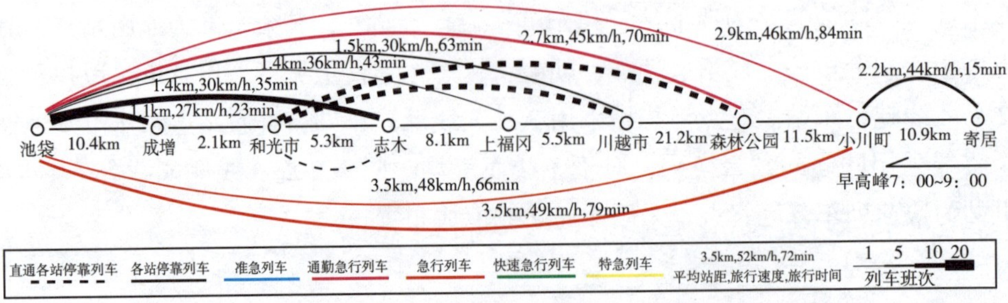

图 7-22 东武东上线进区部（寄居至池袋）方向早高峰列车运营图

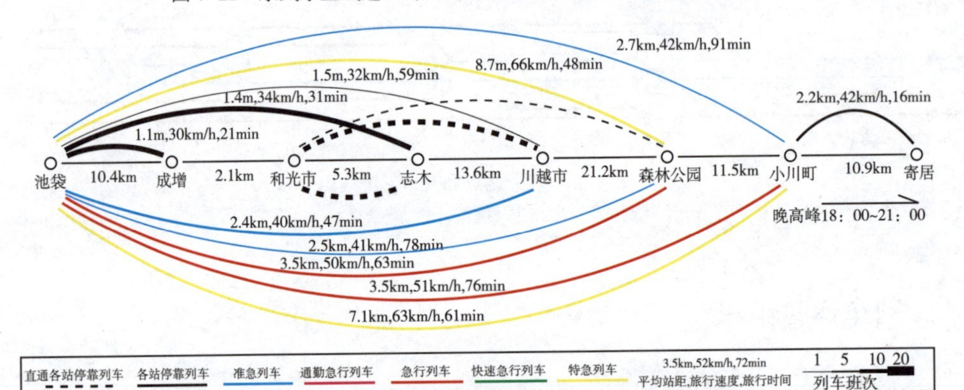

图 7-23 东武东上线出区部（池袋至寄居）方向晚高峰列车运营图

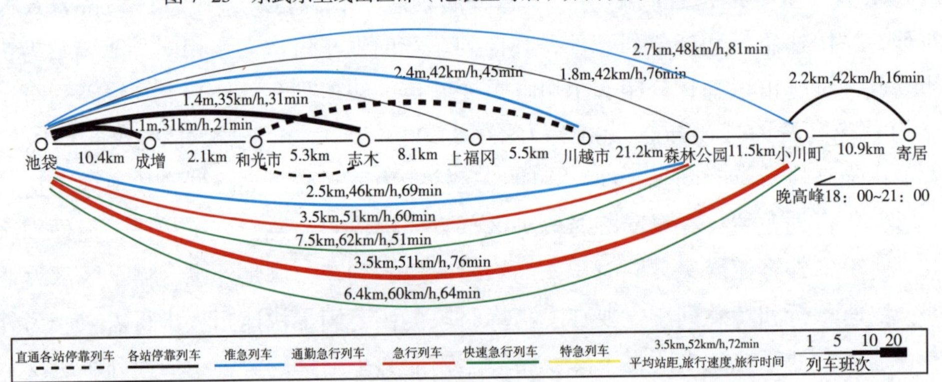

图 7-24 东武东上线进区部（寄居至池袋）方向晚高峰列车运营图

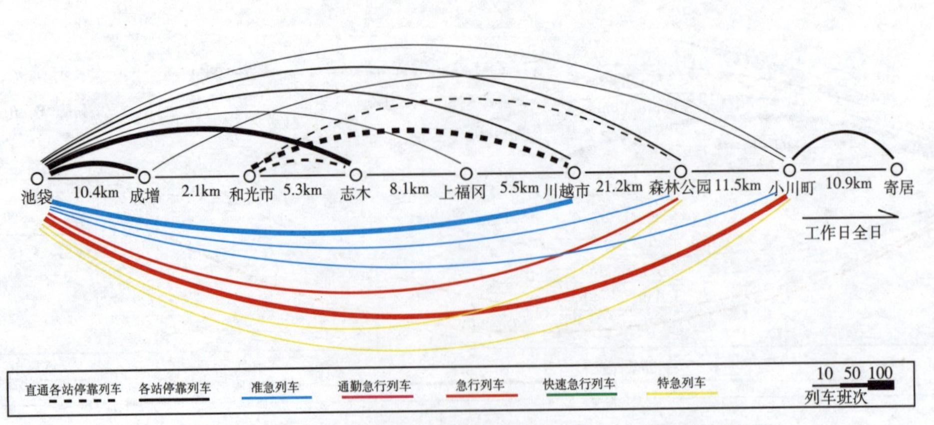

图 7-25 东武东上线出区部（池袋至寄居）方向全日列车运营图

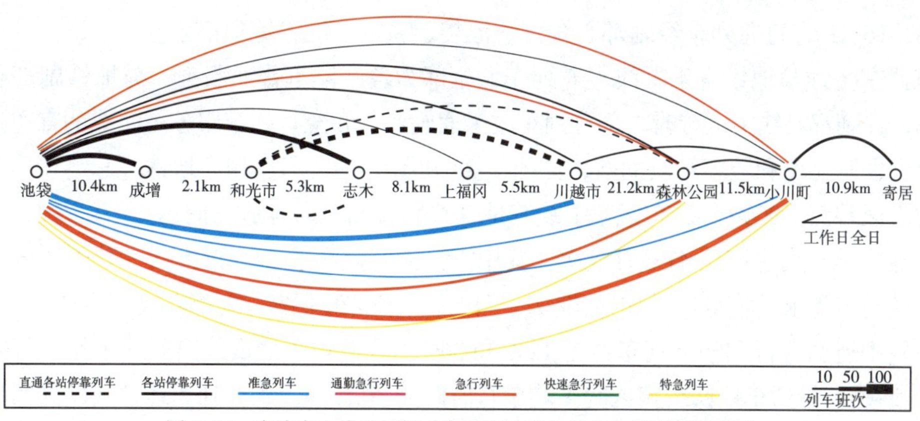

图 7-26 东武东上线进区部（寄居至池袋）方向全日列车运营图

注：图 7-26、图 7-27 中仅给出全日列车发车班次数，未给出具体运营参数。

全线各类列车停靠站点大致可分为三大段。其一，东上线池袋—和光市段，基本无快速列车停靠，主要由于该段线路仅长 12.5km，位于高度建成区，距都心 20km 范围以内，快速列车时间优势不明显，各站停靠普通列车已能满足各类出行需求；其二，川越市以西路段，除特急和快速急行列车外，其余列车均站站停靠，主要是因为该段基本位于距都心 40km 以外区域，物理设站站距大，对于急行、通勤急行和准急类列车已能满足其行驶速度要求，列车不需要通过甩站或越行提高速度；其三，和光市—川越市路段（距都心 20~40km），此段轨道沿线分布大量至区部居住人群，轨道列车需满足旅客至区部的快速通勤和业务出行需求，需组织快速服务，因此急行列车仅停靠重要站点，如图 7-27 所示。东武东上线特急列车采用全座席定员制形式，在原有票价的基础上需增加额外费用，旅客乘坐特急列车全线全程需在原有车票费用 780 日元的基础上增加 300 日元列车整理费。

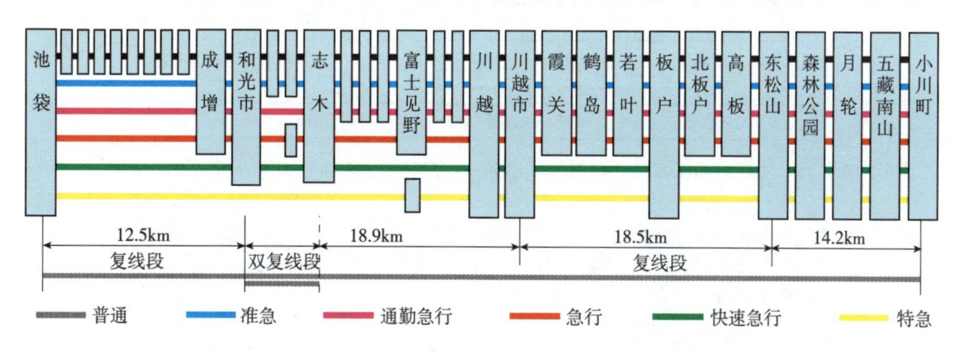

图 7-27 东武东上线列车运营图（小川町—寄居段为支线普通列车运营方式）

2. 直通运转

东武东上线与东京地铁有乐町线和副都心线全线直通（东京地下铁有乐町线和副都心线均起于和光市站，共用和光市至小竹向原段 8.3km 复线段后分线运营），其中与有乐町线直通运转区间新木场站—和光市站—森林公园站，共 68.4km（其中地铁有乐町线全长 28.3km，24 站），直通列车可经地下铁有乐町线直达东京都心和临海副都心；与地铁副都心线直通运转区间涩谷站—和光市站—森林公园站，共 60.3km（其中地铁副都心线全长

20.2km，16站），直通列车经副都心线直达池袋、新宿、涩谷等副都心。

东武东上线与地铁有乐町线直通列车，全部为各站停车普通服务；与地铁副都心线直通列车，在副都心线上运行时，部分列车改为通勤急行和急行列车服务。两线的直通列车各时段全天发车比率和频率均较均衡，见图7-28和图7-29，所有列车地铁段起终点均为地铁线路中心区端点。2009年，东武东上线与地铁线路日均直通客流双向达10万人次，东上线终点站池袋站日均客流达47.6万人次，其中需换乘客流高达24.5万人次，若不与地铁线路直通，其换乘需求量将直接增加约40%。工作日，东武东上线与副都心线直通列车总计240班次，其中通勤急行和急行列车各占12%和36%，普通列车地铁线路区间平均旅行时间约37min，通勤急行列车地铁线路区间平均旅行时间约30.5min，急行列车地铁线路区间平均旅行时间约26.5min。经探究，东京地下铁副都心线是出于缓解JR山手线、埼京线“池袋站—涩谷站”段运输压力的目的而规划修建的，其中“池袋站—涩谷站”段与JR山手线、埼京线、湘南新宿线运营区间并行。因此，副都心线须开行快速列车，才能满足与其并行的JR列车竞争的需求，如图7-30所示，并行段急行列车所需时间大致与JR埼京线、湘南新宿线相同（约11 min），各站停车普通列车大致与山手线列车相同（约16 min）。

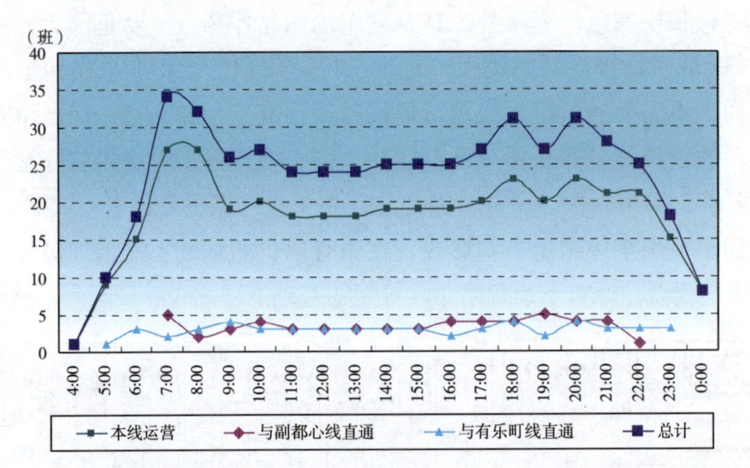

图7-28　工作日东上本线出区部（池袋站至寄居站）方向直通列车运营发车频率图

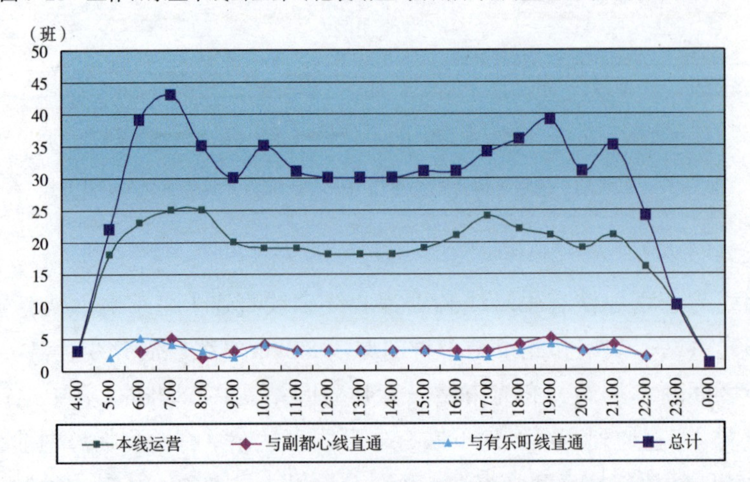

图7-29　工作日东上本线进区部（寄居站至池袋站）方向列直通车运营发车频率图

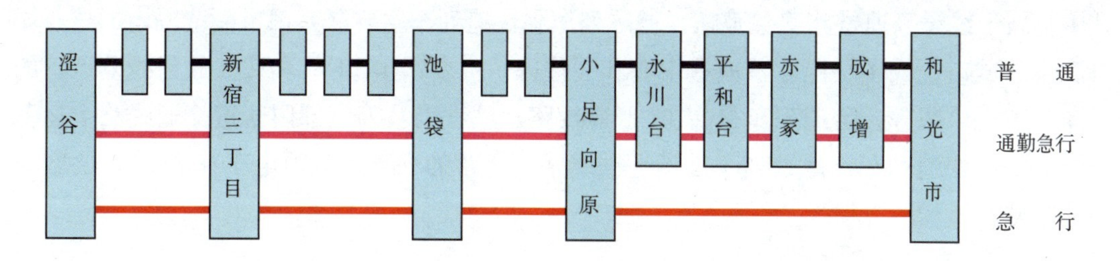

图 7-30　东武东上线与地铁副都心线直通列车运营图（地铁段）

第六节　功能层次

1950 年以前，东京都市圈早期修建的轨道缺乏规划指导，完全以市场为导向；1950 年后的轨道规划建设，以满足和适应现状交通需求以及近期发展趋势为主，规划与建设之时均未考虑系统的功能层次。但各轨道运营主体，为适应因城市不断扩张而产生的都市圈范围通勤和业务出行时间要求，通过灵活的快慢混跑列车运营组织，提供不同层次服务来实现轨道网络系统的功能层次。

一、功能层次划分

根据日本学者森地茂博士的讲学材料，东京都市圈轨道系统以服务功能层次为基础，以停靠站距和旅行速度为主要指标，将列车服务划分为新干线、城际列车 / 快速列车、普速列车、地铁列车、有轨电车 / 自动导轨列车（AGT）5 个功能层次，见表 7-9 和图 7-31。

森地茂博士对日本城市轨道交通系统服务功能层次的划分　　表 7-9

功 能 分 层	设站间距（km）	旅行速度（km/h）
新干线	30~50	120~130
城际列车（JR）/ 快速列车（私铁）	5~6	50~60
普通列车	1~2	40~5
地铁列车	0.5~1	30~5
有轨电车 / 自动导轨列车（AGT）	0.5~1	20~0

资料来源：Shigeru Morichi，Enhancement of Urban Transport Sustainability in Japan，2005.3。

其中：新干线属高速铁路服务范畴；城际列车和快速列车主要联系都市圈范围内的核心城市和次级城市，或者快捷联系就业中心和居住区，主要由 JR 干线和私铁放射线上运营的快速列车提供服务；普通列车是指 JR 普通线路、私铁以及第三部门轨道交通线路上运营的非高等级快速列车；地铁列车是指地铁线路上运营的列车；有轨电车和 AGT 主要服务局部区域。

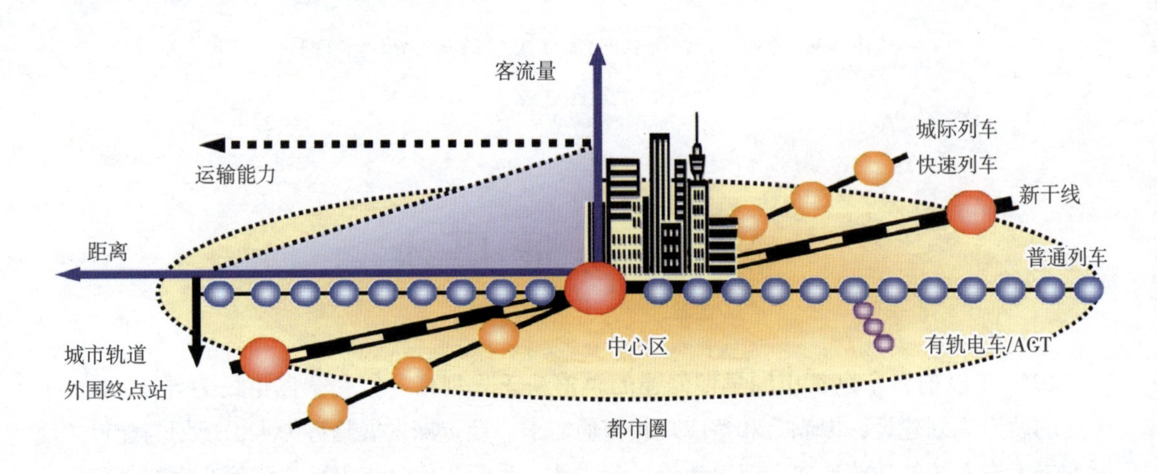

图 7-31　东京都市圈多层次的轨道系统

资料来源：Shigeru Morichi，Urban Railway Network Urban Railway Network and Terminal Renovation，World Urban Transport Leaders Summit 2008。

上述服务功能层次划分中，新干线、有轨电车 /AGT 列车系统独立、功能明晰，但 JR、私铁普通列车与城际列车 / 快速列车相关指标跨度较大，值得进一步研究。通过对早晚高峰时段放射线路列车运营统计分析可知，都市圈列车服务停靠站距呈现连绵分布，与森地茂博士所阐述的停靠站距分类有所出入，具体表现在以下三大方面：其一，对于地铁列车，实际线路的平均物理站距普遍为 1~1.5km，仅银座线和浅草线平均站距为 0.8km 和 0.9km，地铁列车普遍以站站停靠模式为主，因此其列车服务站距应也大致位于 1~1.5km；其二，位于京滨工业带的目黑线、池上线、大井町线等私铁线路平均站距均小于 1km，大多数列车以站站停靠模式运营为主，其实际运营的功能层次定位与表 7-9 给出的地铁相近；其三，表 7-9 中普通列车指标和城际列车 / 快速列车指标之间存在跳跃，而实际运营中存在大量停靠站距位于 2~5km 的列车服务。

通过统计分析可以得出，早晚高峰时段放射线路绝大部分列车停靠站距都在 0.7~6km；站距大于 6km 运营列车大多为特急、特快列车和 JR 中长途客运城际列车，其中停靠站距大于 14km 的列车几乎属 JR 提供跨都市圈中长途铁路客运运输范畴，因此本书以下分析中不纳入考虑。综合考虑运营列车停站站距、旅行速度、服务列车级别等因素，将东京私铁、JR 放射线路运营列车（停站站距 0.7~14km）分为 5 个层次，如图 7-32~ 图 7-34 和表 7-10 所示。

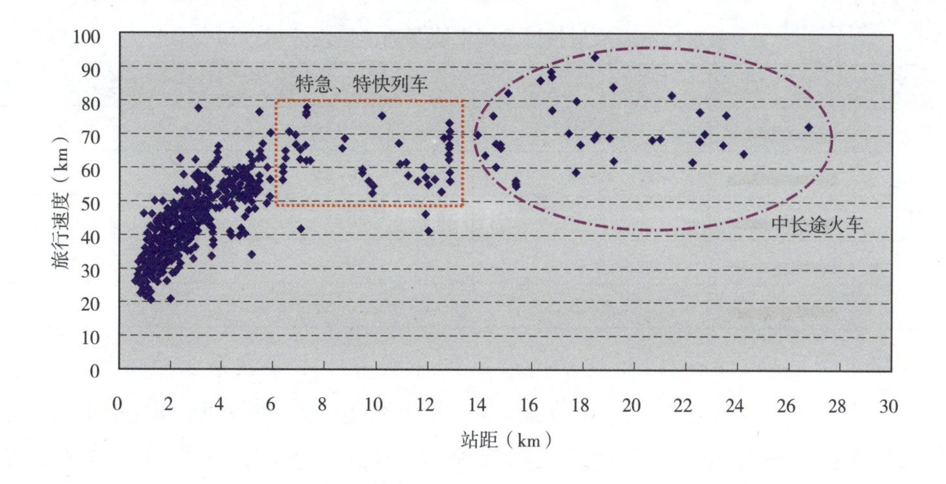

图 7-32　东京主要放射线路早晚高峰列车服务统计总图（站距—旅行速度）

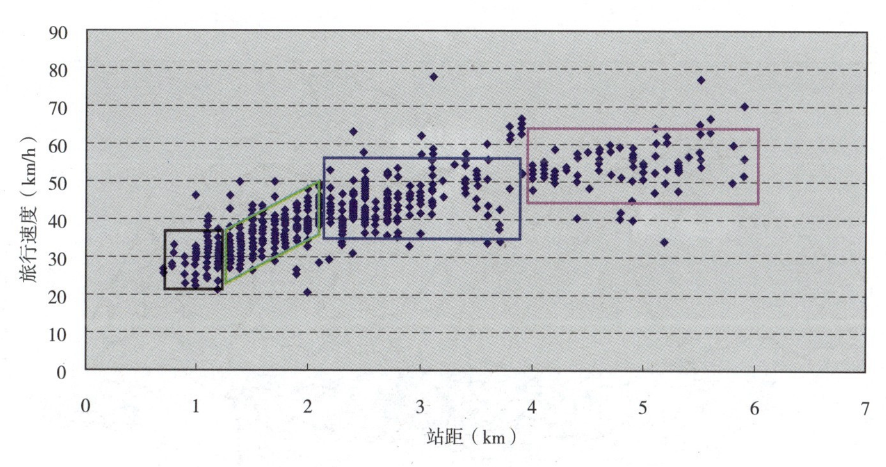

图 7-33　东京主要放射线路早晚高峰列车服务统计图［站距（小于 6km）—旅行速度］

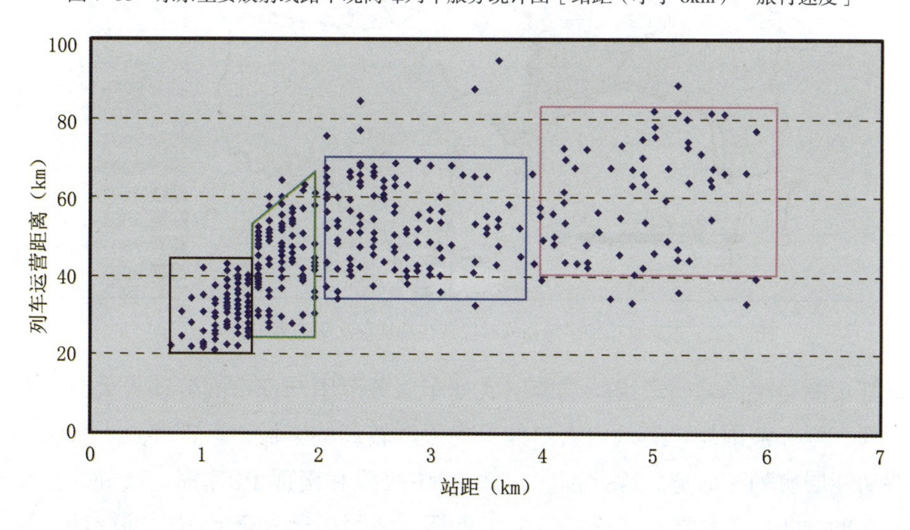

图 7-34　东京主要放射线路早晚高峰列车服务统计图［站距（小于 6km）—列车运营距离］

东京都市圈放射线运营列车服务功能层次分析　　表 7-10

列车等级	标　识	停站间距（km）	旅行速度（km/h）	运营距离（km）
N 普速		小于 1.5	25~35	20~40
M 准快		1.5~2	30~45	30~50
K 快速		2~4	35~55	35~70
Z 准特		4~6	50~65	40~80
T 特快		6~13	50~80	60~90

东京都市圈早晚高峰时段特快功能层次列车服务，主要联系东京区部和京滨工业带、多摩、八王子、川越、大宫、筑波新城、成田空港等重要节点，提供都市圈范围至西南和东北主要客流带的快速业务或返程服务，其中南北方向列车均可直接联系都市圈以外的重要城市；其他方向的特快列车服务范围基本位于东京都市圈通勤范围以内，如图 7-35 所示。

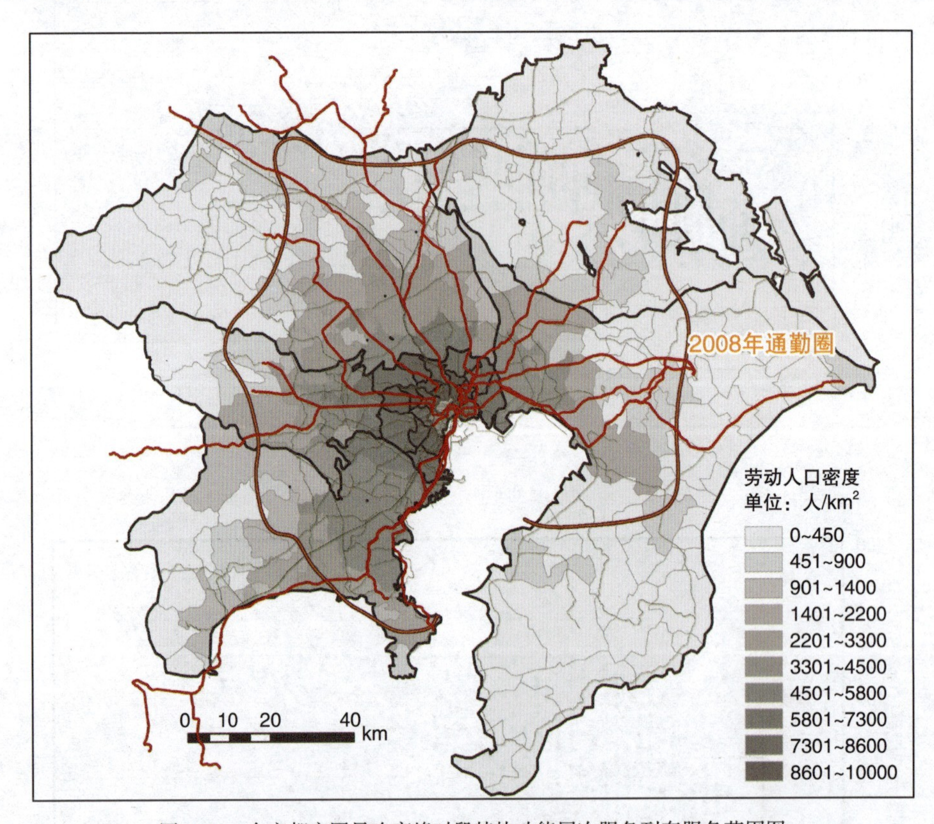

图 7-35　东京都市圈早晚高峰时段特快功能层次服务列车服务范围图

东京都市圈早晚高峰时段准特功能层次列车服务范围与都市圈劳动力人口分布情况紧密联系，列车服务范围均是劳动力人口的聚集程度较高的区域，区部终点大多为山手线枢纽。准特功能层次列车服务，除北部、西部 JR 中央线和南部 JR 东海道线外，几乎全部位于距都心 30km 的人口主要聚集地，其中东京都市圈西南部和千叶方向准特功能层次列车服务与特快功能层次列车服务相比服务范围明显增加（图 7-36），此层次在服务快速业务出行的同时兼顾沿线至区部的快速通勤或返程服务。

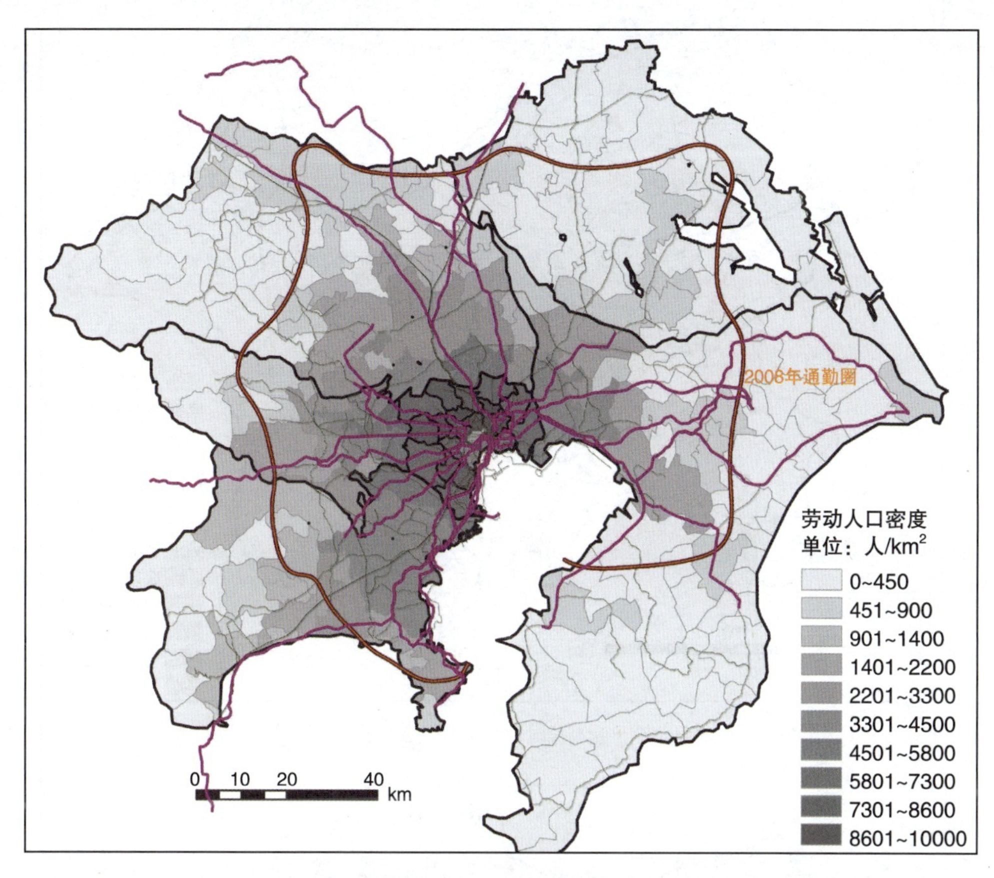

图 7–36 东京都市圈早晚高峰时段准特功能层次服务列车服务范围图

东京都市圈早晚高峰时段快速功能层次列车服务范围基本位于通勤范围内，列车服务范围基本与区部外围劳动力人口的聚集地相互匹配，放射线列车除 3 条直接进入中心区外其他线路需与在 JR 山手线换乘（图 7–37）。准快功能层次列车服务与快速功能层次列车服务相比更侧重都市圈通勤圈内部区域（图 7–38）：首先，都市圈内部主要劳动力聚集地服务网络加密；其次，几乎所有列车均通过地铁线路进入中心区，以服务沿线特别是距都心 15~40km 区域至区部巨大的通勤通学客流，避免乘客过度于 JR 山手线枢纽换乘造成拥挤。

东京都市圈早晚高峰普速功能层次列车服务范围基本位于距都心 30km 的范围内，其中绝大部分位于距都心 15km 的范围内，另外一部分基本服务至 30km 区域（图 7–39）。距都心 15km 内，普速功能层次服务网络密集，列车运营速度低，通过低速高频率的运营提供大运量的运输服务，主要以密集的地铁网络和区部私铁线路所提供；距都心 15~30km 范围内，普速功能层次服务主要分布在都市圈西南部、西北部、京滨工业带和千叶等主要人口聚集地，满足这些区域至区部大量的通勤通学和日常生活出行需求，主要通过私铁放射线路与地铁直通列车提供服务。

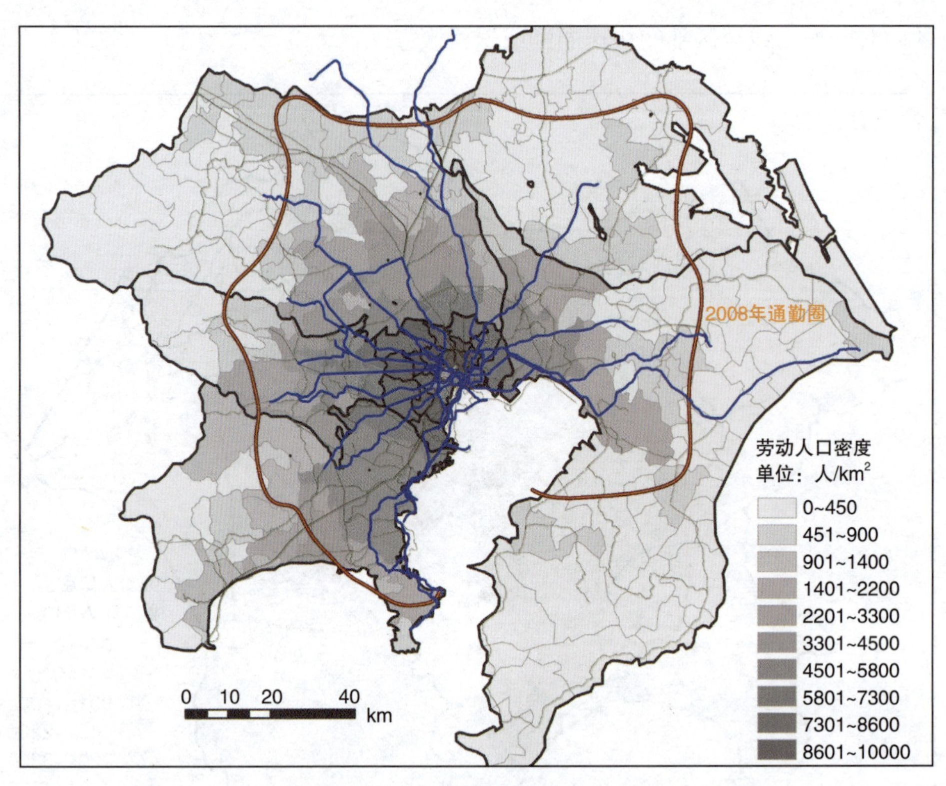

图 7-37 东京都市圈早晚高峰时段快速功能层次服务列车服务范围图

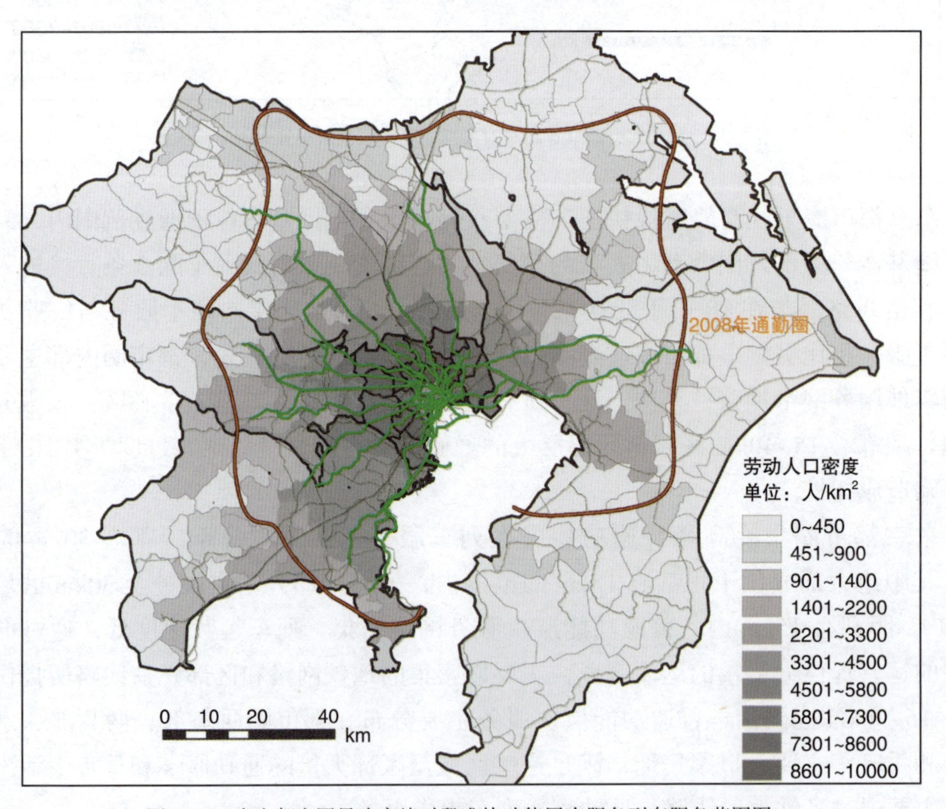

图 7-38 东京都市圈早晚高峰时段准快功能层次服务列车服务范围图

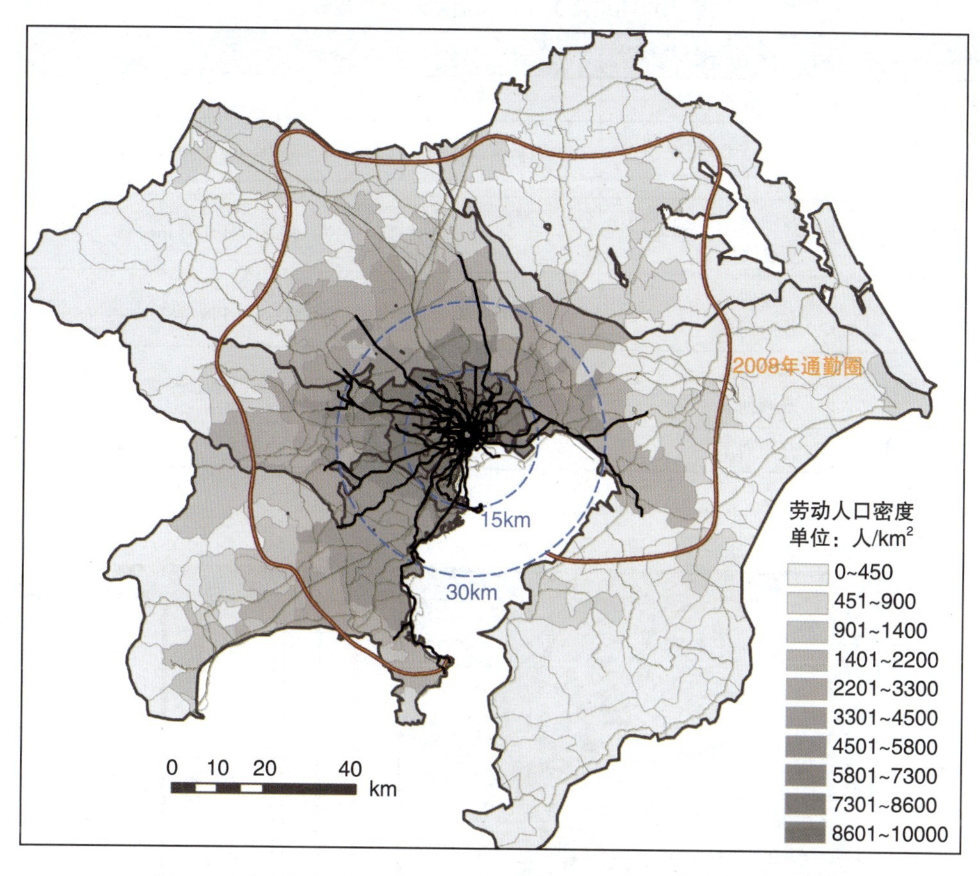

图 7-39　东京都市圈早晚高峰时段主要普速功能层次服务列车服务范围图

二、功能层次实现方式

东京都市圈轨道系统的功能层次，实际是通过多样化的列车运营组织予以实现的，不同类别的列车服务体现的是轨道沿线各种不同层次的交通需求。若客流较大可按不同层次分为多条不同功能的线路，若客流需求较小主要通过同一物理线路的快慢混跑列车运营组织实现，可以系统地认为是不同功能层次服务的叠分。总体上来看，轨道功能层次叠分手法有以下三大类：

（1）若同一交通走廊客流需求大，可分为多层次多条轨道线路。

此情况大多出现在经济繁荣的城市高度建成区，各层次交通需求量均较大，如东京都市圈京滨工业带、千叶县滨海走廊。京滨工业带走廊布置东海道新干线、JR 东海道线、JR 横须贺线、京急本线、东急东横线和东急目黑线 6 条轨道线路，如表 7-11 和图 7-40 所示。此情况在我国部分城市重要的交通走廊也逐渐开始显现，如深圳西部的交通走廊同时存在港深西部快轨（规划）、城际轨道穗莞深城际线（在建）、城市轨道快线 11 号线（在建）、地铁 1 号线（已建）和地铁 10 号线（规划）等。

东京都市圈京滨工业带轨道功能层次叠分表　　表 7-11

功能分层	功能层次	运营列车类别
东海道新干线	新干线列车服务	
JR 东海道线	城际列车 / 快速列车 / 普通列车	普通、快速、特别快速、通勤快速、特急、Home Liner
JR 横须贺线	城际列车 / 快速列车 / 普通列车	普通、快速、特急、Home Liner
京急本线	快速列车 普通列车	无料快特、机场快特、无料特急、机场急行、快特、普通
东急东横线	快速列车 普通列车	急行、通勤特急、特急、普通
东急目黑线	普通列车	普通、急行

注：根据えきから時刻表（http://www.ekikara.jp）列车运营数据统计分析得出。

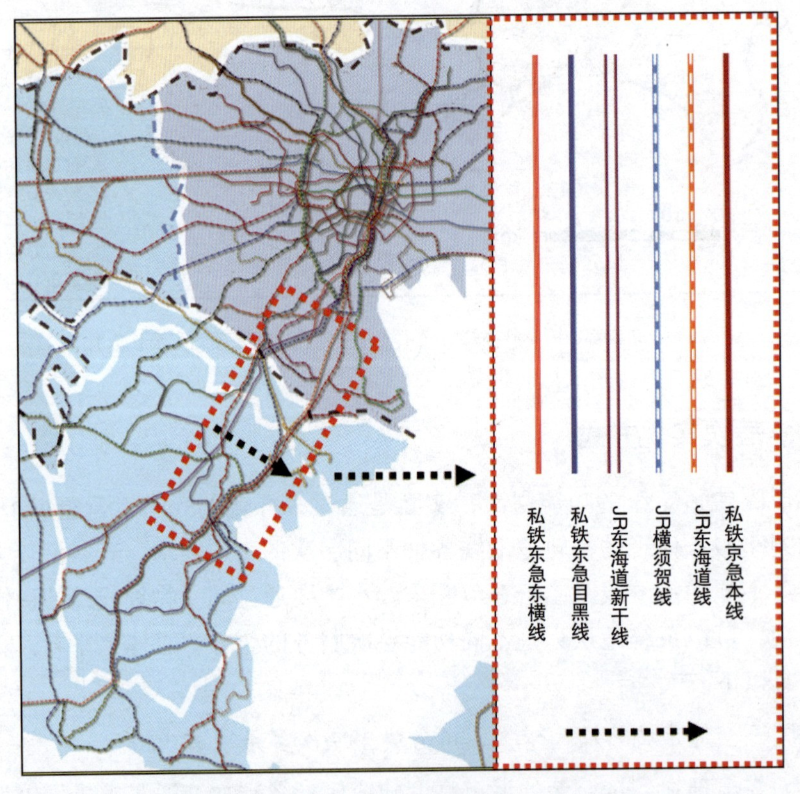

图 7-40　东京都市圈京滨工业带交通走廊不同功能层次线路图

（2）若同一通道客流较大，可分不同层次物理轨道线路运营。

城市部分交通走廊沿线开发强度大，又是主次中心或城际联系的关键纽带，其客流需求大，且存在不同功能层次的客流需求，若另辟通道难度较大，东京一般采用在同一通道上增加物理轨道的方式解决。JR 山手线沿线通道并列布置多条 JR 线路、大船站至横滨站的 JR 东海道线与横须贺线并排设置、常磐线的快速线和缓行线、中央缓行线与中央快线、总武快线和总武缓行线等皆是此类的典型案例。其中，JR 中央线、总武线、常磐线的快速线及其缓行线最具特点，因通勤路段通勤客流、城际及快速客流需求均十分巨大，通勤段线路通过双复线化实现通勤功能和快速功能的分离。图 7–41 表示 JR 中央线、总武线快速线和缓行线共通道布置的具体情况。

图 7–41　JR 中央线、总武线快速线和缓行线共通道布置图
资料来源：维基百科，JR 中央・总武缓行线。

（3）同一线路可合理组织不同功能层次列车服务。

当线路沿线客流需求仍在单条线路可以承受的范围内时，放射轨道可根据沿线客流需求开行不同功能层次的列车服务，实际是同一物理线路上不同服务功能层次的叠加。本类线路既可满足沿线各类需求，又可合理利用通道资源，节约建设和运营成本。东京都市圈郊外以地面铺设方式为主的放射轨道，因易配置站点越行线而极具实施优势，因此本手法是东京都市圈服务功能层次叠加的精华之所在，运用最为广泛。

东京都市圈城市轨道系统服务功能层次实现的前两种手法，实际是不同等级列车服务在不同物理轨道上的分离，第三种手法是不同等级列车服务在同一物理轨道上的叠加，三种手法可相互配合应用，如 JR 中央线通过手法二实现快慢等级列车服务分线运营，同时在快线轨道上通过手法三实现多功能服务层次的叠加。服务功能层次叠加是以旅客服务需求为基本出发点，不局限于轨道线路具体的物理形式，通过灵活的运营手法去实现网络的多层次化，其内在体现的是以“旅客出行需求层次”为主的规划建设理念。

三、案例分析——东武东上线

本小节以东武东上线为案例，按照本著所划分服务功能层次对其进行统计分析。该线路运营列车可分为 4 个层次，缺少 4~6km 停靠站距的准特列车服务，其中特快和普速服务层次相对较为明晰，特快服务层次是实际运营中的特急和快速急行列车，普速服务层次主要是靠近城市中心区的各站停车列车，准快和快速服务层次则存在运营中各类列车中，详情见表 7–12。

东武东上线服务功能层次分析表 表 7–12

列车等级	停站间距（km）	运营速度（km/h）	运营列车类别
N 普速	小于 1.5	25~35	各站停车
M 准快	1.5~2	30~45	各站停车、通勤急行、急行、准急
K 快速	2~4	35~55	各站停车、通勤急行、急行、准急
T 特快	6~13	50~70	特急、快速急行

图 7–42~ 图 7–45 分别表示早高峰和晚高峰东武东上线双向列车运营功能层次。早高峰时段（7：00~9：00），东武东上线双向均以普速和快速层次的列车服务为主，与线路总体早高峰时段的大量交通需求相关，其中区部方向进城段提供普速服务列车的比例较高，表明进城方向该段客流需求更大，须保证线路运输能力，相对而言双向列车服务等级较为集中。晚高峰时段（18：00~21：00），双向列车发车频率明显降低，分别增加特快层次列车服务，在保证线路运输能力的前提下进一步提供更高层次的列车服务。

东京都市圈轨道系统通过服务功能层次的叠分，保证了整个系统功能层次的实现和有序运转，但是并不是任何线路均需将所有的层次包含。这也意味着，当某一服务功能层次的交通需求较小时，可通过其他功能层次列车服务所弥补，在具体的操作之中应不拘于形式，而应以总体客流需求为出发点综合考虑。

四、借鉴应用

随着我国经济的高速发展，城市和区域交通出行需求总量不断上升、需求类别也不断呈现多样化特征，轨道交通也由中心城向市域甚至区域扩散。我国城市轨道交通发展历史较晚，缺少与欧美、日本等发达国家早期修建的市郊铁路相对应的轨道交通线路，无法便捷提供市域乃至都市圈、城市群范围的快速轨道交通服务；同时，城市外围区域与中心城区土地开发强度差别较大，客流相对较小，且存在多样化的功能需求，若以地铁模式修建市域或区域快速轨道，其成本与效益将难以平衡。另外，城市某一客流通道可能同时出现城际轨道和城市轨道等多种需求，受制于城市内部宝贵通道资源的限制，可能无法满足各功能均分线建设的条件；加之，城际轨道与市域快线的功能和服务客流的特征在城市内部存在重叠区域，两者之间存在共通道建设或共轨运行的可能性，因此未来轨道交通线网规划的对象将从单一功能的线路上升为具有一种或多种功能的复合通道。

目前，我国的轨道交通规划一般以单一的服务功能物理线路为规划对象，规划过程中往往会舍去客流水平不能达到建设要求的某一通道或方向上的轨道出行需求，因此无法全面地构建多层次城市轨道系统。通过东京轨道特别是放射轨道建设运营经验分析可以看出，服务功能层次的灵活叠分恰好可以适应多样化的交通需求；同时还可通过对城市外围区域轨道快速功能和普速功能合理搭配，使客流量不大但存在很强发展需求的地方轨道线路得以建设。因此，将不同服务功能叠加，可能是我国未来扩大城市轨道网络特别是市域快线网络和提高外围线路实施性的一种有效思路。

对于轨道交通规划而言，轨道交通功能层次是将轨道交通需求转化为网络方案的重

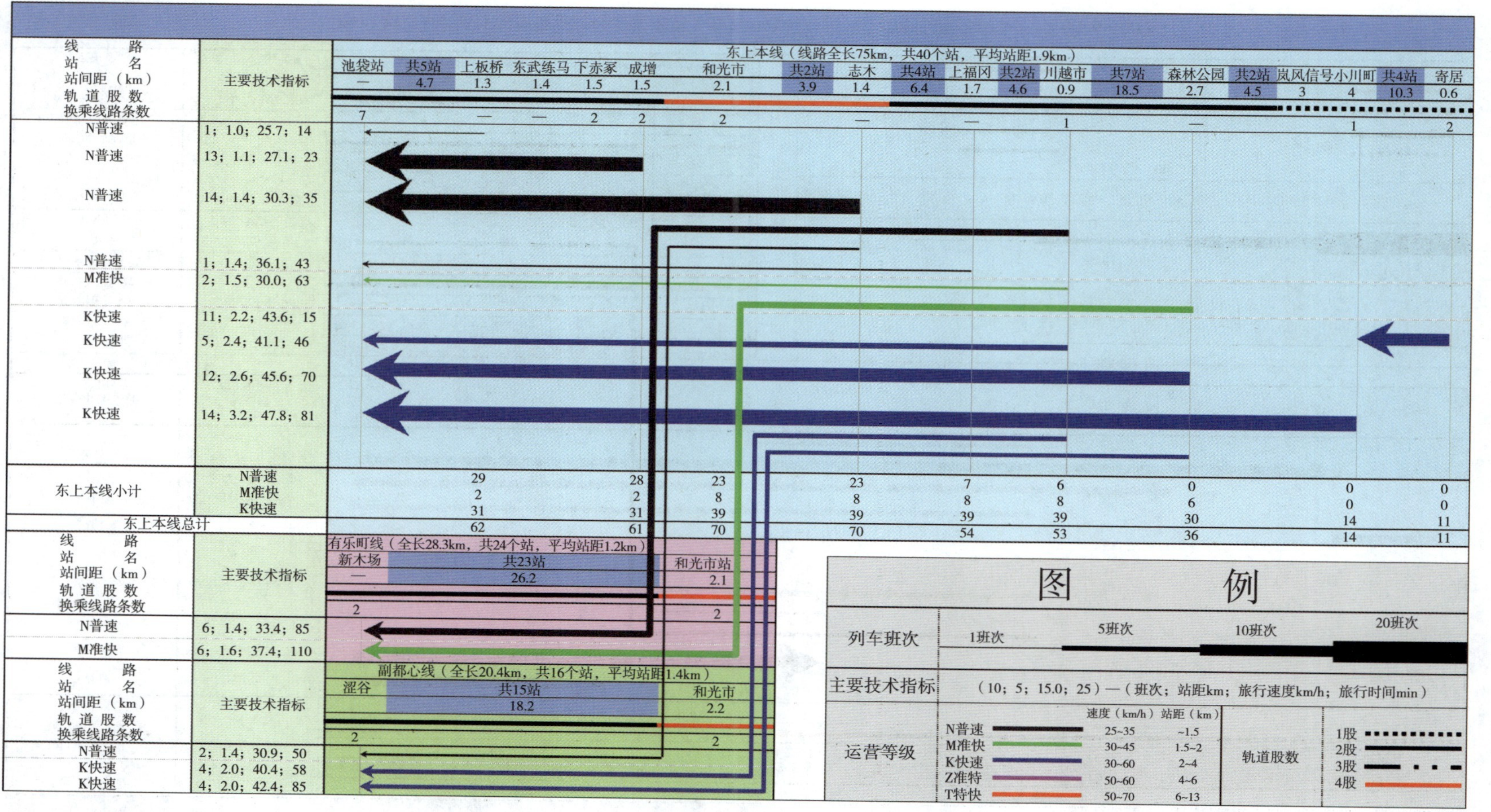

图 7-42　东武东上线进区部（寄居至池袋）方向早高峰时段列车功能层次分析表（7：00~9：00）

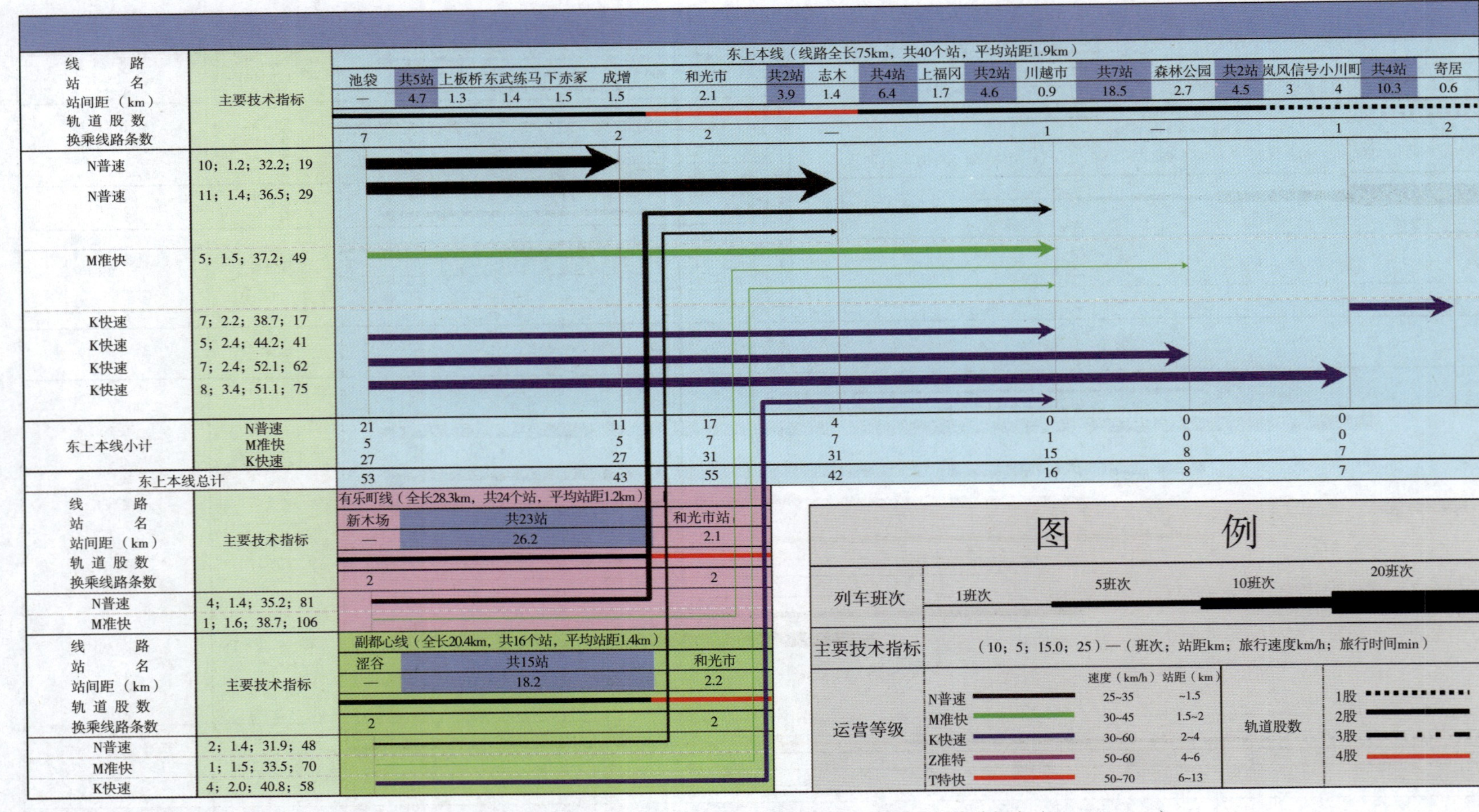

图 7-43 东武东上线出区部（池袋至寄居）方向早高峰时段列车功能层次分析表（7：00~9：00）

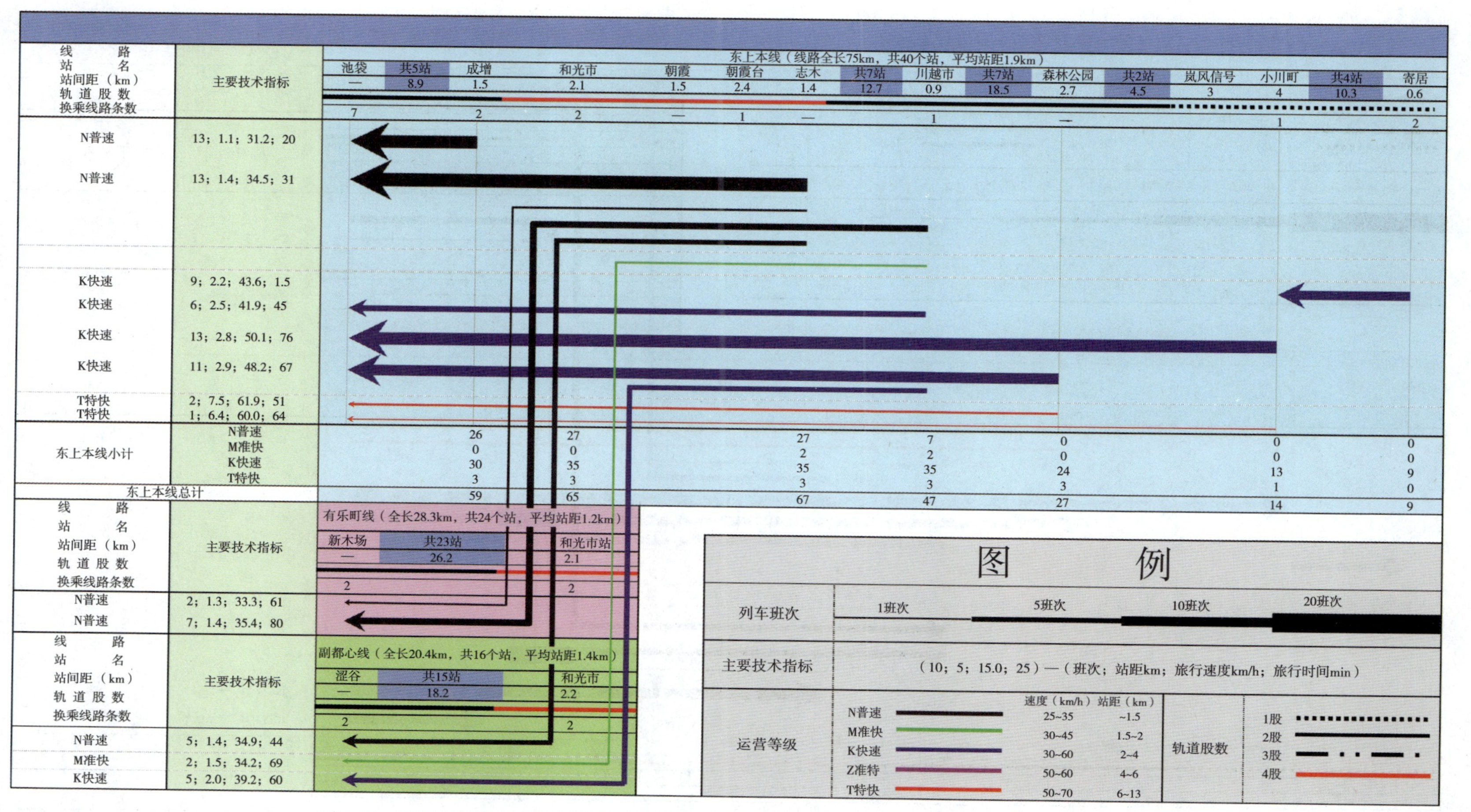

图 7-44　东武东上线进区部（寄居至池袋）方向晚高峰时段列车功能层次分析表（18：00~21：00）

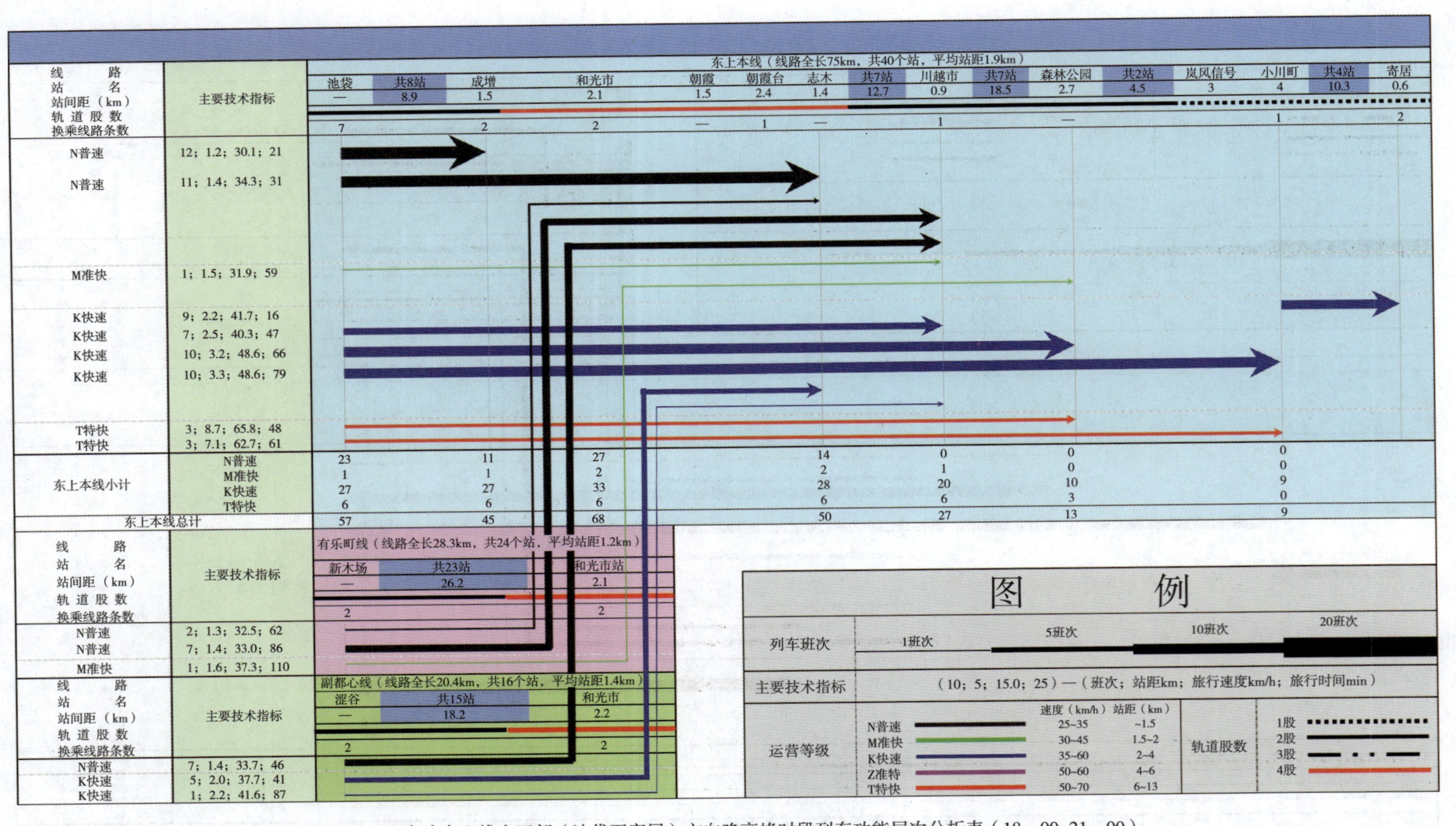

图 7-45　东武东上线出区部（池袋至寄居）方向晚高峰时段列车功能层次分析表（18：00~21：00）

注：上述 4 图全部由えきから時刻表（http://www.ekikara.jp）工作日列车运营数据统计分析而成。

要纽带，也是构筑线网方案的基础。可考虑将东京都市圈轨道交通功能层次的叠分引入我国轨道交通规划之中，即分析各区域对各层次轨道交通的需求，以此为基础分别制定各功能层次的网络方案，最后叠加比选形成整体网络方案，简称为“服务功能层次叠分法”。目前，该规划方法已在《深圳市轨道交通规划》（2007 版）和《深圳市轨道交通规划（2012~2040 年）》中实践应用，效果较好。以下简要介绍服务功能层次叠分法的基本思路和操作步骤。

1. 规划方法初步构想

轨道交通规划“服务功能层次叠分法”流程如图 7-46 所示，具体步骤如下：

（1）根据城市在城市群、都市圈中的定位及所处发展阶段引申出的城市发展目标，结合轨道交通发展理念与某一运行层次功能定位，提出该运行功能层次线路发展目标及策略。

（2）在分析相应区域城市客运交通的基础上，以可达性、覆盖范围为目标，提出该服务功能层次线路的速度目标值、站间距等特征值。

（3）根据该服务功能层次的站点辐射范围划分交通分区，将相邻分区质心相连得到虚拟网，并以该服务功能层次的机动化出行 OD 矩阵对虚拟网进行配流，根据虚拟网配流的结果，得到该运行功能层次网络控制形态及运能要求。

（4）通过该服务功能层次客流集散点、通道分析，结合速度目标值、站间距要求及网络控制形态及运能要求，得到该服务功能层次线路网络初始方案。

（5）针对其他服务功能层次线路重复操作，得到其他服务功能层次线路网络初始方案。

（6）针对每一通道，考虑通道条件、运营组织难度、各服务功能层次运能要求、覆盖范围、土地资源、环保等因素，结合不同区域网络规模、密度分析确定不同服务功能层次线路分离或组合（共轨或共通道）的设置，最终形成网络初步方案。

（7）客流测试、方案评价及调整、形成推荐网络方案。

2. 方法特点

（1）突出服务功能层次重要意义。功能层次是联系规划理念与方案的纽带，须针对每一功能层次进行初始方案规划，并将速度目标值、站间距等指标作为方案不可分割的一部分，然后将各功能层次初始方案进行组合，得到整体网络方案。

（2）考虑线路列车运行方式。在组合不同功能层次初始方案时，在满足功能、运能等前提下，充分考虑不同功能层次线路共轨、共同道、支线运行等方式，使网络方案更紧凑、更经济合理。

（3）体现以轨道交通为主导的交通一体化的理念，如分析轨道交通与其他客运交通方式的竞争优势，得出不同层次的速度要求、站间距等指标。

（4）以某一功能层次的机动化出行 OD 矩阵对相应虚拟网进行配流，得到该功能层次网络控制形态，与以往通过定性分析得到网络形态相比，更精确可靠。

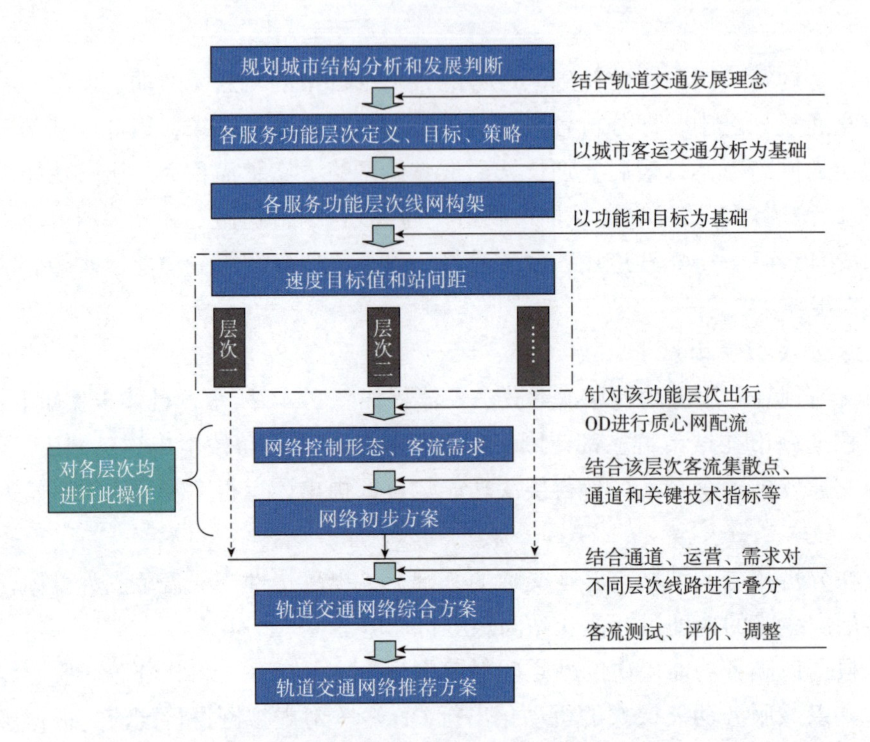

图 7–46 轨道交通规划“服务功能层次叠分法”流程图

注：1. “质心网”指以通道的可行性为原则，将相邻交通小区内城市建成区建筑质心点以直线相连，形成一张基于城市实际交通状况的空间网络，称为质心网。

2. “质心网配流”指通过交通预测分配技术将交通出行分布在质心网络上，本方法的主要目的是找出城市客运的主流向和客流走廊。

第七节 结　　语

本章系统、详细地分析了东京都市圈放射性轨道线路快慢混跑和直通运转的背景、运营方式及其优缺点，深入探究了东京都市圈轨道交通系统服务功能层次的内涵，并结合国内轨道交通规划情况，提出了轨网规划新方法的具体思路和操作步骤。目前，我国既有的站站停靠、独立轨道运营模式已不能适应城市不断扩张的要求，如何合理构建市域甚至更大范围轨道网络系统、以适应不同区域多层次的轨道客流需求，成为当前轨道发展所面临的重大问题。笔者通过上述分析，抛砖引玉，提出几点看法。

（1）放射性轨道线路应尽可能实现直达中心区的功能。

东京新建大量地铁与放射轨道直通运转，目的是解决因大量私铁旅客在山手线枢纽换乘有轨电车抵达就业中心而造成的拥挤问题。这说明随着城市扩张，外围将产生大量直达中心区的客流需求，规划上应尽可能将此类放射线路直接引入中心区，以避免人为制造换乘压力，并提高旅客舒适度。若是当前条件不具备，也应预留未来线路延伸或列车直通进入中心区的条件，以适应未来可能的需求变化。

（2）直通运转虽存在不少缺点，但也不失为一种平衡各方利益的折中方式。

其一，直通运转必须提前精细谋划、合理预留，实现线路技术标准的统一，否则极易造成资源的浪费或者根本无法实现直通；其二，直通运转实际是将两条不同的线路作为一条线路处理，但两者各自运量、发车间隔存在一定差异，直通运转时必将增大行车组织的复杂程度和协调管理难度；其三，直通运转容易造成线路列车严重超员和晚点问题，同时一条线路列车晚点会波及直通相关线路；其四，不同主体之间存在管理差异，对于突发性事故的处理可能会存在一定权责等问题，因此需政府层面投入更多精力加大监管力度。尽管如此，只有直通运转是一种东京轨道交通建设运营各主体均能接受的现实方式，而且东京都市圈未来仍然准备进一步加大直通力度，计划实现筑波快线、西武新宿线与区部地铁线路直通以减少乘客换乘，满足沿线旅客至东京中心区的出行需求。

对于国内城市而言，我们应在源头上减少此类情况，如将放射性轨道功能规划完整，避免以不同业主的线路间换乘来实现进入中心区的功能。但是随着城市的不断发展，将不可避免地出现不同业主间的协调问题，如城际轨道与市域快线的衔接等。由于城市内部通道资源有限，且地方政府倾向于保护市域快线建设运营权，以致城际轨道难以直接进入城市中心。理论上，采用与市域轨道快线直通运转的模式，既可保证地方政府对市域快线的建设运营权，又可节约国家投资，且方便旅客出行，不失为一种理想的折中方案，但是受制于当前体制，其实现存在较大困难，此点仍需国内管理者和学者进一步探索。

（3）快慢混跑等灵活的列车运营组织将是大都市轨道交通不可避免的选择。

随着大城市的进一步发展，在同一交通走廊上必然出现特征截然不同的出行需求。有的出行距离长、速度要求快，但由于总量较小且全天分布均匀，可以较低频率班次满足；有的出行距离短，速度要求不高，但其总量较大，且往往有明显的高峰时段，需较高频率的班次满足。上述需求往往难以各自支持一条独立线路的建设运营，因此采用灵活运营组织方式来满足不同客流需求将成为趋势。东京都市圈放射性轨道线路大面积快慢混跑的列车运营组织充分说明了这一点。

我国城市轨道交通基本以站站停靠列车运营方式为主，但随着城市不断扩大，已显示出难于满足多层次、多种类出行需求的问题。目前，业内对于快慢混跑等灵活运营组织主要存在以下疑问：一是运营难度大，风险提高；二是工程投资增加，尤其是地下区段；三是运输能力较站站停靠小。实际上，若认识到满足城市发展和旅客不同交通需求是建设运营轨道交通的最终目的时，在以高架为主的放射性轨道线路上、客流需求相对较小的区段和时段中采用灵活的运营方式是一种综合效益最佳的选择。否则，以单一的列车运营方式为主的轨道交通系统难以适应城市和交通的发展。

（4）放射性轨道在中心城外可适当设置越行站组织快速列车服务。

放射轨道中心区段存在客流密集、换乘节点多、建设成本高的特点，轨道线路若无其他考虑，原则上不设置越行站。中心区外大多建设密度不高，一般具有断面客流小、建设土地成本低的特征，设置越行站的可行性高，为保证线路的运输效率可借鉴东京经验，结合线路中心区以外沿线城市发展情况，设置越行站点组织快速列车，高峰降速增运能、平峰提速提高外围至中心区的可达性。

第八章　新城与轨道交通发展

二战后，东京都市圈经济飞速发展，城市住房问题越来越严重，政府和企业大力建造郊区新城为新迁入者提供住宅及相关生活设施，其中典型新城如多摩新城、田园都市和千叶新城等；同时为缓解区部的压力，日本决定将国家级科研教育机关搬迁至远郊建设筑波科学城。上述四大新城在都市圈中的区位，如图 8-1 所示。日本新城建设过程中，开发者有效利用轨道交通这一高效的手段促进新城发展，并实现新城和轨道建设运营的协调发展，其中最为成功的案例是东急电铁主导建设开发的多摩田园都市新城。

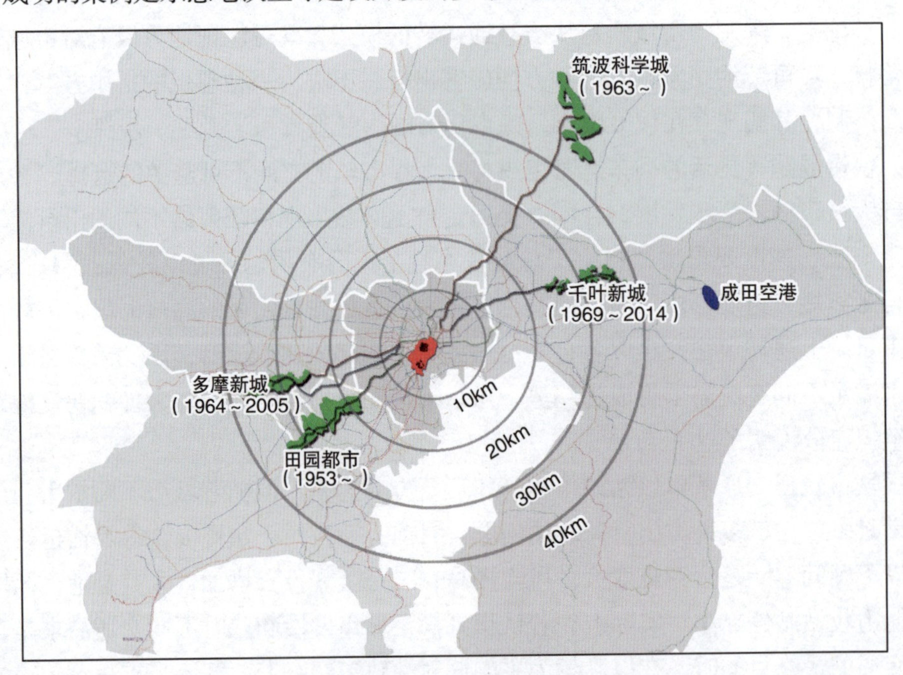

图 8-1　东京都市圈四大新城区位图

第一节　多 摩 新 城

多摩新城由 UR 都市机构[1]（住宅都市建设公团）、东京都政府和东京住宅供给公社等公共机构主导开发建设。多摩新城位于东京区部以西的多摩丘陵地带，横跨稻城、多摩、

[1] 全称“独立行政法人 都市再生机构”，是日本国土交通省直属管辖的独立行政法人。其主要职能为城市区域再开发，以及为城市居民提供租借房屋服务。

八王子、町田四市；距区部东京站25~35km，东西长约15km，南北长约5km，规划总面积约28.84km^2，规划人口28.59万。目前，多摩新城是日本由政府主导的最大新城之一，现状人口约20万且仍处于上升阶段。多摩新城涉及京王相模原线、小田急多摩线、多摩单轨线3条轨道线路，其中京王相模原线和小田急多摩线于新城区域共设8站（图8-2），2008年新城内轨道站点日均客流量43.8万人次，由新宿副都心地区乘坐轨道至多摩中心站约40min。

图8-2　多摩新城与轨道站点位置关系图

一、发展背景

20世纪60年代，随着区部就业岗位的集中，住房短缺情况日益严重，公营住宅公社在区部难以获得土地进行住宅开发供给。此时，多摩区域高尔夫球场和小规模住宅区的无序建设，使得该区域的城市建设处于混乱状态，很明显将会对未来城市发展造成严重的阻碍。出于防止混乱开发蔓延和解决区部就业者住房问题的目的，政府开始考虑在此进行大规模具有良好居住环境住宅区的建设。

多摩新城的原型是东京都政府南多摩地区住宅开发建设计划（1960~1961年），该计划以多摩村、稻城村为中心构建一个能容纳15万人左右、占地约16km^{2}的集体住宅区。1964年，日本建设省、东京都都市整备局与日本住宅公团共同组建了“南多摩综合城市计划策定委员会”，该委员会以起草的《南多摩》报告作为多摩新城开发计划的基本框架，计划把横跨稻城町、多摩村、町田市、由木村4个市町村约30km^{2}的土地以及大半的多摩丘陵区域作为《新住宅市街地开发法》[1]所规定的项目对象进行开发建设。

1964年5月，东京都政府正式颁布了多摩新城建设的基本指导方法——南多摩新都市计划相关的基本方针。同年6月，为配合新城建设，小田急多摩线与京王相模原线建设权获批；同年9月，新城涉及的地方政府（多摩町、八王子市、町田市和稻城町）全部同意

[1] 1963年日本政府颁布《新住宅市街地开发法》作为促进大规模开发的依据。凭借该法律，政府相关部门在大城市周边地区进行公共事业土地开发时，就可通过全面收购的方式取得土地征用权，即政府和相关机构一旦决定了开发地区，即使土地拥有者不愿意出售土地，国家也能强制性地从拥有者手中取得土地所有权和使用权。

新城建设开发项目，并于10月在“东京都城市计画地方审议会”上作出关于城市计划决定的最终决议；1965年12月，建设省批准多摩新城项目。

二、新城建设

多摩新城通过新住宅市街地开发[1]（开发主体为UR都市机构、东京都、东京住宅供给公社）和以既存城镇地区为中心进行的8个土地区画整理事业[2][开发主体为UR都市机构、东京都、多部门或企业的组合（简称组合）]的形式进行全面开发建设，详情见图8-3和表8-1。多摩新城约80%的土地由东京都、UR都市机构、东京都公社等采用新住宅市街开发模式主导开发。

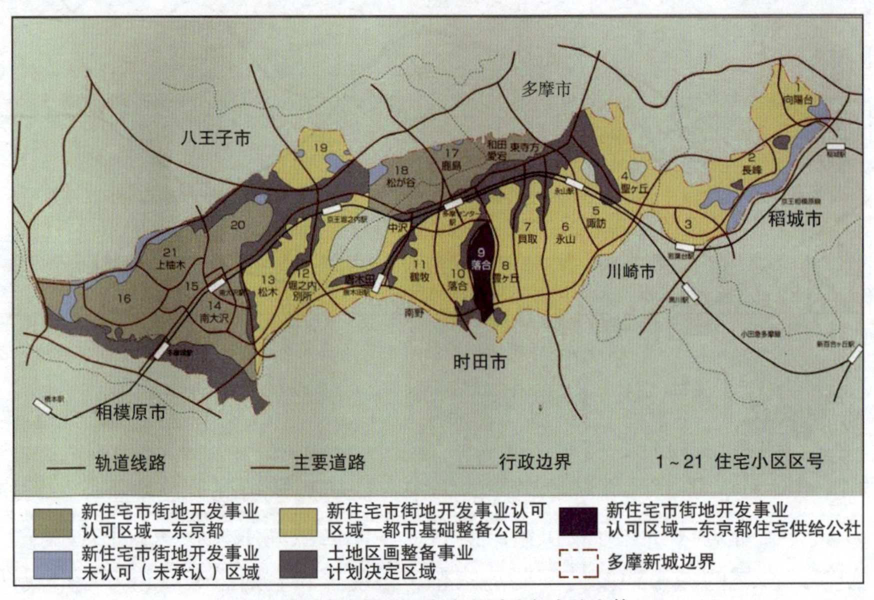

图8-3 多摩新城开发事业手法与实施主体

资料来源：UR都市机构官网主页，多摩新城概要。

多摩新城开发事业及其开发主体 表8-1

开发事业		建设主体
都市基础整备	新住宅市街地事业 （宅地造成、公园、绿地整备、道路整备等）	东京都、UR都市机构、东京都住宅供给公社
	土地区画整理事业 （宅地造成、道路整备等）	东京都、UR都市机构、市、组合
	关联公共设施整备 （道路整备、河川改修、公园整备、流域下水道整备等）	东京都

[1] 由公共部门利用土地征用权全面收购土地进行住宅开发的模式。

[2] 土地区画整理是在城市规划决定的实施土地区画整理的地区内，遵照“对应原则”（对应原则是对应土地区画整理之前的宅地的位置、面积、土质、水利、利用状况、环境条件等因素，决定土地区画整理后的宅地）将私有的杂乱不规整的用地进行有规划的重新区划，通过土地所有者的一定的土地出让，取得所需的公共设施用地，以此达到建设、完善公共设施（包括道路、公园绿地、排水等）和提高宅地利用率的目的，并利用项目实施后地价升值带来的收益来平衡道路及公共设施建设费用。

续上表

开发事业		建设主体
都市生活环境设施整备	关联公益设施整备（小中学校建设、清洁工场建设、火葬场建设等）	关联地方政府
	其他整备（铁道、政府机关设施、医疗建设、商业设施建设等）	关联建设主体
住宅建设	都营住宅、都民住宅建设	东京都
	机构住宅建设	UR 都市机构
	公社住宅、都民住宅等	东京都住宅供给公社
	其他（优先分让、户建住宅、民众集合住宅）	

多摩新城地势平坦，规划机构根据其道路、轨道交通基础设施和河川规划确定了多摩新城的城市骨架结构，如图 8–4 所示。多摩新城与东京区部之间通过 2 条大运量的轨道线路联系，东西向规划 3 条广域的城市道路。多摩新城商业商务设施结合轨道站点布置，其中多摩中心站站点周边集中配置商业商务、娱乐休闲和业务服务等功能设施，打造成为多摩新城核心，其他车站前配置规模不等的商业设施，具体规划如图 8–5 所示。新城以干线道路作为界限、中学校区为基本单位划分为 21 个住宅区。住宅区是设有超市商店、派出所、邮局、诊所等居民公共服务设施齐全的“近邻中心”，原则每个住宅区的规划面积约 100 公顷，可容纳人口 12000~20000 人，配备中学 1 所、小学 2 所。

图 8–4　多摩新城规划城市基本结构
资料来源：UR 都市机构官方网页，多摩新城规划。

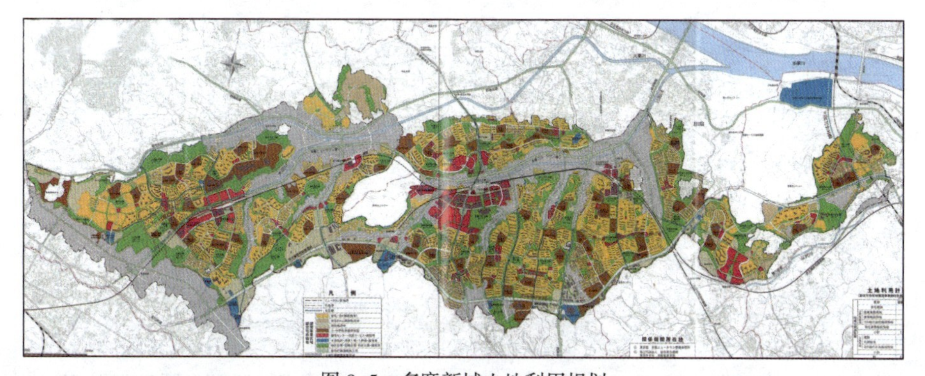

图 8–5　多摩新城土地利用规划
资料来源：UR 都市机构，tama new town—since 1965，2005。

在多摩新城实施之初（收购土地之时），当地居民和政府对其均表示积极支持态度。随着日本住宅公团将不合理的《新住宅市街地开发法》用于强制征收土地，导致居民对于土地价格毫无商讨余地，同时由于没有保障居民生活设施重建的具体措施等，居民逐渐意识到问题的严重性后，由最初对土地收购的反对逐渐扩展为对多摩新城计划的反对。1966年2月，413名土地拥有者联名向多摩町议会提交请愿书，要求将现有的村落与主要农耕用地排除在多摩新城计划之外。多摩町议会通过此提案并决定将现有村落排除在规划对象外，之后分别向东京都知事、东京都议会、日本住宅公团等提出了相关意见书。由于居民和周边政府的强烈要求，东京都被迫重新更改了开发计划，将现有村落排除在外。1971年，新城开业，第一批居民入住；2005年，由都市机构主导的开发项目全部竣工，余下244ha土地被出售给私营企业。

三、轨道建设

鉴于多摩新城开发规模，必须配套轨道交通。计划之初，日本住宅公团委托以东京大学教授八十岛义之助为委员长的“南多摩地区运输计划调查委员会”进行多摩地区的交通规划编制工作。1964年3月，该委员会提交的《多摩新城交通运输计划》着重强调建设与东京都心相连轨道的必要性，提出高效利用小田急电铁与京王帝都电铁原有轨道建设支线延伸至新城的建议。

多摩新城轨道建设，主要是京王相模原线（京王多摩川—桥本）、小田急多摩线（新百合丘—唐木田）建设工程。其中，京王线与都营新宿线于1980年开始相互直通运行，小田急多摩线与地下铁千代田线于2002年开始相互直通运行。同时，多摩新城计划构建基于多摩地区环状多摩都市单轨，2000年开通后使得多摩中心与立川市间车程时间缩短至20min左右。图8-6描述多摩新城沿线开发区域与轨道建设之间的配合关系。

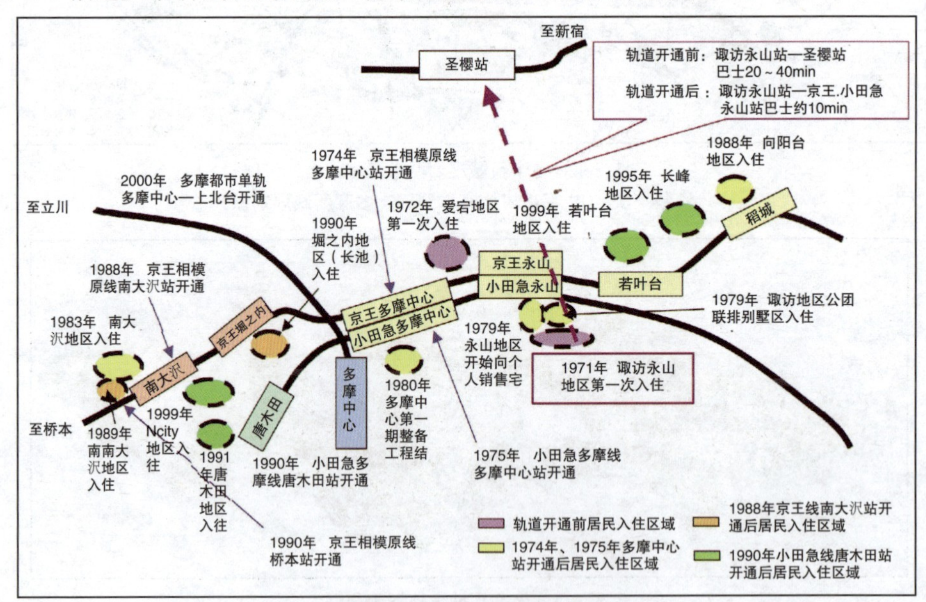

图8-6 多摩新城与其相关轨道建设时序关系

资料来源：国土交通省，都市鉄道整備のあり方—新たな社会的ニーズへの対応—平成14~15年度，2005.3。

在多摩新城轨道建设过程之中，由于多摩新城属于城市发展落后地区，私营企业基于自身效益考虑导致轨道建设步伐缓慢，未能在第一批居民入住前开通。其中私营企业主要关注点如下：

（1）多摩新城处人口稀少地区，轨道线路经营状况无法预计，倘若企业承担全部轨道建设费用，投资收益不合算。

（2）由于多摩新城居民大多于东京区部就业，新城轨道主要承担通勤通学客流运输，因此必须考虑客流高峰期的相应设施或有效应对计划，但高峰时段以外设施利用效率较低。

（3）为与区部地铁直通，建成区内需建设轨道新线，建设成本增加。

由于上述原因，私铁与新城开发主体联合向日本政府提出费用补助要求。为促进新城轨道建设，1972 年 5 月，大藏省、运输省、建设省联合发布了《大都市高速铁道建设补贴措施相关简略文书》，主要补贴措施如下：

（1）成立日本铁道建设公团修建新线，以 25 年为期限分期付款的形式转让给私铁（P 线制度）。国家政府和地方政府共同以财政投资、拨放贷款资金以及利息补助等措施支援铁道建设公团。

（2）要求新城开发主体以基础价格（建设前土地价格，即平均收购价格 + 利息）将轨道用地转让给私铁企业，并承担 50% 的轨道路基施工费用。

该简略文书明确新城轨道建设补助措施及轨道建设中新城开发者责任。1973 年 3 月，小田急、京王两家私铁与铁道建设公团签订协议，由铁道建设公团以“P 线制度”模式建设新城轨道，具体补助情况见表 8-2，从此日本铁道建设公团主导的私营轨道建设模式得以推广。小田急多摩线于 1974 年 6 月开通至永山站，1975 年 4 月开通至多摩中心；京王相模原线于 1974 年 10 月开通至多摩中心，居民此时可直接乘坐轨道交通抵达东京区部（原新城居民需乘公交至京王线圣绩樱丘站换乘京王线至东京区部）。

多摩新城内新建轨道补助统计 表 8-2

<table>
<tr><td colspan="4">【小田急多摩线】</td></tr>
<tr><td>利息补助区间</td><td colspan="2">新百合丘—多摩中心</td><td>9.1km</td></tr>
<tr><td>开发者承担区间</td><td colspan="2">黑川站—多摩中心</td><td>5.6km</td></tr>
<tr><td rowspan="3">开发者承担区间的事业费</td><td colspan="2">总 计</td><td>1801.3 亿日元</td></tr>
<tr><td rowspan="2">其中</td><td>开发者设站负担</td><td>554.4 亿日元</td></tr>
<tr><td>小田急</td><td>1246.9 亿日元</td></tr>
<tr><td colspan="4">【京王相模原线】</td></tr>
<tr><td>利息补助区间</td><td colspan="2">京王游园地—京王多摩中心</td><td>9.8km</td></tr>
<tr><td>开发者承担区间</td><td colspan="2">稻城—多摩中心</td><td>8.2km</td></tr>
<tr><td rowspan="3">开发者承担区间的事业费</td><td colspan="3">总 计 2382.9 亿元
（主线路 1672.6 亿日元，车库 710.3 亿日元）</td></tr>
<tr><td rowspan="2">其中</td><td>开发者</td><td>1119.2 亿日元</td></tr>
<tr><td>京王</td><td>1263.7 亿日元</td></tr>
</table>

资料来源：大和総研株式会社，東京圏における鉄道と都市の発展，2010，5。

四、效果与问题

目前，多摩新城的多摩中心、南大泽、永山、堀之内等区域依然缺乏活力，其商业、商务功能聚集发展缓慢，区域发展远不能达到规划目标；新城周边区域商业据点不断兴起，新城发展具有停滞不前的倾向；居民对于高生活水平的需求欲望无法得到满足，反过来进一步影响新城内商业和就业的顺利发展。同时，新城居民结构较单一，随着老龄化趋势加剧和年轻人搬出倾向的影响，目前空置率高达 20%。

多摩新城因跨越 4 个市行政区域，各市建设涉及利益和开发时序不尽相同，因此各地方政府对于多摩新城的态度和做法存在较大差异。其中，1971 年多摩市开始建设，而 1987 年稻城市才开始建设。

多摩新城通过灵活利用私营轨道线路与东京区部直接联系，新城轨道建设通过享受日本政府的补助得以实施，多摩新城轨道建设引导土地开发模式给之后“日本式郊区城市化”发展起到较好示范作用。

第二节　多摩田园都市

多摩田园都市是指东急田园都市线中央林间站至梶谷站段沿线开发区域，是日本民间主体为主开发的最大规模新城，由私营轨道企业东京急行电铁主导开发建设。多摩田园都市横跨川崎、横滨、町田、大和 4 市的多摩丘陵地区，距区部东京站 15~35km，占地约 50km^2，2008 年人口约 59 万。东急多摩田园都市和田园都市线一体化建设开发，共涉及田园都市线 17 个轨道站点，如图 8-7 所示。2008 年，多摩田园都市内田园都市线轨道站点日均进出站客流量总计约 90 万人次，田园都市中心多摩广场站至东京都心水天宫前站最快列车服务约 40min。此外，田园都市区域可通过 JR 横滨线和横滨市营地下铁与横滨市紧密联系。

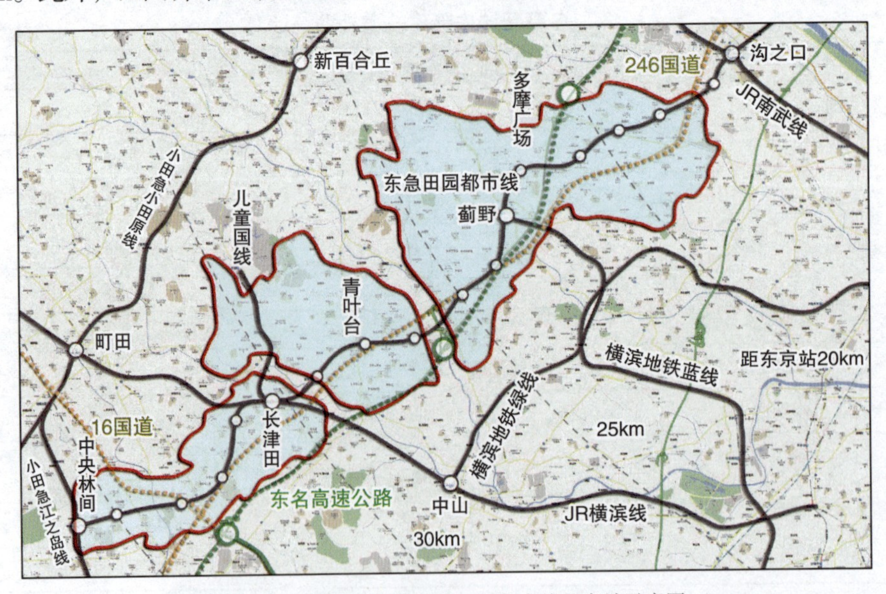

图 8-7　多摩田园都市新城田园都市线的车站示意图

一、发展背景

二战后，经济高速发展和城市人口的过快增长，对于私营房地产企业来说是个极好的发展机会。东急多摩田园都市倡导者东急电铁会长五岛庆太主张主动抓住不动产（特别是房地产）市场急速发展时机，积极应对消费者对生活环境和质量的要求，以土地开发为契机努力发展不动产事业。多摩田园都市构想始于1953年五岛庆太发表的《城西南地区开发趣意意见书》，该意见书计划开发神奈川县东北部丘陵地带（当时居住人口约2万），构想打造一个13~17km^{2}的“第二个东京市”，目前田园都市新城面积为该意见书计划面积的3倍。

田园都市按照霍华德倡导的“田园都市（Garden City）”模型所构建，旨在为中心区就业者提供良好的郊外居住环境，并通过轨道交通以确保新城与中心区之间通勤通学的便利性。田园都市本质与霍华德提倡的实现城市机能自主独立的“田园都市”不同，实际是属于中心区的附属品——卧城。

田园都市位于《第一次首都圈基本计划》禁止开发的“绿带”区域，当时城市与轨道一体化建设的田园都市构想等一系列的新城建设对东京城市规划和城市结构形成产生了巨大影响。因此，1965年《首都圈建设整备法》放弃实施“绿带”设想，将“近郊地带”改名为“近郊整备建设地带”。

二、新城建设

多摩田园都市与多摩新城不同，由私营轨道企业主导，通过不涉及土地所有权转让的土地区画整理事业❶方式进行建设。具体而言，田园都市的城市开发与轨道新线（东急田园都市线）的建设完全一体化，由东急电铁承担共同施工引起的所有土地区画整理事业和所有相应风险。“东急田园都市模式”目的在于追求规划新城整体效益和土地利用价值的最大化。

多摩田园都市最初是由东急全面收购土地的方式进行开发建设，后经过多方讨论决定以“土地区画整理事业”形式开展；然而实施中由于各地不熟悉土地区画整理事业、开发投资所需垫付款项金额巨大、充当轨道建设事业费的保留地❶不能确定是否按计划执行等诸多原因影响，田园都市最终采取周边土地拥有者以保留地形式一次性给予东急并由东急提供建设资金统一代办的方式进行建设。

最终，东急和周边区域共同成立了以东急为主导的土地区画整理事业合作社进行开发建设，完全按照新城开发与轨道建设一体化和统一代办方针开展，即把由合作社施工筹划引起的土地区画整理事业项目全部交由东急电铁统一代办。1959年，东急在川崎市野川地区开始进行开发，1966年田园都市线沟之口站—长津田站段线路开通，同时居民正式开始入住田园都市；随后，长津田以西地区轨道线路根据新城开发进度延伸；20世纪80

❶ 土地所有者提供的土地中用来出售以充当工程项目费用的一部分土地。

年代，田园都市线全线开通后住宅区域开始向西部发展。

东急结合轨道实际建设开通情况，合理营销房产，稳步吸引居住人口。截至2010年，东急先后出售独立住宅约19000间、集体住宅（公寓）约6000间；同时东急还致力于提高城市环境和公共基础设施建设，注重轨道站点广场建设和与其他交通方式之间的接驳设施建设。东急电铁分别于1978年、1982年、1992年在开发强度较高的鹭沼、多摩广场、青叶台车站建设商业设施承担地区核心功能，同时经营由住宅开发派生出的商业。东急田园都市多摩广场如图8-8所示。

图8-8　东急田园都市多摩广场
资料来源：东急电铁，“东急多摩田园都市”宣传手册。

三、轨道建设

东急田园都市线是联系多摩田园都市和东京区部间最主要的交通工具，对支撑田园都市的发展起着极其重要的作用，其以东京区部繁华地段的涩谷站为始发站、途经田园都市、最终抵达中央林间站，主要服务两地之间的通勤通学客流。1960年，东急获得田园都市线修建许可后，考虑新城建设情况及合作社的意向，选取能贯穿或临近开发区域的线站位，并且与新城建设同步推进，全线全部于1984年开通运营。田园都市线沟之口至长津田段（约14km）线路工程投资总额107亿日元，其中土地费用29亿日元。田园都市线开通后，随着沿线居住人口的增加，轨道客流也急速上涨，目前已经成为东急电铁中最拥挤的线路，2008年线路客流强高达3.53万人次/（km·日）。

由于私营企业性质无法获得国家和当地政府机构的补助，东急电铁独立承担轨道沿线土地开发和轨道建设费用，但是东急取得了与工程费用价格对等的土地资源，通过开发沿线区域将轨道建设的外部效益内部化，无须政府补贴便可独立开展土地开发和轨道建设。东急田园都市建设模式将轨道建设产生的巨大外部经济利益内部化的方式，对日本此后其他新城的建设产生了巨大的影响，一直被认为是轨道外部效益内部化的典型成功案例。

四、效果与问题

东急田园都市模式中，轨道企业作为城市开发合作伙伴，能给周边相关利益者带来安全感；同时，通过轨道交通规划建设引导周边城市开发。在新城范围内，站点周边土地的合理开发促使轨道客流的增长，同时人流的聚集开创了多样的新兴事业。东急私营企业特色明显，相对于公共部门而言，具有决策速度快、挑战新兴事业意愿强等鲜明特点，因此在新城和轨道一体化建设推进过程中积极性高、经济效益显著，建设过程中主要有以下特色：

（1）新城开发全过程中轨道与城市建设一体化推进，结合土地利用的实际情况适当延伸。

（2）新城组成单元功能完善，即使开发区域尚未整体完成，城市机能也能正常运行。

（3）东急代理一切业务并开展土地区画整理事业，首先便进行生活便利设施与城市基础设施的建设。

目前，田园都市新城中大部分地区已成为东京郊外的高级住宅区，居民人口已超出规划，城市无秩序扩展现象仍在持续。虽然部分企业、大学在轨道沿线设置研究所、分校，但并未将公司总部或大学本部迁移至此，无法真正实现居住者的本地就业，反而导致早高峰至涩谷方向的巨大向心通勤客流。同时，由于新城存在着同期建设并同期入住的现象，居民年龄结构不均衡，目前人口老龄化问题严重。

目前，东急正寻求未来50年发展之路，希望从传统出售房产、保留地及股票等形式为主的开发型模式转换成流通型商业模式，通过进一步有效挖掘土地资源效益、加强土地租赁业务功能等措施促进大型购物中心发展。同时，东急也致力于实施各种应对政策以提升新城发展潜能，如：通过提供新潮的高级出租公寓吸引年轻人入住，通过回购措施鼓励高龄住户的搬迁，发展具有特色和活力的商业设施建设等。

第三节　千叶新城

千叶新城由千叶县政府主导，经千叶县企业厅和UR都市机构共同建设开发。千叶新城位于千叶县北部的北总地区，跨越千叶县西北部3市（白井市、船桥市、印西市）。千叶新城南距千叶市约20km，西距东京都心25~40km，东距成田国际机场15~30km，东西长约18km、南北宽约3km，占地19.33km^2，现居住人口90684人（2011年3月）。千叶新城主要依托北总铁道北总线建设，目前主要涉及北总铁道6个站点，即西白井站、白井站、小室站、千叶新城中央站、印西牧原站和印旛日本医大站，如图8-9所示。2008年，千叶新城北总铁道6站日均上下总客流量3.6万人次，千叶新城中央站至区部东日本桥站最快列车耗时仅30min。

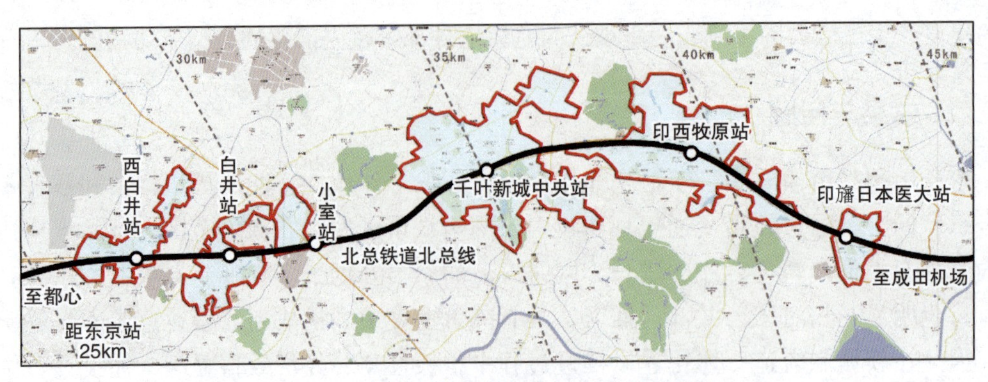

图 8-9　千叶新城与北总线轨道站点位置关系图

一、发展背景

千叶新城以解决东京都市圈城市居民的居住困难为第一建设目的，规划利用其与东京都心、成田空港的距离优势打造一个集居住、工作、上学和休闲娱乐等各种机能于一体的复合城市，希望通过其建设促进北总地区次中心城市的形成。

千叶新城是东京都市圈发展较晚的大型新城，最初规划人口 34 万人，占地约 29.1km^2；之后，随着两次石油危机爆发、泡沫经济的崩溃与及少子化和高龄化的影响，都市圈人口增长逐渐放缓，对于住宅的需求也没有 20 世纪 70 年代迫切，因此千叶新城建成初期入住人口极少，进而导致规划规模被迫不断缩小，见表 8-3。

千叶新城规划变更情况　　表 8-3

时　间	规划面积（km^2）	规划人口（万人）	时　间	规划面积（km^2）	规划人口（万人）
1966 年 5 月	29.12	34.0	2004 年 3 月	19.33	15.3
1986 年 12 月	19.33	17.6	2011 年 3 月	19.33	14.33
1993 年 1 月	19.33	19.4			

注：1988 年以后千叶新城人口增长速度加快，因此 1993 年增加了规划人口。

资料来源：UR 都市机构官方网页，千叶新城概要；谭瑜、叶霞飞，东京新城发展与轨道交通建设的相互关系研究，城市轨道交通研究。

二、新城建设

1966 年千叶县发表千叶新城建设构想，1967 年 2 月开始收购土地，1969 年 5 月获得部分区域的建设许可，同年日本住宅开发公团（现 UR 都市机构）加入，与千叶县共同开发。千叶新城于 1970 年 3 月正式开始建设，采用新住宅市街地开发事业的方式进行，其中千叶县企业厅参照公营企业法中企业进行操作建设，新城建设计划 2014 年 3 月 31 日完成，总投资 11982 亿日元。

千叶新城依托北总线站点（其中千叶新城中央站和印旛日本医大站同时为成田空港列车停靠站点）进行规划建设，主要分为西白井站区、白井站区、小室站区、千叶新城中央站区、印西牧原站区和印旛日本医大站区六大区域。其中：西白井站区 1979 年春与轨道站点同时投入使用，是千叶新城最先投入使用的区域，目前是千叶新城城市发展最为成熟的区域；白井站区 1979 年夏投入使用，聚集了白井市市政所、体育公园、文化中心和市政府，车站周边以住宅为主；小室站区 1979 年春投入使用，目前已入住居民 2200 户；千叶新城中央站区是千叶新城最大的片区，1984 年投入使用，区域内核心区域办公建筑林立，北总地区购物中心千叶新城永旺商城、中央社会保险大学、东京电机大学千叶新城校区、东京基督大学竹中技术研究所等聚集于此；印西牧原站区 20 世纪 90 年代才正式列入千叶新城开发建设，于 1995 年投入使用；印旛日本医大站区是千叶新城最后开发建设的区域，2000 年投入使用。

千叶新城与东京区部相比，自然环境和居住环境优美，新城建设主要分为住宅、公益设施、商业商务、公园绿地和其他都市基础设施建设五大块，具体规划和土地利用信息如图 8-10 和表 8-4 所示。其中，住宅区共计 18 个，每个区以小学校区为基本单位，人口规模控制在 4000~10000 人，主要由千叶县企业厅、UR 都市机构、千叶县住宅供给公社、民间住宅事业者共同开发建设，见表 8-5 和图 8-11；公益设施主要包括小学、中学、幼儿园、保育所、诊所和医院等，原则上每个住宅区配备一个小学，2 个住宅区配备 1 个中学，其他设施在现有的基础上根据实际情况增设；对于商务商业设施，在千叶新城中央站进行大型商务商业功能配置，引进大规模的行政办公、社会文化、商业场所，引导其成为千叶新城的核心区承担北总地区的核心功能，车站和社区周边配套零售商业，此外考虑设置特定的业务设施、公益设施（事务所、研究所、研修设施、大学等教育设施）；对于公园绿地，依托现有农业水系和绿地等自然田园环境打造公园绿地设施。

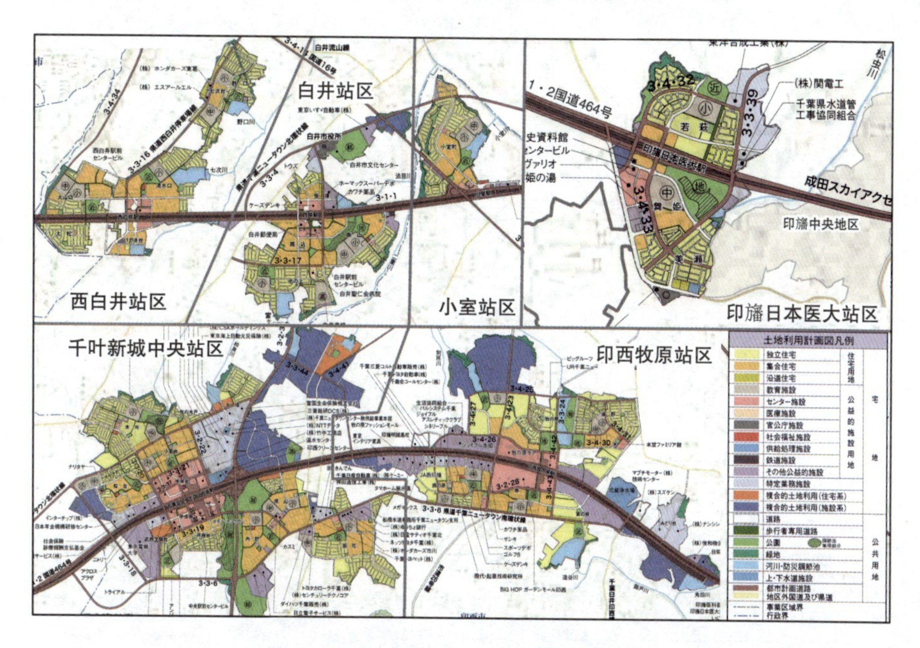

图 8-10　千叶新城土地利用规划图

资料来源：千叶县政府官方网页，千叶新城土地利用规划，2010.11。

千叶新城详细土地利用情况一览表 表 8-4

区分			面积（ha）	比例（%）	备注
宅地	住宅用地		580	30	独立住宅地、集合住宅地
	公益设施用地	教育设施用地	88	4	幼儿园、小学、中学、高等学校
		商业设施用地	80	4	千叶中央区、站前广场、邻里社区
		其他公益设施用地	193	10	保育所、综合中心、大学、邮局、消防署、派出所、医疗设施、铁道等
		小计	361	18	
	特定业务设施用地		79	4	事务所、研究所、研修所
	住宅其他公益设施用地		19	1	
	特定业务设施其他公益设施用地		189	10	
	合计		1228	63	
公共用地	道路用地		447	23	道路、站前广场、人行道、自行车道
	公园、绿地用地		188	10	综合公园、地区公园、近邻公园、街区公园、绿地
	其他公益设施用地		70	4	净水厂、调节池
	合计		705	37	
总计			1933	100	

数据来源：UR 都市机构官网主页，千叶新城土地利用规划。

千叶新城详细住宅区域规划 表 8-5

开发区域	西白井	白井	小室	千叶新城中央	印西牧原	印旛日本医大	合计
面积（ha）	199	197	90	764	579	104	1933
规划人口（人）	16900	15400	8500	55900	39300	7300	143300
规划户数（户）	5500	4900	2200	18100	12600	2300	45600
现有人口（人）	14942	13587	5148	37887	14779	4311	90654
住宅区数（个）	3	2	1	7	4	1	18

注：现有人口数据为 2011 年 3 月数据。
数据来源：UR 都市机构官网主页，千叶新城土地利用规划。

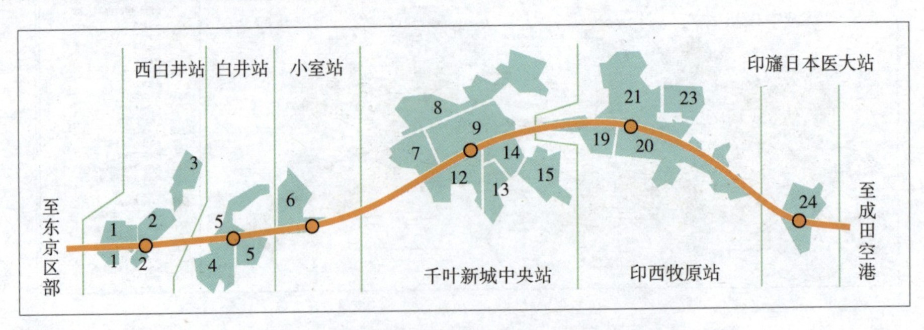

图 8-11 新住宅市街地开发法开发事业计画区域
数据来源：UR 都市机构官网主页，千叶新城宅地分让。

三、轨道建设

1972 年 3 月，都市交通审议会（现运输政策审议会）答申第 15 号文件决定建设经东京地下铁直通由千叶新城至东京都心的轨道路线（现北总线京成高砂站至小室站段）。为配合千叶新城的开发，新城内部轨道线路北初富站—小室站（一期工程）最先建设。1974 年，日本铁道建设公团（现铁道・运输机构）开始建设北总线。1979 年 3 月，北总线一期工程配合千叶新城西北井站区和小室站区新城建设开通营业，同时暂定与新京成线直通至 JR 常磐线松户站，再采取换乘其他轨道线路的方式至东京都心。1983 年北总线二期工程开始建设，1984 年千叶新城中央站和周边区域投入使用。1991 年北总线京成高砂站至新镰谷市段开通，从此北总线改为与京成电铁押上线、东京都营浅草线直通，千叶新城居民可乘坐列车直接抵达东京都心。随后，印西牧原站和印旛日本医大站分别与其周边区域同时开通投入使用。

北总线建设之初，北总铁道以京成电铁为主体与金融机构共同出资设立，但建设之中北总线受千叶新城发展影响客流增长较慢，经营逐渐出现困难。为解决北总铁道建设经营困难，千叶县、UR 都市机构以及沿线地方政府共同注入资金，此后，北总铁道成为第三部门轨道企业。千叶新城发展对北总线客流培育影响巨大，北总线原预定开通 10 年总客流超过 5 亿人次的目标整整推迟了 18 年。

2006 年，北总铁道决算收入约 160 亿日元，贷款和利息偿还额度约占收入的 50%，其中支付利息约 20 亿日元、返还贷款约 43 亿日元，累计固定负债达到 1145 亿日元，从财务上看超过资产 103 亿日元呈现无力偿债状态。随着北总铁道债务危机日益严重，国土交通省允许北总铁道提高票价以便缓解债务危机（票价为其他私铁线路的 2 倍左右），但因此受到较多的乘客投诉。即使目前北总线沿线地方政府对通勤通学者给予 25% 的票价补贴，北总线与其他私铁线路相比票价高、折扣较低，仍是东京通勤线路中运费最高的线路。

2010 年 7 月 17 日，成田空港线（指运营线路，与北总线共轨至区部）开通运营（图 8-12），千叶新城中央站至成田国际机场最快列车仅耗时 20min，至东京都心（东日本桥站）最快仅耗时 30min，大大缩减了新城与东京都心和成田空港的出行时间。

四、效果与问题

千叶新城发展之中受日本经济影响，被迫缩小规模和推迟部分区域的建设时间，进而影响北总铁道北总线经营，为维持企业运转采取高额票价影响居民迁入和出行，形成恶性循环，又进一步影响千叶新城和北总线的发展。

目前，随着北总铁道和成田空港高速铁道的直通运营，千叶新城和区部、成田空港之间的联系变得更加方便、紧密，加之沿线开发逐渐完善并引入大型商业设施，成田空港客流和商业开发的带动将会对新城的发展起到一定的正面作用，预计未来北总线客流将会上升，运费有下降的可能性。

图 8–12　千叶新城与北总线、成田空港线关系图
资料来源：UR 都市机构官方网站，轨道直接连接成田之后潜在的变化可能性。

第四节　筑波科学城

筑波科学城由筑波科学城、茨城县和日本住宅公团（现 UR 都市机构）等公共机构共同主导建设。筑波科学城位于茨城县南部筑波市，距东京站约 60km、成田空港约 40km。筑波科学城占地约 284km^2，成南北狭长分布，主要由核心区筑波研究学园（约 27km^2）和周边开发区域（约 257km^2）两部分组成。目前，筑波科学城是日本最大的科技新城和研发中心，集聚了 300 多家国家级科研、教育机构和民间企业，人口约 21.6 万（2011 年 2 月）筑波科学城通过轨道筑波快线与东京区部快速联系，筑波科学城内设置筑波站、研究学园站、世博纪念公园站和绿野站，如图 8–13 所示。2010 年，4 个站点每日客流总计约 2.29 万人次，筑波站至东京区部秋叶原站最快列车仅 45min。

一、发展背景

二战后随着经济高速发展，区部城市功能过于集聚，导致各类资源紧张等社会问题日益严重。1956 年，日本首都圈整备委员会对首都发展和城市机能进行检讨时，决定将部分政府单位迁出东京区部；1961 年 9 月，日本内阁决议首先从机能上将东京区部不必要的政府相关附属机构、国家教育机构等迁出。为此，首都圈整备委员会对迁移候选地（富士山麓、赤城山麓、那须高原、筑波山麓）进行实地调查筛选，日本内阁接受委员会建议批准了位于筑波山麓（现筑波市、牛久市交汇区域）约 40km^2 的科技新城建设项目。

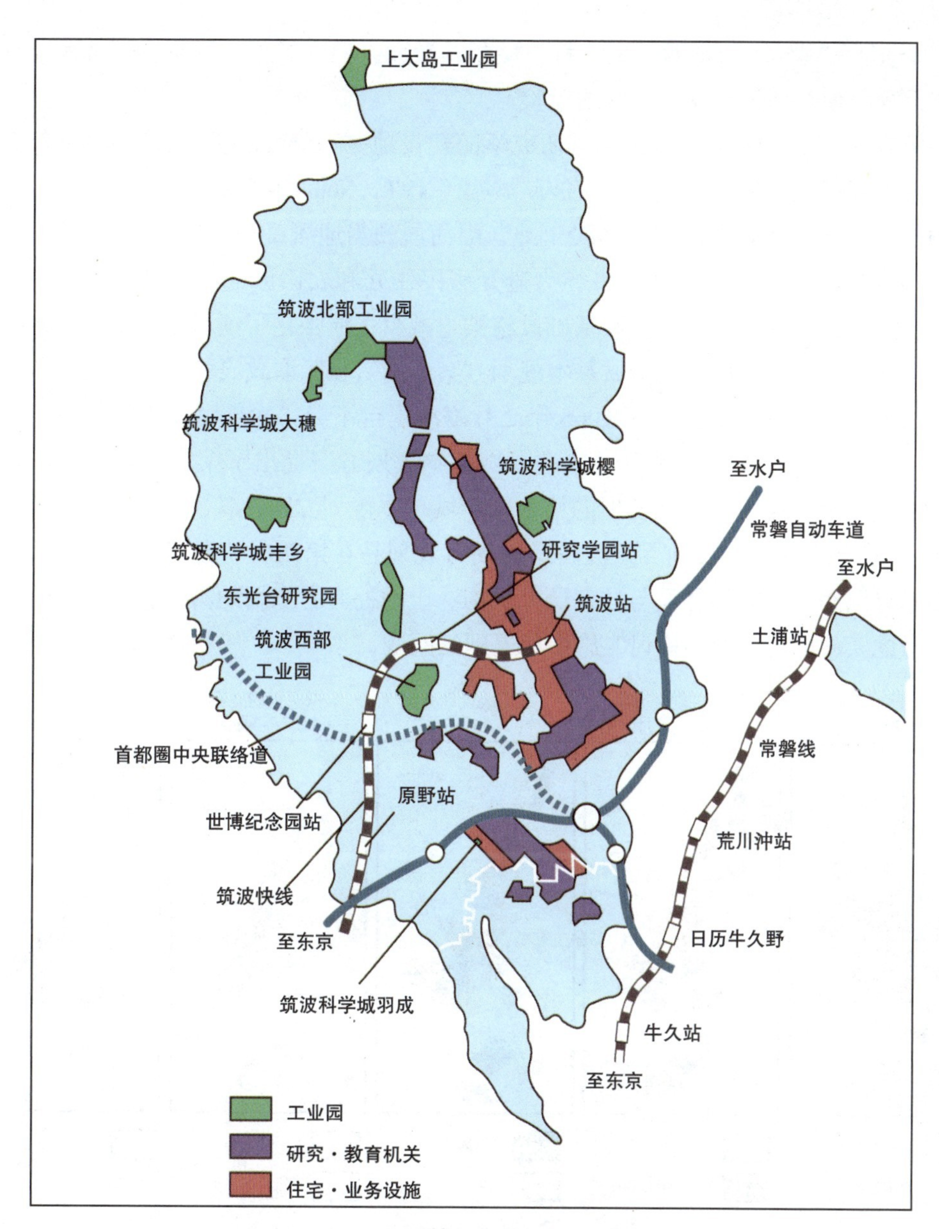

图 8-13　筑波新城与筑波快线站点关系图

注：根据茨城县 2011 年 3 月《筑波研究学園都市》中插图修改而成。

筑波科学城实际是缓解东京区部过度拥挤的一项国家对策，其主要目的是缓解区部就业过度集中的现状和城市压力，发展外围业务核心都市业务功能，保证首都圈各区域的均衡发展。从响应时代需求和促进日本国家发展的角度出发，日本政府计划将科研、教育机构集聚于筑波新城，以有利于形成规模效应，便于科学交流和合作，同时可提高日本高等教育水平。

二、新城建设

筑波科学城的总体规划，参考 1957 年苏联西伯利亚城郊外 28km 处的新西伯利亚科学城[1]，其选址和规模均与新西伯利亚科学城相差较大，但在规划、科研教育机构迁移政策和实施上吸收取新西伯利亚科学城的经验。

1963年9月，日本内阁批准了《研究学园建设地——筑波的决定》，同时首都圈整备委员会提出新城规划基本构想——筑波新城案（NVT，Nouvelle Ville de Tsukuba）。筑波新城规划最初方案占用较多的当地居民土地，因而遭到当地居民和土地所有者的强烈反对，后经过多次协商和长时间交涉，最终为避开居民住处和农田形成南北细长约27km^{2}的方案，规划用地的缩水导致配套公共基础设施被迫减少，但强化了项目可实施性。1965年7月，日本住宅公团制定第一次新城基本规划方案；随后在听取政府各省厅、研究所、大学关于新城发展模式的意见后，于1966年2月修改出台了第二次新城基本规划方案。1967年4月，日本住宅公团综合第一、二次新城基本规划方案提出了第三次新城基本规划方案，1969年4月颁布了南北细长形的第四次新城基本规划方案，各次规划方案如图8–14~图8–16和表8–6所示。目前，筑波科学城现行规划是在第四次新城基本规划的基础上进行详细修订而来，该规划注重与教育研究机构、土地拥有者之间的沟通和协商，建设过程中时刻考虑实施的可行性和检讨实施中所遇到的问题。

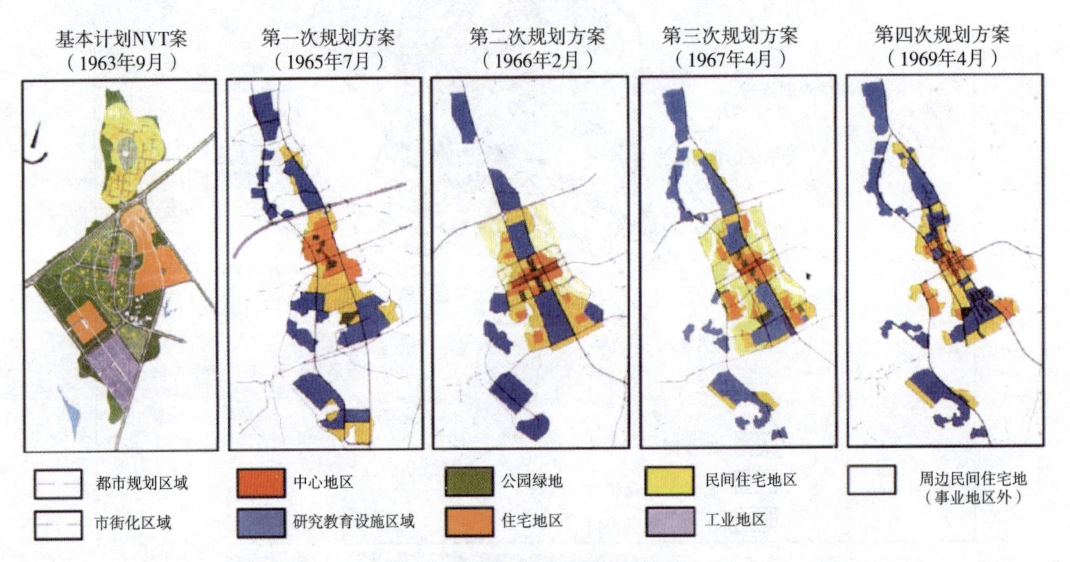

图8–14　筑波新城历次规划情况

资料来源：藤原京子，邓奕．日本：筑波科学城．北京规划与建设．2006.1。

筑波科学城规划基本情况　　表8–6

开发范围	现状人口（万人）	规划人口（万人）	规划面积（km^2）
研究学园	7.9（2009年）	旧规划：10；修订规划：10	约27
周边开发区域	13.4（2009年）	旧规划：12；修订规划：25	约257

资料来源：国土交通省都市，地区整备局大都市圈整备科，筑波研究学园都市，2008.3。

[1] 新西伯利亚科学城：1957年苏联部长会议决议建设，1958年规划建设面积7km^2，人口3.5万，1966年建设规划基本完成；经过长期发展，1987年已形成约13 km^{2}的规模。

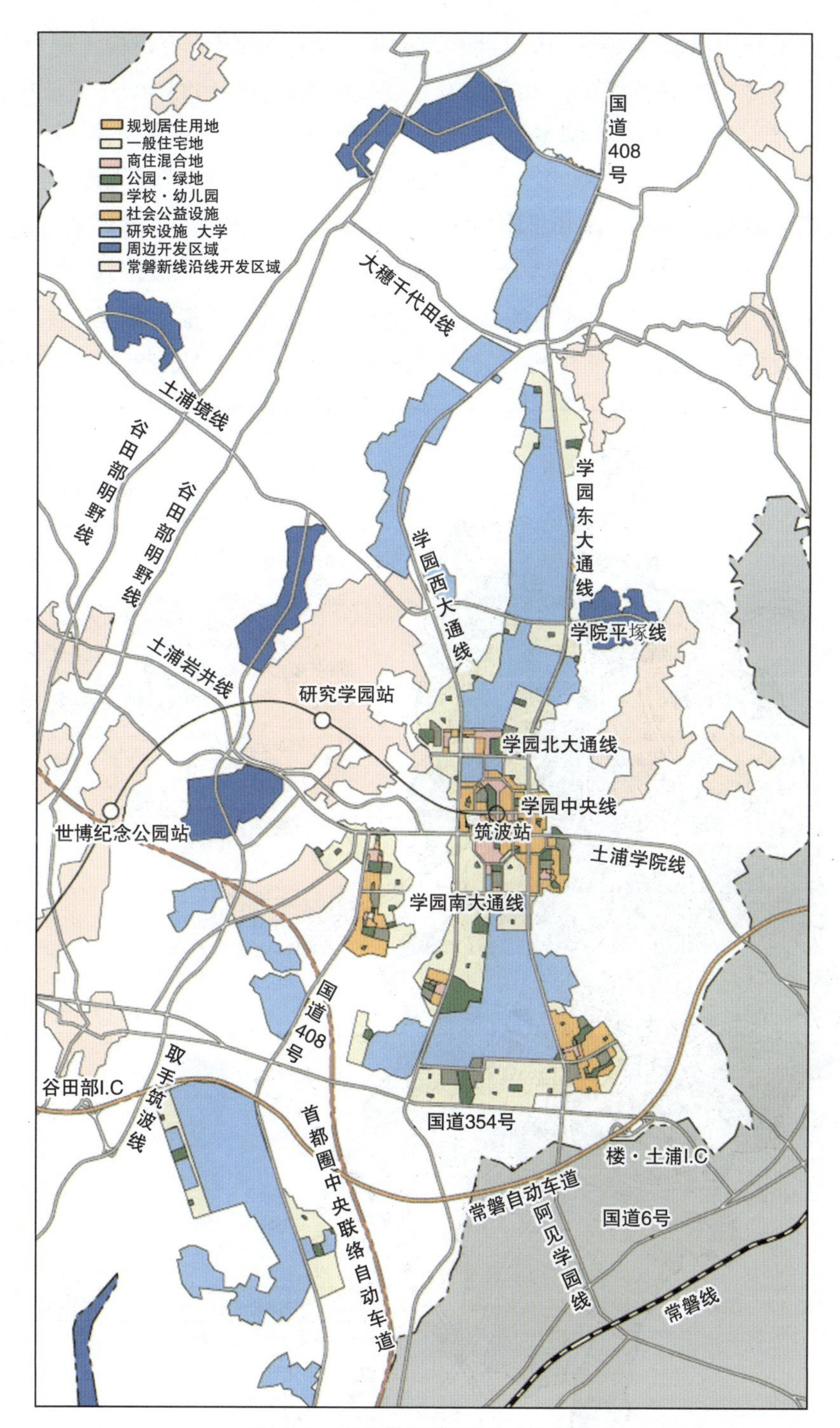

图 8-15 筑波科学城最终基本计划图

资料来源：国土交通省都市．地区整备局大都市圈整备科，筑波研究学园都市，2008.3。

筑波科学城规划建设大致可以分为 3 个阶段。第一阶段，新城建设期（1963~1985 年）。日本内阁决定建设科学城后，1966 年 12 月开始征地，同时新城前期工作全面推进；1967 年 9 月，内阁初步批准 6 省厅的 36 机关迁移；1970 年 5 月，日本颁布《筑波研究学园都市建设法》为其提供法律支撑；1980年，政府拟定43个国家研究机构（现今45个）迁移至此筑波科学城，同时新城的公共基础设施建设全面推进；1983年，“筑波中心”建设完成，筑波研究学园大规模的商业设施建设完成，配套基础设施基本完善。第二阶段，新城整备期（1986~2005年）。1985年，日本“国际科学技术博览会”开幕，筑波科学城成为世界科技新城典范；随着茨城和日本住宅公团对周边区域和工业园建设的推进，日本民间企业逐渐入住。第三阶段，新城发展期（2005年至今）。随着筑波快线和圈央道高速公路的建设完成，《日本科学技术基本计划》中筑波科学城城市功能定位基本实现，远期寄希望随着科研资源的集聚有实质性科研突破，最终成为一个世界级别的科学研究城市。

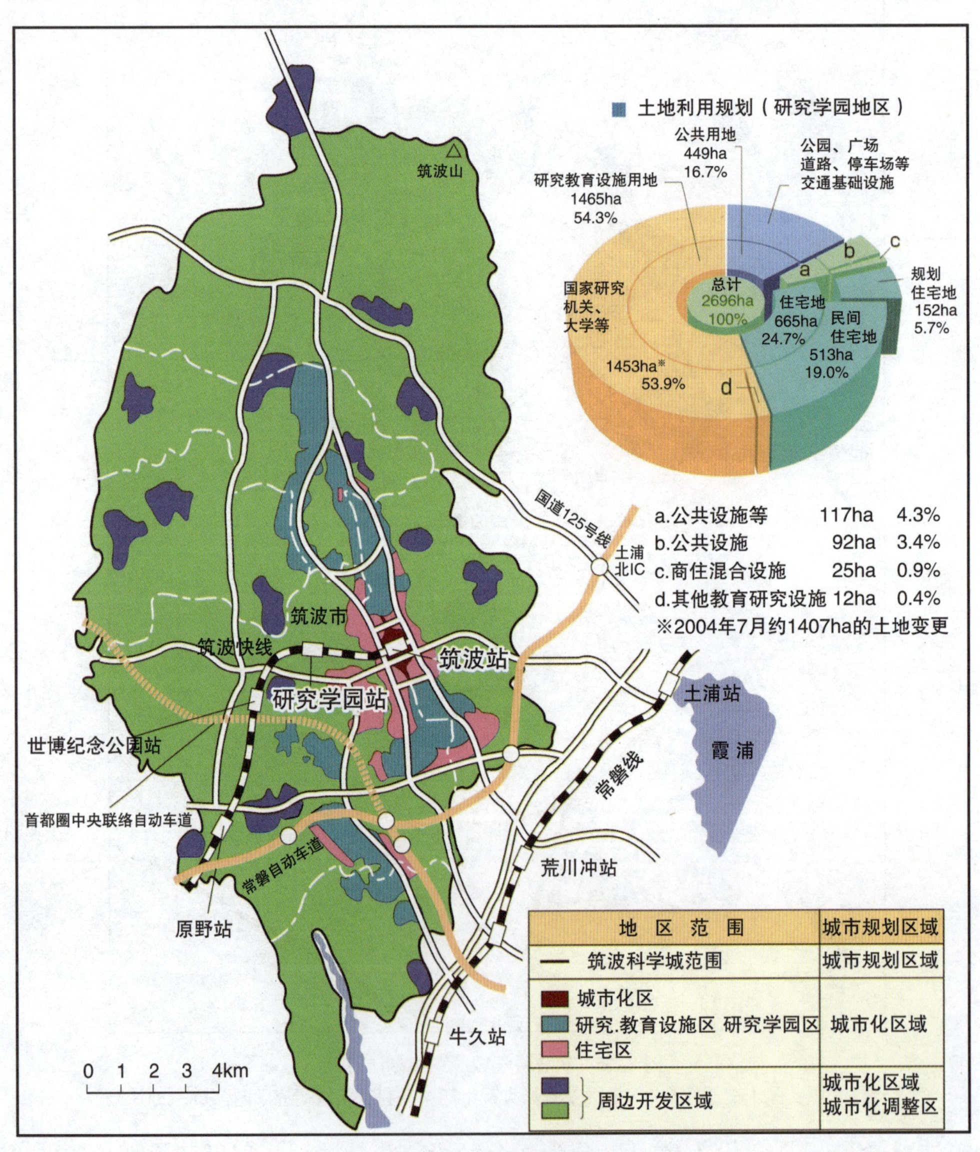

图 8-16 筑波科学城土地利用规划概况

资料来源：国土交通省都市.地区整备局大都市圈整备科，筑波研究学园都市，2008.3。

根据《筑波研究学园建设法》，筑波科学城在寄希望发展成为科学研究新城的同时，还希望建设成为均衡的田园都市城市，有效地保护历史文化和自然环境遗产，形成健康的居民文化生活区域。政府针对研究学园和周边开发区域制订综合、一体的开发建设计划，基础设施建设先行，两地分开建设，各具特色，平衡发展。研究学园中心地带集中配置文化生活必需的高水准公共基础设施、行政和商业设施；研究教育用地范围安排科学研究机构和大学，同时对资源进行集中配置形成各种工业园区住宅；住宅区与中心地带、研究教育设施区域毗邻设置。为保护生态环境，控制筑波科学城周边开发区域城市的无序开发，有计划地围绕既存村庄、社区中心对规划区域进行有序建设，以促进其基础设施和生活环境的改善。目前，科学城周边区域主要以研发型工业园区为主，未来计划加强筑波快线站点周边区域的开发建设（约 1500ha）。

筑波研究学园开发建设主要以城市规划事业组合的方式开展，采用收购方式获得土地（基于不影响周边区域农业经营的原则，主要以山林、荒野等土地为主）。其中：研究教育机构用地主要以政府全面收购土地的方式进行；规划内的居住开发建设区以全面收购并采用城市新住宅开发事业整备的方式进行，其他住宅采取部分收购并伴随土地区画整理事业整备的方式推进；公园设施以城市公园事业整备方式进行建设，如图 8–17 所示。新城城市开发项目由都市基础整备公团（现 UR 都市机构）负责实施建设。截至 2003 年，政府已就科学城科研教育基础设施拨款约 2.6 万亿日元（表 8–7），同时新城还享受日本开发银行、北海道东北开发公库的低息贷款。

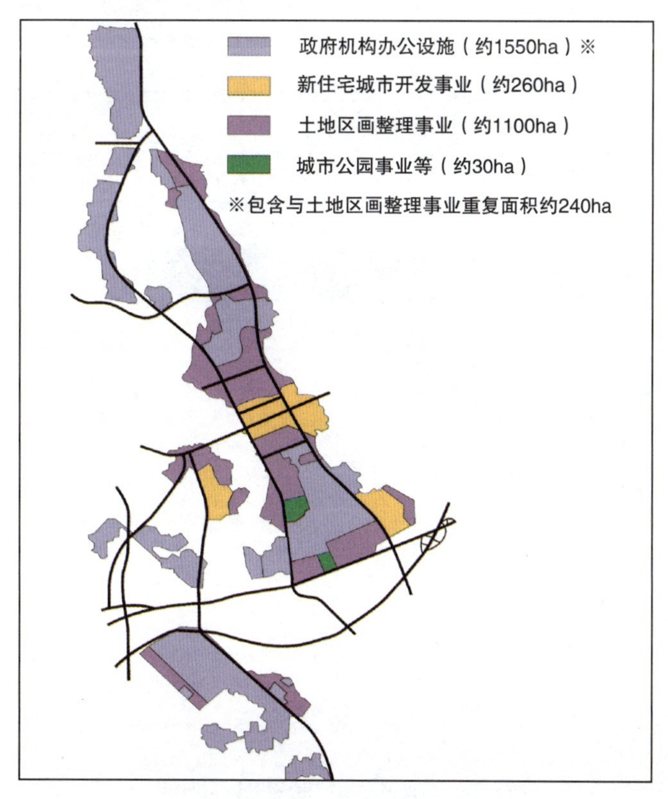

图 8–17　筑波科学城规划建设开发方式图

资料来源：国土交通省都市 . 地区整备局大都市圈整备科，筑波研究学园都市，2008.3。

日本政府筑波科学城建设资金拨款概表（截至 2003 年）　表 8-7

类　别	金额（亿日元）	类　别	金额（亿日元）
研究教育机构建设费	16934	相关联公共基础设施建设	1270
公务员宿舍建设费	748	筑波科学城措施（特殊）津贴	61
都市基础整备公团住宅事业费	6655	总　计	25668

数据来源：国土交通省都市 . 地区整备局大都市圈整备科，筑波研究学园都市，2008.3 。

在建设体制上，筑波科学城由筑波科学城、国家相关行政机关、地方政府和建设单位共同组建推进本部指挥建设。1964 年 12 月，日本总理府设置研究学园都市建设推进本部全面管理和推进筑波科学城建设；随着日本机构调整，目前推建本部隶属日本国土交通省，主要由国土交通省大臣本部长、国家相关行政机构事务次官等共同组成（图 8-18）。推进本部成立后，为促进筑波科学城建设，先后颁布《筑波研究学园都市建设计划大纲》、《筑波研究学园都市公共公益事业等整备规划概要》、《筑波研究学园都市移运机关等移运规划概要》及基于《筑波研究学园都市建设法》的《研究学园地区建设规划》等相关政策和规划。

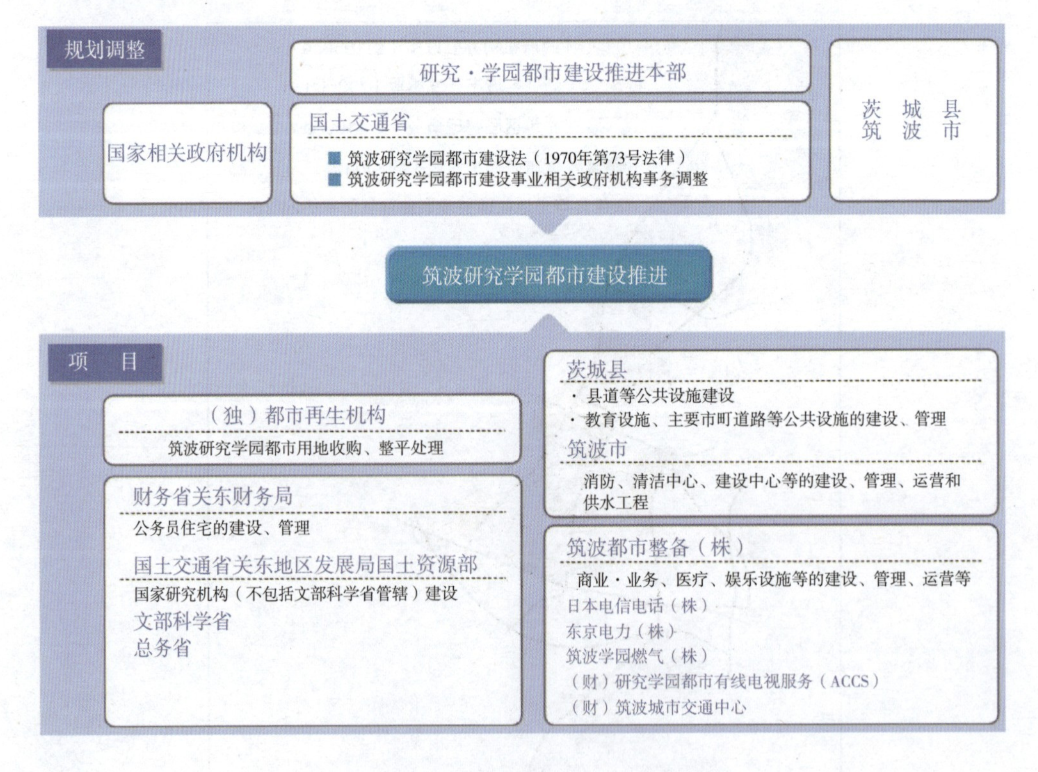

图 8-18　筑波科学城城市建设体制机构图

资料来源：国土交通省都市 . 地区整备局大都市圈整备科，筑波研究学园都市，2008.3。

筑波科学城是日本政府从零开始建造的特殊城市，其规划建设和主管部门都是日本国家最具权威的机构，政府在规划选址、人力筹措、土地收购、建设方针和具体实施等过程中全程参与。筑波科学城的发展完全是依靠政府政策，其中科研教育机构的迁移和各种设施都需经行政审批，私人研究机构和企业由规划控制。目前，筑波科学城在自然环境保护与城市生活条件改善的前提下已形成了独特的城市文化，准备逐步过渡到“地域自主营建”的开发模式。

三、轨道建设

筑波快线最初并不是出于配合筑波新城的发展而规划的，而是为了缓解 JR 常磐线拥挤。1978 年，茨城县南部西区调查委员会成立并提出修建连接东京都心和筑波市“第二常磐线”的构想，因线路长度较长，还明确提出本线路速度目标值应高于其他线路。1983 年，茨城县设立了“第二常磐线地域开发的调查研究会”，随后该研究会考虑将筑波快线引入筑波科学城。

1985 年 7 月 11 日，运输政策审议会答申第 7 号文件批准筑波快线建设项目，其中东京—守谷段线路为首期工程，守谷—筑波研究学园段须根据沿线开发情况适时建设。由于当时日本国铁经营存在巨大困境，无法筹集资金进行新线建设，因此审议会希望以第三部门的方式推进线路建设，当时并未确定筑波快线的建设主体，但明确了日本国铁作为相关事业者需与地方政府、金融机构共同开展详细的前期研究工作，并要求相关政府部门和地方政府在新线建设运营中给予全面的帮助和财政支持。筑波快线秋叶原—筑波科学城路段便在运输省和相关地方政府等协议下立即以第三部门形式推进建设工作。1989 年 3 月，为减轻地方政府负担，运输省制定的筑波快线新框架（草案）决定采用新线路走向，同月，地方政府与日本铁道建设公团共同成立筑波快线建设小组，推进线路建设，同时为促进轨道和沿线土地开发的《大都市地域宅地开发与铁道整备一体化推进特别措置法》（简称《一体化法》或《宅铁法》）颁布，也促进筑波快线建设。1991 年 3 月，沿线地方政府共同出资成立首都圈新都市铁道株式会社；1999 年 6 月，筑波快线沿线土地开发计划确定，沿线土地由 UR 都市机构和地方政府共同开发建设；2005 年 8 月，筑波快线全线开通。该线详细情况见网站附录。

四、效果与问题

筑波科学城是日本较少按规划实施的城市，各种交通基础设施、公园、集体住宅、筑波中心、学校等各种公共设施基本按规划全盘实施。与拥挤的东京区部相比，筑波科技城城市风格以绿色为主，具有优美的研究和居住环境。筑波新城由于其功能特殊、独立性强，人口持续缓慢增长（图 8-19），居住就业基本内部平衡，昼夜人口比一直保持在 100%~110%，其中 50% 就业者居住在筑波市内，29% 就业者居住在周边区域。

筑波科学城的发展使牛久与土浦间合作交流深化，在一定程度上促进东京都市圈东北区域独立次级都市圈的形成，基本实现土浦筑波市、牛久发展成为业务核心都市的构想。筑波科学城引导高新科技研究在都市圈外围聚集形成国际性交流节点，同时为区部释放了6459ha的土地，进一步为区部提供更加开阔的公园绿地等公共空间。与规划相比，筑波科学城人口增长缓慢，入住率不高且多为单身人群。据日本学者分析，主要原因可能是受家庭、生活、教育等因素的影响，另外，地价高、居民退休后获得工作机会较少也是另一大原因。此外，区域内商业设施、文化娱乐设施、酒店普遍存在短缺现象，不利于流动人口暂住。虽研究学院区域基础设施水平高于日本平均水平，但周边区域道路、管道等市政基础设施建设落后，与研究学园风格相差较大，导致两区之间居民相互融合较难。目前，筑波科学城公共交通薄弱，居民出行主要以小汽车为主，科学城中心区因小汽车的高拥有率已出现交通拥堵、停车位不足和交通意外事故增加等现象；儿童、高龄者和流动人口因不拥有机动车而无法便利出行。

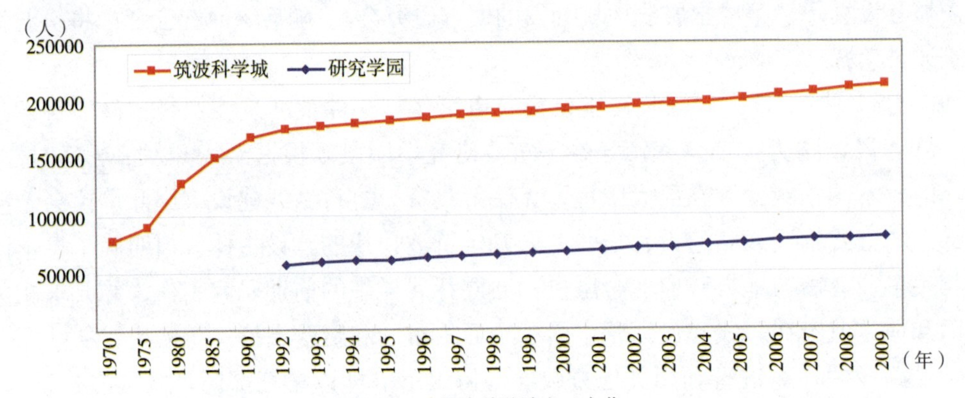

图 8-19　筑波科学城人口变化

注：据筑波市政府《2010年筑波市统计年鉴》中数据绘制。

第五节　结　　语

本章针对东京都市圈四大新城，从新城发展背景、自身建设、轨道建设和实施效果与问题四大方面进行系统的分析和研究，剖析了新城功能、轨道对于新城的发展作用、两者一体化建设、区位的选择等因素对新城发展的影响，笔者主要体会如下：

（1）以居住功能为主的新城或片区建设，宜在快速城市化中、前期推进。

田园都市、多摩新城和千叶新城的建设，主要是为了缓解东京经济和人口增长过快带来的住房问题，新城本质是东京的郊区卧城，受城市发展和市场需求影响较大。与多摩新城和千叶新城相比，田园都市开发最为成功，正是由于东急五岛庆太准确地把握了市场需求，主要建设开发在经济高速发展时期，其开业后20年内入住率高达95%。千叶新城的建设时机较晚，全面开业之时已错过经济增长的黄金时期，因此新城发展较缓慢，至今入住率不到60%。因此，为保证以居住功能为主的新城或片区顺利发展，其建设时机的选择就相当重要，应考虑在城市快速扩张、经济和人口迅速增长中、前期开始发展。四大典型新城的基本情况对比见表 8–8。

四大典型新城的基本情况对比

表 8–8

新　城	距都心距离（km）	规划面积（km^2）	规划人口（万人）	开业年份（年）	轨道交通开通年份（年）	开业 20 年居住人口 / 规划人口（%）	现今居住人口 / 规划人口（%）
多摩田园都市	15~35	31.6	42.0	1966	1966	95.0	142.8
多摩新城	25~35	28.84	28.59	1971	1974	49.3	70.0
千叶新城	24~45	19.3	15.3	1979	1979	49.8	59.3
筑波科学城	45~60	284	27	1972	2005	65.1	80.1

注：居住人口，除多摩新城采用 2005 年数据，其他新城采用 2010 年统计数据。

（2）新城的发展往往与轨道交通休戚相关，其健康发展需综合手段才能保障。

新城的建设意味着城市空间距离的扩大，为保证城市的高效运转，加强新城和主中心间的联系，必须构建高效的交通系统来支撑。对于以居住功能为主的新城而言，因其规模和功能因素必须修建轨道交通联系主中心，如东京田园都市、多摩和千叶新城规划之初就决定为新城配套轨道线路并与区部地铁直通。对于功能相对独立的新城而言，往往为了进一步促进其发展，引导产业和人口向其疏散，也需要建设与主中心联系的轨道交通，如筑波科学城发展到一定的阶段时与区部交通联系不便的负面影响逐渐显现，后期建设中也积极考虑引入筑波快线；巴黎从 20 世纪 60 年代初开始在巴黎市外围建设新城（人口规模 30 万 ~100 万）时，为支撑外围新城和城市一体化发展提议建立区域性交通运输体系（区域快铁 RER）：利用既有市郊铁路建立区域性交通运输体系，实现新城—中心城—新城快速服务。

在东京和巴黎新城发展过程之中，轨道交通对新城发展的影响有较大不同，除筑波新城外，东京新城发展属市场引导模式，轨道仅引导人口向新城转移；巴黎新城发展属政策引导为主模式，政府通过限制原中心进一步开发和对新城多方面的政策支撑和引导，促进新城人口和产业迁入，如公共机构引导与协调、准入产业优惠政策、税收减免、拨款资助、低息贷款、生活文化基础设施建设、与中心区相连的轨道建设等政策和措施。正因如此，巴黎新城与东京新城相比发展更为健康，1975~1982 年，其外围新城吸引了 50% 的新城人口和 40% 新增岗位，没有产生类似东京新城功能单一、人口结构单一和潮汐交通拥堵等问题。

东京三大以居住为主的新城虽然解决了部分城市经济高速发展时期居民的居住问题，但却产生了一系列严重的社会和交通问题。总体来说，即使是田园都市新城，其发展可以称为成功，但并不精彩。我国的规划和管理者应充分认识到构建功能复合新城的必要性，新城的健康发展一定需要从政策、经济、交通、生活、文化、基础设施等多方面采用综合手段给予支持；轨道交通只是其中的一个手段，且该措施对于新城的发展是一把双刃剑，若处理不当，极易推动功能单一新城的形成。

（3）轨道交通应与新城一体化建设，以实现综合利益的最大化。

田园都市新城开发和轨道建设均由东急电铁所主导，从新城和轨道的综合效益出发同时规划建设，紧密协调土地利用和轨道建设进而保证综合经济效益的最大化。这种一体化建设模式使得田园都市一开始就具有交通便利的优势，人口增长迅速；进而轨道客流迅速增长，线路运营效率高，两者之间相互促进。

多摩新城建设因涉及城市开发主体较多，且各城市开发主体与轨道建设主体关联程度不高，新城自身建设与轨道建设同步配合均较差，其中土地开发与轨道交通建设基本不同步，新城开业3年后才配套轨道交通，见表8–9。轨道开通之前，居民至市区需多次换乘不同交通方式，导致新城人口增加缓慢；轨道开通后，至区部交通可达性水平大幅提升，人口增长速度也出现加快趋势。总体上，多摩新城许多地块开发和邻近车站的开通往往相距几年，两者之间初期配合程度较差，进而影响新城的综合效益。

三大居住新城和相关轨道线路建设主体 表8–9

新　城	新城开发主体	轨道建设主体
田园都市	东急主导	东急电铁
多摩新城	住宅都市整备公团、东京都及东京都住宅供给公社等政府及公共机构	京王电铁、小田急电铁
千叶新城	千叶县企业厅和住宅都市整备公团	京成电铁、千叶县、沿线地方政府和住宅都市整备公团等机构共同出资第三部门

目前，我国城市轨道建设经营主体大多为特定政府部门和地方国企，城市外围土地开发主体大多为房地产开发商，受制于各自运作体制和利益影响，相互协调配合较弱。一般而言，房地产开发商机制灵活、反应速度快，站点周边区域开发先于地铁通车之前投入使用，因此存在前期交通需大量借助私人交通方式的情况，变相鼓励私人交通发展，不利于城市公共交通客流的培育。为实现综合效益的最大化，城市外围区域开发需与轨道交通建设同步推进。

（4）新城选址应优先选择具有一定区位优势、产业基础和基础设施配套的区域。

东京三大居住新城之中，田园都市最为靠近东京都心，且紧临横滨、川崎两市，地势平坦，可以说是区部外围最具潜力的开发区域；千叶新城和多摩新城从区位、地理地势上，条件均不如田园都市。巴黎新城与东京新城相比，其建设始终是在具有一定城镇基础区域发展，而不是在未开发的处女地上重新建设，其本身就具有一定的产业和生活基础设施基础，加之政府通过全方面政策、措施鼓励，进一步促进新城就业岗位的吸纳。近年，东京在业务核心城市发展相关规划中开始转变思想，选择具有一定产业基础的城镇和小城市进行开发建设。因此，新城的选址应从新城发展的基础条件出发，选择具有一定区位优势、产业发展优势和生活基础设施优势的区域，以增加其吸引力。

第九章　机场轨道交通

机场陆路集疏运系统是机场与外界联系的纽带，与机场的服务水平和运行效率息息相关。国内外研究成果表明，机场陆路交通的便捷性是影响机场核心竞争力的重要因素之一。目前，世界机场陆路集疏运体系已由传统的以道路交通为主向集轨道、道路交通等多种方式于一体的趋势发展，其中机场接驳轨道逐渐成为机场集疏运系统发展的热点。东京都市圈两大机场坚持以轨道交通作为对外接驳的主要交通方式，经过多年发展效果良好，如图 9–1 所示。

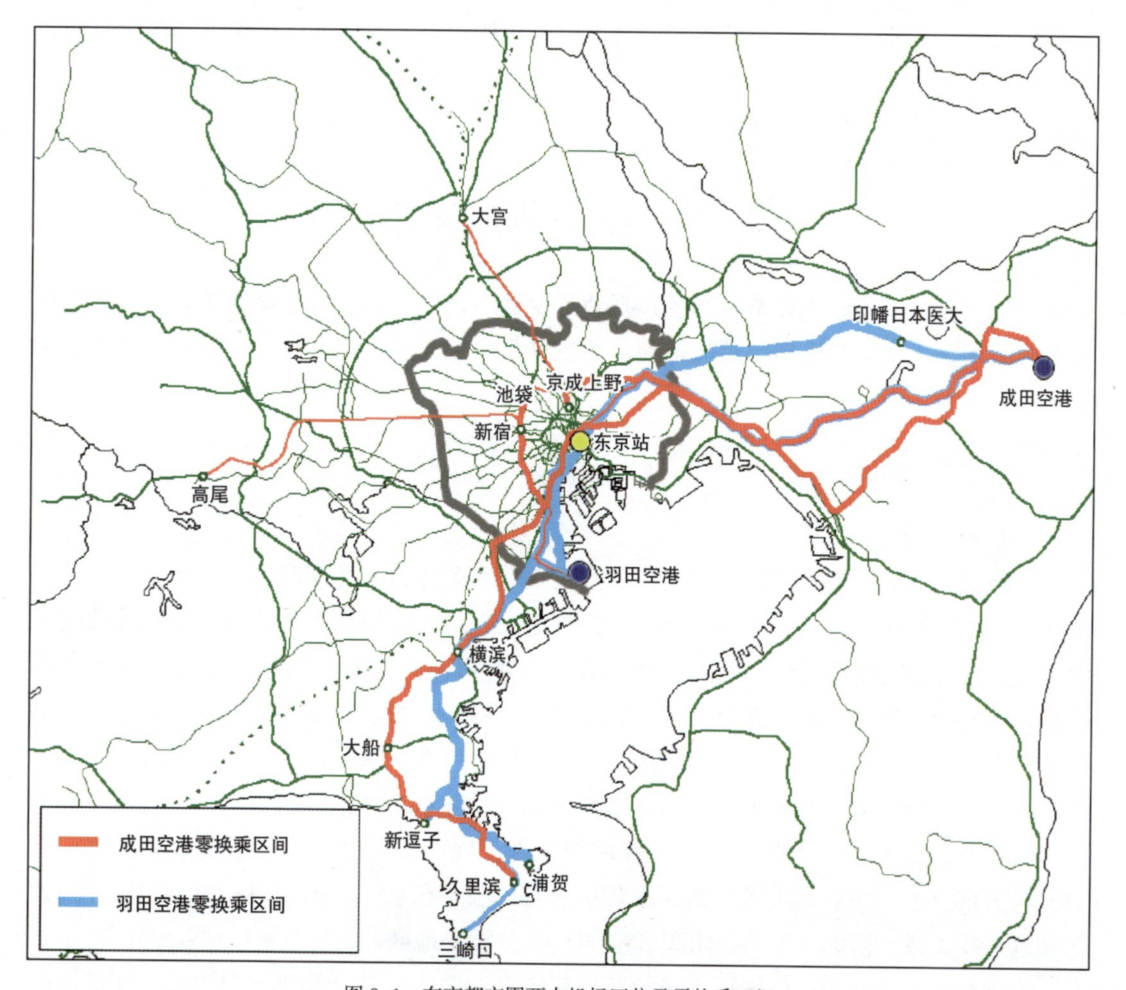

图 9–1　东京都市圈两大机场区位及零换乘区间

资料来源：国土交通省，都市鉄道整備のあり方—新たな社会的ニーズへの対応—，2004。

第一节 机场概况

一、羽田机场

羽田机场正式名称为东京国际机场，位于东京区部最南端，紧临东京湾的大田区、神奈川县川崎市，海老取川和多摩川将其与日本大陆分割，距东京都心约15km。根据日本新《机场法》，羽田机场定位为地域据点机场，以国内航线为主。目前，羽田机场是日本最大的机场，拥有3座航站楼和4条跑道。2010年羽田机场旅客吞吐量6421万人次，位列世界第五，亚洲第二。

二、成田国际机场

成田国际机场原名新东京国际机场，位于东京都市圈东北部的千叶县成田市，距东京都心约60km。根据日本新《机场法》，成田国际机场定位为国际据点机场，以国际航线为主。成田国际机场于1978年启用，是日本目前最大的国际机场，拥有2座航站楼和2条跑道。2010年成田国际机场旅客吞吐量3078万人次，位居日本第二。

第二节 陆侧集疏运系统

一般而言，机场陆侧集疏运系统包括轨道交通、道路交通、水上交通等。与世界其他大型机场相比，轨道交通是东京都市圈两大机场最主要的对外交通方式，接驳分担率处于世界领先水平。

一、羽田机场

1. 接驳交通

道路交通方面，羽田机场主要通过4座桥梁和3条隧道与外部联系，其中包括2条高快速路和2条城市道路，如图9-2所示。2条高快速路为首都高速1号羽田线和首都高速湾岸线，前者沿机场西侧经过，后者直接接入航站楼，利于机场与京滨工业带沿线地区便捷联系。2条城市道路是国道357号（东京湾岸道路）和东京都道311号环状8号线，东京湾岸道路在机场内部分布在首都高速湾岸线两侧，联系东京区部和羽田机场航站楼；东京都道环状8号线始于羽田机场，与首都高速湾岸线和东京湾岸道路相接，再向西由天空桥站附近跨越海老取川，联系东京区部南部地区。地面机场巴士系统主要由京滨急行巴士、羽田京急巴士和东京机场交通3家公司运营，服务东京都、神奈川、埼玉和千叶的大部分地区及茨城、枥木、群马、山梨和静冈县部分重要地区。

轨道交通方面，东京单轨羽田线始于东京港区的滨松町站，终于羽田机场，在机场内设羽田机场国际线航站楼站、新整备场站、第一航站楼站及第二航站楼站；京急空港线始于京急本线蒲田站（区部大田区），终于羽田机场，在机场内设羽田机场国际线航站楼站及羽田机场国内线航站楼站。京急空港线可通过与京急本线直通运营，服务京急本线乃至更广区域，见表 9–1。

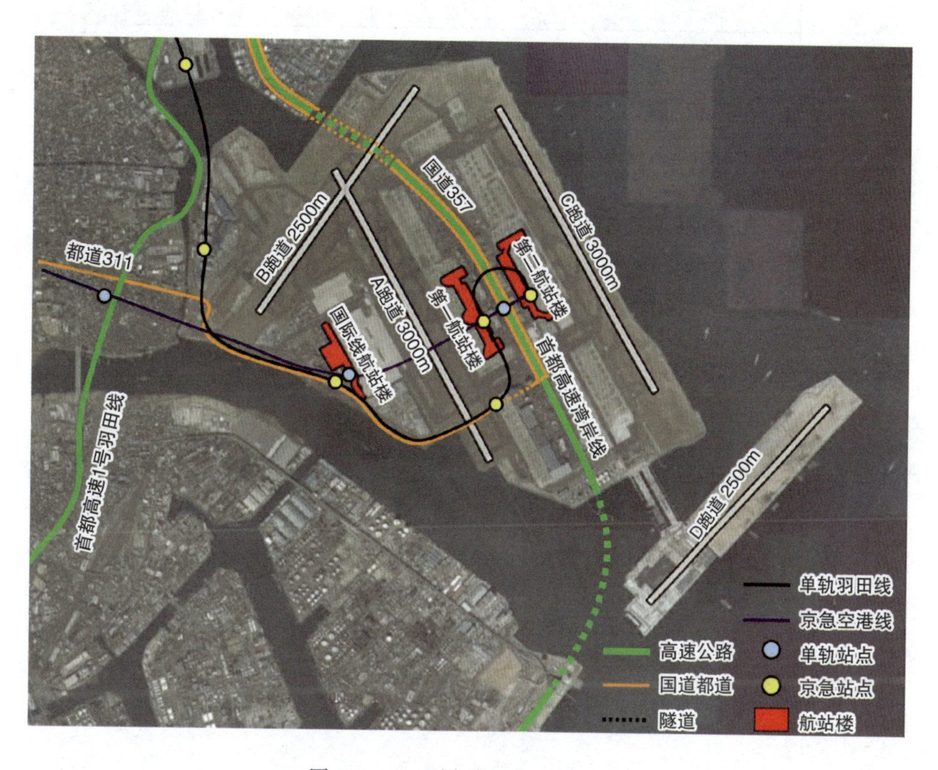

图 9–2　羽田路侧集疏运系统

羽田机场对外轨道交通一览表　　表 9–1

线　路	机场设站	最高运营速度（km/h）	长度（km）	站数	备　　注
京急空港线	国际线航站楼 国内线航站楼	100（天空桥—国内线航站楼）、90（京急蒲田—天空桥）	6.5	7	京急本线支线，通过本线与东京地下铁浅草线、京成本线、北总线和京成成田空港线直通运营，可直达东京区部、千叶东部和北部以及成田国际机场等区域
东京单轨羽田线	第一航站楼、第二航站楼、国际线航站楼、新整备场	80	17.8	11	起点滨松町站与 JR 山手线、京滨东北线、东京地下铁浅草线和大江户线换乘

2. 接驳交通分担率

根据日本国土交通省航空旅客动态调查的数据，2005~2009 年，羽田机场各接驳交通方式分担率基本保持稳定，以轨道交通为主体的公共交通在旅客分担率中占绝对优势，个体交通方式（包括私家车、出租车和租赁汽车等）分担率仅占 15% 左右。2009 年工作日机场接驳轨道分担率为 60%，非工作日为 51%，平均每日京急空港线分担率为 29%，单轨羽田线分担率为 28%，如图 9–3 所示。

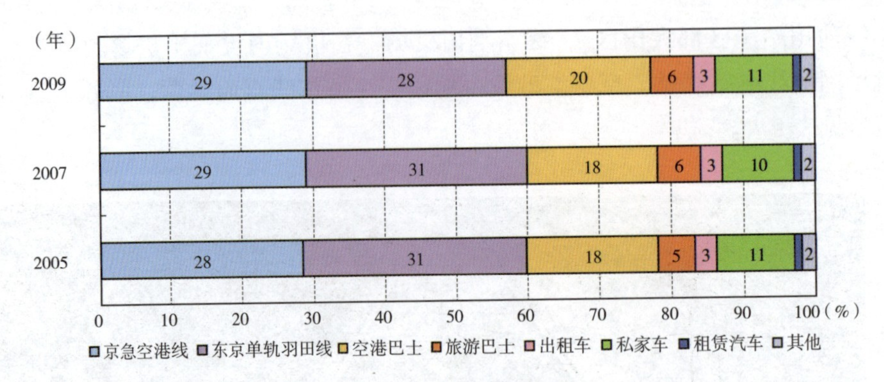

图 9-3 羽田机场各种交通构成比

资料来源：国土交通省，航空旅客動態調査を用いた旅客流動分析。

3. 轨道客流

机场接驳轨道交通的客流主要包括航空旅客、机场内部就业者和航空旅客接送人员三大部分。2009 年，羽田机场内部轨道交通站点日均客流量 14.4 万人次，其中京急空港线 7.59 万人次，东京单轨羽田线 6.8 万人次（第一客运大楼站为 3.1 万人次，第二客运大楼站为 3.3 万人次，新整备场站为 0.4 万人次）。2009 年羽田机场旅客吞吐量 6193 万人次，按照 57% 的轨道分担率，日均航空旅客轨道接驳客流为 9.67 万人次，羽田机场轨道交通客流与航空旅客轨道交通客流比值为 1.5。

二、成田国际机场

1. 接驳交通

道路交通方面，成田国际机场对外道路主要包括新空港高速车道和 295 号国道两条道路，其中新空港高速车道与东关东高速车道通过互通式立交直接联系，可抵达东京区部、千叶市和茨城水户市；295 号国道则主要联系周边区域，如图 9-4 所示。机场地面巴士系统主要由东京机场交通、成田机场交通、京成巴士、千叶交通及富士急湘南巴士等企业经营，服务东京和千叶的大部分地区及横滨、埼玉的一些重要地区。

图 9-4 成田国际机场路侧集疏运系统

轨道交通方面，包括京成本线及其支线京成东成田线、京成成田空港线（指运营线路，主要物理线路为成田新高速铁道、北总线）、JR成田线空港支线和芝山铁道线，机场内部设有东成田站、空港第二航站楼站、成田空港站。其中：JR成田线空港支线联系成田机场和JR成田线成田站；京成成田空港线联系成田机场和区部京成上野站、日暮里站；京成本线联系成田机场和东京上野站、押上站；芝山铁道线实为京成东成田线延长线，联系机场和东侧的芝山地区，如图9-5及表9-2所示。

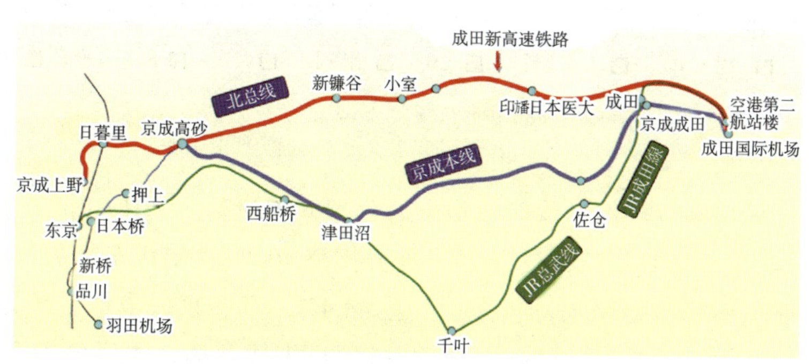

图9-5　成田国际机场与区部联系轨道交通

资料来源：成田国际机场，成田国際机场の现状と今後の取り組みについて，2008.9。

成田国际机场对外轨道交通运营线路一览表　　表9-2

线路名称	机场设站	运营最高速度（km/h）	长度（km）	站数	备注
JR成田线空港支线	空港第二航站楼、成田空港	快速列车130、普通列车120	10.8	3	经JR成田线佐仓站与总武本线直通运营，进一步可通过总武本线与横须贺线、湘南新宿线、东海道本线、中央线、京王高尾线直通，可直达东京区部、多摩、神奈川以及埼玉南部等区域
京成电铁本线（包含京成东成田支线）	空港第二航站楼、成田空港、东成田站（支线）	110	63.9	42	于京成高砂站经京成押上线和浅草线、京急本线和京急空港线直通运营，可直达千叶东部、东京区部及神奈川县等区域
京成成田空港线（运营）	空港第二航站楼、成田空港	160	51.4	8	可由北总线经京成高砂站与京成押上线、浅草线、京急本线和京急空港线直通运营，可直达千叶东部、东京区部及神奈川县等区域

2. 接驳交通分担率

2005年，成田国际机场接驳轨道交通系统主要由JR成田线空港支线和京成本线构成，其全入港旅客[❶]交通中轨道类分担率为31.4%，其中JR成田线空港支线分担率12.5%，京成本线分担率18.9%。由于成田国际机场的区位特点，其轨道、乘用车（指除巴士以外的机动车）和巴士的三者分担率呈鼎足之势，如图9-6所示。

❶ 全入港旅客主要包括乘坐飞机离开本空港的航空旅客、空港工作人员和其他人员（接送、商业等进入空港）三大部分。

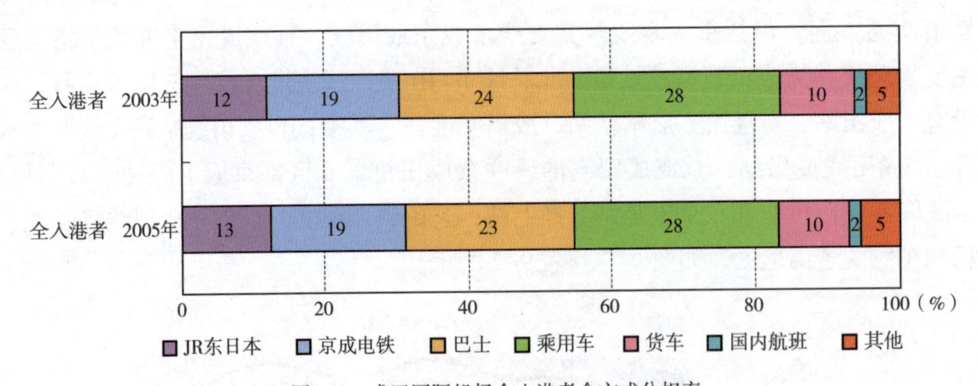

图 9-6 成田国际机场全入港者全方式分担率

资料来源：成田国际机场，成田国際机场アクセス交通実態調査（速報），2005.4。

2005 年，成田国际机场航空旅客轨道交通分担率 40.8%，其中 JR 成田线空港支线分担率 18.8%，京成本线分担率 22.0%；巴士类分担率 40.4%，乘用车类分担率 14.5%。到 2010 年 9 月，航空旅客轨道交通分担率上升至 44.4%，其中京成电铁本线分担率 26.2%，与 2005 年相比上升了 4.2%，主要是由于京成成田空港线开通，轨道分担率进一步上升；巴士类分担率 36.7%，乘用车类分担率 13.0%，两者均有一定程度下降，如图 9-7 所示。

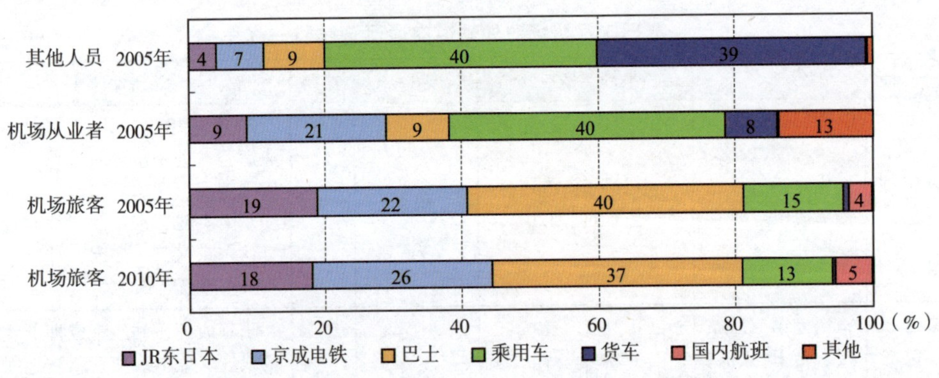

图 9-7 成田国际机场各类到达人员全方式分担率

资料来源：成田国际机场，成田国際机场アクセス交通実態調査（速報），2005.4。

2010 年 9 月，航空旅客公共交通（轨道类和巴士类）分担率达 81.1%，其中高等级公共交通服务方式占整个机场对外交通比例极大。航空旅客中 JR 成田线空港支线最高等级 N' EX 列车分担率达 14.3%，约占 JR 成田线空港支线航空客流的 79.0%；京成成田空港线最高等级 Sky Liner 列车分担率 10.2%，约占京成电铁接驳航空客流的 38.9%；巴士类中机场直达巴士分担率 17.3%，约占巴士类接驳航空客流的 47.1%。从机场接驳交通分担比例可明确看出，为机场枢纽提供直达快捷的高服务水平公共交通方式非常重要。

2005 年成田国际机场就业者轨道交通分担率 29.0%，其中 JR 成田线空港支线分担率 8.5%，京成本线分担率 20.5%；巴士类分担率 9.1%，乘用车类 40.4%。机场就业者公共交通（轨道类和巴士类）分担率为 38.1%。对于成田国际机场而言，轨道交通也是机场就业者通勤出行的一种主要方式。2005 年机场其他人员轨道交通分担率 11.2%，其中

JR 成田线空港支线分担率 4.0%，京成本线分担率 7.2%；巴士类分担率 8.9%，乘用车类分担率 39.8%，货车分担率 39.2%。

3. 轨道客流

根据 2005 年成田国际机场旅客交通调查，调查日成田国际机场范围内轨道交通总客流 2.8 万人次，调查日航空旅客轨道接驳量 1.68 万人次，成田国际机场轨道交通客流与航空旅客接驳交通客流比值约为 1.67。

三、国际机场分担率研究

东京都市圈两大机场轨道分担率均很高，其陆侧集疏运系统均以轨道交通为主体。据荷兰机场咨询公司（Netherlands Airport Consultants B.V.，简称 NACO，是世界上为数不多的可以为机场业主提供全方位规划及设计服务的咨询公司）所提供的世界主要机场接驳交通分担率数据显示，亚洲和欧洲的诸多大型机场接驳轨道分担率普遍达到了 20% 以上，轨道交通已成为这些机场集疏运系统重要组成部分，见表 9-3。

欧洲和亚洲主要国际机场轨道分担率一览表（单位：%）　　表 9-3

机　场	所属国家	轨道	公交	出租车	小汽车	其他
东京羽田	日本	57	20	4	11	8
大阪关西	日本	46	22	3	19	10
苏黎世	瑞士	42	5	10	40	3
哥本哈根	丹麦	37	4	33	26	0
阿姆斯特丹史基浦	荷兰	33	4	16	46	1
东京成田	日本	31	24	4	25	16
慕尼黑	德国	28	7	12	53	0
法兰克福	德国	27	6	19	47	1
罗马达芬奇	意大利	27	5	32	36	0
香港	中国	24	33	15	28	0
伦敦希斯罗	英国	22	12	26	39	1
伦敦盖特威克	英国	21	9	17	50	3
巴黎戴高乐	法国	20	10	37	30	3
新加坡樟宜	新加坡	20	16	49	15	0
斯德哥尔摩	瑞典	15	17	16	27	25
马德里	西班牙	14	7	40	33	6
布鲁塞尔	比利时	13	16	27	43	1

第三节　机场轨道接驳系统

东京两大机场陆侧轨道系统搭建起机场与东京都市圈的直接联系，并在两大机场间通过直通运营的方式提供直达列车服务，物理线路均不少于 2 条。机场轨道与航站楼的结合及轨道系统可达性均直接影响其服务水平，其具体线路和站点布局详见下文分析。

一、羽田机场

1. 轨道车站与航站楼的结合

东京单轨羽田线车站紧密结合航站楼客流集散点布置，分别在国内线第一航站楼、第二航站楼和新整备场设地下站，国际线航站楼设高架站；京急空港线分别于国际航站楼和国内线第一航站楼与第二航站楼中间设地下站（地下 2 层），与两航站楼通过各长达 200m 的地下通道联系，地下通道设有自动步道，如表 9-4 及图 9-8~ 图 9-11 所示。

羽田机场轨道交通与航站楼衔接方式　　表 9-4

线　路	站　名	设站方式	站台形式	与航站楼衔接关系
京急空港线	国内航站楼	地下站	1 岛 2 线	位于第一航站楼和第二航站楼中间，两侧各 200m 地下通道连接两航站楼负一层
	国际航站楼	地下站	2 岛 2 线	与国际航站楼 3 层出发站厅和 2 层到达站厅通过电梯连接
单轨羽田线	第一航站楼	地下站	1 岛 2 线	位于第一航站楼前，地下通道连接负一层
	第二航站楼	地下站	2 岛 3 线	位于第二航站楼前，地下通道连接负一层
	新整备场	地下站	2 岛 2 线	无
	国际航站楼	高架站	2 岛 2 线	与国际航站楼 3 层出发站厅和 2 层到达站厅通道连接

资料来源：京急空港线官网及东京单轨羽田线官网。

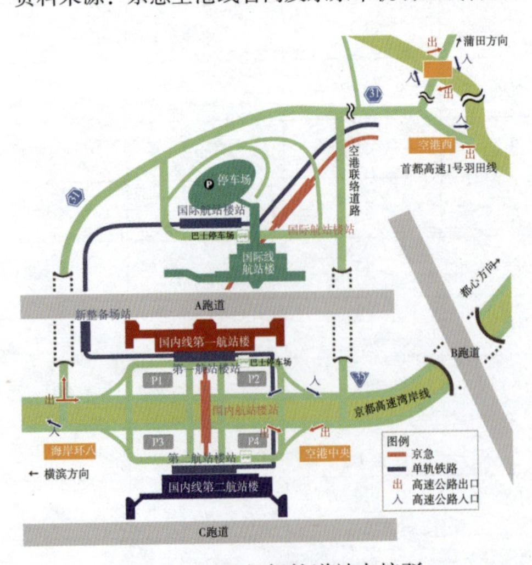

图 9-8　羽田机场轨道站点接驳

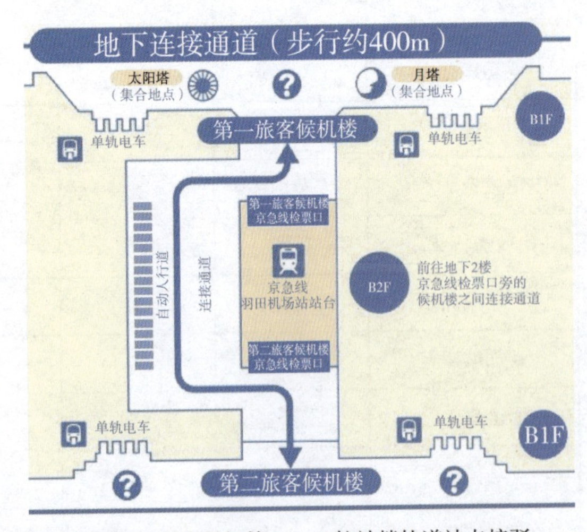

图 9-9　羽田机场第一、二航站楼轨道站点接驳

图 9-10　羽田线与国际线航站楼

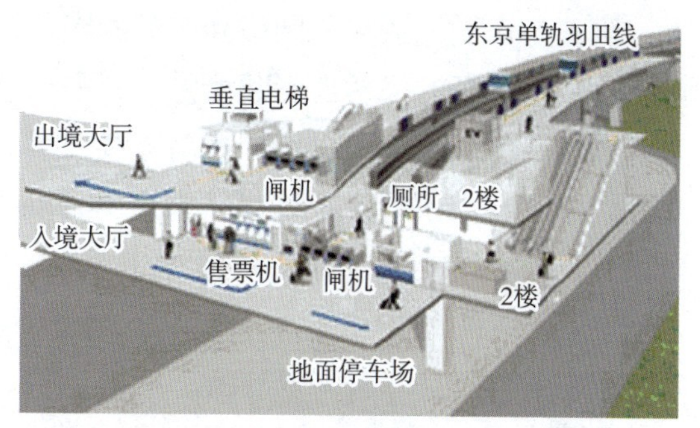

图 9-11　羽田线与国际线航站楼通道人流组织

资料来源：东京大学铁道研究会，簡易線——空港アクセス鉄道（上），2010.11；单轨羽田线官网。

2. 轨道系统可达性

根据2000年的统计数据，东京一都四县（东京都、神奈川县、埼玉县、千叶县和茨城县）92.0%的人口能在3h内使用轨道交通抵达羽田机场，其中东京区部和京滨工业带区域因处于京急线系统和单轨羽田线覆盖范围，基本可在1. 5h内抵达羽田机场，但在1h内抵达机场人口比例仅为5.7%，整体服务水平较差，如表9-5及图9-12所示。

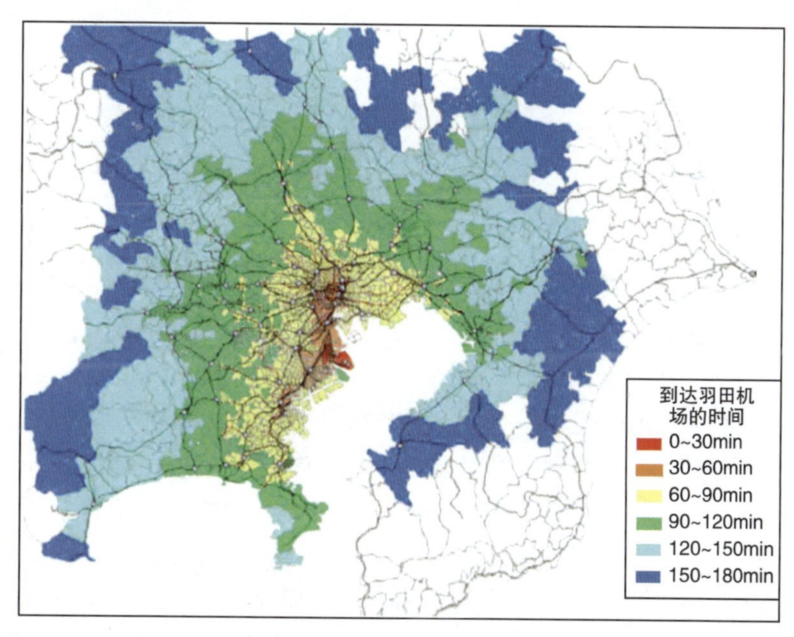

图 9-12　2000 年羽田机场可达时间—空间分布

资料来源：国土交通省，都市鉄道整備のあり方—新たな社会的ニーズへの対応—，2004。

2000 年羽田机场等时区域人口覆盖率　表 9-5

至羽田机场全程时间（min）	覆盖人口（万人）	覆盖率（%）
30 以内	12	0.3
30~60	208	5.7
60~90	1324	36.4
90~120	2562	70.4
120~150	3156	86.7
150~180	3348	92.0

注：全程时间为旅客从起点到达机场所花费的总时间。

资料来源：国土交通省，都市鉄道整備のあり方—新たな社会的ニーズへの対応—，2004。

随着都市圈轨道交通网络和服务的完善，特别是高等级快速列车服务的提升，重点区域抵达羽田机场的可达性不断增强。其中京急空港线空港快特和东京单轨羽田线空港快速是各自线路中服务羽田机场的最高等级列车，下面以这两种列车为对象计算羽田机场的可达性。乘客在山手线主要站点换乘这两种列车至羽田机场，出行时间基本可控制在 50min 以内且只需 1 次换乘，见表 9–6。

JR 山手线主要枢纽站点至羽田机场最快旅行时间 表 9–6

枢纽站点	京急空港线（空港快特）				东京单轨羽田线（空港快速）			
	旅行时间（min）	换乘次数	费用（日元）	发车频率（班 /h）	旅行时间（min）	换乘次数	费用（日元）	发车频率（班 /h）
东京	31		560	3	28		620	—
上野	36		590	—	33		630	5
池袋	49	1	650	—	52	1	720	—
新宿	41		590	—	48		660	—
涉谷	34		560	—	41		660	—

注：换乘时间一律以 5min 计。

资料来源：东京大学铁道研究会，簡易線——空港アクセス鉄道（上），2010.11。

3. 接驳轨道交通线路运营

（1）东京单轨羽田线

东京单轨羽田线全长 17.8km，为跨座式单轨，因此全程与其他轨道线路采用换乘接驳，主要提供普通、区间快速和空港快速三种类型列车服务，起终点均为滨松町站和第二航站楼站，最快列车单程运行时间仅 19min，旅行速度达 56km/h。工作日列车服务时间（发车时刻）为 4:19~0:19，双向各 256 班次，其中空港快速、区间快速和普通列车三者比例为 1:1.3:3。空港快速和区间快速列车服务集中于 10:00~17:00，该时间段双向平均每小时各 5 班空港快速、5 班区间快速和 5 班普通列车服务。早高峰时段 8:00~9:00 发车频率最高（18 班 /h），为保证线路运输能力全部为普通列车，如图 9–13、图 9–14 及表 9–7 所示。

东京单轨羽田线通过在昭和岛站设置待避线实现快车组织。快车运营时段，普遍采用“普通列车—空港快速列车—区间快速列车”循环发车模式，最短发车间隔 4min。旅行时间上，空港快速列车、区间快速列车分别比普通列车快 5min、3min。行车组织安排上，若普通列车先发车，行至昭和岛站时驶入待避线避让空港快速列车，理论上只要避让等待时间不超过 4min，接下来的行驶过程中区间快速列车无法追上普通列车，避免出现二次避让。

（2）京急空港线

京急空港线全长 6.5km，可与京急本线直通服务京滨工业带沿线区域，并可通过京急本线过轨地铁浅草线直达京成本线沿线的千叶区域。京急空港线主要提供普通、特急、快特、机场急行和空港快特 5 种类型列车服务，其中空港快特为服务羽田机场最高等级列车，空港快特列车由品川站至羽田机场国际航站楼站仅历时 13min，抵达羽田机场国内航站楼站仅 16min，平均旅行速度达 54km/h。

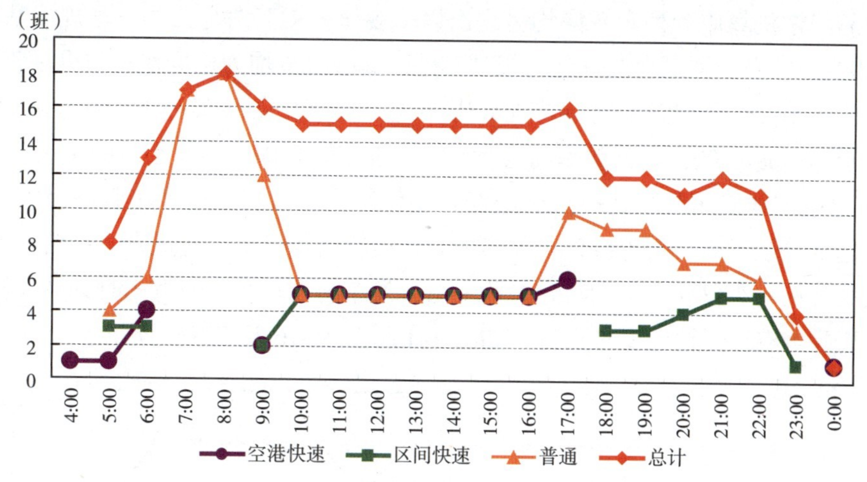

图 9-13 单轨羽田线滨松町发往羽田机场的列车

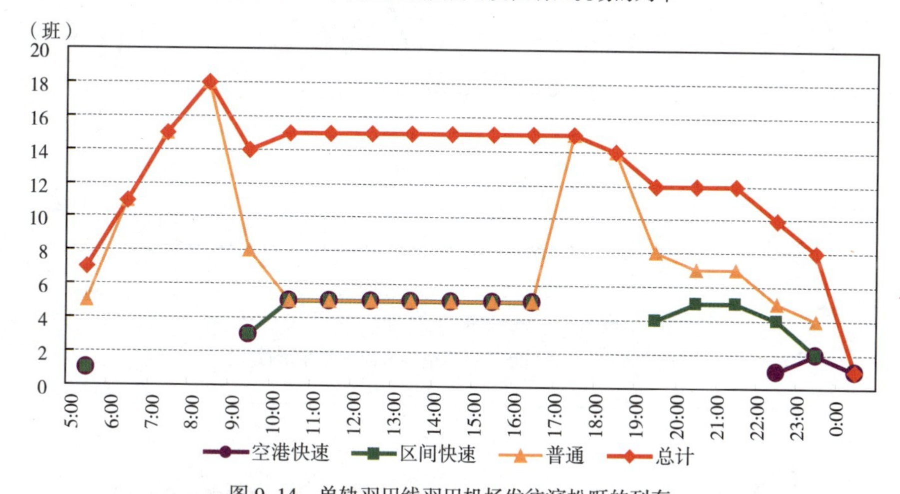

图 9-14 单轨羽田线羽田机场发往滨松町的列车

注：主要依据えきから时刻表 http://www.ekikara.jp 运营列车停靠站点整理。

工作日服务羽田机场的京急空港线列车运营时间（发车时刻）为 5:23~0:29，主要以空港快特和机场急行列车服务为主。全天到达羽田机场 152 班列车中空港快特 20 班、机场急行 106 班，全天离开羽田机场 170 班次列车中空港快特 19 班、机场急行 118 班。服务机场的普通列车仅占服务机场所有列车的 11%，且多为短距离列车，而京急本线普通列车比例高达 44%。抵达羽田机场的高等级列车中有 96 班从京急线系统之外的站点始发，其他较低等级列车 26 班中仅有 1 班从京急线系统之外的站点（京成高砂）发出；驶离机场的空港快特和机场急行列车中 111 班终点位于京急线系统之外，而其他等级列车全部在京急系统内运营。

抵达羽田机场的列车分品川和横滨两大方向。其中：品川方向列车比例约 70%，基本为机场快特和机场急行；横滨方向列车约 30%，包括机场急行、特急和普通列车。由于品川站位于山手线上，不处于京急线沿线直接覆盖范围的机场旅客一般都是经由品川站换乘，因此以品川站为断面研究羽田机场轨道交通的运营特征具有一定的代表性。

经过品川站机场服务列车双向均呈现出以下规律：①双向全天的发车规律基本一致；②除去 5:00~7:00 有个别班次的其他等级列车外，其余时段均为机场快特和机场急行列车；③6:00~22:00 段双向发车频率均维持在 6 班 /h 左右，其中等级最高的机场快特列车在品川站集中于 10:00~15:00，运营频率约为 3 班 /h，发车时刻固定为每小时的 15 分、35 分和 55 分。京急空港线发车频率比一般轨道线路要低，主要以高快速列车服务为主，且列车服务区间越长等级越高，高等级列车大多由其他线路站点发出，通过直通运营的方式到达机场。最高等级列车仅在全天的特定时段发出，发车间隔较大，但发车时刻具有较强的规律性，便于乘客有针对性地安排出行，如图 9-15、图 9-16 及表 9-7 所示。

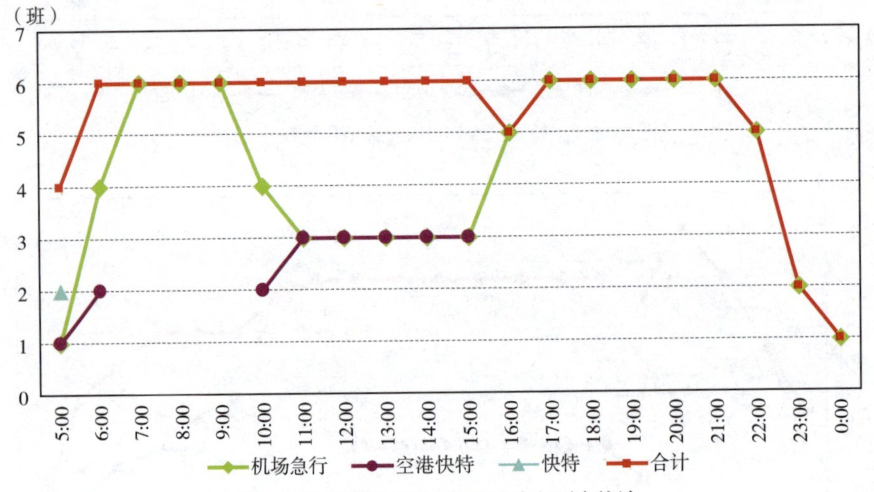

图 9-15 品川站（羽田空港方向）列车统计

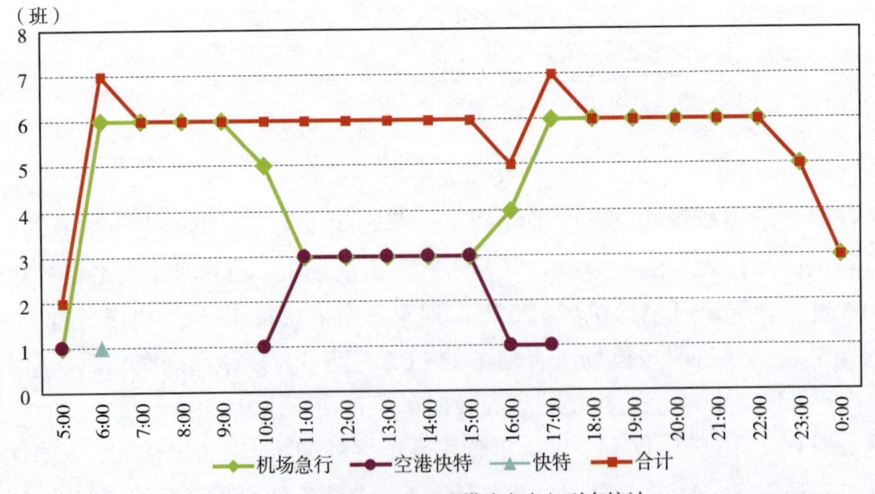

图 9-16 品川站（品川或横滨方向）列车统计

注：主要依据えきから時刻表 http://www.ekikara.jp 运营列车停靠站点整理。

二、成田国际机场

成田国际机场接驳轨道交通系统与羽田机场相比较为复杂，主要靠 JR 东日本和京成

抵达羽田机场轨道交通列车运营信息表（摘取各线主要列车）

表 9–7

线路名称	运营类别	起　点	终　点	起点所在线路	经过站数	停靠站数	车辆编组	发车频率（班/日）	运行里程（km）	单程时间（min）	平均站距（km）	运行速度（km/h）
东京单轨羽田线	空港快速	滨松町	第二航站楼	无	11	4	6	49	17.8	19	5.9	56
	区间快速	滨松町	第二航站楼	无	11	7	6	64	17.8	21	3.0	51
	普通	滨松町	第二航站楼	无	11	11	6	143	17.8	24	1.8	45
京急空港线	空港快特	成田空港	国内线航站楼	京成成田空港线	54	20	8	9	85.4	102	4.5	50
		京成高砂	国内线航站楼	京成本线	37	23	8	7	34	55	1.5	37
	机场急行	成田空港	国内线航站楼	京成成田空港线	54	34	8	4	85.4	106	2.6	48
		印幡日本医大	国内线航站楼	京成成田空港线	51	45	8	18	66.3	103	1.5	39
		印西牧原	国内线航站楼	京成成田空港线	50	44	8	20	62.5	100	1.5	38
		京成佐仓	国内线航站楼	京成本线	62	42	8	6	72.3	110	1.8	39
		京成高砂	国内线航站楼	京成本线	37	31	8	13	34	60	1.1	34
		青砥	国内线航站楼	京成押上线	36	32	8	7	32.8	58	1.1	34
		泉岳寺	国内线航站楼	浅草线	18	12	8	8	15.7	25	1.4	38
		品川	国内线航站楼	京急本线	17	11	8	7	14.5	23	1.5	38
		新逗子	国内线航站楼	京急逗子线	37	23	8	18	45.3	62	2.1	44
	普通	浦贺	国内线航站楼	京急本线	45	45	8\6\4	5	54	100	1.2	32
		新逗子	国内线航站楼	京急逗子线	37	37	8\6\4	7	45.3	84	1.3	32

注：国内线航站楼站为羽田机场国内线航站楼站的简称。

电铁两家企业提供运营服务。其中，JR 东日本主要运营经 JR 成田线空港支线机场列车服务；京成电铁主要运营经京成成田空港线（2010 年 7 月开通）和经京成本线的机场列车服务。

1. 轨道与航站楼的结合

成田国际机场 3 条轨道线路机场内，均在空港第二航站楼站和成田空港站设地下站。京成电铁的东成田线于机场范围内部设东成田站，并与芝山铁道线直通运营，但由于东成田站距两航站楼较远，对机场航空旅客的集疏作用非常有限，故下文较少涉及，见表 9-8。

成田国际机场轨道站点接驳方式　　表 9-8

站　名	线 路 名	设站方式	站台形式	与航站楼衔接关系
空港第二航站楼	京成本线 京成成田空港线 JR 成田线空港支线	地下站	2 岛 3 线：1 岛 2 线（京成），1 岛 1 线（JR 东）	地下通道连接第二航站楼负一层
成田空港		地下站	3 岛 5 线：2 岛 3 线（京成），1 岛 2 线（JR 东）	地下通道连接第一航站楼负一层

注：京成本线和京成成田空港线属于京成电铁，JR 成田线空港支线属于 JR 东日本。
资料来源：成田国际机场官网。

空港第二航站楼站和成田空港站内，JR 东日本成田空港支线和京成电铁线路位于同一层面，各自拥有专用轨道和停靠站台。空港第二航站楼站内京成电铁两条运营线路（京成本线和成田空港线）各自拥有独立站台，两站台纵向布置（图 9-17）；成田空港站内，京成成田空港线 Sky Liner 列车和京成本线列车亦使用纵向布置的独立站台，京成成田空港线特急 Access 列车则使用最外侧的独立停靠站台（图 9-18）。由于京成本线和京成成田空港线的机场服务列车等级和费用均有所差别，因此站厅层组织较独特：在站厅层进入京成电铁两条线的共用闸机后，若需搭乘京成本线列车须再进一道闸机，成田空港站和空港第二航站楼均使用这一管理模式。

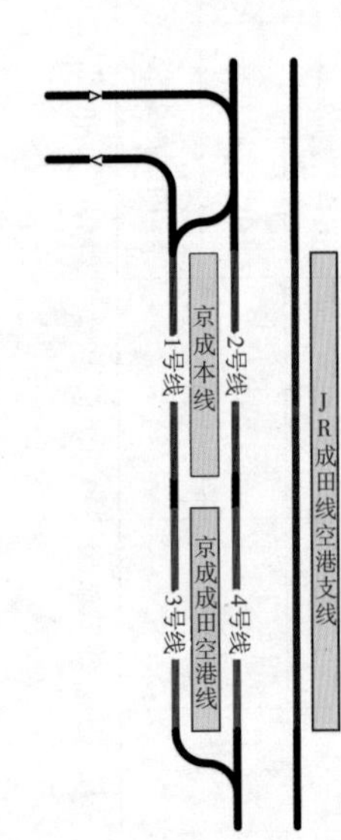

会　社	编　号	线　路	列 车 方 向
JR 东日本	右	JR 成田空港支线	千叶、东京、新宿、横滨方向
			成田空港（第一航站楼）方向
京成电铁	左 1	京成成田空港线	印幡日本医大、上野、都营浅草线、京急线方向
	左 2		成田空港（第一航站楼）方向
	左 3	京成本线	船桥、上野、都营浅草线、京急线方向
	左 4		成田空港（第一航站楼）方向

图 9-17　空港第二航站楼站轨道和站台设置

注：左 1 和左 3、左 2 和左 4 在同一条物理线路上，设置前后站台，物理分隔。

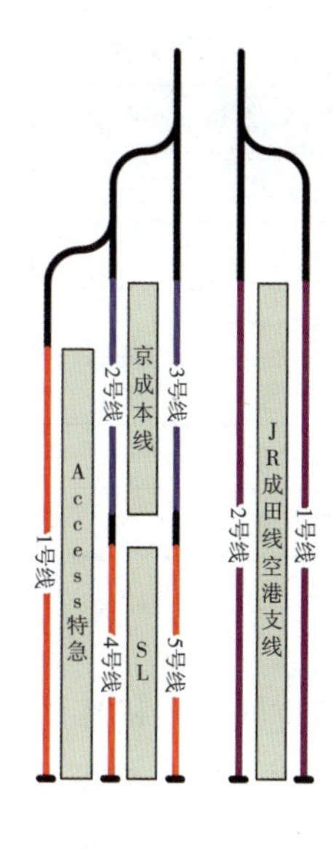

会社	编号	线路	列车	列车方向
JR 东日本	右 1	JR 成田空港支线	特急 N' EX	东京、新宿、横滨方向
	右 2		快速和普通	千叶、东京、横滨方向
京成电铁	左 1	京成成田空港线	Access 特急	北总线、日暮里、上野、押上、浅草线、京急线
	左 2 和左 3	京成本线	CL、ML（EL）等	船桥、日暮里、上野、押上、都营浅草线、京急线
	左 4 和左 5	京成成田空港线	SL	日暮里、上野方向

图 9-18　成田空港站轨道和站台设置

注：左 2 和左 4、左 3 和左 5 在同一条物理线路上，设置前后站台，物理分隔；SL、CL、ML 和 EL 分别为 Sky Liner、City Liner、Morning Liner 和 Evening Liner 的缩写。

资料来源：维基百科，空港第二航站楼站及成田空港站。

2. 机场轨道系统可达性

根据 2000 年的统计数据，东京一都四县（东京都、神奈川县、埼玉县、千叶县和茨城县）90.2% 的人口能在 3h 内使用轨道交通抵达成田国际机场，而 1h 以内可达的人口覆盖率仅为 0.4%。成田国际机场位于人烟稀少的千叶县，远离都市圈人口稠密地区，2010 年以前除东京区部及机场周边地区外，其他地区（包括都市圈绝大多数的业务核都市和卧城）均位于 2h 可达范围以外。2010 年京成成田空港线的贯通大幅缩短了旅行时间，有效提高了成田国际机场的可达性，其中山手线日暮里站至成田国际机场最快旅行时间由 51min 降至 36min，如表 9-9 及图 9-19 所示。

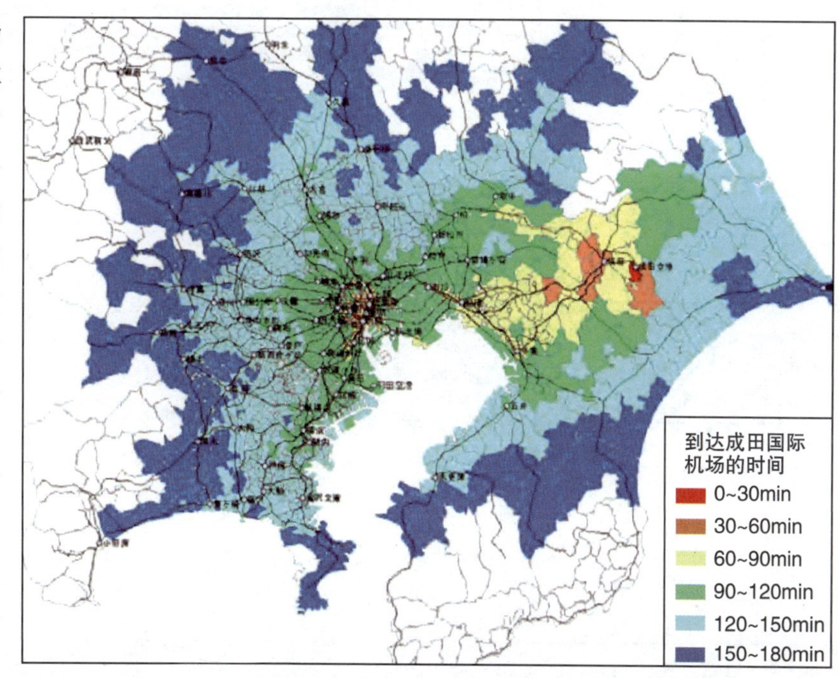

图 9-19　2000 年成田国际机场可达时间—空间分布

资料来源：国土交通省，都市鉄道整備のあり方—新たな社会的ニーズへの対応—，2004。

2000 年成田国际机场等时区域人口覆盖率　　表 9-9

至成田国际机场全程时间（min）	人口覆盖总数（万人）	人口覆盖率（%）
30 以内	0	0.0
30~60	14	0.4
60~90	241	6.6
90~120	1439	39.5
120~150	2663	73.2
150~180	3284	90.2

注：全程时间为旅客从起点到达机场所花费的总时间。

资料来源：国土交通省，都市鉄道整備のあり方－新たな社会的ニーズへの対応－，2004。

目前，SL 列车和 N’EX 列车分别为京成成田空港线和 JR 成田线空港支线服务机场的最高等级列车，与其他等级列车相比旅行时间优势明显。都市圈乘客至多在 JR 山手线枢纽站点经 1 次换乘，即可搭乘最高等级列车抵达成田国际机场航站楼，其中 SL 列车速度更快，旅行时间基本在 70min 以内，但大多须经过 1 次换乘；N’EX 列车可利用 JR 东日本网络优势，开行直通列车，其覆盖更好，如图 9-20 及表 9-10 所示。

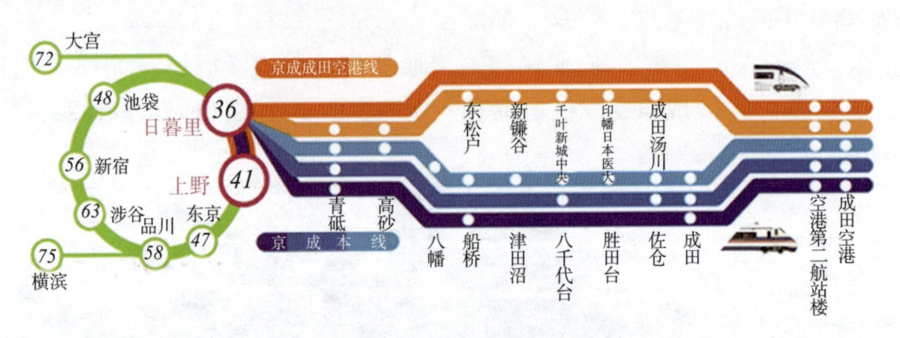

图 9-20　京成成田空港线及京成本线各等级列车运营安排及 SL 列车可达性

资料来源：京成电铁株式会社，成田スカイアクセスホームページより。

JR 山手线主要枢纽站点至成田国际机场最快旅行时间　　表 9-10

<table>
<tr><th rowspan="2">枢纽站点</th><th colspan="4">京成成田空港线 SL</th><th colspan="4">JR 成田线空港支线 N’EX</th></tr>
<tr><th>旅行时间（min）</th><th>换乘次数</th><th>费用（日元）</th><th>发车频率（班 /h）</th><th>旅行时间（min）</th><th>换乘次数</th><th>费用（日元）</th><th>发车频率（班 /h）</th></tr>
<tr><td>池袋</td><td>55</td><td rowspan="5">1</td><td>2560</td><td rowspan="6">2</td><td>84</td><td rowspan="5">0</td><td rowspan="4">3110</td><td>不定期</td></tr>
<tr><td>新宿</td><td>64</td><td rowspan="3">2590</td><td>80</td><td rowspan="5">2</td></tr>
<tr><td>涉谷</td><td>71</td><td>71</td></tr>
<tr><td>品川</td><td>66</td><td>68</td></tr>
<tr><td>东京</td><td>55</td><td>2550</td><td>54</td><td>2960</td></tr>
<tr><td>上野</td><td>44</td><td>0</td><td>2400</td><td>74</td><td>1</td><td>2940</td></tr>
</table>

注：1. 搭乘 SL 在日暮里站换乘时间设定为 5min，日暮里至成田空港间旅行时间设定为 39min。

2. 搭乘 N’EX 在东京站换乘时间 5min，东京至成田空港站经 JR 成田线空港支线时间设定为 54min。

资料来源：东京大学铁道研究会，簡易線——空港アクセス鉄道（上），2010.11。

3. 接驳轨道交通线路运营

（1）京成本线

京成本线始于东京区部台东区的京成上野站，全长63.9km，其中空港第二航站楼站至成田空港站间为单线区间，青砥站至京成高砂站段为双复线区间，其余为复线区间。京成本线经其支线京成押上线与东京地下铁浅草线、京急本线和京急空港线直通运营，可提供直达羽田机场航站楼的列车服务。

服务成田国际机场的京成本线列车分为CL、ML、EL、快特、特急、通勤特急、快速和普通8种类型。工作日京成本线机场列车运营时段（发车时刻）为5:03~21:04，每日共有91班列车由成田国际机场发出，其中CL、ML和EL、快特、特急、通勤特急、快速等高快速列车比例高达74%；每日共有81班列车抵达成田国际机场，其中高快速列车服务比例高达62%。这进一步说明，机场轨道交通旅客对旅行时间较为敏感，应以高快速列车服务为主。

（2）京成成田空港线

2010年，成田高速铁道Access株式会社（第三种铁道企业）出资完成印幡日本医大至成田国际机场高速铁道线接驳点之间的轨道建设，并将其租赁予京成电铁株式会社使用，见表9-11。此后，京成电铁开始运营由京成上野直通空港第二航站楼站和成田空港站的客运服务——京成成田空港线，线路全长64.1km。该线提供SL和Access特急两种列车服务。其中SL列车由京成本线的京成上野站始发，停靠日暮里站后直达空港第二航站楼站和成田空港站，旅行速度高达87km/h；相对SL，Access特急列车运营起点和停靠站点均有所增加，可分别由京成本线京成上野站、地铁浅草线西马込站、京急空港线羽田机场国内线航站楼站及京急本线站点（三崎口站和神奈川新町站，个别班次）始发，列车进入京成成田空港线运营区间主要停靠日暮里、青砥、京成高砂、东松户、新镰谷、千叶新城中央、印幡日本医大、成田汤川和成田国际机场，旅行速度约57km/h。

上野站作为山手线上重要的换乘枢纽发挥重要的换乘作用，以京成上野站为断面研究京成电铁机场接驳轨道的运营特征具有代表性。工作日，京成成田空港线全部为高等级列车，发车频率较低，维持在5~6班/h；其中SL列车比例达40%以上，主要集中在10:00~17:00始发，发车频率为1~2班/h，发车时刻固定于每小时的整点和40min，如图9-21、图9-22及表9-12所示。

京成成田空港线运营区间　　表9-11

物理区间	京成高砂—小室	小室—印幡日本医大	印幡日本医大—成田国际机场高速铁道线接驳点	接驳点—田国际机场
线路长度（km）	19.8	12.5	10.7	8.4
隶属公司	北总铁道株式会社	千叶新城铁道株式会社	成田高速铁道Access株式会社①	成田高速铁道株式会社②

注：1. 成田高速铁道Access株式会社主要由成田高速铁路株式会社和京成电铁控股，北总铁道株式会社和千叶新城铁道株式会社都是京成电铁的全资控股子公司。

2. 成田高速铁道株式会社主要由京成电铁和JR东日本控股。

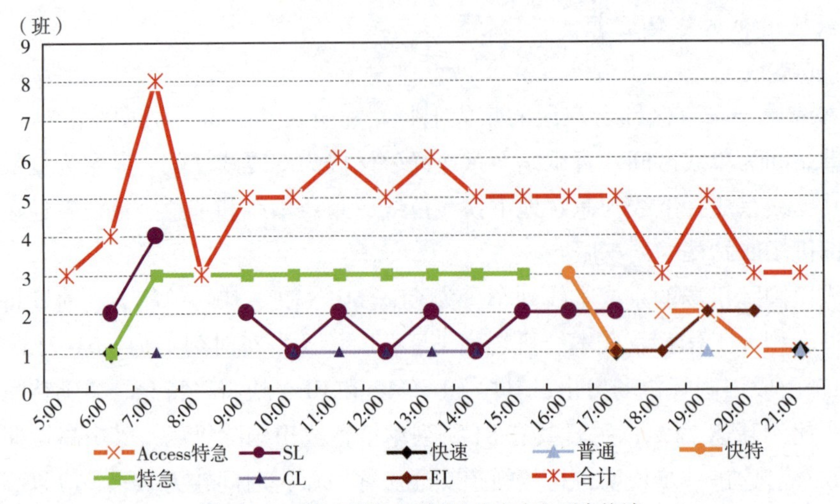

图 9-21　京成上野站（成田空港方向）列车统计

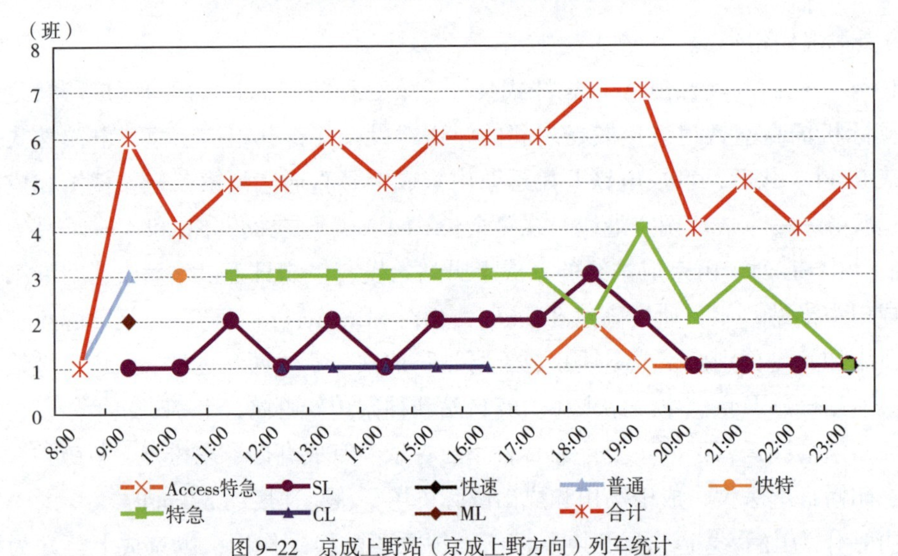

图 9-22　京成上野站（京成上野方向）列车统计

注：主要依据えきから時刻表 http://www.ekikara.jp 运营列车停靠站点整理。

（3）JR 成田线空港支线

JR 成田线空港支线全长 10.8km，通过与 JR 旗下其他线路直通运营，可直达 JR 东海道本线的品川、横滨、大船及横须贺线的逗子、横须贺、久里滨等重要站点。JR 成田空港支线提供特急 N' EX、快速和普通 3 种列车服务，其中特急 N' EX 是该线最高等级的列车，由东京站至成田国际机场需 54min，主要与京成成田空港线 SL 列车竞争。

为适应客流特征、提高运输效率，JR 成田空港支线列车采用中间站点车辆连挂模式运营。成田空港支线列车在东京站将不同起点驶至的两列列车合并为一列后发往成田国际机场；反之，由成田国际机场发出的列车在东京站进行分解后驶往不同的终点。其中，14 对 6 节编组特急 N' EX 列车（由不同起点发出）抵达东京站后（每对列车前后间隔 4min 以内抵达）合并为 14 列 12 节编组列车驶往成田国际机场，因此，特急 N' EX 列车经过东京站后总班次由 31 班缩减至 17 班；反之亦然。东京站是山手线上的主要枢纽站点，是

抵达成田国际机场轨道交通列车运营信息表（摘取各线主要列车）

表 9–12

线路名称	运营类别	起点	终点	起点所在线路	经过站数	停靠站数	车节编组	发车频率（班 / 日）	运行里程（km）	单程时间（min）	平均站距（km）	运行速度（km/h）
京成本线	CL	京成上野	成田空港	京成本线	42	7	8	6	69.3	74	11.6	56
	EL（ML）	京成上野	成田空港	京成本线	42	8	8	6	69.3	76	9.9	55
	快特	京成上野	成田空港	京成本线	42	13	8	4	69.3	82	9.9	51
		西马込	成田空港	浅草线	58	31	8	5	81.8	110	5.8	45
		国内线航站楼	成田空港	京急空港线	69	36	8	4	85.4	120	2.7	43
	特急	京成上野	成田空港	京成本线	42	17	8	28	69.3	81	2.6	51
	快速	京成上野	成田空港	京成本线	42	27	8	5	69.3	96	4.3	43
	普通	京成上野	成田空港	京成本线	42	42	6\4	14	69.3	113	2.7	37
京成成田空港线	SL	京成上野	成田空港	京成本线	27	4	8	21	64.1	44	16.0	87
	Access 特急	京成上野	成田空港	京成本线	27	11	8	6	64.1	68	5.8	57
		西马込	成田空港	浅草线	43	29	8	6	75.4	98	2.6	46
		国内线航站楼	成田空港	京急空港线	54	20	8	11	85.4	103	4.3	50
JR成田空港线	特急（N’ EX）	大船	成田空港	横须贺线	29	8	12\6	12	128.6	107	4.5	72
		池袋	成田空港	山手线	26	6	12\6	6	101.4	84	18.4	72
		横滨	成田空港	横须贺线	25	6	12\6	4	111.1	88	20.3	76
		新宿	成田空港	山手线	25	5	12\6	5	96.6	77	22.2	75
	快速	久里滨	成田空港	横须贺线	37	36	15\11	11	152.5	178	24.2	51
		逗子	成田空港	横须贺线	32	31	15\11	4	137	152	4.4	54
	普通	千叶	成田空港	总武本线	9	9	6\4	1	40	52	4.6	46

注：国内线航站楼站为羽田机场国内线航站楼站的缩写。CL、ML、EL 分别指 City Liner、Morning Liner 和 Evening Liner。其中 ML 列车运行方向于 EL 相反，ML 只从成田空港站发出，EL 只从京成上野站发往成田空港站，两者基本指标相同。

JR 成田空港支线列车经过的关键节点，因此以东京站为断面研究 JR 成田线空港支线机场接驳轨道运营特征具有代表性。

工作日，东京站双方向各有 36 班列车（特急 N' EX 列车合并后），其中特急 N' EX 列车比例均达到 47%。全日列车运营具有一定的早晚高峰特征，但高峰期发车频率仅为 3~4 班 /h，平峰期发车频率仅为 1~2 班 /h。在东京站，特急 N' EX 列车发车频率基本保持在 1~2 班 /h，基本固定于每小时的整点或半点发出，到达频率与出发频率一致，基本固定于每小时的 15 分或 45 分到达，如图 9-23、图 9-24 及表 9-12 所示。

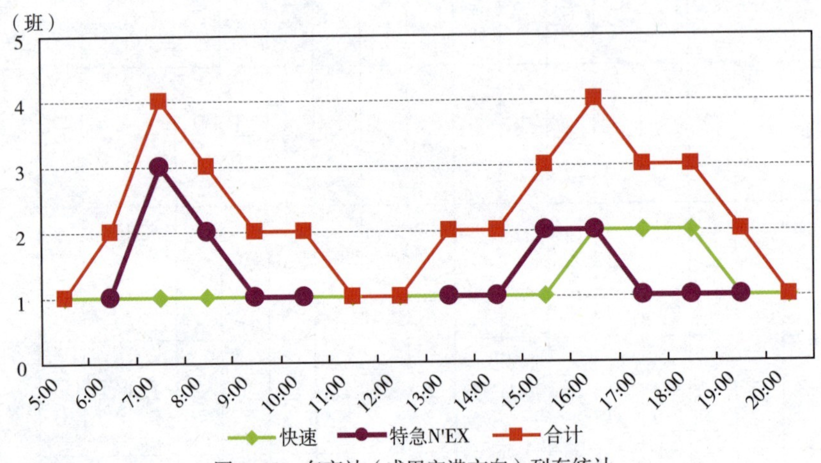

图 9-23　东京站（成田空港方向）列车统计

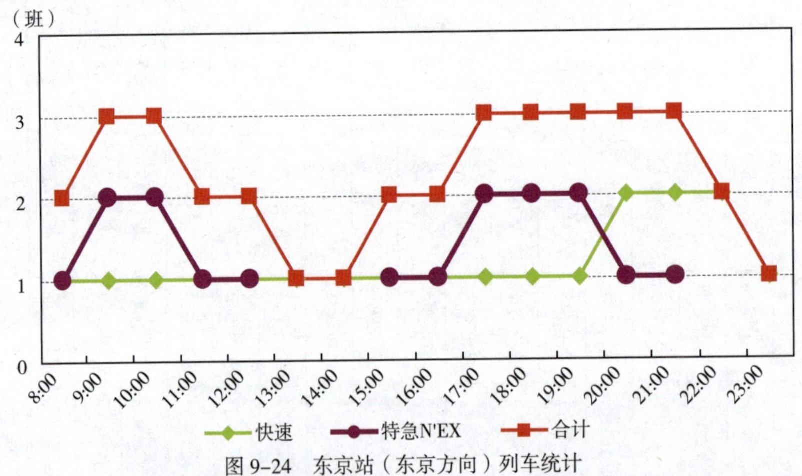

图 9-24　东京站（东京方向）列车统计

注：主要依据えきから時刻表 http://www.ekikara.jp 运营列车停靠站点整理。

三、机场间轨道服务

东京都市圈两大机场功能互补，业务分工明确，两者之间存在一定量的转机客运需求。目前，机场间轨道运营服务由京成电铁提供，主要有两种运营线路。线路 1 为京急空港线—京急本线—都营浅草线—京成押上线—京成本线；线路 2 为京急空港线—京急本线—都营浅草线—京成押上线—京成成田空港线，如图 9-25 所示。

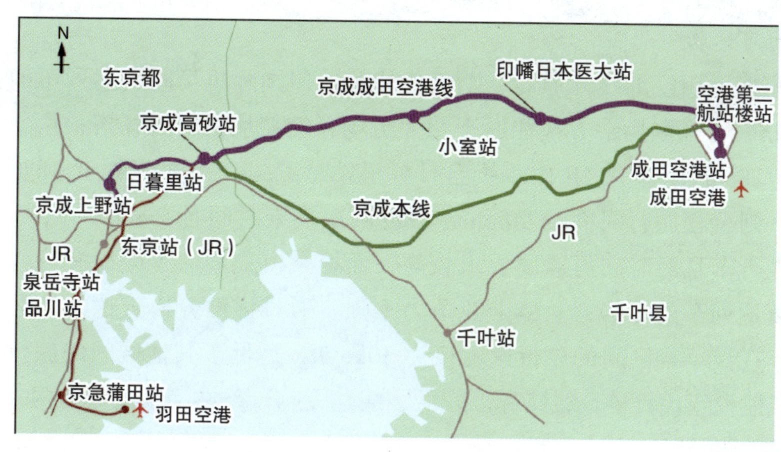

图 9-25　机场间轨道线路示意图

1. 运营方式

工作日共有 16 班列车由羽田机场发往成田国际机场，其中 4 班快特列车和 1 班次通勤特急列车经线路 1 抵达成田国际机场，其他 11 班 Access 特急列车经线路 2 抵达成田国际机场；共有 13 班列车由成田国际机场发往羽田机场，其中 1 班快特列车经线路 1 抵达羽田机场，其他 12 班次 Access 特急列车经线路 2 抵达（所有列车等级均以京成电铁线路的列车等级表述），见表 9-13。

羽田机场与成田国际机场间轨道交通列车运营信息总表　　表 9-13

	运营线路	京急线运营类别	浅草线运营类别	京成电铁运营类别	经过站数	停靠站数	车节编组	发车频率（班/日）	运行里程（km）	运行时间（min）	平均站距（km）	运行速度（km/h）
羽田机场至成田国际机场	线路1	空港急行	空港急行	快特	69	36	8	4	92.6	120	2.6	46
		空港急行	空港急行	通勤特急	69	43	8	1	92.6	125	2.2	44
	线路2	空港特快	空港特快	Access特急	54	20	8	8	85.4	103	4.5	50
		空港急行	空港快特	Access特急	54	28	8	1	85.4	108	3.2	47
		空港急行	空港急行	Access特急	54	34	8	2	85.4	120	2.6	43
成田国际机场至羽田机场	线路1	空港急行	急行	快特	69	36	8	1	92.6	132	2.6	42
	线路2	空港特快	空港特快	Access特急	54	20	8	8	85.4	103	4.5	50
		空港急行	空港快特	Access特急	54	26	8	1	85.4	108	3.4	47
		空港急行	空港急行	Access特急	54	34	8	3	85.4	120	2.6	43

2. 机场间可达性

2010年京成成田空港线开通后，羽田机场和成田国际机场间直达列车的最快旅行时间降至103min。若采取换乘方式往返于两大机场，例如从羽田机场搭乘京急空港快特列车至品川站（18min），换乘JR山手线至日暮里站（22min），再搭乘SL列车前往成田空港（40min），则全程旅行时间约90min（假设两次换乘时间各5min），见表9-14。机场旅客大多携带行李且对时间可靠度要求较高，而换乘模式增加了旅途疲劳程度和不确定性，费用是直达列车的2倍，总体上竞争力不强。通过详细分析直达列车运行时刻表可知，直达列车在浅草线区间的旅行速度仅为30km/h，远低于其他区间的旅行速度，见表9-15。浅草线建设年代较早，线路标准较低，线路无越行条件，因此成为两大机场间现有轨道运营线路的瓶颈区段。

羽田机场和成田国际机场间轨道可达性变化 表9-14

机场间轨道改善项目	项目完成时间（年）	项目改善后的旅行时间（min）	费用（日元）
两机场间直通运营	1998	107	1560
京成成田空港线整备	2010	103（直达），90（2次换乘）	3510

资料来源：东京大学铁道研究会，簡易線——空港アクセス鉄道（上），2010.11。

羽田机场—成田机场间最快速直达列车运行详细分析 表9-15

线　路	羽田空港国内线航站楼—泉岳寺（京急空港线和京急本线）	泉岳寺—押上（浅 草 线）	押上—成田空港（京成押上线、京成本线和京成成田空港线）	全线合计
区间距离（km）	15.7	11.4	58.3	85.4
经过站数（个）	18	14	24	54
停靠站数（个）	4	8	10	20
站间距（km）	5.2	1.6	6.5	4.5
旅行时间（min）	21	23	59	103
旅行速度（km/h）	45	30	59	50

四、国际机场轨道接驳系统可达性研究

轨道交通对机场陆路集疏运系统服务水平提升作用明显。据统计，世界大多数大型机场的轨道接驳系统基本上保证了机场至城市中心区出行时耗在40min以内。东京羽田机场距都心较近，引入轨道后出行时间降至20min左右；成田国际机场距都心达56km，通过引入快速轨道服务将出行时间缩减至50min以内，有效提高了机场的可达性，如图9-26所示。

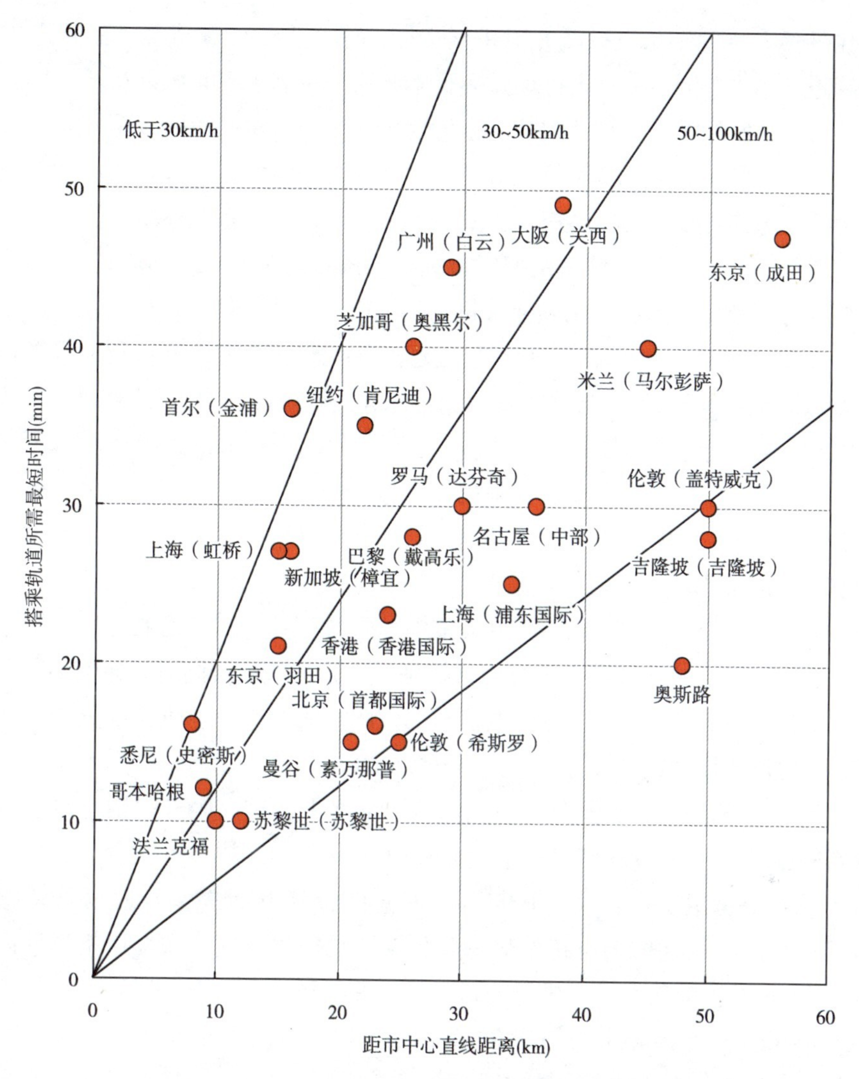

图 9-26　世界主要机场与市中心直线距离及到达时间分析

注：根据国土交通省《東京国際空港アクセス検討委員会報告書（案）》中的统计方法制作。

第四节　机场与轨道互动发展历程

一、羽田机场

1931 年 8 月 25 日，东京飞行场（羽田机场）正式开通。东京飞行场作为日本第一大机场，主要经营通往中国、泰国和法属印度支那等地区的国际线路。当时，京急穴守线（现京急空港线前身，1902 年开通）稻荷桥站距东京飞行场直线距离 800~1000m，稻荷桥站是当时距东京飞行场最近的轨道站点。

二战爆发后，东京飞行场开始作为军事机场使用，1941 年不再进行民航运输。二战结束后，驻日美军接管东京飞行场并对机场进行扩建，1946年建成两条新跑道（旧A跑道和旧B跑道）。1952年，东京飞行场归还日本政府，更名为东京国际机场，同年，为提高运能以适应机场发展需求，京急穴守线京急蒲田站至稻荷桥站段复线化。

20世纪50年代，航空需求随着日本经济的高速增长而大幅提升。为方便航空旅客出行，1956年，京急穴守线开通穴守稻荷站（原稻荷桥站）至羽田机场站段，将线路延伸至海老取川西侧，终点羽田机场站距羽田机场航站楼直线距离500~600m。虽然接驳轨道与机场的距离有所减少，但旅客仍须换乘机场接驳巴士抵达航站楼，机场轨道的服务水平有待进一步提高。1963年，京急穴守线正式更名为京急空港线。1964年9月7日，为配合即将开幕的第十八届东京夏季奥林匹克运动会，机场单轨羽田线正式开通，直接联系机场与城市中心，此时单轨羽田站距机场航站楼直线距离200~300m，处于步行可接受的范围内，进而大幅提高了机场接驳轨道交通的便利性。

20世纪70年代，羽田机场两条跑道使用已经趋于极限，日本政府开始考虑进一步扩大机场规模，决定采用填海造陆方式扩建机场。1993年9月27日，新的客运中心——羽田机场第一航站楼落成（总建筑面积29万m^2），标志着新羽田机场的诞生。同年，东京单轨羽田线延伸至第一航站楼设立了羽田机场站，与第一航站楼同时开通使用；京急空港线延伸至羽田站（现天空桥站），并实现了与都营浅草线的直通运营，部分普通列车升级为急行列车，为机场提供更高服务水平的机场轨道接驳服务。

此后，羽田机场轨道不断提升运输能力和服务水平、扩大服务范围，以适应机场旅客越来越高的服务需求。1994年，京急电铁拓展了京急空港线所有站台以适应开行8节编组列车（原6节编组）的需要。1997年，京急空港线开始提供直通运营特急列车服务。1998年，京急空港线由天空桥站进一步延伸至羽田机场站（现羽田机场国内线航站楼站），同时开通了联系东京两大机场的机场快特和机场特急列车，进一步拓展了轨道服务范围。2002年京急空港线通过改造京急蒲田站实现了与横滨方向的京急本线直通运营，此后横滨方向乘客可直达羽田机场航站楼。

2004年12月1日，为配合羽田空港第二航站楼的使用，东京单轨羽田线延伸至羽田机场第二航站楼站，原羽田机场站改名为羽田机场第一航站楼站。2007年，东京单轨羽田线在昭和岛站待避线建成后开始提供空港快速和区间快速列车。2010年10月21日，羽田机场国际线航站楼站和D跑道投入使用，东京单轨羽田线和京急空港线均同步开通了国际线航站楼站，见表9-16。

纵观羽田机场的发展历程，轨道总是在机场发展的重要时刻予以紧密配合，不断提高便利性和服务水平、拓展服务范围，以适应航空客流需求。东京单轨羽田线随着机场发展，其站点客流不断上升，1998年后京急空港线机场内部站点开通，单轨羽田线机场客流呈下降趋势，如图9-27所示。对于京急空港线而言，其可通过与京急线系统、都营浅草线和京成线系统直通运营直达更广阔的区域，这一可达性的优势使其在与东京单轨羽田线的竞争中逐渐占据优势。因此，1998年京急空港线直接进入机场航站楼后其客流总体持续上升态势。

羽田机场与轨道互动发展大事件一览表

表 9-16

时　期	基础设施	投入使用年份	空港发展情况	轨 道 情 况
早期（1931~1945 年）	机场一代	1931 年	东京飞行场，一条 300m 长的跑道，位于现整备场站附近。1941 年转为军事机场使用，至二战结束	1902 年京急穴守线京滨蒲田站（现京急蒲田）—穴守站间业已开通，羽田飞行场开通时穴守线的稻荷桥站距飞行场直线距离 800~1000m
战后发展期（1945~1984 年）	A 跑道	1946 年	建成时长 2145m，1955 年延伸至 2550m，1961 年延伸至 3000m	1945 年驻日美军废除穴守线客运功能，改为单线货运线路，京滨蒲田站—稻荷桥站间单线运营，稻荷桥站—穴守站间废止
	B 跑道		建成时长 1650m，1971 年延伸至 2500m	
	机场二代	1952 年	东京飞行场归还日本政府，改名为东京国际机场	1952 年京滨蒲田站—稻荷桥站恢复双线运输和客运功能 1956 年京急线穴守稻荷站（原稻荷桥站）—羽田机场站间开业
	C 跑道	1964 年	建成时长 3160m。东京举办奥运会，旧客运大楼也因此扩建	京急穴守线：1963 年改名京急空港线 东京单轨：1964 年滨松町站—羽田站间开业
填海发展期（1984 年至今）	新 A 跑道	1988 年	1984 年动工，建成时长 3000m	
	第一航站楼	1993 年	建成时总建筑面积 29 万 m^2，同年新整备场也投入使用	东京单轨：1993 年整备场站至羽田机场站开业 京急空港线：1993 年穴守稻荷站—羽田站开业。通过本线与都营浅草线的直通运营开始。直通部分普通列车升级为急行列车。1994 年各站站台扩建工程完成，列车最大编组数由 6 节增加至 8 节
	新 C 跑道	1997 年	建成时长 3000m	京急空港线：1997 年与本线和浅草线直通的特急列车开始运营。1998 年羽田站—羽田机场站开通，羽田站改名天空桥站，机场快特和机场特急列车开始运行，实现与成田国际机场间轨道直达
	新 B 跑道	2000 年	建成时长 2500m	京急空港线：2002 年京急蒲田站改善后，与京急本线横滨方向直通列车开始全天运行
	第二航站楼	2004 年	建成时总建筑面积 18 万 m^2	东京单轨：2004 年羽田机场站—羽田机场第 2 航站楼站段开业，单轨羽田机场站改名为羽田机场第一航站楼站。2007 年，昭和岛站待避线建成，空港快速和区间快速列车开始运营
	新国际线航站楼	2010 年	建成时总建筑面积 16 万 m^2	东京单轨：2010 年羽田机场国际线航站楼站开通 京急空港线：2010 年京成成田空港线开通，两线经浅草线实现直通。2010 年机场羽田机场国际航站楼站开通，羽田机场站更名为羽田机场国内航站楼站
	新 D 跑道	2010 年	建成时长 2500m	

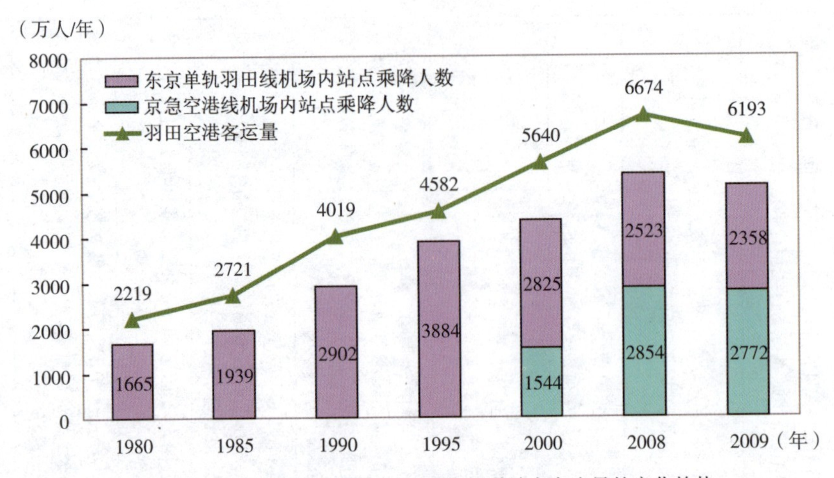

图 9-27　羽田机场客运量与机场港内轨道站点客流量的变化趋势

资料来源：国土交通省，都市鉄道整備のあり方–新たな社会的ニーズへの対応–，2004。

二、成田国际机场

1978 年 5 月 20 日，成田国际机场正式开港。为配合成田国际机场投入使用，京成电铁于 5 月 21 日开通了成田空港支线，机场内设有成田空港站（现东成田站），运营由京成本线发往成田空港站的 SL（现 CL）、ML 和 EL 等高等级列车。

当时，成田空港站虽然位于成田国际机场内，但距第一航站楼直线距离约 700m，距规划中的第二航站楼直线距离约 500m，与航站楼布局协调性差。成田机场轨道建设未按规划实施，是造成成田机场轨道站点和航站楼布局不合理的主要原因。早在 1966 年，日本政府为配合成田国际机场使用提出了成田新干线设想，计划经与地铁东西线平行线路及京成成田空港线现有部分线路修建一条连接东京站和成田国际机场的高速铁路，并且在成田国际机场第一航站楼和第二航站楼规划建设中已经预留线路通道和站点。然而，成田新干线计划因受到沿线居民的强烈反对而搁浅，当局被迫只能通过延伸附近的京成电铁线路至机场来实现接驳。京成电铁计划之初曾提出使用新干线预留通道和站点于航站楼下设站，但这一请求被日本国土交通省拒绝，最后被迫设站于规划的两航站楼之间。

成田新干线工程虽然未能建设，但日本加强东京区部与成田国际机场之间轨道快捷联系的努力却从未停止。1977 年，日本运输大臣田村元决定结合既有轨道线路解决成田国际机场与东京区部联系的问题，主要涉及以下 3 个方案：A 方案，在利用既有线路的基础上新建一段国铁线路连接机场，被称为国铁新线方案；B 方案，利用北总铁道和千叶新城铁道的既有线路，于印幡松虫站（现印幡日本医大站）修建新线至成田国际机场（即现京成成田空港线），称为私铁方案；C 方案，利用 JR 成田线于成田站延伸至成田国际机场（现 JR 成田线空港支线），称为国铁方案。由于当时国铁财政赤字，加之 C 方案涉及的总武快速线没有富余运输能力，1985 年，日本政府最终决定采用 B 方案。

然而，由于千叶新城的开发受经济增速放缓的影响而趋于停滞，北总线沿线开发和线路延伸工程进展缓慢，B 方案迟迟未能实现。20 世纪 80 年代末，时任日本运输大臣的石原慎太郎要求 JR 东日本和京成电铁将各自线路延伸至成田国际机场航站楼，并允许其采用原成田新干线预留通道和站点。1991 年 3 月 18 日，JR 成田线空港支线延伸至机场第一航站楼，设地下站成田空港站（此即 C 方案的实现）；3 月 19 日，京成本线延伸至成田空港站，原京成本线成田空港支线改名东成田线，原成田空港站改名为东成田站。经过了 13 年的努力，成田国际机场第一航站楼最终实现与接驳轨道交通的无缝衔接。

1992 年 12 月 3 日，成田国际机场第二航站楼投入使用，空港第二航站楼站配合其使用提前 3 天开通。1998 年，京急空港线进入羽田机场航站楼后，羽田机场和成田国际机场间开通机场直达列车服务。2002 年，日本运输政策审议会 18 号文件对机场轨道进行了全面的梳理和规划，要求京成成田空港线（即 B 方案）在 2015 年前开通运营。2010 年 7 月 17 日，印幡日本医大至成田国际机场间的轨道全线贯通，京成成田空港线提前开通运营。此后，京成成田空港线提供 SL 和 Access 特急两种列车服务，原京成本线 SL 列车改名为 CL 继续兼顾服务机场。新的 SL 列车最高行驶速度达 160km/h，大幅增强了京成电铁机场轨道服务的竞争力，并有效改善了成田国际机场可达性。同年，JR 东日本为应对京成电铁的竞争全面更新了 JR 成田线空港支线 N' EX 列车，提高发车频率，进一步利用 JR 网络拓展服务成田国际机场港的直达范围，见表 9-17。

成田国际机场与轨道互动发展大事件一览表 表 9-17

<table>
<tr><th>机场</th><th>基础设施</th><th>投入使用年份</th><th>备 注</th><th>轨 道 配 合</th></tr>
<tr><td rowspan="4">成田国际机场</td><td>机场</td><td rowspan="3">1978 年</td><td>原定于 1978 年 3 月开港，但由于当地居民发动抵制运动并破坏机场设施，致使开港日期延迟到 5 月 20 日</td><td rowspan="3">京成本线：1960 年实现了与都营浅草线的直通运营。
京成东成田线：1978 年京成成田站—成田空港站（现东成田站）开通。由京成本线服务机场的 SL、ML 和 EL 列车开始运营。
成田空港站（现东成田站）离航站楼距离较远，20 世纪 80 年代末，时任日本运输大臣的石原慎太郎要求 JR 东日本和京成电铁将它们各自线路延伸到成田国际机场航站楼，开通地下车站来承接客流</td></tr>
<tr><td>第一航站楼</td><td>建成开通，目前本馆总建筑面积 26 万 m^2，算上卫星楼总建筑面积 44 万 m^2</td></tr>
<tr><td>A 跑道</td><td>建成时长 4000m，但由于南端存在未收购地和当地反对派居民建筑，致使南端 750m 跑道不可用，实际使用长度为 3250m。预计到 2012 年可实现 4000m 全部投入使用</td></tr>
<tr><td>第二航站楼</td><td>1992 年</td><td>建成开通，目前总建筑面积 24 万 m^2</td><td>JR 成田线空港支线：1991 年成田站—成田空港站段开通。N' EX 列车开始运营，最初列车由横滨站、新宿站和池袋站等车站发出，后逐渐拓展至大宫、高尾、大船等车站。
京成本线：1991 年京成成田站—成田空港站段开通，成田空港站（现东成田站）改名东成田站。
1992 年空港第二航站楼站先于第二航站楼 3 天投入使用，该站为 JR 成田线空港支线与京成本线站点。
1998 年随着京急空港线引入羽田机场，羽田机场和成田国际机场间直达列车开始运营</td></tr>
</table>

续上表

机场	基础设施	投入使用年份	备注	轨道配合
成田国际机场	B跑道	2002年	赶在韩日世界杯前完工，建成时长2180m，2009年延伸至2500m	京成成田空港线：2010年整合既有线路并建设新线，列车可由北总线直达空港第二航站楼站和成田空港站，新开通的SL列车有效缩短了成田国际机场与区部的旅行时间，同时Access特急列车开始在京成成田空港线运营。 京成本线：2010年原京成本线SL改名CL。 JR成田线空港支线：N' EX列车更换新型E259系电车并增加班次

1978~2008年，成田国际机场客运吞吐量和成田空港站乘降人数（含航空旅客、通勤和其他客流）均呈上升趋势，机场和轨道发展互惠互助。在成田机场发展之初，由于规划落实及后续调整相继出现问题，机场建成之后很长一段时期轨道站点与航站楼结合不够紧密，机场轨道客流及分担率均不够理想。后来轨道与航站楼严格按照同步投入使用的原则建设，1991年京成本线和JR成田线空港支线引入成田国际机场航站楼后（1991年前只有京成本线的东成田支线服务），两线客流量增长明显，机场轨道分担率大幅上升，如图9-28所示。

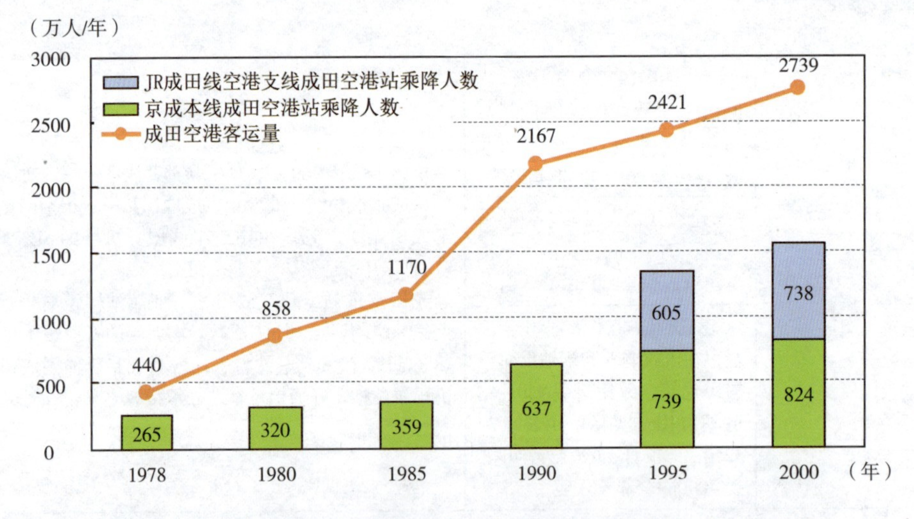

图9-28 成田国际机场客运量与成田空港站轨道客流量的变化趋势

注：京成本线机场内站点在1991年之前指东成田站，之后指成田空港站，JR成田线指成田空港站。

资料来源：国土交通省，都市鉄道整備のあり方—新たな社会的ニーズへの対応—，2004。

1991年JR成田线空港支线和京成本线引入第一航站楼后，航空旅客接驳交通结构发生巨大变化，轨道分担率由17.2%阶跃式上升至42.0%，巴士分担率由53.5%下降至35.7%，小汽车（含出租车）分担率由22.4%降至19.2%。2010年7月京成成田空港线引入空港第一航站楼和第二航站楼后，轨道分担率由38.9%上升至44.4%，其中京成电铁线路分担率由24.2%上升至26.2%，见表9-18。上述数据表明，轨道是否引入航站楼对旅客选择具有显著的影响。

2010年成田国际机场轨道服务水平明显提高，主要体现在两个方面：一是京成电铁借京成成田空港线大大缩短机场和市中心间行程时间；二是京成电铁推出新一代的SL列车，JR东日本也相应改善了N'EX列车，列车舒适度提高。成田国际机场接驳轨道中，速度优势明显的SL和N'EX列车分担率远高于同线路其他列车；具备直达优势和网络优势的N'EX列车即使票价比SL列车贵20%，但其分担率依然高出2.5%。由此可见，在机场轨道服务中快速和直达是旅客选择的主要因素，高水平服务列车是机场轨道服务的发展趋势。

成田国际机场轨道进入航站楼前后分担率的变化（单位：%） 表9–18

类别			京成本线和JR成田线		京成成田空港线	
			引入前（1990年）	引入后（1991年）	引入前（2010年3月）	引入后（2010年9月）
轨道	合计		17.2	42.0	38.9	44.4
	JR东日本	小计	1.3	23.1	14.7	18.1
		N'EX	—	17.6	10.6	14.3
	京成电铁	小计	16	18.9	24.2	26.2
		SL	12	12.1	7.7	10.2
机动车	合计		78.2	55.7	56.0	50.2
	巴士	小计	53.5	35.7	41.5	36.7
		直达巴士	29	21	21.8	17.3
	乘用车类		22.4	19.2	11.4	13.0
	货车类		2.3	0.8	0.7	0.5
国内航班			4.6	2.3	5.1	5.4
其他			—	—	—	—
总计			100	100	100	100

资料来源：成田国际机场株式会社，成田国際机场アクセス交通実態調査（速報），2005.4。

三、机场间轨道发展历程

1978年成田国际机场开港时，两大机场之间尚无直达列车，旅客使用轨道交通往来至少须换乘2次，耗时2h以上。1998年，京急空港线引入羽田机场航站楼后，两大机场轨道企业利用既有物理线路开通直通直达列车，主要提供机场快特和机场急行两种列车服务，沿途依次经过的物理线路有京急空港线、京急本线、都营浅草线、京成押上线和京成本线。直通列车运营一定程度上改善了两机场间的出行，但由于浅草线和京急线系统站距较小，高等级列车运行速度无法大幅提升，机场间最短旅行时间仍需 107min；2010 年京成成田空港线开通后仍受制于该因素影响，机场间直达列车最短旅行时间 103min。

目前，东京两大机场间轨道交通服务仍处于不甚理想的状态，为进一步提高机场间轨道可达性，相关政府部门和机构分别提出了改善方案，本章下一节将予以详述。

第五节　机场轨道交通发展策略

一、航空客流预测

全球化背景下，东京都市圈未来基于业务、旅游等需求的国际出行量将大幅上升，国际航空客运将获得新的发展机遇；由于日本新干线新一轮的建设，特别是中央新干线的发展将对国内中短途航空业务形成竞争。根据《首都圈空港的将来像》报告，2030 年东京首都圈航空旅客量将达到 1.68 亿人 / 年（2007 年的 1.7 倍），其中国际航空旅客 1.1 亿人 / 年（2007 年的 3.1 倍），国内航空旅客 5780 万人 / 年（比 2007 年减少 10%）。2007~2030 年国际旅客与国内旅客的比值将由 0.6 上升至 1.9，提高国际航班运输能力刻不容缓，如图 9–29 所示。

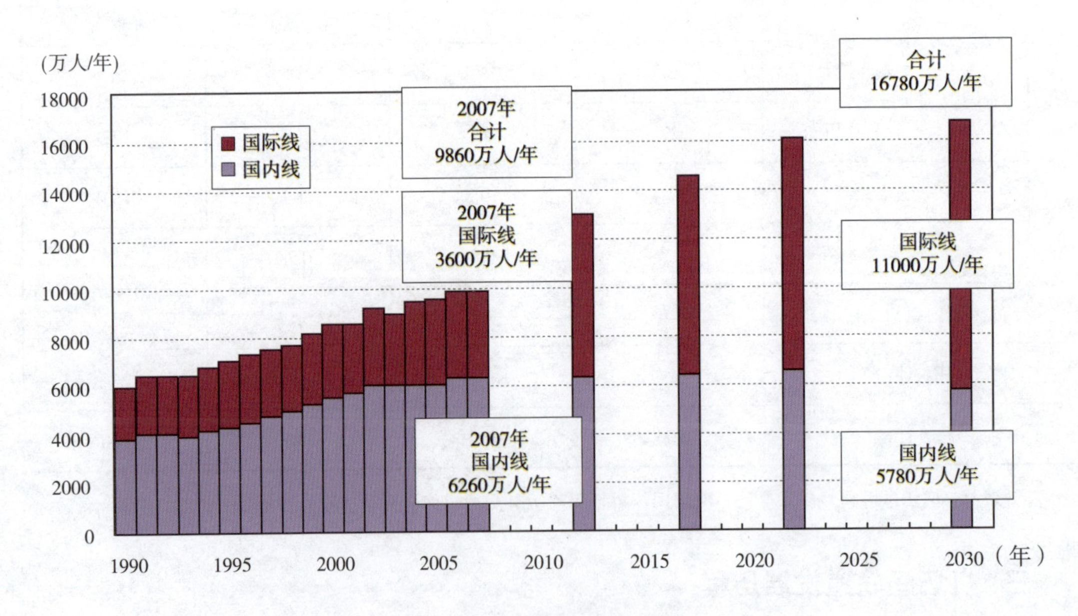

图 9–29　首都圈航空客流预测
资料来源：运输政策研究机构，首都圈的将来像，2009.9。

从机场规模、配套设施和区位等方面考虑，羽田机场发展潜力优于成田国际机场，现有“羽田主内，成田主外”的功能定位已不能适应都市圈航空发展需求。未来两大机场功能定位和运输能力分配需进行优化调整，羽田机场必将逐步发展国际航线业务以缓解航空运输压力。

二、羽田机场轨道交通发展策略

2010 年 10 月，为实现羽田机场“再国际化”战略，日本政府建成国际线航站楼和 D 跑道以增强羽田机场国际航空服务能力。新基础设施的投入使用，虽然缓解了目前的航空运输压力，但长期来看仍然无法满足不断上升的国际航空需求。部分研究机构提出羽田机场应继续填海以备在羽田机场 C 跑道东侧修建第二座国际线航站楼和 E 跑道。若这一计划得以实施，将大幅提升羽田机场国际航线服务能力，或使其成为日本最重要的国际机场，如图 9-30 所示。

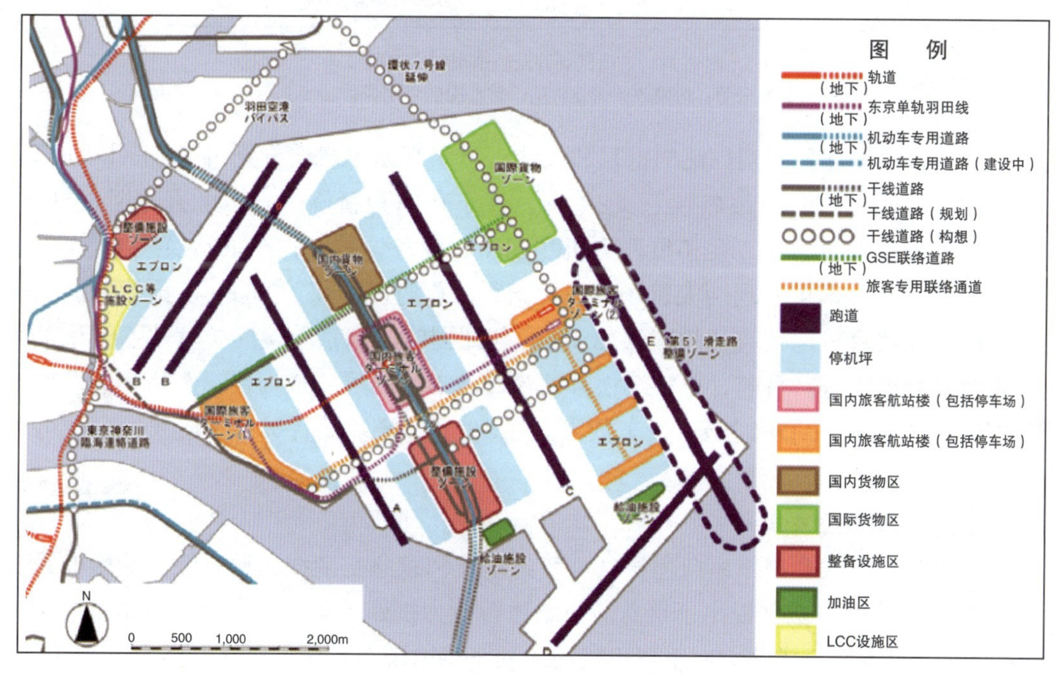

图 9-30　羽田机场规划

资料来源：运输政策研究机构，首都圈的将来像，2009.9。

未来羽田机场国际业务的加强，势必对接驳轨道系统的运输能力和服务水平提出更高要求。2002 年，国土交通省运输政策审议会地域交通部颁布了答申第 18 号文件（以下简称 18 号文件），该文件以 2015 年为目标年提出了一揽子改善羽田机场轨道交通的实施计划，如图 9-31 所示。

1. 东京单轨羽田线改造计划

为解决东京区部重要枢纽节点至羽田机场的交通问题，18 号文件提出改造东京单轨羽田线，将其延伸至都心附近的新桥站和东京站。2010 年随着羽田机场国际线航站楼开

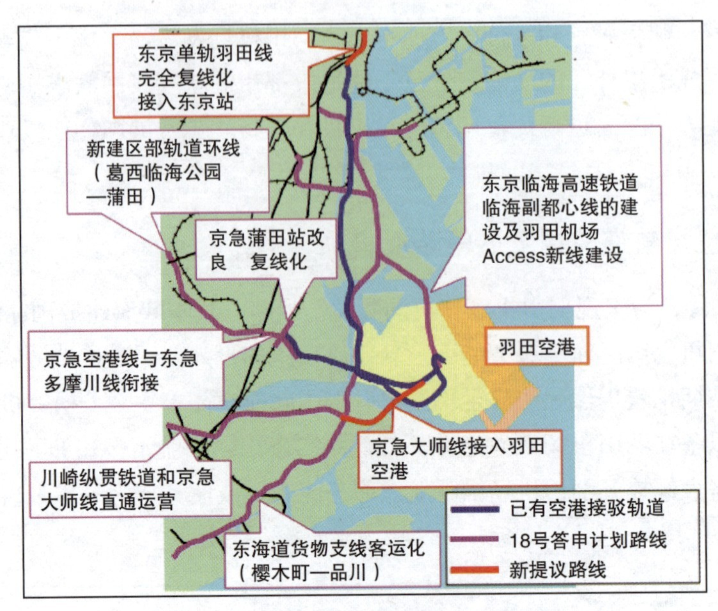

图 9-31 羽田机场涉及轨道规划实施项目
资料来源：运输政策研究机构，首都圈的将来像，2009.9。

通，东京单轨延伸计划受到广泛的重视和关注，对于东京单轨的母公司 JR 东日本而言，单轨羽田线延长工程具有战略性意义：一是 JR 东京站和新桥站旅客可直达羽田机场，有助于提升该线竞争力；二是拓展两大机场间出行业务，乘客在东京站换乘 JR 成田线特急 N’EX 列车，即可实现两大机场间快捷出行，旅行时间仅为 80min，虽然增加一次换乘，但比现状京成电铁直通列车快 20min。与此同时，东京单轨滨松町站复线化工程也在紧锣密鼓地推进。目前，单轨滨松町站为 2 岛 1 线的尽端式站台，停靠车辆发出前其他车辆不能驶入，每小时最大发车数限制在 18 班，复线化后每小时最大发车数可上升至 24 班。

2. 京急蒲田站改良工程

鉴于京急空港线受制于京急蒲田站（京急本线和京急空港线）通行能力的影响无法增加服务班次，18 号文件提出了京急蒲田站通行能力扩建工程——京急蒲田站将由 2 岛 4 线扩建为 2 岛 6 线，横滨方向至羽田机场的列车将由现在的 3 班次 /h 提升到 6 班次 /h。待京急蒲田站扩建后，再将东急多摩川线延伸至京急蒲田站并与京急空港线直通运营，进一步拓展羽田空港的直达区域。

3. 京急大师线的扩展

18 号文件指出，即使进一步增强现有单轨羽田线和京急空港线的运输能力，也无法完全适应未来羽田客流需求的增长，因此计划将多摩川南岸的京急大师线引入羽田机场新增一条接驳轨道线路。京急大师线与京急空港线同为京急本线的支线，其始于京急本线川崎站，终点小岛新田站与羽田机场隔河相望，因此引入羽田机场的工程可行性较高。

此外，日本政府计划将规划中的川崎纵贯高速铁道和京急大师线均延伸至 JR 川崎站，实现两线间的直通运营。川崎纵贯高速铁道于新百合丘站与小田急多摩线直通运营，伴随着京急大师线引入羽田机场，多摩南部小田急多摩线沿线地区和川崎纵贯高速铁道沿线地区的旅客都可直达羽田机场，如图 9–32 所示。

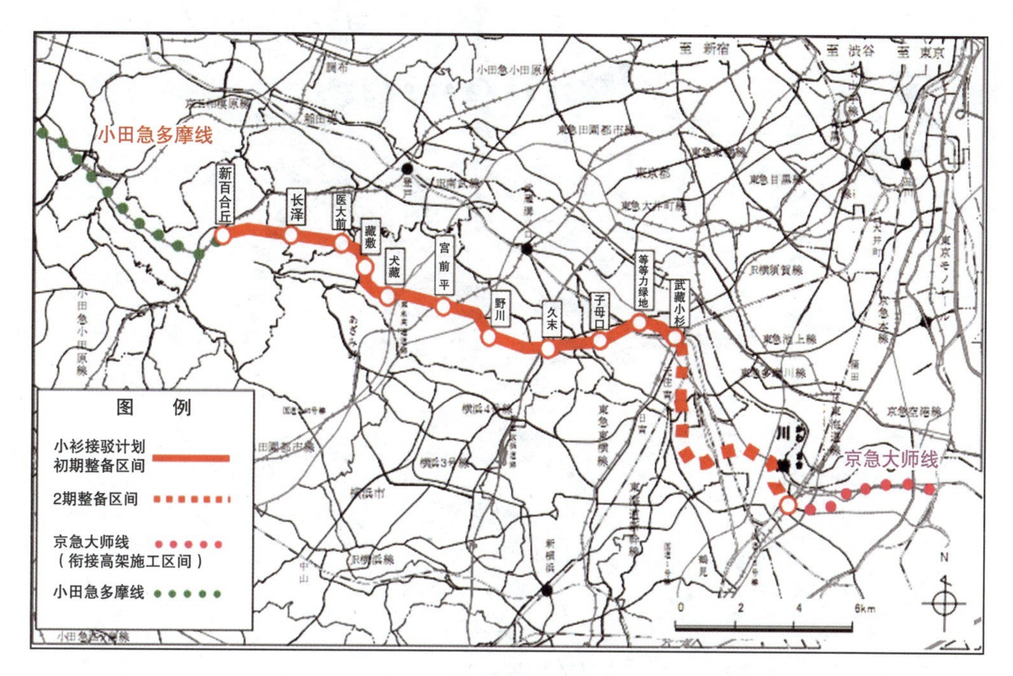

图 9–32　川崎纵贯高速铁道规划路线

资料来源：川崎纵贯高速铁道线整备事业官网。

4. 东海道货物线客运化及羽田空港 Access 新线建设

东海道货物线是由东海道本线派生出来的各条货运线的总称。为满足羽田空港的客流增长需求，18 号文件提出将品川—东京货物终点站—羽田空港—滨川崎—樱木町间的货运线路客运化，进一步提高空港接驳轨道运输能力，加强空港与区部和神奈川东南地区的联系。

其中，东京货物线终点站至羽田机场段客运化后，将作为羽田机场 Access 新线的一部分。规划的羽田机场 Access 新线始于东京电讯港站，利用原东海道货物线到达羽田机场。羽田机场 Access 新线在东京电讯港站与东京临海高速铁道临海线相接，并计划直通运营东京临海高速铁道临海线，于新木场站又与 JR 京叶线（千叶方向）直通运营，于大崎站则与 JR 埼京线（埼玉方向）直通运营。因此，羽田机场 Access 新线通过线路之间的直通运转可使羽田机场的直达区域扩展到埼玉县和千叶县的人口密集区，对提升羽田机场可达性意义重大。

5. 环状轨道线路的整备

18 号文件中提出了东京区部大环线建设计划，该线路由东京都江户川区的葛西临海公园站始发，经东京区部北区的赤羽岩渊站至大田区的田园调布站，对于田园调布站后如何与羽田机场联系，文件提出了新建线路或与既有线路直通两种方案。环线建成后，区部外围环状区域居民可迅速直达羽田机场，都市圈放射线路旅客最多经 1 次换乘即可到达羽田机场，全面提高羽田机场可达性，如图 9–33 所示。

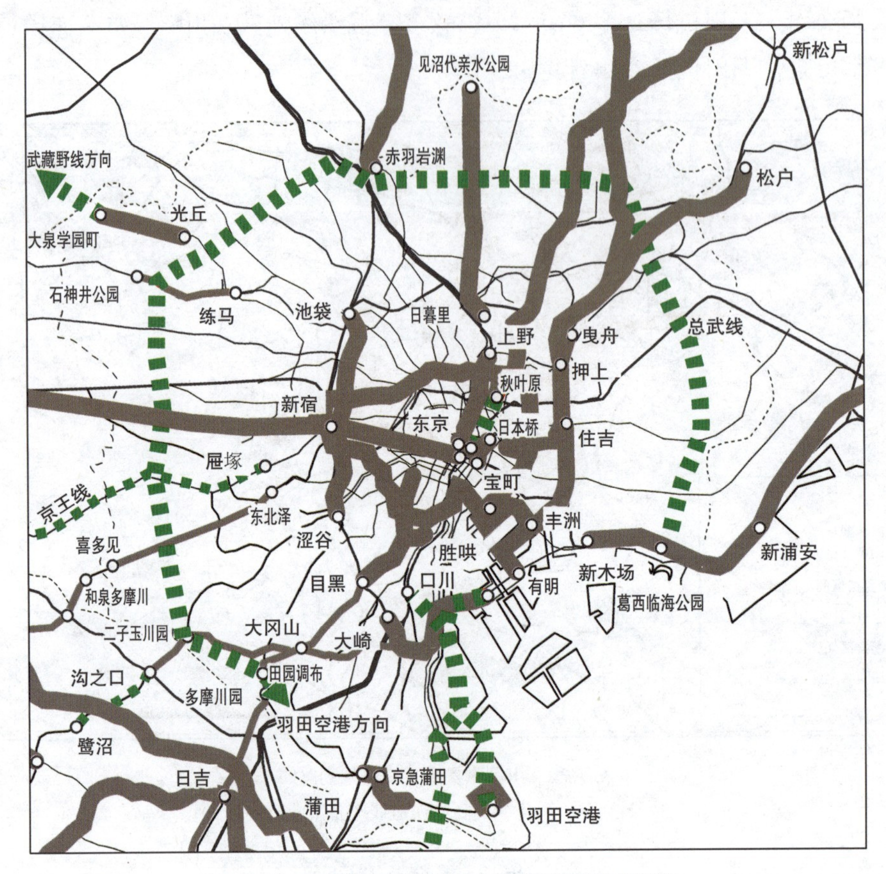

图 9–33　东京都市圈轨道网及规划轨道环线线路图
资料来源：地理情报开发株式会社，东京圈铁道网络图。

上述计划概括起来，其核心策略包括以下几点：①利用现有线路或新建线路引入羽田机场增加旅客可选择轨道线路数量，系统性提高机场轨道运输能力和可达性；②改善关键节点，提高运输效率；③通过直通运营扩大直达区域，拓展空港腹地。

对外道路系统方面，E 跑道和国际线第二航站楼建成后，环状 7 号线将延伸至国际线第二航站楼，再与环状 8 号线和东京湾岸道路的交叉口连接。东京第二湾岸道路也计划由城南岛向南延伸，经过羽田机场西侧后穿过多摩川向横滨方向延伸。东京湾岸道路、首都高速湾岸线和东京第二湾岸道路形成了南北向的机场对外联络通道，环状 8 号线和环状 7 号线则形成了东西向的机场对外联络通道。强化后的对外道路系统作为轨道交通系统的补充，为羽田机场完成战略转型奠定基础，如图 9–34 所示。

三、成田国际机场轨道交通发展策略

成田国际机场在建设过程中遭遇了诸多不可控的困难，影响了机场发展计划。自提出建设计划之日起，机场工程就一直受到当地居民的强烈反对，B 跑道的建设屡经波折，至今尚未完全建成，原本早应建成的 C 跑道则一直处于冻结状态，至今机场内部仍然存在尚未

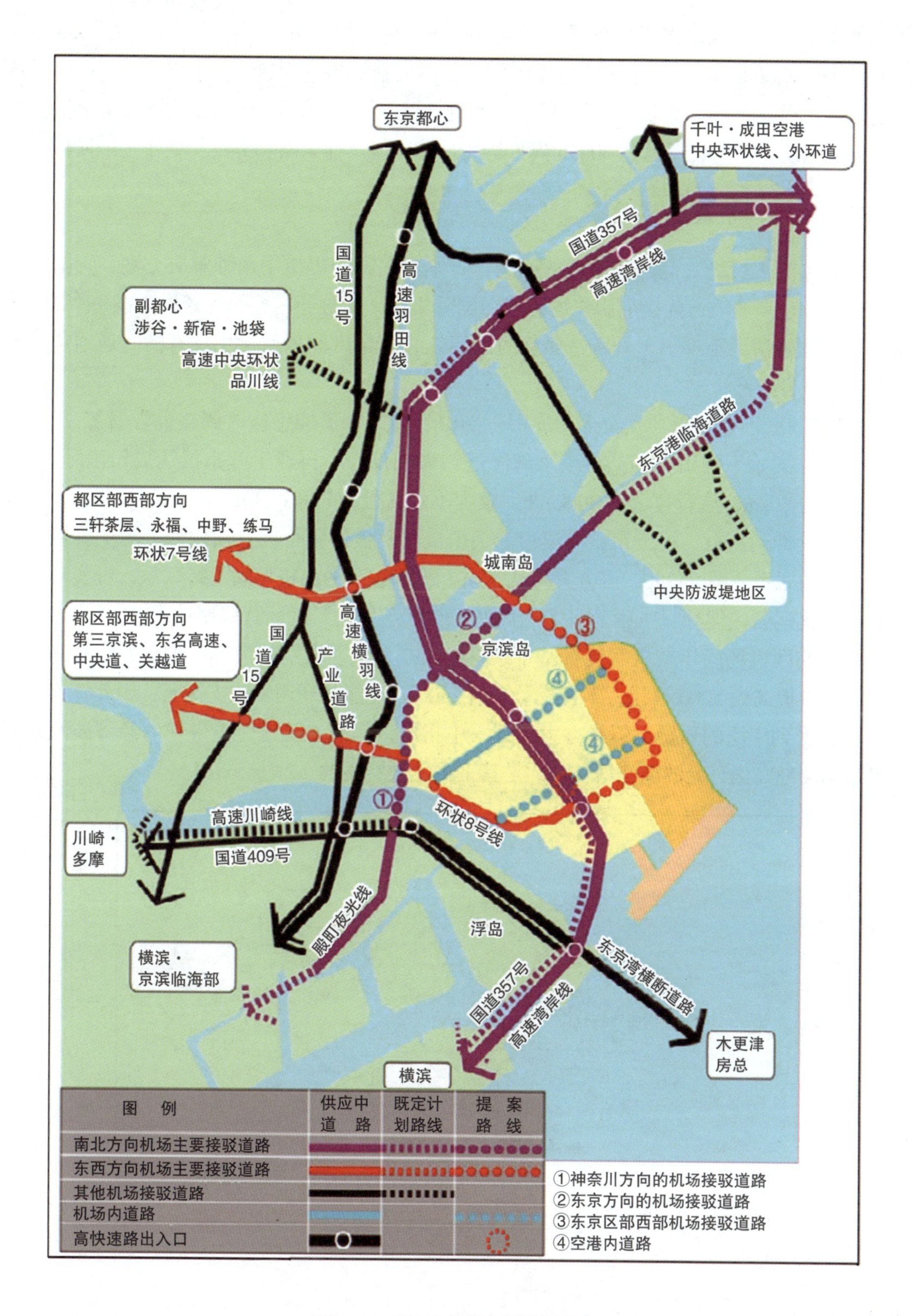

图 9-34　羽田机场道路规划实施项目

资料来源：地理情报开发株式会社，东京圈铁道网络图。

收购的土地。未来成田国际机场仍计划继续扩张，包括扩建B跑道、新建空港第二航站楼和C跑道（3200m）等。鉴于未来机场的发展仍然面临诸多不确定性因素，其轨道接驳系统的建设和运营也必将继续面临着不确定的风险。目前，成田国际机场虽然提出了全面提升轨道接驳系统、使机场至都心30min内可达的目标，但具体策略和方案仍处于酝酿阶段。

四、机场间轨道发展策略

为解决两大机场之间联系不便的问题，日本相关部门提出了两种解决方案：①沿东京湾兴建一条超高速轨道连接羽田机场和成田国际机场（简称超高速轨道建设方案）；②在浅草线区间（泉岳寺至押上）开辟一条新直线通道，其余区间依然使用现有的直通通道（简称浅草线改良方案）。

根据2008年神奈川县政策部《成田—羽田超高速铁道构想检讨调查报告书》，超高速轨道建设方案始于羽田机场，沿东京湾经过临海副都心，再经千叶市抵达成田国际机场，线路全长约80km，旅行速度约300km/h，全程不停站行驶时间仅15min。远期超高速轨道线路还计划延伸到新宿、埼玉市、横滨市、羽田机场及横田飞行场，强化都市圈主要枢纽和城市之间的联系（图9-35）。该方案将从本质上改变东京两大机场间出行联系，可实现两大机场一体化运营，但项目工程建设费用高达13000亿日元，年运营费用约1200亿日元。据统计，目前两机场间年转机客流量基本维持在110万人左右，轨道单程票价约3000日元，即使将票价提高到5000日元，年客流量需达2400万才能实现运营收支平衡，因此该方案可行性一直受到广泛的质疑。但是方案计划书中指出，超高速轨道建设带来的经济波及效应可产生约29000亿日元的经济增长，约是其工程建设费用的2.23倍。

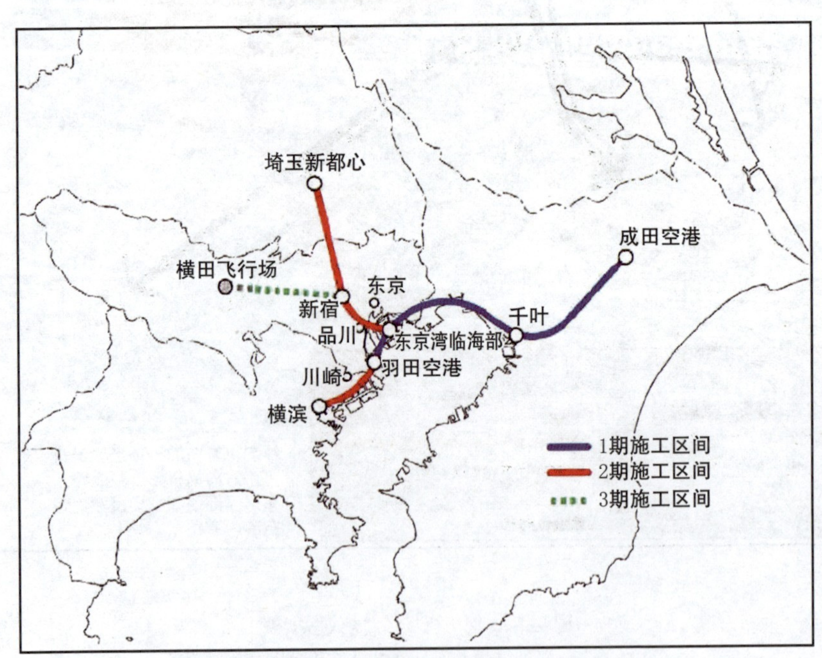

图9-35　羽田—成田机场间超高速轨道规划线路

资料来源：神奈川县政策部，成田～羽田超高速鉄道整備構想検討調査報告書，2008。

与超高速轨道建设方案相比，浅草线改良方案可实施性更强。在操作层面，浅草线改良方案存在 3 个比选方案。其中：方案一，直接在泉岳寺和押上之间修建一条较为顺直的全长约 10km 的新线；方案二，在泉岳寺和押上之间途径东京站修建一条全长约 11km 的新线；方案三，经过宝町附近修建一条新线连接押上站（约 5km），泉岳寺站和宝町站之间仍沿用浅草线轨道。方案一对旅行时间的改善效果最大，但工程投资最高；方案三则相反，工程投资最低，但对旅行时间的改善效果最小；方案二则为折中方案，与东京枢纽相连虽然损失了一点时间，但能够强化线路换乘功能，客流更有保障（图 9-36）。假若浅草线改良方案与京急蒲田站改良工程等沿线其他改善工程全部得以实施，两机场间的最短旅行时间将缩短至 60min 左右（表 9-19）。虽与超高速轨道建设方案相比出行时耗相差较大，但其具有明显的工程投资和运营优势，因而得到国土交通省的认可。

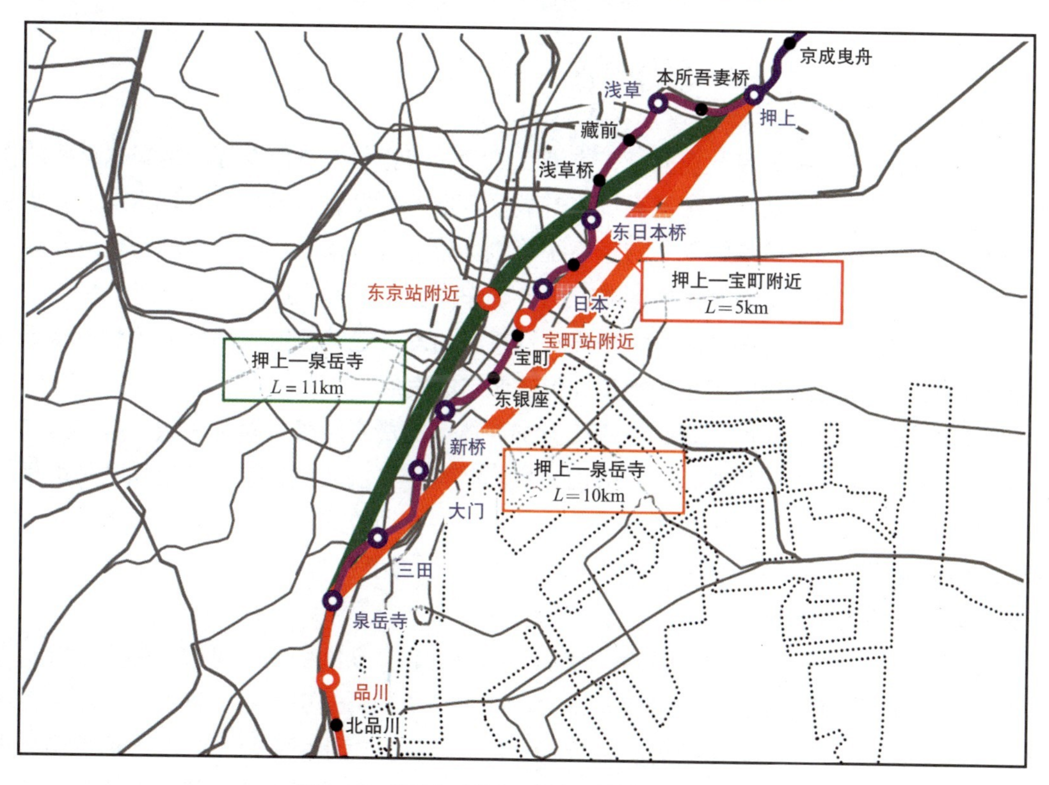

图 9-36 泉岳寺至押上区间线路改良的备选方案
资料来源：山内弘隆，首都圈机场の課題と都市鉄道の役割。

羽田机场和成田国际机场间可达性变化趋势

表 9-19

机场间轨道改善项目	项目完成时间（年）	项目改善后的旅行时间（min）	费用（日元）
两机场间直通运营	1998	107	1560
京成成田空港线整备	2010	103 或 86（2 次换乘）	3510
浅草线改良方案	—	60	—
超高速轨道建设方案	—	15	—

通常认为，高铁大规模建成后，航空业需求将可能萎缩。但东京航空需求预测结果表明，在经济高度发达并步入平稳增长期的时代，航空客流需求仍然有望持续高速增长，主要原因在于经济全球化背景下国际航空需求大幅增长。高铁仅仅在中短途国内出行方面对航空业产生一定的冲击，航空客运需求增长的大趋势不会因此改变，航空业发展前景依然十分广阔。

从1956年京急穴守线（现京急空港线）开通羽田空港站至今，东京空港轨道交通经过了50多年的发展，依然在不遗余力地优化机场轨道服务，例如京成成田空港线的建设及关于羽田机场轨道交通的一系列改善计划。可见，机场轨道服务至关重要，对提升机场竞争力、拓展机场腹地、提高机场接驳交通服务水平意义重大。我们要未雨绸缪，提前规划好机场轨道设施，为机场和城市发展奠定基础，不可痛失良机。

第六节　结　　语

随着经济全球化和城市产业升级，空港在提升城市竞争力方面发挥着越来越重要的作用，便捷而四通八达的陆侧集疏运系统将有效促进空港的发展。笔者在本章系统地介绍东京羽田机场和成田国际机场陆侧集疏运系统、机场轨道接驳系统特征、机场与轨道互动发展历程和接驳轨道交通未来的发展策略，结合工作体会有以下几点思考与大家分享。

（1）轨道交通接驳机场已成为机场集疏运系统的发展趋势，区域性轨道的引入将提升枢纽乃至城市在综合运输网络中的地位并促进城市的发展。

机场是城市对外交流的门户，处于综合交通体系的最高层级，对扩大城市影响力和促进生产性服务业的发展作用重大。一方面，机场间竞争日益激烈，轨道交通凭借其可靠和有效服务范围大等特征逐渐成为机场争取腹地的主要交通方式；另一方面，城市道路日趋拥挤，轨道交通在提高城市各区域至机场可达性方面作用明显。所以，轨道交通已成为机场集疏运系统的发展趋势。

对于空港轨道交通而言，区域性轨道如城际轨道和高铁的引入，可较大幅度提升空港乃至城市竞争力并引领城市产业升级。不少国际大型机场通过引入高速铁路有效增加机场枢纽节点交通价值，形成区域对外交通极核，进一步提升枢纽所在城市在综合运输网络中的地位和作用，提升机场乃至城市在区域范围的竞争力，如法国戴高乐机场、德国法兰克福机场、荷兰史基浦机场及我国上海虹桥机场等。进一步而言，高铁、空港联运枢纽的时间成本节约优势将聚集吸引对时间敏感的产业，如展览物流业、高新技术产业及现代服务业，进一步引领城市产业升级。

（2）空港轨道分担率可达20%以上，其客流包含航空旅客客流和非航空旅客客流，后者通常占总客流的30%~40%。

由于之前我国机场少有城市轨道交通服务，导致部分学界人士认为世界上无接驳轨道分担率超过20%的机场。实际上，众多大型国际机场轨道分担率达到了20%以上，部分机场甚至超过40%，如东京羽田机场。

羽田机场和成田国际机场轨道交通客流与航空旅客轨道交通客流比值均超过1.5，该数据表明机场轨道交通的服务对象除航空旅客外，还包括占总客流量30%~40%机场就业职工和航空旅客陪送人员。因此，在开展机场接驳轨道交通规划和设计时，必须考虑非航空旅客客流。

（3）空港轨道交通应以高速、舒适的高等级服务为主，该种列车一般低频准点运营。

航空旅客属于高端客流，对出行交通方式的舒适度、便捷性和在途时间要求较高，为保证接驳轨道交通的吸引力，国际机场轨道交通通常提供高服务水平和准点的服务。以东京为例，东京机场接驳轨道（除单轨羽田线外）各线路机场服务列车以中高等级为主，速度较一般城市服务列车更快，舒适度更佳，且运行区间越长服务等级越高；同时，机场服务列车全日发车间隔较均匀且发车频率不高，但主要站点（一般为起点和主要换乘站）都于某个固定时刻发出，利于乘客出行安排。

（4）航空旅客客流难以支撑机场专用轨道建设，应优先考虑利用城市或区域轨道兼顾机场服务，其次才考虑建设轨道专线。

笔者对世界主要机场统计分析发现，大多数城市利用既有城市轨道兼顾机场服务，如法国巴黎戴高乐机场RER线、德国法兰克福机场S–Bahn线、日本东京羽田和成田机场的私铁线路等。此类轨道以服务沿线城市客流为主，同时兼顾机场客流，客流比较有保障，有助于减轻轨道建设和运营的财政负担，应当为机场轨道建设优先考虑的发展模式。对于机场直达轨道专线，机场旅客客流难以支持此类轨道建设运营的高额成本，当前世界少有机场以此模式建设运营，仅有我国北京首都国际机场机场快轨、上海浦东国际机场磁悬浮专线和香港机场快线等。

（5）航站楼与轨道交通站点的紧密结合是提升机场轨道服务水平的重要一环。

东京两大机场但凡有新的航站楼落成，轨道总是同步为其提供服务，且不断努力将其直接引入航站楼。不只是东京两大机场，英国伦敦希斯罗、法国戴高乐、德国法兰克福在内的诸多国际大型机场均是轨道车站与航站楼紧密衔接方面的典范。机场旅客大多希望尽量减少换乘或步行距离，因此轨道是否进入航站楼对其选择具有决定性影响。从更好地服务航空旅客的角度出发，轨道车站应直接引入航站楼为宜；若情况受限，可考虑利用机场内部捷运或增设自行步道提高服务水平。

网站附录清单表

序号	附录名称	文件名	主要内容
附录 1	东京都市圈轨道交通网络全图	东京都市圈轨道交通网络全图（图幅 6.8m × 6.8m）	都市圈内新干线、JR、私铁、地铁、新交通系统等轨道交通线路的详细线站位、站名等信息
附录 2	东京都市圈轨道线路股道数量图	东京都市圈轨道线路股道数量图（图幅 6.8m × 6.8m）	都市圈内新干线、JR、私铁、地铁、新交通系统等轨道交通线路的股道数量
附录 3	东京都市圈区部地铁直通运营图	东京都市圈区部地铁直通运营图（图幅 6.8m × 6.8m）	东京区部地铁与 JR 和私铁线路直通运营的详细信息
附录 4	东京区部地铁线路详细分析（约 2.8 万字）	东京区部地铁线路详细分析	东京区部地铁线路概况、车辆制式与编组、运营组织、线路客流、服务水平和建设发展历程等
附录 5	JR 东日本主要线路详细分析（约 9.5 万字）	JR 常磐线	线路概况 列车制式与编组 列车运营组织分析 线路客流与服务水平 轨道企业与线路发展历程
附录 5	JR 东日本主要线路详细分析（约 9.5 万字）	JR 东海道线	线路概况 列车制式与编组 列车运营组织分析 线路客流与服务水平 轨道企业与线路发展历程
附录 5	JR 东日本主要线路详细分析（约 9.5 万字）	JR 横须贺线	线路概况 列车制式与编组 列车运营组织分析 线路客流与服务水平 轨道企业与线路发展历程
附录 5	JR 东日本主要线路详细分析（约 9.5 万字）	JR 京滨东北线	线路概况 列车制式与编组 列车运营组织分析 线路客流与服务水平 轨道企业与线路发展历程
附录 5	JR 东日本主要线路详细分析（约 9.5 万字）	JR 京叶线	线路概况 列车制式与编组 列车运营组织分析 线路客流与服务水平 轨道企业与线路发展历程
附录 5	JR 东日本主要线路详细分析（约 9.5 万字）	JR 南武线	线路概况 列车制式与编组 列车运营组织分析 线路客流与服务水平 轨道企业与线路发展历程
附录 5	JR 东日本主要线路详细分析（约 9.5 万字）	JR 崎京线	线路概况 列车制式与编组 列车运营组织分析 线路客流与服务水平 轨道企业与线路发展历程
附录 5	JR 东日本主要线路详细分析（约 9.5 万字）	JR 山手线	线路概况 列车制式与编组 列车运营组织分析 线路客流与服务水平 轨道企业与线路发展历程
附录 5	JR 东日本主要线路详细分析（约 9.5 万字）	JR 武藏野线	线路概况 列车制式与编组 列车运营组织分析 线路客流与服务水平 轨道企业与线路发展历程
附录 5	JR 东日本主要线路详细分析（约 9.5 万字）	JR 湘南新宿线	线路概况 列车制式与编组 列车运营组织分析 线路客流与服务水平 轨道企业与线路发展历程
附录 5	JR 东日本主要线路详细分析（约 9.5 万字）	JR 宇都宫线	线路概况 列车制式与编组 列车运营组织分析 线路客流与服务水平 轨道企业与线路发展历程
附录 5	JR 东日本主要线路详细分析（约 9.5 万字）	JR 中央本线	线路概况 列车制式与编组 列车运营组织分析 线路客流与服务水平 轨道企业与线路发展历程
附录 5	JR 东日本主要线路详细分析（约 9.5 万字）	JR 总武本线	线路概况 列车制式与编组 列车运营组织分析 线路客流与服务水平 轨道企业与线路发展历程
附录 6	私铁主要线路详细分析（约 25.4 万字）	东急池上线	线路概况 列车制式与编组 列车运营组织分析 线路客流与服务水平 轨道企业与线路发展历程
附录 6	私铁主要线路详细分析（约 25.4 万字）	东急东横线	线路概况 列车制式与编组 列车运营组织分析 线路客流与服务水平 轨道企业与线路发展历程
附录 6	私铁主要线路详细分析（约 25.4 万字）	东急目黑线	线路概况 列车制式与编组 列车运营组织分析 线路客流与服务水平 轨道企业与线路发展历程
附录 6	私铁主要线路详细分析（约 25.4 万字）	东急田园都市线	线路概况 列车制式与编组 列车运营组织分析 线路客流与服务水平 轨道企业与线路发展历程
附录 6	私铁主要线路详细分析（约 25.4 万字）	东京临海高速铁道临海线	线路概况 列车制式与编组 列车运营组织分析 线路客流与服务水平 轨道企业与线路发展历程

续上表

序 号	附录名称	文件名	主要内容
附录 6	私铁主要线路详细分析（约 25.4 万字）	东武东上线系统	线路概况 列车制式与编组 列车运营组织分析 线路客流与服务水平 轨道企业与线路发展历程
		东武本线系统	
		京成本线	
		京急线系统	
		京王电铁京王线系统	
		京王电铁井之头线	
		西武池袋线	
		西武新宿线	
		小田急小田原线	
附录 7	筑波快线详细分析	筑波快线	线路概况、列车制式与编组、列车运营组织分析、线路客流与服务水平、轨道企业与线路发展历程
附录 8	东京都市圈现状基础数据统计	东京都市圈现状基础数据统计表	各区市町面积、人口、家庭、就业、产业、商业与居住用地、地价、道路等数据
附录 9	东京都市圈人口和社会经济历史数据统计	东京都市圈人口和社会经济历史数据统计表	各都县 1975~2009 年 GDP 数据、1920~2009 年人口历史数据、1960~2005 年人口集中地区人口和面积历史数据；东京都各区市町 1920~2009 年人口历史数据
附录 10	东京都就业和土地利用现状详细数据统计	东京都就业和土地利用现状详细数据表	各区市町 2006 年各产业单位数及就业人数、现状土地利用和分功能建筑量数据
附录 11	2005 年东京都市圈交通普查通勤通学出行 OD	2005 年东京都市圈交通普查通勤通学出行 OD 表	2005 年东京都市圈通勤通学出行 OD 数据
附录 12	东京都市圈 2010 年预测 OD	东京都市圈 2010 年预测 OD 表	2010 年 OD 总表、2010 年通勤 OD 表、2010 年通学 OD 表
附录 13	东京都市圈各地区交通出行方式分担率	东京都市圈各地区交通出行方式分担率表	东京都市圈各地区 1978 年、1988 年、1998 年和 2008 年交通出行方式分担率数据
附录 14	东京一都四县普通公交设施及运营数据统计	东京一都四县普通公交设施及运营数据统计表	2004~2009 年普通公交运营企业数、车辆数、车辆使用率、运营里程、输送人员、运营收入等数据
附录 15	东京都市圈轨道客流数据统计	东京都市圈轨道客流数据统计表	东京都市圈 JR 线路、私铁线路、地铁线路以及其他线路站点上下客流量

注：所有电子文档为 PDF 文档格式，若有需要请自行前往深圳市规划国土发展研究中心官方网页（http://www.suprc.org）下载。

参考文献

[1] 谌利民 . 世界新城发展的趋势和最新理念 [J]. 经济与管理研究，2009（10）：101-104.

[2] 陈强 . 东京首尔等城市轨道交通发展的启示 [J]. 城市快轨交通，2011（3）：111-115.

[3] 陈颖雪，薛美根，刘志钢，等 . 上海与东京轨道交通典型市郊线路的对比研究 [J]. 城市轨道交通研究，2011（12）：18-22.

[4] 范文田 . 东京地铁线路的建设和发展 [J]. 铁路现代化，1998（4）：14-17.

[5] 方礼君，叶霞飞，明瑞利 . 上海、首尔、东京城市轨道交通客流发展趋势对比分析 [J]. 交通与运输，2007（B07）：105-107.

[6] 冯建超 . 日本首都圈城市功能分类研究 [D]. 长春：吉林大学，2009.

[7] 冯黎，顾保南 . 国外典型大城市市郊轨道交通的发展及其启示 [J]. 城市轨道交通研究，2008（12）：49-53.

[8] 冈田宏 . 东京城市轨道交通系统的规划、建设和管理 [J]. 城市轨道交通研究，2003（3）：1-7.

[9] 高志刚，刘海洲，翟长旭 . 都市圈轨道交通发展模式分析 [J]. 重庆交通大学学报，2009（2）：28-30.

[10] 葛亮，王炜，邓卫，等 . 城市空间布局与城市交通相关关系研究 [J]. 华中科技大学学报，2003（4）：51-53.

[11] 顾保南，叶霞飞，曹仲明 . 东京城市轨道交通的发展及其启示 [J]. 城市轨道交通，1998（1）：67-72.

[12] 郝成，李静 . 北京、香港、纽约城市轨道交通投融资模式对比分析 [J]. 城市轨道交通研究，2009（1）：15-20.

[13] 贺辛 . 东京交通安全畅通措施 [J]. 交通与运输，2004（3）：14-15.

[14] 黄新民，吴晓，施俊庆 . 东京、中京、上海的轨道交通比较研究 [J]. 城市轨道交通研究，2008（11）：43-46.

[15] 江平尚史，沙永杰 . 日本多摩新城第 15 住区的实验 [J]. 时代建筑，2001（2）：60-63.

[16] 姜小文 . 东京轨道交通与土地综合开发模式对北京的借鉴 [D]. 北京：北京交通大学，2006.

［17］金辰虎．世界主要城市轨道交通建设经验及管理水平［J］．铁道运输与经济，2002（10）：56–58.
［18］李凤玲，史俊玲．巴黎大区轨道交通系统［J］．都市快轨交通，2009（1）：102–104.
［19］李海峰．城市形态、交通模式和居民出行方式研究［D］．南京：东南大学，2006.
［20］林敏．韩国首尔市交通管理及其启示［J］．城市公用事业，2011（4）：26–30.
［21］刘畅，潘海啸，贾晓韡．轨道交通对大都市区外围地区规划开发策略的影响——外围地区 TOD 模式的实证研究［J］．城市规划学刊，2011（6）：60–67.
［22］刘洁，孙有望．我国大城市市域通勤轨道交通供应主体研究［J］．铁道运输与经济，2007（6）：39–41.
［23］刘丽波，叶霞飞，顾保南．东京私铁快慢车组合运营模式对上海市域轨道交通线的启示［J］．城市轨道交通研究，2006（11）：38–41.
［24］刘龙胜．东京都市圈轨道交通发展及其启示［J］．交通标准化，2008（10）：104–108.
［25］刘龙胜，张道海．东京典型放射轨道运营特征及其启示［J］．都市快轨交通，2013（3）：136–139.
［26］刘龙胜．强中心城市交通形态优化策略初探［C］// 2012 中国城市规划学会城市生态规划学术委员会年会论文集。长沙：［出版者不详］，2012.
［27］刘龙胜．市域与都市圈轨道交通线网规划方法［J］．城市建设，2009（29）：46–48.
［28］刘贤腾．东京的轨道交通发展与大都市区空间结构的变迁［J］．城市轨道交通研究，2010（11）：6–12.
［29］刘贤腾．东京轨道交通体系与城市空间结构优化［J］．现代城市轨道交通，2009（2）：71–74.
［30］刘云．京阪神都市圈轨道交通体系及对我国的启示［J］．综合运输，2006（10）：78–81.
［31］卢明华，李国平，孙铁山．东京大都市圈内各核心城市的职能分工及研究启示［J］．地理科学，2003（4）：150–154.
［32］陆锡明．交通时空与组团结构——日本东京轨道交通引导城市布局的经验［J］．交通与运输，1997（5）：39–41.
［33］陆锡明．亚洲城市交通模式［M］．上海：同济大学出版社，2009.
［34］陆锡明，陈必壮．大都市一体化交通［M］．上海：上海科学技术出版社，2003.
［35］罗伯特·瑟夫洛．公交都市［M］．宇恒可持续交通研究中心，译．北京：中国建筑工业出版社，2007.
［36］马述林．东京城市快速轨道交通发展模式及启示［J］．综合运输，2009（3）：78–84.
［37］马忠，罗晓敏．香港地铁的投融资体制与收益分析［J］．城市轨道交通研究，2002（1）：6–9.
［38］明瑞利，叶霞飞．东京地铁与郊区铁路直通运营的相关问题研究［J］．城市轨道交通研究，2009（1）：21–25.

[39] 潘海啸，惠英 . 轨道交通建设与都市发展 [J]. 城市轨道交通研究，1999 (1)：12-17.

[40] 钱林波，顾文莉 . 以快速轨道交通支撑和引导城市发展——日本东京都市圈的实践与启示 [J]. 现代城市研究，2001 (6)：62-67.

[41] 浅野光行（日）. 特大城市区域发展计划编制的作用和极限——东京大都市区的教训 [J]. 余碧波，吴德刚，译 . 城市规划，2002 (12)：26-27.

[42] 史俊玲 . 东京圈轨道交通的直通运输 [J]. 现代城市轨道交通，2010 (6)：67-69.

[43] 石忆邵，彭志宏，陈华杰 . 国际大都市建设用地变化特征、影响因素及对上海的启示 [J]. 城市规划学刊，2008 (6)：32-39.

[44] 石忆邵，黄银池 . 纽约城市规划的特点及其对上海的启示 [J]. 世界地理研究，2010 (1)：20-27.

[45] 舒慧琴，石小法 . 东京都市圈轨道交通系统对城市空间结构发展的影响 [J]. 国际城市规划，2008 (3)：105-109.

[46] 宋胜，荣朝和 . 日本铁道与铁道企业的分类及相关法律法规 [J]. 铁道运输与经济，2003 (5)：58-61.

[47] 孙斌栋，赵新正，潘鑫，等 . 世界大城市交通发展策略的规律探讨与启示 [J]. 城市发展研究，2008 (2)：75-80.

[48] 孙志毅 . 东京城市圈民营铁路发展模式研究 [D]. 天津：南开大学，2010.

[49] 深圳市规划和国土资源委员会，深圳市规划国土发展研究中心 . 深圳市轨道网络规模、布局、制式及车辆基地用地标准借鉴研究 [R]. 2011.

[50] 深圳市规划局，深圳市城市交通规划研究中心 . 深圳市轨道交通规划 [R]. 2007.

[51] 谈明洪，李继彬 . 伦敦都市区新城发展及其对我国城市发展的启示 [J]. 经济地理，2010 (11)：1804-1809.

[52] 谭瑜，叶霞飞 . 东京新城发展与轨道交通建设的相互关系研究 [J]. 城市轨道交通研究，2009 (3)：1-5.

[53] 唐亦功 . 巴黎城市规划布局规律及特点研究 [J]. 世界地理研究，2007 (1)：46-51.

[54] 王灏，高鹏 . 地铁投融资与管理运营的思路及建议 [J]. 中国投资，2003 (11)：111-113.

[55] 王郁 . 东京城市轨道交通建设投融资体制浅析 [J]. 日本学刊，2007 (5)：96-107.

[56] 王治，叶霞飞 . 国内外典型城市基于轨道交通的“交通引导发展”模式研究 [J]. 城市轨道交通研究，2009 (5)：1-5.

[57] 向劲松，张道海，刘龙胜 . 经济中心城市机场轨道交通规划研究——国外经验与深圳实践 [J]. 交通与运输，2011 (H07)：136-139.

[58] 杨斌 . 日本铁路改革及启示 [J]. 铁道经济研究，2002 (2)：95-96.

[59] 杨栋梁，孙志毅 . 日本民营铁路公司经营模式及其借鉴性思考 [J]. 南开学报，2010 (3)：1-7.

[60] 杨东援，韩皓．世界四大都市轨道交通与交通结构剖析［J］．城市轨道交通研究，2000（4）: 10–15.

[61] 杨朗，石京，陆化普．日本东京都市圈的交通发展战略［J]，综合运输，2005（10）: 75–78.

[62] 叶霞飞，顾保南．城市轨道交通规划与设计［M］．北京：中国铁道出版社，1999.

[63] 叶霞飞，胡志军，顾保南．日本城市轨道交通建设融资模式与成功经验剖析［J］．中国铁道科学，2002（4）: 126–131.

[64] 叶霞飞，明瑞利，李忍相．东京、首尔轨道交通客流成长规律与特征分析［J］．城市交通，2008（6）: 16–20.

[65] 俞展猷，李照星．纽约、伦敦、巴黎、莫斯科、东京五大城市轨道交通的网络化建设［J］．现代城市轨道交通，2009（1）: 55–59.

[66] 袁家冬，李少星．日本三大都市圈快速轻轨交通网的形成与发展［J］．世界地理研究，2005（3）: 1–6.

[67] 张道海，刘龙胜，江捷．东京城市客运系统中轨道交通主导地位的原因剖析及启示［J］．城市轨道交通研究，2013(6）:17–21.

[68] 张国华．大型空港综合交通枢纽规划设计技术体系研究［J］．城市规划，2011（4）: 61–69.

[69] 张国华，郝媛，周乐．大型空港枢纽区域集疏运网络化优化方法［J］．城市交通，2010（4）: 33–40.

[70] 张泓，刘勇，董三喜．世界七大城市地铁投融资实例分析及其借鉴［J］．城市轨道交通研究，2007（10）: 6–10.

[71] 甄小燕．东京巴黎城市圈城际轨道交通比较及启示［J］．综合运输，2008（10）: 74–77.

[72] 周素红，闫小培．广州城市空间结构与交通需求关系［J］．地理学报，2005（1）: 132–133.

[73] 周素红，闫小培．广州城市居住—就业空间及对居民出行的影响［J］．规划研究，2006（5）: 13–18.

[74] 朱彦东，李旭宏．国外大都市区轨道交通网络特性及对天津市的启示［J］．现代城市研究．2007（6）: 56–62.

[75] 宗晶．国外三大城市轨道交通模式研究［J］．交通标准化，2011（17）: 73–76.

[76] ブーカン・R・ブチック．都市と公共交通—20 世紀の経験から 21 世紀への教訓［R]，運輸政策研究，2003，2（6）.

[77] アチャリエ・スルヤ・ラージ，矢島隆，森地茂．アジアの大都市特有の都市交通政策に関する研究［J］．運輸政策研究，2006（1）: 75–79.

[78] 白取耕一郎，加藤浩徳，城山英明．東京圏における都市交通政策システムの成立：地下鉄の本格導入をめぐって［M］．2008.1.

[79] 北野嘉幸. 東京圏における高速鉄道を中心とする交通網の整備に関する基本計画について [J].[オペレーションズ・リサーチ: 経営の科学], 32 (7) : 426–430.
[80] 財務省. Metropolitan Expressway Public Corporation (MEX) [R]. 2001.
[81] 池田嘉章, 大蔵泉, 中村文彦, 等. 首都圏の放射方向鉄道サービスと沿線の拠点形成の関連性に関する研究 [R]. 2003.
[82] 池田嘉章, 大蔵泉, 中村文彦, 等. 首都圏の放射方向鉄道サービスと沿線の土地利用に関する研究 [D]. 横浜国立大学, 2002.
[83] 成田国際空港株式会社. 成田国際空港アクセス交通実態調査 (速報) [R]. 2005.
[84] 成田国際空港株式会社. 成田国際空港の現状と今後の取り組みについて [R]. 2008.
[85] 茨城県. 筑波研究学園都市 [M], 2011.3.
[86] 大和総研株式会社経営戦略研究所. 東京圏における鉄道と都市の発展 [R]. 2010.
[87] 大西博文. 成果志向の道路行政を支援するマネジメント技術研究 [R]. 2004.
[88] 大西隆.「東京の都市計画」国土と首都圏からみた東京 [M]. 2009.
[89] 徳岡一幸. 都市化の進展と鉄道需要 [C]. 同志社大学: 森一夫教授古稀記念論文集, 2006.
[90] 東京大学鉄道研究会. 簡易線——空港アクセス鉄道 (上) [R]. 2010.
[91] 東京都. Tokyo's Big Change——The 10–Year Plan [R]. 2006.
[92] 東京都. Tokyo's New Urban Development Plan Incorporating Changing Socioeconomic Conditions [R]. 2000.
[93] 東京都. Urban Devlopment in Tokyo [R]. 2009.
[94] 東京都. 東京都の土地利用——平成18年東京都区部 [R]. 2006.
[95] 東京都. 東京都の土地利用——平成19年多摩・島しょ地域 [R]. 2007.
[96] 東京都. 東京構想二零零零——創造一個機制給身心康健的長者參與社會 [R]. 2000.
[97] 東京都. 平成20年都民経済計算年報 [R]. 2008.
[98] 東京都. 首都圏メガロポリス構想——21世紀の首都像と圏域づくり戦略 [R]. 2013.
[99] 東京都市圏交通計画協議会. 第3回東京都市圏パーソントリップ調査 [R]. 1990.
[100] 東京都市圏交通計画協議会. 第4回東京都市圏パーソントリップ調査 [R]. 1999.
[101] 東京都市圏交通計画協議会. 第5回東京都市圏パーソントリップ調査 [R]. 2010.
[102] 東京都市圏交通計画協議会. 東京都市圏の望ましい総合都市交通体系のあり方 [R]. 1999.
[103] 東京都市整備局. 東京の地下鉄の一元化等に関する協議会の開催について [R]. 2011.
[104] 東京都市整備局. 東京における市街地整備の実施方針 ~ 公と民の連携によって実現する質の高いまちづくり ~ [R]. 2010.

[105] 東京都心における首都高速道路のあり方委員会 .「東京都心における首都高速道路のあり方」についての提言 [R] . 2002.

[106] 東京都知事本局 . 10 年後の東京 ~ 東京が変わる ~ [R] . 2006.

[107] 東京急行電鉄株式会社 .「東急多摩田園都市」が開発 50 周年 [M] . 2003.

[108] 東京急行電鉄株式会社 . 特定都市鉄道整備事業実施状況 [R] . 2007.

[109] 東京急行電鉄株式会社 . 投資家向け説明会参考資料 [R] . 2007.

[110] 東日本旅客鉄道株式会社 . 2009 年 JR 東日本会社要覧 [R] . 2010.

[111] 東日本旅客鉄道株式会社 . 2010 年 JR 東日本会社要覧 [R] . 2011.

[112] 東日本旅客鉄道株式会社 . 2011 年 JR 東日本会社要覧 [R] . 2012.

[113] 独立行政法人 都市再生機構 . TAMA NEW TOWN SINCE 1965 [R] . 2006.

[114] 独立行政法人 鉄道建設・運輸施設整備支援機構 . 国鉄清算事業関係 [R] . 2011.

[115] 都市基盤整備公団 . 居住者ニーズを踏まえた多摩ニュータウン住宅実態調査報告書 [R] . 2004.

[116] 岡村敏之 . 都市開発と交通整備 [M] . 2007.

[117] 高橋厚信, 関川陽介, 宮下清栄, 等 . 木造密集市街地の形成過程とその構造特性に関する研究 [J] . 土木计划学研究和演讲集, 2008 (11) : 1–3.

[118] 公益財団法人 都市計画協会 . 近代都市計画 [R] . 2009.

[119] 古川公毅 . 首都高速道路のネットワーク形成の歴史と計画思想に関する研究 [D] . 東京大学, 2007.

[120] 谷川雅一, 伊東誠, 中村英夫 . 大都市における鉄道整備の将来像 [J] . 運輸政策研究, 2003 (3) : 47–53.

[121] 谷謙二 . 1990 年代の東京大都市圏における通勤流動の変化に関するコーホート分析 [J] . 地理学研究報告 (埼玉大学教育学), 2002 (1) : 1–10.

[122] 国立社会保障和人口問題研究所 . 日本都道府県別将来推計人口 2005–2035 [R] . 2007.

[123] 国立社会保障和人口問題研究所 . 日本市区町村別将来推計人口 2005–2035 [R] . 2008.

[124] 国土技術政策総合研究所 . 東京圏における社会資本の効用 [R] . 2005.

[125] 国土交通省 . 第 6 回ベトナム国道路官民研究会資料 [R] . 2010.

[126] 国土交通省 . 東京圏のリノベーション・プログラム [R] . 2000.

[127] 国土交通省 . 都市・幹線鉄道整備事業 (地下高速鉄道) [R] . 2008.

[128] 国土交通省 . 都市鉄道整備のあり方—新たな社会的ニーズへの対応— [R] . 2004.

[129] 国土交通省 . 国鉄改革について [R] . 2007.3.

[130] 国土交通省 . 航空旅客動態調査を用いた旅客流動分析 [R] . 2007.

[131] 国土交通省 . 平成 17 年大都市交通センサス首都圏報告書 [R] . 2007.

[132] 国土交通省 . 平成 20 年度首都圏整備に関する年次報告要旨 [R] . 2009.

[133] 国土交通省 . 三大都市圏の最混雑区間における平均混雑率・輸送力・輸送人員の推移 [R] . 2010.
[134] 国土交通省 . 首都圏整備計画 [R] . 2006.
[135] 国土交通省 . 筑波研究学園都市 [M] . 2008.
[136] 国土交通省都市交通審議会 . 東京圏における鉄道整備—答申第 9 号 [R] . 1966.
[137] 国土交通省都市交通審議会, 東京圏における高速鉄道を中心とする交通網の整備—答申第 15 号 [R] . 1972.
[138] 国土交通省運輸政策審議会, 東京圏における高速鉄道を中心とする交通網の整備に関する基本計画について—答申第 7 号 [R] . 1985.
[139] 国土交通省運輸政策審議会, 東京圏における高速鉄道に関する基本計画について—答申第 18 号 [Z] . 2000.
[140] 国土交通省 . 昭和 58 年運輸白皮书 [M] . 1983.
[141] 国土交通省関東地方整備局 . 3 環状道路の計画の歩み [R] . 2010.
[142] 国土交通省国土交通政策研究所 . 経済成長と交通環境負荷に関する研究 I [R] . 2005.
[143] 国土交通省総合政策局 . 平成 16 年都市交通年報 [M] . 東京 : 運輸政策研究機構, 2006.
[144] 国土交通省住宅局 . 計画開発住宅市街地の現状と課題 [R] . 2005.8.
[145] 吉武泰水 . 建築設計計画研究拾遺 、筑波研究学園都市の経験 [R] . 2005.11.
[146] 加納正康 . 相互に依存する筑波研究学園都市と TIS [J] . Jistec Report. 74, 2010, 1 (74) .
[147] 加藤浩徳 . 開発とインフラ (1) ——開発援助におけるインフラ整備の役割 [M] . 2008.
[148] 近藤淳 . 東京計画 1960 構想で提案された道路システムの今日的評価 [D] . 芝浦工業大学 , 2008.
[149] 近藤淳, 日向亮子, 岩倉成志 . 交通マイクロシミュレーターによる「東京計画 1960」構想の復元 [D] . 芝浦工業大学, 2007.
[150] 堀江興 . 東京の高速道路計画の成立経緯 [C] . 土木計画研究论文集 . 1996 (13) : 1–22.
[151] 堀雅通 . 規制緩和後における鉄道整備のあり方一上下分離の機能と役割を中心に [R] . 国際交通安全学会誌, 2004, 29 (1) : 27–34.
[152] 立澤芳男 .「東京圏都市研究プロジェクト 」調査レポート [R] . 東京 : 株式会社読売広告社 都市生活研究局, 財団法人 ハイライフ研究所, 2005.
[153] 内閣府 . 平成 23 年版高齢社会白書 [R] . 2011.
[154] 内閣府経済社会総合研究所 . 平成 20 年度の県民経済計算について [R]2011.
[155] 千葉県 . 千葉ニュータウンの問題点 [R] . 2007.

[156] 千葉県企業庁, 独立行政法人 都市再生機構. Chiba New Town Official Guide [M]. 2006.

[157] 橋本昌史. 自動車化の成熟 [J]. 运输政策研究, 2008 (11): 48-50.

[158] 日本地域開発センター. 東京都市圏における宅地化の構造—地域と主体の関連分析 [R].1975.

[159] 三井トラスト・ホールディングス. 大手民鉄に見る鉄道事業の現況と将来 [R]. 2003.

[160] 山田正男. 大都市における自動車交通需要よりみた都市構成論——特に東京都における都市高速道路ならびに街路計画への適用について [C]. 土木学会论文集, 1961 (76): 79-93.

[161] 山田正男, 鈴木信太郎. 東京都市計画都市高速道路計画の計画諸要素について [J]. 土木学会誌, 1960 (8): 1-8.

[162] 社団法人 東京都地質調査業協会. 技術トピックス「首都圏を支える鉄道網」[M]. 2000.

[163] 寺田一薫. 鉄道上下分離政策の再考 [J]. 運輸と経済, 2003 (3): 63-64.

[164] 矢島隆. 大規模都市開発に係る関連交通計画と発生集中交通原単位の適用に関する研究 [D]. 東京工業大学, 1998.

[165] 矢島隆. 鉄道が支える日本の大都市形成 [R]. 土木学会誌, 2008.

[166] 神奈川県自治総合研究センター研究部. かながわの住まいと政策を考える [R]. 1985.

[167] 神奈川県政策部地域政策課. 成田～羽田超高速鉄道整備構想検討調査報告書 [R]. 2008.

[168] 首都高速道路株式会社. 高速道路の有効活用・機能強化に関する計画 (案) [R]. 2009.

[169] 樋口浩子. 千葉ニュータウンの土地利用変更に伴う道路交通への影響分析 [D]. 日本大学, 2006.

[170] 屋井鉄雄. 交通計画講義ノート [R]. 2001.

[171] 西澤明. 東京圏の鉄道ネットワークと地域形成 [J]. ネットワーク社会の将来, 2009: 41-50.

[172] 下野清司. 首都圏計画における交通・土地利用計画の変遷に関する研究 [R]. 2002.

[173] 小宮山直久, アルプコキンペリン, 竹下博之, 等. 業務立地および通勤特性からみた東京大都市圏の発展過程分析 [R]. 第36回土木計画学研究・発表会, 2007.

[174] 岩倉成志. 東京圏の大規模事業所立地と通勤問題 [R]. 国際交通安全学会誌, 2000, 25 (3): 185-190.

[175] 一橋大学鉄道研究会．人口動向の変化と都市鉄道［R］．一橋大学：一橋祭研究，2006.
[176] 印西市．成田空港・圏央道沿線地域基本計画［R］．2010.
[177] 原田昇．東京の交通計画～東京 2050 を考える～［R］．2010.
[178] 運輸政策研究機構．首都圏空港将来像シンポジウム［R］．2009.
[179] 運輸政策研究機構．鉄道定期券、普通券等利用者調査［R］．2005.
[180] 張兵．日本の経験から見た中国の大都市問題の現状と課題［J］．立命館国際地域研究，2008，2.
[181] 中里幸聖．東京圏における都市軌道交通の展開［J］．経営戦略研究，2008，18.
[182] 中人美香，小野由樹子．東京圏における駅を中心とした移動と消費に関する調査研究［J］．JR EAST Technical Review，24: 15–22.
[183] 株式会社 大和総研．東京圏における鉄道と都市の発展［R］．2010.
[184] 総務省統計局．平成 17 年国勢調査従業地・通学地通勤通学人口集計結果［R］．2005.
[185] 総務省統計局．平成 17 年国勢調査——大都市への通勤通学人口図［R］．2005.
[186] 総務省統計局．平成 22 年国勢調査［R］．2010.
[187] 総務省統計局．住民基本台帳人口移動報告［R］．2011.9.
[188] 総務省統計局 政策統括官．平成 17 年国勢調査［R］．2005.
[189] 佐藤信之．地下鉄の歴史（首都圏・中部・近畿圏）［M］．東京：グランプリ出版，2004.
[190] Bureau of Urban Development Tokyo Metropolitan Government. Urban Development in Tokyo［R］. 2009.
[191] CORINNE，T. Tokyo yamanote line—cityscape mutations［J］. Japan Railway & Transport Review，1997（9）: 4–11.
[192] EIICHI，A. Dawn of japanese railways［J］. Japan Railway & Transport Review，1994（3）: 28–30.
[193] EIICHI，A. Expansion of railway network［J］. Japan Railway & Transport Review，1994（7）: 34–37.
[194] HILL，B. Changing stations［J］. Japan Railway & Transport Review，1995（9）: 23–29.
[195] HOSOYA，E. Privatisation—background and future tasks［J］. Japan Railway & Transport Review，1994（3）: 12–17.
[196] HOVINEN，GARY．R. The search for quauiy of life in japanese planned communes［J］，Proceedings – Aag Middle States Division，1988，21.
[197] HALL，P. Land-use change and transport policy［J］. Habitat International，1983，7（3-4）: 67–77.
[198] HALL，P. Squaring the circle: can we resolve the clarkian paradox［J］. The American Cities and Technology Reader: Wilderness to Wired City，1999.

[199] HARUYA , H. The development of tokyo' s rail network [J] . Japan Railway & Transport Review, 2000, 3.

[200] HIDEKI , M. Japanese urban railways, markets, capital formation and fares—private railways [J] . Japan Railway & Transport Review, 2004, 1.

[201] NAKAMURA , H. Transportation problems in tokyo [J] . Japan Railway & Transport Review, 1995 (3) : 2–7.

[202] HITOSHI , I. Commuter railways—can congestion be relieved [J] . Japan Railway & Transport Review, 1995 (3) : 8–15.

[203] HOGAN , T . L . F . Urban density trends, Causes and implications [D] . Murdoch University, 1978.

[204] IMASHIRO , M. Dawn of japanese national railways [J] . Japan Railway & Transport Review, 1997 (1) : 46–49.

[205] JACOBS , A.J. Has central tokyo experienced uneven development an examination of the japan international cooperation agency. Colloquium on Urban Public Transport [R] . 2011.

[206] Japan Railway Construction. Transport and technology agency (JRTT) . For the Future Transportation Networks [M] . 2011.

[207] JOHN , C. Rail integrated communities in tokyo [D] . Canada: Simon Fraser University, 1994.

[208] KAZUAKI , I. Tokyo' s new waterfront transit system [J] . Japan Railway & Transport Review, 1998 (6) : 15–19.

[209] KAKUMOTO , R. Sensible politics and transport theories —japan' s national railways in the 20th Century [J] . Japan Railway & Transport Review, 1999 (10) : 23–33.

[210] KOYAMA , Y. Railway construction in Japan [J] . Japan Railway & Transport Review, 1997 (9) : 36–41.

[211] Kyo' s 23 ku relative to america' largest urban centers [J] . Journal of Urban Affairs, 2005, 27 (5) : 521–555.

[212] KYUNG , S. An recentralization of central tokyo and planning responses [J] . Journal of Regional Development Studies, 2008.

[213] LACONTE , P. Regional rail in low-density areas [J] . Japan Railway & Transport Review, 1996 (11) : 9–11.

[214] LOCOMOTIVES , L. Japanese railway history special pictorial [J] . Japan Railway & Transport Review, 1996 (5) : 38–41.

[215] LOUIS , S , P , E . How Tokyo' s subways inspired the paris RER (Interconnection with SNCF Suburban Lines) [J] . Japan Railway & Transport Review, 2000 (3) : 36–41.

[216] MACHIMURA , T. The urban restructuring process in tokyo in the 1980s: Transforming tokyo into world city [J] . International Journal of Urban and Regional Research, 16 (1) : 114–128.

[217] MURAYAMA , A , HAYAKAWA , N & Okata , J. Toward comparative study on spatial planning issues and approaches in diverse megacities [C] . 2006 World Planning School Congress, Mexico City, Mexico , 2006 , 7.

[218] NAKAMURA , K. Privatization and beyond: the JR case [J] . Japan Railway & Transport Review, 1996 (9) : 4–9.

[219] NAKAGAWA , K. Prewar tourism promotion by japanese government railways [J] . Japan Railway & Transport Review, 1998 (3) : 22–27.

[220] OGAWA , I. History of amusement park construction by private railway companies in japan [J] . Japan Railway & Transport Review, 1998 (3) : 28–34.

[221] ONO , A. Role and functions of railway development fund [J] . Japan Railway & Transport Review, 1997 (4) : 14–17.

[222] PETER , G. Integration of transport and land–use planning in japan: relevant findings from europe. Workshop on implementing sustainable urban travel policies in japan and other asia–pacific countries [R] . 2005.

[223] RYOSUKE , H. Air–Rail links in japan 35 years old and healthier than ever [J] . Japan Railway & Transport Review, 1999 (3) : 8–19.

[224] SAITO , A & THORNLEY, A. Shifts in tokyo' s world city status and the urban planning response [J] . Urban Studies, 2003 (4) : 665–683.

[225] SHAEFFER , K .H , SCLAR , E. Access for all: transportation and urban growth [M] . Harmondsworth: Penguin Books, 1975.

[226] SHIBASHI , A ,TAKAI , T. JR east stations—accessibility for today and tomorrow [J] . Japan Railway & Transport Review, 1999 (6) : 28–31.

[227] SHIGERU , M, SEIJI , I, TOSHIYA , M. Tokyo metropolitan rail network long–range plan for the 21st century [C] . Washington DC : Transportation Research Board 80th Annual Meeting, 2001.

[228] SHIGERU , M. Policy transport and motorization in tokyo metropolitan area [C] . World Metropolitan Transportation Development Forum in 2012, 2012.

[229] SHIGERU , M. Urban railway network urban railway network and terminall Renovation [J] . World Urban Transport Leaders Summit, 2008, 11.

[230] SHINICHI , K. Development of large cities and progress in railway transportation [J] . Japan Railway & Transport Review, 1996 (9) : 44–48.

[231] SHUICH , U. Development of tama plaza station area along denen toshi line—towards ideal town development [C], Atrans Round–Table Meeting, 2010.

[232] SIEBERT , L. Using GIS to map rail network history [J] . United Kingdom: The Journal of Transport History, 2004, 3.

[233] SMITH , I. 10 years of JR operation—the explicit and implicit aims of JNR privatization

[J] . Japan Railway & Transport Review, 1997 (9) : 39–45.

[234] SORENSON , A. Subcentres and satellite cities: tokyo' s 20th century experience of planned polycentrism [J] . International Planning Studies, 2001 (1) : 13–30.

[235] SORESEN , A. Building world city tokyo : globalization and conflict over urban space [J] . Annals of Regional Science, 2003 (37) : 519–531.

[236] SUGA , T. New master plan for tokyo' s urban rail network [J] . Japan Railway & Transport Review, 2000 (3) : 31.

[237] TAKAHIKO , S. Japanese private railway companies and their business diversification [J] . Japan Railway & Transport Review, 1997 (1) : 2–9.

[238] Tama City. Tama city popular opinion survey [R] . 1987.

[239] Teito Rapid Transit Authority. Growth of tokyo railway & population [J] . Japan Railway & Transport Review, 1995 (3) : 16–17.

[240] The Public Purpose. Tokyo–yokohama suburban rail summary (commuter rail, regional rail) [R] . Urban Transport Fact Book, 2003.

[241] THOMSON , J . M. Great cities and their traffic [M] . Gollancz London, 1977.

[242] TRISTAN , R . G. Tracks to teito: the tokyo train network and the meiji quest for domestic hegemony and international recognition [D] . 2008.

[243] WAKUDA , Y. Wartime railways an transport policies [J] . Japan Railway & Transport Review, 1996 (11) : 32–35.

[244] YUKIHIDE, O. The backdrop to privatisation in Japan– successful "surgical operation" on japanese railways [J] . Japan Railway & Transport Review, 1994 (6) : 2–9.